JN188437

妙法蓮華経
並開結
新版

創価学会

序

古来、法華経は「諸経の王」と呼ばれてきた。それは何よりも、万人の胸中に光明を贈る「大いなる希望の経典」だからであろう。

法華経は、万人の生命に具わる仏性を徹底的に洞察している。そして、その仏性を万人に開いて、万人の成仏を実現していくことを願う仏意と如来行が明示された経典である。さらにまた、この如来行を受け継ぐことこそが菩薩の真の使命であることを強調し、その実践を讃嘆してやまない。

仏性とは、全ての生命に具わる、普遍的にして根源的なる「希望の源泉」である。この仏性を開けば、全人類が最高の人格を成就し、無上の幸福を勝ち取ることができる。このことを力強く確言する経典が、法華経なのである。

人々の生命に希望を開かせる力を持った法華経は、インドから中央アジアへ、そして東アジアへと広まった。インド・中央アジアには、多数のサンスクリット写本や諸言語への翻訳本が残されている。とりわけ、東アジアでは漢訳されて、多くの人々に読誦され、親しまれてきた。中国の南北朝文化や隋・唐の文化、また、日本の平安文化においては、文化を支える一つの精神的支柱になったとも言える。

なかでも、中国の天台大師は、法華経を根本として「一念三千の法理」を体系づけた。それは、法華経に謳われた希望の哲学を、精妙に法理的に展開したものである。

しかし、このような日蓮大聖人以前の法華経流布の歴史は、文化の違いを超えて広まる普遍性を持つことの証明であるとしても、いまだ法華経の真価を十全に発揮したものではないと拝察できる。

日蓮大聖人の御聖訓に「一代の肝心は法華経、法華経の修行の肝心は不軽品にて候なり。不軽菩薩の人を敬いしは、いかなることぞ。教主釈尊の出世の本懐は人の振る舞いにて候いけるぞ」と仰せである。

釈尊の極説中の極説である法華経の肝要は、万人を敬い、礼拝した不軽菩薩の実践にあるとの御指南である。

一人一人の人間生命には、仏性という成仏の種子がある。正しき道を歩めば、必ずその種子が発芽し、開花し、実を結ぶとの強い信念に基づいて、不軽菩薩はあらゆる人を礼拝したのである。

この「人を敬う」実践を広範に実現していくことこそ、仏の本懐であり、法華経の真価であり、真の法華経流布であると言ってよい。

日蓮大聖人は、法華経の理念と精神を実現するために、この肝要の実践を身をもって貫かれた。さらに、御自身の仏性顕現の御生命を三大秘法の南無妙法蓮華経として顕し、未来の一切の人々に、人間革命と平和な理想社会創出への道を示されたのである。

創価学会は創立以来七十二年、日蓮大聖人の御遺命のままに、法華経の肝要の実践に徹してきた。そして、民衆の一人一人が、自身の勝利と満足の人生を実証しつつ、豊かな人間文化を開花させ、社会の安寧、世界の平和を確立しゆく道を開拓してきた。この道は、今、全世界に広がっている。

二十一世紀は、人類にとって、平和実現のための正念場である。そのためにも、人間生命の根本を洞察した法華経の希望の哲学を更に広範に弘め、定着させていくことが、絶対に不可欠であると確信する。
その意味で、二十一世紀の初頭にあたって、創価学会版の「妙法蓮華経並開結」を刊行し、世に送りえたことを深く喜びとするものである。

二〇〇二年十一月十八日

創価学会名誉会長　池田大作

発刊にあたって

創価学会は創立以来、日蓮大聖人の御書を聖典として拝し、その研鑽に努めてきた伝統を誇りとしている。そして、御書と併せて、学会の理念の基礎として尊重してきた経典が法華経である。大乗仏教の真髄である法華経は、釈尊に始まる仏教の慈悲と平和の精神を集約する経典である。日蓮大聖人は、この法華経の真髄を三大秘法の南無妙法蓮華経として顕されて、未来永遠にわたる人類救済の道を確立された。創価学会は、この日蓮大聖人の仏法を広宣流布し、万人の幸福と世界の平和を実現することを目的とする。

その大いなる目的を踏まえた、創価学会の編集による法華経は、師弟の熱願によって発刊されてきた歴史がある。第二代会長戸田城聖先生は、未来広宣流布への遥かな展望に立ち「法華経の訓読書」の出版を強く望まれていた。その実現に向けて、第三代会長池田大作先生が発願し、創価学会教学部が編纂作業を行い、一九六一年五月三日に『真訓両読・妙法蓮華経並開結』

が刊行された。以来、同書は百刷を超え、広く会員諸氏に親しまれるものとなった。
なかでも、特筆すべきことは、この書をもとに、池田先生による珠玉の「御義口伝講義」等が展開され、法華経の真髄を身で読まれた日蓮大聖人の御精神が、現代に生きる言葉で明らかにされてきたことである。

そうした歴史を経て、二十一世紀を迎えた二〇〇二年十一月、創価学会版の『妙法蓮華経並開結』が発刊された。それは、池田先生の指導のもと、従来の研鑽と伝統を根本に、近年の法華経研究の学問的成果を取り入れ、より親しみやすい形をもって刊行する意義を有するものであった。そこには、法華経が広く読まれ、その不滅の哲理が世界精神として流布しゆくことを念願して、従来の慣例にとらわれない種々の工夫が凝らされていた。

例えば、それまで原文（漢文の経文）には偈頌を除いては改行がなく、句読点も読経の便宜を考えてのものであり、必ずしも意味に即したものではなかったのに対して、より分かりやすくなるよう、意味に即して改行や句読点が施された。訓読（読み下し文）においても、現代に通用する送り仮名を用いるなど、意味がより明確になるよう工夫された。

〝現代人にとってより読みやすく研鑽しやすいように〟という方針は、幸い多くの共感を得て、この二十年余、創価学会版『妙法蓮華経並開結』は広く普及した。その間、年々発展を遂げる法華経研究の成果を反映し、内容の一部を改訂した第二版を、二〇一五年七月に発刊した。その後も、池田先生に見守られるなか、研究・研鑽を重ねてきたが、このほど、その成果を創価学会版『妙法蓮華経並開結　新版』として世に問う運びとなった。

新版の編集においては、「読みやすさ」という基本方針をさらに徹底し、その上で「正確さ」についても慎重を期し、必要に応じてサンスクリット本等も参照しながら、全文にわたって原文と訓読を見直した。具体的には、より意味が明瞭になるよう、原文については改行や句読点の変更などを適宜行い、訓読についても一部に変更を加えた。また、学びやすさを考慮し判型を改めたことなどから、今回の発刊を「新版」とした次第である。ただし、ページ数については、これまでとの変更はない。

もとより法華経研究は今後も絶えず発展していくであろうし、今回の新版においても、意を尽くせない点、不十分な点がなお存すると思われるが、識者・読者の御指摘をお願いしたい。

なお、二〇〇二年の創価学会版『妙法蓮華経並開結』の発刊に際して、池田先生から「序」を寄せていただいた。法華経の真価について、そして日蓮大聖人と法華経、創価学会と法華経について、簡明にして深く鋭く論じられた内容は、私たちが法華経を学ぶ上での永遠の指針である。特に、「二十一世紀は、人類にとって、平和実現のための正念場である。そのためにも、人間生命の根本を洞察した法華経の希望の哲学を更に広範に弘め、定着させていくことが、絶対に不可欠であると確信する」との一節には、先生が後継の私たちに大きな使命を託されたとの粛然たる思いを禁じ得ない。池田先生への尽きせぬ感謝を込めて、本書にもそのまま「序」として掲載させていただいた。また、今、世界では、鳩摩羅什漢訳の創価学会版法華経が約十言語に翻訳・出版されている。法華経の肝要の哲学を弘めることは師恩に報ずる道であることを確信したい。

ともあれ、法華経に説かれる「広宣流布」こそが、創価学会の根本の使命である。三代会長の九十年余にわたる激闘によって、今、世界広宣流布の時が開かれた。そのさらなる伸展のための一つの基盤として、本書が大いに活用されることを念願してやまない。

終わりに、本書の発刊にあたり尽力された関係諸氏に心からの感謝を申し上げるものである。

『妙法蓮華経並開結　新版』刊行委員会

二〇二四年十月二日

目次

妙法蓮華経　巻第八

結経　観普賢菩薩行法経

科　段

凡　例

一、構　成

①本書は、初めに開経としての「無量義経」、続いて「妙法蓮華経」、終わりに結経としての「観普賢菩薩行法経」を置き、巻末に科段（図表）を付した。

②本文は、上段に原文（漢文の経文）を載せ、下段に訓読（読み下し文）を載せて、段落ごとに対応させた。

二、原文の底本と用字

①底本

本書の底本として、日蓮大聖人が所持され注釈を書き込まれていた「妙法蓮華経並開結十巻」（いわゆる「注法華経」）を用いた。底本をできるだけ尊重したが、文意などから判断して明らかに誤りと考えられる箇所は、『大正新脩大蔵経』（大正蔵）所収本によって校訂を加えた。

校訂を加えた文字は次のとおりである。（数字は本書のページ数・行数）

無量義経徳行品第一

一五・一　縁→縵　一九・三　情→惰

無量義経説法品第二

二八・一〇 大男子↓大善男子　三〇・七 洗↓池

無量義経十功徳品第三

四四・五 散乱心↓散乱者　四七・五 辯↓辦　四七・一〇 辯↓辦　五三・六 委是王今↓委是王子

従地涌出品第十五

四六一・一 方↓力

観普賢菩薩行法経

六八二・二 普賢行、普賢行者↓普賢行、行普賢行者（大正蔵に宮内省図書寮本〈旧宋本〉にあると示された注によって「行」の字を加えた）

六九一・九 始↓如　七〇二・八 百十万億↓百千万億　七一六・二 黒悔悪↓黒悪

② 用字

字体は、原則として、通用の字体を用いた。

俗字は原則として正字に改めた。

例　舩↓船　臰↓臭　碍↓礙　欝↓鬱　恠↓怪　潅↓灌　皷↓鼓

旧字は新字に改めた。

例　龍↓竜　缺↓欠　繩↓縄　國↓国

異体字は常用漢字など一般に使用されている字体に改めた。

例　咒↓呪　胷↓胸　虵↓蛇　圀↓国

現代では常用しない字、あるいは複数の文字が用いられているものについては、底本の文字づかいをそのまま用いた。

　例　癈（常用しない字）安穏・安隠（複数の文字が用いられているもの）

③句読法

底本は句読点がなく、漢字が列挙されている。活字本においても、従来の慣習では、羅列されたままの漢字を並べて、それに漢字音による「読誦」を前提として、息継ぎの区切りに句点が打たれていた。

本書では、その慣習によらず、意味内容によって改段・改行を施し、その上で「意味」の区切りによって句読点を施した。句点「。」は一文の末尾、読点「、」は意味のまとまり、中黒点「・」は並列された語の区切りに原則として用いている。

また、「説法」等の語句については、文法・意味の違いに基づいて読みを変えた。熟語名詞としての場合は、「せっぽう」等と熟語として音読した。動詞と目的語と分かれる場合は、「法を説く」等と読み下し、真読の読みも、一字ずつにわけ「せつほう」等とした。

三、訓読

①原則として現代に通用する送り仮名を用いた。

②副詞・接続詞等、通常仮名で表記される言葉も、上段の原文との対応を明示するために原則として漢字を用いた。

③漢字熟語も通例より多く読み下した。

④漢訳当時の語法研究に基づき、熟語にまとめて訓を施したものがある。

例　皆悉＝みな　価直＝あたい　自相に＝たがいに　正使＝たとい　今者＝いま

⑤意味を分かりやすくするため、慣用と異なる訓を施したものがある。

例　為＝はた（疑問を示す助辞）

⑥同一の文字でも品詞によって表記を変えたものがある。

例　是（代名詞）　是れ（繋辞）

四、漢字音

仏教者の伝統に原則として従い、呉音を用いた。また、連声・連濁については、原則として伝統的に定着しているものを用いた。

①呉音

呉音とは、漢字の読みの一つで、漢字が日本に伝来した当初の中国の南朝の発音に基づいて行われたもの。これに対して、中国に唐が起こり、西北方にあったその都の長安（西安）の発音に基づいて行われた読みを漢音と呼ぶ。

仏教経典の読みは古くは呉音に基づいて行われ、以来、呉音での読誦が伝統となっている。従って、本書では、呉音を原則とし、伝統的慣用音が用いられる語句については適宜それに従った。その際、呉音による音が複数ある場合は意味・慣用を考慮して選んだ。また、一部には現代語の慣習に従ったものもある。

例　華＝け（呉音）　経＝きょう（呉音）　夫人＝ぶにん（呉音）
未曽有＝みぞうう（呉音）　勇猛＝ゆみょう（呉音）　大士＝だいじ（呉音）
泥土＝ないど（呉音）
長夜＝じょうや（長遠の意の場合）　長子＝ちょうし（長上の意の場合）
闇＝おん（呉音）→あん（慣用音を用いた）
誓願＝ぜいがん（呉音）→せいがん（現代の慣習を用いた）

② 連声・連濁

連声とは、前の漢字の末尾の子音と次の漢字の最初の母音が一体となって発音されるものである。（例　観音＝かん・おん→かんのん）

連濁とは、前の漢字の末尾が鼻音（m, n, ng）あるいは一部の母音の場合、続く漢字の最初の子音が清音から濁音に変化させて発音されるものである。（例　精進＝しょう・しん→しょうじん）

＊連声を避けたものの例

仏慧＝ぶってー→ぶつえ　仏音＝ぶっとん→ぶつおん

＊慣用に従い連声・連濁を残したものの例

（連声）安穏＝あんのん　因縁＝いんねん　釈提桓因＝しゃくだいかんにん

（連濁）安詳＝あんじょう　演説＝えんぜつ　応供＝おうぐ　黄金＝おうごん
恭敬＝くぎょう　三界＝さんがい　今者＝こんじゃ　涌出＝ゆじゅつ

③ 陀羅尼などの音写

陀羅尼や固有名詞の音写語では推定原語の音を考慮しつつ慣用に従った。

例　檀陀婆地＝だんだはたい（サンスクリット dandapati）
　　優曇波羅＝うどんばら（サンスクリット udumbara）
　　調達＝じょうだつ（サンスクリット devadatta）
　　優婆提舎（経）＝うばだいしゃ（サンスクリット upadeśa）
　　優鉢羅（竜王）＝うはっら（サンスクリット utpala）
　　多摩羅跋（香）＝たまらばっ（サンスクリット tamālapattra）

五、科段

経文や論釈の意味内容を的確に把握するために、伝統的に設けられてきたのが科段である。経論の全体の構成を解析し、各部分の文章や語句の意義を示したものである。

本書では、研究の参考に資するため科段を付した（一部、省略したところがある）。図表は巻末に収め、本文の訓読文に標語を付した。

「妙法蓮華経」については、天台大師智顗の『法華文句』並びに妙楽大師湛然の『法華文句記』を参照した。「無量義経」については伝教大師最澄の『註無量義経』、「観普賢菩薩行法経」については円珍の『仏説観普賢菩薩行法経文句』を参照した。

妙法蓮華経並開結

新版

無量義経

無量義経徳行品第一

如是我聞。一時仏住王舎城耆闍崛山中、与大比丘衆万二千人倶。菩薩摩訶薩八万人。天・竜・夜叉・乾闥婆・阿修羅・迦楼羅・緊那羅・摩睺羅伽。諸比丘・比丘尼、及優婆塞・優婆夷倶。大転輪王・小転輪王、金輪・銀輪・諸輪之王、国王・王子・国臣・国民・国士・国女・国大長者、

無量義経徳行品第一

序分
通序・所聞之体

能聞之人　時　主　処　衆・標類・比丘衆　菩薩衆　八部　三衆　輪王　王衆

是くの如きを我聞きき。一時、仏は王舎城の耆闍崛山の中に住したまい、大比丘衆の万二千人と倶なりき。菩薩摩訶薩は八万人あり。天・竜・夜叉・乾闥婆・阿修羅・迦楼羅・緊那羅・摩睺羅伽あり。諸の比丘・比丘尼、及び優婆塞・優婆夷も倶なりき。大転輪王・小転輪王、金輪・銀輪・諸輪の王、国王・王子・国臣・国民・国士・国女・国大長者は、各眷属百千万数に而も自ずから囲遶せられ、仏の所に来詣して、頭面に足を礼し、遶ること百千帀して、香を焼き華を散じ、種種に供養し已わっ

各与眷属百千万数、而自囲遶、来詣仏所、頭面礼足、遶百千帀、焼香散華、種種供養已、退一面坐。

其菩薩名曰文殊師利法王子・大威徳蔵法王子・無憂蔵法王子・大弁蔵法王子・弥勒菩薩・導首菩薩・薬王菩薩・薬上菩薩・花幢菩薩・華光幢菩薩・陀羅尼自在王菩薩・観世音菩薩・大勢至菩薩・常精進菩薩・宝印首菩薩・宝積菩薩・宝杖菩薩・越三界菩

て、退いて一面に坐す。

列名・菩薩衆・列名唱数

其の菩薩の名を、文殊師利法王子・大威徳蔵法王子・無憂蔵法王子・大弁蔵法王子・弥勒菩薩・導首菩薩・薬王菩薩・薬上菩薩・花幢菩薩・華光幢菩薩・陀羅尼自在王菩薩・観世音菩薩・大勢至菩薩・常精進菩薩・宝印首菩薩・宝積菩薩・宝杖菩薩・越三界菩薩・毘摩颰羅菩薩・香象菩薩・大香象菩薩・師子吼王菩薩・師子遊戯世菩薩・師子奮迅菩薩・師子精進菩薩・勇鋭力菩薩・師子威猛伏菩薩・荘厳菩薩・大荘厳菩薩と曰う。是くの如き等の菩

薩・毘摩颰羅菩薩・香象菩薩・大香象菩薩・師子吼王菩薩・師子遊戯世菩薩・師子奮迅菩薩・師子精進菩薩・勇鋭力菩薩・師子威猛伏菩薩・荘厳菩薩・大荘厳菩薩。如是等菩薩摩訶薩八万人倶。

是諸菩薩、莫不皆是法身大士、戒・定・慧・解脱・解脱知見之所成就。其心禅寂、常在三昧、恬安憺怕、無為無欲。顛倒乱想、不復得入。静寂清澄、志玄虚漠。

薩摩訶薩の八万人は倶なりき。

（歎徳）是の諸の菩薩は、（明所成就身）皆是れ法身の大士ならざること莫く、（明能成就法）戒・定・慧・解脱・解脱知見の成就する所なり。（明定徳）其の心は禅寂にして、常に三昧に在って、恬安憺怕にして、無為無欲なり。顛倒乱想は、復入ることを得ず。静寂清澄にして、志玄虚漠なり。之を守って動ぜざること億百千劫にして、

守之不動、億百千劫、無量法門、悉現在前。

得大智慧、通達諸法、暁了分別性相真実、有無・長短、明現顕白。

又善能知諸根性欲、以陀羅尼・無礙弁才、諸仏転法輪、随順能転。微滞先堕、以淹欲塵、開涅槃門、扇解脱風、除世悩熱、致法清涼。次降甚深十二因縁、用灑無明・老・病・死等猛盛熾燃苦聚日光、爾乃洪注無上大乗、

無量の法門は悉く前に現じき。

歎智徳

大智慧を得て、諸法に通達し、性相の真実を暁了し分別するに、有無・長短は、明現顕白なり。

明利他徳・承仏加転乳法輪

又善能く諸の根・性欲を知り、陀羅尼・無礙弁才を以て、諸仏の転法輪を、随順して能く転ず。微滞は先ず堕ちて、以て欲塵を淹し、涅槃の門を開き、解脱の風を扇いで、世の悩熱を除き、法の清涼を致す。次に甚深の十二因縁を降らして、用って無明・老・病・死等の猛盛熾燃なる苦聚の日光に灑ぎ、爾して乃ち洪いに無上の大乗を注いで、衆生の諸有善根を潤漬し、善の種子を布い

潤漬衆生諸有善根、布善種子、
遍功徳田、普令一切発菩提萌。
智慧日月、方便時節、扶蔬増長
大乗事業、令衆疾成阿耨多羅三
藐三菩提、常住快楽微妙真実、
無量大悲救苦衆生。

是諸衆生真善知識、是諸衆生
大良福田、是諸衆生不請之師、
是諸衆生安穏楽処・救処・護処・
大依止処。処処為衆生、作大良
導師・大導師。
能為衆生盲而作眼目、聾劓瘂

て、功徳の田に遍じ、普く一切をして菩提の萌を発さし
む。智慧の日月、方便の時節は、大乗の事業を扶蔬増長

明内証果

明証果・明所化得果

して、衆をして疾く阿耨多羅三藐三菩提を成ぜしめ、常
住・快楽・微妙・真実にして、

明外化果

無量の大悲もて苦の衆生
を救う。

歎諸菩薩利他徳

善友徳

是れ諸の衆生の真の善知識、

福田徳

是れ諸の衆生の大良福田、

応時徳

是れ諸の衆生の請ぜざるの師、

安穏徳

是れ諸の衆生の安穏の楽

救護依止徳

処・救処・護処・大依止処なり。処処に衆生の為に、大
良導師・大導師と作る。

令具六根徳

能く衆生の盲いたるが為には、而も眼目と作り、聾劓

者作耳鼻舌、諸根毀欠能令具足、顛狂荒乱作大正念。船師・大船師、運載群生、度生死河、置涅槃岸。医王・大医王、分別病相、暁了薬性、随病授薬、令衆薬服。調御・大調御、無諸放逸行、猶如象馬師、能調無不調、師子勇猛、威伏衆獣、難可阻壊。

遊戯菩薩諸波羅蜜、於如来地堅固不動、安住願力、広浄仏国、不久得成阿耨多羅三藐三菩提。

是諸菩薩摩訶薩、皆有如斯不

瘂の者には耳鼻舌と作り、諸根の毀欠せるものには能く具足せしめ、顛狂荒乱なるものには大正念を作さしむ。

能度二死徳

船師・大船師にして、群生を運載し、生死の河を度して、涅槃の岸に置く。

応病授薬徳

医王・大医王にして、病相を分別し、薬性を暁了して、病に随って薬を授け、衆をして薬を服せしむ。

調放逸徳

調御・大調御にして、諸の放逸の行無きこと、猶象馬師の能く調うるに調わざること無く、

伏外道徳

師子の勇猛にして、衆獣を威伏し、阻壊す可きこと難きが如し。

重歎自利徳

菩薩の諸波羅蜜に遊戯し、如来の地に於いて堅固にして動ぜず、願力に安住して、広く仏国を浄め、久しからずして阿耨多羅三藐三菩提を成ずることを得ん。

総結

是の諸の菩薩摩訶薩は、皆斯くの如き不思議の徳有り。

思議徳。

其比丘名曰大智舎利弗・神通目揵連・慧命須菩提・摩訶迦旃延・弥多羅尼子富楼那・阿若憍陳如等、天眼阿那律・持律優婆離・侍者阿難・仏子羅雲・優波難陀・離波多・劫賓那・薄拘羅・阿周陀・莎伽陀・頭陀大迦葉・優楼頻螺迦葉・伽耶迦葉・那提迦葉。

如是等比丘万二千人、皆阿羅漢、尽諸結漏、無復縛著、真正

声聞衆・列二十尊者

其の比丘の名を、大智舎利弗・神通目揵連・慧命須菩提・摩訶迦旃延・弥多羅尼子富楼那・阿若憍陳如等、天眼阿那律・持律優婆離・侍者阿難・仏子羅雲・優波難陀・離波多・劫賓那・薄拘羅・阿周陀・莎伽陀・頭陀大迦葉・優楼頻螺迦葉・伽耶迦葉・那提迦葉と曰う。

結歎・結類結数

是くの如き等の比丘万二千人は、歎徳 皆阿羅漢にして、諸の結漏を尽くして、復縛著無く、真正解脱なり。

解脱。

爾時大荘厳菩薩摩訶薩、遍観衆坐各定意已、与衆中八万菩薩摩訶薩倶、従坐而起、来詣仏所、頭面礼足、遶百千帀、焼散天華・天香、天衣・天瓔珞・天無価宝珠、従上空中旋転来下、四面雲集、而献於仏。天厨天鉢器、天百味充満盈溢、見色聞香、自然飽足。天幢・天幡・天軒蓋・天妙楽具、処処安置、作天妓楽、娯楽於仏、即前胡跪、合掌一心、

別序・尽敬献供

爾の時、大荘厳菩薩摩訶薩は、遍く衆の坐して、各定意なるを観じ已わって、衆中の八万の菩薩摩訶薩と倶に、坐従り而も起って、仏の所に来詣し、頭面に足を礼し、遶ること百千帀して、天華・天香を焼散し、天衣・天瓔珞・天無価宝珠は、上空の中従り旋転して来下し、四面に雲のごとく集まって、仏に献る。天厨の天鉢器には、天の百味は充満盈溢し、色を見香を聞ぐに、自然に飽足す。天幢・天幡・天軒蓋・天妙楽具は、処処に安置し、

説偈讃言・三業供養・身敬

天の妓楽を作して、仏を娯楽せしめたてまつり、即ち前んで胡跪し、

心敬

合掌して一心に、倶共に声を同じくして、

口敬

偈を説いて讃めて言さく、

倶共同声、説偈讃言、

大哉大悟大聖主
無垢無染無所著
天人象馬調御師
道風徳香薫一切
智恬情泊慮凝静
意滅識亡心亦寂
永断夢妄思想念
無復諸大陰入界
其身非有亦非無
非因非縁非自他
非方非円非短長

偈頌・明仏身歎・歎仏三身

大いなる哉、大悟大聖主は
垢無く染無く著する所無し
天人象馬の調御師にして
道風徳香は一切に薫じ
智は恬かに情は泊かに慮は凝静なり
意は滅し識は亡じて心も亦寂なり
永く夢妄の思想念を断じて
復諸の大陰入界無し

明内証身

其の身は有に非ず亦無に非ず
因に非ず縁に非ず自他に非ず
方に非ず円に非ず短長に非ず

非出非没非生滅
非造非起非為作
非坐非臥非行住
非動非転非閑静
非進非退非安危
非是非非非得失
非彼非此非去来
非青非黄非赤白
非紅非紫種種色
戒定慧解知見生
三昧六通道品発
慈悲十力無畏起

出に非ず没に非ず生滅に非ず
造に非ず起に非ず為作に非ず
坐に非ず臥に非ず行住に非ず
動に非ず転に非ず閑静に非ず
進に非ず退に非ず安危に非ず
是に非ず非に非ず得失に非ず
彼に非ず此に非ず去来に非ず
青に非ず黄に非ず赤白に非ず
紅に非ず紫種種の色に非ず
明修徳三身・明修法身
戒定慧解知見より生じ
明修報身
三昧六通道品より発し
明修勝応
慈悲十力無畏より起こり

衆生善業因縁出
示為丈六紫金暉
方整照曜甚明徹
毫相月旋項日光
旋髪紺青頂肉髻
浄眼明鏡上下眴
眉睫紺舒方口頬
脣舌赤好若丹華
白歯四十猶珂雪
額広鼻修面門開
胸表万字師子臆
手足柔軟具千輻

明修劣応
衆生の善業の因縁より出でたり
約四八相歎内証身
示して丈六紫金の暉と為り
方整照曜として甚だ明徹なり
毫相は月のごとく旋り項に日の光あり
旋髪は紺青にして頂に肉髻あり
浄眼は明鏡のごとく上下に眴ぎ
眉睫は紺舒に方しき口頬なり
脣舌は赤好にして丹華の若く
白歯の四十なるは猶珂雪のごとし
額は広く鼻は修く面門は開け
胸に万字を表して師子の臆なり
手足は柔軟にして千輻を具え

腋掌合縵内外握
臂修肘長指直纖
皮膚細濡毛右旋
踝膝露現陰馬蔵
細筋鎖骨鹿膞脹
表裏映徹浄無垢
濁水莫染不受塵
如是等相三十二
八十種好似可見
而実無相非相色
一切有相眼対絶
無相之相有相身

腋掌は合縵あって内外に握れり
臂も修く肘も長くして指は直く纖し
皮膚は細濡にして毛は右に旋れり
踝膝は露現し陰馬蔵にして
細筋鎖骨鹿膞脹なり
表裏映徹し浄くして垢無し
濁水も染むること莫く塵を受けず
是くの如き等の相三十二あり
八十種好は見る可きに似たり
明遣有相諸相好示現無相諸相好
而も実には相非相の色無し
一切の有相に眼は対絶せり
無相の相にして有相の身なり

衆生身相相亦然
能令衆生歓喜礼
投心表敬成慇懃
因是自高我慢除
成就如是妙色軀
今我等八万之衆
倶皆稽首咸帰命
善滅思相心意識
象馬調御無著聖
稽首帰依法色身
戒定慧解知見聚
稽首帰依妙種相

衆生の身相の相も亦然なり
歎相用
能く衆生をして歓喜し礼して
心を投じ敬いを表して慇懃なることを成ぜしむ
是れ自高我慢の除こるに因って
是くの如き妙色の軀を成就したまえり
明帰敬歎・明帰命実相仏
今我等八万の衆は
倶に皆稽首して咸く
善く思相心意識を滅したまえる
象馬調御無著の聖に帰命したてまつる
明敬能説
稽首して法色身
戒定慧解知見聚に帰依したてまつる
明所説法輪・明一乗法輪
稽首して妙種相に帰依したてまつる

稽首帰依難思議
梵音雷震響八種
微妙清浄甚深遠
四諦六度十二縁
随順衆生心業転
若有聞莫不意開
無量生死衆結断
有聞或得須陀洹
斯陀阿那阿羅漢
無漏無為縁覚処
無生無滅菩薩地
或得無量陀羅尼

稽首して難思議に帰依したてまつる
梵音は雷震のごとく響き八種あり
歎三乗法輪
微妙清浄にして甚だ深遠なり
四諦・六度・十二縁
衆生の心業に随順して転じたまう
若し聞くこと有らば意開けて
歎法輪相
無量生死の衆結は断ぜざること莫し
聞くこと有らば或は須陀洹
斯陀阿那阿羅漢
無漏無為の縁覚処
無生無滅の菩薩地を得
或は無量の陀羅尼

無礙楽説大弁才
演説甚深微妙偈
遊戯澡浴法清渠
或躍飛騰現神足
出没水火身自由
如来法輪相如是
清浄無辺難思議
我等咸復共稽首
帰命法輪転以時
稽首帰依梵音声
稽首帰依縁諦度
世尊往昔無量劫

無礙の楽説大弁才を得て
甚深微妙の偈を演説し
遊戯して法の清渠に澡浴し
或は躍り飛騰して神足を現じ
水火に出没して身は自由なり
結歎法輪相
如来の法輪の相は是くの如し
清浄無辺にして思議し難し
帰歎能説所説
我等は咸く復共に稽首して
法輪を転じたまうに時を以てするに帰命したてまつる
稽首して梵音声に帰依したてまつる
稽首して縁諦度に帰依したてまつる
明仏徳歎・歎仏因行徳・総歎因行
世尊は往昔無量劫に

懃苦修習衆徳行
為我人天竜神王
普及一切諸衆生
能捨一切諸難捨
財宝妻子及国城
於法内外無所悋
頭目髄脳悉施人
奉持諸仏清浄禁
乃至失命不毀傷
若人刀杖来加害
悪口罵辱終不瞋
歴劫挫身不惓惰

懃苦に衆の徳行を修習して

挙所化衆生

我・人・天・竜神の王の為にし
普く一切の諸の衆生に及ぼしたまえり

歎仏自行六波羅蜜

能く一切の諸の捨て難き
財宝妻子及び国城を捨てて
法の内外に於いて悋む所無く
頭目髄脳をば悉く人に施せり
諸仏の清浄の禁を奉持して
乃至命を失えども毀傷したまわず
若し人刀杖もて来って害を加え
悪口罵辱すれども終に瞋りたまわず
劫を歴て身を挫けども惓惰したまわず

昼夜摂心常在禅
遍学一切衆道法
智慧深入衆生根
是故今得自在力
於法自在為法王
我復咸共倶稽首
帰依能勤諸難懃

昼夜に心を摂めて常に禅に在り
遍く一切の衆の道法を学して
智慧は深く衆生の根に入りたまえり
挙果満結帰・歎果満
是の故に今自在の力を得て
法に於いて自在にして法王と為りたまえり
明結帰
我は復咸く共倶に稽首して
能く諸の懃め難きを勤めたまえるに帰依したてまつる

無量義経説法品第二

爾時大荘厳菩薩摩訶薩与八万菩薩摩訶薩、説是偈讃仏已、倶白仏言、

世尊。我等八万菩薩之衆、今者欲於如来法中有所諮問。不審、世尊。垂愍聴不。

仏告大荘厳菩薩及八万菩薩言、

善哉善哉。善男子。善知是時。恣汝所問。如来不久当般涅槃。

無量義経説法品第二

正宗分 大衆正問分

爾の時、大荘厳菩薩摩訶薩は、八万の菩薩摩訶薩と、是の偈を説いて仏を讃めたてまつり已わって、倶に仏に白して言さく、

「世尊よ。我等八万の菩薩の衆は、今者、如来の法の中に於いて、諮問する所有らんと欲す。不審、世尊よ。愍聴を垂れたまいなんや不や」と。

如来垂許分

仏は大荘厳菩薩、及び八万の菩薩に告げて言わく、

「善き哉、善き哉。善男子よ。善く是れ時なることを知れり。汝が問う所を恣にせよ。如来は久しからずして、当に般

涅槃之後、普令一切無復余疑。欲何所問。便可説之。

於是大荘厳菩薩与八万菩薩、即共同声白仏言、

世尊。菩薩摩訶薩欲得疾成阿耨多羅三藐三菩提、応当修行何等法門。何等法門、能令菩薩摩訶薩疾成阿耨多羅三藐三菩提。

仏告大荘厳菩薩及八万菩薩言、

善男子。有一法門、能令菩薩疾得成阿耨多羅三藐三菩提。若有菩薩学是法門者、則能得阿耨

涅槃すべし。涅槃の後も、普く一切をして復余の疑い無からしめん。何所を問わんと欲するや。便ち之を説く可し」と。

正発問分

是に於いて大荘厳菩薩は、八万の菩薩と、即ち共に声を同じくして、仏に白して言さく、

「世尊よ。菩薩摩訶薩は疾く阿耨多羅三藐三菩提を成ずることを得んと欲せば、応当に何等の法門を修行すべきや。何等の法門か能く菩薩摩訶薩をして疾く阿耨多羅三藐三菩提を成ぜしむる」と。

如来略答分

仏は大荘厳菩薩、及び八万の菩薩に告げて言わく、

「善男子よ。一の法門有って、能く菩薩をして疾く阿耨多羅三藐三菩提を成ずることを得しむ。若し菩薩有って是の法門を学せば、則ち能く阿耨多羅三藐三菩提を得

多羅三藐三菩提。
世尊。是法門者、号字何等。
其義云何。菩薩云何修行。
仏言、
善男子。是一法門、名為無量義。
菩薩欲得修学無量義者、応当
観察一切諸法、自本・来・今、
性相空寂、無大無小、無生無滅、
非住非動、不進不退、猶如虚空、
無有二法。
而諸衆生虚妄横計、是此是彼、
是得是失、起不善念、造衆悪業、

ん」と。

重問三疑分

問一法門名

「世尊よ。是の法門とは、号を何等と字づくるや。其の

問一法門義

義は云何。菩薩は云何が修行せんや」と。

問一法門行

如来広説分

仏は言わく、

答三疑・答名問

「善男子よ。是の一の法門を、名づけて無量義と為す。

答行問・勧観照辞

菩薩は無量義を修学することを得んと欲せば、応当に
一切諸法は自ずから本・来・今、性相空寂にして、無大
無小、無生無滅、非住非動、不進不退、猶虚空の如く、
二法有ること無しと観察すべし。

明無明縁起

而るに諸の衆生は虚妄に、是れ此、是れ彼、是れ得、
是れ失と横計して、不善の念を起こし、衆の悪業を造っ

輪廻六趣、受諸苦毒、無量億劫不能自出。

菩薩摩訶薩如是諦観、生憐愍心、発大慈悲、将欲救抜、又復深入一切諸法。法相如是、生如是法。法相如是、住如是法。法相如是、異如是法。法相如是、滅如是法。法相如是、能生悪法。法相如是、能生善法。住異滅者、亦復如是。

菩薩如是観察四相始末、悉遍知已、次復諦観一切諸法、念念

て、六趣に輪廻し、諸の苦毒を受けて、無量億劫、自ら出ずること能わず。

明成行菩薩発心

菩薩摩訶薩は是くの如く諦らかに観じて、憐愍の心を生じ、大慈悲を発して、将に救抜せんと欲し、又復深く

挙遍知境

一切の諸法に入れ。法の相は是くの如くして、是くの如き法を生ず。法の相は是くの如くして、是くの如き法に住す。法の相は是くの如くして、是くの如き法を異す。法の相は是くの如くして、是くの如き法を滅す。法の相は是くの如くして、能く悪法を生ず。法の相は是くの如くして、能く善法を生ず。住、異、滅も亦復是くの如し。

結大四相

菩薩は是くの如く四相の始末を観察して、悉く遍く知り已わって、

明似生似滅

次に復諦らかに一切の諸法は念念に住せず、

不住、新新生滅、復観即時生住異滅。如是観已、而入衆生諸根性欲。性欲無量故、説法無量。説法無量故、義亦無量。

無量義者、従一法生。其一法者、即無相也。如是無相、無相不相、不相無相、名為実相。

菩薩摩訶薩安住如是真実相已、所発慈悲、明諦不虚。於衆生所真能抜苦。苦既抜已、復為説法、令諸衆生受於快楽。

善男子。菩薩若能如是修一切

結上

新新に生滅すと観じ、

明小四相

復即時に生住異滅すと観ぜよ。

明起教事

是くの如く観じ已わって、衆生の諸の根・性欲に入れ。性欲は無量なるが故に、説法は無量なり。説法は無量なるが故に、義も亦無量なり。

答義問

無量義とは、一法従り生ず。其の一法とは、即ち無相なり。是くの如き無相は、相無く相ならず、相ならずして相無きを、名づけて実相と為す。

明実相之功能

菩薩摩訶薩の、是くの如き真実の相に安住し已わって、発する所の慈悲は、明諦にして虚しからず。衆生の所に於いて真に能く苦を抜く。苦は既に抜き已わって、復為に法を説いて、諸の衆生をして快楽を受けしむ。

結歎・挙所詮而結歎

善男子よ。菩薩は若し能く是くの如く一切の法門、無

法門無量義者、必得疾成阿耨多羅三藐三菩提。善男子。如是甚深無上大乗無量義経、文理真正、尊無過上、三世諸仏所共守護、無有衆魔群道得入、不為一切邪見生死之所壊敗。是故善男子。菩薩摩訶薩若欲疾成無上菩提、応当修学如是甚深無上大乗無量義経。

爾時大荘厳菩薩復白仏言、

世尊。世尊説法不可思議。衆生根性亦不可思議。法門解脱亦

量義を修せば、必ず疾く阿耨多羅三藐三菩提を成ずることを得ん。

挙能詮而結歎

善男子よ。是くの如き甚深無上大乗無量義経は、文理真正に、尊にして過上無く、三世の諸仏の共に守護したまう所、衆魔・群道の入ることを得ること有ること無く、一切の邪見生死の壊敗する所と為らず。

結歎勧学

是の故に善男子よ。菩薩摩訶薩は、若し疾く無上菩提を成ぜんと欲せば、応当に是くの如き甚深無上大乗無量義経を修学すべし」と。

大衆重諮歎不可思議

爾の時、大荘厳菩薩は復仏に白して言さく、

「世尊よ。世尊の説法は不可思議なり。衆生の根性も亦不可思議なり。法門解脱も亦不可思議なり。

明発問之所由

我等は、

不可思議。我等於仏所説諸法、無復疑難、而諸衆生生迷惑心、故重諮世尊。

自従如来得道已来四十余年、常為衆生演説諸法四相之義、苦義空義、無常無我、無大無小、無生無滅、一相無相、法性法相、本来空寂、不来不去、不出不没。若有聞者、或得煖法・頂法・世第一法・須陀洹果・斯陀含果・阿那含果・阿羅漢果・辟支仏道、発菩提心、登第一地・第二地・

仏の説きたまう所の諸法に於いて、復疑難無けれども、諸の衆生は迷惑の心を生ぜんが故に、重ねて世尊に諮いたてまつる。

挙正問・明説法之年代

如来の得道自従り已来、四十余年、（総挙不断三乗法施）常に衆生の為に、諸法の四相の義、苦の義空の義、無常無我、無大無小、無生無滅、一相無相、法性法相、本来空寂、不来不去、不出不没を演説したまう。（明法勝利）若し聞く者有らば、（明声聞勝利）或は煖法・頂法・世第一法・須陀洹果・斯陀含果・阿那含果・（明縁覚勝利）阿羅漢果・辟支仏道を得、（明菩薩勝利）菩提心を発し、第一地・第二地・第三地より第十地に至るに登りき。

第三地、至第十地。往日所説諸法之義、与今所説有何等異、而言甚深無上大乗無量義経、菩薩修行、必得疾成無上菩提。是事云何。

唯願世尊、慈哀一切、広為衆生而分別之、普令現在及未来世有聞法者、無余疑網。

於是仏告大荘厳菩薩、

善哉善哉。大善男子。能問如来如是甚深無上大乗微妙之義。

当知汝能多所利益、安楽人天、

挙四十余年所説三乗教

往日説きたまう所の諸法の義と、

挙今日所説分一乗教

今説きたまう所と、何等の異なること有って、

挙今日経疑疾成異

甚深無上大乗無量義経をば、菩薩は修行せば、必ず疾く無上菩提を成ずることを得んと言うや。是の事は云何。

為利他故請仏分別

唯願わくは世尊よ、一切を慈哀して、広く衆生の為に而も之を分別し、

明分別功徳

普く現在、及び未来世に法を聞くこと有らん者をして、余の疑網無からしめたまえ」と。

如来広説

是に於いて仏は大荘厳菩薩に告げたまわく、

讃能問妙義

「善き哉、善き哉。大善男子よ。能く如来に是くの如き甚深無上大乗微妙の義を問えり。

明問其義多所利益

当に知るべし、汝は能く利益する所多く、人天を安楽

抜苦衆生。真大慈悲、信実不虚。
以是因縁、必得疾成無上菩提。
亦令一切今世・来世諸有衆生、
得成無上菩提。

善男子。我先道場菩提樹下、端坐六年、得成阿耨多羅三藐三菩提。以仏眼観一切諸法、不可宣説。所以者何、知諸衆生性欲不同。性欲不同、種種説法。種種説法、以方便力。四十余年、未顕真実。是故衆生得道差別、不得疾成無上菩提。

し、苦の衆生を抜く。真の大慈悲にして、信実にして虚しからず。是の因縁を以て、必ず疾く無上菩提を成ずることを得ん。亦一切の今世・来世の諸有衆生をして、無上菩提を成ずることを得しめん。

記当来果

正答・明四十余年未顕真実故衆生不得疾成無上菩提

善男子よ。我は先に道場菩提樹の下に端坐すること六年にして、阿耨多羅三藐三菩提を成ずることを得たり。仏眼を以て一切の諸法を観ずるに、宣説す可からず。所以は何ん、諸の衆生の性欲の不同なることを知ればなり。性欲は不同なれば、種種に法を説き。種種に法を説くことは、方便力を以てす。四十余年には未だ真実を顕さず。是の故に衆生は得道差別して、疾く無上菩提を成ずることを得ず。

善男子。法譬如水能洗垢穢、若井、若池、若江、若河・渓・渠・大海、皆悉能洗諸有垢穢、其法水者、亦復如是能洗衆生諸煩悩垢。

善男子。水性是一、江・河・井・池・渓・渠・大海、各各別異。其法性者亦復如是洗除塵労、等無差別、三法・四果・二道不一。

善男子。水雖倶洗、而井非池、池非江河、渓渠非海。如如来世

明諸経同異・挙喩顕法勝劣・開譬

善男子よ。法は譬えば水の能く垢穢を洗うに、若しは井、若しは池、若しは江、若しは河・渓・渠・大海、皆悉能く諸有垢穢を洗うが如く、

略明合譬

其の法水も亦復是くの如く、能く衆生の諸の煩悩の垢を洗う。

牒合文

善男子よ。水の性は是れ一なれども、江・河・井・池・渓・渠・大海は、各各別異なり。其の法性も亦復是くの如く塵労を洗除すること、等しくして差別無けれども、三法・四果・二道は不一なり。

牒合衆教勝劣

善男子よ。水は倶に洗うと雖も、井は池に非ず、池は江河に非ず、渓渠は海に非ず。如来世雄の法に於いて自

雄於法自在、所説諸法亦復如是、初・中・後説皆能洗除衆生煩悩、而初非中、而中非後。初・中・後説、文辞雖一、而義各異。善男子。我起樹王、詣波羅捺鹿野園中、為阿若拘隣等五人、転四諦法輪時、亦説諸法本来空寂、代謝不住、念念生滅、中間於此及以処処、為諸比丘并衆菩薩、弁演宣説十二因縁・六波羅蜜、亦説諸法本来空寂、代謝不住、念念生滅、今復於此演説大

在なるが如く、説きたまう所の諸法も亦復是くの如く、初・中・後の説は、皆能く衆生の煩悩を洗除すれども、初は中に非ず、而も中は後に非ず。初・中・後の説は、文辞一なりと雖も、義は各異なる。

明五時所説文同義異・乳味酪味時

善男子よ。我は樹王を起って、波羅捺の鹿野園の中に詣って、阿若拘隣等の五人の為に、四諦の法輪を転ぜし時も、亦諸法は本来空寂、代謝して住せず、念念に生滅

生酥味熟酥味時

すと説き、中間、此及以び処処に於いて、諸の比丘、并びに衆の菩薩の為に、十二因縁・六波羅蜜を弁演宣説し、亦諸法は本来空寂、代謝して住せず、念念に生滅すと説

醍醐初分時

き、今復此に於いて、大乗無量義経を演説するに、亦諸法は本来空寂、代謝して住せず、念念に生滅すと説く。

乗無量義経、亦説諸法本来空寂、
代謝不住、念念生滅。

善男子。是故初説・中説・後説、文辞是一、而義別異。義異故、衆生解異。解異故、得法・得果・得道亦異。

善男子。初説四諦、為求声聞人、而八億諸天来下聴法、発菩提心、中於処処、演説甚深十二因縁、為求辟支仏人、而無量衆生発菩提心、或住声聞。

次説方等十二部経・摩訶般若・

総結五時所説文同義異

善男子よ。是の故に初説・中説・後説は、文辞是れ一なれども、義は別異なり。義は異なるが故に、衆生の解は異なり。解は異なるが故に、得法・得果・得道も亦異なり。

明四時所説説同義別

挙劣応初説

善男子よ。初めに四諦を説いて、声聞を求むる人の為にせしかども、八億の諸天は来下して法を聴いて、菩提心を発し、

挙劣応次説

中ごろ処処に於いて、甚深の十二因縁を演説して、辟支仏を求むる人の為にせしかども、無量の衆生は菩提心を発し、或は声聞に住しき。

挙生酥味熟酥味

次に方等十二部経・摩訶般若・華厳海空を説いて、菩

華厳海空、宣説菩薩歴劫修行、而百千比丘、万億人天、無量衆生得住須陀洹、得斯陀含、得阿那含、得阿羅漢果、住辟支仏因縁法中。

善男子。以是義故、故知説同、而義別異。義異故、衆生解異。解異故、得法・得果・得道亦異。

是故善男子。自我得道初起説法、至于今日演説大乗無量義経、未曾不説苦・空・無常・無我、非真非仮、非大非小、本来不生、

薩の歴劫修行を宣説せしかども、百千の比丘、万億の人天、無量の衆生は、須陀洹に住することを得、斯陀含を得、阿那含を得、阿羅漢果を得、辟支仏因縁の法の中に住す。

明説同義別

善男子よ。是の義を以ての故に、故に知んぬ、説は同じけれども、義は別異なり。義は異なるが故に、衆生の解は異なり。解は異なるが故に、得法・得果・得道も亦異なり。

結成

是の故に善男子よ。我は道を得て初めに起って法を説きし自り、今日、大乗無量義経を演説するに至るまで、未だ曽て苦・空・無常・無我、非真非仮、非大非小、本来生ぜず、今亦滅せず、一相無相、法相法性、不来不

今亦不滅、一相無相、法相法性、不来不去、而諸衆生四相所遷。

善男子。以是義故、一切諸仏無有二言、能以一音普応衆声、能以一身示百千万億那由他無量無数恒河沙身、一一身中、又示若干百千万億那由他阿僧祇恒河沙種種類形、一一形中、又示若干百千万億那由他阿僧祇恒河沙形。

善男子。是則諸仏不可思議甚深境界、非二乗所知、亦非十住

去なれども、諸の衆生は四相に遷さると説かざるにあらず。

結歎諸仏三密・口密

善男子よ。是の義を以ての故に、一切の諸仏は二言有ること無く、能く一音を以て普く衆の声に応じ、

身密

能く一身を以て百千万億那由他無量無数恒河沙の身を示し、一一の身の中に、又若干百千万億那由他阿僧祇恒河沙の種種の類形を示し、一一の形の中に、又若干百千万億那由他阿僧祇恒河沙の形を示す。

意密

善男子よ。是は則ち諸仏の不可思議甚深の境界にして、二乗の知る所に非ず、亦十住の菩薩の及ぶ所に非ず。唯

菩薩所及。唯仏与仏乃能究了。

善男子。是故我説微妙甚深無上大乗無量義経、文理真正、尊無過上、三世諸仏所共守護、無有衆魔外道得入、不為一切邪見生死之所壊敗。菩薩摩訶薩若欲疾成無上菩提、応当修学如是甚深無上大乗無量義経。

仏説是已、於是三千大千世界六種振動、自然空中雨種種天華・天優鉢羅華・鉢曇摩華・拘物頭華・分陀利華、又雨無数種種天

仏と仏とのみ乃し能く究了したまえり。

結歎無量義経乃至勧学・結歎

善男子よ。是の故に我は、微妙甚深無上大乗無量義経は文理真正にして、尊にして過上無く、（明経勢力）三世の諸仏の共に守護したまう所、衆魔・外道の入ることを得ること有ること無く、一切の邪見生死の壊敗する所と為らずと説く。（勧学）菩薩摩訶薩は若し疾く無上菩提を成ぜんと欲せば、応当に是くの如き甚深無上大乗無量義経を修学すべし」と。

明此方随喜供養分

仏は是を説きたまい已わって、是に於いて三千大千世界は六種に振動し、自然に空中より種種の天華・天優鉢羅華・鉢曇摩華・拘物頭華・分陀利華を雨らし、又無数種種の天香・天衣・天瓔珞・天無価宝を雨らして、上空

香・天衣・天瓔珞・天無価宝、於上空中旋転来下、供養於仏、及諸菩薩・声聞大衆。天厨天鉢器、天百味食充満盈溢、天幢・天幡・天軒蓋・天妙楽具、処処安置、作天妓楽、歌歎於仏。

又復六種振動東方恒河沙等諸仏世界、亦雨天華・天香・天衣・天瓔珞・天無価宝・天厨天鉢器・天百味・天幢・天幡・天軒蓋・天妙楽具、作天妓楽、歌歎彼仏、及彼菩薩・声聞大衆。南西北方、

の中於り旋転して来下し、仏、及び諸の菩薩・声聞の大衆に供養す。天厨の天鉢器には、天の百味食は充満盈溢し、天幢・天幡・天軒蓋・天妙楽具は処処に安置し、天の妓楽を作して、仏を歌歎したてまつる。

明他方随喜供養分

又復六種に東方の恒河沙等の諸仏の世界を振動し、亦天華・天香・天衣・天瓔珞・天無価宝・天厨の天鉢器・天の百味・天幢・天幡・天軒蓋・天妙楽具を雨らし、天の妓楽を作して、彼の仏、及び彼の菩薩・声聞の大衆を歌歎したてまつる。南西北方、四維上下も亦復是くの如し。

四維上下、亦復如是。

於是衆中三万二千菩薩摩訶薩得無量義三昧、三万四千菩薩摩訶薩得無数無量陀羅尼門、能転一切三世諸仏不退法輪。

其諸比丘・比丘尼・優婆塞・優婆夷、天・竜・夜叉・乾闥婆・阿修羅・迦楼羅・緊那羅・摩睺羅伽、大転輪王・小転輪王、銀輪・鉄輪・諸輪之王、国王・王子・国臣・国民・国士・国女・国大長者、及諸眷属百千衆、倶

明得益

是に於いて衆中の三万二千の菩薩摩訶薩は無量義三昧を得、三万四千の菩薩摩訶薩は無数無量の陀羅尼門を得、能く一切三世の諸仏の不退の法輪を転ず。

其の諸の比丘・比丘尼・優婆塞・優婆夷、天・竜・夜叉・乾闥婆・阿修羅・迦楼羅・緊那羅・摩睺羅伽、大転輪王・小転輪王、銀輪・鉄輪・諸輪の王、国王・王子・国臣・国民・国士・国女・国大長者、及び諸の眷属百千衆は、倶に仏如来の是の経を説きたまうを聞きたてまつる時、或は煖法・頂法・世間第一法・須陀洹果・斯陀含果・阿那含果・阿羅漢果・辟支仏果を得、又菩薩の無

聞仏如来説是経時、或得煖法・頂法・世間第一法・須陀洹果・斯陀含果・阿那含果・阿羅漢果・辟支仏果、又得菩薩無生法忍、又得一陀羅尼、又得二陀羅尼、又得三陀羅尼、又得四陀羅尼、五・六・七・八・九・十陀羅尼、又得百千万億陀羅尼、又得無量無数恒河沙阿僧祇陀羅尼、皆能随順転不退転法輪。無量衆生発阿耨多羅三藐三菩提心。

生法忍を得、又一陀羅尼を得、又二陀羅尼を得、又三陀羅尼を得、又四陀羅尼、五・六・七・八・九・十陀羅尼を得、又百千万億陀羅尼を得、又無量無数恒河沙阿僧祇陀羅尼を得て、皆能く随順して不退転の法輪を転ず。無量の衆生は、阿耨多羅三藐三菩提の心を発しき。

無量義経十功徳品第三

爾時大荘厳菩薩摩訶薩復白仏
言、
世尊。世尊説是微妙甚深無上
大乗無量義経。真実甚深、甚深
甚深。
所以者何、於此衆中、諸菩薩
摩訶薩及諸四衆、天・竜・鬼神、
国王・臣民、諸有衆生、聞是甚
深無上大乗無量義経、無不獲得

無量義経十功徳品第三

流通分
菩薩発問

爾の時、大荘厳菩薩摩訶薩は復仏に白して言さく、

標歎正説経

「世尊よ。世尊は是の微妙甚深無上大乗無量義経を説きたまう。真実甚深、甚深甚深なり。

挙利益勧知・挙利益・挙所利益人

所以は何ん、此の衆の中に於いて、諸の菩薩摩訶薩、及び諸の四衆、天・竜・鬼神、国王・臣民、諸有衆生は、

明能利益経

是の甚深無上大乗無量義経を聞いて、

明利益名

陀羅尼門、三法・四果、菩提の心を獲得せざること無ければなり。

陀羅尼門、三法・四果、菩提之心。

当知此法文理真正、尊無過上、三世諸仏之所守護、無有衆魔群道得入、不為一切邪見生死之所壊敗。所以者何、一聞、能持一切法故。

若有衆生得聞是経、則為大利。所以者何、若能修行、必得疾成無上菩提。

其有衆生不得聞者、当知是等為失大利。過無量無辺不可思議阿僧祇劫、終不得成無上菩提。

勧知
当に知るべし、歎経徳 此の法は文理真正にして、尊にして過上無く、三世の諸仏の守護したまう所、衆魔・群道の入ることを得ること有ること無く、一切の邪見生死の壊敗する所と為らず。釈利益所由 所以は何ん、一たび聞けば、能く一切の法を持つが故なり。
明得聞不得聞之利失 若し衆生有って是の経を聞くことを得ば、則ち大利と為す。所以は何ん、若し能く修行せば、必ず疾く無上菩提を成ずることを得ればなり。
其し衆生有って聞くことを得ずは、当に知るべし、是等は為れ大利を失えり。無量無辺不可思議阿僧祇劫を過ぐるとも、終に無上菩提を成ずることを得ず。所以は何

所以者何、不知菩提大直道故、
行於険逕、多留難故。
世尊。是経典者、不可思議。
唯願世尊広為大衆、慈哀敷演是
経甚深不思議事。
世尊。是経典者、従何所来、
去何所至、住何所住、乃有如是
無量功徳不思議力、令衆疾成阿
耨多羅三藐三菩提。
爾時世尊告大荘厳菩薩摩訶薩
言、
善哉善哉。善男子。如是如是。

ん、菩提の大直道を知らざるが故に、険逕を行くに、留難多きが故なり。

為衆発問・歎経請説

世尊よ。是の経典は、不可思議なり。唯願わくは世尊よ、広く大衆の為に、慈哀して是の経の甚深不思議の事を敷演したまえ。

正問是経来至住

世尊よ。是の経典は、何所従りか来り、去って何所にか至り、住して何所にか住して、乃し是くの如き無量の功徳、不思議の力有って、衆をして疾く阿耨多羅三藐三菩提を成ぜしめたまうや」と。

如来答

爾の時、世尊は大荘厳菩薩摩訶薩に告げて言わく、

歎領解及是経徳

「善き哉、善き哉。善男子よ。是くの如し、是くの如

如汝所説。善男子。我説是経、甚深甚深、真実甚深。所以者何、令衆疾成無上菩提故、一聞、能持一切法故、於諸衆生大利益故、行大直道無留難故。

善男子。汝問是経従何所来、去何所至、住何所住者、当善諦聴。

善男子。是経本従諸仏室宅中来、去至一切衆生発菩提心、住諸菩薩所行之処。

善男子。是経如是来、如是去、

し。汝が説く所の如し。善男子よ。我は是の経を説くこと、甚深甚深、真実甚深なり。所以は何ん、衆をして疾く無上菩提を成ぜしむるが故に、一たび聞けば、能く一切の法を持つが故に、諸の衆生に於いて、大いに利益するが故に、大直道を行くに留難無きが故なり。

牒先問勧聴

善男子よ。汝は是の経は何所従りか来り、去って何所にか至り、住して何所にか住すると問わば、当に善く諦らかに聴くべし。

正答

明所来処（諸仏大慈悲）

善男子よ。是の経は本諸仏の室宅の中従り来り、

明所到処

去って一切衆生の発菩提心に至り、

明所住処

諸の菩薩の行ずる所の処に住す。

明功徳

善男子よ。

明功徳之所由

是の経は是くの如く来り、是くの如く去り、

如是住。是故此経能有如是無量功徳不思議力、令衆疾成無上菩提。

善男子。汝寧欲聞是経復有十不思議功徳力不。

大荘厳菩薩言、

願楽欲聞。

仏言、

善男子。第一是経能令菩薩未発心者、発菩提心。

無慈仁者、起於慈心、好殺戮者、起大悲心、生嫉妬者、起随

結功徳力之能有

是くの如く住したまえり。是の故に此の経は、能く是くの如き無量の功徳、不思議の力有って、

明直道能成

衆をして疾く無上菩提を成ぜしむ。

如来試問

善男子よ。汝は寧ろ是の経に復十の不思議の功徳力有るを聞かんと欲すや不や」と。

大荘厳欲聞奉答

大荘厳菩薩の言さく、

「願楽わくは聞きたてまつらんと欲す」と。

如来正答

仏の言わく、

明十不思議功徳力・第一浄心不思議力　明発覚心

「善男子よ。第一に是の経は能く菩薩の未だ発心せざる者をして、菩提心を発さしむ。

明四無量心

慈仁無き者には慈心を起こさしめ、殺戮を好む者には大悲の心を起こさしめ、嫉妬を生ずる者には随喜の心を

喜心、有愛著者、起能捨心。
諸慳貪者、起布施心、多憍慢者、起持戒心、瞋恚盛者、起忍辱心、生懈怠者、起精進心、諸散乱者、起禅定心、多愚癡者、起智慧心。
未能度彼者、起度彼心、行十悪者、起十善心、楽有為者、志無為心、有退心者、作不退心、為有漏者、起無漏心、多煩悩者、起除滅心。
善男子。是名是経第一功徳不

起こさしめ、愛著有る者には能く捨つる心を起こさしむ。

明六度心

諸の慳貪の者には布施の心を起こさしめ、憍慢多き者には持戒の心を起こさしめ、瞋恚盛んなる者には忍辱の心を起こさしめ、懈怠を生ずる者には精進の心を起こさしめ、諸の散乱の者には禅定の心を起こさしめ、愚癡多き者には智慧の心を起こさしむ。

明六種心

未だ彼を度すること能わざる者には彼を度する心を起

明転十悪業則成十善

こさしめ、十悪を行ずる者には十善の心を起こさしめ、有為を楽う者には無為の心を志さしめ、退心有る者には不退の心を作さしめ、有漏を為す者には無漏の心を起こさしめ、煩悩多き者には除滅の心を起こさしむ。

結第一功徳力

善男子よ。是を是の経の第一の功徳不思議の力と名づ

思議力。

善男子。第二是経不可思議功徳力者、若有衆生得聞是経者、若一転、若一偈、乃至一句、則能通達百千億義、無量数劫不能演説所受持法。所以者何、以其是法義無量故。

善男子。是経譬如従一種子生百千万、百千万中一一復生百千万数、如是展転乃至無量、是経典者亦復如是。従於一法生百千義、百千義中一一復生百千万数、

く。

第二義生不思議力・標

善男子よ。第二に是の経の不可思議の功徳力とは、明能 若し転人 衆生有って是の経を聞くことを得ば、若しは一転、若しは一偈、乃至一句もせば、明所得利益 則ち能く百千億の義に通達して、無量数劫にも、受持する所の法を演説すること能わじ。明得利所由 所以は何ん、其れ是の法は義無量なるを以ての故なり。

開譬

善男子よ。是の経は譬えば一の種子従り百千万を生じ、百千万の中より一一に復百千万数を生じ、是くの如く展転して乃ち無量に至るが如く、合譬 是の経典は亦復是くの如し。一法従り百千の義を生じ、百千の義の中より一一に復百千万数を生じ、是くの如く展転して乃ち無量無辺の

如是展転乃至無量無辺之義。是故此経名無量義。

善男子。是名是経第二功徳不思議力。

善男子。第三是経不可思議功徳力者、若有衆生得聞是経、若一転、若一偈、乃至一句、通達百千万億義已、雖有煩悩、如無煩悩、出入生死、無怖畏想。於諸衆生生憐愍心、於一切法得勇健想。

如壮力士能担能持諸有重者、

義に至る。〔結経名〕是の故に此の経を無量義と名づく。

〔結第二功徳力〕善男子よ。是を是の経の第二の功徳不思議の力と名づく。

〔第三船師不思議力・標〕善男子よ。第三に是の経の不可思議の功徳力とは、〔挙能〕若〔転人〕し衆生有って是の経を聞くことを得て、若しは一転、若しは一偈、乃至一句もせば、〔明得益〕百千万億の義に通達し已わって、煩悩有りと雖も、煩悩無きが如く、生死に出入すれども、怖畏の想い無けん。諸の衆生に於いて憐愍の心を生じ、一切の法に於いて、勇健の想いを得ん。

〔挙譬〕壮んなる力士の諸有重き者を、能く担い能く持つが如く、

是持経人亦復如是、能荷無上菩提重宝、担負衆生、出生死道。未能自度、已能度彼。猶如船師身嬰重病、四体不御、安止此岸、有好堅牢舟船、常辦諸度彼者之具、給与而去、是持経者亦復如是、雖嬰五道諸有之身百八重病、恒常相纏、安止無明・老・死此岸、而有堅牢此大乗経無量義辦能度衆生、如説行者、得度生死。

善男子。是名是経第三功徳不

合譬

是の持経の人も亦復是くの如く、能く無上菩提の重き宝を荷い、衆生を担負して、生死の道を出だす。未だ自ら度すること能わざれども、已に能く彼を度せん。

更挙譬

猶船師の身は重病に嬰り、四体御まらずして、此の岸に安止すれども、好き堅牢の舟船有って、常に諸の彼を度する者の具を辦ぜるを、給い与えて去らしむるが如く、

合得益

是の持経者も亦復是くの如く、五道の諸有ものの身の百八の重病に嬰り、恒常に相纏われて、無明・老・死の此の岸に安止せりと雖も、堅牢なる此の大乗経無量義の能く衆生を度することを辦ずること有り、説の如く行ずる者は、生死を度することを得。

結第三功徳力

善男子よ。是を是の経の第三の功徳不思議の力と名づ

思議力。

善男子。第四是経不可思議功徳力者、若有衆生得聞是経、若一転、若一偈、乃至一句、得勇健想、雖未自度、而能度他。与諸菩薩以為眷属、諸仏如来常向是人、而演説法。是人聞已、悉能受持、随順不逆、転復為人随宜広説。

善男子。是人譬如国王・夫人、新生王子。若一日、若二日、若至七日、若一月、若二月、若至

く。

第四王子不思議力・標

明能

善男子よ。第四に是の経の不可思議の功徳力とは、若

転人

し衆生有って是の経を聞くことを得て、若しは一転、若

明得利

しは一偈、乃至一句もせば、勇健の想いを得て、未だ自ら度せずと雖も、能く他を度せん。諸の菩薩と、以て眷属と為り、諸仏如来は常に是の人に向かって、法を演説したまわん。是の人は聞き已わって、悉く能く受持し、随順して逆らわず、転復人の為に宜しきに随って広く説かん。

開譬

善男子よ。是の人は譬えば国王と夫人の新たに王子を生ぜんが如し。若しは一日、若しは二日、若しは七日に至り、若しは一月、若しは二月、若しは七月に至り、若

七月、若一歳、若二歳、若至七歳、雖復不能領理国事、已為臣民之所宗敬、諸大王子以為伴侶。王及夫人愛心偏重、常与共語。所以者何、以稚小故。

善男子。是持経者亦復如是、諸仏国王是経夫人和合、共生是菩薩子。若菩薩得聞是経、若一句、若一偈、若一転、若二転、若十、若百、若千、若万、若億万恒河沙無量無数転、雖復不能体真理極、雖復不能振動三千大

しは一歳、若しは二歳、若しは七歳に至り、復国事を領理すること能わずと雖も、已に臣民の宗敬する所と為り、諸の大王の子をば、以て伴侶と為さん。王及び夫人は、愛心偏に重くして、常に与共に語らん。所以は何ん、稚小なるを以ての故なり。

合譬

善男子よ。是の持経者も亦復是くの如く、諸仏の国王と是の経の夫人と和合して、共に是の菩薩の子を生ず。若し菩薩は、是の経の若しは一句、若しは一偈、若しは一転、若しは二転、若しは十、若しは百、若しは千、若しは万、若しは億万恒河沙無量無数転ずるを聞くことを得ば、復真理の極を体ること能わずと雖も、復三千大千の国土を振動し、雷奮梵音もて大法輪を転ずること能わ

千国土、雷奮梵音転大法輪、已為一切四衆・八部之所宗仰、諸大菩薩以為眷属。深入諸仏秘密之法、所可演説、無違無失、常為諸仏之所護念、慈愛偏覆。以新学故。

善男子。是名是経第四功徳不思議力。

善男子。第五是経不可思議功徳力者、若善男子・善女人、若仏在世、若滅度後、其有受持・読誦・書写如是甚深無上大乗無

ずと雖も、已に一切の四衆・八部の宗仰する所と為り、諸の大菩薩をば、以て眷属と為さん。深く諸仏の秘密の法に入って、演説す可き所は、違うこと無く失無く、常に諸仏の護念する所と為り、慈愛に偏に覆われん。新学なるを以ての故なり。

結第四功徳力

善男子よ。是を是の経の第四の功徳不思議の力と名づく。

第五竜子不思議力・標

善男子よ。第五に是の経の不可思議の功徳力とは、

明能持人

若し善男子・善女人、若しは仏世に在るも、若しは滅度して後も、其し是くの如き甚深無上大乗無量義経を受持・読誦・書写すること有らば、

明得益

是の人は復縛煩悩を具して、

量義経、是人雖復具縛煩悩、未能遠離諸凡夫事、而能示現大菩薩道、演於一日以為百劫、百劫亦能促為一日、令彼衆生歓喜信伏。善男子。是善男子・善女人、譬如竜子始生七日、即能興雲、亦能降雨。

善男子。是名是経第五功徳不思議力。

善男子。第六是経不可思議功徳力者、若善男子・善女人、若仏在世、若滅度後、受持・読誦

未だ諸の凡夫の事を遠離すること能わずと雖も、能く大菩薩の道を示現し、一日を演べて以て百劫と為し、百劫を亦能く促めて一日と為して、彼の衆生をして歓喜し信伏せしめん。明譬釈 善男子よ。是の善男子・善女人は、譬えば竜子始めて生まれて七日に、即ち能く雲を興し、亦能く雨を降らすが如し。

結第五功徳力

善男子よ。是を是の経の第五の功徳不思議の力と名づく。

第六治等不思議力・標

善男子よ。第六に是の経の不可思議の功徳力とは、明能持人 若し善男子・善女人、若しは仏世に在るも、若しは滅度して後も、是の経典を受持・読誦せば、明得益 煩悩を具せりと雖

是経典者、雖具煩悩、而為衆生説法、令得遠離煩悩生死、断一切苦。衆生聞已、修行得法、得果得道、与仏如来等無差別。

譬如王子雖復稚小、若王巡遊、及以疾病、委是王子、領理国事。王子是時依大王命、如法教令群僚百官、宣流正化、国土人民各随其要、如大王治等無有異。持経善男子・善女人亦復如是。

若仏在世、若滅度後、是善男

も、衆生の為に法を説いて、煩悩生死を遠離し、一切の苦を断ずることを得しめん。衆生は聞き已わって、修行して得法、得果、得道すること、仏如来と等しく、差別無けん。

開譬 譬えば王子復稚小なりと雖も、若し王巡遊し、及以び疾病せば、是の王子に委せて、国事を領理せしむるが如し。王子は是の時、大王の命に依って、法の如く群僚百官を教令し、正化を宣流するに、国土の人民は各其の要に随って、大王の治するが如く、等しくして異なること有ること無し。合譬 持経の善男子・善女人も亦復是くの如し。

若しは仏世に在るも、若しは滅度して後も、是の善男

子雖未得住初不動地、依仏如是用説教法、而敷演之、衆生聞已、一心修行、断除煩悩、得法得果、乃至得道。

善男子。是名是経第六功徳不思議力。

善男子。第七是経不可思議功徳力者、若善男子・善女人、於仏在世、若滅度後、得聞是経、歓喜信楽、生希有心、受持・読誦・書写・解説、如説修行、発菩提心、起諸善根、興大悲意、

子未だ初不動地に住することを得ずと雖も、仏の是くの如く教法を用説したまうに依って、之を敷演せんに、衆生は聞き已わって、一心に修行せば、煩悩を断除し、得法、得果、乃至得道せん。

結第六功徳力

善男子よ。是を是の経の第六の功徳不思議の力と名づく。

第七封賞不思議力・標

善男子よ。第七に是の経の不可思議の功徳力とは、若し善男子・善女人、仏世に在るに於いても、若しは滅度して後も、是の経を聞くことを得て、歓喜し信楽し、希有の心を生じ、受持・読誦・書写・解説し、説の如く修行し、菩提心を発し、諸の善根を起こし、大悲の意を興して、一切の苦悩の衆生を度せんと欲せば、未だ六波羅

明能持人

明得益

欲度一切苦悩衆生、雖未得修行六波羅蜜、六波羅蜜自然在前、即於是身得無生法忍、生死・煩悩一時断壊、昇於菩薩第七之地。譬如健人為王除怨、怨既滅已、王大歓喜、賞賜半国之封、悉以与之、持経善男子・善女人亦復如是。於諸行人最為勇健。六度法宝不求自得至。生死怨敵自然散壊、証無生忍半仏国宝、封賞安楽。

善男子。是名是経第七功徳不

蜜を修行することを得ずと雖も、六波羅蜜は自然に前に在り、即ち是の身に於いて無生法忍を得、生死・煩悩は一時に断壊して、菩薩の第七の地に昇らん。

開譬

譬えば健やかなる人の王の為に怨を除くに、怨既に滅し已わりなば、王は大いに歓喜して、半国の封を賞賜し、悉く以て之に与えんが如く、合譬 持経の善男子・善女人も亦復是くの如し。諸の行人に於いて、最も為れ勇健なり。六度の法宝は、求めざるに自ずから至ることを得たり。生死の怨敵は、自然に散壊し、無生忍の半仏国の宝を証し、封の賞あって安楽ならん。

結第七功徳力

善男子よ。是を是の経の第七の功徳不思議の力と名づ

思議力。

善男子。第八是経不可思議功徳力者、若善男子・善女人、若仏在世、若滅度後、有人能得是経典者、敬信如視仏身、令等無異、愛楽是経、受持・読誦・書写・頂戴、如法奉行、堅固戒・忍、兼行檀度、深発慈悲、以此無上大乗無量義経、広為人説。

若人先来都不信有罪福者、以是経示之、設種種方便、強化令信。以経威力故、発其人信心、

く。

第八得忍不思議力・標持人

明能

善男子よ。第八に是の経の不可思議の功徳力とは、若し善男子・善女人、若しは仏世に在るも、若しは滅度して後も、人有って能く是の経典を得ば、敬信すること仏身を視たてまつるが如くにして、等しくして異なること無からしめ、是の経を愛楽して、受持・読誦・書写・頂戴し、法の如く奉行し、戒・忍を堅固し、兼ねて檀度を行じ、深く慈悲を発して、此の無上大乗無量義経を以て、広く人の為に説かん。

明得益

若し人の先より来、都て罪福有ることを信ぜずは、是の経を以て之を示して、種種の方便を設け、強いて化して信ぜしめん。経の威力を以ての故に、其の人の信心を

欻然得迴。信心既発、勇猛精進故、能得是経威徳勢力、得道得果。

是故善男子・善女人、以蒙化功徳故、男子・女人即於是身得無生法忍、得至上地、与諸菩薩以為眷属、速能成就衆生、浄仏国土、不久得成無上菩提。

善男子。是名是経第八功徳不思議力。

善男子。第九是経不可思議功徳力者、若善男子・善女人、若

発し、欻然として迴することを得ん。信心既に発って、勇猛精進するが故に、能く是の経の威徳勢力を得て、得道、得果せん。

重結大果益

是の故に善男子・善女人は、化の功徳を蒙るを以ての故に、男子・女人は即ち是の身に於いて無生法忍を得、上地に至ることを得て、諸の菩薩と、以て眷属と為って、速やかに能く衆生を成就し、仏国土を浄め、久しからずして無上菩提を成ずることを得ん。

結第八功徳力

善男子よ。是を是の経の第八の功徳不思議の力と名づく。

第九抜済不思議力・標

明能持人

善男子よ。第九に是の経の不可思議の功徳力とは、若し善男子・善女人、若しは仏世に在るも、若しは滅度し

仏在世、若滅度後、有得是経、歓喜踊躍、得未曽有、受持・読誦・書写・供養、広為衆人分別解説是経義者、即得宿業余罪重障、一時滅尽、便得清浄、逮得大弁、次第荘厳諸波羅蜜、獲諸三昧首楞厳三昧、入大総持門、得勤精進力、速得越上地、善能分身散体、遍十方国土、抜済一切二十五有極苦衆生、悉令解脱。是故是経有如此力。善男子。是名是経第九功徳不

て後も、是の経を得ること有って、歓喜踊躍し、未曽有なることを得て、受持・読誦・書写・供養し、広く衆人の為に是の経の義を分別し解説せば、即ち宿業の余罪重障、一時に滅尽することを得、便ち清浄なることを得て、大弁を逮得し、次第に諸の波羅蜜を荘厳し、諸の三昧、首楞厳三昧を獲、大総持門に入り、勤精進力を得て、速やかに上地に越ゆることを得、善能く分身散体して、十方の国土に遍じ、一切二十五有の極苦の衆生を抜済して、悉く解脱せしめん。是の故に是の経に此くの如き力有す。善男子よ。是を是の経の第九の功徳不思議の力と名づ

明得益

結経力

重結第九功徳力

思議力。

善男子。第十是経不可思議功徳力者、若善男子・善女人、若仏在世、若滅度後、若得是経、発大歓喜、生希有心、既自受持・読誦・書写・供養、如説修行、復能広勧在家・出家人、受持・読誦・書写・供養・解説、如法修行、既令余人修行是経力故、得道得果、皆由是善男子・善女人慈心懃化力故、是善男子・善女人、即於是身、便逮得無量諸

く。

第十登地不思議力・標

善男子よ。第十に是の経の不可思議の功徳力とは、若（明能）し善男子・善女人、若しは仏世に在るも、若しは滅度して後も、若し是の経を得て大歓喜を発し、希有の心を生じ、既に自ら受持・読誦・書写・供養し、説の如く修行し、復能く広く在家・出家の人を勧めて、受持・読誦・書写・供養・解説し、法の如く修行せしめば、既に余人をして是の経を修行せしむる力の故に、得道、得果せんこと、皆是の善男子・善女人の慈心もて懃ろに化する力に由るが故に、（持人）（明得益）是の善男子・善女人は即ち是の身に於いて、便ち無量の諸の陀羅尼門を逮得せん。

陀羅尼門。

於凡夫地、自然初時、能発無数阿僧祇弘誓大願、深能発救一切衆生、成就大悲、広能抜衆苦、厚集善根、饒益一切。而演法沢、洪潤枯涸、能以法薬、施諸衆生、安楽一切、漸見超登、住法雲地。恩沢普潤、慈被無外、摂苦衆生、令入道跡。是故此人不久得成阿耨多羅三藐三菩提。

善男子。是名是経第十功徳不思議力。

凡夫地に於いて、自然に初めの時に、能く無数阿僧祇の弘誓大願を発し、深く能く一切衆生を救わんことを発し、大悲を成就し、広く能く衆の苦を抜き、厚く善根を集めて、一切を饒益せん。而して法の沢いを演べて、洪いに枯涸に潤し、能く法の薬を以て、諸の衆生に施し、一切を安楽し、漸見超登して、法雲地に住せん。恩沢は普く潤し、慈もて被うこと外無く、苦の衆生を摂めて、道跡に入らしめん。是の故に此の人は、久しからずして阿耨多羅三藐三菩提を成ずることを得ん。

結第十功徳力

善男子よ。是を是の経の第十の功徳不思議の力と名づく。

善男子。如是無上大乗無量義経、極有大威神之力、尊無過上、能令諸凡夫皆成聖果、永離生死、皆得自在。是故是経名無量義也。能令一切衆生、於凡夫地、生起諸菩薩無量道牙、令功徳樹、鬱茂・扶蔬・増長。是故此経号不可思議功徳力。

於時大荘厳菩薩摩訶薩及八万菩薩摩訶薩、同声白仏言、

世尊。如仏所説甚深微妙無上大乗無量義経、文理真正、尊無

結十功徳力・結得名之義

善男子よ。是くの如き無上大乗無量義経は、極めて大威神の力有して、尊にして過上無く、能く諸の凡夫をして皆聖果を成じ、永く生死を離れて、皆自在なることを得しめたまう。是の故に是の経を無量義と名づくるなり。

結歎力能

能く一切衆生をして、凡夫地に於いて、諸の菩薩の無量の道牙を生起せしめ、功徳の樹をして、鬱茂・扶蔬・増長せしめたまう。

重結十功徳

是の故に此の経を不可思議の功徳力と号づく」と。

明大荘厳菩薩領解・経家之辞

時に大荘厳菩薩摩訶薩、及び八万の菩薩摩訶薩は、声を同じくして仏に白して言さく、

領解説法品経

「世尊よ。仏の説きたまう所の如き甚深微妙無上大乗無量義経は、文理真正に、尊にして過上無く、三世の諸

過上、三世諸仏所共守護、無有衆魔群道得入、不為一切邪見生死之所壊敗。是故此経乃有如是十功徳不思議力也。

大饒益無量一切衆生、令一切諸菩薩摩訶薩各得無量義三昧、或得百千陀羅尼門、或令得菩薩諸地・諸忍、或得縁覚・羅漢四道果証。世尊慈愍、快為我等説如是法、令我大獲法利。甚為奇特、未曽有也。世尊慈恩、実難可報。

仏の共に守護したまう所、衆魔・群道の入ることを得ること有ること無く、一切の邪見生死の壊敗する所と為らず。

解領十功徳不思議力

是の故に此の経は、乃ち是くの如き十の功徳不思議の力有すなり。

重讃時会得益・総挙得益

大いに無量の一切衆生を饒益し、

明大乗得益

一切の諸の菩薩摩訶薩をして、各無量義三昧を得、或は百千陀羅尼門を得しめ、或は菩薩の諸地・諸忍を得しめ、

明小乗得益

或は縁覚・羅漢の四道果の証を得しめたまう。

明能益人法

世尊は慈愍して、快く我等が為に是くの如き法を説いて、

明所益人法

我をして大いに法利を獲しめたまう。

歎能所奇妙

甚だ為れ奇特に、未曽有なり。

歎世尊恩深

世尊の慈恩は、実に報ず可きこと難し」と。

作是語已、爾時三千大千世界六種振動、於上空中復雨種種天華・天優鉢羅華・鉢曇摩華・拘物頭華・分陀利華、又雨無数種種天香・天衣・天瓔珞・天無価宝、於上空中旋転来下、供養於仏、及諸菩薩・声聞大衆。天厨天鉢器、天百味充満盈溢、見色聞香、自然飽足。天幢・天幡・天軒蓋・天妙楽具、処処安置、作天妓楽、歌歎於仏。

又復六種震動東方恒河沙等諸

現瑞相供養会三宝・明此土供養

是の語を作し已わって、爾の時、三千大千世界は六種に振動し、上空の中於り復種種の天華・天優鉢羅華・鉢曇摩華・拘物頭華・分陀利華を雨らし、又無数種種の天香・天衣・天瓔珞・天無価宝を雨らして、上空の中於り旋転して来下し、仏、及び諸の菩薩・声聞の大衆に供養す。天厨の天鉢器には、天の百味は充満盈溢し、色を見香を聞ぐに、自然に飽足す。天幢・天幡・天軒蓋・天妙楽具は、処処に安置し、天の妓楽を作して、仏を歌歎したてまつる。

明彼土東方瑞相供養

又復六種に東方の恒河沙等の諸仏の世界を震動す。亦

仏世界。亦雨天華・天香・天衣・天瓔珞・天無価宝、天厨天鉢器天百味、見色聞香、自然飽足。天幢・天幡・天軒蓋・天妙楽具、処処安置、作天妓楽、歌歎彼仏、及諸菩薩・声聞大衆。南西北方、四維上下、亦復如是。

爾時仏告大荘厳菩薩摩訶薩及八万菩薩摩訶薩言、

汝等当於此経、応深起敬心、如法修行、広化一切、懃心流布。常当慇懃昼夜守護、令諸衆生各

天華・天香・天衣・天瓔珞・天無価宝を雨らし、天厨の天鉢器には天の百味、色を見香を聞ぐに、自然に飽足す。天の天幢・天幡・天軒蓋・天妙楽具は、処処に安置し、天の妓楽を作して、彼の仏、及び諸の菩薩・声聞の大衆を歌歎したてまつる。

明九方瑞相供養

南西北方・四維上下も亦復是くの如し。

付嘱大荘厳菩薩・経家之辞

爾の時、仏は大荘厳菩薩摩訶薩、及び八万の菩薩摩訶薩に告げて言わく、

明勧学守護二流通

「汝等は当に此の経に於いて、応に深く敬心を起こし、法の如く修行し、広く一切を化して、懃心に流布すべし。常に当に慇懃に昼夜に守護して、諸の衆生をして各法利

獲法利。汝等真是大慈大悲。以立神通願力、守護是経、勿使疑滞。

汝於当時必令広行閻浮提、令一切衆生使得見聞・読誦・書写・供養。以是之故、亦疾令汝等速得阿耨多羅三藐三菩提。

是時大荘厳菩薩摩訶薩与八万菩薩摩訶薩、即従座起、来詣仏所、頭面礼足、遶百千帀、即前胡跪、倶共同声白仏言、

世尊。我等快蒙世尊慈愍。為

を獲しむべし。汝等は真に是れ大慈大悲なり。以て神通の願力を立てて、是の経を守護して、疑滞せしむること勿れ。

明広行流通
汝は当の時に於いて、必ず広く閻浮提に行ぜしめ、一切衆生をして見聞・読誦・書写・供養することを得しめよ。明流通自利益 是を以ての故に、亦疾く汝等をして速やかに阿耨多羅三藐三菩提を得しめん」と。

時会大衆敬受仏勅滅後弘経段・経家之辞・明大衆敬仏威儀
是の時、大荘厳菩薩摩訶薩は、八万の菩薩摩訶薩と、即ち座従り起って、仏の所に来詣して、頭面に足を礼し、遶ること百千帀して、答仏勅 即ち前んで胡跪し、倶共に声を同じくして仏に白して言さく、

明聴説経受仏勅者
「世尊よ。我等は快く世尊の慈愍を蒙りぬ。我等が為

我等説是甚深微妙無上大乗無量義経。敬受仏勅、於如来滅後、当広令流布是経典者、普令一切受持・読誦・書写・供養。

唯願勿垂憂慮。我等当以願力、普令一切衆生使得此経、見聞・読誦・書写・供養、得是経威神之福。

爾時仏讃言、

善哉善哉。諸善男子。汝等今者真是仏子。弘大慈大悲、深能抜苦救厄者。一切衆生之良福田。

に是の甚深微妙無上大乗無量義経を説きたまう。敬んで仏勅を受けて、明滅後普令一切修十正行 如来滅して後に於いて、当に広く是の経典を流布する者をして、普く一切をして受持・読誦・書写・供養せしむべし。

明奉慰如来大悲 唯願わくは憂慮を垂れたまうこと勿れ。明奉慰之所由 我等は当に願力を以て、普く一切衆生をして此の経をば見聞・読誦・書写・供養することを得、是の経の威神の福を得しむべし」と。

讃歎流通・経家之辞 爾の時、仏は讃めて言わく、

歎受職之子 「善き哉、善き哉。諸の善男子よ。汝等は今者、真に是れ仏子なり。歎抜苦与楽之功 弘き大慈大悲もて深く能く苦を抜き、歎応供無損之力 厄を救う者なり。一切衆生の良福田なり。歎大良導師之智 広く一切の為に

広為一切作大良導。一切衆生之
大依止処。一切衆生之大施主。
常以法利広施一切。
爾時大会皆大歓喜、為仏作礼、
受持而去。

無量義経

歎禅定福徳之処
歎財法無畏之施

大良導と作れり。一切衆生の大依止処なり。一切衆生の
大施主なり。常に法利を以て、広く一切に施せ」と。

大衆歓喜受持

爾の時、大会は皆大いに歓喜して、仏の為に礼を作し、
受持して去りにき。

無量義経

妙法蓮華経

妙法蓮華経　巻第一

妙法蓮華経序品第一

如是我聞。一時仏住王舎城耆闍崛山中、与大比丘衆万二千人倶。皆是阿羅漢、諸漏已尽、無復煩悩、逮得己利、尽諸有結、心得自在。

其名曰阿若憍陳如・摩訶迦葉・優楼頻螺迦葉・伽耶迦葉・那提迦葉・舎利弗・大目揵連・摩訶迦旃延・阿㝹楼駄・劫賓那・憍

妙法蓮華経序品第一

（迹門序分　通序・所聞之法体）是くの如きを我聞き。（能持之人）一時、（時）仏は（主）王舎城の耆闍崛山（処）の中に住したまい、大比丘衆、（衆・列声聞衆・比丘衆・多知識衆）万二千人と倶なりき。皆是れ阿羅漢にして、諸の漏已に尽き、復煩悩無く、己の利を逮得し、諸の有結を尽くして、心に自在なることを得たり。

其の名を阿若憍陳如・摩訶迦葉・優楼頻螺迦葉・伽耶迦葉・那提迦葉・舎利弗・大目揵連・摩訶迦旃延・阿㝹楼駄・劫賓那・憍梵波提・離婆多・畢陵伽婆蹉・薄拘羅・摩訶拘絺羅・難陀・孫陀羅難陀・富楼那弥多羅尼子・須

梵波提・離婆多・畢陵伽婆蹉・薄拘羅・摩訶拘絺羅・難陀・孫陀羅難陀・富楼那弥多羅尼子・須菩提・阿難・羅睺羅。如是衆所知識大阿羅漢等。

復有学・無学二千人。

摩訶波闍波提比丘尼、与眷属六千人倶。羅睺羅母耶輸陀羅比丘尼、亦与眷属倶。

菩薩摩訶薩八万人、皆於阿耨多羅三藐三菩提不退転、皆得陀羅尼・楽説弁才、転不退転法輪、

菩提・阿難・羅睺羅と曰う。是くの如き、衆に知識せられたる大阿羅漢等なり。

少知識衆

復学・無学の二千人有り。

比丘尼衆

摩訶波闍波提比丘尼は、眷属六千人と倶なり。羅睺羅の母の耶輸陀羅比丘尼も亦眷属と倶なり。

列菩薩衆

菩薩摩訶薩の八万人は、皆阿耨多羅三藐三菩提に於いて退転せず、皆陀羅尼・楽説弁才を得て、不退転の法輪を転じ、無量百千の諸仏を供養し、諸仏の所に於いて

供養無量百千諸仏、於諸仏所殖衆徳本、常為諸仏之所称歎、以慈修身、善入仏慧、通達大智、到於彼岸、名称普聞無量世界、能度無数百千衆生。

其名曰文殊師利菩薩・観世音菩薩・得大勢菩薩・常精進菩薩・不休息菩薩・宝掌菩薩・薬王菩薩・勇施菩薩・宝月菩薩・月光菩薩・満月菩薩・大力菩薩・無量力菩薩・越三界菩薩・颰陀婆羅菩薩・弥勒菩薩・宝積菩薩・

衆の徳本を殖え、常に諸仏の称歎する所と為り、慈を以て身を修め、善く仏慧に入り、大智に通達し、彼岸に到り、名称普く無量の世界に聞こえ、能く無数百千の衆生を度す。

其の名を文殊師利菩薩・観世音菩薩・得大勢菩薩・常精進菩薩・不休息菩薩・宝掌菩薩・薬王菩薩・勇施菩薩・宝月菩薩・月光菩薩・満月菩薩・大力菩薩・無量力菩薩・越三界菩薩・颰陀婆羅菩薩・弥勒菩薩・宝積菩薩・導師菩薩と曰う。

導師菩薩。

如是等菩薩摩訶薩八万人倶。

爾時釈提桓因、与其眷属二万天子倶。復有名月天子・普香天子・宝光天子・四大天王、与其眷属万天子倶。自在天子・大自在天子、与其眷属三万天子倶。娑婆世界主梵天王・尸棄大梵・光明大梵等、与其眷属万二千天子倶。

有八竜王。難陀竜王・跋難陀竜王・娑伽羅竜王・和修吉竜王・

是くの如き等の菩薩摩訶薩の八万人倶なり。

列雑衆・欲界天衆

爾の時、釈提桓因は、其の眷属の二万の天子と倶なり。復名月天子・普香天子・宝光天子・四大天王有って、其の眷属の万の天子と倶なり。自在天子・大自在天子は、其の眷属の三万の天子と倶なり。

色界天衆

娑婆世界の主の梵天王・尸棄大梵・光明大梵等は、其の眷属の万二千の天子と倶なり。

竜王衆

八竜王有り。難陀竜王・跋難陀竜王・娑伽羅竜王・和修吉竜王・徳叉迦竜王・阿那婆達多竜王・摩那斯竜王・

徳叉迦竜王・阿那婆達多竜王・摩那斯竜王・優鉢羅竜王等。各与若干百千眷属倶。

有四緊那羅王。法緊那羅王・妙法緊那羅王・大法緊那羅王・持法緊那羅王。各与若干百千眷属倶。

有四乾闥婆王。楽乾闥婆王・楽音乾闥婆王・美乾闥婆王・美音乾闥婆王。各与若干百千眷属倶。

有四阿修羅王。婆稚阿修羅王・佉羅騫駄阿修羅王・毘摩質多羅

優鉢羅竜王等なり。各若干百千の眷属と倶なり。

緊那羅王衆

四緊那羅王有り。法緊那羅王・妙法緊那羅王・大法緊那羅王・持法緊那羅王なり。各若干百千の眷属と倶なり。

乾闥婆王衆

四乾闥婆王有り。楽乾闥婆王・楽音乾闥婆王・美乾闥婆王・美音乾闥婆王なり。各若干百千の眷属と倶なり。

阿修羅王衆

四阿修羅王有り。婆稚阿修羅王・佉羅騫駄阿修羅王・毘摩質多羅阿修羅王・羅睺阿修羅王なり。各若干百千

阿修羅王・羅睺阿修羅王。各与若干百千眷属倶。

有四迦楼羅王。大威徳迦楼羅王・大身迦楼羅王・大満迦楼羅王・如意迦楼羅王。各与若干百千眷属倶。

韋提希子阿闍世王、与若干百千眷属倶。

各礼仏足、退坐一面。

爾時世尊四衆囲遶、供養・恭敬・尊重・讃歎、為諸菩薩説大乗経、名無量義、教菩薩法、仏

の眷属と倶なり。

迦楼羅王衆

四迦楼羅王有り。大威徳迦楼羅王・大身迦楼羅王・大満迦楼羅王・如意迦楼羅王なり。各若干百千の眷属と倶なり。

人衆

韋提希の子の阿闍世王は、若干百千の眷属と倶なり。

総結衆集

各仏足を礼し、退いて一面に坐しぬ。

別序・衆集序・衆集威儀

爾の時、世尊は四衆に囲遶せられ、

衆集供養

供養・恭敬・尊重・讃歎せられて、

現瑞序・此土六瑞・説法瑞

諸の菩薩の為に大乗経の無量義と名づけ、菩薩を教うる法にして、仏の護念したまう所を説き

所護念。仏説此経已、結跏趺坐、入於無量義処三昧、身心不動。是時天雨曼陀羅華・摩訶曼陀羅華・曼殊沙華・摩訶曼殊沙華、而散仏上及諸大衆。普仏世界六種震動。

爾時会中比丘・比丘尼・優婆塞・優婆夷、天・竜・夜叉・乾闥婆・阿修羅・迦楼羅・緊那羅・摩睺羅伽、人・非人、及諸小王・転輪聖王、是諸大衆得未曽有、歓喜合掌、一心観仏。

たまう。（入定瑞）仏は此の経を説き已わって、結跏趺坐し、無量義処三昧に入って、身心動じたまわず。（雨華瑞）是の時、天は曼陀羅華・摩訶曼陀羅華・曼殊沙華・摩訶曼殊沙華を雨らして、仏の上、及び諸の大衆に散ず。（地動瑞）普き仏の世界は六種に震動す。

（衆喜瑞）爾の時、会の中の比丘・比丘尼・優婆塞・優婆夷、天・竜・夜叉・乾闥婆・阿修羅・迦楼羅・緊那羅・摩睺羅伽、人・非人、及び諸の小王・転輪聖王、是の諸の大衆は未曽有なることを得て、歓喜し合掌して、一心に仏を観たてまつる。

爾時仏放眉間白毫相光、照東方万八千世界、靡不周遍。下至阿鼻地獄、上至阿迦尼吒天。
於此世界、尽見彼土六趣衆生。
又見彼土現在諸仏、及聞諸仏所説経法。幷見彼諸比丘・比丘尼・優婆塞・優婆夷、諸修行得道者。復見諸菩薩摩訶薩、種種因縁・種種信解・種種相貌、行菩薩道。復見諸仏般涅槃者。復見諸仏般涅槃後、以仏舎利起七宝塔。
爾時弥勒菩薩作是念、

放光瑞

爾の時、仏は眉間白毫相の光を放って、

他土瑞・総相照他土

東方の万八千の世界を照らしたまい、周遍せざること靡し。下阿鼻地獄に至り、上阿迦尼吒天に至る。

明光照他土六瑞・見六趣

此の世界に於いて、尽く彼の土の六趣の衆生を見る。

見諸仏

又彼の土の現在の諸仏を見、

聞仏説法

及び諸仏の説きたまう所の経法を聞く。

見四衆得道

幷びに彼の諸の比丘・比丘尼・優婆塞・優婆夷の諸の修行し得道する者を見る。

見菩薩所行

復諸の菩薩摩訶薩の、種種の因縁、種種の信解、種種の相貌あって、菩薩の道を行ずるを見る。

見仏涅槃

復諸仏の般涅槃したまう者を見る。復諸仏の般涅槃の後に、仏の舎利を以て七宝の塔を起つるを見る。

疑念序・弥勒疑念

爾の時、弥勒菩薩は是の念を作さく、

今者世尊現神変相。以何因緣
而有此瑞。今仏世尊入于三昧。
是不可思議、現希有事。当以問
誰。誰能答者。
復作此念、
是文殊師利法王之子、已曾親
近供養過去無量諸仏、必応見此
希有之相。我今当問。
爾時比丘・比丘尼・優婆塞・
優婆夷、及諸天・竜・鬼神等、
咸作此念、
是仏光明神通之相、今当問誰。

「今者、世尊は神変の相を現じたまう。何なる因緣を以て此の瑞有るや。今、仏世尊は三昧に入りたまえり。是れ不可思議にして、希有の事を現じたまえり。当に以て誰にか問うべき。誰か能く答えん者なる」と。

復此の念を作さく、

「是の文殊師利法王の子は、已に曽て過去の無量の諸仏に親近し供養したれば、必ず応に此の希有の相を見たるべし。我は今当に問うべし」と。

大衆疑念

爾の時、比丘・比丘尼・優婆塞・優婆夷、及び諸天・竜・鬼神等は、咸く此の念を作さく、

「是の仏の光明神通の相をば、今当に誰にか問うべき」と。

爾時弥勒菩薩欲自決疑、又観
四衆比丘・比丘尼・優婆塞・優
婆夷、及諸天・竜・鬼神等衆会
之心、而問文殊師利言、
以何因縁、而有此瑞神通之相、
放大光明、照于東方万八千土、
悉見彼仏国界荘厳。
於是弥勒菩薩欲重宣此義、以
偈問曰、
文殊師利　導師何故
眉間白毫　大光普照
雨曼陀羅　曼殊沙華

発問序・長行・経家述自疑他疑

爾の時、弥勒菩薩は自ら疑いを決せんと欲し、又四衆の比丘・比丘尼・優婆塞・優婆夷、及び諸天・竜・鬼神等の衆会の心を観じて、文殊師利に問うて言わく、

発問・此土
他土

「何なる因縁を以て、此の瑞、神通の相有り、大光明を放ち、東方の万八千の土を照らしたまい、悉く彼の仏の国界の荘厳を見るや」と。

偈頌

是に於いて、弥勒菩薩は重ねて此の義を宣べんと欲して、偈を以て問うて曰わく、

頌問・問此土六瑞・説法入定瑞

文殊師利よ　導師は何が故ぞ

放光瑞

眉間白毫より　大光もて普く照らしたまうや

雨華瑞

曼陀羅　曼殊沙華を雨らし

栴檀香風　悦可衆心
以是因縁　地皆厳浄
而此世界　六種震動
時四部衆　咸皆歓喜
身意快然　得未曾有
眉間光明　照于東方
万八千土　皆如金色
従阿鼻獄　上至有頂
諸世界中　六道衆生
生死所趣　善悪業縁
受報好醜　於此悉見
又睹諸仏　聖主師子

栴檀の香風もて　衆の心を悦可す
是の因縁を以て　地は皆厳浄にして
地動瑞
而も此の世界は　六種に震動す
衆喜瑞
時に四部の衆は　咸皆歓喜し
身意快然として　未曾有なることを得
問他土六瑞・問六趣衆生瑞
眉間の光明は　東方
万八千の土を照らしたまうに　皆金色の如し
阿鼻獄従り　上有頂に至るまで
諸の世界の中の　六道の衆生は
生死の趣く所　善悪の業縁
受報の好醜　此に於いて悉く見る
問見彼仏及説法瑞
又諸仏　聖主師子は

演説経典　微妙第一
其声清浄　出柔軟音
教諸菩薩　無数億万
梵音深妙　令人楽聞
各於世界　講説正法
種種因縁　以無量喩
照明仏法　開悟衆生
若人遭苦　厭老病死
為説涅槃　尽諸苦際
若人有福　曽供養仏
志求勝法　為説縁覚
若有仏子　修種種行

経典の　微妙第一なるを演説したまいて
其の声は清浄に　柔軟の音を出だして
諸の菩薩を教えたまうこと　無数億万にして
梵音深妙にして　人をして聞かんと楽わしめ
各世界に於いて　正法を講説し
種種の因縁もて　無量の喩えを以て
仏法を照明し　衆生を開悟せしめたまうを睹る
問他土四衆瑞
若し人苦に遭って　老病死を厭わば
為に涅槃を説いて　諸苦の際を尽くさしむ
若し人に福有って　曽て仏を供養し
勝法を志求せば　為に縁覚を説く
若し仏子有って　種種の行を修し

求無上慧　為説浄道
文殊師利　我住於此
見聞若斯　及千億事
如是衆多　今当略説
我見彼土　恒沙菩薩
種種因縁　而求仏道
或有行施　金銀珊瑚
真珠摩尼　車渠馬脳
金剛諸珍　奴婢車乗
宝飾輦輿　歓喜布施
廻向仏道　願得是乗
三界第一　諸仏所歎

無上慧を求めば　為に浄道を説きたまう
結前開後
文殊師利よ　我は此に住して
見聞すること斯くの若く　千億の事に及べり
是くの如く衆多なるを　今当に略して説くべし
問他土菩薩種種修行瑞・総問
我は彼の土の　恒沙の菩薩の
種種の因縁もて　仏道を求むるを見る
次第問・布施行・捨財
或は施を行ずる有り　金銀珊瑚
真珠摩尼　車渠馬脳
金剛諸珍　奴婢車乗
宝飾の輦輿を　歓喜して布施し
仏道に廻向して　是の乗を得んと願う
三界第一にして　諸仏の歎めたまう所なり

或有菩薩　駟馬宝車
欄楯華蓋　軒飾布施
復見菩薩　身肉手足
及妻子施　求無上道
又見菩薩　頭目身体
欣楽施与　求仏智慧
文殊師利　我見諸王
往詣仏所　問無上道
便捨楽土　宮殿臣妾
剃除鬚髪　而被法服
或見菩薩　而作比丘
独処閑静　楽誦経典

或は菩薩の　駟馬の宝車
欄楯華蓋　軒飾を布施するもの有り
捨身
復菩薩の　身肉手足
及び妻子を施して　無上道を求むるを見る
捨命
又菩薩の　頭目身体を
欣楽して施与し　仏の智慧を求むるを見る
持戒行
文殊師利よ　我は諸王の
仏の所に往詣して　無上道を問いたてまつり
便ち楽土　宮殿臣妾を捨てて
鬚髪を剃除して　法服を被るを見る
忍辱行
或は菩薩の　而も比丘と作って
独り閑静に処し　楽って経典を誦するを見る

又見菩薩　勇猛精進
入於深山　思惟仏道
又見離欲　常処空閑
深修禅定　得五神通
又見菩薩　安禅合掌
以千万偈　讃諸法王
復見菩薩　智深志固
能問諸仏　聞悉受持
又見仏子　定慧具足
以無量喩　為衆講法
欣楽説法　化諸菩薩
破魔兵衆　而撃法鼓

精進行
又菩薩の　勇猛精進し
深山に入って　仏道を思惟するを見る
禅定行・修根本禅
又欲を離れ　常に空閑に処し
深く禅定を修して　五神通を得るを見る
修出世上上禅
又菩薩の　安禅して合掌し
千万の偈を以て　諸の法王を讃めたてまつるを見る
智慧行・自行
復菩薩の　智深く志固くして
能く諸仏に問いたてまつり　聞いて悉く受持するを見る
化他
又仏子の　定慧具足して
無量の喩えを以て　衆の為に法を講じ
欣楽して説法し　諸の菩薩を化し
魔の兵衆を破して　法鼓を撃つを見る

又見菩薩　寂然宴默
天竜恭敬　不以為喜
又見菩薩　処林放光
済地獄苦　令入仏道
又見仏子　未嘗睡眠
経行林中　勤求仏道
又見具戒　威儀無欠
浄如宝珠　以求仏道
又見仏子　住忍辱力
増上慢人　悪罵捶打
皆悉能忍　以求仏道
又見菩薩　離諸戯笑

雑問・禅定行・入捨禅（自行）
又菩薩の　寂然宴默にして
天竜恭敬すれども　以て喜びと為さざるを見る
入悲禅（化他）
又菩薩の　林に処して光を放ち
地獄の苦を済い　仏道に入らしむるを見る
精進行
又仏子の　未だ嘗て睡眠せず
林中に経行し　仏道を勤求するを見る
持戒行
又戒を具して　威儀欠くること無く
浄きこと宝珠の如くにして　以て仏道を求むるを見る
忍辱行
又仏子の　忍辱の力に住して
増上慢の人の　悪罵捶打すれども
皆悉能く忍んで　以て仏道を求むるを見る
更問禅定行
又菩薩の　諸の戯笑

及癡眷属　親近智者
一心除乱　摂念山林
億千万歳　以求仏道
或見菩薩　肴膳飲食
百種湯薬　施仏及僧
名衣上服　価直千万
或無価衣　施仏及僧
千万億種　栴檀宝舎
衆妙臥具　施仏及僧
清浄園林　華果茂盛
流泉浴池　施仏及僧
如是等施　種種微妙

及び癡かなる眷属を離れ　智者に親近し
一心に乱を除き　念を山林に摂め
億千万歳　以て仏道を求むるを見る

布施行・明四事施

或は菩薩の　肴膳飲食
百種の湯薬を　仏及び僧に施すを見る
名衣上服の　価直千万なるもの
或は無価の衣を　仏及び僧に施す
千万億種の　栴檀の宝舎
衆の妙なる臥具を　仏及び僧に施す
清浄の園林の　華果茂く盛んなると
流泉浴池とを　仏及び僧に施す

結成

是くの如き等の施の　種種微妙にして

歓喜無厭　求無上道
或有菩薩　説寂滅法
種種教詔　無数衆生
或見菩薩　観諸法性
無有二相　猶如虚空
又見仏子　心無所著
以此妙慧　求無上道
文殊師利　又有菩薩
仏滅度後　供養舎利
又見仏子　造諸塔廟
無数恒沙　厳飾国界
宝塔高妙　五千由旬

歓喜し厭くこと無くして　無上道を求む
智慧行・不可説而説般若
或は菩薩の　寂滅の法を説いて
種種に　無数の衆生を教詔するもの有り
不可観而観般若
或は菩薩の　諸法の性は
二相有ること無く　猶虚空の如しと観ずるを見る
言語道断心行処滅
又仏子の　心に著する所無くして
此の妙慧を以て　無上道を求むるを見る
明仏滅後以舎利起塔・総標仏滅起塔
文殊師利よ　又菩薩の
仏滅度して後に　舎利を供養するもの有り
明塔数
又仏子の　諸の塔廟を造ること
無数恒沙にして　国界を厳飾するを見る
明塔量
宝塔高妙にして　五千由旬

縦広正等　二千由旬
一一塔廟　各千幢幡
珠交露幔　宝鈴和鳴
諸天竜神　人及非人
香華妓楽　常以供養
文殊師利　諸仏子等
為供舎利　厳飾塔廟
国界自然　殊特妙好
如天樹王　其華開敷
仏放一光　我及衆会
見此国界　種種殊妙
諸仏神力　智慧希有

縦広正等にして　二千由旬なり
明塔相
一一の塔廟に　各千の幢幡あり
珠もて交露せる幔あって　宝鈴は和鳴す
明供養
諸の天竜神　人及び非人は
香華妓楽を　常に以て供養す
結
文殊師利よ　諸の仏子等は
舎利を供せんが為に　塔廟を厳飾して
国界自然に　殊特妙好なること
天の樹王の　其の華開敷せるが如し
請答・挙疑事述請・挙見此土事
仏は一の光を放ちたまうに　我及び衆会
此の国界の　種種に殊妙なるを見る
挙見他土事
諸仏は神力　智慧希有なり

放一浄光　照無量国
我等見此　得未曾有
仏子文殊　願決衆疑
四衆欣仰　瞻仁及我
世尊何故　放斯光明
仏子時答　決疑令喜
何所饒益　演斯光明
仏坐道場　所得妙法
為欲説此　為当授記
示諸仏土　衆宝厳浄
及見諸仏　此非小縁
文殊当知　四衆竜神

一の浄光を放って　無量の国を照らしたまう

請答

我等は此を見て　未曾有なることを得たり
仏子文殊よ　願わくは衆の疑いを決したまえ

釈伏難・正釈伏難

四衆は欣仰して　仁及び我を瞻る
世尊は何が故ぞ　斯の光明を放ちたまうや
仏子よ時に答えて　疑いを決して喜ばしめたまえ
何なる饒益する所あってか　斯の光明を演べたまう
仏は道場に坐して　得たまえる所の妙法
為此を説かんと欲したまうや　為当授記したまわんや
諸の仏土の　衆宝もて厳浄せらるるを示したまい
及び諸仏を見たてまつること　此は小縁に非ず

結請

文殊よ当に知るべし　四衆竜神は

瞻察仁者　為説何等

爾時文殊師利語弥勒菩薩摩訶薩、及諸大士、

善男子等。如我惟忖、今仏世尊欲説大法、雨大法雨、吹大法螺、撃大法鼓、演大法義。

諸善男子。我於過去諸仏、曽見此瑞、放斯光已、即説大法。是故当知今仏現光、亦復如是、欲令衆生、咸得聞知一切世間難信之法故、現斯瑞。

諸善男子。如過去無量無辺不

仁者　為何等をか説きたまわんと瞻察す

答問序・長行

爾の時、文殊師利は、弥勒菩薩摩訶薩、及び諸の大士に語らく、

惟忖答　標章　正惟忖

「善男子等よ。我が惟忖するが如くならば、今、仏世尊は大法を説き、大法の雨を雨らし、大法の螺を吹き、大法の鼓を撃ち、大法の義を演べんと欲するならん。

略曽見答

諸の善男子よ。我は過去の諸仏に於いて、曽て此の瑞を見たてまつりしに、斯の光を放ち已わって、即ち大法を説きたまいき。是の故に当に知るべし、今、仏の光を現じたまうも、亦復是くの如く、衆生をして咸く一切世間の難信の法を聞知することを得しめんと欲するが故に、斯の瑞を現じたまうならん。

広曽見答・引一仏同・明時節

諸の善男子よ。過去無量無辺不可思議阿僧祇劫の如

可思議阿僧祇劫、爾時有仏、号日月灯明如来・応供・正遍知・明行足・善逝・世間解・無上士・調御丈夫・天人師・仏・世尊。演説正法、初善、中善、後善。其義深遠、其語巧妙、純一無雑、具足・清白・梵行之相。為求声聞者、説応四諦法、度生老病死、究竟涅槃。為求辟支仏者、説応十二因縁法。為諸菩薩、説応六波羅蜜、令得阿耨多羅三藐三菩提、成一切種智。

[標名] き、爾の時に仏有して、日月灯明如来・応供・正遍知・明行足・善逝・世間解・無上士・調御丈夫・天人師・仏・世尊と号づく。[説法同・頓教] 正法を演説したまうに、[(頓教序正流通)] 初めも善く、中も善く、後も善し。其の義は深遠に、其の語は巧妙に、純一無雑にして、具足・清白・梵行の相なり。[漸教] 声聞を求むる者の為には、応ずる四諦の法を説いて、生老病死を度し、涅槃を究竟せしむ。辟支仏を求むる者の為には、応ぜる十二因縁の法を説く。[明古仏開頓漸後即顕実之説始終究竟] 諸の菩薩の為には、応ぜる六波羅蜜を説いて、阿耨多羅三藐三菩提を得、一切種智を成ぜしめたまう。

次復有仏、亦名日月灯明。次復有仏、亦名日月灯明。如是二万仏、皆同一字、号日月灯明。又同一姓、姓頗羅堕。弥勒。当知初仏後仏、皆同一字、名日月灯明、十号具足、所可説法、初中後善。

其最後仏未出家時、有八王子。一名有意、二名善意、三名無量意、四名宝意、五名増意、六名除疑意、七名響意、八名法意。是八王子威徳自在、各領四天下。

引二万仏同

次に復仏有して、亦日月灯明と名づく。次に復仏有して、亦日月灯明と名づく。是くの如き二万の仏は、皆同一の字にして、日月灯明と号づく。又同一の姓にして、頗羅堕を姓とせり。弥勒よ。当に知るべし、初めの仏、後の仏は、皆同一の字にして、日月灯明と名づけ、十号具足したまい、説きたまう可き所の法は、初めも中も後も善し。

引最後一仏同・明曽見事与今已同

其の最後の仏は、未だ出家したまわざりし時、八王子有り。一に有意と名づけ、二に善意と名づけ、三に無量意と名づけ、四に宝意と名づけ、五に増意と名づけ、六に除疑意と名づけ、七に響意と名づけ、八に法意と名づく。是の八王子は威徳自在にして、各四天下を領す。

是諸王子聞父出家、得阿耨多羅三藐三菩提、悉捨王位、亦随出家、発大乗意、常修梵行、皆為法師、已於千万仏所、殖諸善本。

是時日月灯明仏、説大乗経、名無量義、教菩薩法、仏所護念。説是経已、即於大衆中結跏趺坐、入於無量義処三昧、身心不動。是時天雨曼陀羅華・摩訶曼陀羅華・曼殊沙華・摩訶曼殊沙華、而散仏上及諸大衆。普仏世界六種震動。爾時会中比丘・比丘尼・

是の諸の王子は、父の出家して阿耨多羅三藐三菩提を得たまえりと聞いて、悉く王位を捨て、亦随い出家して、大乗の意を発し、常に梵行を修して、皆法師と為り、已に千万の仏の所に於いて、諸の善本を殖えたり。

明曽見事与今同・昔仏自土六瑞悉与今同

是の時、日月灯明仏は、大乗経の無量義と名づけ、菩薩を教うる法にして、仏の護念したまう所を説く。是の経を説き已わって、即ち大衆の中に於いて結跏趺坐し、無量義処三昧に入って、身心動じたまわず。是の時、天は曼陀羅華・摩訶曼陀羅華・曼殊沙華・摩訶曼殊沙華を雨らして、仏の上、及び諸の大衆に散ず。普き仏の世界は六種に震動す。爾の時、会の中の比丘・比丘尼・優婆塞・優婆夷、天・竜・夜叉・乾闥婆・阿修羅・迦楼羅・

優婆塞・優婆夷、天・竜・夜叉・乾闥婆・阿修羅・迦楼羅・緊那羅・摩睺羅伽、人・非人、及諸小王・転輪聖王等、是諸大衆得未曽有、歓喜合掌、一心観仏。爾時如来放眉間白毫相光、照東方万八千仏土、靡不周遍。如今所見是諸仏土。

弥勒。当知爾時会中有二十億菩薩、楽欲聴法。是諸菩薩見此光明、普照仏土、得未曽有、欲知此光所為因縁。

緊那羅・摩睺羅伽、人・非人、及び諸の小王・転輪聖王等の、是の諸の大衆は未曽有なることを得て、歓喜し合掌して、一心に仏を観たてまつる。爾の時、如来は眉間白毫相の光を放って、東方の万八千の仏土を照らしたまうに、周遍せざること靡し。今見る所の是の諸の仏土の如し。（昔仏他土六瑞亦与今同）

（懐疑同）

弥勒よ。当に知るべし、爾の時、会の中に二十億の菩薩有って、法を聴かんと楽欲す。是の諸の菩薩は、此の光明の普く仏土を照らすを見て、未曽有なることを得て、此の光の為す所の因縁を知らんと欲す。

時有菩薩、名曰妙光。有八百弟子。是時日月灯明仏従三昧起、因妙光菩薩、説大乗経、名妙法蓮華、教菩薩法、仏所護念、六十小劫不起于座。時会聴者亦坐一処、六十小劫身心不動、聴仏所説、謂如食頃。是時衆中無有一人、若身若心、而生懈倦。

日月灯明仏於六十小劫説是経已、即於梵・魔・沙門・婆羅門、及天・人・阿修羅衆中、而宣此言、如来於今日中夜、当入無余

明曾見事与今当同・因人同

時に菩薩有って、名づけて妙光と曰う。八百の弟子有り。

説法名同

是の時、日月灯明仏は三昧従り起って、妙光菩薩に因せて、大乗経の妙法蓮華と名づけ、菩薩を教うる法にして、仏の護念したまう所を説きたまいて、

時節同

六十小劫、座を起ちたまわず。時の会の聴者も亦一処に坐して、六十小劫、身心動ぜず、仏の説きたまう所を聴くこと、食頃の如しと謂えり。是の時、衆の中に一人の若しは身、若しは心に懈倦を生ずるもの有ること無かりき。

唱滅同

日月灯明仏は六十小劫に於いて、是の経を説き已わって、即ち梵・魔・沙門・婆羅門、及び天・人・阿修羅衆の中に於いて、此の言を宣べたまわく、『如来は今日の中夜に於いて、当に無余涅槃に入るべし』と。

涅槃。時有菩薩、名曰徳蔵。日月灯明仏即授其記、告諸比丘、是徳蔵菩薩次当作仏。号曰浄身多陀阿伽度・阿羅訶・三藐三仏陀。仏授記已、便於中夜、入無余涅槃。仏滅度後、妙光菩薩持妙法蓮華経、満八十小劫、為人演説。日月灯明仏八子、皆師妙光。妙光教化、令其堅固阿耨多羅三藐三菩提。是諸王子供養無量百千万億仏已、皆成仏道。其最後

授記同

時に菩薩有って、名づけて徳蔵と曰う。日月灯明仏は即ち其に記を授け、諸の比丘に告げたまわく、『是の徳蔵菩薩は次に当に仏と作るべし。号づけて浄身多陀阿伽度・阿羅訶・三藐三仏陀と曰わん』と。

滅後通経同・時節　出其人　久近　所化之衆・八子行　成久已得仏

仏は授記し已わって、便ち中夜に於いて、無余涅槃に入りたまえり。仏滅度して後に、妙光菩薩は妙法蓮華経を持ち、八十小劫を満てて、人の為に演説す。日月灯明仏の八子は、皆妙光を師とす。妙光は教化して、其をして阿耨多羅三藐三菩提に堅固ならしむ。是の諸の王子は、無量百千万億の仏を供養し已わって、皆仏道を成ず。其の最後に成仏したまう者を、名づけて燃灯と曰う。

成仏者、名曰燃灯。

八百弟子中有一人、号曰求名。貪著利養。雖復読誦衆経、而不通利、多所忘失。故号求名。是人亦以種諸善根因縁故、得値無量百千万億諸仏、供養・恭敬・尊重・讃歎。弥勒。当知爾時妙光菩薩、豈異人乎。我身是也。求名菩薩、汝身是也。

今見此瑞、与本無異。是故惟忖、今日如来当説大乗経、名妙法蓮華、教菩薩法、仏所護念。

八百弟子一方成今住補処

八百の弟子の中に一人有って、号づけて求名と曰う。利養に貪著す。復衆経を読誦すと雖も、通利ならず、忘失する所多し。故に求名と号づく。是の人も亦諸の善根を種えたる因縁を以ての故に、無量百千万億の諸仏に値いたてまつることを得て、供養・恭敬・尊重・讃歎せり。

結会古今

弥勒よ。当に知るべし、爾の時の妙光菩薩は豈異人ならんや。我が身、是れなり。求名菩薩は、汝が身、是れなり。

分明判答

今、此の瑞を見るに、本と異なること無し。是の故に惟忖するに、今日、如来は当に大乗経の妙法蓮華と名づけ、菩薩を教うる法にして、仏の護念したまう所を説きたまうべし」と。

爾時文殊師利於大衆中、欲重
宣此義、而説偈言、

我念過去世　無量無数劫
有仏人中尊　号日月灯明
世尊演説法　度無量衆生
無数億菩薩　令入仏智慧
仏未出家時　所生八王子
見大聖出家　亦随修梵行
時仏説大乗　経名無量義
於諸大衆中　而為広分別
仏説此経已　即於法座上
跏趺坐三昧　名無量義処

偈頌

爾の時、文殊師利は大衆の中に於いて、重ねて此の義
を宣べんと欲して、偈を説いて言わく、

頌広曾見中時節名号説法等同

我は念うに過去世の　無量無数劫に
仏人中尊有しき　日月灯明と号づく
世尊は法を演説し　無量の衆生を度し
無数億の菩薩をば　仏の智慧に入らしめたまう

頌最後仏三同・頌曾与今已同

仏の未だ出家したまわざりし時　生ずる所の八王子は
大聖の出家を見て　亦随って梵行を修す

頌曾与今同・頌此彼六瑞・頌此土六瑞同

時に仏は大乗　経の無量義と名づくるを説いて
諸の大衆の中に於いて　為に広く分別したまう
仏は此の経を説き已わり　即ち法座の上に於いて
跏趺して三昧の　無量義処と名づくるに坐したまう

天雨曼陀華　天鼓自然鳴
諸天竜鬼神　供養人中尊
一切諸仏土　即時大震動
仏放眉間光　現諸希有事
此光照東方　万八千仏土
示一切衆生　生死業報処
有見諸仏土　以衆宝荘厳
瑠璃頗梨色　斯由仏光照
及見諸天人　竜神夜叉衆
乾闥緊那羅　各供養其仏
又見諸如来　自然成仏道
身色如金山　端厳甚微妙

天は曼陀華を雨らし　天鼓は自然に鳴り
諸の天竜鬼神は　人中尊を供養す
一切の諸仏の土は　即時に大いに震動し
仏は眉間の光を放ち　諸の希有の事を現じたまう
頌他土六瑞同・頌見六趣衆生同
此の光は東方の　万八千の仏土を照らして
一切衆生の　生死の業報処を示したまう
有るは諸仏の土の　衆宝を以て荘厳し
瑠璃頗梨の色なるを見る　斯れは仏の光の照らしたまうに由る
及び諸の天人　竜神夜叉衆
乾闥緊那羅　各其の仏を供養したてまつるを見る
頌見仏同
又諸の如来の　自然に仏道を成じて
身の色は金山の如く　端厳にして甚だ微妙なることを見る

如浄瑠璃中　内現真金像
世尊在大衆　敷演深法義
一一諸仏土　声聞衆無数
因仏光所照　悉見彼大衆
或有諸比丘　在於山林中
精進持浄戒　猶如護明珠
又見諸菩薩　行施忍辱等
其数如恒沙　斯由仏光照
又見諸菩薩　深入諸禅定
身心寂不動　以求無上道
又見諸菩薩　知法寂滅相
各於其国土　説法求仏道

浄瑠璃の中　内に真金の像を現ずるが如く
頌聞仏説頓教七善法同
世尊は大衆に在して　深法の義を敷演したまう
頌見声聞等三乗（頌昔仏開漸教法同）
一一の諸仏の土に　声聞衆は無数なり
仏の光に照らさるるに因って　悉く彼の大衆を見る
或は諸の比丘の　山林の中に在って
精進し浄戒を持つこと　猶明珠を護るが如くなるもの有り
又諸の菩薩の　施忍辱等を行ずるを見る
其の数は恒沙の如し　斯は仏の光の照らしたまうに由る
頌見菩薩種種因縁（頌開方等般若教同）
又諸の菩薩の　深く諸の禅定に入って
身心寂かに動ぜずして　以て無上道を求むるを見る
又諸の菩薩の　法の寂滅の相を知って
各其の国土に於いて　法を説いて仏道を求むるを見る

爾時四部衆　見日月灯仏
現大神通力　其心皆歓喜
各各自相問　是事何因縁
天人所奉尊　適従三昧起
讃妙光菩薩　汝為世間眼
一切所帰信　能奉持法蔵
如我所説法　唯汝能証知
世尊既讃歎　令妙光歓喜
説是法華経　満六十小劫
不起於此座　所説上妙法
是妙光法師　悉皆能受持
仏説是法華　令衆歓喜已

頌昔仏四衆懐疑
爾の時、四部の衆は　日月灯仏の
大神通力を現じたまうを見て　其の心は皆歓喜して
各各自相いに問わく　是の事は何なる因縁ぞ
頌曽与今当同・頌因人同
天人の奉る所の尊は　適に三昧従り起ち
妙光菩薩を讃めたまわく　汝は為れ世間の眼にして
一切に帰信せられて　能く法蔵を奉持す
我が説く所の法の如きは　唯汝のみ能く証知せり
世尊は既に讃歎し　妙光をして歓喜せしめて
頌説法同
是の法華経を説きたまうこと　頌時節同 六十小劫を満つ
此の座を起ちたまわず　説きたまう所の上妙の法を
是の妙光法師は　悉皆能く受持す
頌唱滅同
仏は是の法華を説き　衆をして歓喜せしめ已わって

尋即於是日　告於天人衆
諸法実相義　已為汝等説
我今於中夜　当入於涅槃
汝一心精進　当離於放逸
諸仏甚難値　億劫時一遇
世尊諸子等　聞仏入涅槃
各各懐悲悩　仏滅一何速
聖主法之王　安慰無量衆
我若滅度時　汝等勿憂怖
是徳蔵菩薩　於無漏実相
心已得通達　其次当作仏
号曰為浄身　亦度無量衆

尋いで即ち是の日に於いて　天人衆に告げたまわく
諸法実相の義を　已に汝等が為に説きつ
我は今中夜に於いて　当に涅槃に入るべし
汝は一心に精進し　当に放逸を離るべし
諸仏には甚だ値いたてまつり難し　億劫に時に一たび遇いたてまつる
世尊の諸子等は　仏の涅槃に入りたまわんと聞いて
各各悲悩を懐く　仏の滅したまうこと一に何ぞ速やかなる
聖主法の王は　無量の衆を安慰したまわく
我若し滅度せん時　汝等は憂怖すること勿れ
頌授記
是の徳蔵菩薩は　無漏実相に於いて
心は已に通達することを得たり　其れ次に当に作仏すべし
号づけて浄身と為さん　亦無量の衆を度せん

仏此夜滅度　如薪尽火滅
分布諸舎利　而起無量塔
比丘比丘尼　其数如恒沙
倍復加精進　以求無上道
是妙光法師　奉持仏法蔵
八十小劫中　広宣法華経
是諸八王子　妙光所開化
堅固無上道　当見無数仏
供養諸仏已　随順行大道
相継得成仏　転次而授記
最後天中天　号曰燃灯仏
諸仙之導師　度脱無量衆

頌通経・頌仏滅後時節四衆得益

仏は此の夜滅度したまうこと　薪尽きて火の滅するが如し
諸の舎利を分布して　無量の塔を起つ
比丘比丘尼の　其の数恒沙の如きは
倍復精進を加えて　以て無上道を求む

頌能弘経之人

是の妙光法師は　仏の法蔵を奉持して

頌行経時節

八十小劫の中に　広く法華経を宣ぶ

頌所益弟子・頌已成弟子

是の諸の八王子は　妙光に開化せられて
無上道に堅固にして　当に無数の仏を見たてまつるべし
諸仏を供養し已わって　随順して大道を行じ
相継いで成仏することを得　転次して授記す
最後の天中天を　号づけて燃灯仏と曰う
諸仙の導師として　無量の衆を度脱したまう

是妙光法師　時有一弟子
心常懐懈怠　貪著於名利
求名利無厭　多遊族姓家
棄捨所習誦　癈忘不通利
以是因縁故　号之為求名
亦行衆善業　得見無数仏
供養於諸仏　随順行大道
具六波羅蜜　今見釈師子
其後当作仏　号名曰弥勒
広度諸衆生　其数無有量
彼仏滅度後　懈怠者汝是
妙光法師者　今則我身是

頌当成弟子
是の妙光法師に　時に一りの弟子有り
心に常に懈怠を懐いて　名利に貪著せり
名利を求むるに厭くこと無くして　多く族姓の家に遊び
習誦する所を棄捨し　癈忘して通利せず
是の因縁を以ての故に　之を号づけて求名と為す
亦衆の善業を行じ　無数の仏を見たてまつることを得
諸仏を供養し　随順して大道を行じ
六波羅蜜を具して　今釈師子を見たてまつる
其れ後に当に作仏すべし　号名づけて弥勒と曰わん
広く諸の衆生を度すること　其の数は量り有ること無けん
頌結会古今
彼の仏滅度して後に　懈怠なりし者は汝是れなり
妙光法師とは　今則ち我が身是れなり

我見灯明仏　本光瑞如此
以是知今仏　欲説法華経
今相如本瑞　是諸仏方便
今仏放光明　助発実相義
諸人今当知　合掌一心待
仏当雨法雨　充足求道者
諸求三乗人　若有疑悔者
仏当為除断　令尽無有余

頌分明判答・頌当説大乗経

我は灯明仏を見たてまつりしに　本の光瑞は此くの如し
是を以て知んぬ今の仏も　法華経を説かんと欲するならん

頌教菩薩法

今の相は本の瑞の如し　是れ諸仏の方便なり
今の仏の光明を放ちたまうも　実相の義を助発せんとなり
諸人は今当に知るべし　合掌して一心に待ちたてまつれ

頌仏所護念

仏は当に法雨を雨らして　道を求むる者を充足せしめたまうべし
諸の三乗を求むる人に　若し疑悔有らば
仏は当に為に除断して　尽くして余り有ること無からしめたまうべし

妙法蓮華経方便品第二

爾時世尊従三昧安詳而起、告舎利弗、

諸仏智慧甚深無量。其智慧門難解難入。一切声聞・辟支仏所不能知。所以者何、仏曽親近百千万億無数諸仏、尽行諸仏無量道法、勇猛精進、名称普聞、成就甚深未曽有法、随宜所説意趣難解。

妙法蓮華経方便品第二

迹門正宗分・法説周・略開三顕一広開三顕一
略開三顕一・長行・寄言歎二智・明諸仏権実二智・双歎・経家提起

爾の時、世尊は三昧従り安詳として起って、舎利弗に告げたまわく、

正歎・歎実智
「諸仏の智慧は甚深無量なり。
歎権智
其の智慧の門は難解難入なり。一切の声聞・辟支仏の知ること能わざる所なり。

双釈
釈実智
所以は何ん、仏は曽て百千万億無数の諸仏に親近し、尽く諸仏の無量の道法を行じ、
釈権智
勇猛精進して、名称は普く聞こえ、
双結・結成実智
甚深未曽有の法を成就して、
結成権智
宜しきに随って説きたまう所の意趣は難解なればなり。

舎利弗。吾従成仏已来、種種因縁、種種譬喩、広演言教、無数方便、引導衆生、令離諸著。所以者何、如来方便知見波羅蜜、皆已具足。舎利弗。如来知見、広大深遠、無量・無礙・力・無所畏・禅定・解脱・三昧、深入無際、成就一切未曽有法。

舎利弗。如来能種種分別、巧説諸法、言辞柔軟、悦可衆心。

舎利弗。取要言之、無量無辺未曽有法、仏悉成就。

明釈迦権実二智・双歎・歎実智　歎権智

舎利弗よ。吾は成仏して従り已来、種種の因縁、種種の譬喩もて広く言教を演べ、無数の方便もて衆生を引導して、諸の著を離れしむ。

双釈　釈実智　釈権智

所以は何ん、如来は方便と知見波羅蜜、皆已に具足すればなり。

双挙権実知見　結権智　双結　結実智

舎利弗よ。如来の知見は広大深遠にして、無量・無礙・力・無所畏・禅定・解脱・三昧に、深く入って際無く、一切の未曽有の法を成就したまえり。

絶言歎二智・挙権実為絶歎之由・挙絶歎之由・挙権　挙実

舎利弗よ。如来は能く種種に分別して、巧みに諸法を説き、言辞は柔軟にして、衆の心を悦可せしめたまう。

指絶言之境　指実境　指権境

舎利弗よ。要を取って之を言わば、無量無辺の未曽有の法を、仏は悉く成就したまえり。

止、舍利弗。不須復説。所以者何、仏所成就、第一希有難解之法。唯仏与仏、乃能究尽諸法実相。所謂諸法、如是相・如是性・如是体・如是力・如是作・如是因・如是縁・如是果・如是報・如是本末究竟等。

爾時世尊欲重宣此義、而説偈言、

世雄不可量　諸天及世人
一切衆生類　無能知仏者
仏力無所畏　解脱諸三昧

絶言歎（第一止）・正絶言歎

止みなん、舎利弗よ。復説くを須いず。所以は何ん、

釈止歎之意

就仏是最上人成就修得最上法故不可説

仏の成就したまえる所は、第一希有難解の法なればなり。

明甚深境界不可思議故不可説・略標権実章

唯仏と仏とのみ乃し能く諸法の実相を究尽したまえり。

広釈権実相

所謂諸法の、如是相・如是性・如是体・如是力・如是作・如是因・如是縁・如是果・如是報・如是本末究竟等なり」と。

偈頌

爾の時、世尊は重ねて此の義を宣べんと欲して、偈を説いて言わく、

頌長行・頌寄言歎・合頌二仏二智・頌諸仏智慧

世雄は量る可からず　諸天及び世人

頌歎釈迦二智

一切衆生の類は　能く仏を知る者無し
仏の力無所畏　解脱諸の三昧

及仏諸余法　無能測量者
本従無数仏　具足行諸道
甚深微妙法　難見難可了
於無量億劫　行此諸道已
道場得成果　我已悉知見
如是大果報　種種性相義
我及十方仏　乃能知是事
是法不可示　言辞相寂滅
諸余衆生類　無有能得解
除諸菩薩衆　信力堅固者
諸仏弟子衆　曽供養諸仏
一切漏已尽　住是最後身

及び仏の諸余の法は　能く測量する者無し

合頌二仏釈歎結歎之意

本無数の仏に従って　具足して諸道を行じたまえり
甚深微妙の法は　見難く了す可きこと難し
無量億劫に於いて　此の諸道を行じ已わって

道場にして果を成ずることを得て　我は已に悉く知見す

頌絶言歎・頌不思議境

是くの如き大果報の　種種の性相の義

頌取要言之仏悉成就

我及び十方の仏は　乃し能く是の事を知ろしめせり

頌止不須説

是の法は示す可からず　言辞の相は寂滅せり

頌挙不知之人・総揀不入者

諸余の衆生の類は　能く解を得ること有ること無し

揀能入者

諸の菩薩衆の　信力堅固なる者を除く

揀二乗不知

諸仏の弟子衆の　曽て諸仏を供養し
一切の漏已に尽きて　是の最後身に住せるもの

如是諸人等　其力所不堪
仮使満世間　皆如舎利弗
尽思共度量　不能測仏智
正使満十方　皆如舎利弗
及余諸弟子　亦満十方刹
尽思共度量　亦復不能知
辟支仏利智　無漏最後身
亦満十方界　其数如竹林
斯等共一心　於億無量劫
欲思仏実智　莫能知少分
新発意菩薩　供養無数仏
了達諸義趣　又能善説法

是くの如き諸人等は　其の力の堪えざる所なり
（挙身子不知）仮使世間に満てらん　皆舎利弗の如き
思を尽くして共に度量すとも　仏智を測ること能わじ
（挙諸大弟子）正使十方に満てらん　皆舎利弗の如き
及び余の諸の弟子　亦十方の刹に満てらん
思を尽くして共に度量すとも　亦復知ること能わじ
（挙辟支仏）辟支仏の利智にして　無漏の最後身なるもの
亦十方界に満ちて　其の数は竹林の如くならん
斯等は共に一心に　億無量劫に於いて
仏の実智を思わんと欲すとも　能く少分をも知ること莫けん
（挙発心菩薩不入）新発意の菩薩の　無数の仏を供養し
諸の義趣を了達し　又能善く法を説かんもの

如稲麻竹葦　充満十方刹
一心以妙智　於恒河沙劫
咸皆共思量　不能知仏智
不退諸菩薩　其数如恒沙
一心共思求　亦復不能知
又告舎利弗　無漏不思議
甚深微妙法　我今已具得
唯我知是相　十方仏亦然
舎利弗当知　諸仏語無異
於仏所説法　当生大信力
世尊法久後　要当説真実
告諸声聞衆　及求縁覚乗

稲麻竹葦の如くにして　十方の刹に充満せん
一心に妙智を以て　恒河沙劫に於いて
咸く共に思量すとも　仏智を知ること能わじ

揀不退菩薩亦不知

不退の諸の菩薩は　其の数恒沙の如くにして
一心に共に思求すとも　亦復知ること能わじ

頌難解法仏能知実相境　頌結要挙権実所止之境

又舎利弗に告ぐ　無漏不思議の

頌第一希有難解之法　頌唯仏与仏乃能究尽

甚深微妙の法を　我は今已に具え得たり
唯我のみ是の相を知れり　十方の仏も亦然なり

略開三顕一動執生疑・明諸仏顕実　論諸仏化導是同

舎利弗よ当に知るべし　諸仏は語異なること無し

勧信

仏の説きたまう所の法に於いて　当に大信力を生ずべし

正顕実（動昔之執生今之疑）

世尊は法久しくして後　要ず当に真実を説きたまうべし

明釈迦開三・正明開三

諸の声聞衆　及び縁覚乗を求め

我令脱苦縛　逮得涅槃者
仏以方便力　示以三乗教
衆生処処著　引之令得出
爾時大衆中、有諸声聞・漏尽阿羅漢・阿若憍陳如等千二百人、及発声聞・辟支仏心比丘・比丘尼・優婆塞・優婆夷、各作是念、今者世尊、何故慇懃称歎方便、而作是言。仏所得法、甚深難解、有所言説、意趣難知。一切声聞・辟支仏所不能及。仏説一解脱義、我等亦得此法、到於涅槃。而今

我苦縛を脱し　涅槃を逮得せしめたる者に告ぐ
正斥三乗皆是虚偽
仏は方便力を以て　示すに三乗の教えを以てす
出立三之意
衆生の処処の著　之を引いて出ずることを得しめんとなり
騰疑致請・叙疑・経家叙
爾の時、大衆の中に、諸の声聞・漏尽の阿羅漢・阿若憍陳如等の千二百人、及び声聞・辟支仏の心を発せる比丘・比丘尼・優婆塞・優婆夷有って、正生疑 各是の念を作さく、
疑仏二智・総疑権実二智
「今者、世尊は何が故ぞ慇懃に方便を称歎して是の言を作したまうや。疑実智『仏の得たまえる所の法は、甚深難解にして、疑権智 言説したまう所有るも、意趣知り難し。一切の声聞・辟支仏の及ぶこと能わざる所なり』と。疑己所得 仏は一解脱の義を説きたまい、我等も亦此の法を得て、涅槃に到

不知是義所趣。

爾時舎利弗知四衆心疑、自亦未了、而白仏言、

世尊。何因何縁、慇懃称歎諸仏第一方便、甚深微妙難解之法。我自昔来、未曾従仏聞如是説。今者四衆、咸皆有疑。唯願世尊敷演斯事。世尊何故慇懃称歎甚深微妙難解之法。

爾時舎利弗欲重宣此義、而説偈言、

慧日大聖尊　久乃説是法

れり。而るに今、是の義の趣く所を知らず」と。

（正請決・第一請・長行）

爾の時、舎利弗は四衆の心の疑いを知り、自らも亦未だ了らずして、仏に白して言さく、

（陳疑）

「世尊よ。何なる因、何なる縁もて慇懃に諸仏の第一の方便、甚深微妙難解の法を称歎したまうや。我は昔自り来、未だ曾て仏従り是くの如き説を聞きたてまつらず。今者、四衆は咸皆く疑い有り。（陳請）唯願わくは世尊よ、斯の事を敷演したまえ。世尊は何が故ぞ慇懃に甚深微妙難解の法を称歎したまうや」と。

（偈頌）

爾の時、舎利弗は重ねて此の義を宣べんと欲して、偈を説いて言さく、

（頌疑実智）

慧日大聖尊は　久しくして乃し是の法を説きたまう

自説得如是　力無畏三昧
禅定解脱等　不可思議法
道場所得法　無能発問者
我意難可測　亦無能問者
無問而自説　称歎所行道
智慧甚微妙　諸仏之所得
無漏諸羅漢　及求涅槃者
今皆堕疑網　仏何故説是
其求縁覚者　比丘比丘尼
諸天竜鬼神　及乾闥婆等
相視懐猶予　瞻仰両足尊
是事為云何　願仏為解説

頌疑権智

自ら説きたまわく是くの如き　力・無畏・三昧
禅定・解脱等の　不可思議の法を得たり
道場にて得し所の法に　能く問いを発する者無し
我が意は測る可きこと難く　亦能く問う者無しと
問うこと無けれども自ら説いて　行じたまえる所の道を称歎したまう
智慧は甚だ微妙にして　諸仏の得たまえる所なりと

明三乗四衆有疑

無漏の諸の羅漢　及び涅槃を求むる者は
今皆疑網に堕しぬ　仏は何が故ぞ是を説きたまうや
其の縁覚を求むる者　比丘比丘尼
諸の天竜鬼神　及び乾闥婆等は
相視て猶予を懐き　両足尊を瞻仰す
是の事は為云何　願わくは仏為に解説したまえ

於諸声聞衆　仏説我第一
我今自於智　疑惑不能了
為是究竟法　為是所行道
仏口所生子　合掌瞻仰待
願出微妙音　時為如実説
諸天竜神等　其数如恒沙
求仏諸菩薩　大数有八万
又諸万億国　転輪聖王至
合掌以敬心　欲聞具足道
爾時仏告舎利弗、
止、止。不須復説。若説是事、
一切世間諸天及人、皆当驚疑。

明身子疑

諸の声聞衆に於いて　仏は我を第一なりと説きたまう
我は今自ら智に於いて　疑惑して了ること能わず
為是れ究竟の法とするや　為是れ行ずる所の道とするや

明仏子疑

仏の口より生ずる所の子は　合掌瞻仰して待ちたてまつる
願わくは微妙の音を出だして　時に為に実の如く説きたまえ

総明同疑請

諸の天竜神等は　其の数恒沙の如し
仏を求むる諸の菩薩は　大数八万有り
又諸の万億国の　転輪聖王は至れり
合掌し敬心を以て　具足の道を聞きたてまつらんと欲す

第二止

爾の時、仏は舎利弗に告げたまわく、
「止みなん、止みなん。復説くを須いず。若し是の事を説かば、一切世間の諸天、及び人は、皆当に驚疑すべし」と。

舎利弗重白仏言、
世尊。唯願説之、唯願説之。所以者何、是会無数百千万億阿僧祇衆生、曽見諸仏、諸根猛利、智慧明了、聞仏所説、則能敬信。
爾時舎利弗欲重宣此義、而説偈言、

法王無上尊　唯説願勿慮
是会無量衆　有能敬信者

仏復止舎利弗、
若説是事、一切世間天・人・阿修羅、皆当驚疑。増上慢比丘、

第二請・長行

舎利弗は重ねて仏に白して言さく、

「世尊よ。唯願わくは之を説きたまえ、唯願わくは之を説きたまえ。所以は何ん、是の会の無数百千万億阿僧祇の衆生は、曽て諸仏を見たてまつり、諸根は猛利、智慧は明了にして、仏の説きたまえる所を聞きたてまつらば、則ち能く敬信せんとなればなり」と。

偈頌

爾の時、舎利弗は重ねて此の義を宣べんと欲して、偈を説いて言さく、

法王無上尊よ　唯説きたまえ願わくは慮したまうこと勿れ
是の会の無量の衆に　能く敬信する者有り

第三止・長行

仏は復舎利弗を止めたまう、

「若し是の事を説かば、一切世間の天・人・阿修羅は、皆当に驚疑すべし。増上慢の比丘は、将に大坑に墜つべ

将墜於大坑。
爾時世尊重説偈言、
止止不須説　我法妙難思
諸増上慢者　聞必不敬信
爾時舎利弗重白仏言、
世尊。唯願説之、唯願説之。
今此会中、如我等比、百千万億。
世世已曽従仏受化。如此人等、
必能敬信、長夜安穏、多所饒益。
爾時舎利弗欲重宣此義、而説
偈言、
無上両足尊　願説第一法

し」と。

偈頌

爾の時、世尊は重ねて偈を説いて言わく、

止みなん止みなん説くを須いず　我が法は妙にして思い難し
諸の増上慢の者は　聞いて必ず敬信せじ

第三請・長行

爾の時、舎利弗は重ねて仏に白して言さく、

「世尊よ。唯願わくは之を説きたまえ、唯願わくは之を説きたまえ。今此の会の中の我が如き等比百千万億あり。世世に已に曽て仏従り化を受けたり。此くの如き人等は、必ず能く敬信し、長夜安穏にして、饒益する所多からん」と。

偈頌

爾の時、舎利弗は重ねて此の義を宣べんと欲して、偈を説いて言さく、

無上両足尊よ　願わくは第一の法を説きたまえ

我為仏長子　唯垂分別説
是会無量衆　能敬信此法
仏已曽世世　教化如是等
皆一心合掌　欲聴受仏語
我等千二百　及余求仏者
願為此衆故　唯垂分別説
是等聞此法　則生大歓喜

爾時世尊告舎利弗、

汝已慇懃三請。豈得不説。汝今諦聴、善思念之。吾当為汝分別解説。

説此語時、会中有比丘・比丘

我は為れ仏の長子なり　唯分別し説くことを垂れたまえ
是の会の無量の衆は　能く此の法を敬信せん
仏は已に曽て世世に　是くの如き等を教化したまえり
皆一心に合掌して　仏語を聴受せんと欲す
我等千二百　及び余の仏を求むる者あり
願わくは此の衆の為の故に　唯分別し説くことを垂れたまえ
是等は此の法を聞きたてまつらば　則ち大歓喜を生ぜん

広開三顕一（法説周・法説）・長行

爾の時、世尊は舎利弗に告げたまわく、

許・順許

「汝は已に慇懃に三たび請じつ。豈説かざることを得

誡許

んや。汝は今諦らかに聴き、善く之を思念せよ。吾は当に汝が為に分別し解説すべし」と。

揀衆許・揀衆

此の語を説きたまう時、会の中に比丘・比丘尼・優婆

尼・優婆塞・優婆夷五千人等、即従座起、礼仏而退。所以者何、此輩罪根深重、及増上慢、未得謂得、未証謂証。有如此失。是以不住。世尊黙然而不制止。

爾時仏告舎利弗、

我今此衆、無復枝葉、純有貞実。舎利弗。如是増上慢人、退亦佳矣。汝今善聴。当為汝説。

舎利弗言、

唯然世尊。願楽欲聞。

仏告舎利弗、

塞・優婆夷の五千人等有って、即ち座従り起って、仏を礼して退きぬ。所以は何ん、此の輩は罪根深重に、及び増上慢にして、未だ得ざるを得たりと謂い、未だ証せざるを証せりと謂えばなり。此くの如き失有り。是を以て住せず。世尊は黙然として制止したまわず。

爾の時、仏は舎利弗に告げたまわく、

「我が今此の衆は、復枝葉無く、純ら貞実のみ有り。舎利弗よ。是くの如き増上慢人は、退くも亦佳し。汝は今善く聴け。当に汝が為に説くべし」と。

結許

舎利弗は言さく、

受旨

「唯然り、世尊よ。願楽わくは聞きたてまつらんと欲す」と。

正広説・明四仏章・総明諸仏

仏は舎利弗に告げたまわく、

如是妙法、諸仏如来時乃説之。
如優曇鉢華、時一現耳。舎利弗。
汝等当信仏之所説言不虚妄。
舎利弗。諸仏随宜説法、意趣
難解。所以者何、我以無数方便、
種種因縁、譬喩言詞、演説諸法。
是法非思量分別之所能解、唯有
諸仏乃能知之。

所以者何、諸仏世尊、唯以一
大事因縁故、出現於世。舎利弗。
云何名諸仏世尊、唯以一大事因
縁故、出現於世。

歎法
「是くの如き妙法は、諸仏如来は時に乃し之を説きた
まう。優曇鉢華の時に一たび現ずるが如きのみ。舎利弗よ。
勧信無虚妄法
汝等は当に信ずべし、仏の説きたまう所の言は虚妄ならず。
開方便・開
舎利弗よ。諸仏は宜しきに随って法を説きたまい、意
釈
趣は難解なり。所以は何ん、我は無数の方便、種種の因
結／示真実・
縁、譬喩言詞を以て、諸法を演説すればなり。是の法は
標勝人法
思量分別の能く解する所に非ず、唯諸仏のみ有して、乃
し能く之を知ろしめせり。

標出世意
所以は何ん、諸仏世尊は唯一大事の因縁を以ての故に、
重示
世に出現したまえばなり。舎利弗よ。云何なるをか、諸
仏世尊は唯一大事の因縁を以ての故に、世に出現したま
うと名づくる。

諸仏世尊欲令衆生開仏知見、使得清浄故、出現於世。欲示衆生仏知見故、出現於世。欲令衆生悟仏知見故、出現於世。欲令衆生入仏知見道故、出現於世。舎利弗。是為諸仏唯以一大事因縁故、出現於世。

仏告舎利弗、

諸仏如来但教化菩薩。諸有所作、常為一事。唯以仏之知見、示悟衆生。舎利弗。如来但以一仏乗故、為衆生説法。無有余乗

正釈・釈理一・明仏知見

諸仏世尊は衆生をして仏知見を開かしめ、清浄なることを得しめんと欲するが故に、世に出現したまう。衆生に仏知見を示さんと欲するが故に、世に出現したまう。衆生をして仏知見を悟らしめんと欲するが故に、世に出現したまう。衆生をして仏知見の道に入らしめんと欲するが故に、世に出現したまう。

結成理一義

舎利弗よ。是を諸仏は唯一大事の因縁を以ての故に、世に出現したまうと為す」と。

仏は舎利弗に告げたまわく、

明人一

「諸仏如来は但菩薩を教化したまうのみ。明行一 諸の作す所有るは、常に一事の為なり。唯仏の知見のみを以て、衆生に示悟したまわんとなり。明教一 舎利弗よ。如来は但一仏乗を以ての故に、衆生の為に法を説きたまうのみ。余乗の

若二若三。
舎利弗。一切十方諸仏法亦如是。
舎利弗。過去諸仏以無量無数方便、種種因縁、譬喩言辞、而為衆生演説諸法。是法皆為一仏乗故。是諸衆生従諸仏聞法、究竟皆得一切種智。
舎利弗。未来諸仏当出於世、亦以無量無数方便、種種因縁、譬喩言辞、而為衆生演説諸法。是法皆為一仏乗故。是諸衆生従

若しは二、若しは三有ること無し。

総結

舎利弗よ。一切十方の諸仏の法も亦是くの如し。

列三世仏章・過去仏章・行一

舎利弗よ。過去の諸仏は無量無数の方便、種種の因縁、譬喩言辞を以て、衆生の為に諸法を演説したまう。

教一

是の法は皆一仏乗の為の故なり。是の諸の衆生は諸仏従り法を聞き、究竟して皆一切種智を得たり。

未来仏章・行一

舎利弗よ。未来の諸仏は当に世に出でたまうべきも、亦無量無数の方便、種種の因縁、譬喩言辞を以て、衆生の為に諸法を演説したまわん。

教一

是の法は皆一仏乗の為の故なり。是の諸の衆生は仏従り法を聞き、究竟して皆

仏聞法、究竟皆得一切種智。

舎利弗。現在十方無量百千万億仏土中諸仏世尊、多所饒益、安楽衆生。是諸仏亦以無量無数方便、種種因縁、譬喩言辞、而為衆生演説諸法。是法皆為一仏乗故。是諸衆生従仏聞法、究竟皆得一切種智。

舎利弗。是諸仏但教化菩薩。欲以仏之知見示衆生故、欲以仏之知見悟衆生故、欲令衆生入仏之知見道故。

一切種智を得ん。

現在仏章・行一

舎利弗よ。現在の十方の無量百千万億の仏土の中の諸仏世尊は、饒益する所多く、衆生を安楽ならしめたまう。是の諸仏も亦無量無数の方便、種種の因縁、譬喩言辞を以て、衆生の為に諸法を演説したまう。教一 是の法は皆一仏乗の為の故なり。是の諸の衆生は仏従り法を聞き、究竟して皆一切種智を得。

総論

舎利弗よ。人一 是の諸仏は但菩薩を教化したまうのみ。理一 仏の知見を以て衆生に示さんと欲するが故に、仏の知見を以て衆生に悟らしめんと欲するが故に、衆生をして仏の知見の道に入らしめんと欲するが故なり。

舎利弗。我今亦復如是。知諸衆生有種種欲、深心所著、随其本性、以種種因縁、譬喩言辞、方便力故、而為説法。

舎利弗。如此皆為得一仏乗一切種智故。

舎利弗。十方世界中尚無二乗。何況有三。

舎利弗。諸仏出於五濁悪世。所謂劫濁・煩悩濁・衆生濁・見濁・命濁。如是、舎利弗。劫濁乱時、衆生垢重、慳貪嫉妬、成就諸不善根故、諸仏以方便力、於一仏乗分別説三。

明釈迦仏章・開権

舎利弗よ。我も今亦復是くの如し。諸の衆生に種種の欲と深心に著する所有るを知って、其の本性に随って、種種の因縁、譬喩言辞、方便力を以ての故に、而も為に法を説く。

顕実

舎利弗よ。此くの如きは皆一仏乗の一切種智を得しめんが為の故なり。

舎利弗よ。十方の世界の中には、尚二乗すら無し。何に況んや三有らんをや。

挙五濁釈開権

舎利弗よ。諸仏は五濁悪世に出でたまう。所謂劫濁・煩悩濁・衆生濁・見濁・命濁なり。是くの如く、舎利弗よ。劫の濁乱なる時、衆生は垢重く、慳貪嫉妬にして、諸の不善根を成就するが故に、諸仏は方便力を以て、一仏乗に於いて分別して三を説きたまう。

舎利弗。若我弟子、自謂阿羅漢・辟支仏者、不聞不知諸仏如来但教化菩薩事、此非仏弟子、非阿羅漢、非辟支仏。

又舎利弗。是諸比丘・比丘尼、自謂已得阿羅漢、是最後身、究竟涅槃、便不復志求阿耨多羅三藐三菩提、当知此輩皆是増上慢人。所以者何、若有比丘実得阿羅漢、若不信此法、無有是処。

除仏滅度後、現前無仏。所以者何、仏滅度後、如是等経、受

揀偽敦信一実・揀真偽・不聞不知非真弟子

舎利弗よ。若し我が弟子にして、自ら阿羅漢・辟支仏なりと謂わん者は、諸仏如来の但菩薩を教化したまうのみなる事を聞かず知らずは、此は仏弟子に非ず、阿羅漢に非ず、辟支仏に非ず。

聞不信受成増上慢

又舎利弗よ。是の諸の比丘・比丘尼は、自ら已に阿羅漢を得たり、是れ最後身なり、究竟の涅槃なりと謂って、便ち復阿耨多羅三藐三菩提を志求せずは、当に知るべし、此の輩は皆是れ増上慢の人なり。所以は何ん、若し比丘の実に阿羅漢を得たるもの有って、若し此の法を信ぜずは、是の処有ること無ければなり。

開除釈疑・開除

仏滅度して後、現前に仏無からんをば除く。所以は何ん、仏滅度して後に、是くの如き等の経をば、受持し読誦

持読誦解其義者、是人難得。若遇余仏、於此法中便得決了。舎利弗。汝等当一心信解受持仏語。諸仏如来、言無虚妄。無有余乗、唯一仏乗。

爾時世尊欲重宣此義、而説偈言、

比丘比丘尼　有懐増上慢
優婆塞我慢　優婆夷不信
如是四衆等　其数有五千
不自見其過　於戒有欠漏
護惜其瑕疵　是小智已出

し其の義を解せん者、是の人は得難ければなり。釈疑 若し余仏に遇わば、此の法の中に於いて、便ち決了することを得ん。明無虚妄・勧信釈迦実説 舎利弗よ。汝等は当に一心に信解して、仏語を受持すべし。勧信諸仏 諸仏如来は、言に虚妄無し。結成不虚 余乗有ること無く、唯一仏乗のみなり」と。

偈頌 爾の時、世尊は重ねて此の義を宣べんと欲して、偈を説いて言わく、

頌許答（頌揀誡）・頌揀衆・頌五千退

比丘比丘尼は　増上慢を懐くこと有り
優婆塞は我慢あり　優婆夷は不信あり
是くの如き四衆等は　其の数五千有り
自ら其の過を見ず　戒に於いて欠漏有り
其の瑕疵を護り惜しみ　是の小智は已に出でぬ

衆中之糟糠　仏威徳故去
斯人尠福徳　不堪受是法
此衆無枝葉　唯有諸貞実
舎利弗善聴　諸仏所得法
無量方便力　而為衆生説
衆生心所念　種種所行道
若干諸欲性　先世善悪業
仏悉知是已　以諸縁譬喩
言辞方便力　令一切歓喜
或説修多羅　伽陀及本事
本生未曾有　亦説於因縁
譬喩幷祇夜　優波提舎経

衆中の糟糠なり　仏の威徳の故に去りぬ
斯の人は福徳尠くして　是の法を受くるに堪えず

頌衆已清浄

此の衆に枝葉無く　唯諸の貞実のみ有り

頌誡聴　頌正答・頌四仏章門・頌諸仏章・頌諸仏施権・頌正施権

舎利弗よ善く聴け　諸仏の得たまいし所の法は
無量の方便力もて　衆生の為に説きたまう
衆生の心に念ずる所　種種の行ずる所の道
若干の諸の欲性　先世の善悪の業を
仏は悉く是を知り已わって　諸の縁譬喩
言辞方便力を以て　一切をして歓喜せしむ
或は修多羅　伽陀及び本事
本生未曾有を説き　亦因縁
譬喩幷びに祇夜　優波提舎経を説く

鈍根楽小法　貪著於生死
於諸無量仏　不行深妙道
衆苦所悩乱　為是説涅槃
我設是方便　令得入仏慧
未曽説汝等　当得成仏道
所以未曽説　説時未至故
今正是其時　決定説大乗
我此九部法　随順衆生説
入大乗為本　以故説是経
有仏子心浄　柔軟亦利根
無量諸仏所　而行深妙道
為此諸仏子　説是大乗経

頌結施権意

鈍根にして小法を楽い　生死に貪著し
諸の無量の仏に於いて　深妙の道を行ぜずして
衆苦に悩乱せらる　是が為に涅槃を説く

頌諸仏顕実・頌理一（頌一大事因縁・開示悟入）

我は是の方便を設けて　仏慧に入ることを得しむ
未だ曽て汝等は　当に仏道を成ずることを得べしと説かず
未だ曽て説かざる所以は　説時の未だ至らざるが故なり
今正しく是れ其の時なり　決定して大乗を説かん
我が此の九部の法は　衆生に随順して説く
大乗に入るを本と為す　故を以て是の経を説く

頌人一（頌諸仏如来但教化菩薩）

仏子の心浄く　柔軟に亦利根にして
無量の諸仏の所にて　深妙の道を行ずるもの有り
此の諸の仏子の為に　是の大乗経を説く

我記如是人　来世成仏道
以深心念仏　修持浄戒故
此等聞得仏　大喜充遍身
仏知彼心行　故為説大乗
声聞若菩薩　聞我所説法
乃至於一偈　皆成仏無疑
十方仏土中　唯有一乗法
無二亦無三　除仏方便説
但以仮名字　引導於衆生
説仏智慧故　諸仏出於世
唯此一事実　余二則非真
終不以小乗　済度於衆生

我は是くの如き人は　来世に仏道を成ぜんと記す
深心に仏を念じ　浄戒を修持するを以ての故なり
此等は仏を得んと聞いて　大喜は身に充遍す
仏は彼の心行を知れり　故に為に大乗を説く
声聞若しは菩薩は　我が説く所の法を聞かば
乃ち一偈に至るも　皆成仏せんこと疑い無し
頌教一（頌如来但以一仏乗為衆生説法無有余乗若二若三）
十方の仏土の中には　唯一乗の法のみ有り
二無く亦三無し　仏の方便の説を除く
但仮の名字を以て　衆生を引導するのみ
仏の智慧を説かんが故に　諸仏は世に出でたまう
頌行一（頌諸有所作常為一事）
唯此の一事のみ実にして　余の二は則ち真に非ず
終に小乗を以て　衆生を済度せず

仏自住大乗　如其所得法
定慧力荘厳　以此度衆生
自証無上道　大乗平等法
若以小乗化　乃至於一人
我則堕慳貪　此事為不可
若人信帰仏　如来不欺誑
亦無貪嫉意　断諸法中悪
故仏於十方　而独無所畏
我以相厳身　光明照世間
無量衆所尊　為説実相印
舎利弗当知　我本立誓願
欲令一切衆　如我等無異

仏は自ら大乗に住し　其の得る所の法の如きは
定慧の力もて荘厳せり　此を以て衆生を度す
自ら無上道　大乗平等の法を証して
若し小乗を以て　乃至一人をも化せば
我は則ち慳貪に堕せん　此の事は不可と為す
頌勧信・挙果勧信・挙内心
若し人仏に信帰せば　如来は欺誑せず
亦貪嫉の意無し　諸法の中の悪を断ず
故に仏は十方に於いて　独り畏るる所無し
明外色
我は相を以て身を厳り　光明もて世間を照らす
無量の衆に尊ばれて　為に実相の印を説く
挙因勧信・挙昔誓
舎利弗よ当に知るべし　我は本誓願を立てて
一切の衆をして　我が如く等しくして異なること無からしめんと欲しき

如我昔所願　今者已満足
化一切衆生　皆令入仏道
若我遇衆生　尽教以仏道
無智者錯乱　迷惑不受教
我知此衆生　未曾修善本
堅著於五欲　癡愛故生悩
以諸欲因縁　墜堕三悪道
輪廻六趣中　備受諸苦毒
受胎之微形　世世常増長
薄徳少福人　衆苦所逼迫
入邪見稠林　若有若無等
依止此諸見　具足六十二

明願満
我が昔の願いし所の如きは　今者已に満足しぬ
一切衆生を化して　皆仏道に入らしむ
頌五濁（明諸仏同出五濁皆先三後二）・総明五濁障大
若し我は衆生に遇い　尽く教うるに仏道を以てせば
無智の者は錯乱し　迷惑して教えを受けず
別明五濁障・衆生濁
我は知んぬ此の衆生は　未だ曽て善本を修せず
堅く五欲に著して　癡愛の故に悩みを生ず
諸欲の因縁を以て　三悪道に墜堕し
六趣の中に輪廻して　備さに諸の苦毒を受く
命濁
受胎の微形は　世世に常に増長し
薄徳少福の人として　衆苦に逼迫せらる
見濁
邪見の稠林　若しは有若しは無等に入り
此の諸見に依止して　六十二を具足し

深著虚妄法　堅受不可捨
我慢自矜高　諂曲心不実
於千万億劫　不聞仏名字
亦不聞正法　如是人難度
是故舎利弗　我為設方便
説諸尽苦道　示之以涅槃
我雖説涅槃　是亦非真滅
諸法従本来　常自寂滅相
仏子行道已　来世得作仏
我有方便力　開示三乗法
一切諸世尊　皆説一乗道
今此諸大衆　皆応除疑惑

煩悩濁
深く虚妄の法に著して　堅く受けて捨つ可からず
我慢にして自ら矜高し　諂曲にして心は不実なり
劫濁
千万億劫に於いて　仏の名字を聞かず
亦正法を聞かず　是くの如き人は度し難し
明為五濁故方便説小
是の故に舎利弗よ　我は為に方便を設けて
諸の苦を尽くす道を説き　之に示すに涅槃を以てす
明為大説小
我は涅槃を説くと雖も　是れ亦真の滅に非ず
諸法は本従り来　常自に寂滅の相なり
仏子は道を行じ已わって　来世に作仏することを得ん
頌不虚・明釈迦先開三
我に方便力有って　三乗の法を開示すれども
明諸仏後顕実
一切の諸の世尊は　皆一乗の道を説きたまう
正明不虚
今此の諸の大衆は　皆応に疑惑を除くべし

諸仏語無異　唯一無二乗
過去無数劫　無量滅度仏
百千万億種　其数不可量
如是諸世尊　種種縁譬喩
無数方便力　演説諸法相
是諸世尊等　皆説一乗法
化無量衆生　令入於仏道
又諸大聖主　知一切世間
天人群生類　深心之所欲
更以異方便　助顕第一義
若有衆生類　値諸過去仏
若聞法布施　或持戒忍辱

諸仏は語異なること無し　唯一のみにして二乗無し
頌過去仏章・頌開三
過去無数劫の　無量の滅度せる仏は
百千万億種にして　其の数量る可からず
是くの如き諸の世尊も　種種の縁譬喩
無数の方便力もて　諸法の相を演説したまいき
頌顕一・略頌三　頌教一
是の諸の世尊等も　皆一乗の法を説き
頌人一　頌理一（兼得行一）
無量の衆生を化して　仏道に入らしめたまいき
約五乗広頌顕一・総約五乗以顕一
又諸の大聖主は　一切世間の
挙諸乗以明人一
天人群生類の　深心の欲する所を知ろしめして
挙諸行以顕行一兼得教一　明理一
更に異の方便を以て　第一義を助顕したまいき
別約五乗以顕真実・開菩薩乗
若し衆生の類有って　諸の過去の仏に値いたてまつって
若しは法を聞いて布施し　或は持戒忍辱

精進禅智等　種種修福徳
如是諸人等　皆已成仏道
諸仏滅度已　若人善軟心
如是諸衆生　皆已成仏道
諸仏滅度已　供養舎利者
起万億種塔　金銀及頗梨
車渠与碼碯　玫瑰瑠璃珠
清浄広厳飾　荘校於諸塔
或有起石廟　栴檀及沈水
木櫁幷余材　甎瓦泥土等
若於曠野中　積土成仏廟
乃至童子戯　聚沙為仏塔

精進禅智等　種種に福徳を修せば
是くの如き諸人等は　皆已に仏道を成じたり
開二乗
諸仏滅度し已わって　若し人善軟の心あらば
是くの如き諸の衆生は　皆已に仏道を成じたり
開人天乗・約天人小善成縁因種子以明顕実・約造塔明天乗
諸仏滅度し已わって　舎利を供養する者は
万億種の塔を起てて　金銀及び頗梨
車渠と碼碯　玫瑰瑠璃珠もて
清浄に広く厳飾し　諸の塔を荘校す
或は石廟を起て　栴檀及び沈水
木櫁幷びに余の材　甎瓦泥土等をもてするもの有り
若しは曠野の中に於いて　土を積んで仏廟を成し
明人業
乃至童子の戯れに　沙を聚めて仏塔を為らば

如是諸人等　皆已成仏道
若人為仏故　建立諸形像
刻彫成衆相　皆已成仏道
或以七宝成　鍮石赤白銅
白鑞及鉛錫　鉄木及与泥
或以膠漆布　厳飾作仏像
如是諸人等　皆已成仏道
綵画作仏像　百福荘厳相
自作若使人　皆已成仏道
乃至童子戯　若草木及筆
或以指爪甲　而画作仏像
如是諸人等　漸漸積功徳

是くの如き諸人等は　皆已に仏道を成じたり
約志心造像明天業
若し人は仏の為の故に　諸の形像を建立し
刻彫して衆相を成さば　皆已に仏道を成じたり
或は七宝を以て成し　鍮石赤白銅
白鑞及び鉛錫　鉄木及与び泥
或は膠漆布を以て　厳飾して仏像を作らば
是くの如き諸人等は　皆已に仏道を成じたり
綵画して仏像を作り　百福荘厳の相を
自ら作し若しは人をしてせしめば　皆已に仏道を成じたり
明人業
乃至童子の戯れに　若しは草木及び筆
或は指の爪甲を以て　画いて仏像を作さば
結成顕実・人一　行一
是くの如き諸人等は　漸漸に功徳を積み

具足大悲心　皆已成仏道
但化諸菩薩　度脱無量衆
若人於塔廟　宝像及画像
以華香幡蓋　敬心而供養
若使人作楽　撃鼓吹角唄
簫笛琴箜篌　琵琶鐃銅抜
如是衆妙音　尽持以供養
或以歓喜心　歌唄頌仏徳
乃至一小音　皆已成仏道
若人散乱心　乃至以一華
供養於画像　漸見無数仏
或有人礼拝　或復但合掌

大悲心を具足して　皆已に仏道を成じたり　理一
教一
但諸の菩薩を化し　無量の衆を度脱したるのみ
約諸塵供養明天業
若し人は塔廟　宝像及び画像に於いて
華香幡蓋を以て　敬心にして供養せば
若し人をして楽を作さしめ　鼓を撃ち角唄を吹き
簫笛・琴・箜篌　琵琶・鐃・銅抜
是くの如き衆の妙音　尽く持以て供養せば
或は歓喜の心を以て　歌唄して仏徳を頌し
乃至一小音もてせば　皆已に仏道を成じたり
約散心用塵供養明人業
若し人は散乱の心にて　乃至一華を以て
画像に供養せば　漸く無数の仏を見たてまつらん
約身業供養明天人業
或は人有って礼拝し　或は復但合掌し

乃至挙一手　或復少低頭
以此供養像　漸見無量仏
自成無上道　広度無数衆
入無余涅槃　如薪尽火滅
若人散乱心　入於塔廟中
一称南無仏　皆已成仏道
於諸過去仏　現在或滅後
若有聞是法　皆已成仏道
未来諸世尊　其数無有量
是諸如来等　亦方便説法
一切諸如来　以無量方便
度脱諸衆生　入仏無漏智

乃至一手を挙げ　或は復少し頭を低れて

結成

此を以て像に供養せば　漸く無量の仏を見て
自ら無上道を成じて　広く無数の衆を度し
無余涅槃に入ること　薪尽きて火の滅ゆるが如くならん

約口業明人業

若し人は散乱の心にて　塔廟の中に入って
一たび南無仏と称えば　皆已に仏道を成じたり

約了因種子以明顕実

諸の過去の仏の　現に在すとき或は滅して後に於いて
若し是の法を聞くこと有らば　皆已に仏道を成じたり

頌未来仏章・頌開三

未来の諸の世尊は　其の数量り有ること無けん
是の諸の如来等も　亦方便もて法を説きたまわん
一切の諸の如来は　無量の方便を以て

頌顕一・頌人一

諸の衆生を度脱して　仏の無漏智に入れたまわん

若有聞法者　無一不成仏
諸仏本誓願　我所行仏道
普欲令衆生　亦同得此道
未来世諸仏　雖説百千億
無数諸法門　其実為一乗
諸仏両足尊　知法常無性
仏種従縁起　是故説一乗
是法住法位　世間相常住
於道場知已　導師方便説
天人所供養　現在十方仏
其数如恒沙　出現於世間
安穏衆生故　亦説如是法

若し法を聞くこと有らば　一りとして成仏せざること無けん
頌行一
諸仏の本誓願は　我が行ずる所の仏道を
普く衆生をして　亦同じく此の道を得しめんと欲す
頌教一
未来世の諸仏は　百千億
無数の諸の法門を説きたまうと雖も　其の実は一乗の為なり
諸仏両足尊は　法は常に無性にして
仏種は縁従り起こると知ろしめす　是の故に一乗を説きたまわん
頌理一
是の法は法位に住して　世間の相は常住なり
道場に於いて知ろしめし已わって　導師は方便もて説きたまわん
頌現在仏章・頌為化之意
天人の供養したてまつる所の　現在十方の仏は
其の数恒沙の如し　世間に出現し
衆生を安穏ならしめんが故に　亦是くの如き法を説きたまう

知第一寂滅　以方便力故
雖示種種道　其実為仏乗
知衆生諸行　深心之所念
過去所習業　欲性精進力
及諸根利鈍　以種種因縁
譬喩亦言辞　随応方便説
今我亦如是　安穏衆生故
以種種法門　宣示於仏道
我以智慧力　知衆生性欲
方便説諸法　皆令得歓喜
舎利弗当知　我以仏眼観
見六道衆生　貧窮無福恵

頌顕実・頌理一
第一の寂滅を知ろしめして　方便力を以ての故に
頌教一頌行一
種種の道を示すと雖も　其の実は仏乗の為なり
頌開権
衆生の諸行　深心の念ずる所
過去に習う所の業　欲性・精進・力
及び諸根の利鈍を知ろしめして　種種の因縁
譬喩亦言辞を以て　随応して方便もて説きたまう
頌釈迦章門・略頌権実・頌顕実　人一　理一
今我も亦是くの如く　衆生を安穏ならしめんが故に
行一　教一
種種の法門を以て　仏道を宣示す
頌開権
我は智慧力を以て　衆生の性欲を知って
方便もて諸法を説いて　皆歓喜することを得しむ
広頌六義・頌五濁開三・明仏有能見之眼
舎利弗よ当に知るべし　我は仏眼を以て観じて
明所見五濁
六道の衆生は　貧窮にして福恵無く

入生死険道　相続苦不断
深著於五欲　如犛牛愛尾
以貪愛自蔽　盲冥無所見
不求大勢仏　及与断苦法
深入諸邪見　以苦欲捨苦
為是衆生故　而起大悲心
我始坐道場　観樹亦経行
於三七日中　思惟如是事
我所得智慧　微妙最第一
衆生諸根鈍　著楽癡所盲
如斯之等類　云何而可度
爾時諸梵王　及諸天帝釈

生死の険道に入って　相続して苦断えずと見る
深く五欲に著すること　犛牛の尾を愛するが如し
貪愛を以て自ら蔽い　盲冥にして見る所無し
大勢ある仏　及び断苦の法を求めず
深く諸の邪見に入って　苦を以て苦を捨てんと欲す
明起大悲応赴
是の衆生の為の故に　而も大悲心を起こしき
頌施方便化・明念用大乗擬不得・明用大擬宜
我は始め道場に坐し　樹を観じ亦経行して
三七日の中に於いて　是くの如き事を思惟しき
我が得る所の智慧は　微妙にして最も第一なるも
明衆生無機・明障重
衆生の諸根は鈍にして　楽に著し癡に盲いられたり
明不堪聞
斯くの如きの等類　云何にしてか度す可きと
明諸梵雖請説大仏知無機所以不説
爾の時に諸の梵王　及び諸の天帝釈

護世四天王　及大自在天
幷余諸天衆　眷属百千万
恭敬合掌礼　請我転法輪
我即自思惟　若但讃仏乗
衆生没在苦　不能信是法
破法不信故　墜於三悪道
我寧不説法　疾入於涅槃
尋念過去仏　所行方便力
我今所得道　亦応説三乗
作是思惟時　十方仏皆現
梵音慰喩我　善哉釈迦文
第一之導師　得是無上法

護世の四天王　及び大自在天
幷びに余の諸の天衆　眷属百千万は
恭敬・合掌し礼して　我に法輪を転ぜんことを請ず
明念欲息化・明無機強説聞則有損
我は即ち自ら思惟すらく　若し但仏乗を讃むるのみならば
衆生は苦に没し　是の法を信ずること能わじ
法を破して信ぜざるが故に　三悪道に墜ちなん
正明息化
我は寧ろ法を説かず　疾く涅槃に入らん
明念同諸仏用三乗化・正明化得・明三乗擬宜
尋いで過去の仏の　行ぜられし所の方便力を念うに
我が今得る所の道にても　亦応に三乗を説くべし
明有小機・明諸仏歎
是の思惟を作す時　十方の仏は皆現じて
梵音もて我を慰喩したまう　善き哉釈迦文よ
第一の導師　是の無上の法を得たまえども

随諸一切仏　而用方便力
我等亦皆得　最妙第一法
為諸衆生類　分別説三乗
少智楽小法　不自信作仏
是故以方便　分別説諸果
雖復説三乗　但為教菩薩
舎利弗当知　我聞聖師子
深浄微妙音　喜称南無仏
復作如是念　我出濁悪世
如諸仏所説　我亦随順行
思惟是事已　即趣波羅奈
諸法寂滅相　不可以言宣

諸の一切の仏に随って　方便力を用いたまう
我等も亦皆　最妙第一の法を得れども
諸の衆生の類の為に　分別して三乗を説く
少智は小法を楽って　自ら作仏せんことを信ぜず
是の故に方便を以て　分別して諸果を説く
復三乗を説くと雖も　但菩薩を教えんが為なるのみと
明釈迦酬順
舎利弗よ当に知るべし　我は聖師子の
深浄微妙の音を聞いて　喜んで南無仏と称う
復是くの如き念を作す　我は濁悪世に出でたり
諸仏の説きたまう所の如く　我も亦随順して行ぜんと
明施化
是の事を思惟し已わって　即ち波羅奈に趣く
諸法寂滅の相は　言を以て宣ぶ可からざれば

以方便力故　為五比丘説
是名転法輪　便有涅槃音
及以阿羅漢　法僧差別名
従久遠劫来　讃示涅槃法
生死苦永尽　我常如是説
舎利弗当知　我見仏子等
志求仏道者　無量千万億
咸以恭敬心　皆来至仏所
曽従諸仏聞　方便所説法
我即作是念　如来所以出
為説仏慧故　今正是其時
舎利弗当知　鈍根小智人

方便力を以ての故に　五比丘の為に説きぬ

明受行悟入

是を法輪を転ずと名づく　便ち涅槃の音

及び阿羅漢　法・僧の差別の名有り

釈疑

久遠劫従り来　涅槃の法を讃示して

生死の苦永く尽くと　我は常に是くの如く説きき

頌顕実・頌人一（明大乗機発）

舎利弗よ当に知るべし　我は仏子等を見たり

仏道を志求する者　無量千万億にして

咸く恭敬の心を以て　皆仏の所に来至せり

曽て諸仏従り　方便もて説きたまいし所の法を聞けり

頌理一（明仏歓喜）

我は即ち是の念を作す　如来の出でたる所以は

仏慧を説かんが為の故なり　今正しく是れ其の時なりと

頌教一

舎利弗よ当に知るべし　鈍根小智の人

著相憍慢者　不能信是法
今我喜無畏　於諸菩薩中
正直捨方便　但説無上道
菩薩聞是法　疑網皆已除
千二百羅漢　悉亦当作仏
如三世諸仏　説法之儀式
我今亦如是　説無分別法
諸仏興出世　懸遠値遇難
正使出于世　説是法復難
無量無数劫　聞是法亦難
能聴是法者　斯人亦復難
譬如優曇華　一切皆愛楽

著相憍慢の者は　是の法を信ずること能わず
今我は喜んで畏れ無し　諸の菩薩の中に於いて
(正明顕実)
正直に方便を捨てて　但無上道を説くのみ
頌行一（明受行悟入）
菩薩は是の法を聞いて　疑網は皆已に除こりぬ
千二百の羅漢は　悉く亦当に作仏すべし
頌歎法希有・頌如是妙法
三世の諸仏の　説法の儀式の如く
我も今亦是くの如く　無分別の法を説く
頌時乃説之
諸仏は世に興出したまうとも　懸遠にして値遇することは難し
正使世に出でたまうとも　是の法を説きたまうことは復難し
無量無数劫にも　是の法を聞くことも亦難し
能く是の法を聴く者　斯の人も亦復難し
譬えば優曇華の　一切皆愛楽し

天人所希有　時時乃一出
聞法歓喜讃　乃至発一言
則為已供養　一切三世仏
是人甚希有　過於優曇華
汝等勿有疑　我為諸法王
普告諸大衆　但以一乗道
教化諸菩薩　無声聞弟子
汝等舎利弗　声聞及菩薩
当知是妙法　諸仏之秘要
以五濁悪世　但楽著諸欲
如是等衆生　終不求仏道
当来世悪人　聞仏説一乗

天人の希有にする所にして　時時に乃し一たび出ずるが如し
法を聞いて歓喜し讃めて　乃至一言をも発せば
則ち為れ已に　一切三世の仏を供養したり
是の人は甚だ希有なること　優曇華に過ぎたり
頌不虚・勿於可信人生疑
汝等は疑い有ること勿れ　我は為れ諸法の王にして
普く諸の大衆に告ぐ　但一乗の道を以て
諸の菩薩を教化するのみにして　声聞の弟子無しと
勿於可信法起疑
汝等舎利弗　声聞及び菩薩よ
当に知るべし是の妙法は　諸仏の秘要なり
頌揀衆敦信・頌揀衆・頌揀非仏弟子
五濁の悪世には　但諸欲に楽著するのみにして
是くの如き等の衆生は　終に仏道を求めず
頌如来滅後解義者是人難得
当来世の悪人は　仏一乗を説きたまえりと聞けども

迷惑不信受　破法堕悪道
有慙愧清浄　志求仏道者
当為如是等　広讃一乗道
舎利弗当知　諸仏法如是
以万億方便　随宜而説法
其不習学者　不能暁了此
汝等既已知　諸仏世之師
随宜方便事　無復諸疑惑
心生大歓喜　自知当作仏

妙法蓮華経巻第一

迷惑して信受せず　法を破して悪道に堕するを以てなり

頌若遇余仏便得決了

慙愧清浄にして　仏道を志求する者有らば
当に是くの如き等の為に　広く一乗の道を讃むべし

頌敦信・敦信於権

舎利弗よ当に知るべし　諸仏の法は是くの如く
万億の方便を以て　宜しきに随って法を説きたまう
其し習学せずは　此を暁了すること能わじ

敦信於実

汝等は既已に　諸仏世の師の
随宜方便の事を知りぬれば　復諸の疑惑無く
心に大歓喜を生じて　自ら当に作仏すべしと知れ

妙法蓮華経巻第一

妙法蓮華経　巻第二

妙法蓮華経譬喩品第三

爾時舎利弗踊躍歓喜、即起合掌、瞻仰尊顔、而白仏言、

今従世尊聞此法音、心懐踊躍、得未曽有。所以者何、我昔従仏聞如是法、見諸菩薩受記作仏、而我等不予斯事、甚自感傷失於如来無量知見。

世尊。我常独処山林樹下、若坐若行、毎作是念、我等同入法

妙法蓮華経譬喩品第三

迹門正宗分・法説周譬説周
法説周・領解段・経家叙・内解

外儀

爾の時、舎利弗は踊躍歓喜し、即ち起って合掌し、尊顔を瞻仰して、仏に白して言さく、

身子自陳

長行・標身口意三喜章

「今、世尊従り此の法音を聞き、心に踊躍を懐き、未曽有なることを得たり。

釈（提昔之失顕今之得）・明昔不見仏失（無身喜）

所以は何ん、我は昔、仏従り是くの如き法を聞き、諸の菩薩の記を受けて作仏するを見しかども、而も我等は斯の事に予らず、甚自だ如来の無量の知見を失えることを感傷しければなり。

明昔不聞法失（無口喜）・思過之処

世尊よ。我は常に独り山林樹下に処して、若しは坐し若しは行きて、毎に是の念を作しき、

正出其過

『我等も同じく法性

性。云何如来以小乗法而見済度。

是我等咎、非世尊也。

所以者何、若我等待説所因成就阿耨多羅三藐三菩提者、必以大乗而得度脱。然我等不解方便随宜所説、初聞仏法、遇便信受、思惟取証。世尊。我従昔来、終日竟夜、毎自剋責。而今従仏聞所未聞未曽有法、断諸疑悔、身意泰然、快得安穏。今日乃知真是仏子、従仏口生、従法化生、得仏法分。

に入れり。云何ぞ如来は小乗の法を以て済度せらるや』
と。［引過自帰］是れ我等が咎にして、世尊には非ざるなり。
［明意無解之失（無意喜）］所以は何ん、若し我等は、阿耨多羅三藐三菩提を成就する所因を説きたまうを待たば、必ず大乗を以て度脱せらるることを得ん。然るに我等は方便もて宜しきに随って説く所を解せず、初め仏の法を聞いて、遇便ち信受し、思惟して証を取れり。世尊よ。［結成三喜・結身喜］我は昔従り来、終日竟夜、毎に自ら剋責しき。而るに今、［結口喜］仏従り未だ聞かざる所の未曽有の法を聞いて、［結意喜］諸の疑悔を断じ、身意泰然として、快く安穏なることを得たり。［成］今日乃ち知んぬ、［身成］真に是れ仏子にして、［口成］仏の口従り生じ、［意成］法従り化生して、仏の法の分を得たり」と。

爾時舎利弗欲重宣此義、而説偈言、

我聞是法音　得所未曾有
心懐大歓喜　疑網皆已除
昔来蒙仏教　不失於大乗
仏音甚希有　能除衆生悩
我已得漏尽　聞亦除憂悩
我処於山谷　或在林樹下
若坐若経行　常思惟是事
嗚呼深自責　云何而自欺
我等亦仏子　同入無漏法
不能於未来　演説無上道

偈頌

爾の時、舎利弗は重ねて此の義を宣べんと欲して、偈を説いて言さく、

頌標三喜
我は是の法音を聞いて　未曾有なる所を得て
心に大歓喜を懐き　疑網は皆已に除こりぬ
頌釈三喜・頌見仏喜
昔より来仏の教えを蒙って　大乗を失わず
仏の音は甚だ希有にして　能く衆生の悩みを除きたまう
我は已に漏尽を得れども　聞いて亦憂悩を除く
頌不聞法・頌身遠故不聞
我は山谷に処し　或は林樹の下に在って
若しは坐し若しは経行して　常に是の事を思惟し
嗚呼して深く自ら責めき　云何ぞ而も自ら欺ける
我等も亦仏子にして　同じく無漏の法に入れども
未来に於いて　無上道を演説すること能わず

金色三十二　十力諸解脱
同共一法中　而不得此事
八十種妙好　十八不共法
如是等功徳　而我皆已失
我独経行時　見仏在大衆
名聞満十方　広饒益衆生
自惟失此利　我為自欺誑
我常於日夜　毎思惟是事
欲以問世尊　為失為不失
我常見世尊　称讃諸菩薩
以是於日夜　籌量如此事
今聞仏音声　随宜而説法

金色三十二　十力諸の解脱
同じく共に一法の中にして　而も此の事を得ず
八十種の妙好　十八不共の法
是くの如き等の功徳を　而も我は皆已に失えり
我は独り経行せし時　仏は大衆に在して
名聞は十方に満ち　広く衆生を饒益したまうを見たり
自ら此の利を失えりと惟い　我は為れ自ら欺誑せり
我は常に日夜に於いて　毎に是の事を思惟して
以て世尊に問いたてまつらんと欲す　為失えるや為失わざるや
我は常に世尊　諸の菩薩を称讃したまうを見たり
是を以て日夜に於いて　此くの如き事を籌量しき
今仏の音声を聞きたてまつるに　宜しきに随って法を説きたまう

無漏難思議　令衆至道場
我本著邪見　為諸梵志師
世尊知我心　抜邪説涅槃
我悉除邪見　於空法得証
爾時心自謂　得至於滅度
而今乃自覚　非是実滅度
若得作仏時　具三十二相
天人夜叉衆　竜神等恭敬
是時乃可謂　永尽滅無余
仏於大衆中　説我当作仏
聞如是法音　疑悔悉已除
初聞仏所説　心中大驚疑

無漏にして思議し難く　衆をして道場に至らしむ
頌入法性故不聞
我は本邪見に著して　諸の梵志の師と為りき
世尊は我が心を知ろしめして　邪を抜き涅槃を説きたまえり
我は悉く邪見を除いて　空法に於いて証を得たり
爾の時心に自ら謂いき　滅度に至ることを得たりと
頌心得妙解喜
而るに今乃ち自ら覚りぬ　是れ実の滅度に非ずと
若し作仏することを得ん時は　三十二相を具し
天人夜叉衆　竜神等は恭敬せば
是の時乃ち謂う可し　永く尽滅して余無しと
仏は大衆の中に於いて　我は当に作仏すべしと説きたまう
是くの如き法音を聞きたてまつって　疑悔は悉く已に除こりぬ
初め仏の説きたまいし所を聞いて　心中大いに驚疑しき

将非魔作仏　悩乱我心耶
仏以種種縁　譬喩巧言説
其心安如海　我聞疑網断
仏説過去世　無量滅度仏
安住方便中　亦皆説是法
現在未来仏　其数無有量
亦以諸方便　演説如是法
如今者世尊　従生及出家
得道転法輪　亦以方便説
世尊説実道　波旬無此事
以是我定知　非是魔作仏
我堕疑網故　謂是魔所為

将魔の仏と作って　我が心を悩乱するに非ずやと
仏は種種の縁　譬喩を以て巧みに言説したまい
其の心は安きこと海の如し　我は聞いて疑網は断じぬ
仏は説きたまわく過去世の　無量の滅度せる仏も
方便の中に安住して　亦皆是の法を説きたまえり
現在未来の仏は　其の数量り有ること無きも
亦諸の方便を以て　是くの如き法を演説したまう
今者の世尊の如きも　生じたまいし従り及び出家し
得道し法輪を転じたまうまで　亦方便を以て説きたまうと
世尊は実道を説きたまう　波旬に此の事無し
是を以て我は定めて知る　是れ魔の仏と作るには非ず
我は疑網に堕するが故に　是れ魔の所為と謂えり

聞仏柔煗音　深遠甚微妙
演暢清浄法　我心大歓喜
疑悔永已尽　安住実智中
我定当作仏　為天人所敬
転無上法輪　教化諸菩薩

爾時仏告舎利弗、
吾今於天・人・沙門・婆羅門等大衆中説。我昔曾於二万億仏所、為無上道故、常教化汝。汝亦長夜随我受学。我以方便引導汝故、生我法中。
舎利弗。我昔教汝志願仏道、

頌結成
仏の柔煗の音は　深遠に甚だ微妙にして
清浄の法を演暢したまうを聞いて　我が心は大いに歓喜し
疑悔は永く已に尽き　実智の中に安住す
我は定めて当に作仏して　天人の敬う所と為り
無上の法輪を転じて　諸の菩薩を教化すべし

述成段
爾の時、仏は舎利弗に告げたまわく、
昔曽教大（述其見仏之縁）
「吾は今、天・人・沙門・婆羅門等の大衆の中に於いて説く。我は昔、曽て二万億の仏の所に於いて、無上道の為の故に、常に汝を教化す。汝も亦長夜に我に随って受学しき。我は方便を以て汝を引導せしが故に、我が法の中に生ぜり。
中忘
舎利弗よ。我は昔、汝をして仏道を志願せしめしかども、汝

汝今悉忘、而便自謂已得滅度。
我今還欲令汝憶念本願所行道
故、為諸声聞説是大乗経、名妙
法蓮華、教菩薩法、仏所護念。
舎利弗。汝於未来世過無量無
辺不可思議劫、供養若干千万億
仏、奉持正法、具足菩薩所行之
道、当得作仏。号曰華光如来・
応供・正遍知・明行足・善逝・
世間解・無上士・調御丈夫・天
人師・仏・世尊。
国名離垢。其土平正、清浄厳

取小（述其憂悔聞法之縁）
は今悉く忘れて、便ち自ら已に滅度を得たりと謂えり。
還為説大（述其悟解不虚）
我は今還って汝をして本願、行ずる所の道を憶念せしめん
と欲するが故に、諸の声聞の為に、是の大乗経の妙法蓮華と
名づけ、菩薩を教うる法にして、仏の護念したまう所を説く。
授記段・長行・時節
舎利弗よ。汝は未来世に於いて、無量無辺不可思議劫
行因
を過ぎて、若干千万億の仏を供養し、正法を奉持し、菩
得果
薩の行ずる所の道を具足し、当に作仏することを得べし。
号づけて華光如来・応供・正遍知・明行足・善逝・世間
解・無上士・調御丈夫・天人師・仏・世尊と曰わん。
国土
国を離垢と名づく。其の土は平正にして、清浄厳飾に、

飾、安穏豊楽、天人熾盛。瑠璃為地、有八交道。黄金為縄、以界其側、其傍各有七宝行樹、常有華菓。

華光如来亦以三乗教化衆生。舎利弗。彼仏出時、雖非悪世、以本願故、説三乗法。

其劫名大宝荘厳。何故名曰大宝荘厳。其国中以菩薩為大宝故。彼諸菩薩無量無辺不可思議、算数譬喩所不能及。非仏智力、無能知者。若欲行時、宝華承足。

安穏豊楽にして、天人熾盛ならん。瑠璃を地と為して、八つの交道有り。黄金を縄と為して、以て其の側を界い、其の傍に各七宝の行樹有って、常に華菓有らん。

華光如来も亦三乗を以て衆生を教化せん。舎利弗よ。彼の仏出でたまわん時は、悪世に非ずと雖も、本願を以ての故に、三乗の法を説かん。

其の劫を大宝荘厳と名づけん。何が故に名づけて大宝荘厳と曰うや。其の国の中には、菩薩を以て大宝と為すが故なり。彼の諸の菩薩は無量無辺不可思議にして、算数・譬喩も及ぶこと能わざる所ならん。仏の智力に非ずは、能く知る者無けん。若し行かんと欲する時は、宝華

此諸菩薩非初発意、皆久殖徳本、於無量百千万億仏所浄修梵行、恒為諸仏之所称歎、常修仏慧、具大神通、善知一切諸法之門、質直無偽、志念堅固。如是菩薩充満其国。

舎利弗。華光仏寿十二小劫。除為王子未作仏時。其国人民寿八小劫。

華光如来過十二小劫、授堅満菩薩阿耨多羅三藐三菩提記、告諸比丘、

は足を承く。此の諸の菩薩は初めて意を発せるに非ず、皆久しく徳本を殖えて、無量百千万億の仏の所に於いて、浄く梵行を修し、恒に諸仏の称歎したまう所と為り、常に仏慧を修し、大神通を具し、善く一切諸法の門を知り、質直無偽にして、志念堅固ならん。是くの如き菩薩は、其の国に充満せん。

寿量 舎利弗よ。華光仏は、寿十二小劫ならん。王子と為りて未だ作仏せざる時をば除く。其の国の人民は、寿八小劫ならん。

補処 華光如来は十二小劫を過ぎて、堅満菩薩に阿耨多羅三藐三菩提の記を授け、諸の比丘に告げん、

是堅満菩薩次当作仏。号曰華足安行多陀阿伽度・阿羅訶・三藐三仏陀。其仏国土亦復如是。

舎利弗。是華光仏滅度之後、正法住世三十二小劫、像法住世亦三十二小劫。

爾時世尊欲重宣此義、而説偈言、

舎利弗来世　成仏普智尊
号名曰華光　当度無量衆
供養無数仏　具足菩薩行
十力等功徳　証於無上道

『是の堅満菩薩は、次に当に作仏すべし。号づけて華足安行多陀阿伽度・阿羅訶・三藐三仏陀と曰わん。其の仏の国土も亦復是くの如からん』と。

法住久近

舎利弗よ。是の華光仏滅度するの後、正法の世に住することは三十二小劫、像法の世に住することも亦三十二小劫ならん」と。

偈頌

爾の時、世尊は重ねて此の義を宣べんと欲して、偈を説いて言わく、

頌九意・頌得果

舎利弗は来世に　仏普智尊と成って
号名づけて華光と曰い　当に無量の衆を度すべし

頌行因

無数の仏を供養し　菩薩の行
十力等の功徳を具足して　無上道を証せん

過無量劫已　劫名大宝厳
世界名離垢　清浄無瑕穢
以瑠璃為地　金縄界其道
七宝雑色樹　常有華菓実
彼国諸菩薩　志念常堅固
神通波羅蜜　皆已悉具足
於無数仏所　善学菩薩道
如是等大士　華光仏所化
仏為王子時　棄国捨世栄
於最末後身　出家成仏道
華光仏住世　寿十二小劫
其国人民衆　寿命八小劫

頌劫名
無量劫を過ぎ已わって　劫を大宝厳と名づけ
頌国浄
世界を離垢と名づけん　清浄にして瑕穢無く
瑠璃を以て地と為し　金縄もて其の道を界い
七宝雑色の樹に　常に華菓実有らん
頌菩薩衆数
彼の国の諸の菩薩は　志念常に堅固にして
神通波羅蜜を　皆已に悉く具足し
無数の仏の所に於いて　善く菩薩の道を学せん
頌説法
是くの如き等の大士は　華光仏に化せられん
頌寿量
仏は王子為らん時　国を棄て世の栄えを捨てて
最末後の身に於いて　出家して仏道を成ぜん
華光仏の世に住するに　寿は十二小劫
其の国の人民衆は　寿命八小劫ならん

仏滅度之後　正法住於世
三十二小劫　広度諸衆生
正法滅尽已　像法三十二
舎利広流布　天人普供養
華光仏所為　其事皆如是
其両足聖尊　最勝無倫匹
彼即是汝身　宜応自欣慶

爾時四部衆比丘・比丘尼・優婆塞・優婆夷、天・竜・夜叉・乾闥婆・阿修羅・迦楼羅・緊那羅・摩睺羅伽等大衆、見舎利弗於仏前受阿耨多羅三藐三菩提記、

頌法住久近

仏滅度するの後　正法の世に住することは
三十二小劫にして　広く諸の衆生を度せん
正法は滅尽し已わって　像法は三十二ならん

頌供養舎利

舎利は広く流布して　天人は普く供養せん

頌結歎

華光仏の所為　其の事は皆是くの如し
其の両足聖尊は　最勝にして倫匹無けん
彼は即ち是れ汝が身なり　宜しく応に自ら欣慶すべし

四衆領解・長行・経家叙衆喜

爾の時、四部の衆の比丘・比丘尼・優婆塞・優婆夷、天・竜・夜叉・乾闥婆・阿修羅・迦楼羅・緊那羅・摩睺羅伽等の大衆は、舎利弗の仏前に於いて阿耨多羅三藐三菩提の記を受くるを見て、心は大いに歓喜し、踊躍する

陳供養

こと無量にして、各各身に著たる所の上衣を脱いで、以

心大歓喜、踊躍無量、各各脱身所著上衣、以供養仏。釈提桓因・梵天王等、与無数天子、亦以天妙衣・天曼陀羅華・摩訶曼陀羅華等、供養於仏。所散天衣、住虚空中、而自廻転。諸天妓楽百千万種、於虚空中、一時倶作。雨衆天華、而作是言、

仏昔於波羅奈、初転法輪、今乃復転無上最大法輪。

爾時諸天子欲重宣此義、而説偈言、

て仏に供養す。釈提桓因・梵天王等は、無数の天子と、亦天の妙衣、天の曼陀羅華、摩訶曼陀羅華等を以て、仏に供養す。散ずる所の天衣は、虚空の中に住して、自ずから廻転す。諸天の妓楽百千万種は、虚空の中に於いて、一時に倶に作す。衆の天華を雨らして是の言を作さく、

正領解

領開権

「仏は昔、波羅奈に於いて、初めて法輪を転じ、今乃

領顕実

ち復無上最大の法輪を転じたまう」と。

偈頌

爾の時、諸の天子は重ねて此の義を宣べんと欲して、偈を説いて言さく、

昔於波羅奈　転四諦法輪
分別説諸法　五衆之生滅
今復転最妙　無上大法輪
是法甚深奥　少有能信者
我等従昔来　数聞世尊説
未曽聞如是　深妙之上法
世尊説是法　我等皆随喜
大智舎利弗　今得受尊記
我等亦如是　必当得作仏
於一切世間　最尊無有上
仏道叵思議　方便随宜説
我所有福業　今世若過世

頌開権顕実

昔波羅奈に於いて　四諦の法輪を転じ
分別して諸法　五衆の生滅を説きたまえり
今復最妙　無上の大法輪を転じたまう
是の法は甚だ深奥にして　能く信ずる者有ること少なし

自述得解随喜廻向

我等は昔従り来　数世尊の説を聞きたてまつるに
未だ曽て是くの如き　深妙の上法を聞かず
世尊は是の法を説きたまうに　我等は皆随喜す
大智舎利弗は　今尊記を受くることを得たり
我等も亦是くの如く　必ず当に作仏して
一切世間に於いて　最尊にして上有ること無きことを得べし
仏道は思議し叵し　方便もて宜しきに随って説きたまう
我が所有福業　今世若しは過世

及見仏功徳　尽廻向仏道

爾時舎利弗白仏言、

世尊。我今無復疑悔。親於仏前得受阿耨多羅三藐三菩提記。是諸千二百心自在者、昔住学地、仏常教化言、我法能離生老病死、究竟涅槃。是学・無学人、亦各自以離我見及有無見等、謂得涅槃。而今於世尊前、聞所未聞、皆堕疑惑。

善哉。世尊。願為四衆説其因縁、令離疑悔。

及び見仏の功徳を　尽く仏道に廻向す

譬説周・正説段・請

爾の時、舎利弗は仏に白して言さく、

自述無疑

「世尊よ。我は今復疑悔無し。親り仏前に於いて阿耨多羅三藐三菩提の記を受くることを得たり。

述同輩有惑

是の諸の千二百の心自在なる者は、昔、学地に住せしに、仏は常に教化して言わく、『我が法は能く生老病死を離れて、涅槃を究竟す』と。是の学・無学の人も亦各自ら我見及び有無の見等を離れたるを以て、涅槃を得たりと謂えり。而るに今、世尊の前に於いて、未だ聞かざる所を聞いて、皆疑惑に堕せり。

為四衆普請

善き哉。世尊よ。願わくは四衆の為に其の因縁を説いて、疑悔を離れしめたまえ」と。

爾時仏告舎利弗、
我先不言、諸仏世尊以種種因
縁、譬喩言辞、方便説法、皆為
阿耨多羅三藐三菩提耶。是諸所
説、皆為化菩薩故。然舎利弗。
今当復以譬喩、更明此義。諸有
智者、以譬喩得解。
舎利弗。若国邑聚落、有大長
者。其年衰邁、財富無量、多有
田宅及諸僮僕。其家広大、唯有
一門、多諸人衆、一百・二百、
乃至五百人、止住其中。堂閣朽

仏答・発起

爾の時、仏は舎利弗に告げたまわく、

抑（責）

「我は先に諸仏世尊の種種の因縁、譬喩言辞を以て、方便もて法を説きたまうは、皆阿耨多羅三藐三菩提の為なりと言わずや。是の諸の説く所は、皆菩薩を化せんが為の故なり。引（安慰）然も舎利弗よ。今当に復譬喩を以て、更に此の義を明かすべし。諸の智有らん者は、譬喩を以て解することを得ん。

譬喩・長行・開譬・総譬・長者

舎利弗よ。国邑聚落に、大長者有るが若し。其の年は衰邁して、財富無量にして、多く田宅及び諸の僮僕有り。舎宅 其の家は広大なるも、一門 唯一門のみ有り、五百人 諸の人衆多くして、一百・二百、乃至五百人は、其の中に止住せり。火起 堂閣は朽ち故り、牆壁は頽れ落ち、柱根は腐ち敗れ、梁棟は

故、牆壁頽落、柱根腐敗、梁棟傾危。周帀倶時、欻然火起、焚焼舎宅。長者諸子、若十・二十、或至三十、在此宅中。

長者見是大火従四面起、即大驚怖、而作是念、

我雖能於此所焼之門、安穏得出、而諸子等於火宅内、楽著嬉戯、不覚不知、不驚不怖。火来逼身、苦痛切己、心不厭患、無求出意。

舎利弗。是長者作是思惟、

傾き危うし。周帀して倶時に、欻然に火は起こって、舎宅を焚焼す。長者の諸子（三十子）、若しは十・二十、或は三十に至るまで、此の宅の中に在り。

別譬・長者見火譬

長者は是の大火の四面従り起こるを見て、即ち大いに驚怖して、是の念を作さく、

『我は能く此の焼くる所の門於り、安穏に出ずることを得たりと雖も、諸子等は火宅の内に於いて、嬉戯に楽著して、覚えず知らず、驚かず怖じず。火来って身を逼め、苦痛己に切まれども、心に厭患せず、出でんと求むる意無し』と。

捨几用車譬・捨几譬・用勧門擬宜・擬宜

舎利弗よ。是の長者は是の思惟を作さく、

我身手有力。当以衣裓、若以几案、従舎出之。復更思惟、是舎唯有一門、而復狭小。諸子幼稚、未有所識、恋著戯処。或当堕落、為火所焼。我当為説怖畏之事。此舎已焼、宜時疾出、無令為火之所焼害。作是念已、如所思惟、具告諸子、汝等速出。父雖憐愍、善言誘喩、而諸子

『我は身手に力有り。当に衣裓を以て、若しは几案を以て、舎従り之を出だすべし』と。

復更に思惟すらく、明子不受『是の舎は唯一門のみ有って、而も復狭小なり。放捨善誘諸子は幼稚にして、未だ識る所有らず、戯処に恋著す。或は当に堕落して火の焼く所と為るべし。用誡門擬宜・擬宜対治我は当に為に怖畏の事を説くべし。此の舎は已に焼け、宜しく時に疾く出だし、火の焼害する所と為らしむること無かるべし』と。是の念を作し已わって、思惟する所の如く、具さに諸子に告ぐらく、『汝等速やかに出でよ』と。子不受誡父は憐愍して善言もて誘喩すと雖も、諸子等は嬉戯に

等楽著嬉戯、不肯信受、不驚不畏、了無出心。亦復不知何者是火、何者為舎、云何為失。但東西走戯、視父而已。

爾時長者即作是念、此舎已為大火所焼。我及諸子若不時出、必為所焚。我今当設方便、令諸子等得免斯害。父知諸子、先心各有所好、種種珍玩奇異之物、情必楽著、而告之言、汝等所可玩好、希有難得。汝

楽著し、肯えて信受せず、驚かず畏れず、了に出ずる心無し。亦復何者か是れ火、何者か為れ舎、云何なるをか失ると為すを知らず。（放捨苦言）但東西に走り戯れて、父を視るのみ。

（用車譬）爾の時、長者は即ち是の念を作さく、（擬宜三車譬）『此の舎は已に大火の焼く所と為る。我及び諸子は、若し時に出でずは、必ず焚く所と為らん。我は今当に方便を設けて、諸子等をして斯の害を免るることを得しむべし』と。（父知先心所好譬）父は、諸子の先心に各好む所有り、種種の珍玩奇異の物に、情必ず楽著せんと知って、（歎三車希有譬）之に告げて言わく、（勧転）『汝等が玩好す可き所は、希有にして得難し。汝は若

若不取、後必憂悔。如此種種羊車・鹿車・牛車、今在門外、可以遊戯。汝等於此火宅、宜速出来。随汝所欲、皆当与汝。

爾時諸子聞父所説、珍玩之物、適其願故、心各勇鋭、互相推排、競共馳走、争出火宅。

是時長者見諸子等安穏得出。皆於四衢道中、露地而坐、無復障礙、其心泰然、歓喜踊躍。時諸子等各白父言、

父先所許玩好之具、羊車・鹿

し取らずは、後に必ず憂悔せん。（示転）此くの如き種種の羊車・鹿車・牛車は、今門外に在れば、以て遊戯す可し。（証転）汝等は此の火宅於り、宜しく速やかに出で来るべし。汝が欲する所に随って、皆当に汝に与うべし』と。

（適子所願譬）
爾の時、諸子は父の説く所を聞き、珍玩の物は、其の願いに適えるが故に、心は各勇鋭して、互相に推排し、競って共に馳走し、争って火宅を出ず。

（等賜諸子大車譬・父見子免難歓喜譬）
是の時、長者は、諸子等の安穏に出ずることを得るを見る。皆四衢道の中の露地に於いて坐して、復障礙無く、其の心は泰然として、歓喜踊躍す。（諸子索車譬）時に諸子等は、各父に白して言さく、

『父の先に許す所の玩好の具の羊車・鹿車・牛車を、

車・牛車、願時賜与。

舎利弗。爾時長者各賜諸子等一大車。其車高広、衆宝荘校、周帀欄楯、四面懸鈴。又於其上張設幰蓋、亦以珍奇雑宝而厳飾之、宝縄絞絡、垂諸華瓔、重敷綩綖、安置丹枕。駕以白牛、膚色充潔、形体姝好、有大筋力。行歩平正、其疾如風。又多僕従、而侍衛之。所以者何、是大長者財富無量、種種庫蔵、悉皆充溢。

而作是念、

願わくは時に賜与したまえ』と。

舎利弗よ。爾の時、長者は各諸子に等一の大車を賜う。其の車は高広にして、衆宝もて荘校し、周帀して欄楯あり、四面に鈴を懸く。又其の上に於いて幰蓋を張り設け、亦珍奇の雑宝を以て之を厳飾し、宝縄絞絡して、諸の華瓔を垂れ、重ねて綩綖を敷き、丹枕を安置せり。駕するに白牛を以てし、膚色は充潔に、形体は姝好にして、大筋力有り。行歩は平正にして、其の疾きこと風の如し。又僕従多くして、之を侍衛せり。所以は何ん、是の大長者は、財富無量にして、種種の庫蔵は、悉皆く充溢すればなり。

而も是の念を作さく、

等賜諸子大車譬・両章・等子

等車

両広・広車・広叙車体

釈有車之由

広明心等

我財物無極。不応以下劣小車、与諸子等。今此幼童、皆是吾子。愛無偏党。我有如是七宝大車其数無量。応当等心各各与之。不宜差別。所以者何、以我此物周給一国、猶尚不匱。何況諸子。

是時諸子各乗大車、得未曽有、非本所望。

舎利弗。於汝意云何。是長者等与諸子珍宝大車、寧有虚妄不。

舎利弗言、

不也。世尊。是長者但令諸子

広心等

『我が財物は極まり無し。応に下劣の小車を以て諸子等に与うべからず。今、此の幼童は、皆是れ吾が子なり。愛するに偏党無し。

釈

我に是くの如き七宝の大車の、其の数無量なる有り。応当に等心にして各各に之を与うべし。宜しく差別すべからず。

両釈・釈財多

所以は何ん、我が此の物を以て周く一国に給うとも、猶尚匱しからじ。

釈子等

何に況んや諸子をや』と。

諸子得車歓喜譬

是の時、諸子は各大車に乗って、未曽有なることを得るとも、本の望む所に非ず。

長者無虚妄譬・問

舎利弗よ。汝が意に於いて云何。是の長者は等しく諸子に珍宝の大車を与うることに、寧ろ虚妄有りや不や」と。

答・免難不虚

舎利弗は言さく、

「不なり。世尊よ。是の長者は、但諸子をして火難を

得免火難全其軀命、非為虚妄。何以故、若全身命、便為已得玩好之具。況復方便、於彼火宅而抜済之。世尊。若是長者、乃至不与最小一車、猶不虚妄。何以故、是長者先作是意。

我以方便令子得出。

以是因縁、無虚妄也。何況長者自知財富無量、欲饒益諸子、等与大車。

仏告舎利弗、

善哉善哉。如汝所言。

免れ、其の軀命を全うすることを得しめたるのみにして、虚妄と為すに非ず。何を以ての故に、若し身命を全うせば、便ち為れ已に玩好の具を得たればなり。況んや復方便もて彼の火宅於り而も之を抜済せるをや。世尊よ。（不乖本心不虚）若し是の長者は、乃至最小の一車を与えざるも、猶虚妄ならじ。何を以ての故に、是の長者は先に是の意を作せばなり。『我は方便を以て子をして出ずることを得しめん』と。是の因縁を以て、虚妄無きなり。何に況んや長者は自ら財富無量なりと知って、諸子を饒益せんと欲して、等しく大車を与うるをや」と。

（述歎）仏は舎利弗に告げたまわく、

「善き哉、善き哉。汝が言う所の如し。

舎利弗。如来亦復如是、則為一切世間之父。於諸怖畏、衰悩憂患、無明暗蔽、永尽無余。而悉成就無量知見・力・無所畏、有大神力及智慧力、具足方便・智慧波羅蜜。大慈大悲、常無懈倦、恒求善事、利益一切。而生三界朽故火宅、為度衆生生老病死、憂悲苦悩、愚癡暗蔽、三毒之火、教化令得阿耨多羅三藐三菩提。

見諸衆生、為生老病死、憂悲

合譬・合総譬・合長者

舎利弗よ。如来も亦復是くの如ければ、則ち為れ一切世間の父なり。諸の怖畏、衰悩憂患、無明暗蔽に於いて、永く尽くして余り無し。而も悉く無量の知見・力・無所畏を成就し、大神力、及び智慧力有って、方便・智慧波羅蜜を具足す。合五百人 大慈大悲にして、常に懈倦無く、恒に善事を求めて、一切を利益す。合其家 而も三界の朽ち故りたる火宅に生ずること、合三十子 合火起 衆生の生老病死、憂悲苦悩、愚癡暗蔽、三毒の火を度し、合唯有一門 教化して阿耨多羅三藐三菩提を得しめんが為なり。

合別譬・合見火譬・合能見之眼　合所見之火従四面起

諸の衆生を見るに、生老病死、憂悲苦悩の焼煮する所

苦悩之所焼煮、亦以五欲財利故、受種種苦。又以貪著追求故、現受衆苦、後受地獄・畜生・餓鬼之苦。若生天上、及在人間、貧窮困苦・愛別離苦・怨憎会苦、如是等種種諸苦。衆生没在其中、歓喜遊戯、不覚不知、不驚不怖、亦不生厭、不求解脱。於此三界火宅、東西馳走、雖遭大苦、不以為患。

舎利弗。仏見此已、便作是念、我為衆生之父。応抜其苦難、

と為り、亦五欲財利を以ての故に、種種の苦を受く。又貪著し追求するを以ての故に、現には衆苦を受け、後には地獄・畜生・餓鬼の苦を受く。若し天上に生まれ及び人間に在っては、貧窮困苦・愛別離苦・怨憎会苦、是くの如き等の種種の諸苦あり。（合所見火譬諸子不覚不知等）衆生は其の中に没して、歓喜し遊戯して、覚えず知らず、驚かず怖じず、亦厭うことを生ぜず、解脱を求めず。此の三界の火宅に於いて、東西に馳走して、大苦に遭うと雖も、以て患いと為さず。

（合起驚怖）舎利弗よ。仏は此を見已わって、便ち是の念を作さく、『我は為れ衆生の父なり。応に其の苦難を抜き、無量無

与無量無辺仏智慧楽、令其遊戯。
舎利弗。如来復作是念、
若我但以神力及智慧力、捨於
方便、為諸衆生讃如来知見・力・
無所畏者、衆生不能以是得度。
所以者何、是諸衆生未免生老病
死、憂悲苦悩、而為三界火宅所
焼。何由能解仏之智慧。
舎利弗。如彼長者、雖復身手
有力、而不用之、但以慇懃方便、
免済諸子火宅之難、然後各与珍
宝大車、如来亦復如是。雖有力・

辺の仏の智慧の楽を与え、其をして遊戯せしむべし』と。
合捨几用車譬・合捨几譬・合擬宜
舎利弗よ。如来は復是の念を作さく、
『若し我は但神力、及び智慧力を以て、方便を捨て、
諸の衆生の為に如来の知見・力・無所畏を讃むるのみな
合子不受勧譬
らば、衆生は是を以て得度すること能わじ。所以は何ん、
是の諸の衆生は未だ生老病死、憂悲苦悩を免れずして、
三界の火宅の焼く所と為ればなり。何に由ってか能く仏
の智慧を解せん』と。
合放捨善誘無機息化
舎利弗よ。彼の長者の復身手に力有りと雖も、之を用
いず、但慇懃の方便を以て、諸子の火宅の難を免済する
のみにして、然る後、各に珍宝の大車を与うるが如く、
如来も亦復是くの如し。力・無所畏有りと雖も、之を用

無所畏、而不用之、但以智慧・方便、於三界火宅、抜済衆生、為説三乗声聞・辟支仏・仏乗。

而作是言、

汝等莫得楽住三界火宅。勿貪麤弊色・声・香・味・触也。若貪著生愛、則為所焼。汝等速出三界、当得三乗声聞・辟支仏・仏乗。我今為汝保任此事。終不虚也。汝等但当勤修精進。

如来以是方便、誘進衆生。

復作是言、

合用車救得譬・合擬宜三車譬
いず、但智慧・方便を以て、三界の火宅於り衆生を抜済せんとして、
合知子先心譬
為に三乗の声聞・辟支仏・仏乗を説くのみ。

合歎三車希有譬
而も是の言を作さく、

示其尽無生処（示転）
『汝等は楽って三界の火宅に住することを得ること莫れ。麤弊の色・声・香・味・触を貪ること勿れ。若し貪著して愛を生ぜば、則ち焼く所と為らん。汝等は速やかに三界を出でば、当に三乗の声聞・辟支仏・仏乗を得べし。

合必与証得不虚（証転）

我は今、汝が為に此の事を保任す。終に虚しからじ。汝等は但当に勤修精進すべきのみ』と。

如来は是の方便を以て、衆生を誘進す。

合歎希有（勧転）
復是の言を作さく、

汝等当知此三乗法、皆是聖所称歎。自在無繫、無所依求。乗是三乗、以無漏根・力・覚・道・禅定・解脱・三昧等、而自娯楽、便得無量安穏快楽。

舎利弗。若有衆生、内有智性、従仏世尊聞法信受、慇懃精進、欲速出三界、自求涅槃、是名声聞乗。如彼諸子、為求羊車出於火宅。若有衆生、従仏世尊聞法信受、慇懃精進、求自然慧、楽独善寂、深知諸法因縁、是名辟

『汝等は当に知るべし、此の三乗の法は、皆是れ聖の称歎したまう所なり。自在無繫にして、依求する所無し。是の三乗に乗ぜば、無漏の根・力・覚・道・禅定・解脱・三昧等を以て、自ら娯楽して、便ち無量の安穏快楽を得ん』と。

合適子所願譬

舎利弗よ。若し衆生有って、内に智性有り、仏世尊従り法を聞いて信受し、慇懃に精進して、速やかに三界を出でて、自ら涅槃を求めんと欲せば、是を声聞乗と名づく。彼の諸子の羊車を求めんが為に火宅を出ずるが如し。若し衆生有って、仏世尊従り法を聞いて信受し、慇懃に精進して自然慧を求め、独善寂を楽い、深く諸法の因縁を知らば、是を辟支仏乗と名づく。彼の諸子の鹿車

支仏乗。如彼諸子、為求鹿車出於火宅。若有衆生、従仏世尊聞法信受、勤修精進、求一切智・仏智・自然智・無師智・如来知見・力・無所畏、愍念安楽無量衆生、利益天人、度脱一切、是名大乗。菩薩求此乗故、名為摩訶薩。如彼諸子、為求牛車出於火宅。

舎利弗。如彼長者見諸子等安穏得出火宅、到無畏処、自惟財富無量、等以大車而賜諸子。如

を求めんが為に火宅を出ずるが如し。若し衆生有って、仏世尊従り法を聞いて信受し、勤修精進して、一切智・仏智・自然智・無師智・如来の知見・力・無所畏を求め、無量の衆生を愍念安楽し、天人を利益し、一切を度脱せば、是を大乗と名づく。菩薩は此の乗を求むるが故に、名づけて摩訶薩と為す。彼の諸子の牛車を求めんが為に火宅を出ずるが如し。

合等賜大車譬・双牒免難賜車二譬・牒免難

舎利弗よ。彼の長者の、諸子等の安穏に火宅を出ずることを得て、無畏の処に到るを見て、（牒等賜車）自ら財富無量なることを惟って、等しく大車を以て諸子に賜えるが如し。

来亦復如是、為一切衆生之父、若見無量億千衆生、以仏教門、出三界苦怖畏険道、得涅槃楽、如来爾時便作是念、我有無量無辺智慧・力・無畏等諸仏法蔵。是諸衆生皆是我子。等与大乗、不令有人独得滅度、皆以如来滅度而滅度之。是諸衆生脱三界者、悉与諸仏禅定・解脱等娯楽之具。皆是一相一種、聖所称歎、能生浄妙第一之楽。

双合二譬・合免難

如来も亦復是くの如く、一切衆生の父と為って、若し無量億千の衆生の、仏の教門を以て、三界の苦怖畏の険道を出でて、涅槃の楽を得るを見ば、（合等賜）如来は爾の時、便ち是の念を作さく、

（合釈有車之由）『我に無量無辺の智慧・力・無畏等の諸の仏法の蔵有り。（合広等心）是の諸の衆生は、皆是れ我が子なり。等しく大乗を与え、人として独り滅度を得ること有らしめず、皆如来の滅度を以て、之を滅度せん』と。

（合等心章門）是の諸の衆生の三界を脱れたる者には、（合標車章門）悉く諸仏の禅定・解脱等の娯楽の具を与う。（合正広大車）皆是れ一相一種にして、聖の称歎したまう所にして、能く浄妙第一の楽を生ず。

舍利弗。如彼長者、初以三車誘引諸子、然後但与大車、宝物荘厳、安穏第一、然彼長者無虚妄之咎、如来亦復如是、無有虚妄。初説三乗引導衆生、然後但以大乗而度脱之。何以故、如来有無量智慧・力・無所畏諸法之蔵、能与一切衆生大乗之法、但不尽能受。

舍利弗。以是因縁当知諸仏方便力故、於一仏乗分別説三。

仏欲重宣此義、而説偈言、

合不虚譬・牒三車誘引後与大車譬

舍利弗よ。彼の長者の、初め三車を以て諸子を誘引し、然る後に但大車の宝物もて荘厳し、安穏第一なるものを与うるのみにして、然も彼の長者に虚妄の咎無きが如く、

合如来初説三乗誘導然後化以大乗

如来も亦復是くの如く、虚妄有ること無し。初め三乗を説いて衆生を引導し、然る後に但大乗を以て之を度脱するのみ。

合況出不虚

何を以ての故に、如来は無量の智慧・力・無所畏の諸法の蔵有って、能く一切衆生に大乗の法を与うるも、但尽くは受くること能わざればなり。

舍利弗よ。是の因縁を以て当に知るべし、諸仏の方便力の故に、一仏乗に於いて分別して三を説きたまう」と。

偈頌

仏は重ねて此の義を宣べんと欲して、偈を説いて言わく、

譬如長者　有一大宅
其宅久故　而復頓弊
堂舎高危　柱根摧朽
梁棟傾斜　基陛頽毀
牆壁圮坼　泥塗褫落
覆苫乱墜　椽梠差脱
周障屈曲　雑穢充遍
有五百人　止住其中
鵄梟鵰鷲　烏鵲鳩鴿
蚖蛇蝮蝎　蜈蚣蚰蜒
守宮百足　鼬貍鼷鼠
諸悪虫輩　交横馳走

頌長行・頌開譬・頌総譬・明長者 頌家宅譬
譬えば長者に　一の大宅有るが如し
其の宅は久しく故りて　復頓弊し
堂舎は高く危うく　柱根は摧け朽つ
梁棟は傾き斜み　基陛は頽れ毀れ
牆壁は圮れ坼け　泥塗は褫け落ち
覆苫は乱れ墜ち　椽梠は差い脱く
周障屈曲して　雑穢は充遍せり
頌五百人譬
五百人有って　其の中に止住す
頌火起・明地上事（譬欲界火起）・明所焼之類（譬衆生十使）・正明所焼・明禽獣被焼（譬五鈍使衆生）・明五鈍使・譬慢使
鵄梟鵰鷲　烏鵲鳩鴿
譬瞋使
蚖蛇蝮蝎　蜈蚣蚰蜒
譬癡使
守宮百足　鼬貍鼷鼠
諸の悪虫の輩は　交横馳走す

屎尿臭処　不浄流溢
蜣蜋諸虫　而集其上
狐狼野干　咀嚼践踏
齚齧死屍　骨肉狼藉
由是群狗　競来搏撮
飢羸慞惶　処処求食
闘諍摣掣　啀喍嘷吠
其舎恐怖　変状如是
処処皆有　魑魅魍魎
夜叉悪鬼　食噉人肉
毒虫之属　諸悪禽獣
孚乳産生　各自蔵護

屎尿の臭き処　不浄は流れ溢ち
蜣蜋諸虫は　而も其の上に集まり
譬貪使
狐狼野干は　咀嚼践踏し
死屍を齚齧して　骨肉は狼藉す
是に由って群狗は　競い来って搏撮す
飢羸慞惶して　処処に食を求む
譬疑使
闘諍摣掣し　啀喍嘷吠す
結五鈍使
其の舎の恐怖　変ずる状は是くの如し
明鬼神被焼（譬五利使衆生）・総明利使
処処に皆　魑魅魍魎
別明五利使・譬邪見
夜叉悪鬼有り　人肉
毒虫の属を食噉す　諸の悪禽獣は
孚乳産生して　各自ら蔵し護るとも

夜叉競来　争取食之
食之既飽　悪心転熾
闘諍之声　甚可怖畏
鳩槃荼鬼　蹲踞土埵
或時離地　一尺二尺
往返遊行　縦逸嬉戯
捉狗両足　撲令失声
以脚加頸　怖狗自楽
復有諸鬼　其身長大
裸形黒痩　常住其中
発大悪声　叫呼求食
復有諸鬼　其咽如針

夜叉は競い来り　争い取って之を食す
之を食して既に飽きぬれば　悪心は転熾んにして
闘諍の声は　甚だ怖畏す可し
鳩槃荼鬼は　土埵に蹲踞せり
或時は地を離るること　一尺二尺
往返遊行し　縦逸に嬉戯す
狗の両足を捉って　撲って声を失わしめ
脚を以て頸に加えて　狗を怖して自ら楽しむ
復諸鬼有り　其の身は長大に
裸形黒痩にして　常に其の中に住せり
大悪声を発して　叫び呼んで食を求む
復諸鬼有り　其の咽は針の如し

復有諸鬼　首如牛頭
或食人肉　或復噉狗
頭髪蓬乱　残害凶険
飢渇所逼　叫喚馳走
夜叉餓鬼　諸悪鳥獣
飢急四向　窺看窓牖
如是諸難　恐畏無量
是朽故宅　属于一人
其人近出　未久之間
於後宅舎　忽然火起
四面一時　其焔倶熾
棟梁椽柱　爆声震裂

譬辺見
復諸鬼有り　首は牛頭の如し
或は人の肉を食い　或は復狗を噉う
頭髪は蓬乱し　残害凶険なり
飢渇に逼られて　叫喚馳走す
総結欲界煩悩之相
夜叉餓鬼　諸の悪鳥獣は
飢急にして四に向かい　窓牖を窺い看る
是くの如き諸難は　恐畏無量なり
明火起之由（譬起五濁所由）
是の朽ち故りたる宅は　一人に属せり
其の人は近く出でて　未だ久しからざるの間
正明火起之勢（譬正起五濁）
後に於いて宅舎に　忽然として火起こる
四面一時に　其の焔は倶に熾んなり
棟梁椽柱は　爆声震裂し

摧折堕落　牆壁崩倒
諸鬼神等　揚声大叫
鵰鷲諸鳥　鳩槃荼等
周章惶怖　不能自出
悪獣毒虫　蔵竄孔穴
毘舎闍鬼　亦住其中
薄福徳故　為火所逼
共相残害　飲血噉肉
野干之属　並已前死
諸大悪獣　競来食噉
臭烟蓬㶿　四面充塞
蜈蚣蚰蜒　毒蛇之類

摧折堕落し　牆壁は崩れ倒る
明被焼之相（譬受八苦五濁）
諸の鬼神等は　声を揚げて大いに叫ぶ
鵰鷲諸鳥　鳩槃荼等は
周章惶怖して　自ら出ずること能わず
明穴中事（譬色界火起）・明所焼之類（四禅之定）
悪獣毒虫は　孔穴に蔵竄す
毘舎闍鬼も　亦其の中に住せり
火起之由
福徳薄きが故に　火の逼まる所と為り
明火起勢
明被焼之相（明利鈍相奪）
共相に残害して　血を飲み肉を噉う
野干の属は　並びに已に前に死に
諸の大悪獣は　競い来って食噉す
臭烟は蓬㶿して　四面に充塞す
明空中事（譬無色界火起）・明所焼之類
蜈蚣蚰蜒　毒蛇の類は

為火所焼　争走出穴
鳩槃荼鬼　随取而食
又諸餓鬼　頭上火燃
飢渇熱悩　周章悶走
其宅如是　甚可怖畏
毒害火災　衆難非一
是時宅主　在門外立
聞有人言　汝諸子等
先因遊戯　来入此宅
稚小無知　歓娯楽著
長者聞已　驚入火宅
方宜救済　令無焼害

火の焼く所と為り　争い走って穴を出ず
明所焼之相
鳩槃荼鬼は　随い取って食らう
又諸の餓鬼は　頭上に火燃え
飢渇熱悩して　周章し悶走す
総結三界衆難非一
其の宅は是くの如く　甚だ怖畏す可し
毒害火災　衆難は一に非ず
頌別譬・頌長者見火・頌能見之人
是の時に宅主は　門外に在って立ち
頌所見火
有人の言うを聞く　汝が諸子等は
先に遊戯せしに因って　此の宅に来入し
稚小無知にして　歓娯楽著せり
頌起驚怖
長者は聞き已わって　驚いて火宅に入り
頌捨几用車・頌救子不得・頌我当説怖畏擬宜
方宜もて救済して　焼害無からしめんとす

告喩諸子　説衆患難
悪鬼毒虫　災火蔓莚
衆苦次第　相続不絶
毒蛇蚖蝮　及諸夜叉
鳩槃荼鬼　野干狐狗
鵰鷲鵄梟　百足之属
飢渇悩急　甚可怖畏
此苦難処　況復大火
諸子無知　雖聞父誨
猶故楽著　嬉戯不已
是時長者　而作是念
諸子如此　益我愁悩

諸子に告喩して　衆の患難を説く
悪鬼毒虫　災火は蔓莚なり
衆苦は次第に　相続して絶えず
毒蛇蚖蝮　及び諸の夜叉
鳩槃荼鬼　野干狐狗
鵰鷲鵄梟　百足の属は
飢渇の悩み急にして　甚だ怖畏す可し
此の苦すら処し難し　況んや復大火をや
頌不受誡
諸子は無知なれば　父の誨えを聞くと雖も
正頌息化
猶故楽著して　嬉戯すること已まず
頌用車・頌擬宜
是の時長者は　而も是の念を作さく
諸子は此くの如く　我が愁悩を益す

今此舎宅　無一可楽
而諸子等　妉湎嬉戯
不受我教　将為火害
即便思惟　設諸方便
告諸子等　我有種種
珍玩之具　妙宝好車
羊車鹿車　大牛之車
今在門外　汝等出来
吾為汝等　造作此車
随意所楽　可以遊戯
諸子聞説　如此諸車
即時奔競　馳走而出

今此の舎宅は　一の楽しむ可き無し
而るに諸子等は　嬉戯に妉湎して
我が教えを受けず　将に火に害せられんとす
頌歎三車希有・頌勧
即便ち思惟して　諸の方便を設けて
諸子等に告ぐ　我に種種の
珍玩の具　妙宝の好車有り
頌示
羊車鹿車　大牛の車なり
又頌勧
今門外に在り　汝等出で来れ
頌証
吾は汝等が為に　此の車を造作せり
意の楽う所に随って　以て遊戯す可し
頌適子所願
諸子は　此くの如き諸の車を説くを聞いて
即時に奔競し　馳走して出で

到於空地　離諸苦難
長者見子　得出火宅
住於四衢　坐師子座
而自慶言　我今快楽
此諸子等　生育甚難
愚小無知　而入険宅
多諸毒虫　魑魅可畏
大火猛焰　四面倶起
而此諸子　貪楽嬉戯
我已救之　令得脱難
是故諸人　我今快楽
爾時諸子　知父安坐

空地に到って　諸の苦難を離る
頌等賜大車譬・頌免難歓喜・頌免難
長者は子の　火宅を出ずることを得て
四衢に住するを見て　師子座に坐し
頌歓喜
而して自ら慶んで言わく　我は今快楽なり
此の諸子等は　生育すること甚だ難し
愚小無知にして　険宅に入れり
諸の毒虫　魑魅多くして畏る可し
大火猛焰は　四面に倶に起これるも
而も此の諸子は　嬉戯に貪楽せり
我は已に之を救って　難を脱るることを得しめつ
是の故に諸人よ　我は今快楽なり
頌索車
爾の時諸子は　父の安坐せるを知って

皆詣父所　而白父言
願賜我等　三種宝車
如前所許　諸子出来
当以三車　随汝所欲
今正是時　唯垂給与
長者大富　庫蔵衆多
金銀瑠璃　車渠馬脳
以衆宝物　造諸大車
荘校厳飾　周帀欄楯
四面懸鈴　金縄絞絡
真珠羅網　張施其上
金華諸瓔　処処垂下

皆父の所に詣でて　父に白して言さく
願わくは我等に　三種の宝車を賜え
前に許したまう所の如し　諸子よ出で来れ
当に三車を以て　汝が欲する所に随うべしと
今正しく是れ時なり　唯給与を垂れたまえ

頌等賜大車・頌釈大車

長者は大いに富み　庫蔵は衆多にして
金銀瑠璃　車渠馬脳あり

頌広大車

衆の宝物を以て　諸の大車を造れり
荘校厳飾し　周帀して欄楯あり
四面に鈴を懸け　金縄もて絞絡して
真珠の羅網は　其の上に張り施す
金華の諸瓔は　処処に垂れ下せり

衆綵雑飾　周帀囲遶
柔軟繒纊　以為茵蓐
上妙細氎　価直千億
鮮白浄潔　以覆其上
有大白牛　肥壮多力
形体姝好　以駕宝車
多諸儐従　而侍衛之
以是妙車　等賜諸子
諸子是時　歓喜踊躍
乗是宝車　遊於四方
嬉戯快楽　自在無礙
告舎利弗　我亦如是

衆綵雑飾し　周帀囲遶せり
柔軟の繒纊　以て茵蓐と為し
上妙の細氎の　価直千億にして
鮮白浄潔なるもの　以て其の上を覆えり
大白牛の　肥壮多力にして
形体は姝好なる有って　以て宝車を駕せり
諸の儐従多くして　之を侍衛せり
頌二章門・頌大車章門　頌等心章門
是の妙車を以て　等しく諸子に賜う
頌得車歓喜
諸子は是の時　歓喜踊躍して
是の宝車に乗って　四方に遊び
嬉戯快楽して　自在無礙なり
頌合譬・頌合総譬・頌合長者
舎利弗に告ぐ　我も亦是くの如し

衆聖中尊　世間之父
一切衆生　皆是吾子
深著世楽　無有慧心
三界無安　猶如火宅
衆苦充満　甚可怖畏
常有生老　病死憂患
如是等火　熾然不息
如来已離　三界火宅
寂然閑居　安処林野
今此三界　皆是我有
其中衆生　悉是吾子
而今此処　多諸患難

衆聖の中の尊　世間の父なり
頌合五道
一切衆生は　皆是れ吾が子なり
深く世楽に著して　慧心有ること無し
頌合家宅兼得一門義
三界は安きこと無し　猶火宅の如し
頌合火起
衆苦は充満して　甚だ怖畏す可く
常に生老　病死の憂患有り
是くの如き等の火は　熾然として息まず
頌合別譬・頌合見火譬・頌如来能見
如来は已に　三界の火宅を離れて
寂然として閑居し　林野に安処せり
頌合所見火譬
今此の三界は　皆是れ我が有なり
其の中の衆生は　悉く是れ吾が子なり
而るに今此の処は　諸の患難多し

唯我一人　能為救護
雖復教詔　而不信受
於諸欲染　貪著深故
是以方便　為説三乗
令諸衆生　知三界苦
開示演説　出世間道
是諸子等　若心決定
具足三明　及六神通
有得縁覚　不退菩薩
汝舎利弗　我為衆生
以此譬喩　説一仏乗
汝等若能　信受是語

頌合驚入火宅
唯我一人のみ　能く救護を為す
頌合捨几用車譬・頌合捨几等
復教詔すと雖も　信受せず
諸の欲染に於いて　貪著深きが故なり
頌合用車救子得譬
是を以て方便もて　為に三乗を説き
諸の衆生をして　三界の苦を知らしめ
出世間の道を　開示演説す
是の諸子等は　若し心決定しぬれば
三明　及び六神通を具足す
縁覚　不退の菩薩を得ること有り
頌合等賜大車譬・頌合等賜・頌大車章門
汝舎利弗よ　我は衆生の為に
此の譬喩を以て　一仏乗を説く
頌合等心章門
汝等は若し能く　是の語を信受せば

一切皆当　得成仏道
是乗微妙　清浄第一
於諸世間　為無有上
仏所悦可　一切衆生
所応称讃　供養礼拝
無量億千　諸力解脱
禅定智慧　及仏余法
得如是乗　令諸子等
日夜劫数　常得遊戯
与諸菩薩　及声聞衆
乗此宝乗　直至道場
以是因縁　十方諦求

一切皆当に　仏道を成ずることを得べし

頌合正広大車

是の乗は微妙にして　清浄第一なり
諸の世間に於いて　上有ること無しと為す
仏の悦可したまう所の　一切衆生の

頌有車之由

応に称讃し　供養し礼拝すべき所なり
無量億千の　諸力解脱
禅定智慧　及び仏の余の法あり

頌得車歓喜・明各得大車

是くの如き乗を得しめて　諸子等をして
日夜劫数に　常に遊戯することを得
諸の菩薩　及び声聞衆と
此の宝乗に乗じて　直ちに道場に至らしむ

結勧信

是の因縁を以て　十方に諦らかに求むるに

更無余乗　除仏方便
告舎利弗　汝諸人等
皆是吾子　我則是父
汝等累劫　衆苦所焼
我皆済抜　令出三界
我雖先説　汝等滅度
但尽生死　而実不滅
今所応作　唯仏智慧
若有菩薩　於是衆中
能一心聴　諸仏実法
諸仏世尊　雖以方便
所化衆生　皆是菩薩

更に余乗無し　仏の方便をば除く
頌合不虚譬・頌合不虚章門・先定父子
舎利弗に告ぐ　汝諸人等は
皆是れ吾が子なり　我は則ち是れ父なり
明乃説三乗意為除障
汝等は累劫に　衆苦に焼かる
我は皆済抜して　三界を出でしむ
既已障除還遂本心与大乗法
我は先に　汝等は滅度すと説くと雖も
但生死を尽くすのみにして　而も実には滅せず
今応に作すべき所は　唯仏の智慧のみなり
頌合釈・釈同皆是子理応平等
若し菩薩　是の衆の中に於いてあること有らば
能く一心に　諸仏の実の法を聴く
諸仏世尊は　方便を以てしたまうと雖も
化したまう所の衆生は　皆是れ菩薩なり

若人小智　深著愛欲
為此等故　説於苦諦
衆生心喜　得未曽有
仏説苦諦　真実無異
若有衆生　不知苦本
深著苦因　不能暫捨
為是等故　方便説道
諸苦所因　貪欲為本
若滅貪欲　無所依止
滅尽諸苦　名第三諦
為滅諦故　修行於道
離諸苦縛　名得解脱

釈不能受故乃説三乗
若し人小智にして　深く愛欲に著せば
此等の為の故に　苦諦を説く
衆生は心喜んで　未曽有なることを得
仏は苦諦を説くに　真実にして異なること無し
若し衆生有って　苦の本を知らず
深く苦の因に著して　暫くも捨つること能わずは
是等の為の故に　方便もて道を説く
諸苦の所因は　貪欲を本と為す
若し貪欲を滅せば　依止する所無し
諸苦を滅尽するを　第三の諦と名づく
滅諦の為の故に　道を修行す
諸の苦縛を離るるを　解脱を得と名づく

是人於何　而得解脱
但離虚妄　名為解脱
其実未得　一切解脱
仏説是人　未実滅度
斯人未得　無上道故
我意不欲　令至滅度
我為法王　於法自在
安穏衆生　故現於世
汝舎利弗　我此法印
為欲利益　世間故説
在所遊方　勿妄宣伝
若有聞者　随喜頂受

是の人は何に於いてか　而も解脱を得る
但虚妄を離るるのみを　名づけて解脱と為せり
釈後若堪能還与其大
其れ実には未だ　一切の解脱を得ず
仏は是の人　未だ実に滅度せずと説く
斯の人未だ　無上道を得ざるが故に
我が意にも　滅度に至らしめんと欲せず
我は為れ法王にして　法に於いて自在なり
衆生を安穏ならしめんが　故に世に現ず
明通経方法（勧信流通）・標両章・標説不説章
汝舎利弗よ　我が此の法印は
世間を利益せんと　欲するが為の故に説く
標可通不可通章
遊ぶ所の方に在って　妄りに宣伝すること勿れ
釈・釈可説不可説章（明如来利益世間之相）・通論三世利益・観現在益
若し聞く者有って　随喜し頂受せば

当知是人　阿鞞跋致
若有信受　此経法者
是人已曽　見過去仏
恭敬供養　亦聞是法
若人有能　信汝所説
則為見我　亦見於汝
及比丘僧　并諸菩薩
斯法華経　為深智説
浅識聞之　迷惑不解
一切声聞　及辟支仏
於此経中　力所不及
汝舎利弗　尚於此経

当に知るべし是の人は　阿鞞跋致なり
観過去善為説
若し此の経法を　信受する者有らば
是の人は已に曽て　過去の仏を見たてまつって
恭敬供養し　亦是の法を聞けり
観未来善為説
若し人能く　汝が説く所を信ずること有らば
則ち為れ我を見　亦汝
及び比丘僧　并びに諸の菩薩を見る
結上開下
斯の法華経は　深智の為に説く
浅識は之を聞いて　迷惑して解せず
別論令二乗入信
一切の声聞　及び辟支仏は
此の経の中に於いて　力の及ばざる所なればなり
汝舎利弗すら　尚此の経に於いては

以信得入　況余声聞
其余声聞　信仏語故
随順此経　非己智分
又舎利弗　憍慢懈怠
計我見者　莫説此経
凡夫浅識　深著五欲
聞不能解　亦勿為説
若人不信　毀謗此経
則断一切　世間仏種
或復顰蹙　而懐疑惑
汝当聴説　此人罪報
若仏在世　若滅度後

信を以て入ることを得たり　況んや余の声聞をや
其の余の声聞も　仏語を信ずるが故に
此の経に随順す　己が智分に非ず
釈可通不可通章・明若用大悲門莫為悪説・列悪因
又舎利弗よ　憍慢懈怠
我見を計する者には　此の経を説くこと莫れ
凡夫は浅識にして　深く五欲に著し
聞くとも解すること能わず　亦為に説くこと勿れ
若し人信ぜずして　此の経を毀謗せば
則ち一切世間の　仏種を断ぜん
或は復顰蹙して　疑惑を懐かん
汝は当に　此の人の罪報を説くを聴くべし
若しは仏世に在るも　若しは滅度して後も

其有誹謗　如斯経典
見有読誦　書持経者
軽賎憎嫉　而懐結恨
此人罪報　汝今復聴
其人命終　入阿鼻獄
具足一劫　劫尽更生
如是展転　至無数劫
従地獄出　当堕畜生
若狗野干　其形頷痩
梨黮疥癩　人所触焼
又復為人　之所悪賎
常困飢渇　骨肉枯竭

其し斯くの如き経典を　誹謗すること有って
経を読誦し書持すること　有らん者を見て
軽賎憎嫉して　結恨を懐かば
列悪果・釈・明由謗法堕悪・地獄
此の人の罪報を　汝今復聴け
其の人は命終して　阿鼻獄に入らん
一劫を具足して　劫尽きなば更に生まれん
是くの如く展転して　無数劫に至らん
畜生
地獄従り出でては　当に畜生に堕つべし
若し狗野干とならば　其の形は頷痩し
梨黮疥癩にして　人に触焼せられん
又復人の　悪み賎しむ所と為らん
常に飢渇に困しんで　骨肉枯竭せん

生受楚毒　死被瓦石
断仏種故　受斯罪報
若作馲駝　或生驢中
身常負重　加諸杖捶
但念水草　余無所知
謗斯経故　獲罪如是
有作野干　来入聚落
身体疥癩　又無一目
為諸童子　之所打擲
受諸苦痛　或時致死
於此死已　更受蟒身
其形長大　五百由旬

生きては楚毒を受け　死しては瓦石を被らん
仏種を断ずるが故に　斯の罪報を受けん
若しは馲駝と作り　或は驢の中に生まれて
身に常に重きを負い　諸の杖捶を加えられん
但水草を念うのみにして　余は知る所無けん
斯の経を謗ずるが故に　罪を獲ること是くの如し
有は野干と作って　聚落に来入せば
身体疥癩にして　又一目無からんに
諸の童子の　打擲する所と為り
諸の苦痛を受けて　或時は死を致さん
此に於いて死し已わって　更に蟒身を受けん
其の形は長大にして　五百由旬ならん

聾騃無足　蜿転腹行
為諸小虫　之所唼食
昼夜受苦　無有休息
謗斯経故　獲罪如是
若得為人　諸根暗鈍
矬陋攣躄　盲聾背傴
有所言説　人不信受
口気常臭　鬼魅所著
貧窮下賤　為人所使
多病痟痩　無所依怙
雖親附人　人不在意
若有所得　尋復忘失

聾騃無足にして　蜿転腹行し
諸の小虫の　唼食する所と為って
昼夜に苦を受くるに　休息有ること無けん
斯の経を謗ずるが故に　罪を獲ること是くの如し
賤人
若し人と為ることを得ば　諸根は暗鈍にして
矬陋攣躄　盲聾背傴ならん
言説する所有らんに　人信受せじ
口の気常に臭く　鬼魅に著せられん
貧窮下賤にして　人の使う所と為り
多病痟痩にして　依怙する所無く
人に親附すと雖も　人は意に在かじ
若し得る所有らば　尋いで復忘失せん

若修医道　順方治病
更増他疾　或復致死
若自有病　無人救療
設服良薬　而復増劇
若他反逆　抄劫窃盗
如是等罪　横羅其殃
如斯罪人　永不見仏
衆聖之王　説法教化
如斯罪人　常生難処
狂聾心乱　永不聞法
於無数劫　如恒河沙
生輒聾瘂　諸根不具

若し医道を修して　方に順じて病を治せば
更に他の疾を増し　或は復死を致さん
若し自ら病有らば　人の救療すること無し
設い良薬を服すとも　而も復増劇せん
若し他は反逆し　抄劫し窃盗せば
是くの如き等の罪は　横しまに其の殃に羅らん
明由堕悪故不得値仏・明不値仏
斯くの如き罪人は　永く仏
衆聖の王の　説法教化したまうを見たてまつらじ
復入悪道
斯くの如き罪人は　常に難処に生まれ
狂聾心乱にして　永く法を聞かじ
無数劫の　恒河沙の如きに於いて
生まれては輒ち聾瘂にして　諸根は具せざらん

常処地獄　如遊園観
在余悪道　如己舎宅
駝驢猪狗　是其行処
謗斯経故　獲罪如是
若得為人　聾盲瘖瘂
貧窮諸衰　以自荘厳
水腫乾痟　疥癩癰疽
如是等病　以為衣服
身常臭処　垢穢不浄
深著我見　増益瞋恚
婬欲熾盛　不択禽獣
謗斯経故　獲罪如是

常に地獄に処すること　園観に遊ぶが如く
余の悪道に在ること　己が舎宅の如く
駝驢猪狗　是れ其の行処ならん
斯の経を謗ずるが故に　罪を獲ること是くの如し
復得為人
若し人と為ることを得ば　聾盲瘖瘂
貧窮諸衰もて　以て自ら荘厳し
水腫乾痟　疥癩癰疽
是くの如き等の病　以て衣服と為さん
身は常に臭処にして　垢穢不浄なり
深く我見に著して　瞋恚を増益し
婬欲は熾盛にして　禽獣を択ばじ
斯の経を謗ずるが故に　罪を獲ること是くの如し

告舎利弗　謗斯経者
若説其罪　窮劫不尽
以是因縁　我故語汝
無智人中　莫説此経
若有利根　智慧明了
多聞強識　求仏道者
如是之人　乃可為説
若人曽見　億百千仏
殖諸善本　深心堅固
如是之人　乃可為説
若人精進　常修慈心
不惜身命　乃可為説

結
舎利弗に告ぐ　斯の経を謗ぜん者
若し其の罪を説かば　劫を窮むとも尽きじ
是の因縁を以て　我は故に汝に語る
無智の人の中にして　此の経を説くこと莫れ
釈弘経時用大慈門善人応為宣説令不失楽・五双善人相・過現一双・現在
若し利根にして　智慧明了に
多聞強識にして　仏道を求むる者有らば
是くの如きの人に　乃ち為に説く可し
過去
若し人曽て　億百千の仏を見たてまつって
諸の善本を殖え　深心堅固ならば
是くの如き人に　乃ち為に説く可し
上下一双・慇下
若し人精進して　常に慈心を修し
身命を惜しまずは　乃ち為に説く可し

若人恭敬　無有異心
離諸凡愚　独処山沢
如是之人　乃可為説
又舎利弗　若見有人
捨悪知識　親近善友
如是之人　乃可為説
若見仏子　持戒清潔
如浄明珠　求大乗経
如是之人　乃可為説
若人無瞋　質直柔軟
常愍一切　恭敬諸仏
如是之人　乃可為説

尊上
若し人恭敬して　異心有ること無く
諸の凡愚を離れて　独り山沢に処せば
是くの如きの人に　乃ち為に説く可し
内外一双・外求
又舎利弗　若し人有って
悪知識を捨てて　善友に親近するを見ば
是くの如きの人に　乃ち為に説く可し
内護
若し仏子の　持戒清潔なること
浄明珠の如くにして　大乗経を求むるを見ば
是くの如きの人に　乃ち為に説く可し
自行化他一双・自行
若し人に瞋り無く　質直柔軟にして
常に一切を愍れみ　諸仏を恭敬せば
是くの如きの人に　乃ち為に説く可し

復有仏子　於大衆中
以清浄心　種種因縁
譬喩言辞　説法無礙
如是之人　乃可為説
若有比丘　為一切智
四方求法　合掌頂受
但楽受持　大乗経典
乃至不受　余経一偈
如是之人　乃可為説
如人至心　求仏舎利
如是求経　得已頂受
其人不復　志求余経

化他
復仏子有って　大衆の中に於いて
清浄の心を以て　種種の因縁
譬喩言辞もて　説法すること無礙ならば
是くの如きの人に　乃ち為に説く可し
始終一双・請益之始
若し比丘有って　一切智の為に
四方に法を求めて　合掌し頂受し
但楽って　大乗経典を受持するのみにして
乃至　余経の一偈をも受けずは
帰憑之終
是くの如きの人に　乃ち為に説く可し
人の至心に　仏の舎利を求むるが如く
是くの如く経を求め　得已わって頂受し
其の人復　余経を志求せず

亦未曽念　外道典籍
如是之人　乃可為説
告舎利弗　我説是相
求仏道者　窮劫不尽
如是等人　則能信解
汝当為説　妙法華経

亦未だ曽て　外道の典籍を念ぜずは
是くの如きの人に　乃ち為に説く可し
総結応可説
舎利弗に告ぐ　我は是の相にして
仏道を求むる者を説かんに　劫を窮むとも尽きじ
是くの如き等の人は　則ち能く信解せん
汝は当に為に　妙法華経を説くべし

妙法蓮華経信解品第四

爾時慧命須菩提・摩訶迦旃延・摩訶迦葉・摩訶目揵連、従仏所聞未曾有法、世尊授舎利弗阿耨多羅三藐三菩提記、発希有心、歓喜踊躍、即従座起、整衣服、偏袒右肩、右膝著地、一心合掌、曲躬恭敬、瞻仰尊顔、而白仏言、

我等居僧之首、年並朽邁。自

妙法蓮華経信解品第四

迹門正宗分・譬説周・領解段
経家叙歓喜

爾の時、慧命須菩提・摩訶迦旃延・摩訶迦葉・摩訶目揵連は、仏従り聞きたてまつれる所の未曾有の法と、世尊の舎利弗に阿耨多羅三藐三菩提の記を授けたまうとに、（叙内心）希有の心を発し、歓喜踊躍して、（叙外敬）即ち座従り起って、衣服を整え、偏に右の肩を袒にして、右の膝を地に著け、一心に合掌して、躬を曲げて恭敬し、尊顔を瞻仰して、（白仏自陳）仏に白して言さく、

（長行・略法説・法説・明昔稟三故　不求・標・居僧首故）「我等は僧の首に居し、（俗年邁故）年は並びに朽邁せり。（証得故）自ら已

謂已得涅槃、無所堪任、不復進求阿耨多羅三藐三菩提。世尊往昔説法既久、我時在座、身体疲懈、但念空・無相・無作、於菩薩法、遊戯神通、浄仏国土、成就衆生、心不憙楽。

所以者何、世尊令我等出於三界、得涅槃証。又今我等年已朽邁、於仏教化菩薩阿耨多羅三藐三菩提、不生一念好楽之心。

我等今於仏前、聞授声聞阿耨多羅三藐三菩提記、心甚歓喜、

に涅槃を得て、堪任する所無しと謂って、復進んで阿耨多羅三藐三菩提を求めず。世尊、往昔、説法すること既に久しければ、我は時に座に在って、身体は疲懈し、但空・無相・無作を念ずるのみにして、菩薩の法たる、神通に遊戯し、仏国土を浄め、衆生を成就するに於いて、心に憙楽せざりき。

釈・釈得涅槃不求

所以は何ん、世尊は我等をして三界を出で、涅槃の証を得しめたまえり。又今、我等は年已に朽邁して、仏の菩薩に阿耨多羅三藐三菩提を教化するに於いて、一念の好楽の心を生ぜざりき。

釈年邁即兼僧首

明今会一故自得（陳得解之由）

我等は今、仏の前に於いて、声聞に阿耨多羅三藐三菩提の記を授けたまうを聞いて、心は甚だ歓喜し、未曽有

得未曾有。不謂於今忽然得聞希有之法。深自慶幸獲大善利。無量珍宝、不求自得。

世尊。我等今者楽説譬喩、以明斯義。

譬若有人、年既幼稚、捨父逃逝、久住他国、或十・二十、至五十歳。年既長大、加復窮困、馳騁四方、以求衣食。漸漸遊行、遇向本国。

其父先来、求子不得、中止一城。其家大富、財宝無量。金・

なることを得たり。今に於いて忽然として希有の法を聞くことを得んとは謂わざりき。深く自ら大善利を獲たるを慶幸す。無量の珍宝は、求めずして自ずから得たり。

略挙譬（譬昔不求而今自得希有法宝）

広領解

世尊よ。我等は今者、楽しく譬喩を説いて、以て斯の義を明かさん。

開譬・父子相失譬・子背父去・背父而去

譬えば人有って、年既に幼稚にして、父を捨て逃逝し、久しく他国に住して、或は十・二十より五十歳に至るが若し。年は既に長大して、加復窮困し、四方に馳騁し、以て衣食を求む。漸漸に遊行して、遇本国に向かいぬ。

向本而還

父求子中止・父求子不得

中止一城

其の父は先より来、子を求むるに得ずして、中ごろ一城に止まる。其の家は大いに富んで、財宝は無量なり。

銀・瑠璃・珊瑚・虎魄・頗梨珠等、其諸倉庫、悉皆盈溢。多有僮僕・臣佐・吏民、象・馬・車乗・牛・羊無数。出入息利、乃遍他国、商估賈客、亦甚衆多。

時貧窮子遊諸聚落、経歴国邑、遂到其父所止之城。

父毎念子、与子離別五十余年、而未曽向人説如此事。但自思惟、心懐悔恨、自念、

老朽、多有財物。金・銀・珍宝、倉庫盈溢、無有子息。一旦

金・銀・瑠璃・珊瑚・虎魄・頗梨珠等は、其の諸の倉庫に、悉皆く盈溢せり。多く僮僕・臣佐・吏民有って、象・馬・車乗・牛・羊は無数なり。出入息利すること、乃ち他国に遍く、商估賈客も亦甚だ衆多なり。

子遇到本・到城之由

遂到父城

時に、貧窮の子は諸の聚落に遊び、国邑を経歴し、遂に其の父の止まれる所の城に到りぬ。

其父憂念・念失子苦

父は毎に子を念えども、子と離別して五十余年、而も未だ曽て人に向かって此くの如き事を説かず。但自ら思惟し、心に悔恨を懐いて、自ら念わく、

『老朽すれども、多く財物有り。金・銀・珍宝は、倉庫に盈溢すれども、子息有ること無し。一旦に終没しな

終没、財物散失、無所委付。
是以慇懃毎憶其子。
復作是念、
我若得子、委付財物、坦然快
楽、無復憂慮。
世尊。爾時窮子、傭賃展転、
遇到父舎。住立門側、遥見其父、
踞師子牀、宝机承足、諸婆羅門・
刹利・居士、皆恭敬囲遶。以真
珠瓔珞、価直千万、荘厳其身、
吏民・僮僕、手執白払、侍立左
右。覆以宝帳、垂諸華旛、香水

ば、財物は散失して、委付する所無けん』と。
是を以て慇懃に毎に其の子を憶う。
念得子楽
復是の念を作さく、
『我は若し子を得て財物を委付せば、坦然快楽にして、
復憂慮無けん』と。
父子相見譬・子見父・見父之由
世尊よ。爾の時、窮子は傭賃展転して、遇父の舎に
到りぬ。見父之処 門の側に住立して、遥かに其の父を見れば、見父之相 師
子の牀に踞して、宝机は足を承け、諸の婆羅門・刹利・
居士は、皆恭敬し囲遶せり。真珠の瓔珞の価直千万なる
を以て、其の身を荘厳し、吏民・僮僕は、手に白払を執
って、左右に侍立せり。覆うに宝帳を以てし、諸の華旛
を垂れ、香水を地に灑ぎ、衆の名華を散じ、宝物を羅列

灑地、散衆名華、羅列宝物、出内取与。有如是等種種厳飾、威徳特尊。

窮子見父有大力勢、即懐恐怖、悔来至此、窃作是念、此或是王、或是王等。非我傭力得物之処。不如往至貧里。肆力有地、衣食易得。若久住此、或見逼迫、強使我作。

作是念已、疾走而去。

時富長者於師子座、見子便識、心大歓喜、即作是念、

して、出内取与す。是くの如き等の種種の厳飾有って、威徳特尊なり。

見父畏避

窮子は父に大力勢有るを見て、即ち恐怖を懐いて、此に来至せることを悔い、窃かに是の念を作さく、『此は或は是れ王か、或は是れ王と等しきか。我が傭力して物を得るの処に非ず。貧里に往至するに如かじ。肆力に地有って、衣食の得易からん。若し久しく此に住せば、或は逼迫せられ、強いて我をして作さしめん』と。

是の念を作し已わって、疾く走って去りぬ。

父見子・父見子処

時に、富める長者は、師子座に於いて、子を見て便ち

見子便識

識り、

見子歓喜

心は大いに歓喜して、

見子適願

即ち是の念を作さく、

我財物・庫蔵、今有所付。我
常思念此子、無由見之。而忽自
来。甚適我願。我雖年朽、猶故
貪惜。
即遣傍人、急追将還。
爾時使者疾走往捉。窮子驚愕、
称怨大喚。
我不相犯、何為見捉。
使者執之愈急、強牽将還。
于時窮子自念、
無罪而被囚執。此必定死。
転更惶怖、悶絶躃地。

『我が財物・庫蔵は、今付する所有り。我は常に此の
子を思念すれども、之を見るに由無し。而るに忽自に来
れり。甚だ我が願いに適えり。我は年朽ちたりと雖も、
猶故貪惜す』と。
追誘譬・遣傍人追・領勧門・勧門擬宜
即ち傍人を遣わして、急に追って将いて還らしめんとす。
勧門無機
爾の時、使者は疾く走り、往きて捉う。窮子は驚愕し
て、怨なりと称して大いに喚ばう。
『我は相犯さざるに、何為れぞ捉えらるや』と。
領誡門・誡門擬宜
使者は之を執らうること愈急に、強いて牽将いて還らんとす。
誡門無機
時に、窮子は自ら念ずらく、
『罪無けれども囚執えらる。此に必定して死せん』と。
転更に惶怖し、悶絶して地に躃る。

父遥見之、而語使言、不須此人。勿強将来。以冷水灑面、令得醒悟、莫復与語。所以者何、父知其子、志意下劣、自知豪貴、為子所難。審知是子、而以方便、不語他人、云是我子。

使者語之、我今放汝。随意所趣。

窮子歓喜、得未曾有。従地而起、往至貧里、以求衣食。

爾時長者将欲誘引其子、而設

領勧誡息化　父は遥かに之を見て、思惟息化　使いに語って言わく、『此の人を須いず。強いて将い来らしむること勿れ』と。冷水を以て面に灑ぎ、醒悟することを得しめ、復与に語ること莫し。釈息化之意　所以は何ん、父は其の子の志意下劣なるを知り、自ら豪貴にして、子の難かる所と為るを知ればなり。審らかに是れ子なりと知れども、而も方便を以て他人に語って、『是れ我が子なり』と云わず。

正明息化　使者は之に語らく、『我は今、汝を放つ。意の趣く所に随え』と。

息化称機　窮子は歓喜して、未曾有なることを得。地従り而も起って、貧里に往至して、以て衣食を求む。

密遣二人誘引・斉教領・領擬宜　爾の時、長者は将に其の子を誘引せんと欲して、方便

方便、密遣二人、形色憔悴、無威徳者。汝可詣彼、徐語窮子、此有作処、倍与汝直。窮子若許、将来使作。若言欲何所作、便可語之、雇汝除糞。我等二人、亦共汝作。

時二使人即求窮子、既已得之、具陳上事。

爾時窮子先取其価、尋与除糞。其父見子、愍而怪之。

又以他日、於窓牖中、遥見子身、羸痩憔悴、糞土塵坌、汚穢

を設けて、密かに二人の形色憔悴して威徳無き者を遣わす。『汝は彼に詣って、徐に窮子に語る可し、〈此に作処有り、倍して汝に直を与えん〉と。窮子は若し許さば、将い来って作さしめよ。若し〈何なる作す所をか欲す〉と言わば、便ち之に語る可し、〈汝を雇って糞を除わしむ。我等二人も亦汝と共に作さん〉』と。

領知子先心有機
時に、二の使人は即ち窮子を求め、既已に之を得て、

領歎三車希有
具さに上の事を陳ぶ。

領適願争出火宅
爾の時、窮子は先に其の価を取り、尋いで与に糞を除う。其の父は子を見て、愍れんで之を怪しむ。

取意領・領先以権智久欲擬宜
又他日を以て、窓牖の中於り、遥かに子の身を見るに、

領久知方便是其玩好
羸痩憔悴して、糞土塵坌、汚穢不浄なり。

領久知須歎三車
即ち瓔珞・細

不浄。即脱瓔珞・細軟上服・厳飾之具、更著麤弊垢膩之衣、塵土坌身、右手執持除糞之器、状有所畏、語諸作人、

汝等勤作、勿得懈息。

以方便故、得近其子。後復告言、

咄男子。汝常此作、勿復余去。当加汝価。諸有所須、盆器・米・麺・塩・酢之属、莫自疑難。亦有老弊使人、須者相給。好自安意。我如汝父。勿復憂慮。所以

軟の上服・厳飾の具を脱ぎ、更に麤弊垢膩の衣を著、塵土に身を坌し、右の手に除糞の器を執持し、畏るる所有るに状って、諸の作人に語らく、

領久知適願受行・下凡・譬四念処

内凡・譬四正勤

『汝等は勤作して、懈息することを得ること勿れ』と。方便を以ての故に、其の子に近づくことを得つ。後に復告げて言わく、

譬四如意足

『咄や、男子よ。汝は常に此にて作し、復余に去ること勿れ。当に汝の価を加うべし。諸有須うる所の盆器・米・麺・塩・酢の属は、自ら疑い難ること莫れ。亦老弊の使人有って、須いば相給わん。譬五根 好自く意を安んぜよ。我は汝が父の如し。復憂慮すること勿れ。譬五力 所以は何ん、

者何、我年老大、而汝少壮、汝常作時、無有欺怠瞋恨怨言。都不見汝有此諸悪如余作人。自今已後、如所生子。

即時長者、更与作字、名之為児。

爾時窮子雖欣此遇、猶故自謂客作賤人。由是之故、於二十年中、常令除糞。

過是已後、心相体信、入出無難。然其所止、猶在本処。

世尊。爾時長者有疾、自知将

我は年老大なるも、汝は少壮にして、汝は常に作す時、欺怠、瞋恨、怨言有ること無ければなり。都て汝に此の諸の悪有ること、余の作人の如しと見ず。今自り已後、生む所の子の如くせん』と。

聖位・譬八正

即時に長者は、更に与に字を作り、之を名づけて児と為す。

譬七覚

爾の時、窮子は此の遇を欣ぶと雖も、猶故自ら客作の賤人と謂えり。是れに由るが故に、二十年の中に於いて、常に糞を除わしむ。

領付家業譬・領家業・心相体信・明体信

是を過ぎて已後、心は相体信し、入出に難り無し。

猶居本位

然も其の止まる所は、猶本の処に在り。

委以家業・命知家事・明時節

世尊よ。爾の時、長者に疾有って、自ら将に死せんこ

死不久、語窮子言、
　我今多有金銀珍宝、倉庫盈溢。其中多少、所応取与、汝悉知之。我心如是。当体此意。所以者何、今我与汝便為不異。宜加用心、無令漏失。
　爾時窮子即受教勅、領知衆物金銀珍宝、及諸庫蔵、而無悕取一餐之意。然其所止、故在本処。下劣之心、亦未能捨。
　復経少時、父知子意、漸已通泰、成就大志、自鄙先心。臨欲

と久しからじと知って、〔正命知家事〕窮子に語って言わく、

『我は今、多く金銀珍宝有って、倉庫に盈溢せり。其の中の多少、応に取与すべき所、汝は悉く之を知れ。〔誡令〕我が心は是くの如し。当に此の意を体るべし。〔体我心・命当体此意〕所以は何ん、〔釈〕今、我は汝と便ち為れ異ならざればなり。宜しく〔勅無令漏失〕用心を加え、漏失せしむること無かるべし』と。

　爾の時、〔受命領知・正受命領知〕窮子は即ち教勅を受け、衆物の金銀珍宝、及び諸の庫蔵を領知すれども、一餐を〔無悕取〕悕取するの意無し。然も〔未捨劣心猶居本処〕其の止まる所は、故本の処に在り。下劣の心も亦未だ捨つること能わず。

　復〔領索車譬〕少時を経て、父は子の意の漸く已に通泰し、大志を成就し、自ら先の心を鄙しむを知る。終わらんと〔正付家業・付家業・付業時〕欲する

終時、而命其子、并会親族・国王・大臣・刹利・居士、皆悉已集。即自宣言、

諸君当知、此是我子、我之所生。於某城中捨吾逃走、伶俜辛苦、五十余年。其本字某、我名某甲。昔在本城、懐憂推覓。忽於此間、遇会得之。此実我子、我実其父。今吾所有一切財物、皆是子有。先所出内、是子所知。

世尊。是時窮子聞父此言、即大歓喜、得未曾有、而作是念、

命子聚衆為証

時に臨んで、其の子に命じ、并びに親族・国王・大臣・刹利・居士を会むるに、皆悉已に集まりぬ。即ち自ら宣べて言わく、

結会父子

『諸君当に知るべし、此は是れ我が子にして、我の生む所なり。某の城の中に於いて、吾を捨てて逃走し、伶俜辛苦すること五十余年なり。其の本の字は某、我が名は某甲なり。昔、本の城に在って、憂いを懐いて推ね覓め、忽ちに此の間に於いて、遇会って之を得たり。此は実に我が子、

正付家業

我は実に其の父なり。今、吾が所有一切の財物は、皆是れ子の有なり。先に出内する所は、是れ子の知る所なり』と。

得付歓喜

世尊よ。是の時、窮子は父の此の言を聞いて、即ち大いに歓喜し、未曾有なることを得て、是の念を作さく、

我本無心有所悕求。今此宝蔵自然而至。

世尊。大富長者、則是如来。我等皆似仏子。如来常説我等為子。世尊。我等以三苦故、於生死中、受諸熱悩、迷惑無知、楽著小法。今日世尊令我等思惟蠲除諸法戯論之糞。我等於中勤加精進、得至涅槃一日之価。既得此已、心大歓喜、自以為足、便自謂言、

於仏法中勤精進故、所得弘

『我は本心に悕求する所有ること無かりき。今、此の宝蔵は自然にして至りぬ』と。

合譬・合父子相失譬・合父
世尊よ。大富長者は、則ち是れ如来なり。合父子相見譬 合子 我等は皆仏子に似たり。如来は常に我等を為れ子なりと説きたまう。合追誘譬・合追誘二門無機譬 世尊よ。我等は三苦を以ての故に、生死の中に於いて、諸の熱悩を受け、迷惑無知にして、小法に楽著せり。

合二人誘譬
今日、世尊は我等をして思惟して 合斉教領・合具陳上事 諸法の戯論の糞を蠲除せしめたまえり。合尋与除糞 我等は中に於いて勤加精進して、合先取其価 涅槃の一日の価に至ることを得たり。既に此を得已わって、心は大いに歓喜して、自ら以て足れりと為し、便ち自ら謂って言わく、

『仏法の中に於いて勤めて精進するが故に、得る所は

多。
然世尊先知我等心著弊欲、楽
於小法、便見縦捨、不為分別、
汝等当有如来知見宝蔵之分。
世尊以方便力、説如来智慧、
我等従仏得涅槃一日之価、以為
大得、於此大乗無有志求。我等
又因如来智慧、為諸菩薩開示演
説、而自於此無有志願。所以者
何、仏知我等心楽小法、以方便
力、随我等説、而我等不知真是
仏子。

弘多なり』と。
（合探領）然るに世尊は、先に我等が心、弊欲に著し、小法を楽
うを知ろしめせば、便ち縦し捨てられて、為に汝等は当
に如来の知見、宝蔵の分有るべしと分別したまわず。
（合領付家業・合領家業・合相信・合体信）世尊は方便力を以て、如来の智慧を説きたまうに、（合猶）我
（在本処）等は仏従り涅槃の一日の価を得て、以て大いに得たりと
為して、此の大乗に於いて志求有ること無かりき。（合委業・）我等
（合受命領業）は又如来の智慧に因って、諸の菩薩の為に開示演説せし
（合無悕取・明仏加威力令如仏心而説　釈無悕取意）かども、而も自ら此に於いて志願有ること無し。所以は何
ん、仏は我等が心の小法を楽うを知ろしめして、方便力
を以て我等に随って説きたまえども、我等は真に是れ仏
子なりと知らざればなり。

今我等方知世尊於仏智慧無所悋惜。所以者何、我等昔来真是仏子、而但楽小法、若我等有楽大之心、仏則為我説大乗法。今此経中、唯説一乗、而昔於菩薩前、毀呰声聞楽小法者。然仏実以大乗教化。是故我等説、本無心有所悕求、今法王大宝自然而至、如仏子所応得者、皆已得之。

爾時摩訶迦葉欲重宣此義、而説偈言、

合付家業・合付業・明仏本於大無悋

今、我等は方に知んぬ、世尊は仏の智慧に於いて悋惜したまう所無しと。釈無悋 所以は何ん、我等は昔より来、真に是れ仏子なれども、但小法を楽うのみにして、若し我等に大を楽うの心有らば、仏は則ち我が為に大乗の法を説きたまえばなり。今、此の経の中に、唯一乗のみを説きたまえども、而も昔、菩薩の前に於いて、声聞の小法を楽う者を毀呰したまえり。然るに仏は実には大乗を以て教化したまえり。合歓喜 是の故に我等は説く、『本心に悕求する所有ること無かりしかども、今、法王の大宝は自然にして至り、仏子の応に得べき所の如き者は、皆已に之を得たり』」と。

偈頌 爾の時、摩訶迦葉は重ねて此の義を宣べんと欲して、偈を説いて言さく、

我等今日　聞仏音教
歓喜踊躍　得未曽有
仏説声聞　当得作仏
無上宝聚　不求自得
譬如童子　幼稚無識
捨父逃逝　遠到他土
周流諸国　五十余年
其父憂念　四方推求
求之既疲　頓止一城
造立舎宅　五欲自娯
其家巨富　多諸金銀
車𤦲馬脳　真珠瑠璃

頌長行・頌法説
我等は今日　仏の音教を聞いて
歓喜踊躍して　未曽有なることを得たり
仏は声聞は　当に作仏することを得べしと説きたまう
無上の宝聚は　求めざるに自ずから得たり
頌譬説・頌開譬・頌父子相失・頌子背父去
譬えば童子は　幼稚無識にして
父を捨てて逃逝して　遠く他土に到るが如し
諸国に周流すること　五十余年
頌父求子不得・頌覓子不得
其の父は憂念して　四方に推ね求む
頌不以失一子廃家業事
之を求むるに既に疲るれば　一城に頓止す
舎宅を造立して　五欲に自ら娯しむ
其の家は巨いに富んで　諸の金銀
車𤦲・馬脳　真珠・瑠璃多し

象馬牛羊　輦輿車乗
田業僮僕　人民衆多
出入息利　乃遍他国
商估賈人　無処不有
千万億衆　囲遶恭敬
常為王者　之所愛念
群臣豪族　皆共宗重
以諸縁故　往来者衆
豪富如是　有大力勢
而年朽邁　益憂念子
夙夜惟念　死時将至
癡子捨我　五十余年

象・馬・牛・羊　輦輿・車乗
田業・僮僕　人民は衆多なり
出入息利すること　乃ち他国に遍く
商估・賈人は　処として有らざること無し
千万億の衆は　囲遶・恭敬し
常に王者の　愛念する所と為る
群臣・豪族は　皆共に宗重し
諸の縁を以ての故に　往来する者は衆し
豪富なること是くの如くにして　大力勢有り
超頌憂念転深
而も年は朽邁して　益子を憂念し
夙夜に惟念すらく　死の時は将に至らんとす
癡子は我を捨てて　五十余年

庫蔵諸物　当如之何
爾時窮子　求索衣食
従邑至邑　従国至国
或有所得　或無所得
飢餓羸痩　体生瘡癬
漸次経歴　到父住城
傭賃展転　遂至父舎
爾時長者　於其門内
施大宝帳　処師子座
眷属囲遶　諸人侍衛
或有計算　金銀宝物
出内財産　注記券疏

庫蔵の諸物は　当に之を如何にすべき

追頌漸還向父・頌近父之由

爾の時窮子は　衣食を求索して
邑従り邑に至り　国従り国に至る
或は得る所有り　或は得る所無し
飢餓羸痩して　体に瘡癬を生ぜり

頌正近父城

漸次に経歴して　父の住せる城に到りぬ

頌父子相見・頌子見父・頌見父之由

傭賃展転して　遂に父の舎に至る

頌見父之相

爾の時長者は　其の門内に於いて
大宝帳を施して　師子座に処す
眷属は囲遶し　諸人は侍衛せり
或は　金銀宝物を計算し
財産を出内し　注記券疏するもの有り

窮子見父　豪貴尊厳
謂是国王　若是王等
驚怖自怪　何故至此
覆自念言　我若久住
或見逼迫　強駆使作
思惟是已　馳走而去
借問貧里　欲往傭作
長者是時　在師子座
遥見其子　黙而識之
即勅使者　追捉将来
窮子驚喚　迷悶躃地
是人執我　必当見殺

頌生畏避之心
窮子は父の　豪貴尊厳なるを見て
謂わく是れ国王か　若しは是れ王と等しきかと
驚怖して自ら怪しむ　何が故ぞ此に至れるや
覆かに自ら念言すらく　我は若し久しく住せば
或は逼迫せられ　強いて駆って作さしめん
是を思惟し已わって　馳走して去り
貧里に借問す　往きて傭作せんと欲す
頌父見子・頌見子之処
長者は是の時　師子座に在って
頌見子即識
遥かに其の子を見て　黙して之を識る
頌追誘譬・頌傍人追・頌初喚無機不来
即ち使者に勅して　追い捉え将いて来らしむ
窮子は驚き喚ばい　頌再喚不来 迷悶して地に躃る
頌無機
是の人は我を執う　必ず当に殺さるべし

何用衣食　使我至此
長者知子　愚癡狭劣
不信我言　不信是父
即以方便　更遣余人
眇目痤陋　無威徳者
汝可語之　云当相雇
除諸糞穢　倍与汝価
窮子聞之　歓喜随来
為除糞穢　浄諸房舎
長者於牖　常見其子
念子愚劣　楽為鄙事
於是長者　著弊垢衣

何ぞ衣食を用って　我をして此に至らしむるや
長者は子の　愚癡・狭劣にして
我が言を信ぜず　是れ父なりと信ぜざるを知って
頌密遣二人誘引・頌雇作譬・頌設方便
即ち方便を以て　更に余人の
眇目・痤陋にして　威徳無き者を遣わす
汝は之に語って　云う可し当に相雇って
諸の糞穢を除わしむべし　倍して汝に価を与えんと
頌取価除糞
窮子は之を聞いて　歓喜し随い来る
為に糞穢を除い　諸の房舎を浄む
頌教作譬・頌牖中
長者は牖於り　常に其の子を見て
頌羸瘦
子の愚劣にして　楽って鄙事を為すを念う
頌脱妙著麤
是に於いて長者は　弊垢の衣を著

執除糞器　往到子所
方便附近　語令勤作
既益汝価　幷塗足油
飲食充足　薦席厚暖
如是苦言　汝当勤作
又以軟語　若如我子
長者有智　漸令入出
経二十年　執作家事
示其金銀　真珠頗梨
諸物出入　皆使令知
猶処門外　止宿草庵
自念貧事　我無此物

除糞の器を執って　子の所に往到し
頌正教作
方便して附近き　語って勤作せしむ
既に汝が価　幷びに足に塗る油を益し
飲食は充足し　薦席は厚暖なり
是くの如く苦言すらく　汝は当に勤作すべし
又以て軟語すらく　若は我が子の如し
頌領付家業・頌付業之由・総頌心相体信
長者は智有れば　漸く入出せしめ
頌委領家業・頌受命
二十年を経て　家事を執作せしむ
其に金銀　真珠頗梨
諸物の出入を示し　皆知らしむ
頌猶居本位未捨劣心
猶門外に処し　草庵に止宿して
自ら貧事を念う　我に此の物無しと

父知子心　漸已曠大
欲与財物　即聚親族
国王大臣　刹利居士
於此大衆　説是我子
捨我他行　経五十歳
自見子来　已二十年
昔於某城　而失是子
周行求索　遂来至此
凡我所有　舎宅人民
悉以付之　恣其所用
子念昔貧　志意下劣
今於父所　大獲珍宝

頌通泰大志大乗機動
父は子の心　漸く已に曠大なるを知って
頌正付家業・頌正付業・頌集親族
財物を与えんと欲して　即ち親族
国王・大臣　刹利・居士を聚めて
頌定父子天性
此の大衆に於いて　是れ我が子なりと説く
我を捨てて他行して　五十歳を経たり
子を見て自り来　已に二十年
昔某の城に於いて　是の子を失いき
周行し求索して　遂に此に来至せり
頌正付与
凡そ我が所有　舎宅人民は
悉く以て之に付す　其の用いる所を恣にせよと
頌得付歓喜
子念わく昔は貧しくして　志意は下劣なりき
今は父の所に於いて　大いに珍宝

幷及舎宅　一切財物
甚大歓喜　得未曾有
仏亦如是　知我楽小
未曽説言　汝等作仏
而説我等　得諸無漏
成就小乗　声聞弟子
仏勅我等　説最上道
修習此者　当得成仏
我承仏教　為大菩薩
以諸因縁　種種譬喩
若干言辞　説無上道
諸仏子等　従我聞法

幷及びに舎宅　一切の財物を獲たりと
甚だ大いに歓喜して　未曽有なることを得たり
頌合譬・頌合父子相失譬
頌合父子相見譬
仏も亦是くの如し　我が小を楽うを知ろしめして
頌合追誘譬・頌合追喚譬
未だ曽て説いて　汝等は作仏すと言わず
頌合密遣二人誘引譬
而も我等は　諸の無漏を得て
小乗を成就する　声聞の弟子なりと説きたまう
頌合領付家業・頌合委業・長頌命領知
仏は我等に勅したまわく　最上の道
此を修習せば　当に成仏することを得べきを説けと
正頌受命及無悕取等・頌正受命
我は仏の教えを承けて　大菩薩の為に
諸の因縁　種種の譬喩
若干の言辞を以て　無上道を説く
諸の仏子等は　我従り法を聞き

日夜思惟　精勤修習
是時諸仏　即授其記
汝於来世　当得作仏
一切諸仏　秘蔵之法
但為菩薩　演其実事
而不為我　説斯真要
如彼窮子　得近其父
雖知諸物　心不悕取
我等雖説　仏法宝蔵
自無志願　亦復如是
我等内滅　自謂為足
唯了此事　更無余事

日夜に思惟し　精勤修習す
是の時に諸仏は　即ち其に記を授けたまう
汝は来世に於いて　当に作仏することを得べし
一切諸仏の　秘蔵の法を
但菩薩の為に　其の実事を演ぶるのみ
而も我が為に　斯の真要を説かざりき
頌無悕取・牒前譬帖合
彼の窮子の　其の父に近づくことを得て
諸物を知ると雖も　心に悕取せざるが如し
正合無悕取・正頌無悕取
我等は　仏法の宝蔵を説くと雖も
自ら志願無きこと　亦復是くの如し
具智断故無悕取・標・標断徳具故無悕取
我等は内の滅を　自ら謂って足れりと為す
唯此の事のみを了って　更に余事無し

我等若聞　浄仏国土
教化衆生　都無欣楽
所以者何　一切諸法
皆悉空寂　無生無滅
無大無小　無漏無為
如是思惟　不生喜楽
我等長夜　於仏智慧
無貪無著　無復志願
而自於法　謂是究竟
我等長夜　修習空法
得脱三界　苦悩之患
住最後身　有余涅槃

標智徳具故無悕取
我等は若し　仏国土を浄め
衆生を教化するを聞けども　都て欣楽無かりき
双釈智断二章
所以は何ん　一切の諸法は
皆悉空寂にして　無生無滅
無大無小　無漏無為なり
是くの如く思惟して　喜楽を生ぜざればなり
我等は長夜に　仏の智慧に於いて
貪無く著無く　復志願無し
而も自ら法に於いて　是れ究竟なりと謂いき
我等は長夜に　空法を修習して
三界の　苦悩の患いを脱るることを得て
最後身　有余涅槃に住せり

仏所教化　得道不虚
則為已得　報仏之恩
我等雖為　諸仏子等
説菩薩法　以求仏道
而於是法　永無願楽
道師見捨　観我心故
初不勧進　説有実利
如富長者　知子志劣
以方便力　柔伏其心
然後乃付　一切財宝
仏亦如是　現希有事
知楽小者　以方便力

仏に教化せられ　得道すること虚しからざれば
則ち已に　仏の恩を報ずることを得たりと為す
結釈自無悕取
我等は　諸の仏子等の為に
菩薩の法を説いて　以て仏道を求めしむと雖も
是の法に於いて　永く願楽無かりき
明仏見捨我（合無悕取）
道師は捨てられたり　我が心を観じたまうが故に
初め勧進して　実の利有りと説きたまわず
頌合正付業・頌正付・牒譬帖合
富める長者の　子の志劣なるを知って
方便力を以て　其の心を柔伏して
然る後に乃し　一切の財宝を付するが如く
正頌合
仏も亦是くの如し　希有の事を現じたまう
小を楽う者なりと知ろしめして　方便力を以て

調伏其心　乃教大智
我等今日　得未曾有
非先所望　而今自得
如彼窮子　得無量宝
世尊我今　得道得果
於無漏法　得清浄眼
我等長夜　持仏浄戒
始於今日　得其果報
法王法中　久修梵行
今得無漏　無上大果
我等今者　真是声聞
以仏道声　令一切聞

其の心を調伏して　乃し大智を教えたまう
頌得付歓喜
我等は今日　未曾有なることを得たり
先に望む所に非ざれども　而も今自ずから得ること
彼の窮子の　無量の宝を得るが如し
世尊よ我は今　道を得果を得たり
無漏の法に於いて　清浄の眼を得たり
我等は長夜に　仏の浄戒を持って
始めて今日に於いて　其の果報を得
法王の法の中に　久しく梵行を修して
今無漏　無上の大果を得
我等は今者　真に是れ声聞なり
仏道の声を以て　一切をして聞かしめん

我等今者　真阿羅漢
於諸世間　天人魔梵
普於其中　応受供養
世尊大恩　以希有事
憐愍教化　利益我等
無量億劫　誰能報者
手足供給　頭頂礼敬
一切供養　皆不能報
若以頂戴　両肩荷負
於恒沙劫　尽心恭敬
又以美饍　無量宝衣
及諸臥具　種種湯薬

我等は今者　真に阿羅漢なり
諸の世間　天人魔梵に於いて
普く其の中に於いて　応に供養を受くべし

歎仏恩深難報

世尊は大恩まします　希有の事を以て
憐愍教化して　我等を利益したまう
無量億劫にも　誰か能く報ずる者あらん
手足もて供給するも　頭頂もて礼敬するも
一切の供養も　皆報ずること能わじ
若し以て頂戴し　両肩に荷負して
恒沙劫に於いて　心を尽くして恭敬し
又美饍　無量の宝衣
及び諸の臥具　種種の湯薬を以てし

牛頭栴檀　及諸珍宝
以起塔廟　宝衣布地
如斯等事　以用供養
於恒沙劫　亦不能報
諸仏希有　無量無辺
不可思議　大神通力
無漏無為　諸法之王
能為下劣　忍于斯事
取相凡夫　随宜為説
諸仏於法　得最自在
知諸衆生　種種欲楽
及其志力　随所堪任

牛頭栴檀　及び諸の珍宝
以て塔廟を起て　宝衣を地に布き
斯くの如き等の事　以用て供養すること
恒沙劫に於いてすとも　亦報ずること能わじ
諸仏は希有にして　無量無辺なり
不可思議の　大神通力まします
無漏無為にして　諸法の王なり
能く下劣の為に　斯の事を忍びたまう
取相の凡夫に　宜しきに随って為に説きたまう
諸仏は法に於いて　最も自在なることを得たまえり
諸の衆生の　種種の欲楽
及び其の志力を知ろしめして　堪任する所に随って

以無量喩　而為説法
随諸衆生　宿世善根
又知成熟　未成熟者
種種籌量　分別知已
於一乗道　随宜説三

妙法蓮華経巻第二

無量の喩えを以て　為に法を説きたまう
諸の衆生の　宿世の善根に随い
又成熟　未成熟の者を知ろしめし
種種に籌量し　分別し知ろしめし已わって
一乗の道に於いて　宜しきに随って三を説きたまう

妙法蓮華経巻第二

妙法蓮華経　巻第三

妙法蓮華経薬草喩品第五

爾時世尊告摩訶迦葉、及諸大弟子、

善哉善哉。迦葉。善説如来真実功徳。誠如所言。如来復有無量無辺阿僧祇功徳。汝等若於無量億劫説不能尽。

迦葉。当知如来是諸法之王。若有所説、皆不虚也。於一切法、以智方便而演説之。其所説法、

妙法蓮華経薬草喩品第五

迹門正宗分・譬説周・述成段

爾の時、世尊は摩訶迦葉、及び諸の大弟子に告げたまわく、

略述成・双述善哉

「善き哉、善き哉。迦葉よ。善く如来の真実の功徳を説けり。誠に言う所の如し。

述其領所不及

如来に復無量無辺阿僧祇の功徳有り。汝等は若し無量億劫に於いて説くとも、尽くすこと能わじ。

広述成・長行・述成開三顕一・法説・挙法王

迦葉よ。当に知るべし、如来は是れ諸法の王なり。

正述開三顕一・約教明開権顕実・述其領開三

若し説きたまう所有らば、皆虚しからざるなり。一切法に於いて、智と方便とを以て之を演説す。

約教述其顕実

其の説きたまう

皆悉到於一切智地。如来観知一切諸法之所帰趣、亦知一切衆生深心所行、通達無礙。又於諸法究尽明了、示諸衆生一切智慧。迦葉。譬如三千大千世界、山川・谿谷・土地、所生卉木・叢林、及諸薬草。種類若干、名色各異。密雲弥布、遍覆三千大千世界、一時等澍、其沢普洽卉木・叢林、及諸薬草小根・小茎・小枝・小葉、中根・中茎・中枝・中葉、大根・大茎・大枝・大葉。

所の法は、皆悉一切智地に到る。約智明開権顕実・権智 如来は一切諸法の帰趣する所を観知し、亦一切衆生の深心に行ずる所を知り、通達無礙なり。実智 又諸法に於いて、究尽明了して、諸の衆生に一切の智慧を示す。

譬説・開譬・差別譬（譬述権教権智）・土地譬 迦葉よ。譬えば三千大千世界の山川・谿谷・土地に生ずる所の卉木譬 卉木・叢林、及び諸の薬草の如し。種類は若干にして、名色は各異なり。密雲譬 密雲は弥く布き、遍く三千大千世界を覆い、注雨譬 一時に等しく澍ぎ、受潤譬 其の沢いは普く卉木・叢林、及び諸の薬草の小根・小茎・小枝・小葉、中根・中茎・中枝・中葉、大根・大茎・大枝・大葉を洽す。増長譬 諸の樹の大小は、上中下に随って、各受くる所有り。一雲の雨らす所なるも、其の種性に称って、生長することを

諸樹大小、随上中下、各有所受。一雲所雨、称其種性、而得生長、華菓敷実。

雖一地所生、一雨所潤、而諸草木各有差別。

迦葉。当知如来亦復如是。出現於世、如大雲起、以大音声普遍世界天・人・阿修羅、如彼大雲遍覆三千大千国土。於大衆中而唱是言、

我是如来・応供・正遍知・明行足・善逝・世間解・無上士・

得、華菓は敷き実る。

無差別譬（譬述実教実智）
一地所生譬

一地の生ずる所、一雨の潤す所なりと雖も、諸の草木に各差別有り。

一雨所潤譬
三草二木譬

合譬・合差別譬・正合差別譬

迦葉よ。当に知るべし、如来も亦復是くの如し。

合密雲譬

世に出現すること、大雲の起こるが如く、大音声を以て普く世界の天・人・阿修羅に遍ぜること、彼の大雲の遍く三千大千国土を覆うが如し。

合注雨譬

大衆の中に於いて是の言を唱う、

標章門・十号

『我は是れ如来・応供・正遍知・明行足・善逝・世間解・無上士・調御丈夫・天人師・仏・世尊なり。

四弘

未だ度

調御丈夫・天人師・仏・世尊。未度者令度、未解者令解、未安者令安、未涅槃者令得涅槃。今世・後世、如実知之。我是一切知者・一切見者・知道者・開道者・説道者。汝等天・人・阿修羅衆、皆応到此。為聴法故。

爾時無数千万億種衆生、来至仏所而聴法。

如来于時、観是衆生諸根利鈍、精進懈怠、随其所堪、而為説法種種無量、皆令歓喜、快得善利。

せざる者は度せしめ、未だ解せざる者は解せしめ、未だ安んぜざる者は安んぜしめ、未だ涅槃せざる者は涅槃を得しむ。（三達）今世・後世を、実の如く之を知る。我は是れ（一心三智）一切知者・（五眼）一切見者・（三業共智慧行）知道者・開道者・説道者なり。（勧物聴受）汝等天・人・阿修羅衆は、皆応に此に到るべし。法を聴かんが為の故に』と。

（合土地譬）爾の時、無数千万億種の衆生は、仏の所に来至して法を聴く。

（合卉木譬）如来は時に、是の衆生の諸根の利鈍、精進懈怠を観じて、（合受潤譬）其の堪うる所に随って、為に法を説くこと種種無量にして、皆歓喜し、快く善利を得しむ。（合増長譬）是の諸の衆生は、

是諸衆生、聞是法已、現世安隠、後生善処、以道受楽、亦得聞法。既聞法已、離諸障礙、於諸法中、任力所能、漸得入道。

如彼大雲、雨於一切卉木・叢林、及諸薬草、如其種性、具足蒙潤、各得生長。

如来説法、一相一味。所謂解脱相・離相・滅相、究竟至於一切種智。

其有衆生、聞如来法、若持読誦、如説修行、所得功徳、不自

是の法を聞き已わって、現世安隠にして、後に善処に生じ、道を以て楽を受け、亦法を聞くことを得。既に法を聞き已わって、諸の障礙を離れ、諸法の中に於いて、力の能う所に任せて、漸く道に入ることを得。

提譬帖合

彼の大雲の一切の卉木・叢林、及び諸の薬草に雨るに、其の種性の如く、具足して潤いを蒙り、各生長することを得るが如し。

合無差別譬・双合一地一雨

如来は法を説くに、一相一味なり。

双釈一地一雨

所謂解脱相・離相・滅相にして、究竟して一切種智に至る。

合諸草木各有差別・衆生不知

其れ衆生有って、如来の法を聞いて、若し持ち読誦し、説の如く修行せば、得る所の功徳は、自ら覚知せず。

覚知。所以者何、唯有如来、知此衆生種相体性、念何事、思何事、修何事、云何念、云何思、云何修、以何法念、以何法思、以何法修、以何法得何法。衆生住於種種之地、唯有如来如実見之、明了無礙。如彼卉木・叢林・諸薬草等、而不自知上中下性。如来知是一相一味之法。所謂解脱相・離相・滅相。究竟涅槃、常寂滅相、終帰於空。仏知是已、観衆生心欲、而将護之。是故不

如来能知・約四法（種相体性）明如来能知

所以は何ん、唯如来のみ有って、此の衆生の種相体性、

約三法明如来能知

何なる事を念じ、何なる事を思い、何なる事を修し、云何に念じ、云何に思い、云何に修し、

約二法明如来能知

何なる法を以て念じ、何なる法を以て思い、何なる法を以て修し、

約一法明如来能知

何なる法を以て何なる法を得ということを知ればなり。衆生の種種の地に住せるを、唯如来のみ有って、実の如く之を見て、明了無礙なり。

挙譬帖合衆生不知

彼の卉木・叢林・諸の薬草等の、而も自ら上中下の性を知らざるが如し。

牒前総結能知

如来は是れ一相一味の法なりと知れり。所謂解脱相・離相・滅相なり。涅槃を究竟し、常に寂滅せる相にして、終に空に帰す。

断物疑

仏は是を知り已われども、衆生の心欲を観じて、之を将護す。是の故に即ち為に一切種智を説かず。

即為説一切種智。
汝等迦葉。甚為希有。能知如来随宜説法、能信能受。所以者何、諸仏世尊、随宜説法、難解難知。

爾時世尊欲重宣此義、而説偈言、

破有法王　出現世間
随衆生欲　種種説法
如来尊重　智慧深遠
久黙斯要　不務速説
有智若聞　則能信解

結歎・述・歎希有

汝等迦葉よ。甚だ為れ希有なり。

述能領開三

能く如来の随宜の説法を知って、能く信じ能く受くることは。

述其領顕一

釈述意

所以は何ん、諸仏世尊の随宜の説法は、解し難く知り難ければなり」と。

偈頌

爾の時、世尊は重ねて此の義を宣べんと欲して、偈を説いて言わく、

頌法説・頌法王不虚

有を破する法王は　世間に出現して

頌開顕・頌二教・頌権教

衆生の欲に随って　種種に法を説く

頌実教

如来は尊重にして　智慧は深遠なり
久しく斯の要を黙して　務めて速やかには説かず

頌二智・頌釈権智

智有るもの若し聞かば　則ち能く信解し

無智疑悔　則為永失
是故迦葉　随力為説
以種種縁　令得正見
迦葉当知　譬如大雲
起於世間　遍覆一切
慧雲含潤　電光晃曜
雷声遠震　令衆悦予
日光掩蔽　地上清涼
靉靆垂布　如可承攬
其雨普等　四方倶下
流澍無量　率土充洽
山川険谷　幽邃所生

智無きもの疑悔せば　則ち為に永く失う

頌釈実智

是の故に迦葉よ　力に随って為に説いて
種種の縁を以て　正見を得しむ

頌譬説・頌開譬・頌差別譬・頌密雲譬

迦葉よ当に知るべし　譬えば大雲の
世間に起こって　遍く一切を覆うが如し
慧雲は潤いを含み　電光は晃り曜き
雷声は遠く震って　衆をして悦予せしめ
日光は掩い蔽して　地の上は清涼に
靉靆垂布して　承攬す可きが如し

頌注雨譬

其の雨は普く等しくして　四方に倶に下り
流澍すること無量にして　率土は充ち洽う

頌土地譬

山川険谷の

頌卉木譬

幽邃に生いたる所の

卉木薬草　大小諸樹
百穀苗稼　甘蔗蒲萄
雨之所潤　無不豊足
乾地普洽　薬木並茂
其雲所出　一味之水
草木叢林　随分受潤
一切諸樹　上中下等
称其大小　各得生長
根茎枝葉　華菓光色
一雨所及　皆得鮮沢
如其体相　性分大小
所潤是一　而各滋茂

頌受潤譬
卉木薬草　大小の諸樹
百穀苗稼　甘蔗蒲萄
雨の潤す所　豊かに足らざること無し
乾地は普く洽い　薬木は並びに茂る
其の雲より出ずる所の　一味の水に
草木叢林は　分に随って潤いを受く
頌増長譬
一切の諸樹は　上中下等しく
其の大小に称って　各生長することを得
根茎枝葉　華菓の光色
頌無差別譬・頌所生所潤
一雨の及ぼす所は　皆鮮沢することを得
其の体相の如く　性の大小に分かれて
頌能潤（頌無差別）　頌差別不自知
潤す所は是れ一なれども　而も各滋茂る

仏亦如是　出現於世
譬如大雲　普覆一切
既出于世　為諸衆生
分別演説　諸法之実
大聖世尊　於諸天人
一切衆中　而宣是言
我為如来　両足之尊
出于世間　猶如大雲
充潤一切　枯槁衆生
皆令離苦　得安隠楽
世間之楽　及涅槃楽
諸天人衆　一心善聴

頌合譬・頌合差別譬・頌合密雲譬

仏も亦是くの如し　世に出現すること
譬えば大雲の　普く一切を覆うが如し

頌合注雨譬・標章門・略頌十号

既に世に出でぬれば　諸の衆生の為に
諸法の実を　分別し演説す
大聖世尊は　諸の天人
一切衆の中に於いて　是の言を宣ぶ
我は為れ如来　両足の尊なり
世間に出ずること　猶大雲の如し

頌四弘誓

一切の　枯槁の衆生を充潤して
皆苦を離れて　安隠の楽
世間の楽　及び涅槃の楽を得しむ

頌勧聴受

諸の天人衆よ　一心に善く聴け

皆応到此　観無上尊
我為世尊　無能及者
安隠衆生　故現於世
為大衆説　甘露浄法
其法一味　解脱涅槃
以一妙音　演暢斯義
常為大乗　而作因縁
我観一切　普皆平等
無有彼此　愛憎之心
我無貪著　亦無限礙
恒為一切　平等説法
如為一人　衆多亦然

皆応に此に到って　無上尊を観るべし
我は為れ世尊にして　能く及ぶ者無し
衆生を安隠ならしめんが　故に世に現ず
大衆の為に　甘露の浄法を説く
其の法は一味にして　解脱涅槃なり
一の妙音を以て　斯の義を演暢す
常に大乗の為に　而も因縁を作す
（頌合土地譬）
我は一切を観るに　普く皆平等にして
彼此　愛憎の心有ること無し
我に貪著無く　亦限礙無し
恒に一切の為に　平等に法を説く
一人の為にするが如く　衆多も亦然なり

常演説法　曽無他事
去来坐立　終不疲厭
充足世間　如雨普潤
貴賤上下　持戒毀戒
威儀具足　及不具足
正見邪見　利根鈍根
等雨法雨　而無懈倦
一切衆生　聞我法者
随力所受　住於諸地
或処人天　転輪聖王
釈梵諸王　是小薬草
知無漏法　能得涅槃

常に法を演説して　曽て他事無く
去来坐立するに　終に疲厭せず
世間に充足すること　雨の普く潤すが如し
頌合卉木譬
貴賤上下　持戒毀戒
威儀具足せるもの　及び具足せざるもの
正見邪見　利根鈍根に
等しく法雨を雨らして　懈倦無し
頌合受潤譬・総明受潤
一切衆生は　我が法を聞かば
力の受くる所に随って　諸の地に住す
別明受潤・明人天（未断惑）
或は人天　転輪聖王
釈梵諸王に処するは　是れ小の薬草なり
明二乗（有断証）
無漏の法を知って　能く涅槃を得

起六神通　及得三明
独処山林　常行禅定
得縁覚証　是中薬草
求世尊処　我当作仏
行精進定　是上薬草
又諸仏子　専心仏道
常行慈悲　自知作仏
決定無疑　是名小樹
安住神通　転不退輪
度無量億　百千衆生
如是菩薩　名為大樹
仏平等説　如一味雨

六神通を起こし　及び三明を得
独り山林に処し　常に禅定を行じて
縁覚の証を得るは　是れ中の薬草なり
明六度菩薩（志求作仏化他）
世尊の処を求めて　我は当に作仏すべしと
精進定を行ずるは　是れ上の薬草なり
明通教菩薩（已断通惑）
又諸の仏子は　心を仏道に専らにして
常に慈悲を行じ　自ら作仏せんことを知り
決定して疑い無きは　是を小樹と名づく
明別教菩薩（自行化他高広）
神通に安住して　不退の輪を転じ
無量億　百千の衆生を度する
是くの如き菩薩を　名づけて大樹と為す
結所潤能潤・挙譬帖釈所受潤
仏の平等の説は　一味の雨の如し

随衆生性　所受不同
如彼草木　所稟各異
仏以此喩　方便開示
種種言辞　演説一法
於仏智慧　如海一滴
我雨法雨　充満世間
一味之法　随力修行
如彼叢林　薬草諸樹
随其大小　漸増茂好
諸仏之法　常以一味
令諸世間　普得具足
漸次修行　皆得道果

衆生の性に随って　受くる所は不同なること
彼の草木の　稟くる所は各異なるが如し
明能潤仏智多如海
仏は此の喩えを以て　方便もて開示し
種種の言辞もて　一法を演説すれども
仏の智慧に於いては　海の一滴の如し
頌合増長譬・総頌増長・総頌増長
我は法雨を雨らして　世間に充満す
一味の法を　力に随って修行す
挙譬帖釈
彼の叢林　薬草諸樹の
其の大小に随って　漸く茂好を増すが如し
別明増長・明人天増長
諸仏の法は　常に一味を以て
諸の世間をして　普く具足することを得しめたまう
漸次に修行して　皆道果を得

声聞縁覚　処於山林
住最後身　聞法得果
是名薬草　各得増長
若諸菩薩　智慧堅固
了達三界　求最上乗
是名小樹　而得増長
復有住禅　得神通力
聞諸法空　心大歓喜
放無数光　度諸衆生
是名大樹　而得増長
如是迦葉　仏所説法
譬如大雲　以一味雨

頌二乗増長
声聞縁覚の　山林に処し
最後身に住して　法を聞いて果を得るは
是を薬草の　各増長することを得と名づく
頌通教菩薩増長
若し諸の菩薩の　智慧堅固にして
三界を了達し　最上乗を求めば
是を小樹の　而も増長することを得と名づく
頌別教菩薩増長
復禅に住して　神通力を得
諸法空を聞いて　心は大いに歓喜し
無数の光を放って　諸の衆生を度すること有らば
是を大樹の　而も増長することを得と名づく
頌合無差別譬・頌無差別之差別
是くの如く迦葉よ　仏の説きたまう所の法は
譬えば大雲の　一味の雨を以てするが如く

潤於人華　各得成実
迦葉当知　以諸因縁
種種譬喩　開示仏道
是我方便　諸仏亦然
今為汝等　説最実事
諸声聞衆　皆非滅度
汝等所行　是菩薩道
漸漸修学　悉当成仏

人華を潤して　各実を成ずることを得しむ

頌差別無差別

迦葉よ当に知るべし　諸の因縁
種種の譬喩を以て　仏道を開示するは
是れ我が方便なり　諸仏も亦然なり
今汝等が為に　最実事を説く
諸の声聞衆は　皆滅度せるに非ず
汝等が行ずる所は　是れ菩薩の道なり
漸漸に修学して　悉く当に成仏すべし

妙法蓮華経授記品第六

爾時世尊説是偈已、告諸大衆
唱如是言、
我此弟子摩訶迦葉、於未来世、
当得奉観三百万億諸仏世尊、供
養・恭敬・尊重・讃歎、広宣諸
仏無量大法。於最後身、得成為
仏。名曰光明如来・応供・正遍
知・明行足・善逝・世間解・無
上士・調御丈夫・天人師・仏・

妙法蓮華経授記品第六

迹門正宗分・譬説周・授記段
正与中根授記

爾の時、世尊は是の偈を説き已わって、諸の大衆に告げて、是くの如き言を唱えたまわく、

授迦葉記・長行・行因

「我が此の弟子摩訶迦葉は、未来世に於いて、当に三百万億の諸仏世尊を奉観して、供養・恭敬・尊重・讃歎し、広く諸仏の無量の大法を宣ぶることを得べし。

得果

最後身に於いて、成じて仏と為ることを得ん。名づけて光明如来・応供・正遍知・明行足・善逝・世間解・無上士・調御丈夫・天人師・仏・世尊と曰わん。

世尊。

国名光徳、劫名大荘厳。仏寿十二小劫、正法住世二十小劫、像法亦住二十小劫。

国界厳飾、無諸穢悪・瓦礫・荊棘・便利不浄。其土平正、無有高下・坑坎・堆阜。琉璃為地、宝樹行列、黄金為縄、以界道側、散諸宝華、周遍清浄。其国菩薩、無量千億、諸声聞衆、亦復無数。無有魔事。雖有魔及魔民、皆護仏法。

劫国 寿命
国を光徳と名づけ、劫を大荘厳と名づけん。仏の寿は十二小劫、正像久近 正法は世に住すること二十小劫、像法も亦住すること二十小劫ならん。
国浄
国界厳飾にして、諸の穢悪・瓦礫・荊棘・便利の不浄無けん。其の土は平正にして、高下・坑坎・堆阜有ること無けん。琉璃を地と為して、宝樹は行列し、黄金を縄と為して、以て道の側を界い、諸の宝華を散じ、周遍して清浄ならん。其の国の菩薩は、無量千億にして、諸の声聞衆も亦復無数ならん。魔事有ること無けん。魔及び魔民有りと雖も、皆仏法を護らん」と。

爾時世尊欲重宣此義、而説偈
言、
告諸比丘　我以仏眼
見是迦葉　於未来世
過無数劫　当得作仏
而於来世　供養奉覲
三百万億　諸仏世尊
為仏智慧　浄修梵行
供養最上　二足尊已
修習一切　無上之慧
於最後身　得成為仏
其土清浄　琉璃為地

偈頌

爾の時、世尊は重ねて此の義を宣べんと欲して、偈を
説いて言わく、

頌行因

諸の比丘に告ぐ　我は仏眼を以て
是の迦葉を見るに　未来世に於いて
無数劫を過ぎて　当に作仏することを得べし
而も来世に於いて　三百万億の
諸仏世尊を　供養し奉覲して
仏の智慧の為に　浄く梵行を修し
最上の　二足尊を供養し已わって
一切の　無上の慧を修習し

頌得果

最後身に於いて　成じて仏と為ることを得ん

頌国浄

其の土は清浄にして　琉璃を地と為し

多諸宝樹　行列道側
金縄界道　見者歓喜
常出好香　散衆名華
種種奇妙　以為荘厳
其地平正　無有丘坑
諸菩薩衆　不可称計
其心調柔　逮大神通
奉持諸仏　大乗経典
諸声聞衆　無漏後身
法王之子　亦不可計
乃以天眼　不能数知
其仏当寿　十二小劫

諸の宝樹多くして　道の側に行列し
金縄もて道を界いて　見る者は歓喜せん
常に好香を出だし　衆の名華を散ず
種種の奇妙なるものを　以て荘厳と為し
其の地は平正にして　丘坑有ること無けん
諸の菩薩衆　称計す可からず
其の心は調柔にして　大神通に逮び
諸仏の　大乗経典を奉持せん
諸の声聞衆の　無漏後身
法王の子なるもの　亦計る可からず
乃ち天眼を以ても　数え知ること能わじ
頌仏寿
其の仏は当に寿　十二小劫なるべし

正法住世　二十小劫
像法亦住　二十小劫
光明世尊　其事如是
爾時大目揵連・須菩提・摩訶迦旃延等、皆悉悚慄、一心合掌、瞻仰世尊、目不暫捨。
即共同声、而説偈言、
大雄猛世尊　諸釈之法王
哀愍我等故　而賜仏音声
若知我深心　見為授記者
如以甘露灑　除熱得清涼
如従飢国来　忽遇大王饍

頌正像
正法は世に住すること　二十小劫
像法も亦住すること　二十小劫ならん
頌総結
光明世尊の　其の事は是くの如し
授三人記・請記・長行
爾の時、大目揵連・須菩提・摩訶迦旃延等は、皆悉悚慄して、一心に合掌し、世尊を瞻仰して、目は暫くも捨てず。
即ち共に声を同じくして、偈を説いて言さく、
偈頌・頌正請
大雄猛なる世尊よ　諸釈の法王よ
我等を哀愍したまうが故に　而も仏の音声を賜え
頌開譬
若し我が深心を知ろしめして　授記せられば
甘露を以て灑ぐに　熱を除いて清涼を得るが如くならん
飢えたる国従り来って　忽ちに大王の饍に遇わんも

心猶懐疑懼　未敢即便食
若復得王教　然後乃敢食
我等亦如是　毎惟小乗過
不知当云何　得仏無上慧
雖聞仏音声　言我等作仏
心尚懐憂懼　如未敢便食
若蒙仏授記　爾乃快安楽
大雄猛世尊　常欲安世間
願賜我等記　如飢須教食

爾時世尊知諸大弟子心之所念、告諸比丘、

是須菩提、於当来世、奉覲三

心に猶疑懼を懐いて　未だ敢えて即便ち食せざるも
若し復王の教せを得ば　然る後に乃ち敢えて食せんが如し
頌合譬
我等も亦是くの如し　毎に小乗の過を惟って
当に云何にして　仏の無上慧を得べきかを知らず
仏の音声の　我等は作仏せんと言うを聞くと雖も
心に尚憂懼を懐く　未だ敢えて便ち食せざるが如し
若し仏の授記を蒙りなば　爾して乃ち快く安楽ならん
頌結三人記
大雄猛なる世尊は　常に世間を安んぜんと欲す
願わくは我等に記を賜え　飢えて教せを須って食するが如くならん

与記・授須菩提記・長行
爾の時、世尊は諸の大弟子の心の念ずる所を知ろしめして、諸の比丘に告げたまわく、

行因
「是の須菩提は、当来世に於いて、三百万億那由他の

百万億那由他仏、供養・恭敬・尊重・讃歎、常修梵行、具菩薩道、於最後身、得成為仏。号曰名相如来・応供・正遍知・明行足・善逝・世間解・無上士・調御丈夫・天人師・仏・世尊。

劫名有宝、国名宝生。其土平正、頗梨為地、宝樹荘厳、無諸丘坑・沙礫・荊棘・便利之穢、宝華覆地、周遍清浄。其土人民、皆処宝台・珍妙楼閣。声聞弟子無量無辺、算数・譬喩所不能知。

仏を奉覲して、供養・恭敬・尊重・讃歎し、常に梵行を修し、菩薩の道を具して、最後身に於いて、成じて仏と為ることを得ん。号づけて名相如来・応供・正遍知・明行足・善逝・世間解・無上士・調御丈夫・天人師・仏・世尊と曰わん。

劫を有宝と名づけ、国を宝生と名づけん。其の土は平正にして、頗梨を地と為し、宝樹もて荘厳して、諸の丘坑・沙礫・荊棘・便利の穢れ無く、宝華は地を覆い、周遍して清浄ならん。其の土の人民は、皆宝台・珍妙の楼閣に処せん。声聞の弟子は、無量無辺にして、算数・譬喩の知ること能わざる所ならん。諸の菩薩衆は、無数千

諸菩薩衆無数千万億那由他。
仏寿十二小劫、正法住世二十小劫、像法亦住二十小劫。其仏常処虚空、為衆説法、度脱無量菩薩及声聞衆。

爾時世尊欲重宣此義、而説偈言、

諸比丘衆　今告汝等
皆当一心　聴我所説
我大弟子　須菩提者
当得作仏　号曰名相
当供無数　万億諸仏

万億那由他ならん。
寿命
仏の寿は十二小劫、正像 正法は世に住すること二十小劫、像法も亦住すること二十小劫ならん。其の仏は常に虚空に処して、衆の為に法を説いて、無量の菩薩、及び声聞衆を度脱せん」と。

偈頌
爾の時、世尊は重ねて此の義を宣べんと欲して、偈を説いて言わく、

頌誡聴
諸の比丘衆よ　今汝等に告ぐ
皆当に一心に　我が説く所を聴くべし
頌行因
我が大弟子　須菩提は
当に作仏することを得べし　号づけて名相と曰わん
当に無数　万億の諸仏を供し

随仏所行　漸具大道
最後身得　三十二相
端正姝妙　猶如宝山
其仏国土　厳浄第一
衆生見者　無不愛楽
仏於其中　度無量衆
其仏法中　多諸菩薩
皆悉利根　転不退輪
彼国常以　菩薩荘厳
諸声聞衆　不可称数
皆得三明　具六神通
住八解脱　有大威徳

仏の行じたまう所に随って　漸く大道を具すべし
頌得果
最後身に　三十二相を得て
端正姝妙なること　猶宝山の如くならん
頌国浄
其の仏の国土は　厳浄第一にして
衆生は見ば　愛楽せざること無けん
仏は其の中に於いて　無量の衆を度せん
其の仏の法の中には　諸の菩薩多く
皆悉利根にして　不退の輪を転ぜん
彼の国は常に　菩薩を以て荘厳せん
諸の声聞衆は　称数す可からず
皆三明を得　六神通を具し
八解脱に住し　大威徳有らん

其仏説法　現於無量
神通変化　不可思議
諸天人民　数如恒沙
皆共合掌　聴受仏語
其仏当寿　十二小劫
正法住世　二十小劫
像法亦住　二十小劫
爾時世尊復告諸比丘衆、我今語汝。是大迦旃延、於当来世、以諸供具、供養奉事八千億仏、恭敬尊重。諸仏滅後、各起塔廟、高千由旬、縦広正等五

其の仏の説法には　無量の
神通変化を現ずること　不可思議ならん
諸天人民は　数恒沙の如くにして
皆共に合掌し　仏語を聴受せん

頌仏寿

其の仏は当に寿　十二小劫なるべし

頌正像

正法は世に住すること　二十小劫
像法も亦住すること　二十小劫ならん

授迦旃延記・長行

爾の時、世尊は復諸の比丘衆に告げたまわく、

行因

「我は今汝に語る。是の大迦旃延は、当来世に於いて、諸の供具を以て、八千億の仏を供養奉事し、恭敬尊重せん。諸仏滅して後に、各塔廟を起てて、高さ千由旬、縦広正等にして、五百由旬ならん。金・銀・瑠璃・車渠・

百由旬。以金・銀・瑠璃・車璖・馬瑙・真珠・玫瑰七宝合成、衆華瓔珞・塗香・抹香・焼香・繒蓋・幢幡、供養塔廟。過是已後、当復供養二万億仏、亦復如是。供養是諸仏已、具菩薩道、当得作仏。号曰閻浮那提金光如来・応供・正遍知・明行足・善逝・世間解・無上士・調御丈夫・天人師・仏・世尊。

其土平正、頗梨為地、宝樹荘厳、黄金為縄、以界道側、妙華

馬瑙・真珠・玫瑰の七宝を以て合成し、衆華の瓔珞・塗香・抹香・焼香・繒蓋・幢幡を塔廟に供養せん。是を過ぎて已後、当に復二万億の仏を供養するにも、亦復是くの如くすべし。是の諸仏を供養し已わって、菩薩の道を具して、当に作仏することを得べし。号づけて閻浮那提金光如来・応供・正遍知・明行足・善逝・世間解・無上士・調御丈夫・天人師・仏・世尊と曰わん。

其の土は平正にして、頗梨を地と為し、宝樹もて荘厳し、黄金を縄と為して、以て道の側を界い、妙華は地を

覆地、周遍清浄、見者歓喜。無
四悪道地獄・餓鬼・畜生・阿修
羅道、多有天・人。諸声聞衆及
諸菩薩、無量万億、荘厳其国。
仏寿十二小劫、正法住世二十
小劫、像法亦住二十小劫。
爾時世尊欲重宣此義、而説偈
言、

諸比丘衆　皆一心聴
如我所説　真実無異
是迦旃延　当以種種
妙好供具　供養諸仏

覆い、周遍清浄にして、見る者は歓喜せん。四悪道の地
獄・餓鬼・畜生・阿修羅道無く、多く天・人有らん。諸
の声聞衆、及び諸の菩薩は、無量万億にして、其の国を
荘厳せん。

仏寿　正像

仏の寿は十二小劫、正法は世に住すること二十小劫、
像法も亦住すること二十小劫ならん」と。

偈頌

爾の時、世尊は重ねて此の義を宣べんと欲して、偈を
説いて言わく、

頌誡聴

諸の比丘衆よ　皆一心に聴け

頌行因

我が説く所の如きは　真実にして異ること無し
是の迦旃延は　当に種種の
妙好の供具を以て　諸仏を供養すべし

諸仏滅後　起七宝塔
亦以華香　供養舎利
其最後身　得仏智慧
成等正覚　国土清浄
度脱無量　万億衆生
皆為十方　之所供養
仏之光明　無能勝者
其仏号曰　閻浮金光
菩薩声聞　断一切有
無量無数　荘厳其国
爾時世尊復告大衆、
我今語汝。是大目揵連、当以

諸仏滅して後に　七宝の塔を起て
亦華香を以て　舎利を供養す
頌得果
其の最後身に　仏の智慧を得
等正覚を成ず　頌国浄 国土は清浄にして
無量　万億の衆生を度脱す
皆十方の　供養する所と為り
仏の光明は　能く勝る者無けん
其の仏は号づけて　閻浮金光と曰わん
菩薩声聞　一切の有を断じ
無量無数にして　其の国を荘厳せん
授目揵連記・長行
爾の時、世尊は復大衆に告げたまわく、
行因
「我は今汝に語る。是の大目揵連は、当に種種の供具

種種供具、供養八千諸仏、恭敬尊重。諸仏滅後、各起塔廟、高千由旬、縦広正等五百由旬。以金・銀・瑠璃・車渠・馬瑙・真珠・玫瑰七宝合成、衆華瓔珞・塗香・抹香・焼香・繒蓋・幢幡、以用供養。過是已後、当復供養二百万億諸仏、亦復如是。当得成仏。号曰多摩羅跋栴檀香如来・応供・正遍知・明行足・善逝・世間解・無上士・調御丈夫・天人師・仏・世尊。

を以て、八千の諸仏を供養し、恭敬尊重したてまつるべし。諸仏滅して後に、各塔廟を起てて、高さ千由旬、縦広正等にして、五百由旬ならん。金・銀・瑠璃・車渠・馬瑙・真珠・玫瑰の七宝を以て合成し、衆華の瓔珞・塗香・抹香・焼香・繒蓋・幢幡を、以用て供養せん。是を過ぎて已後、当に復二百万億の諸仏を供養するにも、亦復是くの如くすべし。当に成仏することを得べし。号づけて多摩羅跋栴檀香如来・応供・正遍知・明行足・善逝・世間解・無上士・調御丈夫・天人師・仏・世尊と曰わん。

劫名喜満、国名意楽。其土平正、頗梨為地、宝樹荘厳、散真珠華、周遍清浄、見者歓喜。多諸天・人、菩薩・声聞其数無量。仏寿二十四小劫、正法住世四十小劫、像法亦住四十小劫。爾時世尊欲重宣此義、而説偈言、

我此弟子　大目揵連
捨是身已　得見八千
二百万億　諸仏世尊
為仏道故　供養恭敬

劫国
劫を喜満と名づけ、国を意楽と名づけん。国浄 其の土は平正にして、頗梨を地と為し、宝樹もて荘厳し、真珠華を散じ、周遍清浄にして、見る者は歓喜せん。諸の天・人多く、菩薩・声聞は、其の数無量ならん。

寿命
仏の寿は二十四小劫、正像 正法は世に住すること四十小劫、像法も亦住すること四十小劫ならん」と。

偈頌
爾の時、世尊は重ねて此の義を宣べんと欲して、偈を説いて言わく、

頌行因
我が此の弟子　大目揵連は
是の身を捨て已わって　八千
二百万億の　諸仏世尊を見たてまつることを得
仏道の為の故に　供養恭敬し

於諸仏所　常修梵行
於無量劫　奉持仏法
諸仏滅後　起七宝塔
長表金刹　華香妓楽
而以供養　諸仏塔廟
漸漸具足　菩薩道已
於意楽国　而得作仏
号多摩羅　栴檀之香
其仏寿命　二十四劫
常為天人　演説仏道
声聞無量　如恒河沙
三明六通　有大威徳

諸仏の所に於いて　常に梵行を修し
無量劫に於いて　仏法を奉持せん
諸仏滅して後に　七宝の塔を起てて
長表・金刹　華香妓楽もて
以て　諸仏の塔廟を供養す
頌得果兼国名
漸漸に　菩薩の道を具足し已わって
意楽国に於いて　作仏することを得
多摩羅　栴檀の香と号づけん
頌寿命
其の仏の寿命は　二十四劫ならん
頌国浄
常に天人の為に　仏道を演説せん
声聞は無量にして　恒河沙の如く
三明六通あって　大威徳有らん

菩薩無数　志固精進
於仏智慧　皆不退転
仏滅度後　正法当住
四十小劫　像法亦爾
我諸弟子　威徳具足
其数五百　皆当授記
於未来世　咸得成仏
我及汝等　宿世因縁
吾今当説　汝等善聴

菩薩は無数にして　志固く精進し
仏の智慧に於いて　皆退転せじ
頌正像
仏滅度して後に　正法は当に住すること
四十小劫なるべし　像法も亦爾なり
許為下根更説宿世
我が諸の弟子の　威徳具足せるもの
其の数五百なり　皆当に授記すべし
未来世に於いて　咸く成仏することを得ん
我及び汝等が　宿世の因縁
吾は今当に説くべし　汝等よ善く聴け

妙法蓮華経化城喩品第七

仏告諸比丘、

乃往過去無量無辺不可思議阿僧祇劫、爾時有仏、名大通智勝如来・応供・正遍知・明行足・善逝・世間解・無上士・調御丈夫・天人師・仏・世尊。其国名好成、劫名大相。諸比丘。彼仏滅度已来、甚大久遠。

譬如三千大千世界所有地種、

妙法蓮華経化城喩品第七

迹門正宗分・因縁周・正説因縁段

明知見久遠・長行

仏は諸の比丘に告げたまわく、

出所見事

「乃往過去無量無辺不可思議阿僧祇劫、爾の時、仏有して、大通智勝如来・応供・正遍知・明行足・善逝・世間解・無上士・調御丈夫・天人師・仏・世尊と名づく。其の国を好成と名づけ、劫を大相と名づく。諸の比丘よ。彼の仏滅度したまいしより已来、甚だ大いに久遠なり。

挙譬明久遠

譬えば三千大千世界の所有地種を、仮使し人有って、磨

仮使有人磨以為墨、過於東方千国土、乃下一点大如微塵、又過千国土、復下一点、如是展転尽地種墨。於汝等意云何。是諸国土、若算師、若算師弟子、能得辺際、知其数不。

不也。世尊。

諸比丘。是人所経国土、若点不点、尽抹為塵、一塵一劫。彼仏滅度已来、復過是数、無量無辺百千万億阿僧祇劫。

我以如来知見力故、観彼久遠

って以て墨と為し、東方の千の国土を過ぎて、乃ち一点の、大きさ微塵の如きを下し、又千の国土を過ぎて、復一点を下し、是くの如く展転して、地種の墨を尽くさんが如し。汝等が意に於いて云何。是の諸の国土を、若しは算師、若しは算師の弟子は、能く辺際を得て、其の数を知らんや不や」と。

「不也。世尊よ」と。

「諸の比丘よ。是の人の経る所の国土の、若しは点ぜると点ぜざるとを、尽く抹して塵と為して、一塵を一劫とせん。彼の仏滅度したまいしより已来、復是の数に過ぎたること、無量無辺百千万億阿僧祇劫なり。

結見昔如今

我は如来の知見力を以ての故に、彼の久遠を観るこ

猶如今日。

爾時世尊欲重宣此義、而説偈
言、

我念過去世　無量無辺劫
有仏両足尊　名大通智勝
如人以力磨　三千大千土
尽此諸地種　皆悉以為墨
過於千国土　乃下一塵点
如是展転点　尽此諸塵墨
如是諸国土　点与不点等
復尽抹為塵　一塵為一劫
此諸微塵数　其劫復過是

と、猶今日の如し」と。

偈頌

爾の時、世尊は重ねて此の義を宣べんと欲して、偈を
説いて言わく、

頌出所見事

我は過去世の　無量無辺劫を念うに
仏両足尊有して　大通智勝と名づく

頌挙譬明久遠

人力を以て　三千大千の土を磨って
此の諸の地種を尽くして　皆悉以て墨と為し
千の国土を過ぎて　乃ち一の塵点を下さん
是くの如く展転し点じて　此の諸の塵墨を尽くさんが如し
是くの如き諸の国土の　点ぜると点ぜざると等を
復尽く抹して塵と為し　一塵を一劫と為さん
此の諸の微塵の数　其の劫は復是に過ぎたり

彼仏滅度来　如是無量劫
如来無礙智　知彼仏滅度
及声聞菩薩　如見今滅度
諸比丘当知　仏智浄微妙
無漏無所礙　通達無量劫

仏告諸比丘、
大通智勝仏寿五百四十万億那由他劫。
其仏本坐道場、破魔軍已、垂得阿耨多羅三藐三菩提、而諸仏法不現在前。如是一小劫、乃至十小劫、結跏趺坐、身心不動、

彼の仏滅度したまいしより来　是くの如く無量劫なり

頌結見昔如今

如来は無礙智もて　彼の仏の滅度
及び声聞菩薩を知ろしめすこと　今の滅度を見るが如し
諸の比丘よ当に知るべし　仏智は浄くして微妙に
無漏無所礙にして　無量劫を通達す

明宿世結縁・長行・明結縁由

仏は諸の比丘に告げたまわく、

遠由・大通智勝仏成道・仏寿長遠

「大通智勝仏は、寿、五百四十万億那由他劫なり。

成道前事・仏坐道場所経時節

其の仏は本道場に坐して、魔軍を破し已わって、阿耨多羅三藐三菩提を得たまうに垂んとするに、而も諸の仏法は前に現ぜざりき。是くの如く一小劫、乃至十小劫、結跏趺坐して、身心動じたまわざれども、而も諸の仏法

而諸仏法猶不在前。

爾時忉利諸天、先為彼仏於菩提樹下敷師子座、高一由旬。仏於此座、当得阿耨多羅三藐三菩提。適坐此座時、諸梵天王雨衆天華、面百由旬。香風時来、吹去萎華、更雨新者。如是不絶、満十小劫、供養於仏。乃至滅度、常雨此華。四王諸天為供養仏、常撃天鼓、其余諸天作天妓楽、満十小劫。至于滅度、亦復如是。

諸比丘。大通智勝仏過十小劫、

は猶前に在らざりき。

諸天供養

爾の時、忉利の諸天は、先より彼の仏の為に、菩提樹の下に於いて、師子座を敷き、高さ一由旬なり。仏は此の座に於いて、当に阿耨多羅三藐三菩提を得たまうべしと。適に此の座に坐したまう時、諸の梵天王は、衆の天華を雨らすこと、面ごとに百由旬なり。香風は時に来って、萎める華を吹き去るに、更に新しき者を雨らす。是くの如く絶えず、十小劫を満てて、仏を供養す。乃ち滅度に至るまで、常に此の華を雨らしき。四王の諸天は、仏を供養せんが為に、常に天鼓を撃ち、其の余の諸天は、天の妓楽を作すこと、十小劫を満つ。滅度に至るまで、亦復是くの如し。

明正成道

諸の比丘よ。大通智勝仏は、十小劫を過ぎて、諸の仏

諸仏之法乃現在前、成阿耨多羅三藐三菩提。

其仏未出家時、有十六子。其第一者名曰智積。諸子各有種種珍異玩好之具、聞父得成阿耨多羅三藐三菩提、皆捨所珍、往詣仏所。諸母涕泣、而随送之。其祖転輪聖王与一百大臣及余百千万億人民、皆共囲遶、随至道場。咸欲親近大通智勝如来、供養・恭敬・尊重・讃歎、到已頭面礼足、遶仏畢已、一心合掌、瞻仰

の法は乃し前に現じて、阿耨多羅三藐三菩提を成じたまいき。

明成道後眷属供養

其の仏は未だ出家したまわざりし時、十六の子有り。其の第一をば、名づけて智積と曰う。諸子は各種種の珍異玩好の具有るも、父の阿耨多羅三藐三菩提を成ずることを得たまうを聞いて、皆珍ぶ所を捨てて、仏の所に往詣す。諸母は涕泣して、随って之を送る。其の祖、転輪聖王は、一百の大臣、及び余の百千万億の人民と、皆共に囲遶し、随って道場に至る。咸く大通智勝如来に親近して、供養・恭敬・尊重・讃歎したてまつらんと欲し、到り已わって頭面に足を礼し、仏を遶り畢已わって、一心に合掌し、世尊を瞻仰して、偈を以て頌して曰さく、

世尊、以偈頌曰、

大威徳世尊　為度衆生故
於無量億歳　爾乃得成仏
諸願已具足　善哉吉無上
世尊甚希有　一坐十小劫
身体及手足　静然安不動
其心常憺怕　未曽有散乱
究竟永寂滅　安住無漏法
今者見世尊　安穏成仏道
我等得善利　称慶大歓喜
衆生常苦悩　盲冥無導師
不識苦尽道　不知求解脱

大威徳世尊は　衆生を度せんが為の故に
無量億歳に於いて　爾して乃し成仏することを得
諸願は已に具足したまえり　善き哉吉なること無上なり
世尊は甚だ希有なり　一たび坐して十小劫
身体及び手足は　静然として安んじて動せず
其の心は常に憺怕にして　未だ曽て散乱有らず
究竟して永く寂滅し　無漏の法に安住したまえり
今世尊の　安穏に仏道を成じたまうを見て
我等は善利を得　称慶して大いに歓喜す
衆生は常に苦悩し　盲冥にして導師無し
苦尽の道を識らず　解脱を求むることを知らず

長夜増悪趣　減損諸天衆
従冥入於冥　永不聞仏名
今仏得最上　安隠無漏法
我等及天人　為得最大利
是故咸稽首　帰命無上尊

爾時十六王子偈讃仏已、勧請世尊転於法輪、咸作是言、世尊。説法。多所安穏。憐愍饒益諸天人民。

重説偈言、

世雄無等倫　百福自荘厳
得無上智慧　願為世間説

長夜に悪趣を増し　諸の天衆を減損し
冥き従り冥きに入り　永く仏の名を聞かず
今仏は最上　安隠無漏の法を得たまえり
我等及び天人は　為れ最大の利を得たり
是の故に咸く稽首して　無上尊に帰命したてまつる

明請転法輪

爾の時、十六王子は、偈もて仏を讃め已わって、世尊に法輪を転じたまえと勧請し、咸く是の言を作さく、『世尊よ。法を説きたまえ。安穏ならしむる所多し。諸天人民を憐愍し饒益せん』と。

重ねて偈を説いて言さく、

世雄よ等倫無く　百福もて自ら荘厳し
無上の智慧を得たまえり　願わくは世間の為に説いて

度脱於我等　及諸衆生類
為分別顕示　令得是智慧
若我等得仏　衆生亦復然
世尊知衆生　深心之所念
亦知所行道　又知智慧力
欲楽及修福　宿命所行業
世尊悉知已　当転無上輪

仏告諸比丘、

大通智勝仏得阿耨多羅三藐三菩提時、十方各五百万億諸仏世界六種震動。其国中間幽冥之処、日月威光所不能照、而皆大明、

我等　及び諸の衆生の類を度脱し
為に分別し顕示して　是の智慧を得しめたまえ
若し我等仏を得ば　衆生も亦復然ならん
世尊は衆生の　深心の念ずる所を知り
亦行ずる所の道を知り　又智慧力
欲楽及び修福　宿命に行ずる所の業を知ろしめせり
世尊は悉く知ろしめし已わり　当に無上輪を転じたまうべし」と。

十方梵請法・威光照動

仏は諸の比丘に告げたまわく、

「大通智勝仏は阿耨多羅三藐三菩提を得たまいし時、十方の各五百万億の諸仏世界は六種に震動す。其の国の中間の幽冥の処は、日月の威光も照らすこと能わざる所なるに、而も皆大いに明らかにして、其の中の衆生は各相

其中衆生各得相見、咸作是言、
此中云何忽生衆生。
又其国界諸天宮殿、乃至梵宮、
六種震動、大光普照、遍満世界、
勝諸天光。
爾時東方五百万億諸国土中梵
天宮殿、光明照曜、倍於常明。
諸梵天王各作是念、
今者宮殿光明、昔所未有。以
何因縁而現此相。
是時諸梵天王即各相詣、共議
此事。而彼衆中有一大梵天王、

見ることを得て、咸く是の言を作さく、
『此の中に云何ぞ忽ちに衆生を生ぜるや』と。
又其の国界の諸天の宮殿、乃至梵宮は、六種に震動し、
大光は普く照らして、世界に遍満し、諸天の光に勝れり。

十方梵天請法・九方・東方・睹瑞

爾の時、東方五百万億の諸の国土の中の梵天の宮殿は、
光明照曜して、常の明に倍せり。諸の梵天王は各是の念
を作さく、

驚駭

『今者、宮殿の光明は、昔より未だ有らざる所なり。
何なる因縁を以て、此の相を現ずるや』と。

相問決

是の時、諸の梵天王は、即ち各相いに詣きて、共に此
の事を議す。而して彼の衆の中に一りの大梵天王有って、

名救一切、為諸梵衆而説偈言、
我等諸宮殿　光明昔未有
此是何因縁　宜各共求之
為大徳天生　為仏出世間
而此大光明　遍照於十方

爾時五百万億国土諸梵天王与宮殿倶、各以衣裓盛諸天華、共詣西方、推尋是相、見大通智勝如来処于道場菩提樹下、坐師子座、諸天・竜王・乾闥婆・緊那羅・摩睺羅伽、人・非人等、恭敬囲遶、及見十六王子請仏転法

救一切と名づけ、諸の梵衆の為に、偈を説いて言わく、
我等が諸の宮殿は　光明昔より未だ有らず
此は是れ何なる因縁ぞ　宜しく各共いに之を求むべし
為大徳の天は生ぜるや　為仏は世間に出でたまいて
而も此の大光明は　遍く十方を照らすや

尋光見仏

爾の時、五百万億の国土の諸の梵天王は、宮殿と倶に、各衣裓を以て、諸の天華を盛って、共に西方に詣きて、是の相を推尋するに、大通智勝如来の道場菩提樹下に処し、師子座に坐して、諸天・竜王・乾闥婆・緊那羅・摩睺羅伽、人・非人等に恭敬・囲遶せらるるを見、及び十六王子の仏に法輪を転ずるを請ずるを見る。

輪。
即時諸梵天王頭面礼仏、遶百千帀、即以天華而散仏上。其所散華、如須弥山。幷以供養仏菩提樹。其菩提樹高十由旬。華供養已、各以宮殿奉上彼仏、而作是言、
唯見哀愍、饒益我等、所献宮殿、願垂納処。
時諸梵天王、即於仏前、一心同声、以偈頌曰、
世尊甚希有　難可得値遇

三業供養

即時に諸の梵天王は、頭面に仏を礼し、遶ること百千帀して、即ち天華を以て、仏の上に散ず。其の散ずる所の華は、須弥山の如し。幷びに以て仏の菩提樹に供養す。其の菩提樹は高さ十由旬なり。華の供養は已わって、各宮殿を以て、彼の仏に奉上して、是の言を作さく、
『唯我等を哀愍し饒益せられて、献ずる所の宮殿を、願わくは納処を垂れたまえ』と。
時に諸の梵天王は、即ち仏前に於いて、一心に声を同じゅうして、偈を以て頌して曰さく、
世尊は甚だ希有にして　値遇することを得べきこと難し

具無量功徳　能救護一切
天人之大師　哀愍於世間
十方諸衆生　普皆蒙饒益
我等所従来　五百万億国
捨深禅定楽　為供養仏故
我等先世福　宮殿甚厳飾
今以奉世尊　唯願哀納受

爾時諸梵天王偈讃仏已、各作是言、
唯願世尊転於法輪、度脱衆生、開涅槃道。
時諸梵天王一心同声、而説偈

無量の功徳を具して　能く一切を救護す
天人の大師にして　世間を哀愍したまい
十方の諸の衆生は　普く皆饒益を蒙る
我等が従り来る所は　五百万億の国なり
深禅定の楽を捨てたることは　仏を供養せんが為の故なり
我等は先世の福あって　宮殿は甚だ厳飾せり
今以て世尊に奉る　唯願わくは哀んで納受したまえ

請法

爾の時、諸の梵天王は、偈もて仏を讃め已わって、各是の言を作さく、
『唯願わくは世尊よ、法輪を転じて衆生を度脱し、涅槃の道を開きたまえ』と。
時に諸の梵天王は、一心に声を同じくして、偈を説い

言、

世雄両足尊　唯願演説法
以大慈悲力　度苦悩衆生

爾時大通智勝如来黙然許之。

又諸比丘。東南方五百万億国土諸大梵王、各自見宮殿光明照曜、昔所未有、歓喜踊躍、生希有心、即各相詣、共議此事。時彼衆中有一大梵天王、名曰大悲、為諸梵衆、而説偈言、

是事何因縁　而現如此相
我等諸宮殿　光明昔未有

て言さく、

世雄両足尊よ　唯願わくは法を演説し
大慈悲の力を以て　苦悩の衆生を度したまえ

[黙許] 爾の時、大通智勝如来は、黙然として之を許したまう。

[東南方・睹瑞] 又諸の比丘よ。東南方の五百万億の国土の諸の大梵王は、各自宮殿の光明照曜して、昔より未だ有らざる所な[驚駭]るを見て、歓喜踊躍し、希有の心を生じて、即ち各相い[相問決]に詣きて、共に此の事を議す。時に彼の衆の中に、一りの大梵天王有って、名づけて大悲と曰い、諸の梵衆の為に、偈を説いて言わく、

是の事は何なる因縁あって　此くの如き相を現ずるや
我等が諸の宮殿の　光明は昔より未だ有らず

為大徳天生　為仏出世間
未曽見此相　当共一心求
過千万億土　尋光共推之
多是仏出世　度脱苦衆生

爾時五百万億諸梵天王与宮殿倶、各以衣裓盛諸天華、共詣西北方、推尋是相、見大通智勝如来処于道場菩提樹下、坐師子座、諸天・竜王・乾闥婆・緊那羅・摩睺羅伽、人・非人等、恭敬囲遶、及見十六王子請仏転法輪。時諸梵天王頭面礼仏、遶百千

為大徳の天は生ぜるや　為仏は世間に出でたまえるや
未だ曽て此の相を見ず　当に共に一心に求むべし
千万億の土を過ぎ　光を尋ねて共に之を推せん
多くは是れ仏の世に出でて　苦の衆生を度脱したまうならん

尋光見仏

爾の時、五百万億の諸の梵天王は、宮殿と倶に、各衣裓を以て、諸の天華を盛って、共に西北方に詣きて、是の相を推尋するに、大通智勝如来の道場菩提樹下に処し、師子座に坐して、諸天・竜王・乾闥婆・緊那羅・摩睺羅伽、人・非人等に恭敬・囲遶せらるるを見、及び十六王子の仏に法輪を転ずるを請ずるを見る。

三業供養

時に諸の梵天王は、頭面に仏を礼し、遶ること百千帀

帀、即以天華而散仏上。所散之華、如須弥山。幷以供養仏菩提樹。華供養已、各以宮殿奉上彼仏、而作是言、

唯見哀愍、饒益我等、所献宮殿、願垂納処。

爾時諸梵天王即於仏前、一心同声、以偈頌曰、

聖主天中天　迦陵頻伽声
哀愍衆生者　我等今敬礼
世尊甚希有　久遠乃一現
一百八十劫　空過無有仏

して、即ち天華を以て、仏の上に散ず。散ずる所の華は、須弥山の如し。幷びに以て仏の菩提樹に供養す。華の供養は已わって、各宮殿を以て、彼の仏に奉上して、是の言を作さく、

『唯我等を哀愍し饒益せられて、献ずる所の宮殿を、願わくは納処を垂れたまえ』と。

爾の時、諸の梵天王は、即ち仏前に於いて、一心に声を同じくして、偈を以て頌して曰さく、

聖主天中天　迦陵頻伽の声もて
衆生を哀愍したまう者を　我等は今敬礼す
世尊は甚だ希有にして　久遠に乃し一たび現じたまう
一百八十劫　空しく過ぎて仏有すこと無し

三悪道充満　諸天衆減少
今仏出於世　為衆生作眼
世間所帰趣　救護於一切
為衆生之父　哀愍饒益者
我等宿福慶　今得値世尊

爾時諸梵天王偈讃仏已、各作
是言、

唯願世尊哀愍一切、転於法輪、
度脱衆生。

時諸梵天王一心同声、而説偈
言、

大聖転法輪　顕示諸法相

三悪道は充満し　諸の天衆は減少せり
今仏は世に出でて　衆生の為に眼と作る
世間の帰趣する所にして　一切を救護す
衆生の父と為って　哀愍し饒益したまう者なり
我等は宿福の慶びあって　今世尊に値いたてまつることを得たり

請法

爾の時、諸の梵天王は、偈もて仏を讃め已わって、各
是の言を作さく、

『唯願わくは世尊よ、一切を哀愍して、法輪を転じ、
衆生を度脱したまえ』と。

時に諸の梵天王は、一心に声を同じくして、偈を説い
て言さく、

大聖よ法輪を転じて　諸法の相を顕示し

度苦悩衆生　令得大歓喜
衆生聞此法　得道若生天
諸悪道減少　忍善者増益

爾時大通智勝如来黙然許之。

又諸比丘。南方五百万億国土諸大梵王、各自見宮殿光明照曜、昔所未有、歓喜踊躍、生希有心、即各相詣、共議此事。

以何因縁、我等宮殿有此光曜。

而彼衆中有一大梵天王、名曰妙法、為諸梵衆、而説偈言、

我等諸宮殿　光明甚威曜

苦悩の衆生を度して　大歓喜を得しめたまえ
衆生は此の法を聞き　道を得若しは天に生じ
諸の悪道は減少し　忍善の者は増益せん

黙許

爾の時、大通智勝如来は、黙然として之を許したまう。

南方・睹瑞

又諸の比丘よ。南方の五百万億の国土の諸の大梵王は、各自宮殿の光明照曜して、昔より未だ有らざる所なるを見て、

驚駭

歓喜踊躍し、希有の心を生じて、

相問決

即ち各相いに詣きて、共に此の事を議す。

『何なる因縁を以て、我等の宮殿に、此の光曜有るや』と。

而も彼の衆の中に、一りの大梵天王有って、名づけて妙法と曰い、諸の梵衆の為に、偈を説いて言わく、

我等が諸の宮殿の　光明は甚だ威曜せり

此非無因縁　是相宜求之
過於百千劫　未曽見是相
為大徳天生　為仏出世間

爾時五百万億諸梵天王与宮殿俱、各以衣裓盛諸天華、共詣北方、推尋是相、見大通智勝如来処于道場菩提樹下、坐師子座、諸天・竜王・乾闥婆・緊那羅・摩睺羅伽、人・非人等、恭敬囲遶、及見十六王子請仏転法輪。

時諸梵天王頭面礼仏、遶百千帀、即以天華而散仏上。所散之

此は因縁無きに非じ　是の相は宜しく之を求むべし
百千劫を過ぐれども　未だ曽て是の相を見ず
為大徳の天は生ぜるや　為仏は世間に出でたまえるや

尋光見仏

爾の時、五百万億の諸の梵天王は、宮殿と俱に、各衣裓を以て、諸の天華を盛って、共に北方に詣きて、是の相を推尋するに、大通智勝如来の道場菩提樹下に処し、師子座に坐して、諸天・竜王・乾闥婆・緊那羅・摩睺羅伽、人・非人等に恭敬・囲遶せらるるを見、及び十六王子の仏に法輪を転ずるを請ずるを見る。

三業供養

時に諸の梵天王は、頭面に仏を礼し、遶ること百千帀して、即ち天華を以て、仏の上に散ず。散ずる所の華は、

華、如須弥山。幷以供養仏菩提
樹。華供養已、各以宮殿奉上彼
仏、而作是言、
唯見哀愍饒益我等。所献宮殿、
願垂納処。
爾時諸梵天王、即於仏前、一
心同声、以偈頌曰、
世尊甚難見　破諸煩悩者
過百三十劫　今乃得一見
諸飢渇衆生　以法雨充満
昔所未曽睹　無量智慧者
如優曇波羅　今日乃値遇

須弥山の如し。幷びに以て仏の菩提樹に供養す。華の供
養は已わって、各宮殿を以て、彼の仏に奉上して、是の
言を作さく、
『唯我等を哀愍し饒益せられよ。献ずる所の宮殿を、
願わくは納処を垂れたまえ』と。
爾の時、諸の梵天王は、即ち仏前に於いて、一心に声
を同じくして、偈を以て頌して曰さく、
世尊は甚だ見たてまつり難し　諸の煩悩を破したまえる者よ
百三十劫を過ぎて　今乃ち一たび見たてまつることを得
諸の飢渇の衆生に　法雨を以て充満したまえ
昔より未だ曽て睹ざる所の　無量の智慧は
優曇波羅の如くにして　今日乃ち値遇したてまつる

我等諸宮殿　蒙光故厳飾
世尊大慈悲　唯願垂納受

爾時諸梵天王偈讃仏已、各作是言、

唯願世尊転於法輪、令一切世間諸天・魔・梵・沙門・婆羅門、皆獲安穏、而得度脱。

時諸梵天王一心同声、以偈頌曰、

唯願天人尊　転無上法輪
撃于大法鼓　而吹大法螺
普雨大法雨　度無量衆生

我等が諸の宮殿　光を蒙るが故に厳飾せり
世尊よ大慈悲もて　唯願わくは納受を垂れたまえ

請法

爾の時、諸の梵天王は、偈もて仏を讃め已わって、各是の言を作さく、

『唯願わくは世尊よ、法輪を転じて、一切世間の諸天・魔・梵・沙門・婆羅門をして皆安穏なることを獲て、度脱することを得しめたまえ』と。

時に諸の梵天王は、一心に声を同じくして、偈を以て頌して曰さく、

唯願わくは天人尊よ　無上の法輪を転じ
大法の鼓を撃って　大法の螺を吹き
普く大法の雨を雨らして　無量の衆生を度したまえ

我等咸帰請　当演深遠音
爾時大通智勝如来黙然許之。
西南方乃至下方、亦復如是。
爾時上方五百万億国土諸大梵
王、皆悉自睹所止宮殿光明威曜、
昔所未有、歓喜踊躍、生希有心、
即各相詣、共議此事。
以何因縁、我等宮殿、有斯光
明。
而彼衆中有一大梵天王、名曰
尸棄、為諸梵衆、而説偈言、
今以何因縁　我等諸宮殿

我等は咸く帰請したてまつる　当に深遠の音を演べたまうべし

黙許

爾の時、大通智勝如来は、黙然として之を許したまう。

総明六方

西南方、乃至下方も亦復是くの如し。

上方・睹瑞

爾の時、上方五百万億の国土の諸の大梵王は、皆悉自
ら止まる所の宮殿の光明威曜して、昔より未だ有らざる
所なるを睹て、歓喜踊躍し、希有の心を生じて、即ち各

驚駭

相問決

相い詣きて、共に此の事を議す。
『何なる因縁を以て、我等が宮殿に斯の光明有るや』と。
而も彼の衆の中に、一りの大梵天王有って、名づけて
尸棄と曰い、諸の梵衆の為に、偈を説いて言わく、
今何なる因縁を以て　我等が諸の宮殿は

威徳光明曜　厳飾未曽有
如是之妙相　昔所未聞見
為大徳天生　為仏出世間

爾時五百万億諸梵天王与宮殿倶、各以衣裓盛諸天華、共詣下方、推尋是相、見大通智勝如来処于道場菩提樹下、坐師子座、諸天・竜王・乾闥婆・緊那羅・摩睺羅伽、人・非人等、恭敬囲遶、及見十六王子請仏転法輪。

時諸梵天王頭面礼仏、遶百千帀、即以天華而散仏上。所散之

威徳の光明曜き　厳飾せること未曽有なるや
是くの如きの妙相は　昔より未だ聞き見ざる所なり
為大徳の天は生ぜるや　為仏は世間に出でたまえるや

尋光見仏

爾の時、五百万億の諸の梵天王は、宮殿と倶に、各衣裓を以て、諸の天華を盛って、共に下方に詣きて、是の相を推尋するに、大通智勝如来の道場菩提樹下に処し、師子座に坐して、諸天・竜王・乾闥婆・緊那羅・摩睺羅伽、人・非人等に恭敬・囲遶せらるるを見、及び十六王子の仏に法輪を転ずるを請ずるを見る。

三業供養

時に諸の梵天王は、頭面に仏を礼し、遶ること百千帀して、即ち天華を以て、仏の上に散ず。散ずる所の華は、

華、如須弥山。并以供養仏菩提樹。華供養已、各以宮殿奉上彼仏、而作是言、

唯見哀愍饒益我等、所献宮殿、願垂納処。

時諸梵天王即於仏前、一心同声、以偈頌曰、

善哉見諸仏　救世之聖尊
能於三界獄　勉出諸衆生
普智天人尊　愍哀群萌類
能開甘露門　広度於一切
於昔無量劫　空過無有仏

須弥山の如し。并びに以て仏の菩提樹に供養す。華の供養は已わって、各宮殿を以て、彼の仏に奉上して、是の言を作さく、

『唯我等を哀愍し饒益せられて、献ずる所の宮殿を、願わくは納処を垂れたまえ』と。

時に諸の梵天王は、即ち仏前に於いて、一心に声を同じくして、偈を以て頌して曰さく、

善き哉諸仏　救世の聖尊を見たてまつる
能く三界の獄於り　諸の衆生を勉出したまう
普智天人尊は　群萌類を愍哀し
能く甘露の門を開いて　広く一切を度したまう
昔の無量劫に於いて　空しく過ぎて仏有すこと無し

世尊未出時　十方常暗瞑
三悪道増長　阿修羅亦盛
諸天衆転滅　死多随悪道
不従仏聞法　常行不善事
色力及智慧　斯等皆減少
罪業因縁故　失楽及楽想
住於邪見法　不識善儀則
不蒙仏所化　常堕於悪道
仏為世間眼　久遠時乃出
哀愍諸衆生　故現於世間
超出成正覚　我等甚欣慶
及余一切衆　喜歎未曾有

世尊は未だ出でたまわざりし時　十方は常に暗瞑にして
三悪道は増長し　阿修羅も亦盛んなり
諸の天衆は転減じ　死して多く悪道に随う
仏従り法を聞かずして　常に不善の事を行じ
色力及び智慧　斯等は皆減少す
罪業の因縁の故に　楽及び楽の想を失う
邪見の法に住して　善の儀則を識らず
仏の化したまう所を蒙らずして　常に悪道に堕つ
仏は世間の眼と為って　久遠に時に乃し出でたまえり
諸の衆生を哀愍したまう　故に世間に現じ
超出して正覚を成じたまえり　我等は甚だ欣慶す
及び余の一切の衆も　喜んで未曾有なりと歎ず

我等諸宮殿　蒙光故厳飾
今以奉世尊　唯垂哀納受
願以此功徳　普及於一切
我等与衆生　皆共成仏道

爾時五百万億諸梵天王偈讃仏已、各白仏言、

唯願世尊転於法輪。多所安穏、多所度脱。

時諸梵天王而説偈言、

世尊転法輪　撃甘露法鼓
度苦悩衆生　開示涅槃道
唯願受我請　以大微妙音

我等が諸の宮殿は　光を蒙るが故に厳飾せり
今以て世尊に奉る　唯哀みを垂れて納受したまえ
願わくは此の功徳を以て　普く一切に及ぼし
我等と衆生とは　皆共に仏道を成ぜん

請法

爾の時、五百万億の諸の梵天王は、偈もて仏を讃め已わって、各仏に白して言さく、

『唯願わくは世尊よ、法輪を転じたまえ。安穏ならしむる所多く、度脱したまう所多からん』と。

時に諸の梵天王は、而も偈を説いて言さく、

世尊よ法輪を転じ　甘露の法鼓を撃って
苦悩の衆生を度し　涅槃の道を開示したまえ
唯願わくは我が請を受けて　大微妙の音を以て

哀愍而敷演　無量劫習法

爾時大通智勝如来受十方諸梵天王及十六王子請、即時三転十二行法輪。若沙門・婆羅門、若天・魔・梵、及余世間所不能転。謂是苦、是苦集、是苦滅、是苦滅道。

及広説十二因縁法。無明縁行、行縁識、識縁名色、名色縁六入、六入縁触、触縁受、受縁愛、愛縁取、取縁有、有縁生、生縁老死憂悲苦悩。無明滅則行滅、行

哀愍して　無量劫に習える法を敷演したまえ

近由・明先転半字法輪・受請

爾の時、大通智勝如来は、十方の諸の梵天王、及び十六王子の請を受けて、即時に三たび十二行の法輪を転じ

正転・四諦法輪

たまう。若しは沙門・婆羅門、若しは天・魔・梵、及び余の世間の転ずること能わざる所なり。謂わく、『是れ苦、是れ苦の集、是れ苦の滅、是れ苦の滅の道なり』と。

十二因縁法門

及び広く十二因縁の法を説きたまう。『無明は行に縁たり、行は識に縁たり、識は名色に縁たり、名色は六入に縁たり、六入は触に縁たり、触は受に縁たり、受は愛に縁たり、愛は取に縁たり、取は有に縁たり、有は生に縁たり、生は老死憂悲苦悩に縁たり。無明滅すれば則ち

滅則識滅、識滅則名色滅、名色滅則六入滅、六入滅則触滅、触滅則受滅、受滅則愛滅、愛滅則取滅、取滅則有滅、有滅則生滅、生滅則老死憂悲苦悩滅。

仏於天人大衆之中説是法時、六百万億那由他人以不受一切法故、而於諸漏心得解脱、皆得深妙禅定・三明・六通、具八解脱。第二・第三・第四説法時、千万億恒河沙那由他等衆生、亦以不受一切法故、而於諸漏心得解脱。

行滅し、行滅すれば則ち識滅し、識滅すれば則ち名色滅し、名色滅すれば則ち六入滅し、六入滅すれば則ち触滅し、触滅すれば則ち受滅し、受滅すれば則ち愛滅し、愛滅すれば則ち取滅し、取滅すれば則ち有滅し、有滅すれば則ち生滅し、生滅すれば則ち老死憂悲苦悩滅す』と。

聞法得道

仏は、天人大衆の中に於いて、是の法を説きたまいし時、六百万億那由他の人は、一切の法を受けざるを以ての故に、而も諸漏に於いて、心は解脱を得、皆深妙の禅定・三明・六通を得、八解脱を具しぬ。第二・第三・第四の説法の時も、千万億恒河沙那由他等の衆生も、亦一切の法を受けざるを以ての故に、而も諸漏に於いて、心は解脱を得。是従り已後、諸の声聞衆は、無量無辺にし

従是已後、諸声聞衆無量無辺、不可称数。

爾時十六王子皆以童子出家而為沙弥。諸根通利、智慧明了。已曽供養百千万億諸仏、浄修梵行、求阿耨多羅三藐三菩提。

倶白仏言、

世尊。是諸無量千万億大徳声聞、皆已成就。世尊。亦当為我等説阿耨多羅三藐三菩提法。我等聞已、皆共修学。世尊。我等志願如来知見。深心所念、仏自

て、称数す可からず。

明諸子請転廃半明満字法輪・出家

爾の時、十六王子は、皆童子を以て、出家して沙弥と為りぬ。諸根は通利にして、智慧は明了なり。已に曽て百千万億の諸仏を供養し、浄く梵行を修して、阿耨多羅三藐三菩提を求む。

請法

倶に仏に白して言さく、

『世尊よ。是の諸の無量千万億の大徳の声聞は、皆已に成就しぬ。世尊よ。亦当に我等が為に、阿耨多羅三藐三菩提の法を説きたまうべし。我等は聞き已わって、皆共に修学せん。世尊よ。我等は如来の知見を志願す。深心の念ずる所を、仏は自ずから証知したまわん』と。

証知。

爾時転輪聖王所将衆中八万億人、見十六王子出家、亦求出家。王即聴許。

爾時彼仏受沙弥請、過二万劫已、乃於四衆之中、説是大乗経、名妙法蓮華、教菩薩法、仏所護念。説是経已、十六沙弥為阿耨多羅三藐三菩提故、皆共受持、諷誦通利。

説是経時、十六菩薩沙弥皆悉信受。声聞衆中亦有信解。其余

所将亦出家

爾の時、転輪聖王の将いる所の衆の中の八万億の人は、十六王子の出家を見て、亦出家を求む。王は即ち聴許しき。

仏受請

爾の時、彼の仏は沙弥の請を受けて、二万劫を過ぎ已わって、乃ち四衆の中に於いて、是の大乗経の妙法蓮華と名づけ、菩薩を教うる法にして、仏の護念したまう所を説きたまう。是の経を説き已わって、十六の沙弥は、阿耨多羅三藐三菩提の為の故に、皆共に受持し、諷誦通利しき。

時衆有解不解

是の経を説きたまいし時、十六の菩薩沙弥は、皆悉信受す。声聞衆の中にも、亦信解するもの有り。其の余の

衆生千万億種、皆生疑惑。
仏説是経、於八千劫未曽休癈。説此経已、即入静室、住於禅定八万四千劫。
是時十六菩薩沙弥、知仏入室寂然禅定、各昇法座、亦於八万四千劫、為四部衆広説分別妙法華経。一一皆度六百万億那由他恒河沙等衆生、示教利喜、令発阿耨多羅三藐三菩提心。
大通智勝仏過八万四千劫已、従三昧起、往詣法座、安詳而坐、

衆生の千万億種なるは、皆疑惑を生じき。

時節

仏は是の経を説きたまうこと、八千劫に於いて、未だ曽て休癈したまわず。

明説法已入定（結縁之近由）

此の経を説き已わって、即ち静室に入って、禅定に住したまうこと八万四千劫なり。

明正結縁・法説結縁・明昔日共結縁・知仏入定

是の時、十六の菩薩沙弥は、仏の室に入って寂然として禅定したまうを知って、

王子覆講

各法座に昇って、亦八万四千劫に於いて、四部の衆の為に、妙法華経を広説し分別す。

衆得利益

一一に皆六百万億那由他恒河沙等の衆生を度し、示教利喜して、阿耨多羅三藐三菩提の心を発さしむ。

仏従定起称歎勧信・正称歎菩薩

大通智勝仏は、八万四千劫を過ぎ已わって、三昧従り起って、法座に往詣し、安詳として坐して、普く大衆に

普告大衆、
是十六菩薩沙弥甚為希有。諸根通利、智慧明了。已曽供養無量千万億数諸仏、於諸仏所常修梵行、受持仏智、開示衆生、令入其中。
汝等皆当数数親近而供養之。所以者何、若声聞・辟支仏、及諸菩薩、能信是十六菩薩所説経法、受持不毀者、是人皆当得阿耨多羅三藐三菩提如来之慧。
仏告諸比丘、

告げたまわく、
『是の十六の菩薩沙弥は、甚だ為れ希有なり。諸根は通利にして、智慧は明了なり。已に曽て無量千万億数の諸仏を供養し、諸仏の所に於いて、常に梵行を修し、仏智を受持し、衆生に開示して、其の中に入らしむ。
勧物親近・勧親近
汝等は皆当に数数親近して、之を供養すべし。
釈勧意
所以は何ん、若し声聞・辟支仏、及び諸の菩薩、能く是の十六の菩薩の説く所の経法を信じ、受持して毀らずは、是の人は皆当に阿耨多羅三藐三菩提の如来の慧を得べければなり』」と。
明中間常相逢値
仏は諸の比丘に告げたまわく、

是十六菩薩常楽説是妙法蓮華経。一一菩薩、所化六百万億那由他恒河沙等衆生、世世所生与菩薩倶、従其聞法、悉皆信解。以此因縁、得値四万億諸仏世尊、于今不尽。

諸比丘。我今語汝。彼仏弟子十六沙弥、今皆得阿耨多羅三藐三菩提、於十方国土現在説法、有無量百千万億菩薩・声聞以為眷属。

其二沙弥、東方作仏。一名阿

「是の十六の菩薩は、常に楽って是の妙法蓮華経を説く。一一の菩薩の化する所の六百万億那由他恒河沙等の衆生は、世世に生まる所、菩薩と倶にして、其れ従り法を聞いて、悉皆く信解せり。此の因縁を以て、四万億の諸仏世尊に値いたてまつることを得、今に尽きず。

明今日還説法華・会古今・結師之古今

今（八方作仏）

古（十六沙弥）

諸の比丘よ。我は今汝に語る。彼の仏の弟子の十六の沙弥は、今皆阿耨多羅三藐三菩提を得、十方の国土に於いて、現在に法を説きたまい、無量百千万億の菩薩・声聞有って、以て眷属と為せり。

其の二りの沙弥は、東方にて作仏す。一に阿閦と名づ

閦、在歓喜国。二名須弥頂。東南方二仏、一名師子音、二名師子相。南方二仏、一名虚空住、二名常滅。西南方二仏、一名帝相、二名梵相。西方二仏、一名阿弥陀、二名度一切世間苦悩。西北方二仏、一名多摩羅跋栴檀香神通、二名須弥相。北方二仏、一名雲自在、二名雲自在王。東北方仏名壊一切世間怖畏、第十六我釈迦牟尼仏、於娑婆国土成阿耨多羅三藐三菩提。

け歓喜国に在す。二に須弥頂と名づく。東南方に二仏あり、一に師子音と名づけ、二に師子相と名づく。南方に二仏あり、一に虚空住と名づけ、二に常滅と名づく。西南方に二仏あり、一に帝相と名づけ、二に梵相と名づく。西方に二仏あり、一に阿弥陀と名づけ、二に度一切世間苦悩と名づく。西北方に二仏あり、一に多摩羅跋栴檀香神通と名づけ、二に須弥相と名づく。北方に二仏あり、一に雲自在と名づけ、二に雲自在王と名づく。東北方の仏を壊一切世間怖畏と名づけ、第十六は我釈迦牟尼仏にして、娑婆国土に於いて、阿耨多羅三藐三菩提を成ぜり。

諸比丘。我等為沙弥時、各各教化無量百千万億恒河沙等衆生。従我聞法為阿耨多羅三藐三菩提。此諸衆生、于今有住声聞地者、我常教化阿耨多羅三藐三菩提。是諸人等、応以是法漸入仏道。所以者何、如来智慧難信難解。爾時所化無量恒河沙等衆生者、汝等諸比丘、及我滅度後未来世中声聞弟子是也。

我滅度後、復有弟子不聞是経、不知不学菩薩所行、自於所得功

会弟子古今・会現在弟子・不退者住三菩提

諸の比丘よ。我等は沙弥為りし時、各各、無量百千万億恒河沙等の衆生を教化せり。我従り法を聞きしは、阿耨多羅三藐三菩提の為なりしなり。

退転者今住声聞

此の諸の衆生の、今に声聞地に住する者有るも、我は常に阿耨多羅三藐三菩提に教化す。是の諸人等は、応に是の法を以て漸く仏道に入るべし。

釈退住意

所以は何ん、如来の智慧は、難信難解なればなり。

正結古今

爾の時、化する所の無量恒河沙等の衆生は、汝等諸の比丘、及び我滅度して後の、

会未来弟子・正会

未来世の中の声聞の弟子、是れなり。

釈疑

我滅度して後に、復弟子有って是の経を聞かず、菩薩の行ずる所を知らず学ばず、自ら得る所の功徳に於いて、

徳生滅度想、当入涅槃。我於余国作仏、更有異名。是人雖生滅度之想、入於涅槃、而於彼土求仏智慧、得聞是経。唯以仏乗而得滅度、更無余乗。除諸如来方便説法。

諸比丘。若如来自知涅槃時到、衆又清浄、信解堅固、了達空法、深入禅定、便集諸菩薩、及声聞衆、為説是経。世間無有二乗而得滅度、唯一仏乗得滅度耳。

比丘。当知如来方便。深入衆

滅度の想いを生じて、当に涅槃に入るべし。我は余国に於いて作仏して、更に異名有らん。是の人は滅度の想いを生じて、涅槃に入ると雖も、彼の土に於いて、仏の智慧を求め、是の経を聞くことを得ん。唯仏乗のみを以て滅度を得、更に余乗無し。諸の如来の方便の説法をば除く。

正明今日還説法華・時衆清浄

諸の比丘よ。若し如来は、自ら涅槃の時到るを知り、衆は又清浄にして、信解堅固にして、空法を了達し、深く禅定に入らば、便ち諸の菩薩、及び声聞衆を集めて、為に是の経を説く。『世間に二乗もて滅度を得ること有ること無く、唯一仏乗もて滅度を得るのみ』と。

正説法華

釈前開三意

比丘よ。当に如来の方便を知るべし。深く衆生の性に入

生之性、知其志楽小法、深著五欲、為是等故、説於涅槃。是人若聞、則便信受。

譬如五百由旬険難悪道、曠絶無人、怖畏之処。若有多衆欲過此道、至珍宝処、有一導師、聡慧明達、善知険道通塞之相。

将導衆人、欲過此難。

所将人衆、中路懈退、白導師言、

我等疲極、而復怖畏、不能復進。前路猶遠。今欲退還。

り、其の小法を志楽し、深く五欲に著するを知って、是等の為の故に、涅槃を説く。是の人は若し聞かば、則便ち信受すればなり。

譬説結縁・開譬・導師譬　五百由旬譬　険難悪道譬

譬えば五百由旬の険難悪道の、曠かに絶えて人無き、

若有多衆譬　欲過此道至珍宝処譬

怖畏の処あるが如し。若し多くの衆有って、此の道を過ぎて、珍宝の処に至らんと欲せんに、

一導師譬

一りの導師有って、聡慧明達にして、善く険道の通塞の相を知れり。

将導譬

衆人を将導して、此の難を過ぎんと欲す。

所将人衆譬　中路懈退譬・退大・中路懈退　白導師言

将いる所の人衆は、中路に懈退して、導師に白して言さく、

不能復進

『我等は疲極にして、復怖畏し、復進むこと能わず。前路は猶遠し。今退き還らんと欲す』と。

導師多諸方便、而作是念、
此等可愍。云何捨大珍宝而欲
退還。
作是念已、以方便力、於険道
中過三百由旬、化作一城、告衆
人言、
汝等勿怖。莫得退還。今此大
城、可於中止、随意所作。若入
是城、快得安穏。若能前至宝所、
亦可得去。
是時疲極之衆、心大歓喜、歎
未曾有。

接小・多方便
導師は諸の方便多くして、傷其失宝 是の念を作さく、
『此等は愍れむ可し。云何ぞ大珍宝を捨てて、退き還
らんと欲するや』と。
化作城譬・正作化
是の念を作し已わって、方便力を以て、険道の中に於
いて、三百由旬を過ぎ、一城を化作して、正説化 衆人に告げて
言わく、
『汝等は怖るること勿れ。退き還ることを得ること莫れ。
今此の大城は、中に於いて止って、意の作す所に随う可し。
若し是の城に入りなば、快く安穏なることを得ん。若し能
く前んで宝所に至らんとせば、亦去くことを得可し』と。
入城
是の時、疲極の衆は、心大いに歓喜して、未曾有なり
と歎ず。

我等今者免斯悪道。快得安隠。
於是衆人前入化城、生已度想、生安穏想。
爾時導師知此人衆既得止息、無復疲惓、即滅化城、語衆人言、
汝等。去来。宝処在近。向者大城、我所化作。為止息耳。
諸比丘。如来亦復如是。今為汝等作大導師、知諸生死煩悩悪道、険難長遠、応去応度。
若衆生但聞一仏乗者、則不欲

『我等は今者、斯の悪道を免れたり。快く安隠なることを得つ』と。
是に於いて衆人は前んで化城に入って、已に度れりとの想いを生じ、安穏の想いを生ず。
滅化引至宝所譬・知息已向宝所
爾の時、導師は、此の人衆の既に止息することを得て、復疲惓無きを知って、即ち化城を滅して、衆人に語って言わく、
『汝等よ。去来。宝処は近きに在り。向の大城は、我が化作する所なり。止息せんが為なるのみ』と。
合譬・正合譬・合導師譬・合一導師譬
諸の比丘よ。如来も亦復是くの如し。合多諸人衆譬 今汝等が為に、合険難悪道譬 大導師と作って、諸の生死煩悩の悪道は、険難長遠にし合五百由旬譬て、合聡慧明達譬（合欲過険道至珍宝所譬）応に去るべく応に度すべきを知れり。
合将導譬・合所将人衆 合退大接小譬・退大
若し衆生は但一仏乗を聞くのみならば、則ち仏を見

見仏、不欲親近、便作是念、
仏道長遠。久受勤苦、乃可得
成。
仏知是心怯弱下劣、以方便力、
而於中道為止息故、説二涅槃。
若衆生住於二地、如来爾時即便
為説、
汝等所作未辦。汝所住地、近
於仏慧。当観察籌量。所得涅槃、
非真実也。但是如来方便之力、
於一仏乗、分別説三。
如彼導師為止息故、化作大城、

んと欲せず、親近せんと欲せず、便ち是の念を作さく、
『仏道は長遠なり。久しく勤苦を受けて、乃し成ずる
ことを得可し』と。
接小
仏は是の心の怯弱下劣なるを知ろしめして、方便力を
以て、中道に於いて止息せんが為の故に、二涅槃を説く。
合滅化将至宝所譬・合知止息已　合将向宝所
若し衆生二地に住せば、如来は爾の時、即便ち為に説く、
『汝等は作す所、未だ辦ぜず。汝が住する所の地は、
仏慧に近し。当に観察し籌量すべし。得る所の涅槃は真
実に非ざるなり。但是れ如来は、方便の力もて、一仏乗
に於いて、分別して三を説くのみ』と。
挙譬帖合・牒接退譬来合施三
彼の導師は止息せんが為の故に、大城を化作し、既に

既知息已、而告之言、
宝処在近。此城非実。我化作
耳。
爾時世尊欲重宣此義、而説偈
言、

大通智勝仏　十劫坐道場
仏法不現前　不得成仏道
諸天神竜王　阿修羅衆等
常雨於天華　以供養彼仏
諸天撃天鼓　幷作衆妓楽
香風吹萎華　更雨新好者
過十小劫已　乃得成仏道

息み已わんぬと知って、之に告げて言うが如し、（牒滅化譬来合顕一）
『宝処は近きに在り。此の城は実に非ず。我の化作せ
るのみ』」と。

（偈頌）
爾の時、世尊は重ねて此の義を宣べんと欲して、偈を
説いて言わく、

（頌結縁之由・頌遠由・頌大通成道・頌将成道前事）
大通智勝仏は　十劫道場に坐したまえども
仏法は前に現ぜず　仏道を成ずることを得たまわず
諸天神竜王　阿修羅衆等は
常に天華を雨らして　以て彼の仏を供養す
諸天は天鼓を撃ち　幷びに衆の妓楽を作す
香風は萎める華を吹いて　更に新しき好き者を雨らす
（頌正成道）
十小劫を過ぎ已わって　乃ち仏道を成ずることを得たまえり

諸天及世人　心皆懐踊躍
彼仏十六子　皆与其眷属
千万億囲遶　倶行至仏所
頭面礼仏足　而請転法輪
聖師子法雨　充我及一切
世尊甚難値　久遠時一現
為覚悟群生　震動於一切
東方諸世界　五百万億国
梵宮殿光曜　昔所未曽有
諸梵見此相　尋来至仏所
散華以供養　幷奉上宮殿
請仏転法輪　以偈而讃歎

諸天及び世人は　心に皆踊躍を懐く

頌十六子請転法輪兼頌成道已眷属申供養

彼の仏の十六の子は　皆其の眷属の
千万億に囲遶せられ　倶に行きて仏の所に至り
頭面に仏足を礼して　転法輪を請ず
聖師子よ法雨もて　我及び一切に充てたまえ

頌十方梵来請転法輪・頌威光動耀

世尊よ甚だ値いたてまつり難し　久遠に時に一たび現ず
群生を覚悟せんが為に　一切を震動したまう

頌十方梵尋光而来・頌東方

東方の諸の世界の　五百万億の国にて
梵の宮殿は光曜す　昔より未だ曽て有らざる所なり
諸梵は此の相を見て　尋いで仏の所に来至し
華を散じて以て供養し　幷びに宮殿を奉上す
仏に法輪を転じたまうを請じ　偈を以て讃歎す

仏知時未至　受請黙然坐
三方及四維　上下亦復爾
散華奉宮殿　請仏転法輪
世尊甚難値　願以大慈悲
広開甘露門　転無上法輪
無量慧世尊　受彼衆人請
為宣種種法　四諦十二縁
無明至老死　皆従生縁有
如是衆過患　汝等応当知
宣暢是法時　六百万億姟
得尽諸苦際　皆成阿羅漢
第二説法時　千万恒沙衆

仏は時未だ至らずと知ろしめして　請を受けて黙然として坐したまえり
総頌九方
三方及び四維　上下も亦復爾なり
華を散じ宮殿を奉り　仏に法輪を転じたまうを請ず
世尊は甚だ値いたてまつり難し　願わくは大慈悲を以て
広く甘露の門を開き　無上の法輪を転じたまえ
頌近由・頌転二乗法輪・頌受請
無量慧の世尊は　彼の衆人の請を受けて
頌正転二乗法輪
為に種種の法　四諦・十二縁を宣べたまう
無明より老死に至るまで　皆生縁に従って有り
是くの如き衆の過患を　汝等は応当に知るべし
頌時衆聞法得道
是の法を宣暢したまう時　六百万億姟は
諸苦の際を尽くすことを得て　皆阿羅漢と成る
第二の説法の時　千万恒沙の衆は

於諸法不受　亦得阿羅漢
従是後得道　其数無有量
万億劫算数　不能得其辺
時十六王子　出家作沙弥
皆共請彼仏　演説大乗法
我等及営従　皆当成仏道
願得如世尊　慧眼第一浄
仏知童子心　宿世之所行
以無量因縁　種種諸譬喩
説六波羅蜜　及諸神通事
分別真実法　菩薩所行道
説是法華経　如恒河沙偈

諸法に於いて受けずして　亦阿羅漢を得
是従り後に得道するもの　其の数は量り有ること無く
万億劫に算数すとも　其の辺を得ること能わじ
頌重請大乗転法輪・頌王子出家
時に十六王子は　出家し沙弥と作って
頌正請転大乗
皆共に彼の仏に　大乗の法を演説したまえと請ず
我等及び営従は　皆当に仏道を成ずべし
願わくは世尊の如く　慧眼第一浄なることを得ん
頌二万劫中間説方等般若
仏は童子の心と　宿世の行ずる所を知ろしめして
無量の因縁　種種の諸の譬喩を以て
六波羅蜜　及び諸の神通の事を説き
真実の法　菩薩の行ずる所の道を分別して
頌受請説法華
是の法華経の　恒河沙の如き偈を説きたまいき

彼仏説経已　静室入禅定
一心一処坐　八万四千劫
是諸沙弥等　知仏禅未出
為無量億衆　説仏無上慧
各各坐法座　説是大乗経
於仏宴寂後　宣揚助法化
一一沙弥等　所度諸衆生
有六百万億　恒河沙等衆
彼仏滅度後　是諸聞法者
在在諸仏土　常与師倶生
是十六沙弥　具足行仏道
今現在十方　各得成正覚

頌説経已入定

彼の仏は経を説きたまい已わって　静室にて禅定に入り

頌正結縁・頌法説・頌昔結因縁・頌仏入定

一心にして一処に坐したまうこと　八万四千劫なり

頌正覆講

是の諸の沙弥等は　仏の禅より未だ出でたまわざるを知って
無量億の衆の為に　仏の無上慧を説く
各各法座に坐して　是の大乗経を説き
仏の宴寂の後に於いて　宣揚して法化を助く

頌聞法得益

一一の沙弥等の　度する所の諸の衆生は
六百万億　恒河沙等の衆有り

頌中間相値

彼の仏滅度して後に　是の諸の法を聞きし者は
在在の諸仏の土に　常に師と倶に生ず

頌今日還説法華・頌結会現在師弟

是の十六の沙弥は　具足して仏道を行じて
今現に十方に在って　各正覚を成ずることを得たまえり

爾時聞法者　各在諸仏所
其有住声聞　漸教以仏道
我在十六数　曽亦為汝説
是故以方便　引汝趣仏慧
以是本因縁　今説法華経
令汝入仏道　慎勿懐驚懼
譬如険悪道　迥絶多毒獣
又復無水草　人所怖畏処
無数千万衆　欲過此険道
其路甚曠遠　経五百由旬
時有一導師　強識有智慧
明了心決定　在険済衆難

爾の時法を聞きし者は　各諸仏の所に在り
其の声聞に住すること有るものには　漸く教うるに仏道を以てす
我は十六の数に在って　曽て亦汝が為に説きき
是の故に方便を以て　汝を引いて仏慧に趣かしむ
頌還説法華・頌時衆清浄　頌為説是経
是の本因縁を以て　今法華経を説いて
汝をして仏道に入らしむ　慎んで驚懼を懐くこと勿れ
頌譬説・頌開譬・頌五百由旬譬・頌険悪道
譬えば険悪道の　迥かに絶えて毒獣多く
又復水草無く　人の怖畏する所の処なるが如し
頌多諸人衆
無数千万の衆は　此の険道を過ぎんと欲す
頌五百由旬
其の路は甚だ曠遠にして　五百由旬を経
頌一導師　頌聡慧明達
時に一りの導師有り　強識にして智慧有り
明了にして心は決定せり　険きに在って衆難を済う

衆人皆疲惓　而白導師言
我等今頓乏　於此欲退還
導師作是念　此輩甚可愍
如何欲退還　而失大珍宝
尋時思方便　当設神通力
化作大城郭　荘厳諸舎宅
周帀有園林　渠流及浴池
重門高楼閣　男女皆充満
即作是化已　慰衆言勿懼
汝等入此城　各可随所楽
諸人既入城　心皆大歓喜
皆生安隠想　自謂已得度

頌将導譬・頌将導　頌衆人解退権立化城譬・頌解退
衆人は皆疲惓して　導師に白して言さく
我等は今頓乏せり　此於り退き還らんと欲す
頌作化接退・頌傷失大
導師は是の念を作さく　此の輩は甚だ愍れむ可し
如何ぞ退き還って　大珍宝を失わんと欲するや
頌作念
尋いで時に方便を思わく　当に神通力を設け
頌作化・頌正作化譬
大城郭を化作して　諸の舎宅を荘厳すべし
周帀して園林　渠流及び浴池
重門高楼閣有って　男女は皆充満せり
頌説化
即ち是の化を作し已わって　衆を慰めて言わく懼るること勿れ
汝等は此の城に入りなば　各楽う所に随う可し
頌入城
諸人は既に城に入って　心は皆大いに歓喜し
皆安隠の想いを生じて　自ら已に度ることを得つと謂えり

導師知息已　集衆而告言
汝等当前進　此是化城耳
我見汝疲極　中路欲退還
故以方便力　権化作此城
汝今勤精進　当共至宝所
我亦復如是　為一切導師
見諸求道者　中路而懈癈
不能度生死　煩悩諸険道
故以方便力　為息説涅槃
言汝等苦滅　所作皆已辦
既知到涅槃　皆得阿羅漢
爾乃集大衆　為説真実法

頌滅化引至宝所譬・頌知息已
導師は息み已わんぬと知って　頌滅化引向宝所 衆を集めて告げて言わく
汝等は当に前進むべし　此は是れ化城なるのみ
我は汝が疲極して　中路に退き還らんと欲するを見る
故に方便力を以て　権に此の城を化作せり
汝は今勤め精進して　当に共に宝所に至るべしと
頌合譬・頌合五百譬
我も亦復是くの如し　為れ一切の導師なり
頌合将導譬・頌合懈退譬・頌合中路懈退
諸の道を求むる者は　中路にして懈癈し
生死　煩悩の諸の険道を度ること能わざるを見る
頌合接退作化
故に方便力を以て　息めんが為に涅槃を説いて
汝等は苦滅し　作す所は皆已に辦ぜりと言う
頌合滅化至宝所・頌知息已
既に涅槃に到り　皆阿羅漢を得たりと知れば
頌合滅化引向宝所
爾して乃し大衆を集めて　為に真実の法を説く

諸仏方便力　分別説三乗
唯有一仏乗　息処故説二
今為汝説実　汝所得非滅
為仏一切智　当発大精進
汝証一切智　十力等仏法
具三十二相　乃是真実滅
諸仏之導師　為息説涅槃
既知是息已　引入於仏慧

妙法蓮華経巻第三

諸仏は方便力もて　分別して三乗を説きたまう
唯一仏乗のみ有り　息処の故に二を説く
今汝が為に実を説く　汝が得る所は滅に非ず
仏の一切智の為に　当に大精進を発すべし
汝は一切智　十力等の仏法を証し
三十二相を具しなば　乃ち是れ真実の滅ならん
[頌帖合] 諸仏の導師は　息めんが為に涅槃を説きたまう
既に是れ息み已わんぬと知れば　仏慧に引入したまう

妙法蓮華経巻第三

妙法蓮華経　巻第四

妙法蓮華経五百弟子受記品第八

爾時富楼那弥多羅尼子従仏聞是智慧方便、随宜説法、又聞授諸大弟子阿耨多羅三藐三菩提記、復聞宿世因縁之事、復聞諸仏有大自在神通之力、得未曾有、心浄踊躍、即従座起、到於仏前、頭面礼足、却住一面、瞻仰尊顔、目不暫捨、而作是念、

世尊甚奇特、所為希有。随順

妙法蓮華経五百弟子受記品第八

迹門正宗分・因縁周・領解述成授記段・千二百授記
授富楼那・序黙領解・叙其得解歓喜・叙其得解之由・聞法譬二周開三顕一

爾の時、富楼那弥多羅尼子は、仏従り是の智慧方便もて、随宜説法するを聞き、

授身子等五大弟子記

又諸の大弟子に阿耨多羅三藐三菩提の記を授けたまうを聞き、

復聞宿世結縁之事

復宿世因縁の事を聞き、

復聞諸仏如来三達無礙観彼久遠猶若今日

復諸仏の大自在神通の力有すことを聞きたてまつって、

叙其得解歓喜・明内解歓喜

未曾有なることを得、心浄く踊躍し、

明外形恭敬

即ち座従り起って、仏前に到り、頭面に足を礼し、却って一面に住し、尊顔を瞻仰して、

叙其黙念領解

目暫くも捨てずして、是の念を作さく、

明黙念領解・領実智

「世尊は甚だ奇特にして、為す所は希有なり。

領権智

世間の

世間若干種性、以方便知見而為説法、抜出衆生処処貪著。我等於仏功徳、言不能宣。唯仏世尊能知我等深心本願。

爾時仏告諸比丘、

汝等見是富楼那弥多羅尼子不。我常称其於説法人中、最為第一、亦常歎其種種功徳。精勤護持助宣我法、能於四衆示教利喜、具足解釈仏之正法、而大饒益同梵行者。自捨如来、無能尽其言論之弁。

若干の種性に随順して、方便知見を以て、為に法を説いて、衆生の処処の貪著を抜出したまう。我等は、仏の功徳に於いて、言もて宣ぶること能わず。（明默念求発迹請記）唯仏世尊のみ能く我等が深心・本願を知ろしめせり」と。

（如来述記）爾の時、仏は諸の比丘に告げたまわく、

（長行・述本迹・就釈迦世行因発迹・挙示其人）「汝等は是の富楼那弥多羅尼子を見るや不や。（総標本迹章・標其迹）我は常に其は説法人の中に於いて、最も第一と為すと称し、（標其本地）亦常に其の種種の功徳を歎ず。（別釈本迹・迹中助宣半満之法）精勤して我が法を護持し助宣し、能く四衆に於いて示教利喜し、具足して仏の正法を解釈して、大いに同じき梵行者を饒益す。（別述本地功徳）如来を捨いて自りは、能く其の言論の弁を尽くすもの無けん。

汝等。勿謂富楼那但能護持助宣我法。亦於過去九十億諸仏所、護持助宣仏之正法、於彼説法人中亦最第一。又於諸仏所説空法、明了通達、得四無礙智、常能審諦清浄説法、無有疑惑、具足菩薩神通之力、随其寿命、常修梵行。彼仏世人咸皆謂之実是声聞、而富楼那以斯方便、饒益無量百千衆生、又化無量阿僧祇人、令立阿耨多羅三藐三菩提。為浄仏土故、常作仏事、教化衆生。

約過去仏世行因顕本・発迹

汝等よ。富楼那は但能く我が法を護持し助宣するのみと謂うこと勿れ。顕本 亦過去九十億の諸仏の所に於いても、仏の正法を護持し助宣し、彼の説法人の中に於いても、亦最も第一なりき。又諸仏の説きたまう所の空法に於いて、明了に通達し、四無礙智を得て、常に能く審諦らかに、清浄に法を説いて、疑惑有ること無く、菩薩の神通の力を具足し、其の寿命に随って、常に梵行を修しき。彼の仏の世の人は、咸皆く之を実に是れ声聞なりと謂えども、富楼那は、斯の方便を以て、無量百千の衆生を饒益し、又無量阿僧祇の人を化して、阿耨多羅三藐三菩提を立てしむ。仏土を浄めんが為の故に、常に仏事を作し、衆生を教化しき。

諸比丘。富楼那亦於七仏説法人中而得第一、今於我所説法人中亦為第一。於賢劫中当来諸仏説法人中亦復第一、而皆護持助宣仏法。亦於未来護持助宣無量無辺諸仏之法、教化饒益無量衆生、令立阿耨多羅三藐三菩提。為浄仏土故、常勤精進、教化衆生。

漸漸具足菩薩之道、過無量阿僧祇劫、当於此土得阿耨多羅三藐三菩提。号曰法明如来・応供・

就三世仏所修因行満

諸の比丘よ。富楼那は、亦七仏の説法人の中に於いても第一なることを得、今我が所の説法人の中に於いても亦第一と為す。賢劫の中、当来の諸仏の説法人の中に於いても亦復第一にして、皆仏法を護持し助宣せん。亦未来に於いても、無量無辺の諸仏の法を護持し助宣し、無量の衆生を教化し饒益して、阿耨多羅三藐三菩提を立てしめん。仏土を浄めんが為の故に、常に勤め精進し、衆生を教化せん。

与授記・明因円

漸漸に菩薩の道を具足して、無量阿僧祇劫を過ぎて、当に此の土に於いて阿耨多羅三藐三菩提を得べし。号づけて法明如来・応供・正遍知・明行足・善逝・世間解・

明果満

正遍知・明行足・善逝・世間解・
無上士・調御丈夫・天人師・仏・
世尊。
其仏以恒河沙等三千大千世界
為一仏土、七宝為地、地平如掌、
無有山陵・谿澗・溝壑。七宝台
観、充満其中、諸天宮殿、近処
虚空、人天交接、両得相見。無
諸悪道、亦無女人、一切衆生皆
以化生、無有婬欲。得大神通、
身出光明、飛行自在。志念堅固、
精進智慧、普皆金色、三十二相、

無上士・調御丈夫・天人師・仏・世尊と曰わん。

明国土広浄・明国大厳浄

其の仏は恒河沙等の三千大千世界を以て一仏土と為
し、七宝を地と為し、地の平かなること掌の如くにして、
山陵・谿澗・溝壑有ること無けん。七宝の台観は、其の
中に充満し、諸天の宮殿は、近く虚空に処し、人天は交

明純是善道

接して、両つながら相見ることを得ん。諸の悪道無く、

明人天福慧具足

亦女人無くして、一切衆生は皆以て化生し、婬欲有るこ
と無けん。大神通を得て、身より光明を出だし、飛行自
在ならん。志念は堅固にして、精進・智慧あり、普く皆
金色にして、三十二相あって、自ら荘厳せん。其の国の

而自荘厳。其国衆生常以二食。
一者法喜食、二者禅悦食。
有無量阿僧祇千万億那由他諸
菩薩衆、得大神通・四無礙智、
善能教化衆生之類。其声聞衆算
数校計、所不能知、皆得具足六
通・三明、及八解脱。其仏国土
有如是等無量功徳、荘厳成就。
劫名宝明、国名善浄。其仏寿
命無量阿僧祇劫、法住甚久。仏
滅度後、起七宝塔、遍満其国。
爾時世尊欲重宣此義、而説偈

衆生は、常に二食を以てせん。一には法喜食、二には禅悦食なり。

明菩薩声聞衆数甚多

無量阿僧祇千万億那由他の諸の菩薩衆有り、大神通・四無礙智を得て、善能く衆生の類を教化せん。其の声聞衆は、算数校計すれども、知ること能わざる所にして、皆六通・三明、及び八解脱を具足することを得ん。

総結

其の仏の国土は、是くの如き等の無量の功徳有って、荘厳は成就せん。

明国劫名字

劫を宝明と名づけ、国を善浄と名づけん。

明仏寿量

其の仏の寿命は、無量阿僧祇劫にして、

明法住大久

法は住すること甚だ久しからん。

明仏滅後供養舎利

仏滅度して後に、七宝の塔を起てて、其の国に遍満せん」と。

偈頌

爾の時、世尊は重ねて此の義を宣べんと欲して、偈を

言、

諸比丘諦聴　仏子所行道
善学方便故　不可得思議
知衆楽小法　而畏於大智
是故諸菩薩　作声聞縁覚
以無数方便　化諸衆生類
自説是声聞　去仏道甚遠
度脱無量衆　皆悉得成就
雖小欲懈怠　漸当令作仏
内秘菩薩行　外現是声聞
少欲厭生死　実自浄仏土
示衆有三毒　又現邪見相

説いて言わく、

頌発迹・頌総発諸声聞迹・総標仏子為行難思已得垂迹之法

諸の比丘よ諦らかに聴け　仏子の行ずる所の道は
善く方便を学ぶが故に　思議することを得可からず

明垂迹之由

衆の小法を楽って　大智を畏るることを知れり
是の故に諸の菩薩は　声聞・縁覚と作り

明垂迹利益

無数の方便を以て　諸の衆生類を化して
自ら是れ声聞なり　仏道を去ることは甚だ遠しと説く
無量の衆を度脱して　皆悉成就することを得しむ
小欲懈怠なりと雖も　漸く当に作仏せしむべし

明内懐大道外現小失

内に菩薩の行を秘し　外に是れ声聞なりと現ず
少欲にして生死を厭えども　実には自ら仏土を浄む
衆に三毒有りと示し　又邪見の相を現ず

我弟子如是　方便度衆生
若我具足説　種種現化事
衆生聞是者　心則懐疑惑
今此富楼那　於昔千億仏
勤修所行道　宣護諸仏法
為求無上慧　而於諸仏所
現居弟子上　多聞有智慧
所説無所畏　能令衆歓喜
未曾有疲倦　而以助仏事
已度大神通　具四無礙慧
知衆根利鈍　常説清浄法
演暢如是義　教諸千億衆

我が弟子は是くの如く　方便もて衆生を度す
指略抑広
若し我は具足して　種種の現化の事を説き
衆生は是を聞かば　心に則ち疑惑を懐かん
頌発富楼那迹本・頌顕過去本
今此の富楼那は　昔の千億の仏に於いて
行ずる所の道を勤修し　諸仏の法を宣護す
無上慧を求めんが為なり　而も諸仏の所に於いて
現に弟子の上に居し　多聞にして智慧有り
説く所は畏るる所無くして　能く衆をして歓喜せしめ
未だ曾て疲倦有らずして　以て仏事を助く
已に大神通に度り　四無礙慧を具し
衆根の利鈍を知って　常に清浄の法を説く
是くの如き義を演暢して　諸の千億の衆を教え

令住大乗法　而自浄仏土
未来亦供養　無量無数仏
護助宣正法　亦自浄仏土
常以諸方便　説法無所畏
度不可計衆　成就一切智
供養諸如来　護持法宝蔵
其後得成仏　号名曰法明
其国名善浄　七宝所合成
劫名為宝明　菩薩衆甚多
其数無量億　皆度大神通
威徳力具足　充満其国土
声聞亦無数　三明八解脱

大乗の法に住せしめて　自ら仏土を浄む
頌三世中仏所行因
未来にも亦　無量無数の仏を供養し
正法を護り助宣して　亦自ら仏土を浄めん
常に諸の方便を以て　法を説いて畏るる所無く
不可計の衆を度して　一切智を成就せしめん
頌授記・頌因円
諸の如来を供養し　法の宝蔵を護持して
頌果満
其の後に成仏することを得て　号名づけて法明と曰わん
頌国劫名号
其の国を善浄と名づけ　七宝もて合成せる所ならん
頌国土広浄
劫を名づけて宝明と為さん　菩薩衆は甚だ多く
其の数は無量億にして　皆大神通に度り
威徳力は具足して　其の国土に充満せん
声聞も亦無数にして　三明八解脱あって

得四無礙智　以是等為僧
其国諸衆生　婬欲皆已断
純一変化生　具相荘厳身
法喜禅悦食　更無余食想
無有諸女人　亦無諸悪道
富楼那比丘　功徳悉成満
当得斯浄土　賢聖衆甚多
如是無量事　我今但略説
爾時千二百阿羅漢心自在者、
作是念、
我等歓喜、得未曾有。若世尊
各見授記、如余大弟子者、不亦

四無礙智を得ん　是等を以て僧と為さん
其の国の諸の衆生は　婬欲は皆已に断じ
純一に変化生にして　相を具し身を荘厳せん
法喜・禅悦食にして　更に余の食想無けん
諸の女人有ること無く　亦諸の悪道無けん
富楼那比丘は　功徳悉く成満して
当に斯の浄土の　賢聖衆の甚だ多きを得べし
是くの如き無量の事を　我は今但略して説くのみ

授千二百・念請

爾の時、千二百の阿羅漢の心自在なる者は、是の念を
作さく、
「我等は歓喜して、未曾有なることを得つ。若し世尊
は各に授記せらるること、余の大弟子の如くならば、亦

快乎。
仏知此等心之所念、告摩訶迦
葉、
是千二百阿羅漢、我今当現前
次第与授阿耨多羅三藐三菩提記。
於此衆中、我大弟子憍陳如比
丘、当供養六万二千億仏、然後
得成為仏。号曰普明如来・応供・
正遍知・明行足・善逝・世間解・
無上士・調御丈夫・天人師・仏・
世尊。
其五百阿羅漢、優楼頻螺迦葉・

快からずや」と。
授記・長行・総許千二百記
仏は此等の心の念ずる所を知ろしめして、摩訶迦葉に
告げたまわく、
「是の千二百の阿羅漢に、我は今当に現前に次第に与
に阿耨多羅三藐三菩提の記を授くべし。
別授陳如
此の衆の中に於いて、我が大弟子憍陳如比丘は、当に
六万二千億の仏を供養し、然る後に成じて仏と為ること
を得べし。号づけて普明如来・応供・正遍知・明行足・
善逝・世間解・無上士・調御丈夫・天人師・仏・世尊と
曰わん。
別授記五百
其の五百の阿羅漢、優楼頻螺迦葉・伽耶迦葉・那提迦

伽耶迦葉・那提迦葉・迦留陀夷・優陀夷・阿㝹楼駄・離婆多・劫賓那・薄拘羅・周陀・莎伽陀等、皆当得阿耨多羅三藐三菩提。尽同一号、名曰普明。

爾時世尊欲重宣此義、而説偈言、

憍陳如比丘　当見無量仏
過阿僧祇劫　乃成等正覚
常放大光明　具足諸神通
名聞遍十方　一切之所敬
常説無上道　故号為普明

葉・迦留陀夷・優陀夷・阿㝹楼駄・離婆多・劫賓那・薄拘羅・周陀・莎伽陀等は、皆当に阿耨多羅三藐三菩提を得べし。尽く同一の号にして、名づけて普明と曰わん」と。

偈頌

爾の時、世尊は重ねて此の義を宣べんと欲して、偈を説いて言わく、

頌記陳如及与五百

憍陳如比丘は　当に無量の仏を見たてまつって
阿僧祇劫を過ぎて　乃ち等正覚を成ずべし
常に大光明を放ち　諸の神通を具足し
名聞は十方に遍じ　一切の敬う所にして
常に無上道を説かん　故に号づけて普明と為さん

其国土清浄　菩薩皆勇猛
咸昇妙楼閣　遊諸十方国
以無上供具　奉献於諸仏
作是供養已　心懐大歓喜
須臾還本国　有如是神力
仏寿六万劫　正法住倍寿
像法復倍是　法滅天人憂
其五百比丘　次第当作仏
同号曰普明　転次而授記
我滅度之後　某甲当作仏
其所化世間　亦如我今日
国土之厳浄　及諸神通力

其の国土は清浄にして　菩薩は皆勇猛にして
咸く妙楼閣に昇らん　諸の十方の国に遊び
無上の供具を以て　諸仏に奉献し
是の供養を作し已わって　心に大歓喜を懐き
須臾に本国に還らん　是くの如き神力有らん
仏の寿は六万劫ならん　正法は住すること寿に倍し
像法は復是に倍せん　法は滅し天人は憂えん
其の五百の比丘は　次第に当に作仏すべし
同じく号づけて普明と曰い　転次して授記せん
我滅度するの後に　某甲は当に作仏すべし
其の化する所の世間は　亦我が今日の如くならん
国土の厳浄　及び諸の神通力

菩薩声聞衆　正法及像法
寿命劫多少　皆如上所説
迦葉汝已知　五百自在者
余諸声聞衆　亦当復如是
其不在此会　汝当為宣説

爾時五百阿羅漢於仏前得受記已、歓喜踊躍、即従座起、到於仏前、頭面礼足、悔過自責。世尊。我等常作是念。自謂已得究竟滅度。今乃知之。如無智者。所以者何、我等応得如来智慧、而便自以小智為足。

菩薩声聞衆　正法及び像法
寿命劫の多少は　皆上に説く所の如くならん
頌総授一切声聞記
迦葉よ汝は已に　五百の自在者を知りぬ
余の諸の声聞衆も　亦当に復是くの如くなるべし
其の此の会に在らざるに　汝は当に為に宣説すべし

五百領解・長行・経家叙其歓喜・慶今得解歓喜
爾の時、五百の阿羅漢は、仏前に於いて記を受くることを得已わって、歓喜踊躍し、即ち座従り起って、仏前に到り、頭面に足を礼し、過を悔いて自ら責む。
明内心歓喜　明外形恭敬　愧昔不解故自責
自陳領解・法説・悔得少為足
「世尊よ。我等は常に是の念を作す。自ら已に究竟の滅度を得たりと謂いき。今乃ち之を知りぬ。
責根鈍難悟
譬説・略譬・略挙譬況　釈無智意
無智の者の如し。所以は何ん、我等は応に如来の智慧を得べけれども、便ち自ら小智を以て足りぬと為したればなり。

世尊。譬如有人至親友家、酔
酒而臥。是時親友官事当行、以
無価宝珠繫其衣裏、与之而去。
其人酔臥、都不覚知。起已遊行、
到於他国。為衣食故、勤力求索、
甚大艱難。若少有所得、便以為
足。

於後親友会遇見之、而作是言、
咄哉。丈夫。何為衣食乃至如
是。我昔欲令汝得安楽、五欲自
恣、於某年日月、以無価宝珠繫
汝衣裏。今故現在。而汝不知、

正挙譬・開譬・酔酒譬・繋珠譬

世尊よ。譬えば人有って、親友の家に至って、酒に酔
って臥せるが如し。是の時、親友は官事の当に行くべき
あって、無価の宝珠を以て、其の衣の裏に繋け、之を与
えて去りぬ。其の人は酔い臥して、都て覚知せず。起き

酔臥不覚譬　起已遊行譬

已わって遊行し、他国に到りぬ。衣食の為の故に、勤力
して求索すること、甚だ大いに艱難なり。若し少し得る
所有らば、便ち以て足りぬと為す。

親友覚悟譬

後に於いて親友は会い之を見て、是の言を作さく、

呵責

『咄哉。丈夫よ。何ぞ衣食の為に乃ち是くの如くなる
に至るや。

示珠

我は昔汝をして安楽なることを得、五欲は自
ら恣ならしめんと欲して、某の年日月に於いて、無価の
宝珠を以て、汝が衣の裏に繋けぬ。今故現に在り。而る

勤苦憂悩、以求自活、甚為癡也。汝今可以此宝貿易所須。常可如意無所乏短。

仏亦如是。為菩薩時、教化我等、令発一切智心、而尋廃忘、不知不覚。既得阿羅漢道、自謂滅度、資生艱難、得少為足。一切智願、猶在不失。今者世尊覚悟我等、作如是言、

諸比丘。汝等所得、非究竟滅。我久令汝等種仏善根。以方便故、示涅槃相、而汝謂為実得滅

に汝は知らずして、勤苦憂悩して、以て求めて自活すること、甚だ為れ癡かなり。〔勧貿〕汝は今此の宝を以て、須うる所に貿易す可し。常に意の如く乏短なる所無かる可し』と。〔合酔酒譬・合繋珠譬〕

〔合譬〕仏も亦是くの如し。菩薩たりし時、我等を教化して、一切智の心を発さしめたまえども、〔合酔臥不覚譬〕尋いで廃忘して、知らず覚らず。〔合起已遊行譬〕既に阿羅漢道を得て、自ら滅度せりと謂い、資生は艱難にして、少しきを得て足りぬと為す。〔合親友覚悟譬・合呵責〕一切智の願は猶在って失せず。今者、世尊は我等を覚悟して、是くの如き言を作したまわく、

『諸の比丘よ。汝等が得たる所は、究竟の滅に非ず。〔合示珠〕我は久しく汝等をして仏の善根を種えしむ。方便を以ての故に、涅槃の相を示せども、汝は為れ実に滅度を得た

度。
世尊。我今乃知実是菩薩、得授阿耨多羅三藐三菩提記。以是因縁、甚大歓喜、得未曽有。
爾時阿若憍陳如等欲重宣此義、而説偈言、

我等聞無上　安穏授記声
歓喜未曽有　礼無量智仏
今於世尊前　自悔諸過咎
於無量仏宝　得少涅槃分
如無智愚人　便自以為足
譬如貧窮人　往至親友家

りと謂えり』と。

合勧賀
世尊よ。我は今乃ち実に是れ菩薩なりと知って、阿耨多羅三藐三菩提の記を授けたまうことを得つ。是の因縁を以て、甚だ大いに歓喜して、未曽有なることを得たり」と。

偈頌
爾の時、阿若憍陳如等は重ねて此の義を宣べんと欲して、偈を説いて言さく、

頌内心得解・頌歓喜
我等は無上　安穏の授記の声を聞きたてまつり
歓喜は未だ曽て有らず　無量智の仏を礼したてまつる
頌悔責
今世尊の前に於いて　自ら諸の過咎を悔ゆ
頌自陳領解・頌悔責得少為足
無量の仏宝に於いて　少しき涅槃の分を得
頌略挙譬
無智の愚人の如くして　便ち自ら以て足りぬと為しき
頌譬説開合・頌開譬・頌捨宝不知
譬えば貧窮の人は　親友の家に往き至りぬが如し

其家甚大富　具設諸餚饍
以無価宝珠　繫著内衣裏
黙与而捨去　時臥不覚知
是人既已起　遊行詣他国
求衣食自済　資生甚艱難
得少便為足　更不願好者
不覚内衣裏　有無価宝珠
与珠之親友　後見此貧人
苦切責之已　示以所繫珠
貧人見此珠　其心大歓喜
富有諸財物　五欲而自恣
我等亦如是　世尊於長夜

其の家は甚だ大いに富んで　具さに諸の餚饍を設く
無価の宝珠を以て　内衣の裏に繫著し
黙し与えて捨て去りぬ　時に臥して覚知せず
是の人は既已に起きぬれば　遊行して他国に詣り
衣食を求めて自ら済り　資生は甚だ艱難なり
少しきを得て便ち足りぬと為して　更に好き者を願わず
内衣の裏に　無価の宝珠有ることを覚らず

頌親友覚悟

珠を与うるの親友は　後に此の貧人を見て
苦切に之を責め已わって　示すに繫けし所の珠を以てす
貧人は此の珠を見て　其の心は大いに歓喜す
富んで諸の財物有って　五欲は而も自ら恣ならん

頌合譬

我等も亦是くの如し　世尊は長夜に於いて

常愍見教化　令種無上願
我等無智故　不覚亦不知
得少涅槃分　自足不求余
今仏覚悟我　言非実滅度
得仏無上慧　爾乃為真滅
我今従仏聞　授記荘厳事
及転次受決　身心遍歓喜

常に愍れんで教化せられ　無上の願を種えしめたまえり
我等は無智なるが故に　覚らず亦知らず
少しき涅槃の分を得て　自ら足りぬとして余を求めず
今仏は我を覚悟して　実の滅度に非ず
仏の無上慧を得て　爾して乃ち為れ真の滅なりと言う
我は今仏従り　授記荘厳の事
及び転次に受決せんことを聞きたてまつって　身心は遍く歓喜す

妙法蓮華経授学無学人記品第九

爾時阿難・羅睺羅、而作是念、我等毎自思惟、設得授記不亦快乎。

即従座起、到於仏前、頭面礼足、倶白仏言、世尊。我等於此亦応有分。唯有如来、我等所帰。又我等為一切世間天・人・阿修羅所見知識。阿難常為侍者、護持法蔵、羅睺

妙法蓮華経授学無学人記品第九

迹門正宗分・因縁周・授記段・二千人授記
請記・二人請記・黙念請記

爾の時、阿難・羅睺羅は、而も是の念を作さく、「我等は毎に自ら思惟すらく、設し授記を得ば、亦快からずや」と。

発言請記

即ち座従り起って、仏前に到り、頭面に足を礼し、倶に仏に白して言さく、

引例

「世尊よ。我等は此に於いて、亦応に分有るべし。唯如来のみ有して、我等が帰する所なり。

引望

又我等は、一切世間の天・人・阿修羅に知識せらる。阿難は常に侍者と為って、法蔵を護持し、羅睺羅は是れ仏の子なり。若し

羅是仏之子。若仏見授阿耨多羅三藐三菩提記者、我願既満、衆望亦足。

爾時学・無学声聞弟子二千人、皆従座起、偏袒右肩、到於仏前、一心合掌、瞻仰世尊、如阿難・羅睺羅所願、住立一面。

爾時仏告阿難、

汝於来世当得作仏。号山海慧自在通王如来・応供・正遍知・明行足・善逝・世間解・無上士・調御丈夫・天人師・仏・世尊。

仏阿耨多羅三藐三菩提の記を授けられば、我が願いは既に満じて、衆の望みも亦足りなん」と。

二千人請記

爾の時、学・無学の声聞の弟子二千人は、皆座従り起って、偏に右肩を袒にし、仏前に到り、一心に合掌し、世尊を瞻仰して、阿難・羅睺羅の願う所の如くにして、一面に住立せり。

授記・記二人・記阿難・長行

爾の時、仏は阿難に告げたまわく、

「汝は来世に於いて、当に作仏することを得べし。山海慧自在通王如来・応供・正遍知・明行足・善逝・世間解・無上士・調御丈夫・天人師・仏・世尊と号づけん。当に六十二億の諸仏を供養し、法蔵を護持して、然る後

当供養六十二億諸仏、護持法蔵、然後得阿耨多羅三藐三菩提。教化二十千万億恒河沙諸菩薩等、令成阿耨多羅三藐三菩提。

国名常立勝幡、其土清浄、瑠璃為地、劫名妙音遍満。其仏寿命無量千万億阿僧祇劫。若人於千万億無量阿僧祇劫中算数校計、不能得知。正法住世、倍於寿命、像法住世、復倍正法。

阿難。是山海慧自在通王仏、為十方無量千万億恒河沙等諸仏

に阿耨多羅三藐三菩提を得べし。二十千万億恒河沙の諸の菩薩等を教化して、阿耨多羅三藐三菩提を成ぜしめん。

国を常立勝幡と名づけ、其の土は清浄にして、瑠璃を地と為し、劫を妙音遍満と名づけん。其の仏の寿命は、無量千万億阿僧祇劫ならん。若し人は千万億無量阿僧祇劫の中に於いて算数校計すとも、知ることを得ること能わじ。正法は世に住すること寿命に倍し、像法は世に住すること復正法に倍せん。

阿難よ。是の山海慧自在通王仏は、十方の無量千万億恒河沙等の諸仏如来の共に讃歎する所と為り、其の功徳

如来所共讃歎、称其功徳。

爾時世尊欲重宣此義、而説偈
言、

我今僧中説　阿難持法者
当供養諸仏　然後成正覚
号曰山海慧　自在通王仏
其国土清浄　名常立勝幡
教化諸菩薩　其数如恒沙
仏有大威徳　名聞満十方
寿命無有量　以愍衆生故
正法倍寿命　像法復倍是
如恒河沙等　無数諸衆生

を称せらる」と。

偈頌

爾の時、世尊は重ねて此の義を宣べんと欲して、偈を
説いて言わく、

我は今僧中にて説く　阿難持法者は
当に諸仏を供養し　然る後に正覚を成ずべし
号づけて山海慧　自在通王仏と曰わん
其の国土は清浄にして　常立勝幡と名づけん
諸の菩薩の　其の数恒沙の如くなるを教化せん
仏は大威徳有して　名聞は十方に満つ
寿命は量り有ること無けん　衆生を愍れむを以ての故なり
正法は寿命に倍し　像法は復是に倍せん
恒河沙等の如き　無数の諸の衆生は

於此仏法中　種仏道因縁
爾時会中新発意菩薩八千人咸作是念、
我等尚不聞諸大菩薩得如是記。有何因縁、而諸声聞得如是決。
爾時世尊知諸菩薩心之所念、而告之曰、
諸善男子。我与阿難等於空王仏所、同時発阿耨多羅三藐三菩提心。阿難常楽多聞、我常勤精進。是故我已得成阿耨多羅三藐三菩提。而阿難護持我法、亦護

此の仏の法の中に於いて　仏道の因縁を種えん

八千菩薩生疑

爾の時、会中の新発意の菩薩八千人は、咸く是の念を作さく、

「我等は尚諸の大菩薩の是くの如き記を得ることを聞かず。何なる因縁有って、諸の声聞は是くの如き決を得るや」と。

如来発迹釈疑

爾の時、世尊は諸の菩薩の心の念ずる所を知ろしめして、之に告げて曰わく、

「諸の善男子よ。我は阿難等と空王仏の所に於いて、同時に阿耨多羅三藐三菩提の心を発しき。阿難は常に多聞を楽い、我は常に精進に勤む。是の故に我は已に阿耨多羅三藐三菩提を成ずることを得たり。而るに阿難は我が法を護持し、亦将来の諸仏の法蔵を護って、諸の菩薩

将来諸仏法蔵、教化成就諸菩薩衆。其本願如是、故獲斯記。

阿難面於仏前、自聞授記及国土荘厳、所願具足、心大歓喜、得未曾有。即時憶念過去無量千万億諸仏法蔵、通達無礙、如今所聞。亦識本願。

爾時阿難而説偈言、

世尊甚希有　令我念過去
無量諸仏法　如今日所聞
我今無復疑　安住於仏道
方便為侍者　護持諸仏法

衆を教化し成就せん。其の本願は是くの如きなるが故に、斯の記を獲」と。

阿難題本述歎・長行

阿難は面り仏前に於いて、自ら授記、及び国土の荘厳、願う所は具足せるを聞いて、心は大いに歓喜して、未曾有なることを得たり。即時に過去の無量千万億の諸仏の法蔵を憶念するに、通達無礙なること、今聞く所の如し。亦本願を識りぬ。

偈頌

爾の時、阿難は、而も偈を説いて言さく、

世尊は甚だ希有なり　我をして過去の
無量の諸仏の法を念ぜしめたまう　今日聞く所の如し
我は今復疑い無くして　仏道に安住しぬ
方便もて侍者と為って　諸仏の法を護持す

爾時仏告羅睺羅、
汝於来世当得作仏。号蹈七宝華如来・応供・正遍知・明行足・善逝・世間解・無上士・調御丈夫・天人師・仏・世尊。
当供養十世界微塵等数諸仏如来。常為諸仏而作長子、猶如今也。是蹈七宝華仏国土荘厳、寿命劫数、所化弟子、正法・像法、亦如山海慧自在通王如来無異。亦為此仏而作長子。過是已後、当得阿耨多羅三藐三菩提。

記羅睺羅・長行

爾の時、仏は羅睺羅に告げたまわく、

「汝は来世に於いて、当に作仏することを得べし。蹈七宝華如来・応供・正遍知・明行足・善逝・世間解・無上士・調御丈夫・天人師・仏・世尊と号づけん。

当に十世界微塵等数の諸仏如来を供養すべし。常に諸仏の為に、而も長子と作ること、猶今の如くならん。是の蹈七宝華仏の国土の荘厳、寿命の劫数、化したまう所の弟子、正法・像法は、亦山海慧自在通王如来の如くにして異なること無けん。亦此の仏の為に、而も長子と作らん。是を過ぎて已後、当に阿耨多羅三藐三菩提を得べし」と。

爾時世尊欲重宣此義、而説偈
言、
我為太子時　羅睺為長子
我今成仏道　受法為法子
於未来世中　見無量億仏
皆為其長子　一心求仏道
羅睺羅密行　唯我能知之
現為我長子　以示諸衆生
無量億千万　功徳不可数
安住於仏法　以求無上道
爾時世尊見学・無学二千人、
其意柔軟、寂然清浄、一心観仏。

偈頌

爾の時、世尊は重ねて此の義を宣べんと欲して、偈を
説いて言わく、
我は太子為りし時　羅睺は長子と為り
我は今仏道を成ずれば　法を受けて法子と為れり
未来世の中に於いて　無量億の仏を見たてまつるに
皆其の長子と為って　一心に仏道を求めん
羅睺羅の密行は　唯我のみ能く之を知れり
現に我が長子と為って　以て諸の衆生に示す
無量億千万の　功徳は数う可からず
仏の法に安住して　以て無上道を求む

記二千人・長行

爾の時、世尊は学・無学の二千人を見たまうに、其の
意は柔軟に、寂然清浄にして、一心に仏を観たてまつる。

仏告阿難、
汝見是学・無学二千人不。
唯然。已見。
阿難。是諸人等当供養五十世界微塵数諸仏如来、恭敬尊重、護持法蔵。末後、同時於十方国、各得成仏。皆同一号、名曰宝相如来・応供・正遍知・明行足・善逝・世間解・無上士・調御丈夫・天人師・仏・世尊。寿命一劫。国土荘厳、声聞・菩薩、正法・像法、皆悉同等。

仏は阿難に告げたまわく、

「汝は是の学・無学の二千人を見るや不や」と。

「唯然なり。已に見る」と。

「阿難よ。是の諸人等は当に五十世界微塵数の諸仏如来を供養し、恭敬・尊重し、法蔵を護持すべし。末後に、同時に十方の国に於いて、各成仏することを得ん。皆同一の号にして、名づけて宝相如来・応供・正遍知・明行足・善逝・世間解・無上士・調御丈夫・天人師・仏・世尊と曰わん。寿命は一劫ならん。国土の荘厳、声聞・菩薩、正法・像法は、皆悉同等ならん」と。

爾時世尊欲重宣此義、而説偈
言、

是二千声聞　今於我前住
悉皆与授記　未来当成仏
所供養諸仏　如上説塵数
護持其法蔵　後当成正覚
各於十方国　悉同一名号
倶時坐道場　以証無上慧
皆名為宝相　国土及弟子
正法与像法　悉等無有異
咸以諸神通　度十方衆生
名聞普周遍　漸入於涅槃

偈頌

爾の時、世尊は重ねて此の義を宣べんと欲して、偈を
説いて言わく、

是の二千の声聞の　今我が前に於いて住せるに
悉皆く与に授記す　未来に当に成仏すべし
供養する所の諸仏は　上に塵数と説くが如し
其の法蔵を護持して　後に当に正覚を成ずべし
各十方の国に於いて　悉く同一の名号ならん
倶時に道場に坐して　以て無上慧を証せん
皆名づけて宝相と為し　国土及び弟子
正法と像法とは　悉く等しくして異なること有ること無けん
咸く諸の神通を以て　十方の衆生を度し
名聞は普く周遍して　漸く涅槃に入らん

爾時学・無学二千人、聞仏授記、歓喜踊躍、而説偈言、

世尊慧灯明　我聞授記音

心歓喜充満　如甘露見灌

得記歓喜

爾の時、学・無学の二千人は、仏の授記を聞きたてまつって、歓喜踊躍して、偈を説いて言さく、

世尊慧の灯明よ　我は授記の音を聞きたてまつって

心に歓喜充満せること　甘露もて灌がるるが如し

妙法蓮華経法師品第十

爾時世尊因薬王菩薩、告八万大士、

薬王。汝見是大衆中無量諸天・竜王・夜叉・乾闥婆・阿修羅・迦楼羅・緊那羅・摩睺羅伽、人与非人、及比丘・比丘尼・優婆塞・優婆夷・求声聞者・求辟支仏者・求仏道者。如是等類咸於仏前、聞妙法華経一偈一句、乃

妙法蓮華経法師品第十

迹門流通分・明弘経功深福重・釈尊自説弘経功福命覓流通
歎美五種法師能持法人・就稟道弟子門功深福重

爾の時、世尊は薬王菩薩に因って、八万の大士に告げたまわく、

明仏世弟子・揀出人類

「薬王よ。汝は是の大衆の中の無量の諸天・竜王・夜叉・乾闥婆・阿修羅・迦楼羅・緊那羅・摩睺羅伽、人と非人、及び比丘・比丘尼・優婆塞・優婆夷・声聞を求むる者・辟支仏を求むる者・仏道を求むる者を見るや。是

揀出得記之縁

くの如き等類、咸く仏の前に於いて、妙法華経の一偈一句を聞いて、乃至一念も随喜せば、我は皆与に当に阿耨多羅三藐三菩提を得べしと授記す」と。

至一念随喜者、我皆与授記、当得阿耨多羅三藐三菩提。

仏告薬王、

又如来滅度之後、若有人聞妙法華経、乃至一偈一句、一念随喜者、我亦与授阿耨多羅三藐三菩提記。

若復有人受持・読・誦・解説・書写妙法華経、乃至一偈、於此経巻敬視如仏、種種供養華・香・瓔珞・抹香・塗香・焼香・繒蓋・幢幡・衣服・妓楽、乃至合掌恭

多羅三藐三菩提を得べし」と。

明仏滅後弟子

仏は薬王に告げたまわく、

出弟子類略挙於人

「又如来滅度するの後に、若し人有って妙法華経、乃至一偈一句を聞いて、一念も随喜せば、我は亦与に阿耨多羅三藐三菩提の記を授く。

功報

授道師門功深福重・長行別明・明現世・明下品師・明下品師相

若し復人有って妙法華経、乃至一偈を受持・読・誦・解説・書写し、此の経巻に於いて敬い視ること仏の如くにして、種種に華・香・瓔珞・抹香・塗香・焼香・繒蓋・幢幡・衣服・妓楽を供養し、乃至合掌・恭敬せば、薬王よ、当に知るべし、是の諸人等は、已に曽て十万億の仏

（五種法師）

（十種供養）

明下品

師功報

明先因深

敬、薬王、当知是諸人等已曾供養十万億仏、於諸仏所成就大願、愍衆生故、生此人間。薬王。若有人問、何等衆生於未来世当得作仏、応示是諸人等、於未来世必得作仏。

何以故、若善男子・善女人於法華経、乃至一句、受持・読・誦・解説・書写、種種供養経巻華・香・瓔珞・抹香・塗香・焼香・繒蓋・幢幡・衣服・伎楽、合掌恭敬、是人一切世間所応瞻

明現功大

を供養し、諸仏の所に於いて、大願を成就するも、衆生を愍れむが故に、此の人間に生ず。薬王よ。

明未来報重

若し人有って、何等の衆生か未来世に於いて当に作仏することを得べきと問わば、応に示すべし、是の諸人等は未来世に於いて必ず作仏することを得んと。

何を以ての故に、若し善男子・善女人、法華経、乃至一句に於いても、受持・読・誦・解説・書写し、種種に経巻に華・香・瓔珞・抹香・塗香・焼香・繒蓋・幢幡・衣服・伎楽を供養し、合掌・恭敬せば、是の人は一切世間の応に瞻奉すべき所にして、応に如来の供養を以て、之を供養すべければなり。当に知るべし、此の人は是れ大

奉、応以如来供養而供養之。当知此人是大菩薩、成就阿耨多羅三藐三菩提、哀愍衆生、願生此間、広演分別妙法華経。

何況尽能受持、種種供養者。

薬王。当知是人自捨清浄業報、於我滅度後、愍衆生故、生於悪世、広演此経。

若是善男子・善女人、我滅度後、能竊為一人説法華経、乃至一句、当知是人、則如来使、如来所遣、行如来事。

菩薩にして、阿耨多羅三藐三菩提を成就するも、衆生を哀愍し、願って此の間に生まれ、広く妙法華経を演べ分別す。

（明上品師・況出上品師相）何に況んや尽く能く受持し、種種に供養せん者をや。

（明上品功報）薬王よ。当に知るべし、是の人は自ら清浄の業報を捨てて、我滅度して後に於いて、衆生を愍れむが故に、悪世に生まれて、広く此の経を演ぶ。

（明来世・明下品師・明下品師相）若し是の善男子・善女人、我滅度して後、能く竊かに一人の為にも、法華経、乃至一句を説かば、（明其功報）当に知るべし、是の人は則ち如来の使いにして、如来に遣わされて、如来の事を行ず。

何況於大衆中広為人説。

薬王。若有悪人以不善心、於一劫中現於仏前、常毀罵仏、其罪尚軽。若人以一悪言、毀呰在家・出家読誦法華経者、其罪甚重。

薬王。其有読誦法華経者、当知是人、以仏荘厳而自荘厳、則為如来肩所荷担。

其所至方、応随向礼、一心合掌、恭敬・供養・尊重・讃歎、華・香・瓔珞・抹香・塗香・焼

明上品師

何に況んや大衆の中に於いて、広く人の為に説かんをや。

総明五種法師・逆者得罪

薬王よ。若し悪人有って不善の心を以て、一劫の中に於いて、現に仏前に於いて、常に仏を毀罵せば、其の罪は尚軽し。若し人一の悪言を以て、在家・出家の法華経を読誦する者を毀呰せば、其の罪は甚だ重し。

順者得福

薬王よ。其し法華経を読誦する者有らば、当に知るべし、是の人は仏の荘厳を以て自ら荘厳すれば、則ち如来の肩の荷担する所と為らん。

其の至る所の方には、応に随って向かい礼し、一心に合掌し、恭敬・供養・尊重・讃歎し、華・香・瓔珞・抹香・塗香・焼香・繒蓋・幢幡・衣服・肴膳もて、諸の妓

香・繒蓋・幢幡・衣服・肴膳、
作諸妓楽、人中上供而供養之。
応持大宝、而以散之。天上宝聚、
応以奉献。

所以者何、是人歓喜説法、須
臾聞之、即得究竟阿耨多羅三藐
三菩提故。

爾時世尊欲重宣此義、而説偈
言、

若欲住仏道　成就自然智
常当勤供養　受持法華者
其有欲疾得　一切種智慧

楽を作し、人中の上供もて之を供養すべし。応に大宝を
持って、以て之を散ずべし。天上の宝聚を、応に以て奉
献すべし。

所以は何ん、是の人は歓喜して法を説かんに、須臾も
之を聞かば、即ち阿耨多羅三藐三菩提を究竟することを
得んが故なり」と。

偈頌

爾の時、世尊は重ねて此の義を宣べんと欲して、偈を
説いて言わく、

別奨勧自行利他

若し仏道に住して　自然智を成就せんと欲せば
常に当に勤めて　法華を受持せん者を供養すべし
其し疾く　一切種智慧を得んと欲するもの有らば

当受持是経　并供養持者
若有能受持　妙法華経者
当知仏所使　愍念諸衆生
諸有能受持　妙法華経者
捨於清浄土　愍衆故生此
当知如是人　自在所欲生
能於此悪世　広説無上法
応以天華香　及天宝衣服
天上妙宝聚　供養説法者
吾滅後悪世　能持是経者
当合掌礼敬　如供養世尊
上饌衆甘美　及種種衣服

当に是の経を受持し　并びに持者を供養すべし
頌師門別通・頌別・頌現世・頌下品・出法師
若し能く妙法華経を　受持する者有らば
出功報
当に知るべし仏に使わされ　諸の衆生を愍念す
頌上品・出上品師
諸の能く　妙法華経を受持する者有らば
頌功報
清浄の土を捨てて　衆を愍れむが故に此に生ず
当に知るべし是くの如き人は　生ぜんと欲する所に自在なれば
能く此の悪世に於いて　広く無上の法を説く
応に天華の香　及び天宝の衣服
天上の妙宝聚を以て　説法者を供養すべし
頌未来・超頌況出上品・頌法師
吾滅して後の悪世に　能く是の経を持つ者には
明功報
当に合掌礼敬すること　世尊を供養するが如くすべし
上饌衆の甘美　及び種種の衣服もて

供養是仏子　冀得須臾聞
若能於後世　受持是経者
我遣在人中　行於如来事
若於一劫中　常懐不善心
作色而罵仏　獲無量重罪
其有読誦持　是法華経者
須臾加悪言　其罪復過彼
有人求仏道　而於一劫中
合掌在我前　以無数偈讃
由是讃仏故　得無量功徳
歎美持経者　其福復過彼
於八十億劫　以最妙色声

是の仏子に供養して　須臾も聞くことを得んと冀え
追頌下品師・頌出人
若し能く後の世に於いて　是の経を受持せば
頌功報
我は人中に遣わして　如来の事を行ぜしむ
頌総・頌逆者得罪
若し一劫の中に於いて　常に不善の心を懐いて
色を作して仏を罵らば　無量の重罪を獲ん
其し是の法華経を読誦し持つこと有らん者に
須臾も悪言を加えば　其の罪は復彼に過ぎん
頌順之得福
人有って仏道を求めて　一劫の中に於いて
合掌すること我が前に在って　無数の偈を以て讃めば
是の讃仏に由るが故に　無量の功徳を得ん
持経者を歎美せば　其の福は復彼に過ぎん
八十億劫に於いて　最妙の色声

及与香味触　供養持経者
如是供養已　若得須臾聞
則応自欣慶　我今獲大利
薬王今告汝　我所説諸経
而於此経中　法華最第一

爾時仏復告薬王菩薩摩訶薩、我所説経典無量千万億、已説、今説、当説。而於其中、此法華経最為難信難解。薬王。此経是諸仏秘要之蔵。不可分布妄授与人。諸仏世尊之所守護、従昔已来未曽顕説。而此経者、如来現

及与び香味触を以て　持経者を供養せん
是くの如く供養し已わって　若し須臾も聞くことを得ば
則ち応に自ら欣慶すべし　我は今大利を獲つと

歎経尊妙

薬王よ今汝に告ぐ　我が説く所の諸経
而も此の経の中に於いて　法華は最も第一なり

歎所持法及弘経方法・長行
歎経法・約法歎

爾の時、仏は復薬王菩薩摩訶薩に告げたまわく、「我が説く所の経典は無量千万億にして、已に説き、今説き、当に説くべし。而も其の中に於いて、此の法華経は最も為れ難信難解なり。薬王よ。此の経は是れ諸仏の秘要の蔵なり。分布して妄りに人に授与す可からず。諸仏世尊の守護したまう所にして、昔従り已来、未だ曽て顕説せず。而も此の経は、如来の現に在すら猶怨嫉

在猶多怨嫉。況滅度後。

薬王。当知如来滅後、其能書・持・読・誦・供養、為他人説者、如来則為以衣覆之。又為他方現在諸仏之所護念。是人有大信力、及志願力・諸善根力。当知是人与如来共宿、則為如来手摩其頭。

薬王。在在処処、若説、若読、若誦、若書、若経巻所住之処、皆応起七宝塔、極令高広厳飾。不須復安舎利。所以者何、此中已有如来全身。此塔応以一切華・

多し。況んや滅度して後をや。

約人歎 薬王よ。当に知るべし、如来滅して後に、其し能く書・持・読・誦・供養し、他人の為に説かば、如来は則ち衣を以て之を覆うと為す。又他方の現に在す諸仏の護念したまう所と為らん。是の人は大信力、及び志願力・諸善根力有らん。当に知るべし、是の人は如来と共に宿すれば、則ち如来は手もて其の頭を摩でたまうと為す。

約処歎 薬王よ。在在処処にて、若しは説き、若しは読み、若しは誦し、若しは書き、若しは経巻の住する所の処には、皆応に七宝の塔を起て、極めて高広厳飾ならしむべし。復舎利を安んずることを須いず。所以は何ん、此の中には已に如来の全身有せばなり。此の塔を、応に一切の華・

香・瓔珞・繒蓋・幢幡・妓楽・歌頌、供養・恭敬・尊重・讃歎。若有人得見此塔、礼拝供養、当知是等皆近阿耨多羅三藐三菩提。

薬王。多有人在家・出家行菩薩道、若不能得見・聞・読・誦・書・持・供養是法華経者、当知是人未善行菩薩道。若有得聞是経典者、乃能善行菩薩之道。

其有衆生求仏道者、若見若聞是法華経、聞已信解受持者、当知是人得近阿耨多羅三藐三菩提。

香・瓔珞・繒蓋・幢幡・妓楽・歌頌を以て、供養・恭敬・尊重・讃歎したてまつるべし。若し人有って此の塔を見たてまつることを得て、礼拝し供養せば、当に知るべし、是等は皆阿耨多羅三藐三菩提に近づきぬ。

挙因歎

薬王よ。多く人有って在家・出家にて菩薩の道を行ぜんに、若し是の法華経を見・聞・読・誦・書・持・供養することを得ること能わずは、当に知るべし、是の人は未だ善く菩薩の道を行ぜず。若し是の経典を聞くことを得ること有らば、乃ち能善く菩薩の道を行ず。

挙果歎・明近果

其し衆生の仏道を求むる者有って、是の法華経を若しは見、若しは聞き、聞き已わって信解し受持せば、当に知るべし、是の人は阿耨多羅三藐三菩提に近づくことを得たり。

薬王。譬如有人渇乏須水、於彼高原、穿鑿求之、猶見乾土、知水尚遠、施功不已、転見湿土、遂漸至泥、其心決定、知水必近。

菩薩亦復如是。若未聞未解未能修習是法華経、当知是人去阿耨多羅三藐三菩提尚遠。若得聞解・思惟・修習、必知得近阿耨多羅三藐三菩提。

所以者何、一切菩薩阿耨多羅三藐三菩提、皆属此経。此経開

開譬

薬王よ。譬えば人有って渇乏して水を須いんとするに、彼の高原に於いて穿鑿して之を求むるに、猶乾ける土を見ては、水は尚遠しと知り、功を施すこと已まずして、転じて湿える土を見、遂に漸く泥に至りぬれば、其の心は決定して、水は必ず近しと知らんが如し。

合譬

菩薩も亦復是くの如し。若し是の法華経を未だ聞かず、未だ解せず、未だ修習すること能わずは、当に知るべし、是の人は阿耨多羅三藐三菩提を去ること尚遠し。若し聞解・思惟・修習することを得ば、必ず阿耨多羅三藐三菩提に近づくことを得たりと知る。

釈得近意

所以は何ん、一切の菩薩の阿耨多羅三藐三菩提は、皆此の経に属すればなり。此の経は方便の門を開いて、真

方便門、示真実相。是法華経蔵、深固幽遠、無人能到。今仏教化成就菩薩、而為開示。

薬王。若有菩薩聞是法華経、驚疑怖畏、当知是為新発意菩薩。若声聞人聞是経、驚疑怖畏、当知是為増上慢者。

薬王。若有善男子・善女人、如来滅後、欲為四衆説是法華経者、云何応説。是善男子・善女人、入如来室、著如来衣、坐如来座、爾乃応為四衆広説斯経。

実の相を示す。是の法華経の蔵は、深固幽遠にして、人の能く到るもの無し。今、仏は菩薩を教化し成就して、為に開示す。

揀非

薬王よ。若し菩薩有って是の法華経を聞いて、驚疑し怖畏せば、当に知るべし、是を新発意の菩薩と為す。若し声聞の人是の経を聞いて、驚疑し怖畏せば、当に知るべし、是を増上慢の者と為す。

略示弘経方法・示方法・標章門

薬王よ。若し善男子・善女人有って、如来滅して後に四衆の為に是の法華経を説かんと欲せば、云何が応に説くべき。是の善男子・善女人は、如来の室に入り、如来の衣を著、如来の座に坐して、爾して乃し応に四衆の為に、広く斯の経を説くべし。

如来室者、一切衆生中大慈悲心是。如来衣者、柔和忍辱心是。如来座者、一切法空是。
安住是中、然後以不懈怠心、為諸菩薩及四衆広説是法華経。
薬王。我於余国遣化人、為其集聴法衆。亦遣化比丘・比丘尼・優婆塞・優婆夷、聴其説法。是諸化人聞法信受、随順不逆。若説法者在空閑処、我時広遣天・竜・鬼神・乾闥婆・阿修羅等、聴其説法。我雖在異国、時時令

解釈

如来の室とは、一切衆生の中の大慈悲心、是れなり。如来の衣とは、柔和忍辱の心、是れなり。如来の座とは、一切法空、是れなり。

勧修

是の中に安住して、然る後に不懈怠の心を以て、諸の菩薩及び四衆の為に、広く是の法華経を説く。

挙五利益勧奨流通

薬王よ。我は余国に於いて、

遣化人

化人を遣わして、其が為に聴法の衆を集めん。

遣化四衆

亦化の比丘・比丘尼・優婆塞・優婆夷を遣わして、其の説法を聴かしめん。是の諸の化人は、法を聞いて信受し、随順して逆らわじ。

遣八部

若し説法者空閑の処に在らば、我は時に広く天・竜・鬼神・乾闥婆・阿修羅等を遣わして、其の説法を聴かしめん。

見仏身

我は異国に在りと雖も、時時に説法者をして我が身を見ることを得

説法者得見我身。若於此経忘失
句逗、我還為説令得具足。
爾時世尊欲重宣此義、而説偈
言、
欲捨諸懈怠　応当聴此経
是経難得聞　信受者亦難
如人渇須水　穿鑿於高原
猶見乾燥土　知去水尚遠
漸見湿土泥　決定知近水
薬王汝当知　如是諸人等
不聞法華経　去仏智甚遠
若聞是深経　決了声聞法

しめん。（与総持）若し此の経に於いて句逗を忘失せば、我は還た
為に説いて、具足することを得しめん」と。
（偈頌）爾の時、世尊は重ねて此の義を宣べんと欲して、偈を
説いて言わく、
（総勧）諸の懈怠を捨てんと欲し　応当に此の経を聴くべし
是の経は聞くことを得難し　信受する者も亦難し
（頌長行・頌約果歎・頌開譬）人の渇して水を須いんとして　高原を穿鑿するに
猶乾燥ける土を見ては　水を去ること尚遠しと知り
漸く湿える土泥を見ては　決定して水に近づきぬと知らんが如し
（頌合譬）薬王よ汝は当に知るべし　是くの如き諸人等は
法華経を聞かずは　仏智を去ること甚だ遠し
若し是の深経は　声聞の法を決了して

是諸経之王　聞已諦思惟
当知此人等　近於仏智慧
若人説此経　応入如来室
著於如来衣　而坐如来座
処衆無所畏　広為分別説
大慈悲為室　柔和忍辱衣
諸法空為座　処此為説法
若説此経時　有人悪口罵
加刀杖瓦石　念仏故応忍
我千万億土　現浄堅固身
於無量億劫　為衆生説法
若我滅度後　能説此経者

是れ諸経の王なりと聞き　聞き已わって諦らかに思惟せば
当に知るべし此の人等は　仏の智慧に近づきぬ
頌弘経方法・頌方法・頌標章門
若し人は此の経を説かんとせば　応に如来の室に入り
如来の衣を著て　如来の座に坐し
衆に処して畏るる所無く　広く為に分別して説くべし
頌解釈
大慈悲を室と為し　柔和忍辱を衣とし
諸法空を座と為す　此に処して為に法を説け
頌勧修
若し此の経を説かん時　人有って悪口し罵り
刀杖瓦石を加えば　仏を念ずるが故に応に忍ぶべし
頌利益・総明如来以五事利益之意
我は千万億の土に　浄堅固の身を現じて
無量億劫に於いて　衆生の為に法を説く
頌遣化四衆
若し我滅度して後に　能く此の経を説かば

我遣化四衆　比丘比丘尼
及清信士女　供養於法師
引導諸衆生　集之令聴法
若人欲加悪　刀杖及瓦石
則遣変化人　為之作衛護
若説法之人　独在空閑処
寂莫無人声　読誦此経典
我爾時為現　清浄光明身
若忘失章句　為説令通利
若人具是徳　或為四衆説
空処読誦経　皆得見我身
若人在空閑　我遣天竜王

我は化の四衆　比丘比丘尼
及び清信士女を遣わして　法師を供養せしめ
頌遣化人
諸の衆生を引導して　之を集めて法を聴かしめん
若し人悪　刀杖及び瓦石を加えんと欲せば
則ち変化の人を遣わして　之が為に衛護と作さん
頌令得総持
若し説法の人　独り空閑の処に在って
寂莫として人の声無からんに　此の経典を読誦せば
我は爾の時為に　清浄光明の身を現ぜん
若し章句を忘失せば　為に説いて通利ならしめん
頌令得見仏
若し人は是の徳を具して　或は四衆の為に説き
空処にて経を読誦せば　皆我が身を見ることを得ん
頌遣八部
若し人空閑に在らば　我は天・竜王

夜叉鬼神等　為作聴法衆
是人楽説法　分別無罣礙
諸仏護念故　能令大衆喜
若親近法師　速得菩薩道
随順是師学　得見恒沙仏

夜叉・鬼神等を遣わして　為に聴法の衆と作さん
是の人は法を説くを楽い　分別して罣礙無からん
諸仏は護念したまうが故に　能く大衆をして喜ばしめん
結勧
若し法師に親近せば　速やかに菩薩の道を得
是の師に随順して学せば　恒沙の仏を見たてまつることを得ん

妙法蓮華経見宝塔品第十一

爾時仏前有七宝塔、高五百由旬、縦広二百五十由旬、従地涌出、住在空中、種種宝物而荘校之。五千欄楯、龕室千万、無数幢幡以為厳飾、垂宝瓔珞、宝鈴万億而懸其上。四面皆出多摩羅跋栴檀之香、充遍世界。其諸幡蓋、以金・銀・瑠璃・車渠・馬脳・真珠・玫瑰七宝合成、高至

妙法蓮華経見宝塔品第十一

迹門流通分・明弘経功深福重・多宝分身且証且助勧覓流通
長行・明多宝涌現・塔現之相

爾の時、仏前に七宝の塔有って、高さ五百由旬、縦広二百五十由旬にして、地従り涌出して、空中に住して、種種の宝物もて之を荘校せり。五千の欄楯、龕室千万あって、無数の幢幡、以て厳飾と為し、宝の瓔珞を垂れ、宝鈴万億にして、其の上に懸けたり。四面に皆多摩羅跋栴檀の香を出だして、世界に充遍せり。其の諸の幡蓋は、金・銀・瑠璃・車渠・馬脳・真珠・玫瑰の七宝を以て合成し、高く四天王宮に至る。

四天王宮。

三十三天雨天曼陀羅華、供養宝塔、余諸天・竜・夜叉・乾闥婆・阿修羅・迦楼羅・緊那羅・摩睺羅伽、人・非人等千万億衆、以一切華・香・瓔珞・幡蓋・妓楽供養宝塔、恭敬・尊重・讃歎。

爾時宝塔中出大音声、歎言、善哉善哉。釈迦牟尼世尊。能以平等大慧、教菩薩法、仏所護念妙法華経、為大衆説。如是如是。釈迦牟尼世尊。如所説者、

諸天供養

三十三天は、天の曼陀羅華を雨して、宝塔を供養し、余の諸天・竜・夜叉・乾闥婆・阿修羅・迦楼羅・緊那羅・摩睺羅伽、人・非人等の千万億衆は、一切の華・香・瓔珞・幡蓋・妓楽を以て、宝塔を供養して、恭敬・尊重・讃歎したてまつる。

多宝称歎

爾の時、宝塔の中より大音声を出だして、歎めて言わく、「善き哉、善き哉。釈迦牟尼世尊よ。能く平等大慧を以て、菩薩を教うる法にして、仏の護念したまう所の妙法華経を、大衆の為に説きたまう。是くの如し、是くの如し。釈迦牟尼世尊よ。説きたまう所の如きは、皆是れ

皆是真実。

爾時四衆見大宝塔住在空中、又聞塔中所出音声、皆得法喜、怪未曽有、従座而起、恭敬・合掌、却住一面。

爾時有菩薩摩訶薩、名大楽説、知一切世間天・人・阿修羅等心之所疑、而白仏言、

世尊。以何因縁、有此宝塔従地涌出、又於其中発是音声。

爾時仏告大楽説菩薩、

此宝塔中有如来全身。乃往過

真実なり」と。

時衆驚疑・得法喜

疑怪

爾の時、四衆は大宝塔の空中に住せるを見、又塔の中より出だしたまう所の音声を聞いて、皆法喜を得、未曽有なりと怪しみ、座従り而も起って、恭敬・合掌し、却って一面に住す。

大楽説問

爾の時、菩薩摩訶薩有って、大楽説と名づけ、一切世間の天・人・阿修羅等の心の疑う所を知って、仏に白して言さく、

問何因有此塔

問何故塔従地出

問何故発是音声

「世尊よ。何なる因縁を以てか、此の宝塔有って地従り涌出し、又其の中於り是の音声を発したまう」と。

如来答

爾の時、仏は大楽説菩薩に告げたまわく、

答第二問

「此の宝塔の中に如来の全身有す。乃往過去に、東方

去東方無量千万億阿僧祇世界、国名宝浄。彼中有仏、号曰多宝。其仏本行菩薩道時、作大誓願、

若我成仏、滅度之後、於十方国土、有説法華経処、我之塔廟為聴是経故、涌現其前、為作証明、讃言善哉。

彼仏成道已、臨滅度時、於天人大衆中告、

諸比丘。我滅度後、欲供養我全身者、応起一大塔。

其仏以神通願力、十方世界在

の無量千万億阿僧祇の世界に、国を宝浄と名づく。彼の中に仏有し、号づけて多宝と曰う。其の仏は本菩薩の道を行ぜし時、大誓願を作したまわく、

『若し我成仏して、滅度するの後、十方の国土に於いて、法華経を説く処有らば、我が塔廟は是の経を聴かんが為の故に、其の前に涌現して、為に証明と作って、讃めて善き哉と言わん』と。

答第一問

彼の仏は成道し已わって、滅度の時に臨んで、天人大衆の中に於いて告げたまわく、

『諸の比丘よ。我滅度して後に、我が全身を供養せんと欲せば、応に一の大塔を起つべし』と。

答第三問

其の仏は神通願力を以て、十方の世界の在在処処に

在処処、若有説法華経者、彼之宝塔皆涌出其前、全身在於塔中、讃言善哉善哉。大楽説。今多宝如来塔聞説法華経故、従地涌出、讃言善哉善哉。

是時大楽説菩薩以如来神力故、白仏言、

世尊。我等願欲見此仏身。

仏告大楽説菩薩摩訶薩、是多宝仏有深重願。若我宝塔為聴法華経故、出於諸仏前時、其有欲以我身示四衆者、彼仏分

て、若し法華経を説くこと有らば、彼の宝塔は皆其の前に涌出して、全身は塔の中に在して、讃めて『善き哉、善き哉』と言う。大楽説よ。今、多宝如来の塔は、法華経を説くを聞きたまうが故に、地従り涌出して、讃めて『善き哉、善き哉』と言う」と。

明分身遠集・楽説請見多宝

是の時、大楽説菩薩は、如来の神力を以ての故に、仏に白して言さく、

「世尊よ。我等は願わくは、此の仏身を見たてまつらんと欲す」と。

応集分身

仏は大楽説菩薩摩訶薩に告げたまわく、

「是の多宝仏に深重の願有す。『若し我が宝塔は法華経を聴かんが為の故に、諸仏の前に出でん時、其し我が身を以て四衆に示さんと欲すること有らば、彼の仏の分身

身諸仏在於十方世界説法、尽還集一処、然後我身乃出現耳。大楽説。我分身諸仏在於十方世界説法者、今応当集。

大楽説白仏言、

世尊。我等亦願欲見世尊分身諸仏、礼拝供養。

爾時仏放白毫一光、即見東方五百万億那由他恒河沙等国土諸仏。彼諸国土、皆以頗梨為地、宝樹・宝衣以為荘厳、無数千万億菩薩充満其中。遍張宝幔、宝

の諸仏の十方の世界に在して説法したまうを、尽く一処に還し集めて、然る後に我が身は乃ち出現せんのみ』と。大楽説よ。我が分身の諸仏の十方世界に在って説法する者を、今応当に集むべし」と。

楽説請集

大楽説は仏に白して言さく、

「世尊よ。我等も亦願わくは、世尊の分身の諸仏を見たてまつり、礼拝し供養せんと欲す」と。

放光遠召

爾の時、仏は白毫の一光を放ちたまうに、即ち東方の五百万億那由他恒河沙等の国土の諸仏を見たてまつる。彼の諸の国土は、皆頗梨を以て地と為し、宝樹・宝衣もて、以て荘厳と為して、無数千万億の菩薩は其の中に充満せり。遍く宝幔を張って、宝網を上に羅けたり。彼の

網羅上。彼国諸仏、以大妙音而説諸法。及見無量千万億菩薩、遍満諸国、為衆説法。南・西・北方・四維・上下、白毫相光所照之処、亦復如是。

爾時十方諸仏各告衆菩薩言、善男子。我今応往娑婆世界釈迦牟尼仏所、幷供養多宝如来宝塔。

時娑婆世界即変清浄。瑠璃為地、宝樹荘厳、黄金為縄、以界八道、無諸聚落・村営・城邑・

国の諸仏は、大妙音を以て、諸法を説きたまう。及び無量千万億の菩薩の、諸国に遍満して、衆の為に法を説くを見る。南・西・北方・四維・上下、白毫相の光の照らす所の処も亦復是くの如し。

諸仏同来

爾の時、十方の諸仏は、各衆の菩薩に告げて言わく、「善男子よ。我は今、応に娑婆世界の釈迦牟尼仏の所に往き、幷びに多宝如来の宝塔を供養すべし」と。

厳浄国界・変娑婆

時に娑婆世界は、即ち変じて清浄なり。瑠璃を地と為して、宝樹もて荘厳し、黄金を縄と為して、以て八道を界い、諸の聚落・村営・城邑・大海・江河・山川・林藪

大海・江河・山川・林藪、焼大宝香、曼陀羅華遍布其地、以宝網幔羅覆其上、懸諸宝鈴。唯留此会衆、移諸天人置於他土。是時諸仏各将一大菩薩、以為侍者、至娑婆世界、各到宝樹下。一一宝樹、高五百由旬、枝葉華菓、次第荘厳。諸宝樹下、皆有師子之座、高五由旬。亦以大宝而校飾之。爾時諸仏各於此座、結跏趺坐。如是展転、遍満三千大千世界。而於釈迦牟尼仏一方所分

無く、大宝の香を焼き、曼陀羅華は遍く其の地に布き、宝の網幔を以て、其の上に羅け覆い、諸の宝鈴を懸けたり。唯此の会の衆のみを留めて、諸の天人を移して、他土に置く。是の時、諸仏は各一りの大菩薩を将いて、以て侍者と為し、娑婆世界に至って、各宝樹の下に到りたまう。一一の宝樹は、高さ五百由旬にして、枝葉華菓は、次第に荘厳せり。諸の宝樹の下に、皆師子の座有って、高さ五由旬なり。亦大宝を以て、之を校飾せり。爾の時、諸仏は各此の座に於いて、結跏趺坐したまう。是くの如く展転して、三千大千世界に遍満せり。而も釈迦牟尼仏の一方に分かつ所の身に於いて、猶故未だ尽きず。

之身、猶故未尽。

時釈迦牟尼仏欲容受所分身諸仏故、八方各更変二百万億那由他国、皆令清浄。無有地獄・餓鬼・畜生、及阿修羅。又移諸天人置於他土。所化之国、亦以瑠璃為地、宝樹荘厳、樹高五百由旬、枝葉華菓、次第厳飾。樹下皆有宝師子座、高五由旬、種種諸宝以為荘校。亦無大海・江河、及目真隣陀山・摩訶目真隣陀山・鉄囲山・大鉄囲山・須弥山等諸

変八方二百万億那由他国

時に釈迦牟尼仏は、分かつ所の身の諸仏を容受せんと欲するが故に、八方に各更に二百万億那由他の国を変じて、皆清浄ならしめたまう。地獄・餓鬼・畜生、及び阿修羅有ること無し。又諸の天人を移して、他土に置く。化したまう所の国も亦瑠璃を以て地と為し、宝樹もて荘厳し、樹の高さは五百由旬にして、枝葉華菓は、次第に厳飾せり。樹下に皆宝の師子座有って、高さ五由旬にして、種種の諸宝は、以て荘校と為す。亦大海・江河、及び目真隣陀山・摩訶目真隣陀山・鉄囲山・大鉄囲山・須弥山等の諸山の王無く、通じて一仏国土と為って、宝地は平正なり。宝もて交露せる幔は、遍く其の上を覆

山王、通為一仏国土、宝地平正。宝交露幔、遍覆其上、懸諸幡蓋、焼大宝香、諸天宝華、遍布其地。

釈迦牟尼仏為諸仏当来坐故、復於八方各変二百万億那由他国、皆令清浄。無有地獄・餓鬼・畜生、及阿修羅。又移諸天人置於他土。所化之国、亦以瑠璃為地、宝樹荘厳、樹高五百由旬、枝葉華菓、次第荘厳、樹下皆有宝師子座、高五由旬、亦以大宝而校飾之。亦無大海・江河、及目真

い、諸の幡蓋を懸け、大宝の香を焼き、諸の天の宝華は、遍く其の地に布けり。
更変八方二百万億那由他国
釈迦牟尼仏は、諸仏の当に来り坐したまうべきが為の故に、復八方に於いて、各二百万億那由他の国を変じて、皆清浄ならしめたまう。地獄・餓鬼・畜生、及び阿修羅有ること無し。又諸の天人を移して、他土に置く。化したまう所の国も亦瑠璃を以て地と為し、宝樹もて荘厳し、樹の高さは五百由旬にして、枝葉華菓は、次第に荘厳せり。樹下に皆宝の師子座有って、高さ五由旬にして、亦大宝を以て、之を校飾せり。亦大海・江河、及び目真隣陀山・摩訶目真隣陀山・鉄囲山・大鉄囲山・須弥山等

隣陀山・摩訶目真隣陀山・鉄囲山・大鉄囲山・須弥山等諸山王、通為一仏国土、宝地平正。宝交露幔、遍覆其上、懸諸幡蓋、焼大宝香、諸天宝華、遍布其地。

爾時東方釈迦牟尼仏所分之身、百千万億那由他恒河沙等国土中諸仏、各各説法、来集於此。如是次第十方諸仏皆悉来集、坐於八方。爾時一一方四百万億那由他国土、諸仏如来遍満其中。

是時諸仏各在宝樹下坐師子座、

の諸山の王無く、通じて一仏国土と為って、宝地は平正なり。宝もて交露せる幔は、遍く其の上に覆い、諸の幡蓋を懸け、大宝の香を焼き、諸の天の宝華は、遍く其の地に布けり。

爾の時、東方の釈迦牟尼仏の分かつ所の身の百千万億那由他恒河沙等の国土の中の諸仏は、各各、説法したまい、此に来集せり。是くの如く次第に十方の諸仏は皆悉来集して、八方に坐したまう。爾の時、一一の方の四百万億那由他の国土に、諸仏如来は其の中に遍満したまえり。

与欲開塔・諸仏問訊説欲

是の時、諸仏は各宝樹の下に在して、師子座に坐し、

皆遣侍者、問訊釈迦牟尼仏。各
齎宝華満掬、而告之言、
善男子。汝往詣耆闍崛山釈迦
牟尼仏所、如我辞曰、
少病少悩、気力安楽。及菩薩・
声聞衆悉安穏不。
以此宝華散仏供養、而作是言、
彼某甲仏与欲開此宝塔。
諸仏遣使、亦復如是。
爾時釈迦牟尼仏見所分身諸仏
悉已来集、各各坐於師子之座、
皆聞諸仏与欲同開宝塔、即従座

皆侍者を遣わして、釈迦牟尼仏を問訊したまう。各宝華を齎ち掬に満てて、之に告げて言わく、

「善男子よ。汝は耆闍崛山の釈迦牟尼仏の所に往詣して、我が辞の如く曰せ、

『少病少悩にして、気力安楽にましますや。及び菩薩・声聞衆は、悉く安穏なりや不や』と。

此の宝華を以て、仏に散じ供養して、是の言を作せ、

『彼の某甲の仏は、此の宝塔を開かんと与欲す』」と。

諸仏は使いを遣わしたまうこと、亦復是くの如し。

釈迦開塔

爾の時、釈迦牟尼仏は、分かつ所の身の諸仏は悉く已に来集して、各各師子の座に坐したまうを見わし、皆諸仏の同じく宝塔を開かんと与欲したまうを聞こしめして、

起、住虚空中。一切四衆起立合掌、一心観仏。

於是釈迦牟尼仏以右指開七宝塔戸。出大音声、如却関鑰開大城門。

即時一切衆会皆見多宝如来於宝塔中坐師子座、全身不散、如入禅定。又聞其言、

善哉善哉。釈迦牟尼仏快説是法華経。我為聴是経故、而来至此。

爾時四衆等見過去無量千万億

即ち座従り起って、虚空の中に住したまう。一切の四衆は起立し合掌して、一心に仏を観たてまつる。

是に於いて釈迦牟尼仏は、右の指を以て、七宝塔の戸を開きたまう。大音声を出だすこと、関鑰を却けて、大城の門を開くが如し。

四衆皆同見聞

即時に一切の衆会は、皆多宝如来の宝塔の中に於いて師子座に坐したまい、全身散ぜざること、禅定に入るが如くなるを見る。又其の、

「善き哉、善き哉。釈迦牟尼仏は、快く是の法華経を説きたまう。我は是の経を聴かんが為の故に、而も此に来至せり」と言うを聞く。

爾の時、四衆等は過去の無量千万億劫に滅度したまい

劫滅度仏、説如是言、歎未曾有、以天宝華聚、散多宝仏及釈迦牟尼仏上。

爾時多宝仏於宝塔中分半座、与釈迦牟尼仏、而作是言、釈迦牟尼仏。可就此座。

即時釈迦牟尼仏入其塔中、坐其半座、結跏趺坐。

爾時大衆見二如来在七宝塔中師子座上、結跏趺坐、各作是念、仏坐高遠。唯願如来以神通力、令我等輩倶処虚空。

し仏の、是くの如き言を説きたまうを見て、未曾有なりと歎じ、天の宝華聚を以て、多宝仏、及び釈迦牟尼仏の上に散ず。

二仏分座而坐

爾の時、多宝仏は宝塔の中に於いて、半座を分かって、釈迦牟尼仏に与えて、是の言を作したまわく、「釈迦牟尼仏よ。此の座に就きたまう可し」と。

即時に釈迦牟尼仏は、其の塔の中に入り、其の半座に坐して、結跏趺坐したまう。

四衆請加

爾の時、大衆は二如来の七宝塔の中の師子座の上に在して、結跏趺坐したまうを見たてまつり、各是の念を作さく、「仏は高遠に坐したまえり。唯願わくは如来は神通力を以て、我が等輩をして倶に虚空に処せしめたまえ」と。

即時釈迦牟尼仏以神通力、接
諸大衆皆在虚空。
以大音声普告四衆、
誰能於此娑婆国土、広説妙法
華経。今正是時。如来不久当入
涅槃。仏欲以此妙法華経、付属
有在。
爾時世尊欲重宣此義、而説偈
言、

聖主世尊　雖久滅度
在宝塔中　尚為法来
諸人云何　不勤為法

即時に釈迦牟尼仏は、神通力を以て、諸の大衆を接し
て、皆虚空に在きたまう。

明釈迦唱募覚流通人・大声唱募

大音声を以て、普く四衆に告げたまわく、
「誰か能く此の娑婆国土に於いて、広く妙法華経を説
かん。今正しく是れ時なり。如来は久しからずして、当
に涅槃に入るべし。仏は此の妙法華経を以て、付属して
在ること有らしめんと欲す」と。

明付嘱時至　明付嘱有在

偈頌

爾の時、世尊は重ねて此の義を宣べんと欲して、偈を
説いて言わく、

頌多宝滅度

聖主世尊は　久しく滅度し
宝塔の中に在すと雖も　尚法の為に来りたまえり
諸人は云何ぞ　勤めて法の為にせざらんや

此仏滅度　無央数劫
処処聴法　以難遇故
彼仏本願　我滅度後
在在所往　常為聴法
又我分身　無量諸仏
如恒沙等　来欲聴法
及見滅度　多宝如来
各捨妙土　及弟子衆
天人竜神　諸供養事
令法久住　故来至此
為坐諸仏　以神通力
移無量衆　令国清浄

此の仏は滅度したまいて　無央数劫なるも
処処に法を聴きたまう　遇い難きを以ての故なり
彼の仏の本願は　我滅度して後
在在往く所にて　常に法を聴かんが為にせん

頌分身集

又我が分身　無量の諸仏
恒沙等の如く　来り法を聴き
及び滅度せる　多宝如来を見たてまつらんと欲す
各妙土　及び弟子衆
天・人・竜神　諸の供養の事を捨てて
法をして久しく住せしめんが　故に此に来至したまえり
諸仏を坐せしめんが為に　神通力を以て
無量の衆を移して　国をして清浄ならしむ

諸仏各各　詣宝樹下
如清涼池　蓮華荘厳
其宝樹下　諸師子座
仏坐其上　光明厳飾
如夜闇中　燃大炬火
身出妙香　遍十方国
衆生蒙薫　喜不自勝
譬如大風　吹小樹枝
以是方便　令法久住
告諸大衆　我滅度後
誰能護持　読誦斯経
今於仏前　自説誓言

諸仏は各各　宝樹の下に詣りたまう
清涼池の　蓮華の荘厳せるが如し
其の宝樹の下の　諸の師子座は
仏は其の上に坐したまえば　光明もて厳飾す
夜の闇の中に　大なる炬火を燃せるが如し
身より妙香を出だして　十方の国に遍じたまう
衆生は薫を蒙って　喜び自ら勝えず
譬えば大風の　小樹の枝を吹くが如し
是の方便を以て　法をして久しく住せしむ
頌釈迦付嘱・挙三仏以勧流通・募覓其人
諸の大衆に告ぐ　我滅度して後に
誰か能く　斯の経を護持し読誦せん
今仏前に於いて　自ら誓言を説け

其(た)多(ほう)宝(ぶつ)仏　雖(すい)久(く)滅(めっ)度(ど)
以(い)大(だい)誓(せい)願(がん)　而(に)師(し)子(し)吼(く)
多(た)宝(ほう)如(にょ)来(らい)　及(ぎゅう)与(よ)我(が)身(しん)
所(しょ)集(じゅう)化(け)仏(ぶつ)　当(とう)知(ち)此(し)意(い)
諸(しょ)仏(ぶっ)子(し)等(とう)　誰(すい)能(のう)護(ご)法(ほう)
当(とう)発(ほっ)大(だい)願(がん)　令(りょう)得(とく)久(く)住(じゅう)
其(ご)有(う)能(のう)護(ご)　此(し)経(きょう)法(ぼう)者(しゃ)
則(そく)為(い)供(く)養(よう)　我(が)及(ぎゅう)多(た)宝(ほう)
此(し)多(た)宝(ほう)仏(ぶつ)　処(しょ)於(お)宝(ほう)塔(とう)
常(じょう)遊(ゆ)十(じっ)方(ぽう)　為(い)是(ぜ)経(きょう)故(こ)
亦(やく)復(ぶ)供(く)養(よう)　諸(しょ)来(らい)化(け)仏(ぶつ)
荘(しょう)厳(ごん)光(こう)飾(じき)　諸(しょ)世(せ)界(かい)者(しゃ)

正挙三仏以勧持経
其(そ)れ多(た)宝(ほう)仏(ぶつ)は　久(ひさ)しく滅(めっ)度(ど)したまうと雖(いえど)も
大(だい)誓(せい)願(がん)を以(もっ)て　師(し)子(し)吼(く)したまわば
多(た)宝(ほう)如(にょ)来(らい)　及(およ)び我(わ)が身(み)
集(あつ)むる所(ところ)の化(け)仏(ぶつ)は　当(まさ)に此(こ)の意(こころ)を知(し)るべし
諸(もろもろ)の仏(ぶっ)子(し)等(とう)よ　誰(たれ)か能(よ)く法(ほう)を護(まも)らん
当(まさ)に大(だい)願(がん)を発(おこ)して　久(ひさ)しく住(じゅう)することを得(え)しむべし
釈勧意
其(も)し能(よ)く　此(こ)の経(きょう)法(ぼう)を護(まも)る者(もの)有(あ)らば
則(すなわ)ち為(こ)れ　我(われおよ)び多(た)宝(ほう)を供(く)養(よう)す
此(こ)の多(た)宝(ほう)仏(ぶつ)は　宝(ほう)塔(とう)に処(しょ)して
常(つね)に十(じっ)方(ぽう)に遊(あそ)びたまう　是(こ)の経(きょう)の為(ため)の故(ゆえ)なり
亦(また)復(ま)　諸(もろもろ)の来(きた)りたまえる化(け)仏(ぶつ)の
諸(もろもろ)の世(せ)界(かい)を　荘(しょう)厳(ごん)し光(こう)飾(じき)したまう者(もの)を供(く)養(よう)す

若説此経　則為見我
多宝如来　及諸化仏
諸善男子　各諦思惟
此為難事　宜発大願
諸余経典　数如恒沙
雖説此等　未足為難
若接須弥　擲置他方
無数仏土　亦未為難
若以足指　動大千界
遠擲他国　亦未為難
若立有頂　為衆演説
無量余経　亦未為難

若し此の経を説かば　則ち為れ我
多宝如来　及び諸の化仏を見たてまつる

挙難持之法以勧流通・正挙勧・誡勧

諸の善男子よ　各諦らかに思惟せよ
此は為れ難事なり　宜しく大願を発すべし

正挙難持以勧流通

諸余の経典は　数恒沙の如し
此等を説くと雖も　未だ難しと為すに足らず
若し須弥を接って　他方の
無数の仏土に擲げ置かんも　亦未だ難しと為さず
若し足の指を以て　大千界を動かし
遠く他国に擲げんも　亦未だ難しと為さず
若し有頂に立って　衆の為に
無量の余経を演説せんも　亦未だ難しと為さず

若仏滅度　於悪世中
能説此経　是則為難
仮使有人　手把虚空
而以遊行　亦未為難
於我滅後　若自書持
若使人書　是則為難
若以大地　置足甲上
昇於梵天　亦未為難
仏滅度後　於悪世中
暫読此経　是則為難
仮使劫焼　担負乾草
入中不焼　亦未為難

若し仏の滅度して　悪世の中に於いて
能く此の経を説かば　是は則ち難しと為す
仮使人有って　手に虚空を把って
以て遊行すとも　亦未だ難しと為さず
我滅して後に於いて　若しは自らも書き持ち
若しは人をしても書かしめば　是は則ち難しと為す
若し大地を以て　足の甲の上に置いて
梵天に昇らんも　亦未だ難しと為さず
仏滅度して後　悪世の中に於いて
暫くも此の経を読まば　是は則ち難しと為す
仮使劫焼に　乾ける草を担い負って
中に入って焼けざらんも　亦未だ難しと為さず

我滅度後　若持此経
為一人説　是則為難
若持八万　四千法蔵
十二部経　為人演説
令諸聴者　得六神通
雖能如是　亦未為難
於我滅後　聴受此経
問其義趣　是則為難
若人説法　令千万億
無量無数　恒沙衆生
得阿羅漢　具六神通
雖有是益　亦未為難

我滅度して後に　若し此の経を持って
一人の為にも説かば　是は則ち難しと為す
若し八万　四千の法蔵
十二部経を持って　人の為に演説して
諸の聴かん者をして　六神通を得しめんも
能く是くの如くすと雖も　亦未だ難しと為さず
我滅して後に於いて　此の経を聴受して
其の義趣を問わば　是は則ち難しと為す
若し人法を説いて　千万億
無量無数　恒沙の衆生をして
阿羅漢を得　六神通を具せしめんも
是の益有りと雖も　亦未だ難しと為さず

於我滅後　若能奉持
如斯経典　是則為難
我為仏道　於無量土
従始至今　広説諸経
而於其中　此経第一
若有能持　則持仏身
諸善男子　於我滅後
誰能受持　読誦此経
今於仏前　自説誓言
此経難持　若暫持者
我即歓喜　諸仏亦然
如是之人　諸仏所歎

我滅して後に於いて　若し能く
斯くの如き経典を奉持せば　是は則ち難しと為す
釈難持意
我は仏道の為に　無量の土に於いて
始従り今に至るまで　広く諸経を説く
而も其の中に於いて　此の経は第一なり
若し能く持つこと有らば　則ち仏身を持つ
釈勧意・重募持経人
諸の善男子よ　我滅して後に於いて
誰か能く　此の経を受持し読誦せん
今仏前に於いて　自ら誓言を説け
明能持難持則諸仏喜歎
此の経は持ち難し　若し暫くも持たば
我は即ち歓喜す　諸仏も亦然なり
是くの如きの人は　諸仏の歎めたまう所なり

是則勇猛　是則精進
是名持戒　行頭陀者
則為疾得　無上仏道
能於来世　読持此経
是真仏子　住淳善地
仏滅度後　能解其義
是諸天人　世間之眼
於恐畏世　能須臾説
一切天人　皆応供養

妙法蓮華経巻第四

明能持難持即成勝行

是は則ち勇猛なり　是は則ち精進なり
是を戒を持ち　頭陀を行ずる者と名づけ
則ち為れ疾く　無上の仏道を得ん
能く来世に於いて　此の経を読み持たば
是れ真の仏子　淳善の地に住す
仏滅度して後に　能く其の義を解せば
是れ諸の天人　世間の眼なり
恐畏の世に於いて　能く須臾も説かば
一切の天人は　皆応に供養すべし

妙法蓮華経巻第四

妙法蓮華経　巻第五

妙法蓮華経提婆達多品第十二

爾時仏告諸菩薩及天、人四衆、

吾於過去無量劫中、求法華経、無有懈惓。於多劫中常作国王、発願求於無上菩提、心不退転。為欲満足六波羅蜜、勤行布施、心無悋惜。象馬・七珍・国城・妻子・奴婢・僕従・頭目・髄脳・身肉・手足、不惜軀命。時

妙法蓮華経提婆達多品第十二

迹門流通分・引往弘経彼我兼益以証功徳深重
明昔日達多通経釈迦成道・明往昔師弟持経之相・長行

爾の時、仏は諸の菩薩、及び天、人の四衆に告げたまわく、

明求法時節

「吾は過去無量劫の中に於いて、法華経を求めしに、懈惓有ること無し。

正明求法・明発願

多劫の中に於いて常に国王と作って、願を発して無上菩提を求め、心は退転せず。

明修行・明欲満檀那勤行布施

六波羅蜜を満足せんと欲するが為に、布施を勤行し、心に悋惜無し。象馬・七珍・国城・妻子・奴婢・僕従・頭目・髄脳・身肉・手足にして、軀命をも惜しまざりき。

明為満般若

時に世の人民は、寿命無量なり。

推求妙法

法の為の故に、国位を捐捨し

世人民寿命無量。為於法故、捐捨国位、委政太子、撃鼓宣令、四方求法。

誰能為我説大乗者。吾当終身供給走使。

時有仙人来白王言、

我有大乗、名妙法蓮華経。若不違我、当為宣説。

王聞仙言、歓喜踊躍、即随仙人、供給所須、採菓汲水、拾薪設食、乃至以身而作牀座、身心無倦。于時奉事、経於千歳、為

て、政を太子に委せ、鼓を撃って宣令し、四方に法を求めき。

『誰か能く我が為に大乗を説かん者なる。吾は当に身を終うるまで供給し走使すべし』と。

明求得法師

時に仙人有り、来って王に白して言さく、

『我は大乗の妙法蓮華経と名づくるものを有てり。若し我に違わずは、当に為に宣説すべし』と。

明受法奉行

王は仙の言を聞いて、歓喜踊躍し、即ち仙人に随って、須うる所を供給し、菓を採り水を汲み、薪を拾い食を設け、乃至身を以て牀座と作せしに、身心倦きこと無かりき。時に奉事すること千歳を経て、法の為の故に、精勤

於法故(おほうこ)、精勤給侍(しょうごんきゅうじ)、令無所乏(りょうむしょぼう)。
爾時世尊欲重宣此義(にじせそんよくじゅうせんしぎ)、而説偈(にせつげ)
言(ごん)、

我念過去劫　為求大法故
雖作世国王　不貪五欲楽
椎鐘告四方　誰有大法者
若為我解説　身当為奴僕
時有阿私仙　来白於大王
我有微妙法　世間所希有
若能修行者　吾当為汝説
時王聞仙言　心生大喜悦
即便随仙人　供給於所須

し給侍(きゅうじ)して、乏(とぼ)しき所(ところ)無(な)からしめき」と。

偈頌
爾(こ)の時(とき)、世尊(せそん)は重(かさ)ねて此(こ)の義(ぎ)を宣(の)べんと欲(ほっ)して、偈(げ)を
説(と)いて言(のたま)わく、

頌求法時節
我念(われおも)うに過去(かこ)の劫(こう)　大法(だいほう)を求(もと)めんが為(ため)の故(ゆえ)に
頌正求法
世(よ)の国王(こくおう)と作(な)れりと雖(いえど)も　五欲(ごよく)の楽(らく)を貪(むさぼ)らざりき
鐘(かね)を椎(つ)いて四方(しほう)に告(つ)ぐ　誰(たれ)か大法(だいほう)を有(たも)てる者(もの)なる
若(も)し我(われ)が為(ため)に解説(げせつ)せば　身(み)は当(まさ)に奴僕(ぬぼく)と為(な)るべし
頌得説法師
時(とき)に阿私仙(あしせん)有(あ)り　来(きた)って大王(だいおう)に白(もう)さく
我(われ)は微妙(みみょう)の法(ほう)を有(たも)てり　世間(せけん)に希有(けう)なる所(ところ)なり
若(も)し能(よ)く修行(しゅぎょう)せば　吾(われ)は当(まさ)に汝(なんじ)が為(ため)に説(と)くべし
頌受法奉行
時(とき)に王(おう)は仙(せん)の言(ことば)を聞(き)いて　心(こころ)に大喜悦(だいきえつ)を生(しょう)ず
即便(すなわ)ち仙人(せんにん)に随(したが)って　須(もち)うる所(ところ)を供給(くきゅう)し

採薪及菓蓏　随時恭敬与
情存妙法故　身心無懈倦
普為諸衆生　勤求於大法
亦不為己身　及以五欲楽
故為大国王　勤求獲此法
遂致得成仏　今故為汝説
仏告諸比丘、
爾時王者則我身是。時仙人者今提婆達多是。由提婆達多善知識故、令我具足六波羅蜜。慈悲喜捨・三十二相・八十種好・紫磨金色・十力・四無所畏・四摂

薪及び菓蓏を採って　時に随って恭敬して与えき
情に妙法を存ぜるが故に　身心に懈倦無かりき
普く諸の衆生の為に　大法を勤求して

結証勧信

亦己が身　及以び五欲の楽の為にせず
故に大国の王と為って　勤求して此の法を獲て
遂に成仏を得ることを致せり　今故に汝が為に説く

結会古今

仏は諸の比丘に告げたまわく、

正結会古今

「爾の時の王とは、則ち我が身、是れなり。時の仙人とは、今の提婆達多、是れなり。

明師弟功報俱満・明弟子因報已満・明因満

提婆達多は善知識なるに由るが故に、我をして六波羅蜜を具足せしめたり。慈悲喜

明果円

捨・三十二相・八十種好・紫磨金色・十力・四無所畏・四摂法・十八不共・神通道力・等正覚を成ずること・広

法・十八不共・神通道力・成等正覚・広度衆生、皆因提婆達多善知識故。

告諸四衆、

提婆達多却後過無量劫、当得成仏。号曰天王如来・応供・正遍知・明行足・善逝・世間解・無上士・調御丈夫・天人師・仏・世尊。世界名天道。

時天王仏住世二十中劫、広為衆生説於妙法。恒河沙衆生得阿羅漢果、無量衆生発縁覚心、恒

結証由通経者益

く衆生を度することは、皆提婆達多の善知識に因るが故なり」と。

明師妙果当成・明正果成

諸の四衆に告げたまわく、

「提婆達多は却って後、無量劫を過ぎて、当に成仏することを得べし。号づけて天王如来・応供・正遍知・明行足・善逝・世間解・無上士・調御丈夫・天人師・仏・世尊と曰わん。世界を天道と名づけん。

明化度

時に天王仏は世に住すること二十中劫、広く衆生の為に妙法を説かん。恒河沙の衆生は阿羅漢果を得、無量の衆生は縁覚の心を発し、恒河沙の衆生は無上道の心を発

河沙衆生発無上道心、得無生忍、住不退転。

時天王仏般涅槃後、正法住世二十中劫、全身舎利起七宝塔。高六十由旬、縦広四十由旬。諸天人民悉以雑花・抹香・焼香・塗香・衣服・瓔珞・幢幡・宝蓋・妓楽・歌頌、礼拝供養七宝妙塔、無量衆生得阿羅漢果、無数衆生悟辟支仏、不可思議衆生発菩提心、至不退転。

仏告諸比丘、

し、無生忍を得、不退転に住せん。

明滅後利益

時に天王仏は般涅槃の後、正法は世に住すること二十中劫、全身の舎利に七宝の塔を起てん。高さ六十由旬、縦広四十由旬ならん。諸天人民は悉く雑花・抹香・焼香・塗香・衣服・瓔珞・幢幡・宝蓋・妓楽・歌頌を以て、七宝の妙塔を礼拝し供養し、無量の衆生は阿羅漢果を得、無数の衆生は辟支仏を悟り、不可思議の衆生は菩提心を発して、不退転に至らん」と。

勧信

仏は諸の比丘に告げたまわく、

未来世中、若有善男子・善女人、聞妙法華経提婆達多品、浄心信敬、不生疑惑者、不堕地獄・餓鬼・畜生、生十方仏前。所生之処、常聞此経。若生人天中、受勝妙楽、若在仏前、蓮華化生。

於時下方多宝世尊所従菩薩、名曰智積、啓多宝仏、

当還本土。

釈迦牟尼仏告智積曰、

善男子。且待須臾。此有菩薩、名文殊師利。可与相見、論説妙

「未来世の中に、若し善男子・善女人有って、妙法華経の提婆達多品を聞いて、浄心に信敬して、疑惑を生ぜずは、地獄・餓鬼・畜生に堕ちずして、十方の仏前に生ぜん。生ずる所の処にて、常に此の経を聞かん。若し人天の中に生ぜば、勝妙の楽を受け、若し仏前に在らば、蓮華に化生せん」と。

明今日文殊通経竜女作仏・明文殊通経・明智積請退

時に下方の多宝世尊の従える所の菩薩の、名づけて智積と曰うは、多宝仏に啓さく、

「当に本土に還りたまうべし」と。

明釈尊止之令待通経利益之証

釈迦牟尼仏は智積に告げて曰わく、

「善男子よ。且く須臾を待て。此に菩薩有り、文殊師利と名づく。与に相見て、妙法を論説す可し。本土に還

法。可還本土。

爾時文殊師利坐千葉蓮華、大如車輪、倶来菩薩亦坐宝蓮華、従於大海娑竭羅竜宮、自然涌出、住虚空中、詣霊鷲山、従蓮華下、至於仏前、頭面敬礼二世尊足。修敬已畢、往智積所、共相慰問、却坐一面。

智積菩薩問文殊師利、仁往竜宮、所化衆生、其数幾何。

文殊師利言、

る可し」と。

文殊尋来

爾の時、文殊師利は、千葉の蓮華の大いさ車輪の如くなるに坐し、倶に来たれる菩薩も亦宝蓮華に坐して、大海の娑竭羅竜宮従り、自然に涌出して、虚空の中に住し、霊鷲山に詣で、蓮華従り下りて、仏前に至り、頭面に二世尊の足を敬礼せり。敬を修すること已に畢わって、智積の所に往きて、共相いに慰問して、却いて一面に坐しぬ。

智積問所化幾如

智積菩薩は、文殊師利に問わく、「仁の竜宮に往きて化する所の衆生は、其の数、幾何ぞ」と。

文殊答非口所宣・答利益甚多

文殊師利の言わく、

其数無量不可称計。非口所宣、非心所測。且待須臾。自当有証。

所言未竟、無数菩薩坐宝蓮華、従海涌出。詣霊鷲山、住在虚空。此諸菩薩皆是文殊師利之所化度、具菩薩行、皆共論説六波羅蜜。本声聞人在虚空中、説声聞行。今皆修行大乗空義。

文殊師利謂智積曰、

於海教化其事如此。

爾時智積菩薩以偈讃曰、

「其の数は無量にして、称計す可からず。口の宣ぶる所に非ず、心の測る所に非ず。且く須臾を待て。自ずから当に証有るべし」と。

蒙益者集証

言う所は未だ竟わらざるに、無数の菩薩は宝蓮華に坐して、海従り涌出せり。霊鷲山に詣でて、虚空に住せり。

皆是文殊所化

此の諸の菩薩は、皆是れ文殊師利の化度せる所にして、菩薩の行を具して、皆共に六波羅蜜を論説す。

本声聞人先稟権教住二乗道今開実教悉住大乗法

本声聞なりし人は、虚空の中に在って、声聞の行を説く。今皆大乗の空の義を修行す。

文殊結益

文殊師利は、智積に謂って曰わく、

「海に於いて教化せること、其の事此くの如し」と。

智積偈歎

爾の時、智積菩薩は偈を以て讃めて曰わく、

大智徳勇健　化度無量衆
今此諸大会　及我皆已見
演暢実相義　開闡一乗法
広導諸群生　令速成菩提

文殊師利言、
我於海中唯常宣説妙法華経。
智積菩薩問文殊師利言、
此経甚深微妙、諸経中宝、世所希有。頗有衆生勤加精進、修行此経、速得仏不。
文殊師利言、
有娑竭羅竜王女。年始八歳、

大智徳勇健なるものよ　無量の衆を化度せるを
今此の諸の大会　及び我は皆已に見つ
実相の義を演暢し　一乗の法を開闡して
広く諸の群生を導いて　速やかに菩提を成ぜしむ

明利益・文殊自叙

文殊師利の言わく、
「我は海中に於いて、唯常に妙法華経のみを宣説す」と。

智積問

智積菩薩は、文殊師利に問うて言わく、
「此の経は甚深微妙にして、諸経の中の宝、世に希有なる所なり。頗衆生の勤加精進して、此の経を修行し、速やかに仏を得ること有りや不や」と。

答

文殊師利の言わく、
「娑竭羅竜王の女有り。年始めて八歳、智慧利根にし

智慧利根、善知衆生諸根行業、
得陀羅尼、諸仏所説甚深秘蔵、
悉能受持、深入禅定、了達諸法、
於刹那頃発菩提心、得不退転、
弁才無礙、慈念衆生、猶如赤子、
功徳具足。心念口演、微妙広大、
慈悲仁譲。志意和雅、能至菩提。

智積菩薩言、

我見釈迦如来、於無量劫難行
苦行、積功累徳、求菩薩道、未
曽止息。観三千大千世界、乃至
無有如芥子許非是菩薩捨身命

て、善く衆生の諸根の行業を知り、陀羅尼を得、諸仏の説きたまう所の甚深の秘蔵を、悉く能く受持し、深く禅定に入って、諸法を了達し、刹那の頃に於いて、菩提心を発して、不退転を得、弁才無礙にして、衆生を慈念すること、猶赤子の如く、功徳は具足せり。心に念い口に演ぶることは、微妙広大にして、慈悲・仁譲あり。志意は和雅にして、能く菩提に至れり」と。

智積執別教為疑

智積菩薩の言わく、

「我は釈迦如来の無量劫に於いて、行じ難きを苦しみて行じ、功を積み徳を累ねて、菩薩の道を求むること、未だ曽て止息したまわざるを見たてまつる。三千大千世界を観るに、乃至芥子の如き許りも是れ菩薩の身命を捨てたま

処。為衆生故。然後乃得成菩提道。不信此女於須臾頃、便成正覚。

言論未訖、時竜王女忽現於前、頭面礼敬、却住一面、以偈讃曰、

深達罪福相　遍照於十方
微妙浄法身　具相三十二
以八十種好　用荘厳法身
天人所戴仰　竜神咸恭敬
一切衆生類　無不宗奉者
又聞成菩提　唯仏当証知
我闡大乗教　度脱苦衆生

う処に非ざること有ること無し。衆生の為の故なり。然る後に乃ち菩提の道を成ずることを得たまえり。此の女の須臾の頃に於いて、便ち正覚を成ずることを信ぜず」と。

竜女明円釈疑・経叙現中敬

言論未だ訖らざるに、時に竜王の女は忽ちに前に現じて、頭面に礼敬し、却いて一面に住して、偈を以て讃めて曰さく、

偈頌

明持経得解

深く罪福の相に達して　遍く十方を照らしたまう

明成就二身

微妙の浄き法身は　相を具せること三十二にして
八十種好を以て　用って法身を荘厳せり
天人の戴仰する所にして　竜神も咸く恭敬す
一切衆生の類に　宗奉せざる者無し

引仏為証

又菩提を成ずることを聞くも　唯仏のみ当に証知したまうべし
我は大乗の教えを闡いて　苦の衆生を度脱せん

爾時舎利弗語竜女言、
汝謂不久得無上道、是事難信。所以者何、女身垢穢、非是法器。云何能得無上菩提。仏道懸曠。逕無量劫、勤苦積行、具修諸度、然後乃成。又女人身猶有五障。一者不得作梵天王。二者帝釈、三者魔王、四者転輪聖王、五者仏身。云何女身速得成仏。
爾時竜女有一宝珠、価直三千大千世界、持以上仏、仏即受之。竜女謂智積菩薩・尊者舎利弗言、

身子挟三蔵権難

爾の時、舎利弗は竜女に語って言わく、

総難信

「汝は久しからずして無上道を得たりと謂えるも、是の事は信じ難し。所以は何ん、女身は垢穢にして、是れ法器に非ざればなり。云何ぞ能く無上菩提を得ん。仏道は懸曠なり。無量劫を逕て、勤苦して行を積み、具さに諸度を修し、然る後に乃ち成ず。

釈出五礙

又女人の身には猶五障有り。一には梵天王と作ることを得ず。二には帝釈、三には魔王、四には転輪聖王、五には仏身なり。云何ぞ女身は速やかに成仏することを得んや」と。

竜女以一実除疑（現成明証）・献珠表得円解

爾の時、竜女に一つの宝珠の、価直三千大千世界なるもの有って、持以て仏に上るに、仏は即ち之を受けたまう。竜女は智積菩薩・尊者舎利弗に謂って言わく、

我献宝珠、世尊納受。是事疾不。
答言、
甚疾。
女言、
以汝神力観我成仏。復速於此。
当時衆会皆見竜女、忽然之間、変成男子、具菩薩行、即往南方無垢世界、坐宝蓮華、成等正覚、三十二相・八十種好、普為十方一切衆生演説妙法。

「我は宝珠を献り、世尊は納受したまう。是の事は疾しや不や」と。

答えて言わく、

「甚だ疾し」と。

女の言わく、

「汝が神力を以て我が成仏を観よ。復此よりも速やかならん」と。

正示因円果満
当時の衆会は、皆竜女の忽然の間に、変じて男子と成って、菩薩の行を具して、即ち南方の無垢世界に往きて、宝蓮華に坐して、等正覚を成じ、三十二相・八十種好あって、普く十方の一切衆生の為に、妙法を演説するを見る。

爾時娑婆世界菩薩・声聞、天竜八部、人与非人皆遥見彼竜女成仏、普為時会人天説法、心大歓喜、悉遥敬礼。無量衆生聞法解悟、得不退転、無量衆生得受道記。無垢世界六反震動。娑婆世界三千衆生住不退地、三千衆生発菩提心、而得受記。智積菩薩及舎利弗、一切衆会、黙然信受。

時衆聞見得益・明見聞

爾の時、娑婆世界の菩薩・声聞、天竜八部、人と非人とは、皆遥かに彼の竜女の成仏して、普く時の会の人天の為に法を説くを見て、

人天歓喜

心は大いに歓喜して、悉く遥かに敬礼す。無量の衆生は、法を聞いて解悟し、不退転を得、無量の衆生は道の記を受くることを得たり。無垢世界は、六反に震動す。娑婆世界の三千の衆生は、不退の地に住し、三千の衆生は菩提心を発して、記を受くることを得たり。

智積身子黙然信伏

智積菩薩、及び舎利弗、一切の衆会は、黙然として信受す。

妙法蓮華経勧持品第十三

爾時薬王菩薩摩訶薩及大楽説菩薩摩訶薩、与二万菩薩眷属倶、皆於仏前作是誓言、

唯願世尊不以為慮。我等於仏滅後、当奉持読誦説此経典。後悪世衆生善根転少、多増上慢、貪利供養、増不善根、遠離解脱。雖難可教化、我等当起大忍力、読誦此経、持説書写、種種供養、

妙法蓮華経勧持品第十三

迹門流通分・忍力成者此土弘経新得記者他土弘経
明受持・二万菩薩奉命此土持経

爾の時、薬王菩薩摩訶薩、及び大楽説菩薩摩訶薩は、二万の菩薩の眷属と倶に、皆仏前に於いて、是の誓いを作して言さく、

「唯願わくは世尊よ、以て慮いを為したまわざれ。我等は仏滅して後に於いて、当に此の経典を奉持し読誦し説きたてまつるべし。後の悪世の衆生は、善根転少なくして、増上慢多く、利供養を貪り、不善根を増し、解脱を遠離せん。教化す可きこと難しと雖も、我等は当に大忍力を起こして、此の経を読誦し、持説し書写し、種種

不惜身命。
爾時衆中五百阿羅漢得受記者、
白仏言、
世尊。我等亦自誓願、
於異国土広説此経。
復有学・無学八千人得受記者、
従座而起、合掌向仏、作是誓言、
世尊。我等亦当於他国土広説
此経。所以者何、是娑婆国中人
多弊悪、懐増上慢、功徳浅薄、
瞋濁諂曲、心不実故。
爾時仏姨母摩訶波闍波提比丘

に供養して、身命を惜しまざるべし」と。

五百八千声聞発誓他国流通

爾の時、衆中の五百の阿羅漢の記を受くるを得たる者は、仏に白して言さく、

「世尊よ。我等も亦自ら誓願すらく、

『異の国土に於いて、広く此の経を説かん』」と。

復学・無学八千人の記を受くるを得たる者有って、座従り而も起って、合掌し仏に向かいたてまつって、是の誓いを作して言さく、

「世尊よ。我等も亦当に他の国土に於いて、広く此の経を説くべし。所以は何ん、是の娑婆国の中は、人に弊悪多く、増上慢を懐き、功徳浅薄、瞋濁諂曲にして、心は不実なるが故なり」と。

諸尼請記・波闍波提請及記・請記

爾の時、仏の姨母の摩訶波闍波提比丘尼は、学・無学

尼与学・無学比丘尼六千人倶、従座而起、一心合掌、瞻仰尊顔、目不暫捨。

於時世尊告憍曇弥、何故憂色而視如来。汝心将無謂我不説汝名、授阿耨多羅三藐三菩提記耶。憍曇弥。我先惣説一切声聞皆已授記。今汝欲知記者、将来之世、当於六万八千億諸仏法中、為大法師。及六千学・無学比丘尼倶為法師。汝如是漸漸具菩薩道、当得作仏。号一切

の比丘尼六千人と倶に、座従り而も起って、一心に合掌し、尊顔を瞻仰して、目暫くも捨てず。

授記

時に世尊は、憍曇弥に告げたまわく、

「何が故ぞ憂いの色にして如来を視る。汝は心に将我は汝が名を説いて、阿耨多羅三藐三菩提の記を授けずと謂うこと無からんや。憍曇弥よ。我は先に惣じて一切の声聞に、皆已に授記すと説けり。今汝は記を知らんと欲せば、将来の世に、当に六万八千億の諸仏の法の中に於いて、大法師と為るべし。及び六千の学・無学の比丘尼も倶に法師と為らん。汝は是くの如く漸漸に菩薩の道を具して、当に作仏することを得べし。一切衆生憙見如

衆生憙見如来・応供・正遍知・明行足・善逝・世間解・無上士・調御丈夫・天人師・仏・世尊。憍曇弥。是一切衆生憙見仏、及六千菩薩、転次授記、得阿耨多羅三藐三菩提。

爾時羅睺羅母耶輸陀羅比丘尼作是念、

世尊於授記中、独不説我名。

仏告耶輸陀羅、

汝於来世百千万億諸仏法中、修菩薩行、為大法師、漸具仏道、

来・応供・正遍知・明行足・善逝・世間解・無上士・調御丈夫・天人師・仏・世尊と号づけん。憍曇弥よ。是の一切衆生憙見仏、及び六千の菩薩は、転次に授記して、阿耨多羅三藐三菩提を得ん」と。

耶輸陀羅請及記・請記

爾の時、羅睺羅の母の耶輸陀羅比丘尼は、是の念を作さく、

「世尊は授記の中に於いて、独り我が名を説きたまわず」と。

授記

仏は耶輸陀羅に告げたまわく、

「汝は来世、百千万億の諸仏の法の中に於いて、菩薩の行を修し、大法師と為り、漸く仏道を具して、善国の

於善国中、当得作仏。号具足千万光相如来・応供・正遍知・明行足・善逝・世間解・無上士・調御丈夫・天人師・仏・世尊。仏寿無量阿僧祇劫。

爾時摩訶波闍波提比丘尼、及耶輸陀羅比丘尼、幷其眷属、皆大歓喜、得未曽有、即於仏前、而説偈言、

世尊導師　安穏天人
我等聞記　心安具足

諸比丘尼説是偈已、白仏言、

中に於いて、当に作仏することを得べし。具足千万光相如来・応供・正遍知・明行足・善逝・世間解・無上士・調御丈夫・天人師・仏・世尊と号づけん。仏の寿は無量阿僧祇劫ならん」と。

諸尼領解

爾の時、摩訶波闍波提比丘尼、及び耶輸陀羅比丘尼、幷びに其の眷属は、皆大いに歓喜し、未曽有なることを得、即ち仏前に於いて偈を説いて言さく、

世尊よ導師は　天人を安穏ならしめたまう
我等は記を聞いて　心安く具足しぬ

諸尼発誓

諸の比丘尼は是の偈を説き已わって、仏に白して言さく、

世尊。我等亦能於他方国土広宣此経。

爾時世尊視八十万億那由他諸菩薩摩訶薩。是諸菩薩皆是阿惟越致、転不退法輪、得諸陀羅尼。即従座起、至於仏前、一心合掌、而作是念、

若世尊告勅我等、持説此経者、当如仏教、広宣斯法。

復作是念、

仏今黙然不見告勅。我当云何。

「世尊よ。我等も亦能く他方の国土に於いて、広く此の経を宣べん」と。

明勧持・長行・仏眼視

爾の時、世尊は八十万億那由他の諸の菩薩摩訶薩を視そなわす。

菩薩請告

是の諸の菩薩は、皆是れ阿惟越致にして、不退の法輪を転じ、諸の陀羅尼を得たり。即ち座従り起って、仏前に至り、一心に合掌して、是の念を作さく、

「若し世尊は我等に此の経を持説せよと告勅したまわば、当に仏の教えの如く、広く斯の法を宣ぶべし」と。

仏黙然

復是の念を作さく、

「仏は今黙然として告勅せられず。我は当に云何がすべきや」と。

時諸菩薩敬順仏意、并欲自満本願、便於仏前作師子吼、而発誓言、

世尊。我等於如来滅後、周旋往返十方世界、能令衆生書写此経、受持読誦、解説其義、如法修行、正憶念。皆是仏之威力。唯願世尊在於他方遥見守護。

即時諸菩薩倶同発声、而説偈言、

唯願不為慮　於仏滅度後
恐怖悪世中　我等当広説

菩薩知意

時に諸の菩薩は、仏意に敬順し、并びに自ら本願を満たさんと欲して、

発誓通経

便ち仏前に於いて、師子吼を作して、誓いを発して言さく、

「世尊よ。我等は如来滅して後に於いて、十方の世界に周旋往返して、能く衆生をして此の経を書写し、受持し読誦し、其の義を解説し、法の如く修行し、正憶念せしめん。皆是れ仏の威力ならん。唯願わくは世尊よ、他方に在して、遥かに守護せられよ」と。

偈頌

即時に諸の菩薩は倶に同じく声を発して、偈を説いて言さく、

被忍衣弘経・総論時節

唯願わくは慮いを為したまわざれ　仏滅度して後
恐怖悪世の中に於いて　我等は当に広く説くべし

有諸無智人　悪口罵詈等
及加刀杖者　我等皆当忍
悪世中比丘　邪智心諂曲
未得謂為得　我慢心充満
或有阿練若　納衣在空閑
自謂行真道　軽賤人間者
貪著利養故　与白衣説法
為世所恭敬　如六通羅漢
是人懐悪心　常念世俗事
仮名阿練若　好出我等過
而作如是言　此諸比丘等
為貪利養故　説外道論議

別明所忍之境・明俗衆増上慢

諸の無智の人の　悪口・罵詈等し
及び刀杖を加うる者有らん　我等は皆当に忍ぶべし

明道門増上慢

悪世の中の比丘は　邪智にして心諂曲に
未だ得ざるを謂って得たりと為し　我慢の心は充満せん

明僭聖増上慢

或は阿練若に　納衣にして空閑に在って
自ら真の道を行ずと謂って　人間を軽賤する者有らん
利養に貪著するが故に　白衣の与に法を説いて
世の恭敬する所と為ること　六通の羅漢の如くならん
是の人は悪心を懐き　常に世俗の事を念い
名を阿練若に仮りて　好んで我等が過を出ださん
而も是くの如き言を作さん　此の諸の比丘等は
利養を貪らんが為の故に　外道の論議を説く

自作此経典　誑惑世間人
為求名聞故　分別説是経
常在大衆中　欲毀我等故
向国王大臣　婆羅門居士
及余比丘衆　誹謗説我悪
謂是邪見人　説外道論議
我等敬仏故　悉忍是諸悪
為斯所軽言　汝等皆是仏
如此軽慢言　皆当忍受之
濁劫悪世中　多有諸恐怖
悪鬼入其身　罵詈毀辱我
我等敬信仏　当著忍辱鎧

自ら此の経典を作って　世間の人を誑惑す
名聞を求めんが為の故に　分別して是の経を説くと
常に大衆の中に在って　我等を毀らんと欲するが故に
国王・大臣　婆羅門・居士
及び余の比丘衆に向かって　誹謗して我が悪を説いて
是れ邪見の人　外道の論議を説くと謂わん
明著衣意
我等は仏を敬うが故に　悉く是の諸悪を忍ばん
斯の軽んじて　汝等は皆是れ仏なりと言う所と為らん
此くの如き軽慢の言を　皆当に忍んで之を受くべし
濁劫悪世の中には　多く諸の恐怖有らん
悪鬼は其の身に入って　我を罵詈毀辱せん
我等は仏を敬信して　当に忍辱の鎧を著て

為説是経故　忍此諸難事
我不愛身命　但惜無上道
我等於来世　護持仏所嘱
世尊自当知　濁世悪比丘
不知仏方便　随宜所説法
悪口而嚬蹙　数数見擯出
遠離於塔寺　如是等衆悪
念仏告勅故　皆当忍是事
諸聚落城邑　其有求法者
我皆到其所　説仏所嘱法
我是世尊使　処衆無所畏
我当善説法　願仏安穏住

是の経を説かんが為の故に　此の諸の難事を忍ぶべし
我は身命を愛せず　但無上道を惜しむのみ
我等は来世に於いて　仏の嘱する所を護持せん
世尊は自ら当に知ろしめすべし　濁世の悪比丘は
仏の方便　宜しきに随って説きたまう所の法を知らず
悪口して嚬蹙し　数数擯出せられ
塔寺を遠離せん　是くの如き等の衆悪をも
仏の告勅を念うが故に　皆当に是の事を忍ぶべし
入室弘経
諸の聚落・城邑に　其し法を求むる者有らば
我は皆其の所に到って　仏の嘱する所の法を説かん
坐座弘経
我は是れ世尊の使いなり　衆に処するに畏るる所無し
我は当に善く法を説くべし　願わくは仏よ安穏に住したまえ

我於世尊前　諸来十方仏
発如是誓言　仏自知我心

総結請知
我は世尊の前　諸の来りたまえる十方の仏に於いて
是くの如き誓いを発して言せり　仏は自ら我が心を知ろしめさん

妙法蓮華経安楽行品第十四

爾時文殊師利法王子菩薩摩訶薩白仏言、

世尊。是諸菩薩甚為難有。敬順仏故、発大誓願、於後悪世護持読誦説是法華経。

世尊。菩薩摩訶薩、於後悪世、云何能説是経。

仏告文殊師利、

若菩薩摩訶薩於後悪世欲説是

妙法蓮華経安楽行品第十四

迹門流通分・為初心説安楽行
問

爾の時、文殊師利法王子菩薩摩訶薩は仏に白して言さく、

歎前品深行菩薩能如此弘経

「世尊よ。是の諸の菩薩は、甚だ為れ有り難し。仏に敬順したてまつるが故に、大誓願を発し、後の悪世に於いて、是の法華経を護持し読誦し説かん。

問浅行菩薩云何悪世宣説是経

世尊よ。菩薩摩訶薩は、後の悪世に於いて、云何が能く是の経を説かんや」と。

答

仏は文殊師利に告げたまわく、

標四行章門

「若し菩薩摩訶薩は後の悪世に於いて是の経を説かん

経、当安住四法。
一者安住菩薩行処・親近処、
能為衆生演説是経。
文殊師利。云何名菩薩摩訶薩
行処。若菩薩摩訶薩住忍辱地、
柔和善順、而不卒暴、心亦不驚、
又復於法無所行、而観諸法如実
相、亦不行不分別、是名菩薩摩
訶薩行処。
云何名菩薩摩訶薩親近処。菩
薩摩訶薩不親近国王・王子・大
臣・官長。不親近諸外道・梵志・

と欲せば、当に四法に安住すべし。

解釈修行方法・身安楽行・長行・標行処親近処

一には菩薩の行処・親近処に安住せば、能く衆生の為
に、是の経を演説す。

釈行処親近処・釈行処

文殊師利よ。云何なるをか菩薩摩訶薩の行処と名づく
る。若し菩薩摩訶薩忍辱の地に住し、柔和善順にして、
卒暴ならず、心も亦驚かず、又復法に於いて行ずる所無
くして、諸法の如実の相を観じ、亦不分別を行ぜずは、
是を菩薩摩訶薩の行処と名づく。

釈親近処・即遠故論近

云何なるをか菩薩摩訶薩の親近処と名づくる。菩薩摩
遠豪勢
訶薩は、国王・王子・大臣・官長に親近せず。諸の外
遠邪人法
道・梵志・尼揵子等、及び世俗の文筆・讃詠の外書を造

尼揵子等、及造世俗文筆・讃詠外書、及路伽耶陀・逆路伽耶陀者。亦不親近諸有凶戯・相扠・相撲、及那羅等種種変現之戯。又不親近旃陀羅、及畜猪羊鶏狗、畋猟漁捕諸悪律儀、如是人等。或時来者、則為説法、無所悕望。又不親近求声聞比丘・比丘尼・優婆塞・優婆夷、亦不問訊。若於房中、若経行処、若在講堂中、不共住止。或時来者、随宜説法、無所悕求。

るもの、及び路伽耶陀・逆路伽耶陀の者に親近せず。

遠凶険戯

亦諸有凶戯・相扠・相撲、及び那羅等の種種変現の戯れに親近せず。

遠旃陀羅

又旃陀羅、及び猪羊鶏狗を畜い、畋猟し漁捕する諸の悪律儀、是くの如き人等に親近せず。或る時に来らば、則ち為に法を説くに、悕望する所無し。

遠二乗衆

又声聞を求むる比丘・比丘尼・優婆塞・優婆夷に親近せず、亦問訊せず。若しは房中に於いても、若しは経行の処、若しは講堂の中に在っても、共に住止せず。或る時に来らば、宜しきに随って法を説くに、悕求する所無し。

文殊師利。又菩薩摩訶薩不応於女人、身取能生欲想相、而為説法。亦不楽見。若入他家、不与小女・処女・寡女等共語。亦復不近五種不男之人、以為親厚。不独入他家。若有因縁須独入時、但一心念仏。若為女人説法、不露歯笑、不現胸臆。乃至為法、猶不親厚。況復余事。不楽畜年小弟子・沙弥・小児、亦不楽与同師。

常好坐禅、在於閑処、修摂其

（遠欲想）文殊師利よ。又菩薩摩訶薩は、応に女人に於いて身に能く欲想を生ずる相を取って、為に法を説くべからず。亦見んと楽わず。若し他の家に入らば、小女・処女・寡女等と共に語らず。（遠不男）亦復五種不男の人に近づいて、以て親厚を為さず。（遠危害）独り他の家に入らず。若し因縁有って須らく独り入るべき時には、但一心に仏を念ず。（遠譏嫌）若し女人の為に法を説かば、歯を露わにして笑まず、胸臆を現さず。乃至、法の為にも、猶親厚せず。況んや復余の事をや。（遠畜養等）楽って年小の弟子・沙弥・小児を畜わず、亦師に与同することを楽わず。

（即近故論近）常に坐禅を好み、閑かなる処に在って、其の心を修摂

心。文殊師利。是名初親近処。
　復次菩薩摩訶薩観一切法空。
如実相、不顛倒、不動、不退、
不転、如虚空、無所有性、一切
語言道断、不生、不出、不起、
無名、無相、実無所有、無量、
無辺、無礙、無障、但以因縁有、
従顛倒生。故説、常楽観如是法
相。是名菩薩摩訶薩第二親近処。
　爾時世尊欲重宣此義、而説偈
言、
　若有菩薩　於後悪世

せよ。文殊師利よ。是を初めの親近処と名づく。
即非遠非近論近
　復次に菩薩摩訶薩は、総標境智 一切の法は空なりと観ず。
別釈（十八空）
如実相にして、顛倒せず、動ぜず、退せず、転ぜず、虚
空の如くにして所有の性無く、一切の語言の道断え、生
ぜず、出せず、起せず、名無く、相無く、実に所有無く、
無量、無辺、無礙、無障にして、結成 但因縁を以て有り、顛
倒従り生ず。故に、常に楽って是くの如き法の相を観ず
るを説く。是を菩薩摩訶薩の第二の親近処と名づく」
と。
偈頌
　爾の時、世尊は重ねて此の義を宣べんと欲して、偈を
説いて言わく、
頌標章
　若し菩薩有って　後の悪世に於いて

無怖畏心　欲説此経
応入行処　及親近処
常離国王　及国王子
大臣官長　凶険戯者
及旃陀羅　外道梵志
亦不親近　増上慢人
貪著小乗　三蔵学者
破戒比丘　名字羅漢
及比丘尼　好戯笑者
深著五欲　求現滅度
諸優婆夷　皆勿親近
若是人等　以好心来

無怖畏の心もて　此の経を説かんと欲せば
頌修行・頌事遠近
応に行処　及び親近処に入るべし
常に国王　及び国王子
大臣・官長　凶険の戯者
及び旃陀羅　外道・梵志を離れよ
亦　増上慢の人の
小乗に貪著する　三蔵の学者
破戒の比丘　名字の羅漢に親近せざれ
及び比丘尼の　戯笑を好む者
深く五欲に著して　現の滅度を求むる
諸の優婆夷に　皆親近すること勿れ
若し是の人等　好心を以て来り

到菩薩所　為聞仏道
菩薩則以　無所畏心
不懐悕望　而為説法
寡女処女　及諸不男
皆勿親近　以為親厚
亦莫親近　屠児魁膾
畋猟漁捕　為利殺害
販肉自活　衒売女色
如是之人　皆勿親近
凶険相撲　種種嬉戯
諸婬女等　尽勿親近
莫独屏処　為女説法

菩薩の所に到って　為に仏道を聞かば
菩薩は則ち　無所畏の心を以て
悕望を懐かずして　為に法を説く
寡女・処女　及び諸の不男に
皆親近して　以て親厚を為すこと勿れ
亦　屠児・魁膾
畋猟・漁捕　利の為に殺害し
肉を販って自活するものに親近すること莫れ　女色を衒売する
是くの如きの人に　皆親近すること勿れ
凶険の相撲　種種の嬉戯
諸の婬女等に　尽く親近すること勿れ
独り屏処にて　女の為に法を説くこと莫れ

若説法時　無得戯笑
入里乞食　将一比丘
若無比丘　一心念仏
是則名為　行処近処
以此二処　能安楽説
又復不行　上中下法
有為無為　実不実法
亦不分別　是男是女
不得諸法　不知不見
是則名為　菩薩行処
一切諸法　空無所有
無有常住　亦無起滅

若し法を説かん時には　戯笑することを得ること無かれ
里に入って乞食せんには　一りの比丘を将いよ
若し比丘無くは　一心に仏を念ぜよ
是は則ち名づけて　行処・近処と為す
此の二処を以て　能く安楽に説く
頌非遠非近理遠近処
又復　上中下の法
有為無為　実不実の法を行ぜず
亦　是れ男是れ女と分別せず
諸法を得ず　知らず見ざればなり
是は則ち名づけて　菩薩の行処と為す
一切の諸法は　空にして所有無し
常住有ること無く　亦起滅無し

是名智者　所親近処
顛倒分別　諸法有無
是実非実　是生非生
在於閑処　修摂其心
安住不動　如須弥山
観一切法　皆無所有
猶如虚空　無有堅固
不生不出　不動不退
常住一相　是名近処
若有比丘　於我滅後
入是行処　及親近処
説斯経時　無有怯弱

是を智者の　親近する所の処と名づく
顛倒して　諸法は有なり無なり
是れ実なり非実なり　是れ生なり非生なりと分別す
閑かなる処に在って　其の心を修摂し
安住して動ぜざること　須弥山の如く
一切の法は　皆所有無く
猶虚空の如く　堅固なること有ること無く
生ぜず出せず　動ぜず退せず
常住にして一相なりと観ぜよ　是を近処と名づく
明行成・標行成
若し比丘有って　我滅して後に於いて
是の行処　及び親近処に入って
斯の経を説かん時には　怯弱有ること無かれ

菩薩有時　入於静室
以正憶念　随義観法
従禅定起　為諸国王
王子臣民　婆羅門等
開化演暢　説斯経典
其心安穏　無有怯弱
文殊師利　是名菩薩
安住初法　能於後世
説法華経
又文殊師利。如来滅後、於末
法中欲説是経、応住安楽行。
若口宣説、若読経時、不楽説

行成而得安楽（釈安楽之因）
菩薩時有って　静室に入り
正憶念を以て　義に随って法を観じ
禅定従り起って　諸の国王
王子・臣民　婆羅門等の為に
開化して演暢して　斯の経典を説け
其の心は安穏にして　怯弱有ること無かれ
頌長行総結
文殊師利よ　是を菩薩の
初めの法に安住して　能く後の世に於いて
法華経を説くと名づく
口安楽行・長行・標章
「又文殊師利よ。如来滅して後、末法の中に於いて、
是の経を説かんと欲せば、応に安楽行に住すべし。
釈行法・止行・不説過
若しは口に宣説し、若しは経を読まん時、楽って人、

人及経典過。亦不軽慢諸余法師。不説他人好悪長短。於声聞人亦不称名説其過悪。亦不称名讃歎其美。又亦不生怨嫌之心。

善修如是安楽心故、諸有聴者、不逆其意。有所難問、不以小乗法答、但以大乗而為解説、令得一切種智。

爾時世尊欲重宣此義、而説偈言、

菩薩常楽　安穏説法
於清浄地　而施牀座

及び経典の過を説かず。不軽慢 亦諸余の法師を軽慢せず。不歎毀 他人の好悪長短を説かず。声聞の人に於いて、亦名を称して其の過悪を説かず。亦名を称して其の美きことを讃歎せず。不怨嫌 又亦怨嫌の心を生ぜず。

観行 善く是くの如き安楽の心を修するが故に、諸の聴くこと有らん者の、其の意に逆らわず。難問する所有らば、小乗の法を以て答えず、但大乗を以て、為に解説して、一切種智を得しむ」と。

偈頌 爾の時、世尊は重ねて此の義を宣べんと欲して、偈を説いて言わく、

頌標章・入室義
菩薩は常に楽しく　安穏に法を説く
坐座義
清浄の地に於いて　牀座を施し

以油塗身　澡浴塵穢
著新浄衣　内外倶浄
安処法座　随問為説
若有比丘　及比丘尼
諸優婆塞　及優婆夷
国王王子　群臣士民
以微妙義　和顔為説
若有難問　随義而答
因縁譬喩　敷演分別
以是方便　皆使発心
漸漸増益　入於仏道
除嬾惰意　及懈怠想

著衣義
油を以て身に塗り　塵穢を澡浴し
新浄の衣を著　内外倶に浄くして
頌行法・頌止行・頌不軽慢
法座に安処して　問いに随って為に説く
頌不説長短
若し比丘　及び比丘尼
諸の優婆塞　及び優婆夷
国王・王子　群臣・士民有らば
微妙の義を以て　和顔にして為に説く
若し難問すること有らば　義に随って答う
追頌不楽説人法過
因縁譬喩もて　敷演し分別す
是の方便を以て　皆発心せしめ
漸漸に増益して　仏道に入らしむ
頌無怨嫌
嬾惰の意　及び懈怠の想いを除き

離諸憂悩　慈心説法
昼夜常説　無上道教
以諸因縁　無量譬喩
開示衆生　咸令歓喜
衣服臥具　飲食医薬
而於其中　無所悕望
但一心念　説法因縁
願成仏道　令衆亦爾
是則大利　安楽供養
我滅度後　若有比丘
能演説斯　妙法華経
心無嫉恚　諸悩障礙

諸の憂悩を離れて　慈心もて法を説く
頌観行
昼夜常に　無上道の教えを説く
諸の因縁　無量の譬喩を以て
衆生に開示して　咸く歓喜せしむ
衣服臥具　飲食医薬
而も其の中に於いて　悕望する所無し
但一心に　説法の因縁を念ず
仏道を成じて　衆をして亦爾ならしめんと願う
是は則ち大利　安楽の供養なり
明行成・標行成
我滅度して後に　若し比丘有って
能く斯の　妙法華経を演説せば
明内無過則外難不生
心に嫉恚　諸悩障礙無く

亦無憂愁　及罵詈者
又無怖畏　加刀杖等
亦無擯出　安住忍故
智者如是　善修其心
能住安楽　如我上説
其人功徳　千万億劫
算数譬喩　説不能尽
又文殊師利。菩薩摩訶薩於後末世、法欲滅時、受持読誦斯経典者、無懐嫉妬・諂誑之心。亦勿軽罵学仏道者、求其長短。若比丘・比丘尼・優婆塞・優婆

亦憂愁　及び罵詈する者無く
又怖畏し　刀杖を加えらるる等無く
亦擯出せらるること無し　忍に安住するが故なり
明内有善法所以行成
智者は是くの如く　善く其の心を修し
能く安楽に住す　我が上に説くが如し
格量功徳
其の人の功徳は　千万億劫に
算数・譬喩もて　説くとも尽くすこと能わず
意安楽行・長行・標章
「又文殊師利よ。菩薩摩訶薩の後の末世の法滅せんと欲せん時に於いて、斯の経典を受持し読誦せん者は、
釈行・止行・不嫉諂
嫉妬・諂誑の心を懐くこと無し。
不軽罵
亦仏道を学する者を軽罵し、其の長短を求むること勿し。
不悩乱
若し比丘・比丘尼・優婆塞・優婆夷の声聞を求むる

夷求声聞者・求辟支仏者・求菩薩道者、無得悩之、令其疑悔、語其人言、汝等去道甚遠、終不能得一切種智。所以者何、汝是放逸之人、於道懈怠故。又亦不応戯論諸法、有所諍競。

当於一切衆生起大悲想、於諸如来起慈父想、於諸菩薩起大師想。於十方諸大菩薩、常応深心恭敬・礼拝。於一切衆生平等説法。以順法故、不多不少。乃至、深愛法者、亦不為多説。

者・辟支仏を求むる者・菩薩の道を求むる者あらば、之を悩まし其をして疑悔せしめて、其の人に語って、『汝等は道を去ること甚だ遠く、終に一切種智を得ること能わず。所以は何ん、汝は是れ放逸の人にして、道に於いて懈怠なるが故なり』と言うことを得ること無し。又亦応に諸法を戯論して、諍競する所有るべからず。

不諍競

観行・於一切起大悲違於嫉諂

当に一切衆生に於いて大悲の想いを起こし、諸の如来に於いて慈父の想いを起こし、諸の菩薩に於いて大師の想いを起こすべし。十方の諸の大菩薩に於いて、常に応に深心に恭敬・礼拝すべし。一切衆生に於いて平等に法を説く。法に順ずるを以ての故に、多くもせず少なくもせず。乃至、深く法を愛せん者にも、亦為に多く説かず。

於如来起慈父心違於軽罵

於菩薩起大師想違於悩乱

平等説法違於諍論

文殊師利。是菩薩摩訶薩於後末世、法欲滅時、有成就是第三安楽行者、説是法時、無能悩乱。得好同学共読誦是経。亦得大衆而来聴受、聴已能持、持已能誦、誦已能説、説已能書、若使人書、供養経巻、恭敬・尊重・讃歎。

爾時世尊欲重宣此義、而説偈言、

若欲説是経　当捨嫉恚慢
諂誑邪偽心　常修質直行
不軽蔑於人　亦不戯論法

結行成・由止悪悪不能加

文殊師利よ。是の菩薩摩訶薩の後の末世の法滅せんと欲せん時に於いて、是の第三の安楽行を成就すること有らん者は、是の法を説かん時、能く悩乱するもの無けん。

由観行

故勝人来集得好同学

好き同学を得て、共に是の経を読誦す。亦大衆の而も来って聴受し、聴き已わって能く持ち、持ち已わって能く誦し、誦し已わって能く説き、説き已わって能く書き、若しは人をして経巻を書き、供養し、恭敬・尊重・讃歎せしむるものを得ん」と。

偈頌

爾の時、世尊は重ねて此の義を宣べんと欲して、偈を説いて言わく、

頌行法・頌止行・頌離嫉諂

若し是の経を説かんと欲せば　当に嫉恚慢
諂誑邪偽の心を捨てて　常に質直の行を修すべし

頌離軽罵　頌離諍競

人を軽蔑せず　亦法を戯論せず

不令他疑悔　云汝不得仏
是仏子説法　常柔和能忍
慈悲於一切　不生懈怠心
十方大菩薩　愍衆故行道
応生恭敬心　是則我大師
於諸仏世尊　生無上父想
破於憍慢心　説法無障礙
第三法如是　智者応守護
一心安楽行　無量衆所敬
又文殊師利。菩薩摩訶薩於後末世、法欲滅時、有受持法華経者、於在家・出家人中生大慈心、

頌離悩乱
他をして疑悔せしめて　汝は仏を得じと云わず
頌観行・頌大悲
是の仏子は法を説かんには　常に柔和にして能く忍び
一切を慈悲して　懈怠の心を生ぜず
頌大師
十方の大菩薩は　衆を愍れむが故に道を行ず
応に恭敬の心を生ずべし　是は則ち我が大師なりと
頌慈父
諸仏世尊に於いて　無上の父との想いを生ず
頌等説
憍慢の心を破して　法を説くに障礙無からしむ
頌行成
第三の法は是くの如し　智者は応に守護すべし
心を安楽行に一にすれば　無量の衆に敬わる
誓願安楽行・長行・行法・標章
「又文殊師利よ。菩薩摩訶薩の後の末世の法滅せんと欲せん時に於いて、法華経を受持すること有らん者は、
釈行法・明標誓願境
在家・出家の人の中に於いて大慈の心を生じ、菩薩に非

於非菩薩人中生大悲心、応作是念、

如是之人、則為大失。如来方便随宜説法、不聞不知不覚、不問不信不解。其人雖不問不信不解是経、我得阿耨多羅三藐三菩提時、随在何地、以神通力・智慧力引之、令得住是法中。

文殊師利。是菩薩摩訶薩於如来滅後、有成就此第四法者、説是法時、無有過失、常為比丘・比丘尼・優婆塞・優婆夷、国王・

ざる人の中に於いて大悲の心を生じて、明起誓願之由 応に是の念を作すべし、

『是くの如きの人は、則ち為れ大いに失つ。如来の方便もて宜しきに随って法を説くを、聞かず知らず覚らず、問わず信ぜず解せず。正立誓願 其の人は是の経を問わず信ぜず解せずと雖も、我は阿耨多羅三藐三菩提を得ん時、何れの地に在るに随って、神通力・智慧力を以て之を引いて、是の法の中に住することを得しめん』と。

結行成・総結無過失 文殊師利よ。是の菩薩摩訶薩の如来滅して後に於いて、此の第四の法を成就すること有らん者は、是の法を説かん時、過失有ること無く、別結慈悲行成 常に比丘・比丘尼・優婆塞・優婆夷、国王・王子・大臣・人民・婆羅門・居士等

王子・大臣・人民・婆羅門・居士等供養・恭敬・尊重・讃歎。虚空諸天為聴法故、亦常随侍。若在聚落・城邑・空閑・林中、有人来欲難問者、諸天昼夜常為法故、而衛護之、能令聴者皆得歓喜。所以者何、此経是一切過去・未来・現在諸仏神力所護故。

文殊師利。是法華経於無量国中、乃至名字不可得聞。何況得見受持読誦。

文殊師利。譬如強力転輪聖王、

に供養・恭敬・尊重・讃歎せられん。虚空の諸天は法を聴かんが為の故に、亦常に随侍せん。若し聚落・城邑・空閑・林中に在らんも、人有り来って難問せんと欲せば、諸天は昼夜に、常に法の為の故に、而も之を衛護し、

釈誓願行成

能く聴者をして皆歓喜することを得しめん。所以は何ん、此の経は、是れ一切の過去・未来・現在の諸仏の神力もて護りたまう所なるが故なり。

歎経難聞・法説

文殊師利よ。是の法華経は無量の国の中に於いて、乃至、名字をも聞くことを得可からず。何に況んや見ることを得、受持し読誦せんをや。

譬説・不与珠譬・開譬・威伏諸国

文殊師利よ。譬えば強力の転輪聖王の、威勢を以て諸

欲以威勢降伏諸国、而諸小王不順其命。時転輪王起種種兵、而往討罰。王見兵衆戦有功者、即大歓喜、随功賞賜。或与田宅・聚落・城邑、或与衣服・厳身之具、或与種種珍宝・金・銀・瑠璃・車𤦲・馬脳・珊瑚・虎魄・象・馬・車乗・奴婢・人民。唯髻中明珠、不以与之。所以者何、独王頂上有此一珠。若以与之、王諸眷属必大驚怪。

文殊師利。如来亦復如是。以

小王不順

国を降伏せんと欲せんに、而も諸の小王は其の命に順わざるが如し。

起兵往罰

時に転輪王は種種の兵を起こして、往きて討罰す。

有功歓喜

随功賞賜

王は兵衆の戦うに功有る者を見て、即ち大いに歓喜し、功に随って賞賜す。或は田宅・聚落・城邑を与え、或は衣服・厳身の具を与え、或は種種の珍宝・金・銀・瑠璃・車𤦲・馬脳・珊瑚・虎魄・象・馬・車乗・奴婢・人民を与う。

而不与珠

唯髻中の明珠のみは、以て之を与えず。所以は何ん、独り王の頂上に此の一つの珠有ればなり。若し以て之を与えば、王の諸の眷属は、必ず大いに驚き怪しまん。

合譬・合威伏諸国

文殊師利よ。如来も亦復是くの如し。禅定・智慧の力

禅定・智慧力、得法国土、王於三界、而諸魔王不肯順伏。如来賢聖諸将与之共戦、其有功者、心亦歓喜、於四衆中為説諸経、令其心悦、賜以禅定・解脱・無漏根力・諸法之財、又復賜与涅槃之城、言得滅度、引導其心、令皆歓喜、而不為説是法華経。

文殊師利。如転輪王見諸兵衆有大功者、心甚歓喜、以此難信之珠久在髻中不妄与人、而今与之。如来亦復如是、於三界中為

を以て、法の国土を得て、三界に王たれども、〔合小王不順〕而るに諸の魔王は、肯えて順伏せず。〔合起兵往罰〕如来の賢聖の諸将は、之と共に戦うに、〔合有功歓喜〕其の功有る者には、心も亦歓喜して、〔合随功賞賜〕四衆の中に於いて、為に諸経を説いて、其の心をして悦ばしめ、賜うに禅定・解脱・無漏根力・諸法の財を以てし、又復涅槃の城を賜与して、滅度を得たりと言って、其の心を引導して、皆歓喜せしむれども、〔合而不与珠〕為に是の法華経を説かず。

〔与珠譬・開譬・有大勲〕文殊師利よ。転輪王は諸の兵衆の大功有る者を見て、心は甚だ歓喜して、〔与珠〕此の難信の珠の久しく髻中に在って妄りに人に与えざるを以て、今之に与えんが如し。〔合譬・合有大勲〕如来も亦復是くの如く、三界の中に於いて大法王と為って、

大法王、以法教化一切衆生。見賢聖軍与五陰魔・煩悩魔・死魔共戦、有大功勲、滅三毒、出三界、破魔網、爾時如来亦大歓喜。此法華経能令衆生至一切智、一切世間多怨難信、先所未説、而今説之。

文殊師利。此法華経是諸如来第一之説、於諸説中最為甚深。末後賜与、如彼強力之王久護明珠、今乃与之。文殊師利。此法華経、諸仏如来秘密之蔵、於諸

法を以て一切衆生を教化す。賢聖の軍は、五陰魔・煩悩魔・死魔と共に戦うを見、大功勲有って、三毒を滅し、三界を出で、魔網を破せば、爾の時、如来は亦大いに歓喜す。此の（合与珠）法華経は能く衆生をして一切智（行一）に至らしむるも、一切世間に怨多くして信じ難ければ、先に未だ説きたまわざる所なるを、而も今之を説く。

文殊師利よ。此の法華経は、是れ諸の如来の第一の説（教一）にして、諸説の中に於いて最も為れ甚深なり。末後に賜与すること、彼の強力の王の久しく明珠を護れるに、今乃ち之を与うるが如し。文殊師利よ。此の法華経は、諸仏如来の秘密（理一兼人一）の蔵にして、諸経の中に於いて最も其の上

経中最在其上。長夜守護、不妄宣説、始於今日、乃与汝等而敷演之。

爾時世尊欲重宣此義、而説偈言、

常行忍辱　哀愍一切
乃能演説　仏所讃経
後末世時　持此経者
於家出家　及非菩薩
応生慈悲　斯等不聞
不信是経　則為大失
我得仏道　以諸方便

に在り。長夜に守護して、妄りに宣説せざるを、始めて今日に於いて、乃ち汝等が与に、而も之を敷演す」と。

偈頌

爾の時、世尊は重ねて此の義を宣べんと欲して、偈を説いて言わく、

頌行法・超頌行成・頌著衣頌入室
常に忍辱を行じ　一切を哀愍せよ
頌坐座
乃ち能く　仏の讃めたまう所の経を演説す
頌修行法・頌標誓願
後の末世の時に　此の経を持たん者は
頌起誓願之由
家と出家と　及び非菩薩とに於いて
応に慈悲を生ずべし　斯等は
是の経を聞かず信ぜざれば　則ち為れ大いに失てり
頌正立誓願
我は仏道を得て　諸の方便を以て

為説此法　令住其中
譬如強力　転輪之王
兵戦有功　賞賜諸物
象馬車乗　厳身之具
及諸田宅　聚落城邑
或与衣服　種種珍宝
奴婢財物　歓喜賜与
如有勇健　能為難事
王解髻中　明珠賜之
如来亦爾　為諸法王
忍辱大力　智慧宝蔵
以大慈悲　如法化世

為に此の法を説いて　其の中に住せしめん
頌歎法難聞・頌開譬・頌不与珠
譬えば強力の　転輪の王
兵の戦って功有るに　諸物を賞賜するが如し
象・馬・車乗　厳身の具
及び諸の田宅　聚落・城邑なり
或は衣服　種種の珍宝を与え
奴婢・財物を　歓喜して賜与す
頌与珠
如し勇健にして　能く難事を為すこと有らば
王は髻中の　明珠を解いて之を賜わん
頌合譬・頌合不与珠
如来も亦爾なり　為れ諸法の王にして
忍辱の大力　智慧の宝蔵あり
大慈悲を以て　法の如く世を化す

見一切人　受諸苦悩
欲求解脱　与諸魔戦
為是衆生　説種種法
以大方便　説此諸経
既知衆生　得其力已
末後乃為　説是法華
如王解髻　明珠与之
此経為尊　衆経中上
我常守護　不妄開示
今正是時　為汝等説
我滅度後　求仏道者
欲得安穏　演説斯経

一切の人の　諸の苦悩を受け
解脱を欲求して　諸の魔と戦うを見て
是の衆生の為に　種種の法を説き
大方便を以て　此の諸経を説き
頌合与珠
既に衆生は　其の力を得已わんぬと知れば
末後に乃ち為に　是の法華を説く
王は髻の　明珠を解いて之を与えんが如し
此の経は為れ尊　衆経の中の上なれば
我は常に守護して　妄りに開示せず
総明行成之相・結勧四行
今正しく是れ時なり　汝等が為に説く
我滅度して後に　仏道を求めん者は
安穏にして　斯の経を演説することを得んと欲せば

応当親近　如是四法
読是経者　常無憂悩
又無病痛　顔色鮮白
不生貧窮　卑賤醜陋
衆生楽見　如慕賢聖
天諸童子　以為給使
刀杖不加　毒不能害
若人悪罵　口則閉塞
遊行無畏　如師子王
智慧光明　如日之照
若於夢中　但見妙事
見諸如来　坐師子座

応当に　是くの如き四法に親近すべし
挙三報以勧（三障清浄）・報障転転現報
是の経を読まん者は　常に憂悩無く
又病痛無く　顔色鮮白ならん
業障転転生報
貧窮　卑賤醜陋に生まれじ
煩悩障転転後報・別明三煩悩障転・別明貪障転
衆生は見んと楽うこと　賢聖を慕うが如くならん
天の諸の童子は　以て給使と為らん
別明瞋障転
刀杖も加えず　毒も害すること能わじ
若し人悪み罵らば　口は則ち閉塞せん
遊行するに畏れ無きこと　師子王の如し
別明愚癡障転
智慧の光明は　日の照らすが如くならん
総明一切障転・夢入十信・慈悲報
若しは夢の中に於いても　但妙なる事を見ん
諸の如来の　師子座に坐して

諸比丘衆　囲遶説法
又見竜神　阿修羅等
数如恒沙　恭敬合掌
自見其身　而為説法
又見諸仏　身相金色
放無量光　照於一切
以梵音声　演説諸法
仏為四衆　説無上法
見身処中　合掌讃仏
聞法歓喜　而為供養
得陀羅尼　証不退智
仏知其心　深入仏道

諸の比丘衆に囲遶せられて説法したまうを見ん
又竜神　阿修羅等は
数恒沙の如くにして　恭敬・合掌するを見ん
正見無礙報
自ら其の身　而も為に法を説くことを見ん
夢入十住
又諸仏の　身相金色にして
無量の光を放って　一切を照らし
梵音声を以て　諸法を演説するを見ん
仏は四衆の為に　無上の法を説きたまうに
身中に処して　合掌して仏を讃じ
法を聞き歓喜して　供養を為し
陀羅尼を得　不退智を証するに
仏は其の心　深く仏道に入れりと知ろしめして

即為授記　成最正覚
汝善男子　当於来世
得無量智　仏之大道
国土厳浄　広大無比
亦有四衆　合掌聴法
又見自身　在山林中
修習善法　証諸実相
深入禅定　見十方仏
諸仏身金色　百福相荘厳
聞法為人説　常有是好夢
又夢作国王　捨宮殿眷属
及上妙五欲　行詣於道場

即ち為に　最正覚を成ずることを授記して
汝善男子よ　当に来世に於いて
無量智の　仏の大道を得て
国土厳浄にして　広大なること比無く
亦四衆有って　合掌して法を聴くべしとのたまうを見ん
夢修十行
又自身は　山林の中に在って
善法を修習し　諸の実相を証し
夢悟十廻向
夢入十地
深く禅定に入って　十方の仏を見たてまつるを見ん
夢入妙覚
諸仏の身は金色にして　百福の相荘厳したまう
法を聞いて人の為に説く　常に是の好き夢有らん
又夢むらく国王と作って　宮殿・眷属
及び上妙の五欲を捨てて　道場に行詣す

在菩提樹下　而処師子座
求道過七日　得諸仏之智
成無上道已　起而転法輪
為四衆説法　逕千万億劫
説無漏妙法　度無量衆生
後当入涅槃　如烟尽灯滅
若後悪世中　説是第一法
是人得大利　如上諸功徳

菩提樹の下に在って　師子座に処し
道を求むること七日過ぎて　諸仏の智を得
無上道を成じ已わり　起って法輪を転じ
四衆の為に法を説くこと　千万億劫を逕
無漏の妙法を説き　無量の衆生を度して
後に当に涅槃に入ること　烟尽きて灯の滅するが如し

総結行成

若し後の悪世の中に　是の第一の法を説かば
是の人は大利を得んこと　上の諸の功徳の如くならん

妙法蓮華経従地涌出品第十五

爾時他方国土諸来菩薩摩訶薩、過八恒河沙数、於大衆中起立、合掌作礼、而白仏言、

世尊。若聴我等於仏滅後、在此娑婆世界、勤加精進、護持・読誦・書写・供養是経典者、当於此土而広説之。

爾時仏告諸菩薩摩訶薩衆、

止。善男子。不須汝等護持此

妙法蓮華経従地涌出品第十五

本門序分正宗分
本門序分・涌出序・他方菩薩請弘経

爾の時、他方の国土の諸の来れる菩薩摩訶薩の八恒河沙の数に過ぎたるは、大衆の中に於いて起立し、合掌し礼を作して、仏に白して言さく、

「世尊よ。若し我等に仏滅して後に於いて、此の娑婆世界に在って、勤加精進して、是の経典を護持・読誦・書写・供養せんことを聴したまわば、当に此の土に於いて広く之を説きたてまつるべし」と。

如来不許

爾の時、仏は諸の菩薩摩訶薩衆に告げたまわく、

「止みね。善男子よ。汝等が此の経を護持せんことを

経。所以者何、我娑婆世界自有六万恒河沙等菩薩摩訶薩、一一菩薩、各有六万恒河沙眷属。是諸人等、能於我滅後、護持読誦広説此経。

仏説是時、娑婆世界三千大千国土、地皆震裂、而於其中、有無量千万億菩薩摩訶薩同時涌出。是諸菩薩身皆金色、三十二相・無量光明、先尽在娑婆世界之下、此界虚空中住。是諸菩薩、聞釈迦牟尼仏所説音声、従下発来。

須いじ。所以は何ん、我が娑婆世界に自ずから六万恒河沙等の菩薩摩訶薩有り、一一の菩薩に、各六万恒河沙の眷属有り。是の諸人等は、能く我滅して後に於いて、此の経を護持し、読誦し、広く説かん」と。

下方涌出・経家叙相・涌出

仏は是を説きたまう時、娑婆世界の三千大千の国土は、地皆震裂して、其の中於り無量千万億の菩薩摩訶薩有って、同時に涌出せり。身相 是の諸の菩薩は、身は皆金色にして、三十二相・無量の光明あり、住処（常寂光土） 先より尽く娑婆世界の下、此の界の虚空の中に在って住せり。聞命 是の諸の菩薩は、釈迦牟尼仏の説きたまう所の音声を聞いて、下従り発来せり。

一一菩薩、皆是大衆唱導之首、各将六万恒河沙等眷属。況将五万・四万・三万・二万・一万恒河沙等眷属者。況復乃至一恒河沙、半恒河砂、四分之一乃至千万億那由他分之一。況復千万億那由他眷属。況復億万眷属。況復千万・百万乃至一万。況復一千・一百乃至一十。況復将五・四・三・二・一弟子者。況復単己楽遠離行。如是等比、無量無辺、算数譬喩所不能知。

一一の菩薩は、皆是れ大衆の唱導の首にして、各六万恒河沙等の眷属を将いたり。況んや五万・四万・三万・二万・一万恒河沙等の眷属を将いたる者をや。況んや復乃至、一恒河沙・半恒河砂・四分の一、乃至、千万億那由他分の一なるをや。況んや復千万億那由他の眷属なるをや。況んや復億万の眷属なるをや。況んや復千万・百万、乃至、一万なるをや。況んや復一千・一百、乃至、一十なるをや。況んや復五・四・三・二・一の弟子を将いたる者をや。況んや復単己にして遠離の行を楽えるをや。是くの如き等比は、無量無辺にして、算数・譬喩も知ること能わざる所なり。

是諸菩薩従地出已、各詣虚空七宝妙塔多宝如来・釈迦牟尼仏所。到已、向二世尊頭面礼足、亦乃至諸宝樹下師子座上仏所、亦皆作礼、右遶三帀、合掌恭敬、以諸菩薩種種讃法、而以讃歎、住在一面、欣楽瞻仰於二世尊。是諸菩薩摩訶薩、従地涌出、以諸菩薩種種讃法而讃於仏。如是時間、逕五十小劫。是時釈迦牟尼仏黙然而坐。及諸四衆亦皆黙然、五十小劫。仏神力故、令諸

明問訊・三業供養

是の諸の菩薩は、地従り出で已わって、各虚空の七宝の妙塔の多宝如来・釈迦牟尼仏の所に詣ず。到り已わって、二世尊に向かいたてまつって、頭面に足を礼し、乃ち諸の宝樹の下の師子座の上の仏の所に至って、亦皆礼を作して、右に遶ること三帀して、合掌・恭敬し、諸の菩薩の種種の讃法を以て、以て讃歎したてまつり、一面に住在し、欣楽して二世尊を瞻仰す。是の諸の菩薩摩訶薩は、地従り涌出して、諸の菩薩の種種の讃法を以て、仏を讃めたてまつる。是くの如くする時の間に、五十小劫を逕たり。是の時、釈迦牟尼仏は黙然として坐したまえり。及び諸の四衆も亦皆黙然たること、五十小劫なり。仏の神力の故に諸の大衆をして半日の如しと謂わし

大衆謂如半日。爾時四衆亦以仏神力故、見諸菩薩遍満無量百千万億国土虚空。

是菩薩衆中、有四導師。一名上行、二名無辺行、三名浄行、四名安立行。是四菩薩、於其衆中、最為上首唱導之師。在大衆前、各共合掌、観釈迦牟尼仏、而問訊言、

世尊。少病少悩、安楽行不。所応度者受教易不。不令世尊生疲労耶。

む。爾の時、四衆は亦仏の神力を以ての故に、諸の菩薩の無量百千万億の国土の虚空に遍満せるを見る。

陳問訊之辞・標四導師

是の菩薩衆の中に、四導師有り。一に上行と名づけ、二に無辺行と名づけ、三に浄行と名づけ、四に安立行と名づく。是の四菩薩は、其の衆の中に於いて、最も為れ上首唱導の師なり。大衆の前に在って、各共に合掌し、釈迦牟尼仏を観たてまつって、

陳問辞・長行

問訊して言さく、

問如来安楽

「世尊よ。少病少悩にして、安楽に行じたまうや不や。

問衆生易度

応に度すべき所の者は、教えを受くること易しや不や。世尊をして疲労を生ぜしめざるや」と。

爾時四大菩薩而説偈言、
世尊安楽　少病少悩
教化衆生　得無疲倦
又諸衆生　受化易不
不令世尊　生疲労耶
爾時世尊於諸菩薩大衆中而作是言、
如是如是。諸善男子。如来安楽、少病少悩。諸衆生等、易可化度、無有疲労。所以者何、是諸衆生、世世已来、常受我化、亦於過去諸仏、供養・尊重、種

偈頌

爾の時、四大菩薩は而も偈を説いて言さく、

頌問如来安楽・正頌安楽

世尊は安楽にして　少病少悩にいますや

雖云教化亦属安楽

衆生を教化したまうに　疲倦無きことを得たまえりや

頌問衆生易度

又諸の衆生は　化を受くること易しや不や
世尊をして　疲労を生ぜしめざるや

仏答安楽

爾の時、世尊は諸の菩薩大衆の中に於いて是の言を作したまわく、

答安楽

「是くの如し、是くの如し。諸の善男子よ。如来は安

答易度

楽にして、少病少悩なり。諸の衆生等は、化度す可きこ

根利徳厚

と易く、疲労有ること無し。所以は何ん、是の諸の衆生は、世世より已来、常に我が化を受け、亦過去の諸仏に於いて、供養・尊重して、諸の善根を種えたればなり。

諸善根。此諸衆生、始見我身、聞我所説、即皆信受、入如来慧。除先修習学小乗者。如是之人、我今亦令得聞是経、入於仏慧。

爾時諸大菩薩而説偈言、

善哉善哉　大雄世尊
諸衆生等　易可化度
能問諸仏　甚深智慧
聞已信解　我等随喜

於時世尊讃歎上首諸大菩薩、善哉善哉。善男子。汝等能於如来発随喜心。

此の諸の衆生は、始め我が身を見、我が説く所を聞くに、即ち皆信受して、如来の慧に入りき。先より修習して小乗を学せる者をば除く。是くの如きの人も、我は今亦是の経を聞いて、仏慧に入ることを得しむ」と。（根鈍徳薄）

（菩薩領解随喜）爾の時、諸の大菩薩は而も偈を説いて言さく、

善き哉善き哉　大雄世尊よ
諸の衆生等は　化度したまう可きこと易し
能く諸仏の　甚深の智慧を問いたてまつり
聞き已わって信解せり　我等は随喜す

（如来述歎）時に世尊は上首の諸の大菩薩を讃歎したまわく、「善き哉、善き哉。善男子よ。汝等は能く如来に於いて、随喜の心を発せり」と。

爾時弥勒菩薩、及八千恒河沙
諸菩薩衆、皆作是念、
我等従昔已来、不見不聞如是
大菩薩摩訶薩衆、従地涌出、住
世尊前、合掌供養、問訊如来。
時弥勒菩薩摩訶薩、知八千恒
河沙諸菩薩等心之所念、幷欲自
決所疑、合掌向仏、以偈問曰、

無量千万億　大衆諸菩薩
昔所未曽見　願両足尊説
是従何所来　以何因縁集
巨身大神通　智慧叵思議

疑問序・此土菩薩疑・長行（疑念）

爾の時、弥勒菩薩、及び八千恒河沙の諸の菩薩衆は、皆是の念を作さく、
「我等は昔従り已来、是くの如き大菩薩摩訶薩衆の地従り涌出して、世尊の前に住して、如来に合掌し供養し、問訊したてまつるを見ず聞かず」と。

偈頌（正問）

時に弥勒菩薩摩訶薩は、八千恒河沙の諸の菩薩等の心の念ずる所を知り、幷びに自ら疑う所を決せんと欲して、合掌し仏に向かいたてまつって、偈を以て問いて曰さく、

問何処来

無量千万億　大衆の諸の菩薩は
昔より未だ曽て見ざる所なり　願わくは両足尊説きたまえ

問何因縁来

是れ何所従り来れるや　何なる因縁を以て集まれるや
巨身にして大神通あり　智慧は思議し叵し

其志念堅固　有大忍辱力
衆生所楽見　為従何所来
一一諸菩薩　所将諸眷属
其数無有量　如恒河沙等
或有大菩薩　将六万恒沙
如是諸大衆　一心求仏道
是諸大師等　六万恒河沙
倶来供養仏　及護持是経
将五万恒沙　其数過於是
四万及三万　二万至一万
一千一百等　乃至一恒沙
半及三四分　億万分之一

其の志念は堅固にして　大忍辱力有り
衆生の見んと楽う所なり　為何所従り来れるや
叙其数量
一一の諸の菩薩の　将いる所の諸の眷属は
其の数は量り有ること無く　恒河沙等の如し
或は大菩薩の　六万恒沙を将いたるもの有り
是くの如き諸の大衆は　一心に仏道を求む
是の諸の大師等は　六万恒河沙あり
倶に来って仏を供養し　及び是の経を護持す
五万恒沙を将いたるは　其の数は是に過ぎたり
四万及び三万　二万より一万に至り
一千一百等　乃ち一恒沙に至り
半及び三四分　億万分の一

千万那由他　万億諸弟子
乃至於半億　其数復過上
百万至一万　一千及一百
五十与一十　乃至三二一
単己無眷属　楽於独処者
倶来至仏所　其数転過上
如是諸大衆　若人行籌数
過於恒沙劫　猶不能尽知
是諸大威徳　精進菩薩衆
誰為其説法　教化而成就
従誰初発心　称揚何仏法
受持行誰経　修習何仏道

千万那由他　万億の諸の弟子より
乃ち半億に至るまで　其の数は復上に過ぎたり
百万より一万に至り　一千及び一百
五十と一十より　乃ち三二一に至り
単己にして眷属無く　独処を楽う者
倶に仏の所に来至せるものは　其の数は転上に過ぎたり
是くの如き諸の大衆は　若し人籌を行って数えば
恒沙劫を過ぐとも　猶尽くして知ること能わじ
問其師誰
是の諸の大威徳　精進の菩薩衆に
誰か其が為に法を説き　教化して成就せる
誰に従って初めて発心し　何れの仏法を称揚し
誰れの経を受持し行じ　何れの仏道を修習せるや

如是諸菩薩　神通大智力
四方地震裂　皆従中涌出
世尊我昔来　未曽見是事
願説其所従　国土之名号
我常遊諸国　未曽見是事
我於此衆中　乃不識一人
忽然従地出　願説其因縁
今此之大会　無量百千億
是諸菩薩等　皆欲知此事
是諸菩薩衆　本末之因縁
無量徳世尊　唯願決衆疑
爾時釈迦牟尼仏分身諸仏、従

結請・結歎
是くの如き諸の菩薩は　神通大智力あり
請答来処
四方の地は震裂して　皆中従り涌出せり
世尊よ我は昔より来　未だ曽て是の事を見ず
願わくは其の従る所の　国土の名号を説きたまえ
我は常に諸国に遊べども　未だ曽て是の事を見ず
請答来縁
我は此の衆の中に於いて　乃し一人をも識らず
忽然に地従り出でたり　願わくは其の因縁を説きたまえ
大会同請
今此の大会の　無量百千億なる
是の諸の菩薩等は　皆此の事を知らんと欲す
請答師主
是の諸の菩薩衆の　本末の因縁
無量徳の世尊よ　唯願わくは衆の疑いを決したまえ
他土菩薩疑・各各陳疑己仏
爾の時、釈迦牟尼仏の分身の諸仏の、無量千万億の他

無量千万億他方国土来者、在於八方諸宝樹下師子座上、結跏趺坐。其仏侍者、各各見是菩薩大衆、於三千大千世界四方、従地涌出、住於虚空、各白其仏言、

世尊。此諸無量無辺阿僧祇菩薩大衆、従何所来。

爾時諸仏各告侍者、

諸善男子。且待須臾。有菩薩摩訶薩、名曰弥勒、釈迦牟尼仏之所授記、次後作仏、已問斯事。仏今答之。汝等自当因是得聞。

方の国土従り来りたまえる者は、八方の諸の宝樹の下の師子座の上に在して、結跏趺坐したまえり。其の仏の侍者は、各各是の菩薩大衆の三千大千世界の四方に於いて、地従り涌出して、虚空に住せるを見て、各其の仏に白して言さく、

「世尊よ。此の諸の無量無辺阿僧祇の菩薩大衆は、何所従り来れるや」と。

仏皆抑待弥勒

爾の時、諸仏は各侍者に告げたまわく、

「諸の善男子よ。且く須臾を待て。菩薩摩訶薩有り、名づけて弥勒と曰い、釈迦牟尼仏の授記したまう所にして、次いで後に作仏せん、已に斯の事を問いたてまつる。仏は今、之に答えたまわん。汝等は自ずから当に是に因って聞くことを得べし」と。

爾時釈迦牟尼仏告弥勒菩薩、

善哉善哉。阿逸多。乃能問仏如是大事。汝等当共一心、被精進鎧、発堅固意。

如来今欲顕発宣示諸仏智慧・諸仏自在神通之力・諸仏師子奮迅之力・諸仏威猛大勢之力。

爾時世尊欲重宣此義、而説偈言、

当精進一心　我欲説此事
勿得有疑悔　仏智叵思議
汝今出信力　住於忍善中

本門正宗分・誡許・長行

爾の時、釈迦牟尼仏は弥勒菩薩に告げたまわく、

誡・述讃

「善き哉、善き哉。阿逸多よ。乃し能く仏に是くの如き大事を問えり。

誡

汝等は当に共に一心に精進の鎧を被、堅固の意を発すべし。

許・標果智

如来は今、諸仏の智慧・

開化

諸仏の自在神通の力・諸仏の師子奮迅の力・諸仏の威猛大勢の力を顕発し宣示せんと欲す」と。

偈頌

爾の時、世尊は重ねて此の義を宣べんと欲して、偈を説いて言わく、

頌誡

当に精進して一心なるべし　我は此の事を説かんと欲す

頌許・頌標智慧果

疑悔有ることを得ること勿れ　仏智は思議し叵し

頌三世

汝は今信力を出だして　忍善の中に住せよ

昔所未聞法　今皆当得聞
我今安慰汝　勿得懐疑懼
仏無不実語　智慧不可量
所得第一法　甚深叵分別
如是今当説　汝等一心聴

爾時世尊説是偈已、告弥勒菩薩、

我今於此大衆、宣告汝等。阿逸多。是諸大菩薩摩訶薩、無量無数阿僧祇従地涌出、汝等昔所未見者。我於是娑婆世界得阿耨多羅三藐三菩提已、教化示導是

昔より未だ聞かざる所の法を　今皆当に聞くことを得べし
我は今汝を安慰す　疑懼を懐くことを得ること勿れ
仏に不実の語無く　智慧は量る可からず
得る所の第一の法は　甚深にして分別し叵し
是くの如きを今当に説くべし　汝等は一心に聴け

正説・正開近顕遠・略開近顕遠・略開・長行

爾の時、世尊は是の偈を説き已わって、弥勒菩薩に告げたまわく、

双答・答其師誰

「我は今、此の大衆に於いて、汝等に宣告す。阿逸多よ。是の諸の大菩薩摩訶薩の無量無数阿僧祇にして地従り涌出せるは、汝等の昔より未だ見ざる所の者なり。我は是の娑婆世界に於いて阿耨多羅三藐三菩提を得已わって、是の諸の菩薩を教化示導し、其の心を調伏して、道

諸菩薩、調伏其心、令発道意。此諸菩薩、皆於是娑婆世界之下、此界虚空中住。

於諸経典、読誦通利、思惟分別、正憶念。阿逸多。是諸善男子等、不楽在衆多有所説、常楽静処、勤行精進、未曽休息。亦不依止人天而住、常楽深智、無有障礙。亦常楽於諸仏之法、一心精進、求無上慧。

爾時世尊欲重宣此義、而説偈言、

の意を発さしめたり。[答何処来]此の諸の菩薩は、皆是の娑婆世界の下、此の界の虚空の中に於いて住せり。

[双釈・釈師（師知弟子備智断両徳）・双修智断・修智]諸の経典に於いて、読誦・通利し、思惟・分別し、[修断]正憶念せり。阿逸多よ。是の諸の善男子等は、[双証智断・証断]衆に在って多く説く所有ることを楽わず、常に静かなる処を楽い、[証智]勤行・精進して、未だ曽て休息せず。[釈処]亦人天に依止して住せず、[依不思議智]常に深智を楽うも、障礙有ること無し。[楽不思議境]亦常に諸仏の法を楽い、一心に精進して無上慧を求む」と。

[偈頌]爾の時、世尊は重ねて此の義を宣べんと欲して、偈を説いて言わく、

阿逸汝当知　是諸大菩薩
従無数劫来　修習仏智慧
悉是我所化　令発大道心
此等是我子　依止是世界
常行頭陀事　志楽於静処
捨大衆憒閙　不楽多所説
如是諸子等　学習我道法
昼夜常精進　為求仏道故
在娑婆世界　下方空中住
志念力堅固　常勤求智慧
説種種妙法　其心無所畏
我於伽耶城　菩提樹下坐

頌答両問・答師弟
阿逸よ汝は当に知るべし　是の諸の大菩薩は
無数劫従り来　仏の智慧を修習せり
悉く是れ我が化する所にして　大道心を発さしめたり
此等は是れ我が子にして　是の世界に依止せり
常に頭陀の事を行じて　静かなる処を志楽し
大衆の憒閙を捨てて　説く所多きことを楽わず
是くの如く諸子等は　我が道法を学習す
昼夜に常に精進するは　仏道を求めんが為の故なり
答処所・正答処
娑婆世界の　下方の空中に在って住す
歎菩薩徳
志念力は堅固にして　常に智慧を勤求し
種種の妙法を説くに　其の心に畏るる所無し
頌双釈・頌釈師弟
我は伽耶城　菩提樹の下に於いて坐して

得成最正覚　転無上法輪
爾乃教化之　令初発道心
今皆住不退　悉当得成仏
我今説実語　汝等一心信
我従久遠来　教化是等衆

爾時弥勒菩薩摩訶薩、及無数諸菩薩等、心生疑惑、怪未曽有、而作是念、

云何世尊於少時間、教化如是無量無辺阿僧祇諸大菩薩、令住阿耨多羅三藐三菩提。

即白仏言、

最正覚を成ずることを得て　無上の法輪を転ぜり
爾して乃ち之を教化して　初めて道心を発さしめり
今皆不退に住すれば　悉く当に成仏を得べし
我は今実語を説けり　汝等は一心に信ぜよ

頌釈処所

我は久遠従り来　是等の衆を教化せり

因疑更請・長行・騰疑・動執生疑

爾の時、弥勒菩薩摩訶薩、及び無数の諸の菩薩等は、心に疑惑を生じ、未曽有なりと怪しんで、是の念を作さく、

「云何ぞ世尊は少時の間に於いて、是くの如き無量無辺阿僧祇の諸の大菩薩を教化して、阿耨多羅三藐三菩提に住せしめたまえるや」と。

騰疑更請

即ち仏に白して言さく、

世尊。如来為太子時、出於釈宮、去伽耶城不遠、坐於道場、得成阿耨多羅三藐三菩提。従是已来、始過四十余年。世尊。云何於此少時、大作仏事、以仏勢力、以仏功徳、教化如是無量大菩薩衆、当成阿耨多羅三藐三菩提。

世尊。此大菩薩衆、仮使有人、於千万億劫、数不能尽、不得其辺。斯等久遠已来、於無量無辺諸仏所、殖諸善根、成就菩薩道、

法説・執近而疑遠

「世尊よ。如来は太子為りし時、釈の宮を出でて、伽耶城を去ること遠からず、道場に坐して、阿耨多羅三藐三菩提を成ずることを得たまえり。是従り已来、始めて四十余年を過ぎたり。世尊よ。云何ぞ此の少時に於いて、大いに仏事を作したまい、仏の勢力を以い、仏の功徳を以い、是くの如き無量の大菩薩衆を教化して、当に阿耨多羅三藐三菩提を成ぜしめたまうべきや。

執遠而疑近

世尊よ。此の大菩薩衆は、仮使人有って千万億劫に於いて数うとも、尽くすこと能わず、其の辺を得じ。斯等は久遠より已来、無量無辺の諸仏の所に於いて、諸の善根を殖え、菩薩の道を成就し、常に梵行を修せり。

常修梵行。

世尊。如此之事、世所難信。

譬如有人、色美髪黒、年二十五、指百歳人、言是我子、其百歳人亦指年小、言是我父、生育我等、是事難信。

仏亦如是。得道已来、其実未久、而此大衆諸菩薩等、已於無量千万億劫、為仏道故、勤行精進、善入・出・住無量百千万億三昧、得大神通、久修梵行、善能次第集諸善法、巧於問答、人

結請

世尊よ。此くの如きの事は、世の信じ難き所なり。

譬説・開譬・譬成道近意

譬えば人有って、色美しく髪黒くして、年二十五なるもの、百歳の人を指して、是れ我が子なりと言い、

譬所化甚多意

其の百歳の人も亦年小を指して、是れ我が父なり、我等を生育せりと言わんに、

結譬

是の事は信じ難きが如し。

合譬・合近譬

仏も亦是くの如し。得道より已来、其れ実に未だ久しからざれども、

合遠譬

此の大衆の諸の菩薩等は、已に無量千万億劫に於いて、仏道の為の故に、勤行・精進し、善く無量百千万億の三昧に入・出・住し、大神通を得、久しく梵行を修し、善能く次第に諸の善法を集め、問答に巧みに、人中の宝にして、一切世間に甚だ為れ希有なり。

中之宝、一切世間甚為希有。
今日世尊方云、得仏道時、初令発心、教化示導、令向阿耨多羅三藐三菩提。世尊得仏未久、乃能作此大功徳事。我等雖復信仏随宜所説、仏所出言未曾虚妄、仏所知者皆悉通達、然諸新発意菩薩、於仏滅後、若聞是語、或不信受、而起破法罪業因縁。唯然。世尊。願為解説、除我等疑、及未来世諸善男子、聞此事已、亦不生疑。

請答・挙仏語
今日世尊は、方に『仏道を得し時、初めて発心せしめ、教化示導して、阿耨多羅三藐三菩提に向かわしめたり。世尊は仏を得て未だ久しからざるに、乃し能く此の大功徳の事を作せり』と云う。明請意・為現在 我等は、復仏の宜しきに随って説きたまう所、仏の出だしたまう所の言は未だ曾て虚妄ならず、仏は知ろしめす所をば、皆悉通達すと信ずと雖も、為未来 然も諸の新発意の菩薩は、仏滅して後に於いて、若し是の語を聞かば、或は信受せず、法を破する罪業の因縁を起こさん。請答・請除我等疑 唯然。世尊よ。願わくは為に解説して、我等が疑いを除き、請除未来疑 及び未来世の諸の善男子は、此の事を聞き已わりなば、亦疑いを生ぜざらんことを」と。

爾時弥勒菩薩欲重宣此義、而
説偈言、
仏昔従釈種　出家近伽耶
坐於菩提樹　爾来尚未久
此諸仏子等　其数不可量
久已行仏道　住神通智力
善学菩薩道　不染世間法
如蓮華在水　従地而涌出
皆起恭敬心　住於世尊前
是事難思議　云何而可信
仏得道甚近　所成就甚多
願為除衆疑　如実分別説

偈頌

爾の時、弥勒菩薩は重ねて此の義を宣べんと欲して、
偈を説いて言さく、

頌法説・頌執近

仏は昔釈種従り　出家して伽耶に近く
菩提樹に坐したまえり　爾りしより来尚未だ久しからず

頌疑遠

此の諸の仏子等は　其の数量る可からず
久しく已に仏道を行じて　神通智力に住し
善く菩薩の道を学す　世間の法に染まらざること
蓮華の水に在るが如し　地従りして涌出し
皆恭敬の心を起こして　世尊の前に住せり
是の事は思議し難し

頌結請

云何ぞ而も信ず可きや
仏の得道は甚だ近く　成就したまえる所は甚だ多し
願わくは為に衆の疑いを除き　実の如く分別し説きたまえ

譬如少壮人　年始二十五
示人百歳子　髪白而面皺
是等我所生　子亦説是父
父小而子老　挙世所不信
世尊亦如是　得道来甚近
是諸菩薩等　志固無怯弱
従無量劫来　而行菩薩道
巧於難問答　其心無所畏
忍辱心決定　端正有威徳
十方仏所讃　善能分別説
不楽在人衆　常好在禅定
為求仏道故　於下空中住

頌譬説・頌開譬
譬えば少壮の人の　年始めて二十五なるもの
人に百歳の子の　髪白くして面皺めたるを示して
是等は我が生ずる所なりといい　子も亦是れ父なりと説くが如し
父は小くして子は老いたること　世を挙げて信ぜざる所なり
頌合譬・頌合近
世尊も亦是くの如し　得道より来甚だ近し
頌合遠
是の諸の菩薩等は　志固くして怯弱無し
無量劫従り来　而も菩薩の道を行ぜり
難問答に巧みにして　其の心に畏るる所無く
忍辱の心は決定し　端正にして威徳有り
十方の仏の讃めたまう所にして　善能く分別し説く
人衆に在ることを楽わず　常に好んで禅定に在り
仏道を求めんが為の故に　下の空中に於いて住せり

我等従仏聞　於此事無疑
願仏為未来　演説令開解
若有於此経　生疑不信者
即当堕悪道　願今為解説
是無量菩薩　云何於少時
教化令発心　而住不退地

頌合請答

我等は仏従り聞きたてまつれば　此の事に於いて疑い無し
願わくは仏は未来の為に　演説して開解せしめたまえ
若し此の経に於いて　疑いを生じて信ぜざる者有らば
即ち当に悪道に堕つべし　願わくは今為に解説したまえ
是の無量の菩薩をば　云何が少時に於いて
教化し発心せしめて　不退の地に住せしめたまえるや

妙法蓮華経巻第五

妙法蓮華経　巻第六

妙法蓮華経如来寿量品第十六

爾時仏告諸菩薩及一切大衆、
諸善男子。汝等当信解如来誠
諦之語。
復告大衆、
汝等当信解如来誠諦之語。
又復告諸大衆、
汝等当信解如来誠諦之語。
是時菩薩大衆、弥勒為首、合
掌白仏言、

妙法蓮華経如来寿量品第十六

本門正宗分・正開近顕遠・広開近顕遠（断惑生信）
誠信・三誡

爾の時、仏は諸の菩薩、及び一切の大衆に告げたまわく、
「諸の善男子よ。汝等は当に如来の誠諦の語を信解す
べし」と。
復大衆に告げたまわく、
「汝等は当に如来の誠諦の語を信解すべし」と。
又復諸の大衆に告げたまわく、
「汝等は当に如来の誠諦の語を信解すべし」と。

三請

是の時、菩薩大衆は、弥勒を首と為して、合掌して仏
に白して言さく、

世尊。唯願説之。我等当信受仏語。

如是三白已、復言、

唯願説之。我等当信受仏語。

爾時世尊知諸菩薩三請不止、而告之言、

汝等。諦聴。如来秘密・神通之力。

一切世間天・人、及阿修羅、皆謂今釈迦牟尼仏出釈氏宮、去伽耶城不遠、坐於道場、得阿耨多羅三藐三菩提。

「世尊よ。唯願わくは之を説きたまえ。我等は当に仏の語を信受したてまつるべし」と。

重請
是くの如く三たび白し已わって、復言さく、

「唯願わくは之を説きたまえ。我等は当に仏の語を信受したてまつるべし」と。

重誡
爾の時、世尊は諸の菩薩の三たび請じて止まざることを知ろしめして、之に告げて言わく、

「汝等よ。諦らかに聴け。如来の秘密・神通の力を。

正答・長行・法説・三世益物
過去益物・出執近之情・出所迷法

出能迷衆
一切世間の天・人、及び阿修羅は、

出迷遠之謂
皆今の釈迦牟尼仏は釈氏の宮を出でて、伽耶城を去ること遠からず、道場に坐して、阿耨多羅三藐三菩提を得たまえりと謂えり。

然善男子。我実成仏已来、無量無辺百千万億那由他劫。譬如五百千万億那由他阿僧祇三千大千世界、仮使有人抹為微塵、過於東方五百千万億那由他阿僧祇国、乃下一塵、如是東行、尽是微塵。諸善男子。於意云何。是諸世界、可得思惟校計知其数不。

弥勒菩薩等倶白仏言、

世尊。是諸世界無量無辺、非算数所知、亦非心力所及。一切

破近顕遠・顕遠・法説顕遠

然るに善男子よ。我は実に成仏してより已来、無量無辺百千万億那由他劫なり。

挙譬格量・挙譬問

譬えば五百千万億那由他阿僧祇の三千大千世界を、仮使人有って抹して微塵と為して、東方五百千万億那由他阿僧祇の国を過ぎて、乃ち一塵を下し、是くの如く東に行きて、是の微塵を尽くさんが如し。諸の善男子よ。意に於いて云何。是の諸の世界は、其の数を思惟し校計し知ることを得可しや不や」と。

答（挙三人不知）

弥勒菩薩等は倶に仏に白して言さく、

「世尊よ。是の諸の世界は無量無辺にして、算数の知る所に非ず、亦心力の及ぶ所に非ず。一切の声聞・辟支

声聞・辟支仏、以無漏智、不能思惟知其限数。我等住阿惟越致地、於是事中、亦所不達。世尊。如是諸世界、無量無辺。

爾時仏告大菩薩衆、

諸善男子。今当分明宣語汝等。是諸世界、若著微塵、及不著者、尽以為塵、一塵一劫、我成仏已来、復過於此、百千万億那由他阿僧祇劫。

自従是来、我常在此娑婆世界、説法教化。亦於余処百千万億那

仏は、無漏智を以てするも、思惟して其の限数を知ること能わず。我等は阿惟越致地に住すれども、是の事の中に於いては、亦達せざる所なり。世尊よ。是くの如く諸の世界は、無量無辺なり」と。

合顕出長遠

爾の時、仏は大菩薩衆に告げたまわく、

「諸の善男子よ。今当に分明に汝等に宣語すべし。是の諸の世界の、若しは微塵を著き、及び著かざる者を、尽く以て塵と為して、一塵を一劫とせん、我は成仏してより已来、復此に過ぎたること、百千万億那由他阿僧祇劫なり。

明過去益物所宜・明益物処

是自従り来、我は常に此の娑婆世界に在って、説法教化す。亦余処の百千万億那由他阿僧祇の国に於いても、

由他阿僧祇国、導利衆生。諸善男子。於是中間、我説燃灯仏等、又復言其入於涅槃。如是皆以方便分別。

諸善男子。若有衆生来至我所、我以仏眼観其信等諸根利鈍、随所応度、処処自説名字不同、年紀大小。亦復現言当入涅槃。又以種種方便、説微妙法、能令衆生発歓喜心。

諸善男子。如来見諸衆生楽於小法、徳薄垢重者、為是人説、

衆生を導利す。払迹上疑 諸の善男子よ。是の中間に於いて、我は燃灯仏等を説き、又復其れ涅槃に入ると言いき。是くの如きは皆方便を以て分別しき。

正明益物所宜・感応 諸の善男子よ。若し衆生有って我が所に来至せば、我は仏眼を以て、其の信等の諸根の利鈍を観じて、応に度すべき所に随って、施化・形声益・形益・明非生現生 処処に自ら名字の不同、年紀の大小を説く。明非滅現滅 亦復現に当に涅槃に入るべしと言う。声益 又種種の方便を以て、微妙の法を説いて、得益歓喜 能く衆生をして歓喜の心を発さしむ。

現在益物・明機感 諸の善男子よ。如来は諸の衆生の小法を楽える徳薄・垢重の者を見て、明応化・明非生現生・現生・現生 是の人の為に我は小くして出家し、阿

我小出家、得阿耨多羅三藐三菩提。然我実成仏已来、久遠若斯。但以方便教化衆生、令入仏道、作如是説。

諸善男子。如来所演経典、皆為度脱衆生、或説己身、或説他身、或示己身、或示他身、或示己事、或示他事。

諸所言説、皆実不虚。所以者何、如来如実知見三界之相。無有生死、若退若出、亦無在世及滅度者、非実非虚、非如非異。

非生・明本実不生
明既非実生何故現生

耨多羅三藐三菩提を得たりと説く。然るに我は実に成仏してより已来、久遠なること斯くの若し。但方便を以て、衆生を教化して、仏道に入らしめんとして、是くの如き説を作すのみ。

明現生形声益・明形声
声教
形規

諸の善男子よ。如来の演ぶる所の経典は、皆衆生を度脱せんが為に、或は己身を説き、或は他身を説き、或は己身を示し、或は他身を示し、或は己事を示し、或は他事を示す。

明不虚・明不虚
釈不虚
照理不虚

諸の言説する所は、皆実にして虚しからず。所以は何ん、如来は如実に三界の相を知見すればなり。生死の若しは退、若しは出有ること無く、亦在世及び滅度の者無く、実に非ず虚に非ず、如に非ず異に非ず。三界の三界

不如三界、見於三界。如斯之事、
如来明見、無有錯謬。
以諸衆生有種種性、種種欲、
種種行、種種憶想分別故、欲令
生諸善根、以若干因縁・譬喩・
言辞、種種説法。所作仏事、未
曽暫癈。
如是我成仏已来、甚大久遠。
寿命無量阿僧祇劫、常住不滅。
諸善男子。我本行菩薩道、所成
寿命、今猶未尽、復倍上数。然
今非実滅度、而便唱言当取滅

を見るが如くならず。斯くの如きの事を、如来は明らか
に見て、錯謬有ること無し。

釈称機不虚・明機感

諸の衆生は、種種の性、種種の欲、種種の行、種種の

論施化

憶想分別有るを以ての故に、諸の善根を生ぜしめんと欲
して、若干の因縁・譬喩・言辞を以て、種種に法を説く。

(総結不虚)

作す所の仏事は、未だ曽て暫くも癈せず。

明非滅現滅・明非滅現滅・明本実不滅
明果位常

是くの如く我は成仏してより已来、甚だ大いに久遠な

(寄此四字明未来益物)

り。寿命は無量阿僧祇劫にして、常住にして滅せず。諸

挙因況果以明常住

の善男子よ。我は本菩薩の道を行じて、成ぜし所の寿命

明迹中唱滅

は、今猶未だ尽きず、復上の数に倍せり。然るに今、実
に滅度するに非ざれども、便ち唱えて当に滅度を取るべ

度。
如来以是方便、教化衆生。所以者何、若仏久住於世、薄徳之人不種善根、貧窮下賤、貪著五欲、入於憶想妄見網中、若見如来常在不滅、便起憍恣、而懐厭怠、不能生於難遭之想、恭敬之心。
是故如来以方便説。比丘。当知、諸仏出世、難可値遇。所以者何、諸薄徳人、過無量百千万億劫、或有見仏、或不見者。以

しと言う。

明現滅利益・不滅衆生有損・不滅有損

如来は是の方便を以て、衆生を教化す。所以は何ん、若し仏久しく世に住せば、薄徳の人は善根を種えず、貧窮下賤にして、五欲に貪著し、憶想妄見の網の中に入り、

広釈不滅

若し如来は常に在って滅せずと見ば、便ち憍恣を起こして、厭怠を懐き、難遭の想い、恭敬の心を生ずること能わざればなり。

唱滅有益・歎仏難値

是の故に如来は方便を以て説く。『比丘よ。当に知るべし、諸仏の出世には、値遇す可きこと難し』と。

釈難値

所以は何ん、諸の薄徳の人は、無量百千万億劫を過ぎて、或は仏を見るもの有り、或は見ざる者あればなり。此の

此事故、我作是言、
諸比丘。如来難可得見。
斯衆生等聞如是語、必当生於
難遭之想。心懐恋慕、渇仰於仏。
便種善根。是故如来雖不実滅、
而言滅度。
又善男子。諸仏如来法皆如是。
為度衆生、皆実不虚。
譬如良医、智慧聡達、明練方
薬、善治衆病。其人多諸子息、
若十・二十、乃至百数。以有事
縁、遠至余国。

事を以ての故に、我は是の言を作さく、
『諸の比丘よ。如来は見ることを得可きこと難し』と。
斯の衆生等は、是くの如き語を聞いて、必ず当に難遭
の想いを生ずべし。心に恋慕を懐き、仏を渇仰せん。便
ち善根を種えん。是の故に如来は実には滅せずと雖も、
『滅度す』と言う。
総結不虚・明諸仏出五濁必先三後一先近後遠
明皆是為化
又善男子よ。諸仏如来の法は、皆是くの如し。衆生を
衆生
明皆非虚妄
度せんが為にして、皆実にして虚しからず。
譬説・開譬・良医治子譬（譬三世益物）・医遠行譬（過去）・応化・超譬応化
譬えば良医の智慧聡達にして、方薬に明練しく、善く
追譬機感
衆病を治するが如し。其の人に諸の子息多く、若しは十・
現滅
二十、乃至百数なり。事の縁有るを以て、遠く余国に至
りぬ。

諸子於後、飲他毒薬、薬発悶乱、宛転于地。是時其父還来帰家。諸子飲毒、或失本心、或不失者。遥見其父、皆大歓喜、拝跪問訊、

善安穏帰。我等愚癡、誤服毒薬。願見救療、更賜寿命。

父見子等苦悩如是、依諸経方、求好薬草、色・香・美味、皆悉具足、擣簁和合、与子令服。

而作是言、

此大良薬、色・香・美味、皆

還已復去譬（現在）・譬機応相関

諸の子は後に於いて、他の毒薬を飲み、薬発し悶乱して、地に宛転す。

譬応化・譬非生現生・譬形声益

是の時、其の父は還り来って家に帰りぬ。

譬形益

諸の子は毒を飲んで、或は本心を失えるもの、或は失わざる者あり。遥かに其の父を見て、皆大いに歓喜し、拝跪して問訊すらく、

『善く安穏に帰りたまえり。我等は愚癡にして、誤って毒薬を服せり。願わくは救療せられて、更に寿命を賜え』と。

譬声益・譬仏受請転二諦法輪

父は、子等の苦悩すること是くの如くなるを見て、諸の経方に依って、好き薬草の色・香・美味、皆悉具足せるを求めて、擣き簁い和合して、子に与えて服ましむ。

譬誡勧

而して是の言を作さく、

勧門

『此の大良薬は、色・香・美味、皆悉具足せり。汝等

悉具足。汝等可服。速除苦悩、無復衆患。

其諸子中不失心者、見此良薬、色・香倶好、即便服之、病尽除愈。

余失心者、見其父来、雖亦歓喜問訊、求索治病、然与其薬、而不肯服。所以者何、毒気深入、失本心故、於此好色香薬、而謂不美。

父作是念、

此子可愍。為毒所中、心皆顛

は服す可し。誠門 速やかに苦悩を除いて、復衆の患い無けん』と。

譬得益不虚

其の諸の子の中の心を失わざる者は、此の良薬の色・香倶に好きを見て、即便ち之を服するに、病は尽く除こり愈えぬ。

譬非滅現滅・不久応死（譬非滅現滅）・唱死之由（明現滅之由）

余の心を失える者は、其の父の来れるを見て、亦歓喜し問訊して、病を治せんことを求索むと雖も、然も其の薬を与うれども、肯えて服せず。所以は何ん、毒気は深く入って、本心を失えるが故に、此の好き色、香ある薬に於いて、而も美からずと謂えばなり。

父は是の念を作さく、

『此の子は愍れむ可し。毒の中る所と為って、心は皆

倒。雖見我喜、求索救療、如是
好薬、而不肯服。我今当設方便、
令服此薬。
即作是言、
汝等。当知我今衰老、死時已
至。是好良薬、今留在此。汝可
取服。勿憂不差。
作是教已、復至他国、遣使還
告、
汝父已死。
是時諸子聞父背喪、心大憂悩、
而作是念、

顚倒せり。我を見て喜んで、救療を求索むと雖も、是く
の如き好き薬なれども、而も肯えて服せず。
正唱応死（譬現滅）
我は今当に
方便を設けて、此の薬を服せしむべし』と。
即ち是の言を作さく、
『汝等よ。当に知るべし、我は今衰老して、死の時已
に至りぬ。是の好き良薬を、今留めて此に在く。汝は取
って服す可し。差えじと憂うること勿れ』と。
是の教えを作し已わって、復他国に至り、使いを遣わ
して還って告ぐらく、
『汝が父は已に死しぬ』と。
諸子醒悟（譬唱滅利益）
是の時、諸の子は、父の背喪せるを聞いて、心は大い
に憂悩して、是の念を作さく、

若父在者、慈愍我等、能見救護。今者捨我、遠喪他国。自惟孤露、無復恃怙、常懐悲感、心遂醒悟、乃知此薬色・香・味美、即取服之、毒病皆愈。

其父聞子悉已得差、尋便来帰、咸使見之。

諸善男子。於意云何。頗有人能説此良医虚妄罪不。

不也。世尊。

仏言、

『若し父は在さば、我等を慈愍して、能く救護せられん。今者、我を捨てて、遠く他国に喪したまいぬ』と。自ら惟みるに孤露にして、復恃怙無ければ、常に悲感を懐いて、心は遂に醒悟し、乃ち此の薬の色・香・味の美きを知って、即ち取って之を服するに、毒の病は皆愈ゆ。

尋便来帰譬（未来）

其の父は、子の悉く已に差ゆることを得つと聞いて、尋いで便ち来り帰って、咸く之に見えしめん。

治子実益譬（明三世利物不虚）

諸の善男子よ。意に於いて云何。頗人の能く此の良医の虚妄の罪を説くこと有らんや不や」と。

「不なり。世尊よ」と。

合譬

仏の言わく、

我亦如是。成仏已来、無量無辺百千万億那由他阿僧祇劫。為衆生故、以方便力、言当滅度。亦無有能如法説我虚妄過者。

爾時世尊欲重宣此義、而説偈言、

自我得仏来　所経諸劫数
無量百千万　億載阿僧祇
常説法教化　無数億衆生
令入於仏道　爾来無量劫
為度衆生故　方便現涅槃
而実不滅度　常住此説法

（合過去世）「我も亦是くの如し。成仏してより已来、無量無辺百千万億那由他阿僧祇劫なり。（合現在世）衆生の為の故に、方便力を以て、『当に滅度すべし』と言う。（合益物不虚）亦能く法の如く我が虚妄の過を説く者有ること無けん」と。

（偈頌）爾の時、世尊は重ねて此の義を宣べんと欲して、偈を説いて言わく、

（頌法説・頌三世益物・頌過去益物・頌成道已久）
我は仏を得て自り来　経たる所の諸の劫数は
（頌中間益物）
無量百千万　億載阿僧祇なり
常に法を説いて　無数億の衆生を教化して
仏道に入らしむ　爾しより来無量劫なり
（頌住処）
衆生を度せんが為の故に　方便もて涅槃を現ずれども
而も実には滅度せず　常に此に住して法を説く

我常住於此　以諸神通力
令顛倒衆生　雖近而不見
衆見我滅度　広供養舎利
咸皆懐恋慕　而生渇仰心
衆生既信伏　質直意柔軟
一心欲見仏　不自惜身命
時我及衆僧　倶出霊鷲山
我時語衆生　常在此不滅
以方便力故　現有滅不滅
余国有衆生　恭敬信楽者
我復於彼中　為説無上法
汝等不聞此　但謂我滅度

我は常に此に住すれども　諸の神通力を以て
顛倒の衆生をして　近しと雖も見ざらしむ

頌現在益物・頌非生現生

衆は我が滅度を見て　広く舎利を供養し
咸皆く恋慕を懐いて　渇仰の心を生ず
衆生既に信伏し　質直にして意柔軟に
一心に仏を見たてまつらんと欲して　自ら身命を惜しまざれば
時に我及び衆僧は　倶に霊鷲山に出ず

頌非滅現滅

我は時に衆生に語る　常に此に在って滅せず
方便力を以ての故に　滅不滅有りと現ず
余国に衆生有って　恭敬し信楽せば
我は復彼の中に於いて　為に無上の法を説く
汝等は此を聞かずして　但我は滅度すと謂うのみ

我見諸衆生　没在於苦海
故不為現身　令其生渇仰
因其心恋慕　乃出為説法
神通力如是　於阿僧祇劫
常在霊鷲山　及余諸住処
衆生見劫尽　大火所焼時
我此土安穏　天人常充満
園林諸堂閣　種種宝荘厳
宝樹多花菓　衆生所遊楽
諸天撃天鼓　常作衆妓楽
雨曼陀羅華　散仏及大衆
我浄土不毀　而衆見焼尽

頌未来益物・明未来機応
我は諸の衆生　苦海に没せるを見るに
故に為に身を現ぜずして　其をして渇仰を生ぜしむ
其の心は恋慕するに因って　乃ち出でて為に法を説く
頌常住不滅
神通力は是くの如し　阿僧祇劫に於いて
常に霊鷲山　及び余の諸の住処に在り
衆生は劫尽きて　大火に焼かるると見る時も
我が此の土は安穏にして　天人は常に充満せり
園林諸の堂閣は　種種の宝もて荘厳し
宝樹は花菓多くして　衆生の遊楽する所なり
諸天は天鼓を撃って　常に衆の妓楽を作し
明不見因縁
曼陀羅華を雨らして　仏及び大衆に散ず
我が浄土は毀れざれども　衆は焼け尽きて

憂怖諸苦悩　如是悉充満
是諸罪衆生　以悪業因縁
過阿僧祇劫　不聞三宝名
諸有修功徳　柔和質直者
則皆見我身　在此而説法
或時為此衆　説仏寿無量
久乃見仏者　為説仏難値
我智力如是　慧光照無量
寿命無数劫　久修業所得
汝等有智者　勿於此生疑
当断令永尽　仏語実不虚
如医善方便　為治狂子故

憂怖諸の苦悩　是くの如き悉く充満せると見る
是の諸の罪の衆生は　悪業の因縁を以て
阿僧祇劫を過ぐれども　三宝の名を聞かず
明得見因縁
諸有功徳を修して　柔和質直なる者は
則ち皆我が身　此に在って法を説くを見る
或る時は此の衆の為に　仏寿は無量なりと説く
久しくあって乃し仏を見たてまつる者には　為に仏には値い難しと説く
我が智力は是くの如し　慧光の照らすこと無量なり
寿命は無数劫なり　久しく業を修して得る所なり
頌皆実不虚
汝等智有る者よ　此に於いて疑いを生ずること勿れ
当に断じて永く尽きしむべし　仏語は実にして虚しからず
頌譬説・頌開譬・頌過去　　頌現在
医は方便に善くして　狂子を治せんが為の故に

実在而言死　無能説虚妄
我亦為世父　救諸苦患者
為凡夫顛倒　実在而言滅
以常見我故　而生憍恣心
放逸著五欲　堕於悪道中
我常知衆生　行道不行道
随応所可度　為説種種法
毎自作是念　以何令衆生
得入無上道　速成就仏身

実には在れども死すと言うも　頌不虚 能く虚妄なりと説くもの無きが如く
頌合譬・頌合過去 我も亦為れ世の父　諸の苦患を救う者にして
頌合現在 凡夫は顛倒せるが為に　実には在れども滅すと言う
常に我を見るを以ての故に　而も憍恣の心を生じ
放逸にして五欲に著し　悪道の中に堕つればなり
我は常に衆生の　道を行ずるや道を行ぜざるやを知って
応に度す可き所に随って　為に種種の法を説く
頌合不虚 毎に自ら是の念を作す　何を以てか衆生をして
無上道に入り　速やかに仏身を成就することを得しめんと

妙法蓮華経分別功徳品第十七

爾時大会聞仏説寿命劫数長遠如是、無量無辺阿僧祇衆生、得大饒益。

於時世尊告弥勒菩薩摩訶薩、阿逸多。我説是如来寿命長遠時、六百八十万億那由他恒河沙衆生得無生法忍。

復有千倍菩薩摩訶薩、得聞持陀羅尼門。

妙法蓮華経分別功徳品第十七

本門正宗分流通分
正宗分・総授法身記・経家総序

爾の時、大会は仏の寿命の劫数の長遠なること是くの如くなるを説きたまうを聞いて、無量無辺阿僧祇の衆生は、大饒益を得つ。

如来分別
明入十住位

時に世尊は弥勒菩薩摩訶薩に告げたまわく、「阿逸多よ。我は是の如来の寿命の長遠なるを説く時、六百八十万億那由他恒河沙の衆生は、無生法忍を得。

明入十行位

復千倍の菩薩摩訶薩有って、聞持陀羅尼門を得。

復有一世界微塵数菩薩摩訶薩、得楽説無礙弁才。

復有一世界微塵数菩薩摩訶薩、得百千万億無量旋陀羅尼。

復有三千大千世界微塵数菩薩摩訶薩、能転不退法輪。

復有二千中国土微塵数菩薩摩訶薩、能転清浄法輪。

復有小千国土微塵数菩薩摩訶薩、八生当得阿耨多羅三藐三菩提。

復有四四天下微塵数菩薩摩訶

明入十迴向位
復一世界の微塵数の菩薩摩訶薩有って、楽説無礙弁才を得。

明入初地
復一世界の微塵数の菩薩摩訶薩有って、百千万億無量の旋陀羅尼を得。

明入二地
復三千大千世界の微塵数の菩薩摩訶薩有って、能く不退の法輪を転ず。

明入三地
復二千中国土の微塵数の菩薩摩訶薩有って、能く清浄の法輪を転ず。

明入四地
復小千国土の微塵数の菩薩摩訶薩有って、八生に当に阿耨多羅三藐三菩提を得べし。

明入八地
復四四天下の微塵数の菩薩摩訶薩有って、四生に当に

薩、四生当得阿耨多羅三藐三菩
提。
復有三四天下微塵数菩薩摩訶
薩、三生当得阿耨多羅三藐三菩
提。
復有二四天下微塵数菩薩摩訶
薩、二生当得阿耨多羅三藐三菩
提。
復有一四天下微塵数菩薩摩訶
薩、一生当得阿耨多羅三藐三菩
提。
復有八世界微塵数衆生、皆発

阿耨多羅三藐三菩提を得べし。

明入九地

復三四天下の微塵数の菩薩摩訶薩有って、三生に当に
阿耨多羅三藐三菩提を得べし。

明入十地

復二四天下の微塵数の菩薩摩訶薩有って、二生に当に
阿耨多羅三藐三菩提を得べし。

明入等覚金剛心

復一四天下の微塵数の菩薩摩訶薩有って、一生に当に
阿耨多羅三藐三菩提を得べし。

明入十信位

復八世界の微塵数の衆生有って、皆阿耨多羅三藐三菩

阿耨多羅三藐三菩提心。

仏説是諸菩薩摩訶薩得大法利時、於虚空中、雨曼陀羅華・摩訶曼陀羅華、以散無量百千万億宝樹下師子座上諸仏、幷散七宝塔中師子座上釈迦牟尼仏、及久滅度多宝如来、亦散一切諸大菩薩及四部衆。又雨細抹栴檀・沈水香等、於虚空中、天鼓自鳴、妙声深遠。又雨千種天衣、垂諸瓔珞・真珠瓔珞・摩尼珠瓔珞・如意珠瓔珞、遍於九方。衆宝香

提の心を発す」と。

時衆供養

仏是の諸の菩薩摩訶薩の大法利を得るを説きたまう時、虚空の中於り、曼陀羅華・摩訶曼陀羅華を雨らして、以て無量百千万億の宝樹の下の師子座の上の諸仏に散じ、幷びに七宝の塔の中の師子座の上の釈迦牟尼仏、及び久しく滅度せる多宝如来に散じ、亦一切の諸の大菩薩、及び四部の衆に散ず。又細抹の栴檀・沈水香等を雨らし、虚空の中に於いて、天鼓は自ずから鳴って、妙声深遠なり。又千種の天衣を雨らし、諸の瓔珞・真珠の瓔珞・摩尼珠の瓔珞・如意珠の瓔珞を垂れて、九方に遍ぜり。衆の宝香炉に、無価の香を焼いて、自然に周く至って、大会に供養す。一一の仏の上に、諸の菩薩有って、

炉焼無価香、自然周至、供養大会。一一仏上、有諸菩薩執持幡蓋、次第而上、至于梵天。是諸菩薩、以妙音声、歌無量頌、讃歎諸仏。

爾時弥勒菩薩従座而起、偏袒右肩、合掌向仏、而説偈言、

仏説希有法　昔所未曽聞
世尊有大力　寿命不可量
無数諸仏子　聞世尊分別
説得法利者　歓喜充遍身
或住不退地　或得陀羅尼

幡蓋を執持して、次第して上って、梵天に至る。是の諸の菩薩は、妙なる音声を以て、無量の頌を歌って、諸仏を讃歎したてまつる。

弥勒総申領解

爾の時、弥勒菩薩は座従り而も起って、偏に右の肩を袒にし、合掌し仏に向かいたてまつって、偈を説いて言さく、

頌時衆得解

仏は希有の法を説きたまう　昔より未だ曽て聞かざる所なり
世尊は大力有して　寿命は量る可からず
無数の諸の仏子は　世尊の分別して
法利を得る者を説きたまうを聞いて　歓喜は身に充遍す

頌如来分別

或は不退の地に住し　或は陀羅尼を得

或無礙楽説　万億旋総持
或有大千界　微塵数菩薩
各各皆能転　不退之法輪
復有中千界　微塵数菩薩
各各皆能転　清浄之法輪
復有小千界　微塵数菩薩
余各八生在　当得成仏道
或有四三二　如此四天下
微塵数菩薩　随数生成仏
或一四天下　微塵数菩薩
余有一生在　当得一切智
如是等衆生　聞仏寿長遠

或は無礙の楽説　万億の旋総持あり
或は大千界の　微塵数の菩薩有って
各各皆能く　不退の法輪を転ず
復中千界の　微塵数の菩薩有って
各各皆能く　清浄の法輪を転ず
復小千界の　微塵数の菩薩有って
余り各八生在って　当に仏道を成ずることを得べし
或は四三二　此くの如き四天下の
微塵数の菩薩有って　数の生に随って成仏せん
或は一四天下の　微塵数の菩薩は
余り一生在ること有って　当に一切智を得べし
是くの如き等の衆生は　仏寿の長遠なることを聞いて

得無量無漏　清浄之果報
復有八世界　微塵数菩薩
聞仏説寿命　皆発無上心
世尊説無量　不可思議法
多有所饒益　如虚空無辺
雨天曼陀羅　摩訶曼陀羅
釈梵如恒沙　無数仏土来
雨栴檀沈水　繽紛而乱墜
如鳥飛空下　供散於諸仏
天鼓虚空中　自然出妙声
天衣千万億　旋転而来下
衆宝妙香炉　焼無価之香

無量の無漏　清浄の果報を得
復八世界の　微塵数の菩薩有って
仏の寿命を説きたまうを聞いて　皆無上の心を発しつ
世尊は無量　不可思議の法を説きたまえば
多く饒益する所有ること　虚空の無辺なるが如し
頌時衆供養
天の曼陀羅　摩訶曼陀羅を雨らして
釈梵は恒沙の如く　無数の仏土より来れり
栴檀沈水を雨らして　繽紛として乱れ墜つること
鳥の飛んで空より下るが如くにして　諸仏に供散す
天鼓は虚空の中にて　自然に妙声を出だし
天衣の千万億は　旋転して来下す
衆の宝妙香炉に　無価の香を焼いて

自然悉周遍　供養諸世尊
其大菩薩衆　執七宝幡蓋
高妙万億種　次第至梵天
一一諸仏前　宝幢懸勝幡
亦以千万偈　歌詠諸如来
如是種種事　昔所未曾有
聞仏寿無量　一切皆歓喜
仏名聞十方　広饒益衆生
一切具善根　以助無上心

爾時仏告弥勒菩薩摩訶薩、

阿逸多。其有衆生、聞仏寿命

自然に悉く周遍して　諸の世尊を供養す
其の大菩薩衆は　七宝の幡蓋の
高妙にして万億種なるを執って　次第に梵天に至る
一一の諸仏の前に　宝幢に勝幡を懸け
亦千万の偈を以て　諸の如来を歌詠したてまつる
是くの如き種種の事は　昔より未だ曽て有らざる所なり
仏寿の無量なることを聞いて　一切皆歓喜す
仏の名は十方に聞こえて　広く衆生を饒益したまう
一切は善根を具して　以て無上の心を助く

流通分・明弘経功徳深勧流通・明初品因功徳勧流通
現在四信・一念信解・長行

爾の時、仏は弥勒菩薩摩訶薩に告げたまわく、

挙示其人

「阿逸多よ。其し衆生有って、仏の寿命の長遠なるこ

長遠如是、乃至能生一念信解、所得功徳無有限量。若有善男子・善女人、為阿耨多羅三藐三菩提故、於八十万億那由他劫、行五波羅蜜、檀波羅蜜・尸羅波羅蜜・羼提波羅蜜・毘梨耶波羅蜜・禅波羅蜜、除般若波羅蜜、以是功徳比前功徳、百分・千分・百千万億分、不及其一、乃至算数譬喩所不能知。若善男子有如是功徳、於阿耨多羅三藐三菩提退者、無有是処。

と是くの如くなるを聞き、乃至能く一念の信解を生ぜば、（明功徳・総論無量）得る所の功徳は、限量有ること無けん。（格量多少・挙五度為格量本）若し善男子・善女人有って、阿耨多羅三藐三菩提の為の故に、八十万億那由他劫に於いて、五波羅蜜、檀波羅蜜・尸羅波羅蜜・羼提波羅蜜・毘梨耶波羅蜜・禅波羅蜜にして、般若波羅蜜を除くを行ぜば、（正格多少）是の功徳を以て、前の功徳に比ぶるに、百分・千分・百千万億分にして、其の一にも及ばず、乃至算数・譬喩も知ること能わざる所なり。（明位行不退）若し善男子に是くの如き功徳有るも、阿耨多羅三藐三菩提に於いて退せば、是の処有ること無けん」と。

爾時世尊欲重宣此義、而説偈
言、
若人求仏慧　於八十万億
那由他劫数　行五波羅蜜
於是諸劫中　布施供養仏
及縁覚弟子　幷諸菩薩衆
珍異之飲食　上服与臥具
栴檀立精舎　以園林荘厳
如是等布施　種種皆微妙
尽此諸劫数　以廻向仏道
若復持禁戒　清浄無欠漏
求於無上道　諸仏之所歎

偈頌

爾の時、世尊は重ねて此の義を宣べんと欲して、偈を
説いて言わく、

頌格量多少

若し人は仏慧を求め　八十万億
那由他の劫数に於いて　五波羅蜜を行ずとも
是の諸の劫の中に於いて　仏
及び縁覚の弟子　幷びに諸の菩薩衆に布施し供養し
珍異の飲食　上服と臥具と
栴檀もて精舎を立て　園林を以て荘厳せる
是くの如き等の布施　種種に皆微妙なるを
此の諸の劫数を尽くして　以て仏道に廻向すとも
若し復禁戒を持って　清浄にして欠漏無く
無上道を求め　諸仏の歎めたまう所なるも

若復行忍辱　住於調柔地
設衆悪来加　其心不傾動
諸有得法者　懐於増上慢
為此所軽悩　如是亦能忍
若復勤精進　志念常堅固
於無量億劫　一心不懈怠
又於無数劫　住於空閑処
若坐若経行　除睡常摂心
以是因縁故　能生諸禅定
八十億万劫　安住心不乱
持此一心福　願求無上道
我得一切智　尽諸禅定際

若し復忍辱を行じて　調柔の地に住し
設い衆の悪来り加うとも　其の心は傾動せず
諸有得法の者は　増上慢を懐き
此の軽んじ悩ます所と為り　是くの如きをも亦能く忍ぶとも
若し復勤め精進し　志念は常に堅固にして
無量億劫に於いて　一心に懈怠せずとも
又無数劫に於いて　空閑の処に住して
若しは坐し若しは経行し　睡りを除いて常に心を摂む
是の因縁を以ての故に　能く諸の禅定を生じ
八十億万劫に　安住して心は乱れず
此の一心の福を持って　無上道を願求し
我は一切智を得んとして　諸の禅定の際を尽くすとも

是人於百千　万億劫数中
行此諸功徳　如上之所説
有善男女等　聞我説寿命
乃至一念信　其福過於彼
若人悉無有　一切諸疑悔
深心須臾信　其福為如此
其有諸菩薩　無量劫行道
聞我説寿命　是則能信受
如是諸人等　頂受此経典
願我於未来　長寿度衆生
如今日世尊　諸釈中之王
道場師子吼　説法無所畏

是の人は百千　万億の劫数の中に於いて
此の諸の功徳を行ずること　上の説く所の如くなるも
追頌人相
善男女等有って　我が寿命を説くを聞いて
乃至一念も信ぜば　其の福は彼に過ぎん
若し人悉く　一切の諸の疑悔有ること無くして
深心に須臾も信ぜば　其の福は此くの如しと為す
頌行位不退
其れ諸の菩薩の　無量劫に道を行ずるもの有らば
我の寿命を説くを聞いて　是は則ち能く信受せん
是くの如き諸人等は　此の経典を頂受して
我は未来に於いて　長寿にして衆生を度せんこと
今日の世尊の　諸釈の中の王として
道場にて師子吼し　法を説きたまうに畏るる所無きが如く

我等未来世　一切所尊敬
坐於道場時　説寿亦如是
若有深心者　清浄而質直
多聞能総持　随義解仏語
如是諸人等　於此無有疑

又阿逸多。若有聞仏寿命長遠、解其言趣、是人所得功徳、無有限量、能起如来無上之慧。何況広聞是経、若教人聞、若自持、若教人持、若自書、若教人書、若以華・香・瓔珞・幢幡・繒蓋・香油・蘇灯、供養経巻。

我等は未来世に　一切に尊敬せられて
道場に坐せん時　寿を説くこと亦是くの如くならんと願わん
若し深心有る者　清浄にして質直に
多聞にして能く総持し　義に随って仏語を解せば
是くの如き諸人等は　此に於いて疑い有ること無けん

略解言趣・標人相
「又阿逸多よ。若し仏の寿命の長遠なるを聞いて、其の言趣を解するもの有らば、是の人の得る所の功徳は、格量功徳 限量有ること無くして、能く如来の無上の慧を起こさん。

広為他説・標人相
何に況んや広く是の経を聞き、若しは人をしても聞かしめ、若しは自らも持ち、若しは人をしても持たしめ、若しは自らも書き、若しは人をしても書かしめ、若しは華・香・瓔珞・幢幡・繒蓋・香油・蘇灯を以て、経巻を

是人功徳無量無辺、能生一切種智。

阿逸多。若善男子・善女人聞我説寿命長遠、深心信解、則為見仏常在耆闍崛山、共大菩薩・諸声聞衆囲遶説法。又見此娑婆世界、其地瑠璃、坦然平正、閻浮檀金、以界八道、宝樹行列、諸台楼観、皆悉宝成、其菩薩衆、咸処其中。若有能如是観者、当知是為深信解相。

又復如来滅後、若聞是経、而

供養せんをや。

格量功徳

是の人の功徳は、無量無辺にして、能く一切種智を生ぜん。

深信観成・標人相

阿逸多よ。若し善男子・善女人は、我の寿命の長遠なるを説くを聞いて、深心に信解せば、

格量功徳・能見有余土相

則ち為れ仏常に耆闍崛山に在って、大菩薩・諸の声聞衆の囲遶せると共に説法するを見ん。

能見実報土相

又此の娑婆世界を見るに、其の地は瑠璃にして、坦然平正に、閻浮檀金もて、以て八道を界い、宝樹は行列し、諸台楼観は、皆悉宝もて成じて、其の菩薩衆は、咸く其の中に処す。若し能く是くの如く観ずる者有らば、当に知るべし、是を深信解の相と為す。

滅後五品・列五品格量四品功徳・長行・初随喜品

又復如来滅して後に、若し是の経を聞いて、毀呰せず

不毀呰、起随喜心、当知已為深
信解相。
何況読誦、受持之者。斯人則
為頂戴如来。阿逸多。是善男子・
善女人、不須為我復起塔寺、及
作僧坊、以四事供養衆僧。所以
者何、是善男子・善女人受持読
誦是経典者、為已起塔、造立僧
坊、供養衆僧。則為以仏舎利、
起七宝塔高広漸小至于梵天懸諸
幡蓋及衆宝鈴、華香・瓔珞・抹
香・塗香・焼香・衆鼓・妓楽・

して、随喜の心を起こさば、当に知るべし、已に深信解
の相と為す。
読誦品・標人　格量功徳
何に況んや之を読誦し受持せん者をや。斯の人は則ち
為れ如来を頂戴したてまつる。阿逸多よ。是の善男子・
善女人は、我が為に復塔寺を起て、及び僧坊を作り、四
事を以て衆僧を供養することを須いず。所以は何ん、是
の善男子・善女人は是の経典を受持し読誦せば、為れ已
に塔を起て、僧坊を造立し、衆僧を供養するなればなり。
則ち為れ仏の舎利を以て、七宝の塔の高広漸小にして梵
天に至り諸の幡蓋及び衆の宝鈴を懸けるを起て、華香・
瓔珞・抹香・塗香・焼香・衆鼓・妓楽・簫笛・箜篌・種
種の舞戯あって、妙なる音声を以て、歌唄讃頌せり。則

簫笛・箜篌・種種舞戯、以妙音声歌唄讃頌。則為已於無量千万億劫、作是供養已。

阿逸多。若我滅後、聞是経典、有能受持、若自書、若教人書、則為起立僧坊。以赤栴檀作諸殿堂三十有二、高八多羅樹、高広厳好、百千比丘於其中止、園林・浴池・経行・禅窟・衣服・飲食・牀蓐・湯薬・一切楽具、充満其中。如是僧坊・堂閣若干、百千万億、其数無量。以此現前、供

ち為れ已に無量千万億劫に於いて、是の供養を作し已われり。

[説法品・標人] 阿逸多よ。若し我滅して後に、是の経典を聞いて、能く受持し、若しは自ら書き、若しは人をして書かしむるもの有らば、[格量功徳] 則ち為れ僧坊を起立せり。赤栴檀を以て諸の殿堂を作ること三十有二、高さ八多羅樹、高広厳好にして、百千の比丘は其の中に於いて止み、園林・浴池・経行・禅窟・衣服・飲食・牀蓐・湯薬・一切の楽具は、其の中に充満せん。是くの如き僧坊・堂閣若干、百千万億にして、其の数無量なり。此を以て現前に、我及び比丘僧に供養せり。

養於我、及比丘僧。
是故我説、
如来滅後、若有受持・読誦、為他人説、若自書、若教人書、供養経巻、不須復起塔寺、及造僧坊、供養衆僧。
況復有人能持是経、兼行布施・持戒・忍辱・精進・一心・智慧、其徳最勝、無量無辺。譬如虚空、東西南北・四維・上下、無量無辺、是人功徳、亦復如是、無量無辺、疾至一切種智。

是の故に我は説く、
『如来滅して後に、若し受持・読誦し、他人の為に説き、若しは自らも書き、若しは人をしても書かしめ、経巻を供養するもの有らば、復塔寺を起て、及び僧坊を造り、衆僧を供養することを須いず』と。

兼行六度品・標人

況んや復人有って能く是の経を持ち、兼ねて布施・持戒・忍辱・精進・一心・智慧を行ぜば、

格量功徳

其の徳は最勝にして、無量無辺なるをや。譬えば虚空は東西南北・四維・上下に、無量無辺なるが如く、是の人の功徳も亦復是くの如く、無量無辺にして、疾く一切種智に至らん。

若人読誦・受持是経、為他人説、若自書、若教人書、復能起塔及造僧坊、供養讃歎声聞衆僧、亦以百千万億讃歎之法、讃歎菩薩功徳、又為他人種種因縁、随義解説此法華経。復能清浄持戒、与柔和者、而共同止、忍辱無瞋、志念堅固、常貴坐禅、得諸深定、精進勇猛、摂諸善法、利根智慧、善答問難。阿逸多。若我滅後、諸善男子・善女人、受持・読誦是経典者、復有如是諸善功徳。

正行六度品・標人

若し人は是の経を読誦・受持し、他人の為に説き、若しは自らも書き、若しは人をしても書かしめば、復能く塔を起て、及び僧坊を造り、声聞の衆僧を供養し讃歎し、亦百千万億の讃歎の法を以て、菩薩の功徳を讃歎し、又他人の為に種種の因縁もて、義に随って此の法華経を解説せん。復能く清浄に戒を持ち、柔和の者と而も共に同止し、忍辱にして瞋り無く、志念は堅固にして、常に坐禅を貴び、諸の深定を得、精進勇猛にして、諸の善法を摂し、利根智慧にして、善く問難に答えん。阿逸多よ。

格量功徳

若し我滅して後に、諸の善男子・善女人は、是の経典を受持・読誦せば、復是くの如き諸の善功徳有らん。当に知るべし、是の人は已に道場に趣き、阿耨多羅三藐三菩提に近

当知是人已趣道場、近阿耨多羅三藐三菩提、坐道樹下。阿逸多。是善男子・善女人、若坐若立、若経行処、此中便応起塔。一切天人皆応供養如仏之塔。

爾時世尊欲重宣此義、而説偈言、

若我滅度後　能奉持此経
斯人福無量　如上之所説
是則為具足　一切諸供養
以舎利起塔　七宝而荘厳
表刹甚高広　漸小至梵天

づいて、道樹の下に坐せるなり。阿逸多よ。是の善男子・善女人の、若しは坐し若しは立ち、若しは経行せん処、此の中に便ち応に塔を起つべし。一切の天人は皆応に供養すること、仏の塔の如くすべし」と。

偈頌

爾の時、世尊は重ねて此の義を宣べんと欲して、偈を説いて言わく、

頌第二品

若し我滅度して後に　能く此の経を奉持せば
斯の人の福は無量なること　上の説く所の如し
是は則ち為れ　一切の諸の供養を具足す
舎利を以て塔を起て　七宝もて荘厳す
表刹は甚だ高広に　漸小にして梵天に至る

宝鈴千万億　風動出妙音
又於無量劫　而供養此塔
華香諸瓔珞　天衣衆伎楽
燃香油蘇灯　周帀常照明
悪世末法時　能持是経者
則為已如上　具足諸供養
若能持此経　則如仏現在
以牛頭栴檀　起僧坊供養
堂有三十二　高八多羅樹
上饌妙衣服　牀臥皆具足
百千衆住処　園林諸浴池
経行及禅窟　種種皆厳好

宝鈴は千万億にして　風の動かすに妙音を出だす
又無量劫に於いて　此の塔に
華・香・諸の瓔珞　天衣衆の伎楽を供養し
香油・蘇灯を燃して　周帀して常に照明す
悪世末法の時　能く是の経を持つ者は
則ち為れ已に上の如く　諸の供養を具足す
頌第三品
若し能く此の経を持たば　則ち仏の現に在すが如し
牛頭栴檀を以て　僧坊を起てて供養す
堂は三十二有って　高さ八多羅樹なり
上饌妙なる衣服　牀臥は皆具足す
百千衆の住処　園林諸の浴池
経行及び禅窟は　種種にして皆厳好す

若有信解心　受持読誦書
若復教人書　及供養経巻
散華香抹香　以須曼瞻蔔
阿提目多伽　薫油常燃之
如是供養者　得無量功徳
如虚空無辺　其福亦如是
況復持此経　兼布施持戒
忍辱楽禅定　不瞋不悪口
恭敬於塔廟　謙下諸比丘
遠離自高心　常思惟智慧
有問難不瞋　随順為解説
若能行是行　功徳不可量

頌第四品
若し信解の心有って　受持し読誦し書かば
若し復人をしても書かしめ　及び経巻を供養し
華香・抹香を散じ　須曼・瞻蔔
阿提目多伽の　薫油を以て常に之を燃さば
是くの如く供養する者は　無量の功徳を得ん
虚空の無辺なるが如く　其の福も亦是くの如し
況んや復此の経を持って　兼ねて布施持戒し
忍辱にして禅定を楽わんをや　瞋らず悪口せず
頌第五品
塔廟を恭敬し　諸の比丘に謙下して
自高の心を遠離し　常に思惟し智慧あり
問難すること有らんに瞋らず　随順して為に解説せん
若し能く是の行を行ぜば　功徳は量る可からず

若見此法師　成就如是徳
応以天華散　天衣覆其身
頭面接足礼　生心如仏想
又応作是念　不久詣道場
得無漏無為　広利諸天人
其所住止処　経行若坐臥
乃至説一偈　是中応起塔
荘厳令妙好　種種以供養
仏子住此地　即是仏受用
常在於其中　経行若坐臥

若し此の法師の　是くの如き徳を成就せるを見ば
応に天華を以て散じ　天衣もて其の身を覆い
頭面に足を接して礼し　心を生ずること仏想の如くすべし
又応に是の念を作すべし　久しからずして道場に詣って
無漏無為を得　広く諸の天人を利せんと
其の住止する所の処にて　経行し若しは坐臥し
乃至一偈をも説かん　是の中には応に塔を起てて
荘厳し妙好ならしめて　種種に以て供養すべし
仏子此の地に住するは　即ち是れ仏は受用す
常に其の中に在って　経行し若しは坐臥す

妙法蓮華経随喜功徳品第十八

爾時弥勒菩薩摩訶薩白仏言、
世尊。若有善男子・善女人、
聞是法華経随喜者、得幾所福。
而説偈言、

世尊滅度後　其有聞是経
若能随喜者　為得幾所福

爾時仏告弥勒菩薩摩訶薩、
阿逸多。如来滅後、若比丘・
比丘尼・優婆塞・優婆夷、及余

妙法蓮華経随喜功徳品第十八

本門流通分・明弘経功徳深勧流通・明初品因功徳勧流通
弥勒問・長行

爾の時、弥勒菩薩摩訶薩は仏に白して言さく、
「世尊よ。若し善男子・善女人有って、是の法華経を
聞きたてまつって随喜せば、幾所の福をか得ん」と。

偈頌

而して偈を説いて言さく、

世尊滅度して後に　其し是の経を聞くこと有って
若し能く随喜せば　為幾所の福をか得ん

仏答・長行
爾の時、仏は弥勒菩薩摩訶薩に告げたまわく、
答内心随喜人・展転相教
「阿逸多よ。如来滅して後に、若しは比丘・比丘尼・
優婆塞・優婆夷、及び余の智者の、若しは長若しは幼は、

智者、若長若幼、聞是経随喜已、従法会出、至於余処、若在僧坊、若空閑地、若城邑巷陌・聚落・田里、如其所聞、為父母・宗親・善友・知識、随力演説、是諸人等、聞已随喜、復行転教、余人聞已、亦随喜転教、如是展転、至第五十。

阿逸多。其第五十善男子・善女人、随喜功徳、我今説之。汝当善聴。若四百万億阿僧祇世界、六趣四生衆生、卵生・胎生・湿

是の経を聞いて随喜し已わって、法会従り出でて、余処に至り、若しは僧坊に在り、若しは空閑の地、若しは城邑の巷陌・聚落・田里にて、其の聞く所の如く、父母・宗親・善友・知識の為に、力に随って演説し、是の諸人等は、聞き已わって随喜して、復行きて転教し、余の人は聞き已わって、亦随喜して転教し、是くの如く展転して、第五十に至らん。

格量本

阿逸多よ。其の第五十の善男子・善女人の随喜の功徳を、我は今之を説かん。汝は当に善く聴くべし。若し四百万億阿僧祇の世界の六趣四生の衆生は、卵生・胎生・湿生・化生、若しは有形・無形・有想・無想・非有想・

生・化生、若有形・無形・有想・無想・非有想・非無想、無足・二足・四足・多足、如是等在衆生数者、有人求福、随其所欲、娯楽之具、皆給与之。一一衆生、与満閻浮提金・銀・瑠璃・車渠・馬脳・珊瑚・虎魄諸妙珍宝、及象馬車乗、七宝所成宮殿楼閣等。

是大施主、如是布施満八十年已、而作是念、

我已施衆生娯楽之具、随意所

非無想、無足・二足・四足・多足、是くの如き等の衆生の数に在らば、人有って福を求めて、其の欲する所に随って、娯楽の具、皆之に給与せん。一一の衆生に、閻浮提に満てらん金・銀・瑠璃・車渠・馬脳・珊瑚・虎魄の諸の妙なる珍宝、及び象馬の車乗、七宝もて成ずる所の宮殿楼閣等を与えん。

是の大施主は是くの如く布施すること八十年を満て已わって、是の念を作さく、

『我は已に衆生に娯楽の具を施すこと、意の欲する所

欲。然此衆生皆已衰老、年過八十、髪白面皺、将死不久。我当以仏法而訓導之。

即集此衆生、宣布法化、示教利喜、一時皆得須陀洹道・斯陀含道・阿那含道・阿羅漢道、尽諸有漏、於深禅定皆得自在、具八解脱。

於汝意云何。是大施主所得功徳、寧為多不。

弥勒白仏言、

世尊。是人功徳甚多、無量無

に随う。然るに此の衆生は皆已に衰老して、年八十を過ぎ、髪は白く面は皺みて、将に死せんこと久しからじ。我は当に仏法を以て之を訓導すべし』と。

即ち此の衆生を集めて、宣布法化し、示教利喜して、一時に皆須陀洹道・斯陀含道・阿那含道・阿羅漢道を得、諸の有漏を尽くし、深き禅定に於いて、皆自在なるを得、八解脱を具せしめん。

問 汝が意に於いて云何。是の大施主の得る所の功徳は、寧ろ多しと為すや不や」と。

答 弥勒は仏に白して言さく、

「世尊よ。是の人の功徳は甚だ多く、無量無辺なり。若

辺。若是施主、但施衆生一切楽具、功徳無量。何況令得阿羅漢果。

仏告弥勒、

我今分明語汝。是人以一切楽具、施於四百万億阿僧祇世界六趣衆生、又令得阿羅漢果、所得功徳、不如是第五十人聞法華経一偈随喜功徳、百分・千分・百千万億分、不及其一、乃至算数譬喩所不能知。

阿逸多。如是第五十人展転聞法華経随喜功徳、尚無量無辺阿

し是の施主は、但衆生に一切の楽具を施さんすら、功徳は無量ならん。何に況んや阿羅漢果を得しめんをや」と。

正格量

仏は弥勒に告げたまわく、

「我は今分明に汝に語る。是の人は一切の楽具を以て、四百万億阿僧祇の世界の六趣の衆生に施し、又阿羅漢果を得しむるに、得る所の功徳は、是の第五十の人の法華経の一偈を聞いて、随喜せん功徳には如かず、百分・千分・百千万億分にして、其の一にも及ばず、乃至算数・譬喩も知ること能わざる所なり。

阿逸多よ。是くの如く第五十の人の展転して法華経を聞いて随喜せん功徳すら、尚無量無辺阿僧祇なり。何に

僧祇。何況最初於会中聞而随喜者。其福復勝、無量無辺阿僧祇、不可得比。

又阿逸多。若人為是経故、往詣僧坊、若坐若立、須臾聴受、縁是功徳、転身所生、得好上妙象馬車乗・珍宝輦輿、及乗天宮。

若復有人於講法処坐、更有人来、勧令坐聴、若分座令坐、是人功徳転身、得帝釈坐処、若梵天王坐処、若転輪聖王所坐之処。

況んや最初、会中に於いて聞いて随喜せん者をや。其の福は復勝れたること無量無辺阿僧祇にして、比ぶることを得可からず。

又阿逸多よ。若し人は是の経の為の故に、僧坊に往詣して、若しは坐し若しは立ち、須臾も聴受せば、是の功徳に縁って、身を転じて生まれん所には、好き上妙の象馬の車乗・珍宝の輦輿を得、及び天宮に乗ぜん。

若し復人有って、講法の処に於いて坐し、更に人の来ること有らんに、勧めて坐して聴かしめ、若しは座を分かって坐しめば、是の人は功徳もて身を転じて、帝釈の坐処、若しは梵天王の坐処、若しは転輪聖王の坐する所の処を得ん。

阿逸多。若復有人語余人言、有経名法華。可共往聴。即受其教、乃至須臾間聞、是人功徳転身、得与陀羅尼菩薩共生一処。利根智慧。百千万世、終不瘖瘂、口気不臭。舌常無病、口亦無病。歯不垢黒、不黄不疎、亦不欠落、不差不曲。脣不下垂、亦不褰縮、不麤渋、不瘡胗、亦不欠壊、亦不喎邪、不厚不大、亦不梨黒、無諸可悪。鼻不匾㔸、亦不曲戻。面色不黒、亦不狭長、

勧他

阿逸多よ。若し復人有って余人に語って言わく、『経有り、法華と名づけたてまつる。共に往きて聴く可し』と。即ち其の教えを受けて、乃至須臾の間も聞かば、是の人は功徳もて身を転じて、陀羅尼菩薩と共に、一処に生ずることを得ん。利根にして智慧あり。百千万世、終に瘖瘂ならず、口の気は臭からず。舌は常に病無く、口にも亦病無し。歯は垢黒ならず、黄ならず疎かず、亦欠落せず、差わず曲らず。脣は下垂せず、亦褰縮ならず、麤渋ならず、瘡胗ならず、亦欠壊ならず、亦喎邪ならず、厚からず大ならず、亦梨黒ならず、諸の悪む可きこと無し。鼻は匾㔸ならず、亦曲戻ならず。面色は黒からず、亦狭長ならず、亦窊曲ならず、一切の憙ぶ可からざる相

亦不窊曲、無有一切不可憙相。脣舌牙歯、悉皆厳好、鼻修高直、面貌円満、眉高而長、額広平正、人相具足。世世所生、見仏聞法、信受教誨。

阿逸多。汝且観是。勧於一人令往聴法、功徳如此。何況一心聴説読誦、而於大衆為人分別、如説修行。

爾時世尊欲重宣此義、而説偈言、

若人於法会　得聞是経典

有ること無し。脣・舌・牙・歯は、悉皆く厳好にして、鼻は修くして高直に、面貌は円満し、眉は高くして長く、額は広く平正にして、人相は具足す。世世に生まれん所には、仏を見たてまつり法を聞いて、教誨を信受せん。

具聴修行

阿逸多よ。汝は且く是を観ぜよ。一人に勧めて往きて法を聴かしむる功徳は此くの如し。何に況んや一心に聴き説き読誦し、而も大衆に於いて人の為に分別し、説の如く修行せんをや」と。

偈頌

爾の時、世尊は重ねて此の義を宣べんと欲して、偈を説いて言わく、

頌随喜・頌五十人

若し人は法会に於いて　是の経典

乃至於一偈　随喜為他説
如是展転教　至於第五十
最後人獲福　今当分別之
如有大施主　供給無量衆
具満八十歳　随意之所欲
見彼衰老相　髪白而面皺
歯疎形枯竭　念其死不久
我今応当教　令得於道果
即為方便説　涅槃真実法
世皆不牢固　如水沫泡焔
汝等咸応当　疾生厭離心
諸人聞是法　皆得阿羅漢

乃至一偈を聞くことを得て　随喜して他の為に説き
是くの如く展転して教うること　第五十に至らんも
頌格量本
最後の人は福を獲ん　今当に之を分別すべし
大施主有って　無量の衆に供給すること
具さに八十歳を満てて　意の欲する所に随わんが如し
彼の衰老の相を見るに　髪白くして面皺み
歯疎き形枯竭すれば　其の死せんこと久しからじ
我は今応当に教えて　道果を得しむべしと念う
即ち為に方便もて　涅槃は真実の法なりと説き
世は皆牢固ならざること　水沫泡焔の如し
汝等は咸く応当に　疾く厭離の心を生ずべし
諸人は是の法を聞いて　皆阿羅漢を得

具足六神通　三明八解脱
最後第五十　聞一偈随喜
是人福勝彼　不可為譬喩
如是展転聞　其福尚無量
何況於法会　初聞随喜者
若有勧一人　将引聴法華
言此経深妙　千万劫難遇
即受教往聴　乃至須臾聞
斯人之福報　今当分別説
世世無口患　歯不疎黄黒
脣不厚褰欠　無有可悪相
舌不乾黒短　鼻高修且直

六神通　三明八解脱を具足せん

頌格量

最後第五十は　一偈を聞いて随喜せば
是の人の福は彼に勝れたること　譬喩を為す可からず
是くの如く展転して聞くも　其の福すら尚無量なり
何に況んや法会に於いて　初めに聞いて随喜せん者をや

頌聴経・超頌勧聴経

若し一人に勧めて　将引して法華を聴かしむること有って
此の経は深妙なり　千万劫にも遇い難しと言い
即ち教えを受けて往きて聴き　乃至須臾も聞かば
斯の人の福報は　今当に分別して説くべし
世世に口の患い無く　歯は疎き黄黒ならず
脣は厚く褰欠ならず　悪む可き相有ること無けん
舌は乾き黒短ならず　鼻は高修にして且つ直く

額広而平正　面目悉端厳
為人所憙見　口気無臭穢
優鉢華之香　常従其口出
若故詣僧坊　欲聴法華経
須臾聞歓喜　今当説其福
後生天人中　得妙象馬車
珍宝之輦輿　及乗天宮殿
若於講法処　勧人坐聴経
是福因縁得　釈梵転輪座
何況一心聴　解説其義趣
如説而修行　其福不可限

額は広くして平正なり　面目は悉く端厳にして
人の憙んで見る所と為らん　口の気は臭穢無くして
優鉢華の香は　常に其の口従り出でん
追頌自往
若し故に僧坊に詣きて　法華経を聴かんと欲して
須臾も聞いて歓喜せば　今当に其の福を説くべし
後に天人の中に生まれて　妙なる象馬の車
珍宝の輦輿を得　及び天の宮殿に乗ぜん
頌分座
若し講法の処に於いて　人に勧めて坐して経を聴かしめば
是の福の因縁もて　釈・梵・転輪の座を得ん
頌修行
何に況んや一心に聴き　其の義趣を解説し
説の如くにして修行せんをや　其の福は限る可からず

妙法蓮華経法師功徳品第十九

爾時仏告常精進菩薩摩訶薩、若善男子・善女人、受持是法華経、若読若誦、若解説、若書写、是人当得八百眼功徳・千二百耳功徳・八百鼻功徳・千二百舌功徳・八百身功徳・千二百意功徳。以是功徳荘厳六根、皆令清浄。

是善男子・善女人、父母所生

妙法蓮華経法師功徳品第十九

本門流通分・明弘経功徳深勧流通・明初品果功徳勧流通
総列六根盈縮功徳数

爾の時、仏は常精進菩薩摩訶薩に告げたまわく、

「若し善男子・善女人、是の法華経を受持し、若しは読み若しは誦し、若しは解説し、若しは書写せば、是の人は当に八百の眼の功徳・千二百の耳の功徳・八百の鼻の功徳・千二百の舌の功徳・八百の身の功徳・千二百の意の功徳を得べし。是の功徳を以て、六根を荘厳して、皆清浄ならしめん。

別作六章解釈・眼根章・長行

是の善男子・善女人は、父母の生ずる所の清浄の肉眼

清浄肉眼、見於三千大千世界、内外所有山・林・河・海、下至阿鼻地獄、上至有頂、亦見其中一切衆生、及業因縁果報生処、悉見悉知。

爾時世尊欲重宣此義、而説偈言、

若於大衆中　以無所畏心
説是法華経　汝聴其功徳
是人得八百　功徳殊勝眼
以是荘厳故　其目甚清浄
父母所生眼　悉見三千界

もて、三千大千世界の内外の所有山・林・河・海、下阿鼻地獄に至り、上有頂に至るを見、亦其の中の一切衆生、及び業の因縁の果報の生処を見、悉く見、悉く知らん」と。

偈頌
爾の時、世尊は重ねて此の義を宣べんと欲して、偈を説いて言わく、

若し大衆の中に於いて　無所畏の心を以て
是の法華経を説かば　汝は其の功徳を聴け
是の人は八百の　功徳ある殊勝の眼を得ん
是の荘厳を以ての故に　其の目は甚だ清浄ならん
父母の生ずる所の眼もて　悉く三千界の

内外弥楼山　須弥及鉄囲
并諸余山林　大海江河水
下至阿鼻獄　上至有頂天
其中諸衆生　一切皆悉見
雖未得天眼　肉眼力如是

復次常精進。若善男子・善女人、受持此経、若読若誦、若解説、若書写、得千二百耳功徳。以是清浄耳、聞三千大千世界、下至阿鼻地獄、上至有頂、其中内外種種所有語言音声。象声・馬声・牛声・車声・啼哭声・愁

内外の弥楼山　須弥及び鉄囲
并びに諸余の山林　大海江河水
下阿鼻獄に至り　上有頂天に至るを見る
其の中の諸の衆生を　一切皆悉見ん
未だ天眼を得ずと雖も　肉眼の力は是くの如くならん

耳根章・長行

「復次に常精進よ。若し善男子・善女人は此の経を受持し、若しは読み若しは誦し、若しは解説し、若しは書写せば、千二百の耳の功徳を得ん。

是の清浄の耳を以て、三千大千世界の下阿鼻地獄に至り、上有頂に至る、其の中の内外の種種の所有語言の音声を聞かん。象声・馬声・牛声・車声・啼哭声・愁歎声・螺声・鼓声・鐘声・鈴声・笑声・語声・男声・女声・童

歎声・螺声・鼓声・鐘声・鈴声・笑声・語声・男声・女声・童子声・童女声・法声・非法声・苦声・楽声・凡夫声・聖人声・喜声・不喜声・天声・竜声・夜叉声・乾闥婆声・阿修羅声・迦楼羅声・緊那羅声・摩睺羅伽声・火声・水声・風声・地獄声・畜生声・餓鬼声・比丘声・比丘尼声・声聞声・辟支仏声・菩薩声・仏声。

以要言之、三千大千世界中、

子声・童女声・法声・非法声・苦声・楽声・凡夫声・聖人声・喜声・不喜声・天声・竜声・夜叉声・乾闥婆声・阿修羅声・迦楼羅声・緊那羅声・摩睺羅伽声・火声・水声・風声・地獄声・畜生声・餓鬼声・比丘声・比丘尼声・声聞声・辟支仏声・菩薩声・仏声なり。

要を以て之を言わば、三千大千世界の中の一切内外の

一切内外所有諸声、雖未得天耳、
以父母所生清浄常耳、皆悉聞知。
如是分別種種音声、而不壊耳根。
爾時世尊欲重宣此義、而説偈
言、
父母所生耳　清浄無濁穢
以此常耳聞　三千世界声
象馬車牛声　鐘鈴螺鼓声
琴瑟箜篌声　簫笛之音声
清浄好歌声　聴之而不著
無数種人声　聞悉能解了
又聞諸天声　微妙之歌音

所有諸の声、未だ天耳を得ずと雖も、父母の生ずる所の清浄の常の耳を以て、皆悉聞き知らん。是くの如く種種の音声を分別すれども、耳根を壊らじ」と。

偈頌

爾の時、世尊は重ねて此の義を宣べんと欲して、偈を説いて言わく、

父母の生ずる所の耳は　清浄にして濁穢無し
此の常の耳を以て　三千世界の声を聞かん
象馬車牛の声　鐘鈴螺鼓の声
琴・瑟・箜篌の声　簫・笛の音声なり
清浄好歌の声　之を聴けども著せじ
無数種の人の声　聞いて悉く能く解了せん
又諸天の声　微妙の歌の音を聞き

及聞男女声　童子童女声
山川嶮谷中　迦陵頻伽声
命命等諸鳥　悉聞其音声
地獄衆苦痛　種種楚毒声
餓鬼飢渇逼　求索飲食声
諸阿修羅等　居在大海辺
自共言語時　出于大音声
如是説法者　安住於此間
遥聞是衆声　而不壊耳根
十方世界中　禽獣鳴相呼
其説法之人　於此悉聞之
其諸梵天上　光音及遍浄

及び男女の声　童子童女の声を聞かん
山川嶮谷の中の　迦陵頻伽の声
命命等の諸鳥　悉く其の音声を聞かん
地獄の衆の苦痛　種種の楚毒の声
餓鬼の飢渇に逼められて　飲食を求索むる声あり
諸の阿修羅等　大海の辺に居して
自ら共に言語する時　大音声を出だす
是くの如く法を説く者は　此の間に安住して
遥かに是の衆の声を聞けども　耳根を壊らじ
十方の世界の中の　禽獣は鳴いて相呼ばう
其の法を説くの人は　此に於いて悉く之を聞かん
其の諸の梵天の上の　光音及び遍浄より

乃至有頂天　言語之音声
法師住於此　悉皆得聞之
一切比丘衆　及諸比丘尼
若読誦経典　若為他人説
法師住於此　悉皆得聞之
復有諸菩薩　読誦於経法
若為他人説　撰集解其義
如是諸音声　悉皆得聞之
諸仏大聖尊　教化衆生者
於諸大会中　演説微妙法
持此法華者　悉皆得聞之
三千大千界　内外諸音声

乃ち有頂天に至る　言語の音声
法師は此に住して　悉皆く之を聞くことを得ん
一切の比丘衆　及び諸の比丘尼は
若しは経典を読誦し　若しは他人の為に説かんを
法師は此に住して　悉皆く之を聞くことを得ん
復諸の菩薩有って　経法を読誦し
若しは他人の為に説き　撰集して其の義を解し
是くの如き諸の音声　悉皆く之を聞くことを得ん
諸仏大聖尊の　衆生を教化したまう者は
諸の大会の中に於いて　微妙の法を演説したまう
此の法華を持たん者は　悉皆く之を聞くことを得ん
三千大千界の　内外の諸の音声

下至阿鼻獄　上至有頂天
皆聞其音声　而不壊耳根
其耳聡利故　悉能分別知
持是法華者　雖未得天耳
但用所生耳　功徳已如是

復次常精進。若善男子・善女人、受持是経、若読若誦、若解説、若書写、成就八百鼻功徳。以是清浄鼻根、聞於三千大千世界、上下内外種種諸香。須曼那華香・闍提華香・末利華香・瞻蔔華香・波羅羅華香・赤蓮華

下阿鼻獄に至り　上有頂天に至るまで
皆其の音声を聞けども　耳根を壊らじ
其の耳は聡利なるが故に　悉く能く分別して知らん
是の法華を持たん者は　未だ天耳を得ずと雖も
但生ずる所の耳を用いるに　功徳は已に是くの如くならん

鼻根章・長行

「復次に常精進よ。若し善男子・善女人は是の経を受持し、若しは読み若しは誦し、若しは解説し、若しは書写せば、八百の鼻の功徳を成就せん。

是の清浄の鼻根を以て、三千大千世界の上下内外の種種の諸の香を聞がん。須曼那華香・闍提華香・末利華香・瞻蔔華香・波羅羅華香・赤蓮華香・青蓮華香・白蓮華香・華樹香・菓樹香・栴檀香・沈水香・多摩羅跋香・

香・青蓮華香・白蓮華香・華樹香・菓樹香・栴檀香・沈水香・多摩羅跋香・多伽羅香、及千万種和香、若抹、若丸、若塗香、持是経者、於此間住、悉能分別。

又復別知衆生之香。象香・馬香・牛羊等香・男香・女香・童子香・童女香、及草木叢林香。若近若遠、所有諸香、悉皆得聞、分別不錯。

持是経者、雖住於此、亦聞天上諸天之香。波利質多羅・拘鞞

多伽羅香、及び千万種の和香、若しは抹せるもの、若しは丸せるもの、若しは塗香をば、是の経を持たん者は、此の間に於いて住して、悉く能く分別せん。

又復衆生の香を別え知る。象の香・馬の香・牛羊等の香・男の香・女の香・童子の香・童女の香、及び草木叢林の香なり。若しは近き若しは遠き、所有諸の香を、悉皆く聞ぐことを得て、分別して錯らじ。

是の経を持たん者は、此に住せりと雖も、亦天上の諸天の香を聞がん。波利質多羅・拘鞞陀羅樹香、及び曼陀

陀羅樹香、及曼陀羅華香・摩訶曼陀羅華香・曼殊沙華香・摩訶曼殊沙華香・栴檀・沈水種種粖香、諸雑華香。如是等天香、和合所出之香、無不聞知。

又聞諸天身香。釈提桓因在勝殿上、五欲娯楽嬉戯時香、若在妙法堂上、為忉利諸天説法時香、若於諸園遊戯時香、及余天等男女身香、皆悉遥聞。

如是展転乃至梵天、上至有頂諸天身香、亦皆聞之、并聞諸天

羅華香・摩訶曼陀羅華香・曼殊沙華香・摩訶曼殊沙華香・栴檀・沈水の種種の粖香、諸の雑華香なり。是くの如き等の天香、和合して出だす所の香、聞ぎ知らざること無けん。

又諸天の身の香を聞がん。釈提桓因は勝殿の上に在って、五欲に娯楽し、嬉戯する時の香、若しは妙法堂の上に在って、忉利の諸天の為に説法する時の香、若しは諸の園に於いて遊戯する時の香、及び余の天等の男女の身の香を、皆悉遥かに聞がん。

是くの如く展転して、乃ち梵天に至り、上有頂に至る諸天の身の香を、亦皆之を聞ぎ、并びに諸天の焼く所の香

所焼之香。及声聞香・辟支仏香・菩薩香・諸仏身香、亦皆遥聞、知其所在。雖聞此香、然於鼻根不壊不錯。若欲分別為他人説、憶念不謬。

爾時世尊欲重宣此義、而説偈言、

是人鼻清浄　於此世界中
若香若臭物　種種悉聞知
須曼那闍提　多摩羅旃檀
沈水及桂香　種種華菓香
及知衆生香　男子女人香

を聞がん。及び声聞の香・辟支仏の香・菩薩の香・諸仏の身の香を、亦皆遥かに聞いで、其の所在を知らん。此の香を聞ぐと雖も、然も鼻根に於いて壊らず錯らじ。若し分別して他人の為に説かんと欲せば、憶念して謬らじ」と。

偈頌

爾の時、世尊は重ねて此の義を宣べんと欲して、偈を説いて言わく、

是の人は鼻清浄にして　此の世界の中に於いて
若しは香しき若しは臭き物　種種悉く聞ぎ知らん
須曼那・闍提　多摩羅・旃檀
沈水及び桂香　種種の華菓の香
及び衆生の香を知らん　男子女人の香

説法者遠住　聞香知所在
大勢転輪王　小転輪及子
群臣諸宮人　聞香知所在
身所著珍宝　及地中宝蔵
転輪王宝女　聞香知所在
諸人厳身具　衣服及瓔珞
種種所塗香　聞則知其身
諸天若行坐　遊戯及神変
持是法華者　聞香悉能知
諸樹華菓実　及蘇油香気
持経者住此　悉知其所在
諸山深嶮処　栴檀樹華敷

法を説く者は遠く住するも　香を聞いで所在を知らん
大勢の転輪王　小転輪及び子
群臣諸の宮人を　香を聞いで所在を知らん
身に著たる所の珍宝　及び地中の宝蔵
転輪王の宝女を　香を聞いで所在を知らん
諸人の厳身の具　衣服及び瓔珞
種種の塗れる所の香を　聞がば則ち其の身を知らん
諸天の若しは行坐　遊戯及び神変を
是の法華を持たん者は　香を聞いで悉く能く知らん
諸樹の華菓実　及び蘇油の香気を
持経者は此に住して　悉く其の所在を知らん
諸山の深く嶮しき処に　栴檀樹の華敷き

衆生在中者　聞香皆能知
鉄囲山大海　地中諸衆生
持経者聞香　悉知其所在
阿修羅男女　及其諸眷属
闘諍遊戯時　聞香皆能知
曠野嶮隘処　師子象虎狼
野牛水牛等　聞香知所在
若有懐妊者　未弁其男女
無根及非人　聞香悉能知
以聞香力故　知其初懐妊
成就不成就　安楽産福子
以聞香力故　知男女所念

衆生の中に在る者を　香を聞いで皆能く知らん
鉄囲山大海　地中の諸の衆生を
持経者は香を聞いで悉く其の所在を知らん
阿修羅の男女　及び其の諸の眷属の
闘諍し遊戯する時　香を聞いで皆能く知らん
曠野嶮隘の処の　師子・象・虎・狼
野牛・水牛等を　香を聞いで所在を知らん
若し懐妊せる者有って　未だ其の男女
無根及び非人を弁えざるも　香を聞いで悉く能く知らん
香を聞ぐ力を以ての故に　其の初めて懐妊するや
成就するや成就せざるや　安楽にして福子を産まんやを知らん
香を聞ぐ力を以ての故に　男女の念ずる所

染欲癡恚心　亦知修善者
地中衆伏蔵　金銀諸珍宝
銅器之所盛　聞香悉能知
種種諸瓔珞　無能識其価
聞香知貴賤　出処及所在
天上諸華等　曼陀曼殊沙
波利質多樹　聞香悉能知
天上諸宮殿　上中下差別
衆宝華荘厳　聞香悉能知
天園林勝殿　諸観妙法堂
在中而娯楽　聞香悉能知
諸天若聴法　或受五欲時

染欲癡恚の心を知る　亦善を修する者を知らん
地中の衆の伏蔵　金銀諸の珍宝
銅器の盛れる所を　香を聞いで悉く能く知らん
種種の諸の瓔珞の　能く其の価を識ること無きを
香を聞いで貴賤　出処及び所在を知らん
天上の諸華等の　曼陀・曼殊沙
波利質多樹を　香を聞いで悉く能く知らん
天上の諸の宮殿の　上中下の差別あって
衆の宝華もて荘厳せるを　香を聞いで悉く能く知らん
天の園林・勝殿　諸観・妙法堂
中に在って娯楽するを　香を聞いで悉く能く知らん
諸天の若しは法を聴き　或は五欲を受くる時

来往行坐臥　聞香悉能知
天女所著衣　好華香荘厳
周旋遊戯時　聞香悉能知
如是展転上　乃至於梵天
入禅出禅者　聞香悉能知
光音遍浄天　乃至于有頂
初生及退没　聞香悉能知
諸比丘衆等　於法常精進
若坐若経行　及読誦経法
或在林樹下　専精而坐禅
持経者聞香　悉知其所在
菩薩志堅固　坐禅若読経

来往行坐臥するを　香を聞いで悉く能く知らん
天女の著る所の衣を　好き華香もて荘厳して
周旋し遊戯する時　香を聞いで悉く能く知らん
是くの如く展転し上って　乃ち梵天に至るまで
禅に入り禅を出ずる者をば　香を聞いで悉く能く知らん
光音・遍浄天より　乃ち有頂に至るまで
初生及び退没を　香を聞いで悉く能く知らん
諸の比丘衆等の　法に於いて常に精進し
若しは坐し若しは経行し　及び経法を読誦し
或は林樹の下に在って　専精にして坐禅するに
持経者は香を聞いで　悉く其の所在を知らん
菩薩の志は堅固にして　坐禅し若しは経を読み

或為人説法　聞香悉能知
在在方世尊　一切所恭敬
愍衆而説法　聞香悉能知
衆生在仏前　聞経皆歓喜
如法而修行　聞香悉能知
雖未得菩薩　無漏法生鼻
而是持経者　先得此鼻相

復次常精進。若善男子・善女人、受持是経、若読若誦、若解説、若書写、得千二百舌功徳。

若好若醜、若美若不美、及諸苦渋物、在其舌根、皆変成上味、

或は人の為に説法するを　香を聞いで悉く能く知らん
在在の方にて世尊の　一切に恭敬せられて
衆を愍れんで説法したまうを　香を聞いで悉く能く知らん
衆生の仏前に在って　経を聞いて皆歓喜し
法の如くにして修行するを　香を聞いで悉く能く知らん
未だ菩薩の　無漏法より生ぜる鼻を得ずと雖も
是の持経者は　先ず此の鼻の相を得ん

舌根章・長行

「復次に常精進よ。若し善男子・善女人は是の経を受持し、若しは読み若しは誦し、若しは解説し、若しは書写せば、千二百の舌の功徳を得ん。

若しは好、若しは醜、若しは美、若しは不美、及び諸の苦渋の物を、其の舌根に在かば、皆変じて上味と成り、

如天甘露、無不美者。若以舌根、於大衆中有所演説、出深妙声、能入其心、皆令歓喜快楽。

又諸天子・天女・釈梵諸天、聞是深妙音声、有所演説言論、次第皆悉来聴。及諸竜・竜女・夜叉・夜叉女・乾闥婆・乾闥婆女・阿修羅・阿修羅女・迦楼羅・迦楼羅女・緊那羅・緊那羅女・摩睺羅伽・摩睺羅伽女、為聴法故、皆来親近、恭敬供養。

及比丘・比丘尼・優婆塞・優

天の甘露の如くにして、美からざる者無けん。若し舌根を以て大衆の中に於いて演説する所有らば、深妙の声を出だして、能く其の心に入れて、皆歓喜し快楽せしめん。

又諸の天子・天女・釈梵の諸天は、是の深妙の音声を聞き、演説する所の言論有れば、次第に皆悉来り聴かん。及び諸の竜・竜女・夜叉・夜叉女・乾闥婆・乾闥婆女・阿修羅・阿修羅女・迦楼羅・迦楼羅女・緊那羅・緊那羅女・摩睺羅伽・摩睺羅伽女は、法を聴かんが為の故に、皆来って親近し、恭敬し供養せん。

及び比丘・比丘尼・優婆塞・優婆夷・国王・王子・群

婆夷・国王・王子・群臣・眷属・小転輪王・大転輪王・七宝千子・内外眷属、乗其宮殿、倶来聴法。以是菩薩善説法故、婆羅門・居士・国内人民、尽其形寿、随侍供養。又諸声聞・辟支仏・菩薩・諸仏、常楽見之。是人所在方面、諸仏皆向其処説法、悉能受持一切仏法、又能出於深妙法音。

爾時世尊欲重宣此義、而説偈言、

臣・眷属・小転輪王・大転輪王・七宝千子・内外の眷属は、其の宮殿に乗じて、倶に来って法を聴かん。

是の菩薩は善く説法するを以ての故に、婆羅門・居士・国内の人民は、其の形寿を尽くすまで、随侍し供養せん。又諸の声聞・辟支仏・菩薩・諸仏は、常に楽って之を見たまわん。是の人の在る所の方面には、諸仏は皆其の処に向かって法を説きたまえば、悉く能く一切の仏法を受持し、又能く深妙の法音を出ださん」と。

爾の時、世尊は重ねて此の義を宣べんと欲して、偈頌を説いて言わく、

是人舌根浄　終不受悪味
其有所食噉　悉皆成甘露
以深浄妙声　於大衆説法
以諸因縁喩　引導衆生心
聞者皆歓喜　設諸上供養
諸天竜夜叉　及阿修羅等
皆以恭敬心　而共来聴法
是説法之人　若欲以妙音
遍満三千界　随意即能至
大小転輪王　及千子眷属
合掌恭敬心　常来聴受法
諸天竜夜叉　羅刹毘舎闍

是の人の舌根は浄くして　終に悪味を受けじ
其の食噉する所有るは　悉く甘露と成らん
深浄の妙声を以て　大衆に於いて法を説かん
諸の因縁喩えを以て　衆生の心を引導せん
聞く者は皆歓喜して　諸の上供養を設けん
諸の天・竜・夜叉　及び阿修羅等は
皆恭敬の心を以て　共に来って法を聴かん
是の説法の人は　若し妙音を以て
三千界に遍満せんと欲せば　意に随って即ち能く至らん
大小の転輪王　及び千子眷属は
合掌し恭敬の心もて　常に来って法を聴受せん
諸の天・竜・夜叉　羅刹・毘舎闍は

亦以歓喜心　常楽来供養
梵天王魔王　自在大自在
如是諸天衆　常来至其所
諸仏及弟子　聞其説法音
常念而守護　或時為現身

復次常精進。若善男子・善女人、受持是経、若読若誦、若解説、若書写、得八百身功徳、得清浄身、如浄瑠璃、衆生憙見。

其身浄故、三千大千世界衆生、生時・死時、上下・好醜、生善処・悪処、悉於中現。及鉄囲山・

亦歓喜の心を以て　常に楽って来たり供養せん
梵天王・魔王　自在・大自在
是くの如き諸の天衆は　常に其の所に来至せん
諸仏及び弟子は　其の説法の音を聞いて
常に念じて守護し　或る時は為に身を現じたまわん

身根章・長行

「復次に常精進よ。若し善男子・善女人は、是の経を受持し、若しは読み若しは誦し、若しは解説し、若しは書写せば、八百の身の功徳を得て、清浄の身の浄瑠璃の如くにして、衆生の憙んで見るを得ん。

其の身は浄きが故に、三千大千世界の衆生の生ずる時・死する時、上下・好醜、善処・悪処に生ずるは、悉く中に於いて現ぜん。及び鉄囲山・大鉄囲山・弥楼山・

大鉄囲山・弥楼山・摩訶弥楼山等諸山王、及其中衆生、悉於中現。下至阿鼻地獄、上至有頂、所有及衆生、悉於中現。若声聞・辟支仏・菩薩・諸仏説法、皆於身中現其色像。

爾時世尊欲重宣此義、而説偈言、

若持法華経　其身甚清浄
如彼浄瑠璃　衆生皆憙見
又如浄明鏡　悉見諸色像
菩薩於浄身　皆見世所有

摩訶弥楼山等の諸の山王、及び其の中の衆生は、悉く中に於いて現ぜん。下阿鼻地獄に至り、上有頂に至る所有もの、及び衆生は、悉く中に於いて現ぜん。若しは声聞・辟支仏・菩薩・諸仏の説法するは、皆身中に於いて其の色像を現ぜん」と。

偈頌

爾の時、世尊は重ねて此の義を宣べんと欲して、偈を説いて言わく、

若し法華経を持たば　其の身は甚だ清浄なること
彼の浄瑠璃の如くにして　衆生は皆憙んで見ん
又浄明なる鏡に　悉く諸の色像を見るが如く
菩薩は浄身に於いて　皆世の所有ものを見ん

唯独自明了　余人所不見
三千世界中　一切諸群萌
天人阿修羅　地獄鬼畜生
如是諸色像　皆於身中現
諸天等宮殿　乃至於有頂
鉄囲及弥楼　摩訶弥楼山
諸大海水等　皆於身中現
諸仏及声聞　仏子菩薩等
若独若在衆　説法悉皆現
雖未得無漏　法性之妙身
以清浄常体　一切於中現
復次常精進。若善男子・善女

唯独り自ら明了にして　余人の見ざる所ならん
三千世界の中の　一切の諸の群萌
天・人・阿修羅　地獄・鬼・畜生
是くの如き諸の色像は　皆身中に於いて現ぜん
諸天等の宮殿の　乃ち有頂に至ると
鉄囲及び弥楼　摩訶弥楼山
諸の大海水等とは　皆身中に於いて現ぜん
諸仏及び声聞　仏子菩薩等の
若しは独り若しは衆に在って　説法するは悉皆く現ぜん
未だ無漏　法性の妙身を得ずと雖も
清浄の常の体を以て　一切中に於いて現ぜん

意根章・長行

「復次に常精進よ。若し善男子・善女人は、如来滅し

人、如来滅後受持是経、若読、若誦、若解説、若書写、得千二百意功徳。

以是清浄意根、乃至聞一偈一句、通達無量無辺之義。解是義已、能演説一句一偈、至於一月・四月、乃至一歳。諸所説法、随其義趣、皆与実相不相違背。若説俗間経書、治世語言、資生業等、皆順正法。三千大千世界、六趣衆生、心之所行、心所動作、心所戯論、皆悉知之。

て後に是の経を受持し、若しは読み、若しは誦し、若しは解説し、若しは書写せば、千二百の意の功徳を得ん。

是の清浄の意根を以て、乃至一偈一句を聞くも、無量無辺の義に通達せん。是の義を解し已わって、能く一句一偈を演説すること、一月・四月に至り、乃ち一歳に至らん。諸の説く所の法は、其の義趣に随って、皆実相と相違背せじ。若し俗間の経書、治世の語言、資生の業等を説かんも、皆正法に順ぜん。三千大千世界の六趣の衆生の心の行ずる所、心の動作する所、心の戯論する所、皆悉之を知らん。

雖未得無漏智慧、而其意根清浄如此。是人有所思惟・籌量・言説、皆是仏法、無不真実。亦是先仏経中所説。

爾時世尊欲重宣此義、而説偈言、

是人意清浄　明利無穢濁
以此妙意根　知上中下法
乃至聞一偈　通達無量義
次第如法説　月四月至歳
是世界内外　一切諸衆生
若天竜及人　夜叉鬼神等

未だ無漏の智慧を得ずと雖も、其の意根の清浄なること此くの如くならん。是の人の思惟・籌量・言説する所有らんは、皆是れ仏法にして、真実ならざること無し。亦是れ先仏の経の中に説く所ならん」と。

爾の時、世尊は重ねて此の義を宣べんと欲して、偈頌を説いて言わく、

是の人の意は清浄　明利にして穢濁無し
此の妙なる意根を以て　上中下の法を知り
乃至一偈を聞くに　無量の義に通達せん
次第に法の如く説くこと　月四月より歳に至らん
是の世界の内外の　一切の諸の衆生
若しは天・竜及び人　夜叉・鬼神等

其在六趣中　所念若干種
持法華之報　一時皆悉知
十方無数仏　百福荘厳相
為衆生説法　悉聞能受持
思惟無量義　説法亦無量
終始不忘錯　以持法華故
悉知諸法相　随義識次第
達名字語言　如所知演説
此人有所説　皆是先仏法
以演此法故　於衆無所畏
持法華経者　意根浄若斯
雖未得無漏　先有如是相

其れ六趣の中に在って　念ずる所の若干の種をば
法華を持つの報いとして　一時に皆悉知らん
十方の無数の仏は　百福荘厳の相あって
衆生の為に説法したまうを　悉く聞いて能く受持せん
無量の義を思惟し　説法すれば亦無量なり
終始忘れ錯らじ　法華を持つを以ての故なり
悉く諸法の相を知り　義に随って次第を識り
名字語言に達して　知れる所の如く演説せん
此の人の説く所有るは　皆是れ先仏の法ならん
此の法を演ぶるを以ての故に　衆に於いて畏るる所無けん
法華経を持つ者は　意根浄きこと斯くの若くならん
未だ無漏を得ずと雖も　先ず是くの如き相有らん

是人持此経　安住希有地
為一切衆生　歓喜而愛敬
能以千万種　善巧之語言
分別而演説　持法華経故

妙法蓮華経巻第六

是の人は此の経を持ち　希有の地に安住す
一切衆生の為に　歓喜して愛敬して
能く千万種の　善巧の語言を以て
分別して演説せん　法華経を持つが故なり

妙法蓮華経巻第六

妙法蓮華経　巻第七

妙法蓮華経常不軽菩薩品第二十

爾時仏告得大勢菩薩摩訶薩、汝今当知若比丘・比丘尼・優婆塞・優婆夷、持法華経者、若有悪口・罵詈・誹謗、獲大罪報、如前所説。其所得功徳、如向所説。眼・耳・鼻・舌・身・意清浄。

得大勢。乃往古昔過無量無辺不可思議阿僧祇劫、有仏名威音

妙法蓮華経常不軽菩薩品第二十

本門流通分・明弘経功徳深勧流通・引信毀罪福証勧流通
長行

爾の時、仏は得大勢菩薩摩訶薩に告げたまわく、

双指前品罪福・指罪

「汝は今当に知るべし、若し比丘・比丘尼・優婆塞・優婆夷は法華経を持たば、若し悪口・罵詈・誹謗すること有らば、大なる罪報を獲んこと、前に説く所の如し。

指福

其の得る所の功徳は、向に説く所の如し。眼・耳・鼻・舌・身・意は清浄ならん。

双開今品信毀・明事本・時節

得大勢よ。乃往古昔、無量無辺不可思議阿僧祇劫を過ぎて、

名号

仏有して、威音王如来・応供・正遍知・明行足・

王如来・応供・正遍知・明行足・善逝・世間解・無上士・調御丈夫・天人師・仏・世尊。劫名離衰、国名大成。

其威音王仏、於彼世中、為天・人・阿修羅説法。為求声聞者、説応四諦法、度生老病死、究竟涅槃。為求辟支仏者、説応十二因縁法。為諸菩薩、因阿耨多羅三藐三菩提、説応六波羅蜜法、究竟仏慧。

得大勢。是威音王仏寿四十万

善逝・世間解・無上士・調御丈夫・天人師・仏・世尊と名づけたてまつる。劫を離衰と名づけ、国を大成と名づく。

其の威音王仏は、彼の世の中に於いて、天・人・阿修羅の為に法を説きたまう。声聞を求むる者の為には、応ぜる四諦の法を説いて、生老病死を度し、涅槃を究竟せしむ。辟支仏を求むる者の為には、応ぜる十二因縁の法を説く。諸の菩薩の為には、阿耨多羅三藐三菩提に因って、応ぜる六波羅蜜の法を説いて、仏慧を究竟せしむ。

得大勢よ。是の威音王仏の寿は、四十万億那由他恒河

億那由他恒河沙劫、正法住世劫数、如一閻浮提微塵、像法住世劫数、如四天下微塵。其仏饒益衆生已、然後滅度。正法・像法滅尽之後、於此国土、復有仏出、亦号威音王如来・応供・正遍知・明行足・善逝・世間解・無上士・調御丈夫・天人師・仏・世尊。如是次第有二万億仏、皆同一号。

最初威音王如来既已滅度、正法滅後、於像法中、増上慢比丘有大勢力。爾時有一菩薩比丘、

法住

沙劫にして、正法の世に住せる劫数は、一閻浮提の微塵の如く、像法の世に住せる劫数は、四天下の微塵の如し。其の仏は衆生を饒益し已わって、然る後に滅度したまいき。

二万億仏同一号

正法・像法の滅尽の後、此の国土に於いて、復仏は出でたまうこと有り、亦威音王如来・応供・正遍知・明行足・善逝・世間解・無上士・調御丈夫・天人師・仏・世尊と号づけたてまつる。是くの如く次第に二万億の仏有し、皆同一の号なり。

明本事・明時節

最初の威音王如来は既已に滅度したまい、正法滅して

双標両人名

後、像法の中に於いて、増上慢の比丘に大勢力有り。爾の時、一りの菩薩比丘有って、常不軽と名づく。

双明得失

得大勢

名常不軽。得大勢。以何因縁名常不軽。是比丘凡有所見、若比丘・比丘尼・優婆塞・優婆夷、皆悉礼拝・讃歎、而作是言、

我深敬汝等、不敢軽慢。所以者何、汝等皆行菩薩道、当得作仏。

而是比丘不専読誦経典、但行礼拝。乃至遠見四衆、亦復故往礼拝・讃歎、而作是言、

我不敢軽於汝等。汝等皆当作仏故。

（就信者論得・開権顕実之四一）よ。何なる因縁を以てか常不軽と名づくる。是の比丘は、（理一）凡そ見る所有らば、若しは比丘・比丘尼・優婆塞・優婆夷を皆悉（行一）礼拝・讃歎して、是の言（教一）を作さく、

『我は深く汝等を敬い、敢えて軽慢せず。所以は何ん、汝等は皆菩薩の道を行ぜば、当に作仏することを得べければなり』と。

（開近顕遠之四一）而して是の比丘は、（初随喜人之位）専らに経典を読誦せずして、但礼拝を行ずるのみ。（本理一）乃至遠く四衆を見ても、亦復故に往（本行一）きて礼拝・讃歎して、（本教一）是の言を作さく、

『我は敢えて汝等を軽んぜず。汝等は皆当に作仏すべきが故に』と。

四衆之中、有生瞋恚心不浄者、悪口・罵詈言、是無智比丘従何所来、自言我不軽汝、而与我等授記、当得作仏。我等不用如是虚妄授記。如此経歴多年、常被罵詈、不生瞋恚、常作是言、汝当作仏。説是語時、衆人或以杖木・瓦石而打擲之、避走遠住、猶高声唱言、我不敢軽於汝等。汝等皆当作

明毀者之失・不受四一
四衆の中に、瞋恚を生ずる、心不浄なる者有って、悪口・罵詈して言わく、
不受理一　不受人一　不受行一
『是の無智の比丘は、何所従り来って、自ら〈我は汝を軽んぜず〉と言って、我等が与に〈当に作仏することを得べし〉と授記するや。我等は是くの如き虚妄の授記を用いず』と。
不受教一
結不受開権顕実之四一
此くの如く多年を経歴して、常に罵詈せらるれども、瞋恚を生ぜずして、常に是の言を作さく、『汝は当に作仏すべし』と。是の語を説く時、衆人は或は杖木・瓦石を以て、之を打擲するに、避け走り遠く住して、猶高声に唱えて言わく、
結不受開近顕遠之四一
『我は敢えて汝等を軽んぜず。汝等は皆当に作仏すべ

仏。

以其常作是語故、増上慢比丘・比丘尼・優婆塞・優婆夷、号之為常不軽。

是比丘臨欲終時、於虚空中、具聞威音王仏先所説法華経、二十千万億偈、悉能受持、即得如上眼根清浄、耳・鼻・舌・身・意根清浄。得是六根清浄已、更増寿命二百万億那由他歳、広為人説是法華経。於時増上慢四衆、比丘・比丘尼・優婆塞・優

し』と。
結信者深信不休
其れ常に是の語を作すを以ての故に、増上慢の比丘・比丘尼・優婆塞・優婆夷は、之を号づけて常不軽と為す。
結毀者皆毀不休

双明信毀果報・信者果報・明果報・現得六根清浄
是の比丘は終わらんと欲する時に臨んで、虚空の中に於いて、具さに威音王仏の先に説きたまう所の法華経を聞き、二十千万億の偈は、悉く能く受持するに、即ち上の如き眼根清浄、耳・鼻・舌・身・意根清浄を得たり。是の六根清浄を得已わって、更に寿命を増すこと二百万億那由他歳、広く人の為に、是の法華経を説く。時に増上慢の四衆の比丘・比丘尼・優婆塞・優婆夷の是の人を軽賤して、為に不軽の名を作せし者は、其の大神通力・

婆夷、軽賤是人、為作不軽名者、見其得大神通力・楽説弁力・大善寂力、聞其所説、皆信伏随従。是菩薩復化千万億衆、令住阿耨多羅三藐三菩提。

命終之後、得値二千億仏、皆号日月灯明、於其法中、説是法華経。以是因縁、復値二千億仏、同号雲自在灯王。於此諸仏法中、受持・読誦、為諸四衆説此経典故、得是常眼清浄、耳・鼻・舌・身・意諸根清浄、於四衆中説法、

楽説弁力・大善寂力を得たるを見、其の説く所を聞いて、皆信伏随従す。是の菩薩は復千万億の衆を化して、阿耨多羅三藐三菩提に住せしむ。

生値灯明仏

命終の後に、二千億の仏の、皆日月灯明と号づくるに値いたてまつることを得、其の法の中に於いて、是の法華経を説く。

後値二千億仏

是の因縁を以て、復二千億の仏の、同じく雲自在灯王と号づくるに値いたてまつる。此の諸仏の法の中に於いて、受持・読誦して、諸の四衆の為に、此の経典を説くが故に、是の常の眼の清浄、耳・鼻・舌・身・意の諸根の清浄を得て、四衆の中に於いて法を説く

心無所畏。

得大勢。是常不軽菩薩摩訶薩、供養如是若干諸仏、恭敬・尊重・讃歎、種諸善根、於後復値千万億仏、亦於諸仏法中、説是経典、功徳成就、当得作仏。

得大勢。於意云何。爾時常不軽菩薩豈異人乎。則我身是。若我於宿世、不受持・読誦此経、為他人説者、不能疾得阿耨多羅三藐三菩提。我於先仏所、受持・読誦此経、為人説故、疾得阿耨

に、心に畏るる所無かりき。

得大勢よ。是の常不軽菩薩摩訶薩は、是くの如き若干の諸仏を供養し、恭敬・尊重・讃歎して、諸の善根を種え、後に復千万億の仏に値いたてまつり、亦諸仏の法の中に於いて、是の経典を説いて、功徳成就すれば、当に作仏することを得たるべし。

結会古今・結会

得大勢よ。意に於いて云何。爾の時の常不軽菩薩は豈異人ならんや。則ち我が身、是れなり。

挙信者而勧順

若し我は宿世に於いて、此の経を受持・読誦し、他人の為に説かずは、疾く阿耨多羅三藐三菩提を得ること能わず。我は先仏の所に於いて、此の経を受持・読誦し、人の為に説きしが故に、疾く阿耨多羅三藐三菩提を得たり。

多羅三藐三菩提。

得大勢。彼時四衆、比丘・比丘尼・優婆塞・優婆夷、以瞋恚意、軽賤我故、二百億劫常不値仏、不聞法、不見僧、千劫於阿鼻地獄受大苦悩。畢是罪已、復遇常不軽菩薩、教化阿耨多羅三藐三菩提。

得大勢。於汝意云何。爾時四衆常軽是菩薩者、豈異人乎。今此会中、跋陀婆羅等五百菩薩、師子月等五百比丘尼、思仏等五百優婆

毀者果報・明得果・謗故堕悪

得大勢よ。彼の時の四衆の比丘・比丘尼・優婆塞・優婆夷は、瞋恚の意を以て、我を軽賤せしが故に、二百億劫、常に仏に値わず、法を聞かず、僧を見ず、千劫、阿鼻地獄に於いて、大苦悩を受く。是の罪を畢え已わって、

聞仏性名毒鼓之力獲善果報

復常不軽菩薩の阿耨多羅三藐三菩提を教化するに遇いにき。

結会古今・結古今

得大勢よ。汝が意に於いて云何。爾の時、四衆の常に是の菩薩を軽んぜる者は、豈異人ならんや。今、此の会中の跋陀婆羅等の五百の菩薩、師子月等の五百の比丘尼、思仏等の五百の優婆塞の、皆阿耨多羅三藐三菩提に

塞、皆於阿耨多羅三藐三菩提不退転者是。得大勢。当知是法華経、大饒益諸菩薩摩訶薩、能令至於阿耨多羅三藐三菩提。是故諸菩薩摩訶薩、於如来滅後、常応受持・読・誦・解説・書写是経。

爾時世尊欲重宣此義、而説偈言、

過去有仏　号威音王
神智無量　将導一切
天人竜神　所共供養
是仏滅後　法欲尽時

於いて、退転せざる者、是れなり。（勧持以遮毀）得大勢よ。当に知るべし、是の法華経は大いに諸の菩薩摩訶薩を饒益して、能く阿耨多羅三藐三菩提に至らしむ。是の故に諸の菩薩摩訶薩は、如来滅して後に於いて、常に応に是の経を受持・読・誦・解説・書写すべし」と。

（偈頌）爾の時、世尊は重ねて此の義を宣べんと欲して、偈を説いて言わく、

（頌信毀因果・総頌事本）
過去に仏有しき　威音王と号づけたてまつる
神智は無量にして　一切を将導したまう
天・人・竜神の　共に供養する所なり
（頌本事・頌双標二人）
是の仏滅して後　法尽きなんと欲せし時

有一菩薩　名常不軽
時諸四衆　計著於法
不軽菩薩　往到其所
而語之言　我不軽汝
汝等行道　皆当作仏
諸人聞已　軽毀罵詈
不軽菩薩　能忍受之
其罪畢已　臨命終時
得聞此経　六根清浄
神通力故　増益寿命
復為諸人　広説是経
諸著法衆　皆蒙菩薩

一りの菩薩有り　常不軽と名づく
時に諸の四衆は　法に計著せり
明得失・頌得
不軽菩薩は　其の所に往き到って
而も之に語って言わく　我は汝を軽んぜず
汝等は道を行ぜば　皆当に作仏すべければなり
頌失
諸人は聞き已わって　軽毀・罵詈せしに
重明得
不軽菩薩は　能く之を忍受しき
明信毀果報及結会古今・挙信毀果報
其の罪は畢え已わって　命終の時に臨んで
此の経を聞くことを得て　六根は清浄なり
神通力の故に　寿命を増益して
復諸人の為に　広く是の経を説く
諸の著法の衆は　皆菩薩の

教化成就　令住仏道
不軽命終　値無数仏
説是経故　得無量福
漸具功徳　疾成仏道
彼時不軽　則我身是
時四部衆　著法之者
聞不軽言　汝当作仏
以是因縁　値無数仏
此会菩薩　五百之衆
并及四部　清信士女
今於我前　聴法者是
我於前世　勧是諸人

教化し成就して　仏道に住せしむることを蒙る
不軽は命終して　無数の仏に値いたてまつる
是の経を説くが故に　無量の福を得
漸く功徳を具して　疾く仏道を成ず
結会古今
彼の時の不軽は　則ち我が身是れなり
時の四部の衆の　著法の者は
不軽の　汝は当に作仏すべしと言うを聞きしに
是の因縁を以て　無数の仏に値いたてまつる
此の会の菩薩の　五百の衆
并及びに四部の　清信士女の
今我が前に於いて　法を聴く者是れなり
我は前世に於いて　是の諸人に勧めて

聴受斯経　第一之法
開示教人　令住涅槃
世世受持　如是経典
億億万劫　至不可議
時乃得聞　是法華経
億億万劫　至不可議
諸仏世尊　時説是経
是故行者　於仏滅後
聞如是経　勿生疑惑
応当一心　広説此経
世世値仏　疾成仏道

斯の経の　第一の法を聴受せしめ
開示して人を教えて　涅槃に住せしめ
世世に　是くの如き経典を受持せしめき
億億万劫より　不可議に至って
時に乃し　是の法華経を聞くことを得
億億万劫より　不可議に至って
諸仏世尊は　時に是の経を説きたまう
是の故に行者は　仏滅して後に於いて
是くの如き経を聞いて　疑惑を生ずること勿れ
応当に一心に　広く此の経を説くべし
世世に仏に値いたてまつって　疾く仏道を成ぜん

妙法蓮華経如来神力品第二十一

爾時千世界微塵等菩薩摩訶薩、従地涌出者、皆於仏前、一心合掌、瞻仰尊顔、而白仏言、

世尊。我等於仏滅後、世尊分身所在国土滅度之処、当広説此経。所以者何、我等亦自欲得是真浄大法、受持・読・誦・解説・書写、而供養之。

爾時世尊於文殊師利等、無量

妙法蓮華経如来神力品第二十一

本門流通分・付嘱流通・嘱累流通・明菩薩受命弘経
長行・菩薩受命・経家叙敬儀

爾の時、千世界微塵等の菩薩摩訶薩の地従り涌出せる者は、皆仏前に於いて、一心に合掌して、尊顔を瞻仰して、仏に白して言さく、

発誓弘経
時節

「世尊よ。我等は仏滅して後、処所 世尊の分身の在す所の国土の滅度の処に於いて、誓願 当に広く此の経を説くべし。所以は何ん、我等も亦、自ら是の真浄の大法を得て、受持・読・誦・解説・書写して、之を供養せんと欲すればなり」と。

仏現神力・所対之衆

爾の時、世尊は、迹化衆 文殊師利等、下方本化衆 無量百千万億の旧より

百千万億旧住娑婆世界菩薩摩訶薩、及諸比丘・比丘尼・優婆塞・優婆夷、天・竜・夜叉・乾闥婆・阿修羅・迦楼羅・緊那羅・摩睺羅伽、人・非人等、一切衆前、現大神力。

出広長舌、上至梵世、一切毛孔、放於無量無数色光、皆悉遍照十方世界。衆宝樹下、師子座上諸仏、亦復如是、出広長舌、放無量光。釈迦牟尼仏、及宝樹下諸仏、現神力時、満百千歳。

娑婆世界に住せる菩薩摩訶薩、（四衆八部）及び諸の比丘・比丘尼・優婆塞・優婆夷、天・竜・夜叉・乾闥婆・阿修羅・迦楼羅・緊那羅・摩睺羅伽、人・非人等、（他方来者及従分身諸仏来者）一切の衆の前に於いて、（正現神力）大神力を現じたまう。

（吐舌相）広長舌を出だして、上梵世に至らしめ、（通身毛孔遍体放光）一切の毛孔より、無量無数色の光を放って、皆悉遍く十方の世界を照らしたまう。衆の宝樹の下の師子座の上の諸仏も亦復是くの如く、広長舌を出だし、無量の光を放ちたまう。釈迦牟尼仏、及び宝樹の下の諸仏は神力を現じたまう時、百千歳を満たす。

然後還摂舌相、一時謦欬、倶共弾指。是二音声、遍至十方諸仏世界、地皆六種震動。其中衆生、天・竜・夜叉・乾闥婆・阿修羅・迦楼羅・緊那羅・摩睺羅伽、人・非人等、以仏神力故、皆見此娑婆世界無量無辺百千万億衆宝樹下師子座上諸仏、及見釈迦牟尼仏、共多宝如来、在宝塔中坐師子座、又見無量無辺百千万億菩薩摩訶薩、及諸四衆、恭敬囲遶釈迦牟尼仏。既見

然る後に還って舌相を摂めて、一時に謦欬し、倶共に弾指したまう。是の二つの音声は、遍く十方の諸仏の世界に至って、地は皆六種に震動す。其の中の衆生、天・竜・夜叉・乾闥婆・阿修羅・迦楼羅・緊那羅・摩睺羅伽、人・非人等は、仏の神力を以ての故に、皆此の娑婆世界の無量無辺百千万億の衆の宝樹の下の師子座の上の諸仏を見たてまつり、及び釈迦牟尼仏、多宝如来と共に宝塔の中に在して、師子座に坐したまえるを見たてまつり、又無量無辺百千万億の菩薩摩訶薩、及び諸の四衆の、釈迦牟尼仏を恭敬し囲遶したてまつるを見る。既に是を見已わって、皆大いに歓喜して、未曽有なることを得たり。

謦咳
弾指
地六種動
普見大会

是已、皆大歓喜、得未曾有。
即時諸天、於虚空中、高声唱言、
過此無量無辺百千万億阿僧祇世界、有国名娑婆。是中有仏、名釈迦牟尼。今為諸菩薩摩訶薩、説大乗経、名妙法蓮華、教菩薩法、仏所護念。汝等当深心随喜。亦当礼拝・供養釈迦牟尼仏。
彼諸衆生聞虚空中声已、合掌向娑婆世界、作如是言、
南無釈迦牟尼仏、南無釈迦牟

空中唱声
即時に諸天は、虚空の中に於いて、高声に唱えて言わく、
「此の無量無辺百千万億阿僧祇の世界を過ぎて、国有って娑婆と名づく。是の中に仏有し、釈迦牟尼と名づけたてまつる。今、諸の菩薩摩訶薩の為に、大乗経の妙法蓮華と名づけ、菩薩を教うる法にして、仏の護念したまう所を説きたまう。汝等は当に深心に随喜すべし。亦当に釈迦牟尼仏を礼拝・供養すべし」と。
南無帰命為仏弟子
彼の諸の衆生は、虚空の中の声を聞き已わって、合掌して娑婆世界に向かって、是くの如き言を作さく、
「南無釈迦牟尼仏、南無釈迦牟尼仏」と。

尼仏。

以種種華・香・瓔珞・幡蓋、及諸厳身之具、珍宝妙物、皆共遥散娑婆世界。所散諸物、従十方来、譬如雲集。変成宝帳、遍覆此間諸仏之上。

于時十方世界、通達無礙、如一仏土。

爾時仏告上行等菩薩大衆、諸仏神力如是無量無辺、不可思議。若我以是神力、於無量無辺百千万億阿僧祇劫、為嘱累故、

遥散諸物

種種の華・香・瓔珞・幡蓋、及び諸の厳身の具、珍宝妙物を以て、皆共に遥かに娑婆世界に散ず。散ずる所の諸物は十方従り来ること、譬えば雲の集まるが如し。変じて宝帳と成って、遍く此の間の諸仏の上を覆う。

十方通同

時に十方の世界は、通達無礙にして、一仏土の如し。

結要勧持

称歎付嘱

爾の時、仏は上行等の菩薩大衆に告げたまわく、

「諸仏の神力は、是くの如く無量無辺、不可思議なり。若し我は是の神力を以て、無量無辺百千万億阿僧祇劫に於いて、嘱累の為の故に、此の経の功徳を説かんも、猶

説此経功徳、猶不能尽。
以要言之、如来一切所有之法、
如来一切自在神力、如来一切秘
要之蔵、如来一切甚深之事、皆
於此経宣示顕説。
是故汝等於如来滅後、応当一
心受持・読・誦・解説・書写、
如説修行。所在国土、若有受持・
読・誦・解説・書写、如説修行、
若経巻所住之処、若於園中、若
於林中、若於樹下、若於僧坊、
若白衣舎、若在殿堂、若山谷曠

尽くすこと能わじ。
結要付嘱
要を以て之を言わば、如来の一切の所有の法、結一切皆妙名 如来の
結妙用
一切の自在の神力、如来の一切の秘要の蔵、結妙体 如来の一切 結妙宗
の甚深の事は、総結一経唯四而已撮其枢柄而授与之 皆此の経に於いて宣示顕説す。
勧奨付嘱
是の故に汝等は、如来滅して後に於いて、応当に一心
に受持・読・誦・解説・書写し、説の如く修行すべし。
在る所の国土に、若し受持・読・誦・解説・書写し、説
の如く修行すること有り、若しは経巻の住する所の処な
らば、若しは園中に於いても、若しは林中に於いても、
若しは樹の下に於いても、若しは僧坊に於いても、若し
は白衣の舎にても、若しは殿堂に在っても、若しは山谷

野、是中皆応起塔供養。
所以者何、当知是処即是道場、
諸仏於此得阿耨多羅三藐三菩提、
諸仏於此転於法輪、諸仏於此而
般涅槃。
爾時世尊欲重宣此義、而説偈
言、
諸仏救世者　住於大神通
為悦衆生故　現無量神力
舌相至梵天　身放無数光
為求仏道者　現此希有事
諸仏謦欬声　及弾指之声

曠野にても、是の中に皆応に塔を起てて供養すべし。
〔釈付嘱〕所以は何ん、当に知るべし、〔釈甚深之事〕是の処は即ち是れ道場に
して、〔釈秘蔵〕諸仏は此に於いて阿耨多羅三藐三菩提を得、
〔釈一切法〕諸仏は此に於いて法輪を転じ、〔釈神力〕諸仏は此に於いて般涅槃
したまえばなり」と。
〔偈頌〕爾の時、世尊は重ねて此の義を宣べんと欲して、偈を
説いて言わく、
〔頌十神力〕諸仏は救世者にして　大神通に住して
衆生を悦ばしめんが為の故に　無量の神力を現じたまう
舌相は梵天に至り　身より無数の光を放って
仏道を求むる者の為に　此の希有の事を現じたまう
諸仏の謦欬の声　及び弾指の声は

周聞十方国　地皆六種動
以仏滅度後　能持是経故
諸仏皆歓喜　現無量神力
嘱累是経故　讃美受持者
於無量劫中　猶故不能尽
是人之功徳　無辺無有窮
如十方虚空　不可得辺際
能持是経者　則為已見我
亦見多宝仏　及諸分身者
又見我今日　教化諸菩薩
能持是経者　令我及分身
滅度多宝仏　一切皆歓喜

周く十方の国に聞こえて　地は皆六種に動ず
仏滅度して後に　能く是の経を持たんを以ての故に
諸仏は皆歓喜せしめ　無量の神力を現じたまう

頌結要・総頌四法

是の経を嘱累せんが故に　受持の者を讃美すること
無量劫の中に於いてすとも　猶故尽くすこと能わじ
是の人の功徳は　無辺にして窮まり有ること無けん
十方虚空の　辺際を得可からざるが如し

別頌四法・頌一切法

能く是の経を持たん者は　則ち為れ已に我を見る
亦多宝仏　及び諸の分身者を見
又我の今日　諸の菩薩を教化せるを見る

頌神力

能く是の経を持たん者は　我及び分身
滅度せる多宝仏をして　一切皆歓喜せしむ

十方現在仏　幷過去未来
亦見亦供養　亦令得歓喜
諸仏坐道場　所得秘要法
能持是経者　不久亦当得
能持是経者　於諸法之義
名字及言辞　楽説無窮尽
如風於空中　一切無障礙
於如来滅後　知仏所説経
因縁及次第　随義如実説
如日月光明　能除諸幽冥
斯人行世間　能滅衆生闇
教無量菩薩　畢竟住一乗

十方の現在の仏　幷びに過去未来のものをも
亦見亦供養し　亦歓喜することを得しめん
頌秘要
諸仏は道場に坐して　得たまえる所の秘要の法をば
能く是の経を持たん者は　久しからずして亦当に得べし
頌甚深之事
能く是の経を持たん者は　諸法の義
名字及び言辞に於いて　楽説して窮尽無し
風の空中に於いて　一切障礙無きが如くならん
如来滅して後に於いて　仏の説きたまう所の経の
因縁及び次第を知って　義に随って実の如く説かん
日月の光明の　能く諸の幽冥を除くが如く
斯の人は世間に行じて　能く衆生の闇を滅し
無量の菩薩をして　畢竟して一乗に住せしめん

是故有智者　聞此功徳利
於我滅度後　応受持斯経
是人於仏道　決定無有疑

総頌結
是の故に智有らん者は　此の功徳の利を聞いて
我滅度して後に於いて　応に斯の経を受持すべし
是の人は仏道に於いて　決定して疑い有ること無けん

妙法蓮華経嘱累品第二十二

爾時釈迦牟尼仏従法座起、現大神力、以右手摩無量菩薩摩訶薩頂、而作是言、

我於無量百千万億阿僧祇劫、修習是難得阿耨多羅三藐三菩提法、今以付嘱汝等。汝等応当一心流布此法、広令増益。

如是三摩諸菩薩摩訶薩頂、而作是言、

妙法蓮華経嘱累品第二十二

本門流通分・付嘱流通・嘱累流通・明如来摩頂付嘱
付嘱・如来付嘱・正付嘱

爾の時、釈迦牟尼仏は法座従り起って、大神力を現じ、右の手を以て、無量の菩薩摩訶薩の頂を摩でて、是の言を作したまわく、

「我は無量百千万億阿僧祇劫に於いて、是の得難き阿耨多羅三藐三菩提の法を修習し、今以て汝等に付嘱す。汝等は応当に一心に此の法を流布して、広く増益せしむべし」と。

是くの如く三たび諸の菩薩摩訶薩の頂を摩でて、是の言を作したまわく、

我於無量百千万億阿僧祇劫、修習是難得阿耨多羅三藐三菩提法、今以付嘱汝等。汝等当受持・読誦、広宣此法、令一切衆生普得聞知。

所以者何、如来有大慈悲、無諸慳悋、亦無所畏、能与衆生仏之智慧・如来智慧・自然智慧。如来是一切衆生之大施主。汝等亦応随学如来之法。勿生慳悋。

於未来世、若有善男子・善女人、信如来智慧者、当為演説此

「我は無量百千万億阿僧祇劫に於いて、是の得難き阿耨多羅三藐三菩提の法を修習し、今以て汝等に付嘱す。汝等は当に受持・読誦し、広く此の法を宣べて、一切衆生をして普く聞知することを得しむべし。

釈付嘱

所以は何ん、如来は大慈悲有って（明如来室）諸の慳悋無く、（明如来衣）亦畏るる所無くして、（明如来座）能く衆生に仏の智慧・（挙一切智）如来の智慧・（挙道種智）自然の智慧を与えばなり。（挙一切種智）如来は是れ一切衆生の大施主なり。汝等は亦応に随って如来の法を学すべし。慳悋を生ずること勿れ。

誡付嘱

未来世に於いて、若し善男子・善女人有って、如来の智慧を信ぜば、当に為に此の法華経を演説して、聞知す

法華経、使得聞知。為令其人得仏慧故。若有衆生不信受者、当於如来余深法中、示教利喜。汝等若能如是、則為已報諸仏之恩。

時諸菩薩摩訶薩、聞仏作是説已、皆大歓喜、遍満其身、益加恭敬、曲躬低頭、合掌向仏、倶発声言、

如世尊勅、当具奉行。唯然。世尊。願不有慮。

諸菩薩摩訶薩衆、如是三反、倶発声言、

ることを得しむべし。其の人をして仏慧を得しめんが為の故なり。若し衆生有って信受せずは、当に如来の余の深法の中に於いて、示教利喜すべし。汝等は若し能く是くの如くせば、則ち為れ已に諸仏の恩を報ず」と。

菩薩領受・意領受
時に諸の菩薩摩訶薩は、仏の是の説を作したまうを聞き已わって、皆大いに歓喜し、其の身に遍満して、益恭敬を加え、身領受 躬を曲げ頭を低れ、合掌して仏に向かいたてまつって、口領受 倶に声を発して言さく、

領受大施主如来室 「世尊の勅の如く、領受無慳悋如来衣 当に具さに奉行すべし。唯然なり。領受無所畏如来座 世尊よ。願わくは慮いしたまうこと有らざれ」と。

諸の菩薩摩訶薩衆は、是くの如く三反、倶に声を発して言さく、

如世尊勅、当具奉行。唯然。
世尊。願不有慮。
爾時釈迦牟尼仏令十方来諸分
身仏、各還本土、而作是言、
諸仏。各随所安。多宝仏塔還
可如故。
説是語時、十方無量分身諸仏
坐宝樹下師子座上者、及多宝仏、
并上行等無辺阿僧祇菩薩大衆、
舎利弗等声聞、四衆、及一切世
間天・人・阿修羅等、聞仏所説、
皆大歓喜。

「世尊の勅の如く、当に具さに奉行すべし。唯然なり。
世尊よ。願わくは慮いしたまうこと有らざれ」と。

事畢唱散

爾の時、釈迦牟尼仏は、十方より来りたまえる諸の分身の仏を
して、各本土に還らしめんとして、是の言を作したまわく、
「諸仏よ。各安んずる所に随いたまえ。多宝仏の塔は、
還って故の如くしたまう可し」と。

時衆歓喜

是の語を説きたまう時、十方の無量の分身の諸仏の宝
樹の下の師子座の上に坐したまえる者、及び多宝仏、并
びに上行等の無辺阿僧祇の菩薩の大衆、舎利弗等の声
聞、四衆、及び一切世間の天・人・阿修羅等は、仏の説
きたまう所を聞きたてまつって、皆大いに歓喜す。

妙法蓮華経薬王菩薩本事品第二十三

爾時宿王華菩薩白仏言、世尊。薬王菩薩云何遊於娑婆世界。世尊。是薬王菩薩、有若干百千万億那由他難行苦行。善哉、世尊。願少解説。諸天・竜神・夜叉・乾闥婆・阿修羅・迦楼羅・緊那羅・摩睺羅伽、人・非人等、又他国土諸来菩薩、及此声聞衆、聞皆歓喜。

妙法蓮華経薬王菩薩本事品第二十三

本門流通分・付嘱流通・約化他勧流通・以苦行乗乗

問

爾の時、宿王華菩薩は仏に白して言さく、

通問遊化

「世尊よ。薬王菩薩は云何が娑婆世界に遊ぶや。世尊よ。

別問苦行

是の薬王菩薩に、若干百千万億那由他の難行苦行有らんや。

請答

善き哉、世尊よ。願わくは少しく解説したまえ。諸天・竜神・夜叉・乾闥婆・阿修羅・迦楼羅・緊那羅・摩睺羅伽、人・非人等、又他の国土より諸の来れる菩薩、及び此の声聞衆は、聞いて皆歓喜せん」と。

爾時仏告宿王華菩薩、
乃往過去無量恒河沙劫、有仏
号日月浄明徳如来・応供・正遍
知・明行足・善逝・世間解・無
上士・調御丈夫・天人師・仏・
世尊。其仏有八十億大菩薩摩訶
薩、七十二恒河沙大声聞衆。仏
寿四万二千劫、菩薩寿命亦等。
彼国無有女人・地獄・餓鬼・畜
生・阿修羅等、及以諸難。

地平如掌、琉璃所成、宝樹荘
厳、宝帳覆上、垂宝華幡、宝瓶

答

爾の時、仏は宿王華菩薩に告げたまわく、

但答苦行・明事本・時節

「乃往過去、無量恒河沙劫に仏有して、日月浄明徳如
来・応供・正遍知・明行足・善逝・世間解・無上士・調
御丈夫・天人師・仏・世尊と号づけたてまつる。其の仏
に八十億の大菩薩摩訶薩、七十二恒河沙の大声聞衆有り。
仏の寿は四万二千劫、菩薩の寿命も亦等し。彼の国には
女人・地獄・餓鬼・畜生・阿修羅等、及以び諸難有るこ
と無し。

有仏声聞

国土

地の平かなること掌の如く、琉璃もて成ずる所にし
て、宝樹もて荘厳し、宝帳は上を覆い、宝の華幡を垂れ、

香炉、周遍国界。七宝為台、一樹一台、其樹去台、尽一箭道。此諸宝樹、皆有菩薩・声聞、而坐其下。諸宝台上、各有百億諸天作天妓楽、歌歎於仏、以為供養。

爾時彼仏為一切衆生憙見菩薩、及衆菩薩、諸声聞衆、説法華経。是一切衆生憙見菩薩、楽習苦行、於日月浄明徳仏法中、精進経行、一心求仏、満万二千歳已、得現一切色身三昧。

宝瓶は香炉にして、国界に周遍せり。七宝を台と為して、一樹に一台あり、其の樹の台を去ること、一箭道を尽くせり。此の諸の宝樹に、皆菩薩・声聞有って、其の下に坐せり。諸の宝台の上に、各百億の諸天有って、天の妓楽を作し、歌もて仏を歎じて、以て供養を為す。

明本事・仏説法

爾の時、彼の仏は一切衆生憙見菩薩、及び衆の菩薩、諸の声聞衆の為に、法華経を説きたまう。

修供養・現在苦行・修行得法

是の一切衆生憙見菩薩は楽って苦行を習い、日月浄明徳仏の法の中に於いて、精進・経行して、一心に仏を求むること、万二千歳を満たし已わって、現一切色身三昧を得。

得此三昧已、心大歓喜、即作念言、

我得現一切色身三昧、皆是得聞法華経力。我今当供養日月浄明徳仏及法華経。

即時入是三昧、於虚空中、雨曼陀羅華・摩訶曼陀羅華。細抹堅黒栴檀、満虚空中、如雲而下、又雨海此岸栴檀之香。此香六銖、価直娑婆世界、以供養仏。

作是供養已、従三昧起、而自念言、

作念報恩・三昧力

此の三昧を得已わって、心は大いに歓喜して、即ち念を作して言わく、

『我の現一切色身三昧を得たるは、皆是れ法華経を聞くことを得し力なり。我は今当に日月浄明徳仏、及び法華経を供養すべし』と。

即時に是の三昧に入って、虚空の中に於いて、曼陀羅華・摩訶曼陀羅華を雨らす。細抹堅黒の栴檀は、虚空の中に満ちて、雲の如く下り、又海此岸の栴檀の香を雨らす。此の香は六銖にして、価直、娑婆世界にして、以て仏に供養す。

正報身力・焼身

是の供養を作し已わって、三昧従り起って、自ら念じて言わく、

我雖以神力供養於仏、不如以身供養。
即服諸香・栴檀・薫陸・兜楼婆・畢力迦・沈水・膠香、又飲瞻蔔、諸華香油、満千二百歳已、香油塗身、於日月浄明徳仏前、以天宝衣而自纏身已、灌諸香油、以神通力願、而自燃身、光明遍照八十億恒河沙世界。
其中諸仏、同時讃言、
善哉善哉。善男子。是真精進。是名真法供養如来。若以華・香・

『我は神力を以て、仏を供養すと雖も、身を以て供養せんには如かじ』と。

即ち諸の香・栴檀・薫陸・兜楼婆・畢力迦・沈水・膠香を服し、又瞻蔔、諸の華の香油を飲むこと、千二百歳を満たし已わって、香油を身に塗り、日月浄明徳仏の前に於いて、天の宝衣を以て、自ら身に纏い已わって、諸の香油を灌ぎ、神通力の願を以て、自ら身を燃やして、光明は遍く八十億恒河沙の世界を照らす。

仏称歎
其の中の諸仏は、同時に讃めて言わく、

『善き哉、善き哉。善男子よ。是れ真の精進なり。是を真の法もて如来を供養すと名づく。若し華・香・瓔珞・

瓔珞・焼香・抹香・塗香・天繒幡蓋、及海此岸栴檀之香、如是等種種諸物供養、所不能及。仮使国城・妻子布施、亦所不及。善男子。是名第一之施。於諸施中最尊最上。以法供養諸如来故。

作是語已、而各黙然。其身火燃、千二百歳、過是已後、其身乃尽。

一切衆生憙見菩薩作如是法供養已、命終之後、復生日月浄明徳仏国中、於浄徳王家、結跏趺

焼香・抹香・塗香・天繒の幡蓋、及び海此岸の栴檀の香、是くの如き等の種種の諸物を以て供養すとも、及ぶこと能わざる所なり。仮使国城・妻子もて布施すとも、亦及ばざる所なり。善男子よ。是を第一の施と名づく。諸の施の中に於いて、最尊最上なり。法を以て諸の如来を供養するが故に』と。

是の語を作し已わって、各黙然たり。其の身の火の燃ゆること千二百歳、是を過ぎて已後、其の身は乃ち尽きぬ。

一切衆生憙見菩薩は、是くの如き法の供養を作し已わって、命終の後に、復日月浄明徳仏の国の中に生じて、浄徳王の家に於いて、結跏趺坐して、忽然として化生し、

坐、忽然化生、即為其父而説偈言、

大王今当知　我経行彼処
即時得一切　現諸身三昧
勤行大精進　捨所愛之身

説是偈已、而白父言、

日月浄明徳仏、今故現在。我先供養仏已、得解一切衆生語言陀羅尼、復聞是法華経八百千万億那由他甄迦羅頻婆羅阿閦婆等偈。大王。我今当還供養此仏。

白已即坐七宝之台、上昇虚空、

説本事

即ち其の父の為に、而も偈を説いて言さく、

大王よ今当に知るべし　我は彼の処に経行して
即時に一切　現諸身三昧を得
勤行大精進し　愛する所の身を捨てにき

往仏所

是の偈を説き已わって、父に白して言さく、

『日月浄明徳仏は、今故現に在す。我は先に仏を供養し已わって、解一切衆生語言陀羅尼を得、復是の法華経の八百千万億那由他甄迦羅頻婆羅阿閦婆等の偈を聞けり。大王よ。我は今当に還た此の仏を供養すべし』と。

白し已わって即ち七宝の台に坐し、虚空に上昇ること、

高七多羅樹、往到仏所、頭面礼足、合十指爪、以偈讃仏。

容顔甚奇妙　光明照十方

我適曽供養　今復還親近

爾時一切衆生憙見菩薩説是偈已、而白仏言、

世尊。世尊猶故在世。

爾時日月浄明徳仏告一切衆生憙見菩薩、

善男子。我涅槃時到、滅尽時至。汝可安施牀座。我於今夜当般涅槃。

高さ七多羅樹にして、仏の所に往到し、頭面に足を礼し、十の指爪を合わせて、偈を以て仏を讃めたてまつる。

容顔は甚だ奇妙にして　光明は十方を照らしたまう

我は適曽供養せり今復還親近したてまつる

爾の時、一切衆生憙見菩薩は、是の偈を説き已わって、仏に白して言さく、

『世尊よ。世尊は猶故世に在す』と。

如来付嘱

爾の時、日月浄明徳仏は、一切衆生憙見菩薩に告げたまわく、

『善男子よ。我が涅槃の時は到り、滅尽の時は至りぬ。汝は牀座を安施す可し。我は今夜に於いて、当に般涅槃すべし』と。

又勅一切衆生憙見菩薩、善男子。我以仏法嘱累於汝。及諸菩薩・大弟子、并阿耨多羅三藐三菩提法、亦以三千大千七宝世界・諸宝樹・宝台、及給侍諸天、悉付於汝。我滅度後、所有舎利、亦付嘱汝。当令流布、広設供養。応起若干千塔。

如是日月浄明徳仏勅一切衆生憙見菩薩已、於夜後分、入於涅槃。

爾時一切衆生憙見菩薩、見仏

又一切衆生憙見菩薩に勅したまわく、『善男子よ。我は仏法を以て汝に嘱累す。及び諸の菩薩・大弟子、并びに阿耨多羅三藐三菩提の法、亦三千大千の七宝の世界・諸の宝樹・宝台、及び給侍の諸天を以て、悉く汝に付す。我滅度して後に、所有舎利も、亦汝に付嘱す。当に流布せしめ、広く供養を設くべし。応に若干千の塔を起つべし』と。

是くの如く日月浄明徳仏は、一切衆生憙見菩薩に勅し已わって、夜の後分に於いて、涅槃に入りたまいぬ。

奉命任持・起塔

爾の時、一切衆生憙見菩薩は、仏の滅度するを見て、

滅度、悲感懊悩、恋慕於仏、即以海此岸栴檀為積、供養仏身、而以焼之。火滅已後、収取舎利、作八万四千宝瓶、以起八万四千塔、高三世界、表刹荘厳、垂諸幡蓋、懸衆宝鈴。

爾時一切衆生憙見菩薩復自念言、

我雖作是供養、心猶未足。我今当更供養舎利。

便語諸菩薩・大弟子、及天・竜・夜叉等一切大衆、

悲感懊悩して、仏を恋慕したてまつり、即ち海此岸栴檀を以て積と為して、仏身を供養して、以て之を焼きたてまつる。火は滅え已わって後、舎利を収取し、八万四千の宝瓶を作って、以て八万四千の塔を起つること、三世界より高く、表刹もて荘厳して、諸の幡蓋を垂れ、衆の宝鈴を懸けたり。

焼臂

爾の時、一切衆生憙見菩薩は、復自ら念言すらく、

『我は是の供養を作すと雖も、心は猶未だ足らず。我は今当に更に舎利を供養すべし』と。

便ち諸の菩薩・大弟子、及び天・竜・夜叉等の一切の大衆に語らく、

汝等当一心念、我今供養日月浄明徳仏舎利。

作是語已、即於八万四千塔前、燃百福荘厳臂七万二千歳、而以供養。

令無数求声聞衆、無量阿僧祇人、発阿耨多羅三藐三菩提心、皆使得住現一切色身三昧。

爾時諸菩薩・天・人・阿修羅等、見其無臂、憂悩悲哀、而作是言、

此一切衆生憙見菩薩、是我等

『汝等は当に一心に念ずべし、我は今、日月浄明徳仏の舎利を供養せん』と。

是の語を作し已わって、即ち八万四千の塔の前に於いて、百福荘厳の臂を燃やすこと、七万二千歳にして、以て供養す。

利益

無数の声聞を求むる衆、無量阿僧祇の人をして、阿耨多羅三藐三菩提の心を発さしめ、皆現一切色身三昧に住することを得しむ。

現報

爾の時、諸の菩薩・天・人・阿修羅等は、其の臂無きを見て、憂悩悲哀して、是の言を作さく、

『此の一切衆生憙見菩薩は是れ我等が師、我を教化し

師、教化我者。而今焼臂、身不具足。

于時一切衆生憙見菩薩於大衆中、立此誓言、
我捨両臂、必当得仏金色之身。若実不虚、令我両臂還復如故。

作是誓已、自然還復。由斯菩薩福徳・智慧淳厚所致。当爾之時、三千大千世界六種震動、天雨宝華、一切天人得未曽有。

仏告宿王華菩薩、

たまう者なり。而るに今、臂を焼いて、身は具足したまわず』と。

時に一切衆生憙見菩薩は、大衆の中に於いて、此の誓いを立てて言わく、

『我は両つの臂を捨てて、必ず当に仏の金色の身を得べし。若し実にして虚しからずは、我が両つの臂をして還復すること、故の如くならしめん』と。

是の誓いを作し已わって、自然に還復しぬ。斯の菩薩の福徳・智慧の淳厚なるに由って致す所なり。爾の時に当たって、三千大千世界は、六種に震動し、天より宝華を雨らして、一切の天・人は未曽有なることを得」と。

結会古今・結会
仏は宿王華菩薩に告げたまわく、

於汝意云何。一切衆生憙見菩薩豈異人乎。今薬王菩薩是也。其所捨身布施、如是無量百千万億那由他数。

宿王華。若有発心欲得阿耨多羅三藐三菩提者、能燃手指、乃至足一指、供養仏塔、勝以国城・妻子、及三千大千国土山林・河池、諸珍宝物、而供養者。

若復有人、以七宝満三千大千世界、供養於仏及大菩薩・辟支仏・阿羅漢、是人所得功徳、不

「汝が意に於いて云何。一切衆生憙見菩薩は、豈異人ならんや。今の薬王菩薩、是れなり。其の身を捨てて布施する所は、是くの如く無量百千万億那由他数なり。

勧修

宿王華よ。若し発心して阿耨多羅三藐三菩提を得んと欲する者有って、能く手の指、乃至足の一指を燃やして、仏塔に供養せば、国城・妻子、及び三千大千国土の山林・河池、諸の珍宝物を以て供養せん者に勝らん。

歎経・歎能持者

若し復人有って、七宝を以て三千大千世界に満てて、仏及び大菩薩・辟支仏・阿羅漢に供養せんも、是の人の得る所の功徳は、此の法華経の乃至一四句偈を受持す

如受持此法華経乃至一四句偈。其福最多。

宿王華。譬如一切川流江河諸水之中、海為第一、此法華経亦復如是、於諸如来所説経中、最為深大。

又如土山・黒山・小鉄囲山・大鉄囲山、及十宝山衆山之中、須弥山為第一、此法華経亦復如是、於諸経中最為其上。

又如衆星之中、月天子最為第一、此法華経亦復如是、於千万

るに如かじ。其の福は最も多し。

歎所持法・歎法体（十喩）

宿王華よ。譬えば一切の川流江河の諸水の中に、海は為れ第一なるが如く、此の法華経も亦復是くの如く、諸の如来の説きたまう所の経の中に於いて、最も為れ深大なり。

又土山・黒山・小鉄囲山・大鉄囲山、及び十宝山の衆山の中に、須弥山は為れ第一なるが如く、此の法華経も亦復是くの如く、諸経の中に於いて、最も為れ其の上なり。

又衆の星の中に月天子は最も為れ第一なるが如く、此の法華経も亦復是くの如く、千万億種の諸の経法の中に

億種諸経法中、最為照明。

又如日天子能除諸闇、此経亦復如是、能破一切不善之闇。

又如諸小王中、転輪聖王最為第一、此経亦復如是、於衆経中最為其尊。

又如帝釈於三十三天中王、此経亦復如是、諸経中王。

又如大梵天王、一切衆生之父、此経亦復如是、一切賢・聖・学・無学、及発菩薩心者之父。

又如一切凡夫人中、須陀洹・

於いて、最も為れ照明なり。

又日天子は能く諸の闇を除くが如く、此の経も亦復是くの如く、能く一切不善の闇を破す。

又諸の小王の中に、転輪聖王は最も為れ第一なるが如く、此の経も亦復是くの如く、衆経の中に於いて、最も為れ其の尊なり。

又帝釈の三十三天の中に於いて王なるが如く、此の経も亦復是くの如く、諸経の中の王なり。

又大梵天王の一切衆生の父なるが如く、此の経も亦復是くの如く、一切の賢・聖・学・無学、及び菩薩の心を発す者の父なり。

又一切の凡夫人の中に須陀洹・斯陀含・阿那含・阿羅

斯陀含・阿那含・阿羅漢・辟支仏為第一、此経亦復如是、一切如来所説、若菩薩所説、若声聞所説、諸経法中最為第一。有能受持是経典者、亦復如是、於一切衆生中亦為第一。

一切声聞・辟支仏中、菩薩為第一、此経亦復如是、於一切諸経法中、最為第一。

如仏為諸法王、此経亦復如是、諸経中王。

宿王華。此経能救一切衆生

漢・辟支仏は為れ第一なるが如く、此の経も亦復是くの如く、一切の如来の説きたまう所、若しは菩薩の説く所、若しは声聞の説く所、諸の経法の中に、最も為れ第一なり。能く是の経典を受持する者有らば、亦復是くの如く、一切衆生の中に於いて、亦為れ第一なり。

一切の声聞・辟支仏の中に、菩薩は為れ第一にして、此の経も亦復是くの如く、一切の諸の経法の中に於いて、最も為れ第一なり。

仏は為れ諸法の王なるが如く、此の経も亦復是くの如く、諸経の中の王なり。

歎法用・歎抜苦用

宿王華よ。此の経は能く一切衆生を救いたまう者なり。

者。此経能令一切衆生離諸苦悩。此経能大饒益一切衆生、充満其願。

如清涼池、能満一切諸渇乏者。如寒者得火。如裸者得衣。如商人得主。如子得母。如渡得船。如病得医。如暗得灯。如貧得宝。如民得王。如賈客得海。如炬除暗。此法華経亦復如是、能令衆生離一切苦・一切病痛、能解一切生死之縛。

若人得聞此法華経、若自書、

此の経は能く一切衆生をして諸の苦悩を離れしめたまう。

此の経は能く大いに一切衆生を饒益して、其の願を充満せしめたまう。

歎与楽用（十二事）

清涼の池の能く一切の諸の渇乏の者を満たすが如し。寒き者の火を得たるが如し。裸なる者の衣を得たるが如し。商人の主を得たるが如し。子の母を得たるが如し。渡りに船を得たるが如し。病に医を得たるが如し。暗に灯を得たるが如し。貧しきに宝を得たるが如し。民の王を得たるが如し。賈客の海を得たるが如し。炬の暗を除くが如し。

結

此の法華経も亦復是くの如く、能く衆生をして一切の苦・一切の病痛を離れ、能く一切の生死の縛を解かしめたまう。

明持経福深・挙全聞経福

若し人此の法華経を聞くことを得て、若しは自らも書

若教人書、所得功徳、以仏智慧籌量多少、不得其辺。若書是経巻、華・香・瓔珞・焼香・抹香・塗香・幡蓋・衣服、種種之灯・蘇灯・油灯・諸香油灯・瞻蔔油灯・須曼那油灯・波羅羅油灯・婆利師迦油灯・那婆摩利油灯供養、所得功徳、亦復無量。

宿王華。若有人聞是薬王菩薩本事品者、亦得無量無辺功徳。若有女人聞是薬王菩薩本事品、能受持者、尽是女身、後不復受。

き、若しは人をしても書かしめば、得る所の功徳は、仏の智慧を以て多少を籌量すとも、其の辺を得じ。若し是の経巻を書いて、華・香・瓔珞・焼香・抹香・塗香・幡蓋・衣服、種種の灯・蘇灯・油灯・諸の香油灯・瞻蔔油灯・須曼那油灯・波羅羅油灯・婆利師迦油灯・那婆摩利油灯もて供養せば、得る所の功徳は、亦復無量ならん。

挙聞品福・格量

宿王華よ。若し人有って是の薬王菩薩本事品を聞かば、亦無量無辺の功徳を得ん。若し女人有って、是の薬王菩薩本事品を聞いて、能く受持せば、是の女身を尽くして、後に復受けじ。若し如来滅して後、後の五百歳の

若如来滅後、後五百歳中、若有女人、聞是経典、如説修行、於此命終、即往安楽世界阿弥陀仏・大菩薩衆囲遶住処、生蓮華中宝座之上、不復為貪欲所悩、亦復不為瞋恚・愚癡所悩、亦復不為憍慢・嫉妬・諸垢所悩、得菩薩神通・無生法忍。得是忍已、眼根清浄。以是清浄眼根、見七百万二千億那由他恒河沙等諸仏如来。

是時諸仏遥共讃言、

中に、若し女人有って、是の経典を聞いて、説の如く修行せば、此に於いて命終して、即ち安楽世界の阿弥陀仏の大菩薩衆に囲遶せらるる住処に往きて、蓮華の中の宝座の上に生じ、復貪欲の悩ます所と為らず、亦復瞋恚・愚癡の悩ます所と為らず、亦復憍慢・嫉妬・諸垢の悩ます所と為らず、菩薩の神通・無生法忍を得ん。是の忍を得已わって、眼根清浄ならん。是の清浄の眼根を以て、七百万二千億那由他恒河沙等の諸仏如来を見たてまつらん。

是の時、諸仏は遥かに共に讃めて言わん、

善哉善哉。善男子。汝能於釈迦牟尼仏法中、受持・読誦・思惟是経、為他人説。所得福徳、無量無辺。火不能焼、水不能漂。汝之功徳、千仏共説、不能令尽。汝今已能破諸魔賊、壊生死軍、諸余怨敵、皆悉摧滅。善男子。百千諸仏、以神通力、共守護汝。於一切世間天・人之中、無如汝者。唯除如来、其諸声聞・辟支仏、乃至菩薩、智慧・禅定、無有与汝等者。

『善き哉、善き哉。善男子よ。汝は能く釈迦牟尼仏の法の中に於いて、是の経を受持・読誦・思惟し、他人の為に説けり。得る所の福徳は、無量無辺なり。火も焼くこと能わず、水も漂わすこと能わじ。汝の功徳は、千仏共に説きたまうとも、尽くさしむること能わじ。汝は今已に能く諸の魔賊を破し、生死の軍を壊し、諸余の怨敵は、皆悉摧滅せり。善男子よ。百千の諸仏は、神通力を以て、共に汝を守護したまう。一切の世間の天・人の中に於いて、汝に如く者無し。唯如来のみを除いて、其れ諸の声聞・辟支仏、乃至菩薩たるも、智慧・禅定は、汝と等しき者有ること無けん』と。

宿王華。此菩薩成就如是功徳・智慧之力。若有人聞是薬王菩薩本事品、能随喜讃善者、是人現世、口中常出青蓮華香、身毛孔中、常出牛頭栴檀之香。所得功徳如上所説。

是故宿王華。以此薬王菩薩本事品、嘱累於汝。我滅度後、後五百歳中、広宣流布於閻浮提、無令断絶、悪魔・魔民諸天・竜・夜叉・鳩槃荼等、得其便也。

宿王華。汝当以神通之力、守

宿王華よ。此の菩薩は、是くの如き功徳・智慧の力を成就せり。若し人有って是の薬王菩薩本事品を聞いて、能く随喜して善しと讃ぜば、是の人は現世に口の中より常に青蓮華の香を出だし、身の毛孔の中より常に牛頭栴檀の香を出ださん。得る所の功徳は、上に説く所の如し。

嘱累

是の故に宿王華よ。此の薬王菩薩本事品を以て、汝に嘱累す。我滅度して後、後の五百歳の中、閻浮提に広宣流布して、断絶して悪魔・魔民の諸天・竜・夜叉・鳩槃荼等に其の便りを得しむること無かれ。

宿王華よ。汝は当に神通の力を以て、是の経を守護す

護是経。所以者何、此経則為閻浮提人病之良薬。若人有病、得聞是経、病即消滅、不老不死。宿王華。汝若見有受持是経者、応以青蓮華盛満抹香、供散其上。

散已、作是念言、

此人不久、必当取草坐於道場、破諸魔軍。当吹法螺、撃大法鼓、度脱一切衆生老病死海。

是故求仏道者、見有受持是経典人、応当如是生恭敬心。

説是薬王菩薩本事品時、八万

べし。所以は何ん、此の経は則ち為れ閻浮提の人の病の良薬なればなり。若し人病有らんに、是の経を聞くことを得ば、病は即ち消滅して、不老不死ならん。宿王華よ。汝は若し是の経を受持する者有るを見ば、応に青蓮華を以て抹香を盛り満てて、其の上に供散すべし。

散じ已わって、是の念を作して言え、

『此の人は久しからずして、必ず当に草を取って道場に坐して、諸の魔軍を破すべし。当に法の螺を吹き、大法の鼓を撃って、一切衆生を老病死の海より度脱すべし』と。

是の故に仏道を求めん者は、是の経典を受持する人有るを見て、応当に是くの如く恭敬の心を生ずべし」と。

聞品得益

是の薬王菩薩本事品を説きたまう時、八万四千の菩薩

四千菩薩得解一切衆生語言陀羅尼。

多宝如来於宝塔中讃宿王華菩薩言、

善哉善哉。宿王華。汝成就不可思議功徳、乃能問釈迦牟尼仏。如此之事、利益無量一切衆生。

は、解一切衆生語言陀羅尼を得たり。

多宝称善

多宝如来は宝塔の中に於いて、宿王華菩薩を讃めて言わく、

「善き哉、善き哉。宿王華よ。汝は不可思議の功徳を成就して、乃し能く釈迦牟尼仏に問いたてまつる。此くの如きの事は、無量の一切衆生を利益す」と。

妙法蓮華経妙音菩薩品第二十四

爾時釈迦牟尼仏放大人相肉髻光明、及放眉間白毫相光、遍照東方百八万億那由他恒河沙等諸仏世界。過是数已、有世界名浄光荘厳。其国有仏、号浄華宿王智如来・応供・正遍知・明行足・善逝・世間解・無上士・調御丈夫・天人師・仏・世尊。為無量無辺菩薩大衆恭敬囲遶、而為説

妙法蓮華経妙音菩薩品第二十四

本門流通分・付嘱流通・約化他勧流通・以三昧乗乗放光東召

爾の時、釈迦牟尼仏は、大人相の肉髻の光明を放ち、及び眉間白毫相の光を放って、遍く東方の百八万億那由他恒河沙等の諸仏の世界を照らしたまう。是の数を過ぎ已わって、世界有り浄光荘厳と名づく。其の国に仏有して、浄華宿王智如来・応供・正遍知・明行足・善逝・世間解・無上士・調御丈夫・天人師・仏・世尊と号づけたてまつる。無量無辺の菩薩大衆に恭敬し囲遶せられて、為に法を説きたまう。釈迦牟尼仏は、白毫の光明もて遍く其の国を照らしたまう。

法。釈迦牟尼仏白毫光明遍照其国。

爾時一切浄光荘厳国中、有一菩薩、名曰妙音。久已殖衆徳本、供養親近無量百千万億諸仏、而悉成就甚深智慧、得妙幢相三昧・法華三昧・浄徳三昧・宿王戯三昧・無縁三昧・智印三昧・解一切衆生語言三昧・集一切功徳三昧・清浄三昧・神通遊戯三昧・慧炬三昧・荘厳王三昧・浄光明三昧・浄蔵三昧・不共三昧・日

奉命西来・発来縁・経家叙其福慧

爾の時、一切浄光荘厳国の中に、一りの菩薩有って、名づけて妙音と曰う。久しく已に衆の徳本を殖えて、無量百千万億の諸仏を供養し親近したてまつって、悉く甚深の智慧を成就し、妙幢相三昧・法華三昧・浄徳三昧・宿王戯三昧・無縁三昧・智印三昧・解一切衆生語言三昧・集一切功徳三昧・清浄三昧・神通遊戯三昧・慧炬三昧・荘厳王三昧・浄光明三昧・浄蔵三昧・不共三昧・日旋三昧を得、是くの如き等の百千万億恒河沙等の諸の大三昧を得たり。

旋三昧、得如是等百千万億恒河沙等諸大三昧。

釈迦牟尼仏光照其身。

即白浄華宿王智仏言、

世尊。我当往詣娑婆世界、礼拝・親近・供養釈迦牟尼仏、及見文殊師利法王子菩薩・薬王菩薩・勇施菩薩・宿王華菩薩・上行意菩薩・荘厳王菩薩・薬上菩薩。

爾時浄華宿王智仏告妙音菩薩、

汝莫軽彼国、生下劣想。善男

被照

釈迦牟尼仏は、光もて其の身を照らしたまう。

辞仏

即ち浄華宿王智仏に白して言さく、

「世尊よ。我は当に娑婆世界に往詣して、釈迦牟尼仏を礼拝・親近・供養し、及び文殊師利法王子菩薩・薬王菩薩・勇施菩薩・宿王華菩薩・上行意菩薩・荘厳王菩薩・薬上菩薩に見ゆべし」と。

仏誡

爾の時、浄華宿王智仏は妙音菩薩に告げたまわく、

「汝は彼の国を軽んじて、下劣との想いを生ずること

子。彼娑婆世界、高下不平、土石・諸山、穢悪充満。仏身卑小、諸菩薩衆、其形亦小、而汝身四万二千由旬、我身六百八十万由旬。汝身第一端正、百千万福、光明殊妙。是故汝往、莫軽彼国、若仏・菩薩及国土、生下劣想。

妙音菩薩白其仏言、

世尊。我今詣娑婆世界、皆是如来之力、如来神通遊戯、如来功徳・智慧・荘厳。

於是妙音菩薩不起于座、身不

莫れ。善男子よ。彼の娑婆世界は、高下不平にして、土石・諸山あって、穢悪は充満せり。仏身は卑小にして、諸の菩薩衆も其の形は亦小なれども、汝が身は四万二千由旬、我が身は六百八十万由旬なり。汝が身は第一端正にして、百千万の福あって、光明は殊妙なり。是の故に汝は往きて、彼の国を軽んじて、若しは仏・菩薩、及び国土に、下劣の想いを生ずること莫れ」と。

受旨

妙音菩薩は其の仏に白して言さく、

「世尊よ。我は今、娑婆世界に詣らんことは、皆是れ如来の力、如来の神通遊戯、如来の功徳・智慧・荘厳なり」と。

現来相・遣蓮華

是に於いて妙音菩薩は、座を起たず、身は動揺せずし

動揺、而入三昧、以三昧力、於耆闍崛山、去法座不遠、化作八万四千衆宝蓮華、閻浮檀金為茎、白銀為葉、金剛為鬚、甄叔迦宝以為其台。

爾時文殊師利法王子見是蓮華、而白仏言、

世尊。是何因縁、先現此瑞。有若干千万蓮華、閻浮檀金為茎、白銀為葉、金剛為鬚、甄叔迦宝以為其台。

爾時釈迦牟尼仏告文殊師利、

て、三昧に入り、三昧力を以て、耆闍崛山に於いて、法座を去ること遠からずして、八万四千の衆宝の蓮華を化作し、閻浮檀金を茎と為し、白銀を葉と為し、金剛を鬚と為し、甄叔迦宝を、以て其の台と為せり。

文殊問

爾の時、文殊師利法王子は、是の蓮華を見て、仏に白して言さく、

「世尊よ。是れ何なる因縁あってか、先ず此の瑞を現ぜる。若干千万の蓮華有って、閻浮檀金を茎と為し、白銀を葉と為し、金剛を鬚と為し、甄叔迦宝を、以て其の台と為せり」と。

仏答

爾の時、釈迦牟尼仏は文殊師利に告げたまわく、

是妙音菩薩摩訶薩、欲従浄華宿王智仏国、与八万四千菩薩囲遶、而来至此娑婆世界、供養・親近・礼拝於我、亦欲供養聴法華経。

文殊師利白仏言、

世尊。是菩薩種何善本、修何功徳、而能有是大神通力。行何三昧。願為我等説是三昧名字。我等亦欲勤修行之。行此三昧、乃能見是菩薩色相・大小・威儀・進止。唯願世尊以神通力、彼菩

「是の妙音菩薩摩訶薩は、浄華宿王智仏の国従り、八万四千の菩薩に囲遶せられて、此の娑婆世界に来至して、我を供養・親近・礼拝せんと欲し、亦法華経を供養し、聴きたてまつらんと欲す」と。

文殊請
文殊師利は仏に白して言さく、

「世尊よ。是の菩薩は何なる善本を種え、何なる功徳を修して、能く是の大神通力有るや。何なる三昧を行ずるや。願わくは我等が為に、是の三昧の名字を説きたまえ。我等は亦之を勤め修行せんと欲す。此の三昧を行ぜば、乃し能く是の菩薩の色相・大小・威儀・進止を見ん。唯願わくは世尊よ、神通力を以て、彼の菩薩の来ら

薩来、令我得見。
爾時釈迦牟尼仏告文殊師利、
此久滅度多宝如来、当為汝等
而現其相。
時多宝仏告彼菩薩、
善男子。来。文殊師利法王子
欲見汝身。
于時妙音菩薩於彼国没、与八
万四千菩薩倶共発来。所経諸国、
六種震動、皆悉雨於七宝蓮華、
百千天楽、不鼓自鳴。
是菩薩目如広大青蓮華葉。正

んをば、我をして見ることを得しめたまえ」と。

推功

爾の時、釈迦牟尼仏は文殊師利に告げたまわく、
「此の久しく滅度したまえる多宝如来は、当に汝等が
為に、而も其の相を現じたまうべし」と。

多宝命来

時に多宝仏は彼の菩薩に告げたまわく、
「善男子よ。来たれ。文殊師利法王子は、汝が身を見
んと欲す」と。

正発来・与眷属経歴

時に妙音菩薩は、彼の国に於いて没して、八万四千の
菩薩と倶共に発来す。経る所の諸国は、六種に震動して、
皆悉七宝の蓮華を雨らし、百千の天楽は、鼓せざるに自
ずから鳴る。

叙相登台

是の菩薩の目は、広大の青蓮華の葉の如し。正使百千

使和合百千万月、其面貌端正、復過於此。身真金色、無量百千功徳荘厳。威徳熾盛、光明照曜、諸相具足、如那羅延堅固之身。入七宝台、上昇虚空、去地七多羅樹、諸菩薩衆恭敬囲遶、而来詣此娑婆世界耆闍崛山。

到已、下七宝台、以価直百千瓔珞、持至釈迦牟尼仏所、頭面礼足、奉上瓔珞、而白仏言、世尊。浄華宿王智仏問訊世尊、少病少悩、起居軽利、安楽行

万の月を和合せりとも、其の面貌の端正なること、復此に過ぎん。身は真金の色にして、無量百千の功徳もて荘厳せり。威徳は熾盛にして、光明は照曜し、諸相は具足して、那羅延の堅固の身の如し。七宝の台に入って、虚空に上昇り、地を去ること七多羅樹、諸の菩薩衆は恭敬し囲遶して、此の娑婆世界の耆闍崛山に来詣す。

問訊伝旨

到り已わって、七宝の台を下り、価直百千の瓔珞を以て、持って釈迦牟尼仏の所に至り、頭面に足を礼し、瓔珞を奉上して、仏に白して言さく、

「世尊よ。浄華宿王智仏は世尊を問訊したまう、『少病少悩、起居軽利にして、安楽に行じたまうや不

不。四大調和不。世事可忍不。
衆生易度不。無多貪欲・瞋恚・
愚癡・嫉妬・慳慢不。無不孝父
母、不敬沙門、邪見不善心、不
摂五情不。世尊。衆生能降伏諸
魔怨不。久滅度多宝如来在七宝
塔中、来聴法不。

又問訊、

多宝如来安隠少悩、堪忍久住不。

世尊。我今欲見多宝仏身。唯
願世尊示我令見。

爾時釈迦牟尼仏語多宝仏、

や。四大は調和なりや不や。世事は忍びつ可しや不や。
衆生は度し易しや不や。貪欲・瞋恚・愚癡・嫉妬・慳慢
多きこと無しや不や。父母に孝せず、沙門を敬わず、邪
見不善の心にして、五情を摂めざること無しや不や。世
尊よ。衆生は能く諸の魔怨を降伏すや不や。久しく滅度
したまえる多宝如来は、七宝の塔の中に在して、来って
法を聴きたまうや不や』と。

又問訊したまう、

『多宝如来は安隠少悩にして、堪忍し久しく住したまうや不や』と。

請見多宝
世尊よ。我は今、多宝仏の身を見たてまつらんと欲す。
唯願わくは世尊よ、我に示して見せしめたまえ』と。

世尊為通
爾の時、釈迦牟尼仏は多宝仏に語りたまわく、

是妙音菩薩欲得相見。
時多宝仏告妙音言、
善哉善哉。汝能為供養釈迦牟尼仏、及聴法華経、幷見文殊師利等、故来至此。
爾時華徳菩薩白仏言、
世尊。是妙音菩薩種何善根、修何功徳、有是神力。
仏告華徳菩薩、
過去有仏、名雲雷音王・多陀阿伽度・阿羅呵・三藐三仏陀。国名現一切世間、劫名喜見。妙

「是の妙音菩薩は、相見たてまつることを得んと欲す」と。

塔中称善

時に多宝仏は、妙音に告げて言わく、
「善き哉、善き哉。汝は能く釈迦牟尼仏を供養し、及び法華経を聴き、幷びに文殊師利等を見んが為の故に、此に来至せり」と。

十方弘経・第一問答・問

爾の時、華徳菩薩は仏に白して言さく、

問種何善根（問昔）

「世尊よ。是の妙音菩薩は、何なる善根を種え、何な

問有是神力（問今）

る功徳を修してか、是の神力有る」と。

答

仏は華徳菩薩に告げたまわく、

答其種善根之問・明昔献楽奉器

「過去に仏有して、雲雷音王・多陀阿伽度・阿羅呵・三藐三仏陀と名づけたてまつる。国を現一切世間と名づけ、劫を喜見と名づく。妙音菩薩は万二千歳に於いて、

音菩薩於万二千歳、以十万種妓楽、供養雲雷音王仏、并奉上八万四千七宝鉢。以是因縁果報、今生浄華宿王智仏国、有是神力。華徳。於汝意云何。爾時雲雷音王仏所、妙音菩薩妓楽供養、奉上宝器者、豈異人乎。今此妙音菩薩摩訶薩是。華徳。是妙音菩薩已曾供養・親近無量諸仏、久殖徳本、又値恒河沙等百千万億那由他仏。

華徳。汝但見妙音菩薩其身在

十万種の妓楽を以て、雲雷音王仏に供養し、并びに八万四千の七宝の鉢を奉上す。是の因縁の果報を以て、今浄華宿王智仏の国に生じて、是の神力有り。

結古今

華徳よ。汝が意に於いて云何。爾の時、雲雷音王仏の所に、妙音菩薩として妓楽もて供養し、宝器を奉上せし者は、豈異人ならんや。今此の妙音菩薩摩訶薩、是れなり。華徳よ。是の妙音菩薩は、已に曾て無量の諸仏に供養・親近して、久しく徳本を殖え、又恒河沙等の百千万億那由他の仏に値いたてまつる。

答其神力之問

華徳よ。汝は但妙音菩薩の其の身は此に在りと見るの

此、而是菩薩現種種身、処処為諸衆生説是経典。或現梵王身、或現帝釈身、或現自在天身、或現大自在天身、或現天大将軍身、或現毘沙門天王身、或現転輪聖王身、或現諸小王身、或現長者身、或現居士身、或現宰官身、或現婆羅門身、或現比丘・比丘尼・優婆塞・優婆夷身、或現長者・居士婦女身、或現宰官婦女身、或現婆羅門婦女身、或現童男・童女身、或現天・竜・夜叉・乾

みなれども、是の菩薩は、種種の身を現じて、処処に諸の衆生の為に、是の経典を説く。或は梵王の身を現じ、或は帝釈の身を現じ、或は自在天の身を現じ、或は大自在天の身を現じ、或は天の大将軍の身を現じ、或は毘沙門天王の身を現じ、或は転輪聖王の身を現じ、或は諸の小王の身を現じ、或は長者の身を現じ、或は居士の身を現じ、或は宰官の身を現じ、或は婆羅門の身を現じ、或は比丘・比丘尼・優婆塞・優婆夷の身を現じ、或は長者・居士の婦女の身を現じ、或は宰官の婦女の身を現じ、或は婆羅門の婦女の身を現じ、或は童男・童女の身を現じ、或は天・竜・夜叉・乾闥婆・阿修羅・迦楼羅・緊那羅・摩睺羅伽、人・非人等の身を現じて、是の経を説

闥婆・阿修羅・迦楼羅・緊那羅・摩睺羅伽、人・非人等身、而説是経。諸有地獄・餓鬼・畜生、及衆難処、皆能救済。乃至於王後宮、変為女身、而説是経。

華徳。是妙音菩薩能救護娑婆世界諸衆生者。是妙音菩薩、如是種種変化現身、在此娑婆国土、為諸衆生説是経典。於神通変化・智慧、無所損減。是菩薩以若干智慧、明照娑婆世界、令一切衆生各得所知。於十方恒河沙

く。諸有地獄・餓鬼・畜生、及び衆の難処は皆能く救済す。乃至王の後宮に於いては、変じて女身と為って、是の経を説く。

華徳よ。是の妙音菩薩は、能く娑婆世界の諸の衆生を救護する者なり。是の妙音菩薩は、是くの如く種種に変化し身を現じて、此の娑婆国土に在って、諸の衆生の為に、是の経典を説く。神通変化・智慧に於いて、損減する所無し。是の菩薩は、若干の智慧を以て、明らかに娑婆世界を照らして、一切衆生をして各知る所を得しむ。十方恒河沙の世界の中に於いても、亦復是くの如し。

世界中、亦復如是。

若応以声聞形得度者、現声聞形而為説法。応以辟支仏形得度者、現辟支仏形而為説法。応以菩薩形得度者、現菩薩形而為説法。応以仏形得度者、即現仏形而為説法。如是種種、随所応度者而為現形、乃至応以滅度而得度者、示現滅度。華徳。妙音菩薩摩訶薩、成就大神通・智慧之力、其事如是。

爾時華徳菩薩白仏言、

若し応に声聞の形を以て度することを得べき者には、声聞の形を現じて、為に法を説く。応に辟支仏の形を以て度することを得べき者には、辟支仏の形を現じて、為に法を説く。応に菩薩の形を以て度することを得べき者には、菩薩の形を現じて、為に法を説く。応に仏の形を以て度することを得べき者には、即ち仏の形を現じて、為に法を説く。是くの如く種種に、応に度すべき所の者に随って、為に形を現じ、乃至応に滅度を以て度することを得べき者には、滅度を示現す。華徳よ。妙音菩薩摩訶薩は、大神通・智慧の力を成就せること、其の事は是くの如し」と。

第二問答・問今住何定而能如此自在利益

爾の時、華徳菩薩は仏に白して言さく、

世尊。是妙音菩薩深種善根。
世尊。是菩薩住何三昧、而能如
是在所変現、度脱衆生。
仏告華徳菩薩、
善男子。其三昧名現一切色身。
妙音菩薩住是三昧中、能如是饒
益無量衆生。
説是妙音菩薩品時、与妙音菩
薩倶来者八万四千人、皆得現一
切色身三昧。此娑婆世界無量菩
薩、亦得是三昧及陀羅尼。
爾時妙音菩薩摩訶薩供養釈迦

「世尊よ。是の妙音菩薩は、深く善根を種えたり。世尊よ。是の菩薩は、何なる三昧に住して、能く是くの如く在所に変現して、衆生を度脱するや」と。

答

仏は華徳菩薩に告げたまわく、「善男子よ。其の三昧を現一切色身と名づく。妙音菩薩は是の三昧の中に住すれば、能く是くの如く無量の衆生を饒益す」と。

二土得益

是の妙音菩薩品を説きたまう時、妙音菩薩と倶に来れる者八万四千人は、皆現一切色身三昧を得たり。此の娑婆世界の無量の菩薩も、亦是の三昧、及び陀羅尼を得たり。

還帰本国

爾の時、妙音菩薩摩訶薩は、釈迦牟尼仏、及び多宝仏

牟尼仏、及多宝仏塔已、還帰本土。所経諸国六種震動、雨宝蓮華、作百千万億種種妓楽。既到本国、与八万四千菩薩囲遶、至浄華宿王智仏所、白仏言、

世尊。我到娑婆世界、饒益衆生、見釈迦牟尼仏、及見多宝仏塔、礼拝供養、又見文殊師利法王子菩薩、及見薬王菩薩・得勤精進力菩薩・勇施菩薩等。亦令是八万四千菩薩得現一切色身三昧。

の塔を供養し已わって、本土に還帰す。経る所の諸国は六種に震動して、宝蓮華を雨らし、百千万億の種種の妓楽を作す。既に本国に到れば、八万四千の菩薩に囲遶せられ、浄華宿王智仏の所に至って、仏に白して言さく、

「世尊よ。我は娑婆世界に到って、衆生を饒益し、釈迦牟尼仏を見たてまつり、及び多宝仏の塔を見たてまつって、礼拝供養し、又、文殊師利法王子菩薩を見、及び薬王菩薩・得勤精進力菩薩・勇施菩薩等を見る。亦是の八万四千の菩薩をして、現一切色身三昧を得しむ」と。

説是妙音菩薩来往品時、四万二千天子得無生法忍、華徳菩薩得法華三昧。

妙法蓮華経巻第七

聞品進道

是の妙音菩薩来往品を説きたまう時、四万二千の天子は、無生法忍を得、華徳菩薩は法華三昧を得たり。

妙法蓮華経巻第七

妙法蓮華経　巻第八

妙法蓮華経観世音菩薩普門品第二十五

爾時無尽意菩薩即従座起、偏袒右肩、合掌向仏、而作是言、世尊。観世音菩薩以何因縁、名観世音。

仏告無尽意菩薩、

善男子。若有無量百千万億衆生受諸苦悩、聞是観世音菩薩、一心称名、観世音菩薩即時観其音声、皆得解脱。

妙法蓮華経観世音菩薩普門品第二十五

本門流通分・付嘱流通・約化他勧流通・以三昧乗乗
問答両番・長行・初番問答（論観世音・人）・初番問・経家叙

爾の時、無尽意菩薩は即ち座従り起って、偏に右の肩を袒にし、合掌し仏に向かいたてまつって、是の言を作さく、（興問）「世尊よ。観世音菩薩は、何なる因縁を以てか、観世音と名づくる」と。

初番答

仏は無尽意菩薩に告げたまわく、

（総答）「善男子よ。若し（人数）無量百千万億の衆生有って（遭苦）諸の苦悩を受けんに、是の観世音菩薩を聞いて、一心に名を称え（聞名称号）ば、観世音菩薩は即時に其の音声を観じて、皆解脱する（得解脱）ことを得しめん。

若有持是観世音菩薩名者、設入大火、火不能焼。由是菩薩威神力故。

若為大水所漂、称其名号、即得浅処。

若有百千万億衆生、為求金・銀・瑠璃・車磲・馬脳・珊瑚・虎珀・真珠等宝、入於大海、仮使黒風吹其船舫、飄堕羅刹鬼国、其中若有乃至一人、称観世音菩薩名者、是諸人等、皆得解脱羅刹之難。以是因縁、名観世音。

別答・口業機応・明七難・火難・持名

若し是の観世音菩薩の名を持つ者有らば、設い大火に（遭火）入るとも、火は焼くこと能わじ。（応）是の菩薩の威神力に由るが故なり。（結）

水難 若し大水の漂わす所と為らんに、其の名号を称えば、即ち浅き処を得ん。

風難 若し百千万億の衆生有って、金・銀・瑠璃・車磲・馬脳・珊瑚・虎珀・真珠等の宝を求めんが為に、大海に入らんに、仮使黒風は其の船舫を吹いて、羅刹鬼の国に飄堕せんも、其の中に若し乃至一人有って、観世音菩薩の名を称えば、是の諸人等は、皆羅刹の難を解脱することを得ん。是の因縁を以て、観世音と名づく。

若復有人、臨当被害、称観世音菩薩名者、彼所執刀杖、尋段段壊、而得解脱。

若三千大千国土、満中夜叉・羅刹、欲来悩人、聞其称観世音菩薩名者、是諸悪鬼、尚不能以悪眼視之。況復加害。

設復有人、若有罪若無罪、杻・械・枷・鎖、検繫其身、称観世音菩薩名者、皆悉断壊、即得解脱。

若三千大千国土、満中怨・賊、有一商主、将諸商人、齎持重宝、

刀杖難

若し復人有って、当に害せらるべきに臨んで、観世音菩薩の名を称えば、彼の執れる所の刀杖は、尋いで段段に壊れて、解脱することを得ん。

羅刹難

若し三千大千国土に、中に満てる夜叉・羅刹は、来って人を悩まさんと欲せんに、其の観世音菩薩の名を称うるを聞かば、是の諸の悪鬼は、尚悪眼を以て、之を視ること能わじ。況んや復害を加えんをや。

枷鎖難

設い復人有って、若しは罪有り、若しは罪無きに、杻・械・枷・鎖は、其の身を検繫せんに、観世音菩薩の名を称えば、皆悉断壊して、即ち解脱することを得ん。

怨賊難

若し三千大千国土に、中に満てる怨・賊あらんに、一りの商主有って、諸の商人を将い、重宝を齎持して、険

経過険路、其中一人作是唱言、諸善男子。勿得恐怖。汝等応当一心称観世音菩薩名号。是菩薩能以無畏施於衆生。汝等若称名者、於此怨・賊、当得解脱。衆商人聞倶発声言、南無観世音菩薩。称其名故、即得解脱。

無尽意。観世音菩薩摩訶薩威神之力、巍巍如是。

若有衆生多於婬欲、常念恭敬観世音菩薩、便得離欲。若多瞋

路を経過せば、其の中の一人は是の唱えを作して言わん、

『諸の善男子よ。恐怖することを得る勿れ。汝等は応当に一心に観世音菩薩の名号を称うべし。是の菩薩は能く無畏を以て、衆生に施したまう。汝等は若し名を称えば、此の怨・賊に於いて、当に解脱することを得べし』と。

衆の商人は聞いて倶に声を発して言わん、

『南無観世音菩薩』と。

其の名を称うるが故に、即ち解脱することを得ん。

結

無尽意よ。観世音菩薩摩訶薩は、威神の力巍巍たること是くの如し。

意業機応・明三毒・貪欲

若し衆生有って婬欲多からんに、常に念じて観世音菩薩を恭敬せば、便ち欲を離るることを得ん。

瞋恚

若し瞋恚多

恚、常念恭敬観世音菩薩、便得離瞋。若多愚癡、常念恭敬観世音菩薩、便得離癡。

無尽意。観世音菩薩有如是等大威神力、多所饒益。是故衆生常応心念。

若有女人、設欲求男、礼拝供養観世音菩薩、便生福徳・智慧之男。設欲求女、便生端正有相之女。宿殖徳本、衆人愛敬。

無尽意。観世音菩薩有如是力。

若有衆生、恭敬礼拝観世音菩薩、

からんに、常に念じて観世音菩薩を恭敬せば、便ち瞋りを離るることを得ん。若し愚癡多からんに、常に念じて観世音菩薩を恭敬せば、便ち癡を離るることを得ん。

結 無尽意よ。観世音菩薩は是くの如き等の大威神力有って、饒益する所多し。是の故に衆生は常に応に心に念ずべし。

身業機応・明二求 若し女人有って、設し男を求めんと欲し、観世音菩薩を礼拝し供養せば、便ち福徳・智慧の男を生まん。設し女を求めんと欲せば、便ち端正有相の女を生まん。宿、徳本を殖えて、衆人に愛敬せらる。

結 無尽意よ。観世音菩薩に是くの如き力有り。若し衆生有って、観世音菩薩を恭敬し礼拝せば、福は唐捐ならじ。

福不唐捐。

是故衆生皆応受持観世音菩薩名号。無尽意。若有人受持六十二億恒河沙菩薩名字、復尽形供養飲食・衣服・臥具・医薬、於汝意云何。是善男子・善女人功徳多不。

無尽意言、

甚多。世尊。

仏言、

若復有人受持観世音菩薩名号、乃至一時礼拝供養、是二人福、

勧持名・勧持格量

是の故に衆生は、皆応に観世音菩薩の名号を受持すべし。無尽意よ。若し人有って六十二億恒河沙の菩薩の名字を受持し、復形を尽くすまで、飲食・衣服・臥具・医薬を供養せば、汝が意に於いて云何。是の善男子・善女人の功徳多しや不や」と。

無尽意の言さく、

「甚だ多し。世尊よ」と。

仏の言わく、

「若し復人有って、観世音菩薩の名号を受持し、乃至一時も礼拝し供養せば、是の二人の福は、正等にして異

正等無異、於百千万億劫、不可
窮尽。
無尽意。受持観世音菩薩名号、
得如是無量無辺福徳之利。
無尽意菩薩白仏言、
世尊。観世音菩薩云何遊此娑
婆世界。云何而為衆生説法。方
便之力、其事云何。
仏告無尽意菩薩、
善男子。若有国土衆生応以仏
身得度者、観世音菩薩即現仏身
而為説法。応以辟支仏身得度

なること無く、百千万億劫に於いても、窮め尽くす可か
らず。

結歎

無尽意よ。観世音菩薩の名号を受持せば、是くの如き
無量無辺の福徳の利を得ん」と。

第二番問答（論普門・法）・第一番問

無尽意菩薩は仏に白して言さく、

問身業（第一問）

「世尊よ。観世音菩薩は云何が此の娑婆世界に遊ぶや。

問口業（第二問）

云何が而も衆生の為に法を説くや。方便の力は、其の事

問意業（第三問）

云何」と。

第二番答・別答（三十三身十九説法）

仏は無尽意菩薩に告げたまわく、

仏身説法・答第三問方便力

「善男子よ。若し国土の衆生有って応に仏身を以て度

答第一問遊

することを得べき者には、観世音菩薩は即ち仏身を現じ

答第二問説法

て為に法を説く。

縁覚身説法

応に辟支仏の身を以て度することを得

者、即現辟支仏身而為説法。応以声聞身得度者、即現声聞身而為説法。

応以梵王身得度者、即現梵王身而為説法。応以帝釈身得度者、即現帝釈身而為説法。応以自在天身得度者、即現自在天身而為説法。応以大自在天身得度者、即現大自在天身而為説法。応以天大将軍身得度者、即現天大将軍身而為説法。応以毘沙門身得度者、即現毘沙門身而為説

べき者には、即ち辟支仏の身を現じて為に法を説く。

声聞身説法

応に声聞の身を以て度することを得べき者には、即ち声聞の身を現じて為に法を説く。

梵王身説法

応に梵王の身を以て度することを得べき者には、即ち梵王の身を現じて為に法を説く。

帝釈身説法

応に帝釈の身を以て度することを得べき者には、即ち帝釈の身を現じて為に法を説く。

自在天身説法

応に自在天の身を以て度することを得べき者には、即ち自在天の身を現じて為に法を説く。

大自在天身説法

応に大自在天の身を以て度することを得べき者には、即ち大自在天の身を現じて為に法を説く。

天大将軍身説法

応に天の大将軍の身を以て度することを得べき者には、即ち天の大将軍の身を現じて為に法を説く。

毘沙門身説法

応に毘沙門の身を以て度することを得

法。

応以小王身得度者、即現小王身而為説法。応以長者身得度者、即現長者身而為説法。応以居士身得度者、即現居士身而為説法。応以宰官身得度者、即現宰官身而為説法。応以婆羅門身得度者、即現婆羅門身而為説法。応以比丘・比丘尼・優婆塞・優婆夷身得度者、即現比丘・比丘尼・優婆塞・優婆夷身而為説法。

応以長者・居士・宰官・婆羅

べき者には、即ち毘沙門の身を現じて為に法を説く。

小王身説法

応に小王の身を以て度することを得べき者には、即ち小王の身を現じて為に法を説く。

長者身説法

応に長者の身を以て度することを得べき者には、即ち長者の身を現じて為に法を説く。

居士身説法

応に居士の身を以て度することを得べき者には、即ち居士の身を現じて為に法を説く。

宰官身説法

応に宰官の身を以て度することを得べき者には、即ち宰官の身を現じて為に法を説く。

婆羅門身説法

応に婆羅門の身を以て度することを得べき者には、即ち婆羅門の身を現じて為に法を説く。

四衆身説法

応に比丘・比丘尼・優婆塞・優婆夷の身を以て度することを得べき者には、即ち比丘・比丘尼・優婆塞・優婆夷の身を現じて為に法を説く。

婦女身説法

応に長者・居士・宰官・婆羅門の婦女の身を以て度す

門婦女身得度者、即現婦女身而為説法。応以童男・童女身得度者、即現童男・童女身而為説法。

応以天・竜・夜叉・乾闥婆・阿修羅・迦楼羅・緊那羅・摩睺羅伽、人・非人等身得度者、即皆現之而為説法。応以執金剛神得度者、即現執金剛神而為説法。

無尽意。是観世音菩薩成就如是功徳、以種種形、遊諸国土、度脱衆生。

是故汝等応当一心供養観世音

ることを得べき者には、即ち婦女の身を現じて為に法を説く。童男童女身説法 応に童男・童女の身を以て度することを得べき者には、即ち童男・童女の身を現じて為に法を説く。

八部身説法 応に天・竜・夜叉・乾闥婆・阿修羅・迦楼羅・緊那羅・摩睺羅伽、人・非人等の身を以て度することを得べき者には、即ち皆之を現じて為に法を説く。執金剛神説法 応に執金剛神を以て度することを得べき者には、即ち執金剛神を現じて為に法を説く。

総答・結別 開総（正総答） 無尽意よ。是の観世音菩薩は是くの如き功徳を成就して、種種の形を以て、諸の国土に遊んで、衆生を度脱す。

勧供養・勧 是の故に汝等は応当に一心に観世音菩薩を供養すべ

菩薩。是観世音菩薩摩訶薩、於
怖畏急難之中、能施無畏。是故
此娑婆世界、皆号之為施無畏者。
無尽意菩薩白仏言、
世尊。我今当供養観世音菩薩。
即解頸衆宝珠瓔珞、価直百千
両金、而以与之、作是言、
仁者。受此法施珍宝瓔珞。
時観世音菩薩不肯受之。
無尽意復白観世音菩薩言、
仁者。愍我等故、受此瓔珞。
爾時仏告観世音菩薩、

し。是の観世音菩薩摩訶薩は、怖畏急難の中に於いて、
能く無畏を施す。是の故に此の娑婆世界に、皆之を号づ
けて施無畏者と為す」と。
受旨 無尽意菩薩は仏に白して言さく、
奉命 「世尊よ。我は今当に観世音菩薩を供養すべし」と。
即ち頸の衆の宝珠の瓔珞の、価直百千両金なるを解き
て、以て之を与え、是の言を作さく、
「仁者よ。此の法施の珍宝の瓔珞を受けたまえ」と。
不受 時に観世音菩薩は肯えて之を受けず。
重奉 無尽意は復観世音菩薩に白して言さく、
「仁者よ。我等を愍れむが故に、此の瓔珞を受けたまえ」と。
仏勧 爾の時、仏は観世音菩薩に告げたまわく、

当愍此無尽意菩薩及四衆、天・竜・夜叉・乾闥婆・阿修羅・迦楼羅・緊那羅・摩睺羅伽、人・非人等故、受是瓔珞。

即時観世音菩薩愍諸四衆、及於天・竜、人・非人等、受其瓔珞、分作二分、一分奉釈迦牟尼仏、一分奉多宝仏塔。

無尽意。観世音菩薩有如是自在神力、遊於娑婆世界。

爾時無尽意菩薩以偈問曰、

世尊妙相具　我今重問彼

「当に此の無尽意菩薩、及び四衆、天・竜・夜叉・乾闥婆・阿修羅・迦楼羅・緊那羅・摩睺羅伽、人・非人等を愍れむが故に、是の瓔珞を受くべし」と。

即受

即時に観世音菩薩は、諸の四衆、及び天・竜、人・非人等を愍れんで、其の瓔珞を受け、分かって二分と作して、一分は釈迦牟尼仏に奉り、一分は多宝仏の塔に奉る。

結

「無尽意よ。観世音菩薩に是くの如き自在神力有って、娑婆世界に遊ぶ」と。

偈頌（闍那崛多所訳故文句不釈）

爾の時、無尽意菩薩は偈を以て問うて曰さく、

世尊よ妙相具われるものよ　我は今重ねて彼を問いたてまつる

仏子何因縁　名為観世音
具足妙相尊　偈答無尽意
汝聴観音行　善応諸方所
弘誓深如海　歴劫不思議
侍多千億仏　発大清浄願
我為汝略説　聞名及見身
心念不空過　能滅諸有苦
仮使興害意　推落大火坑
念彼観音力　火坑変成池
或漂流巨海　竜魚諸鬼難
念彼観音力　波浪不能没
或在須弥峰　為人所推堕

仏子は何なる因縁もて　名づけて観世音と為すや
妙相を具足したまえる尊　偈もて無尽意に答えたまわく
汝は観音の行を聴け　善く諸の方所に応じ
弘誓の深きこと海の如し　劫を歴ること思議せず
多千億の仏に侍えて　大清浄の願を発せり
我は汝が為に略して説かん　名を聞き及び身を見
心に念じて空しく過ごさざれば　能く諸有苦を滅す
仮使害の意を興して　大なる火坑に推し落とさんも
彼の観音の力を念ぜば　火坑は変じて池と成らん
或は巨海　竜・魚・諸鬼の難に漂流せんも
彼の観音の力を念ぜば　波浪も没すること能わじ
或は須弥の峰に在って　人の推し堕とす所と為らんも

念彼観音力　如日虚空住
或被悪人逐　堕落金剛山
念彼観音力　不能損一毛
或値怨賊遶　各執刀加害
念彼観音力　咸即起慈心
或遭王難苦　臨刑欲寿終
念彼観音力　刀尋段段壊
或囚禁枷鎖　手足被杻械
念彼観音力　釈然得解脱
呪詛諸毒薬　所欲害身者
念彼観音力　還著於本人
或遇悪羅刹　毒竜諸鬼等

彼の観音の力を念ぜば　日の如くにして虚空に住せん
或は悪人に逐われて　金剛山より堕落せんも
彼の観音の力を念ぜば　一毛をも損ずること能わじ
或は怨賊の遶んで　各刀を執って害を加うるに値わんも
彼の観音の力を念ぜば　咸く即ち慈心を起こさん
或は王難の苦に遭って　刑せらるるに臨んで寿終わらんと欲せんも
彼の観音の力を念ぜば　刀は尋いで段段に壊れなん
或は枷鎖に囚禁せられて　手足に杻械を被らんも
彼の観音の力を念ぜば　釈然として解脱することを得ん
呪詛諸の毒薬に　身を害せんと欲せられん者は
彼の観音の力を念ぜば　還って本人に著きなん
或は悪羅刹　毒竜・諸鬼等に遇わんも

念彼観音力　時悉不敢害
若悪獣囲遶　利牙爪可怖
念彼観音力　疾走無辺方
蚖蛇及蝮蝎　気毒烟火燃
念彼観音力　尋声自廻去
雲雷鼓掣電　降雹澍大雨
念彼観音力　応時得消散
衆生被困厄　無量苦逼身
観音妙智力　能救世間苦
具足神通力　広修智方便
十方諸国土　無刹不現身
種種諸悪趣　地獄鬼畜生

彼の観音の力を念ぜば　時に悉く敢えて害せじ
若し悪獣に囲遶せられて　利き牙爪の怖る可きも
彼の観音の力を念ぜば　疾く無辺の方に走りなん
蚖蛇及び蝮蝎の　気毒の烟火の燃ゆるがごとくならんも
彼の観音の力を念ぜば　声に尋いで自ずから廻り去らん
雲って雷鼓掣電し　雹を降らし大いなる雨を澍がんも
彼の観音の力を念ぜば　応時に消散することを得ん
衆生は困厄を被って　無量の苦の身を逼めんも
観音の妙智の力は　能く世間の苦を救う
神通力を具足し　広く智と方便を修して
十方の諸の国土に　刹として身を現ぜざること無し
種種の諸の悪趣　地獄鬼畜生

生老病死苦　以漸悉令滅
真観清浄観　広大智慧観
悲観及慈観　常願常瞻仰
無垢清浄光　慧日破諸暗
能伏災風火　普明照世間
悲体戒雷震　慈意妙大雲
澍甘露法雨　滅除煩悩焔
諍訟経官処　怖畏軍陣中
念彼観音力　衆怨悉退散
妙音観世音　梵音海潮音
勝彼世間音　是故須常念
念念勿生疑　観世音浄聖

生老病死の苦は　以て漸く悉く滅せしむ
真観よ清浄観よ　広大智慧観よ
悲観よ及び慈観よ　常願よ常瞻仰よ
無垢清浄の光よ　慧日よ諸の暗を破するものよ
能く災の風を伏す火よ　普く明らかに世間を照らす
悲を体とし戒を雷のごとく震い　慈意ある妙なる大雲よ
甘露の法雨を澍ぎ　煩悩の焔を滅除す
諍訟して官処を経　軍陣の中に怖畏せんも
彼の観音の力を念ぜば　衆の怨は悉く退散せん
妙音なる観世音は　梵音・海潮音あり
彼の世間音に勝る　是の故に須らく常に念ずべし
念ぜよ念ぜよ疑いを生ずること勿れ　観世音は浄聖なり

於苦悩死厄　能為作依怙
具一切功徳　慈眼視衆生
福聚海無量　是故応頂礼
爾時持地菩薩即従座起、前白
仏言、
世尊。若有衆生聞是観世音菩
薩品、自在之業・普門示現神通
力者、当知是人功徳不少。
仏説是普門品時、衆中八万四
千衆生、皆発無等等阿耨多羅三
藐三菩提心。

苦悩死厄に於いて　能く為に依怙と作れり
一切の功徳を具して　慈眼もて衆生を視る
福の聚まること海のごとく無量なるものに　是の故に応に頂礼すべし

聞品得益

爾の時、持地菩薩は即ち座従り起って、前んで仏に白して言さく、

「世尊よ。若し衆生有って是の観世音菩薩品の、自在の業・普門示現の神通力を聞かば、当に知るべし、是の人の功徳は少なからじ」と。

仏は是の普門品を説きたまう時、衆中の八万四千の衆生は、皆無等等の阿耨多羅三藐三菩提の心を発しき。

妙法蓮華経陀羅尼品第二十六

爾時薬王菩薩即従座起、偏袒右肩、合掌向仏、而白仏言、世尊。若善男子・善女人、有能受持法華経者、若読誦通利、若書写経巻、得幾所福。

仏告薬王、

若有善男子・善女人、供養八百万億那由他恒河沙等諸仏、於汝意云何。其所得福寧為多不。

妙法蓮華経陀羅尼品第二十六

本門流通分・付嘱流通・約化他勧流通・以総持乗乗

問持経功徳

爾の時、薬王菩薩は、即ち座従り起って、偏に右の肩を袒にし、合掌し仏に向いたてまつって、仏に白して言さく、「世尊よ。若し善男子・善女人の能く法華経を受持する者有って、若しは読誦通利し、若しは経巻を書写せば、幾所の福をか得ん」と。

答甚多

仏は薬王に告げたまわく、

格量本

「若し善男子・善女人有って、八百万億那由他恒河沙等の諸仏を供養せば、汝が意に於いて云何。

問多不

其の得る所の福は、寧ろ多しと為すや不や」と。

甚多。世尊。
仏言、
若善男子・善女人、能於是経、
乃至受持一四句偈、読誦解義、
如説修行、功徳甚多。
爾時薬王菩薩白仏言、
世尊。我今当与説法者陀羅尼
呪、以守護之。
即説呪曰、
安爾一、曼爾二、摩禰三、摩摩
禰四、旨隷五、遮梨第六、賖咩羊鳴
音七、賖履罔雉反多瑋八、羶輪干反帝

答甚多
「甚だ多し。世尊よ」と。

格出功徳
仏の言わく、
「若し善男子・善女人の能く是の経に於いて、乃至一四句偈を受持し、読誦し解義し、説の如く修行せば、功徳は甚だ多し」と。

請以呪護・薬王・請
爾の時、薬王菩薩は仏に白して言さく、
「世尊よ。我は今、当に説法者に陀羅尼呪を与えて、以て之を守護すべし」と。

説呪
即ち呪を説いて曰さく、
「安爾一、曼爾二、摩禰三、摩摩禰四、旨隷五、遮梨第六、
賖咩羊の鳴く音七、賖履罔雉の反、多瑋八、羶輪干の反、帝九、目
帝十、目多履十一、沙履十二、阿瑋沙履十三、桑履十四、沙履

九、目帝十、目多履十一、沙履十二、阿瑋沙履十三、桑履十四、沙履十五、叉裔十六、阿叉裔十七、阿者膩十八、羶帝十九、賖履二十、陀羅尼二十一、阿盧伽婆娑蘇奈反簸蔗毘叉膩二十二、禰毘剃二十三、阿便哆都餓反邏禰履剃二十四、阿亶哆波隷輸地途売反二十五、漚究隷二十六、牟究隷二十七、阿羅隷二十八、波羅隷二十九、首迦差初几反三十、阿三磨三履三十一、仏駄毘吉利袟帝三十二、達磨波利差猜離反帝三十三、僧伽涅瞿沙禰三十四、婆舎婆

十五、叉裔十六、阿叉裔十七、阿者膩十八、羶帝十九、賖履二十、陀羅尼二十一、阿盧伽婆娑蘇奈の反、簸蔗毘叉膩二十二、禰毘剃二十三、阿便哆都餓の反、邏禰履剃二十四、阿亶哆波隷輸地途売の反二十五、漚究隷二十六、牟究隷二十七、阿羅隷二十八、波羅隷二十九、首迦差初几の反三十、阿三磨三履三十一、仏駄毘吉利袟帝三十二、達磨波利差猜離の反、帝三十三、僧伽涅瞿沙禰三十四、婆舎婆舎輸地三十五、曼哆邏三十六、曼哆邏叉夜多三十七、郵楼哆郵楼哆三十八、憍舎略盧遮の反三十九、悪叉邏四十、悪叉冶多冶四十一、阿婆盧四十二、阿摩若荏蔗の反、那多夜四十三。

舍輸地三十五、曼哆邏三十六、曼哆
邏叉夜多三十七、郵楼哆郵楼哆
三十八、憍舍略盧遮反三十九、悪叉邏
四十、悪叉冶多冶四十一、阿婆盧
四十二、阿摩若荏蔗反那多夜四十三。
世尊。是陀羅尼神呪、六十二
億恒河沙等諸仏所説。若有侵毀
此法師者、則為侵毀是諸仏已。
時釈迦牟尼仏讃薬王菩薩言、
善哉善哉。薬王。汝愍念擁護
此法師故、説是陀羅尼。於諸衆
生、多所饒益。

世尊よ。是の陀羅尼神呪は、六十二億恒河沙等の諸仏の説きたまう所なり。若し此の法師を侵毀する者有らば、則ち為れ是の諸仏を侵毀し已われり」と。

時に釈迦牟尼仏は薬王菩薩を讃めて言わく、「善き哉、善き哉。薬王よ。汝は此の法師を愍念し擁護するが故に、是の陀羅尼を説く。諸の衆生に於いて、饒益する所多からん」と。

爾時勇施菩薩白仏言、世尊。我亦為擁護読誦受持法華経者、説陀羅尼。若此法師得是陀羅尼、若夜叉、若羅刹、若富単那、若吉蔗、若鳩槃茶、若餓鬼等、伺求其短、無能得便。即於仏前而説呪曰、

座誓螺反隷一、摩訶座隷二、郁枳三、目枳四、阿隷五、阿羅婆第六、涅隷第七、涅隷多婆第八、伊緻猪履反柅九、韋緻柅十、旨緻柅十一、涅隷墀柅十二、涅犁墀婆底十三。

爾の時、勇施菩薩は仏に白して言さく、

「世尊よ。我も亦法華経を読誦し受持せん者を擁護せんが為に、陀羅尼を説かん。若し此の法師は是の陀羅尼を得ば、若しは夜叉、若しは羅刹、若しは富単那、若しは吉蔗、若しは鳩槃茶、若しは餓鬼等は、其の短を伺い求むとも、能く便りを得ること無けん」と。

即ち仏前に於いて、呪を説いて曰さく、

「座誓螺の反隷一、摩訶座隷二、郁枳三、目枳四、阿隷五、阿羅婆第六、涅隷第七、涅隷多婆第八、伊緻猪履の反、柅九、韋緻柅十、旨緻柅十一、涅隷墀柅十二、涅犁墀婆底十三。

世尊。是陀羅尼神呪、恒河沙等諸仏所説、亦皆随喜。若有侵毀此法師者、則為侵毀是諸仏已。
爾時毘沙門天王護世者白仏言、世尊。我亦為愍念衆生、擁護此法師故、説是陀羅尼。
即説呪曰、
阿梨一、那梨二、㝹那梨三、阿那盧四、那履五、拘那履六。
世尊。以是神呪擁護法師。我亦自当擁護持是経者、令百由旬内、無諸衰患。

歎

世尊よ。是の陀羅尼神呪は、恒河沙等の諸仏の説きたまう所にして、亦皆随喜したまう。若し此の法師を侵毀する者有らば、則ち為れ是の諸仏を侵毀し已われり」と。

毘沙門・請

爾の時、毘沙門天王護世者は仏に白して言さく、「世尊よ。我も亦衆生を愍念し、此の法師を擁護せんが為の故に、是の陀羅尼を説かん」と。

説呪

即ち呪を説いて曰さく、
「阿梨一、那梨二、㝹那梨三、阿那盧四、那履五、拘那履六。

歎

世尊よ。是の神呪を以て、法師を擁護せん。我も亦自ら当に是の経を持たん者を擁護して、百由旬の内に、諸の衰患無からしむべし」と。

爾時持国天王在此会中、与千万億那由他乾闥婆衆恭敬囲遶、前詣仏所、合掌白仏言、

世尊。我亦以陀羅尼神呪、擁護持法華経者。

即説呪曰、

阿伽禰一、伽禰二、瞿利三、乾陀利四、旃陀利五、摩蹬耆六、常求利七、浮楼莎柅八、頞底九。

世尊。是陀羅尼神呪、四十二億諸仏所説。若有侵毀此法師者、則為侵毀是諸仏已。

持国・請

爾の時、持国天王は、此の会中に在って、千万億那由他の乾闥婆衆に恭敬し囲遶せられ、前んで仏の所に詣で、合掌し仏に白して言さく、

「世尊よ。我も亦陀羅尼神呪を以て、法華経を持たん者を擁護せん」と。

説呪

即ち呪を説いて曰さく、

「阿伽禰一、伽禰二、瞿利三、乾陀利四、旃陀利五、摩蹬耆六、常求利七、浮楼莎柅八、頞底九。

歎

世尊よ。是の陀羅尼神呪は、四十二億の諸仏の説きたまう所なり。若し此の法師を侵毀する者有らば、則ち為れ是の諸仏を侵毀し已われり」と。

爾時有羅刹女等。一名藍婆、二名毘藍婆、三名曲歯、四名華歯、五名黒歯、六名多髪、七名無厭足、八名持瓔珞、九名皐諦、十名奪一切衆生精気。

是十羅刹女、与鬼子母、并其子及眷属、倶詣仏所、同声白仏言、

世尊。我等亦欲擁護読誦受持法華経者、除其衰患。若有伺求法師短者、令不得便。

即於仏前而説呪曰、

十羅刹女・列名

爾の時、羅刹女等有り。一に藍婆と名づけ、二に毘藍婆と名づけ、三に曲歯と名づけ、四に華歯と名づけ、五に黒歯と名づけ、六に多髪と名づけ、七に無厭足と名づけ、八に持瓔珞と名づけ、九に皐諦と名づけ、十に奪一切衆生精気と名づく。

請説呪

是の十羅刹女は、鬼子母、并びに其の子、及び眷属と倶に仏の所に詣で、同声に仏に白して言さく、

「世尊よ。我等も亦法華経を読誦し受持せん者を擁護して、其の衰患を除かんと欲す。若し法師の短を伺い求むる者有りとも、便りを得ざらしめん」と。

即ち仏前に於いて呪を説いて曰さく、

伊提履一、伊提泯二、伊提履三、阿提履四、伊提履五、泥履六、泥履七、泥履八、泥履九、泥履十、楼醯十一、楼醯十二、楼醯十三、楼醯十四、多醯十五、多醯十六、多醯十七、兜醯十八、兔醯十九。

寧上我頭上、莫悩於法師。若夜叉、若羅刹、若餓鬼、若富単那、若吉蔗、若毘陀羅、若揵駄、若烏摩勒伽、若阿跋摩羅、若夜叉吉蔗、若人吉蔗、若熱病、若一日、若二日、若三日、若四日、

「伊提履一、伊提泯二、伊提履三、阿提履四、伊提履五、泥履六、泥履七、泥履八、泥履九、泥履十、楼醯十一、楼醯十二、楼醯十三、楼醯十四、多醯十五、多醯十六、多醯十七、兜醯十八、兔醯十九。

歎 寧ろ我が頭の上に上るとも、法師を悩ますこと莫れ。

若しは夜叉、若しは羅刹、若しは餓鬼、若しは富単那、若しは吉蔗、若しは毘陀羅、若しは揵駄、若しは烏摩勒伽、若しは阿跋摩羅、若しは夜叉吉蔗、若しは人吉蔗にしても、若しは熱病の、若しは一日、若しは二日、若しは三日、若しは四日、乃至七日にしても、若しは常の熱

乃至七日、若常熱病、若男形、
若女形、若童男形、若童女形、
乃至夢中、亦復莫悩。
即於仏前而説偈言、

若不順我呪　悩乱説法者
頭破作七分　如阿梨樹枝
如殺父母罪　亦如圧油殃
斗秤欺誑人　調達破僧罪
犯此法師者　当獲如是殃

諸羅刹女説此偈已、白仏言、
世尊。我等亦当身自擁護受持・
読誦・修行是経者、令得安隠、

病にしても、若しは男形、若しは女形、若しは童男形、
若しは童女形にしても、乃至夢の中にも亦復悩ますこと
莫れ」と。
即ち仏前に於いて偈を説いて言さく、

若し我が呪に順ぜずして　説法者を悩乱せば
頭破れて七分に作ること　阿梨樹の枝の如くならん
父母を殺す罪の如く　亦油を圧す殃
斗秤もて人を欺誑し　調達が破僧罪の如く
此の法師を犯さん者は　当に是くの如き殃を獲べし

諸の羅刹女は此の偈を説き已わって、仏に白して言さく、
「世尊よ。我等も亦当に身自ら是の経を受持・読誦・
修行せん者を擁護して、安隠なることを得、諸の衰患を

離諸衰患、消衆毒薬。

仏告諸羅刹女、

善哉善哉。汝等但能擁護受持法華名者、福不可量。何況擁護具足受持、供養経巻、華・香・瓔珞・抹香・塗香・焼香・幡蓋・妓楽、燃種種灯、蘇灯・油灯・諸香油灯・蘇摩那華油灯・瞻蔔華油灯・婆師迦華油灯・優鉢羅華油灯、如是等百千種供養者。皐諦。汝等及眷属、応当擁護如是法師。

離れ、衆の毒薬を消せしむべし」と。

仏は諸の羅刹女に告げたまわく、

「善き哉、善き哉。汝等は但能く法華の名を受持せん者を擁護せんすら、福は量る可からず。何に況んや具足して受持し、経巻に供養し、華・香・瓔珞・抹香・塗香・焼香・幡蓋・妓楽、種種の灯、蘇灯・油灯・諸の香油灯・蘇摩那華油灯・瞻蔔華油灯・婆師迦華油灯・優鉢羅華油灯を燃やし、是くの如き等の百千種もて供養せん者を擁護せんをや。皐諦よ。汝等、及び眷属は応当に是くの如き法師を擁護すべし」と。

説此陀羅尼品時、六万八千人得無生法忍。

聞品得益

此の陀羅尼品を説きたまう時、六万八千人は無生法忍を得たり。

妙法蓮華経妙荘厳王本事品第二十七

爾時仏告諸大衆、

乃往古世、過無量無辺不可思議阿僧祇劫、有仏名雲雷音宿王華智・多陀阿伽度・阿羅呵・三藐三仏陀。国名光明荘厳、劫名憙見。

彼仏法中、有王名妙荘厳。其王夫人名曰浄徳。有二子、一名浄蔵、二名浄眼。是二子有大神

妙法蓮華経妙荘厳王本事品第二十七

本門流通分・付嘱流通・約化他勧流通・以誓願乗乗明事本

爾の時、仏は諸の大衆に告げたまわく、

「乃往古世、無量無辺不可思議阿僧祇劫を過ぎて、仏有して、雲雷音宿王華智・多陀阿伽度・阿羅呵・三藐三仏陀と名づけたてまつる。国を光明荘厳と名づけ、劫を憙見と名づく。

双標能所（所化一人能化三人）

彼の仏の法の中に、王有って、妙荘厳と名づく。其の王の夫人を、名づけて浄徳と曰う。二子有って、一に浄蔵と名づけ、二に浄眼と名づく。是の二子に大神力・福

力・福徳・智慧、久修菩薩所行之道。所謂檀波羅蜜・尸羅波羅蜜・羼提波羅蜜・毘梨耶波羅蜜・禅波羅蜜・般若波羅蜜、方便波羅蜜、慈悲喜捨、乃至三十七品助道法、皆悉明了通達。又得菩薩浄三昧・日星宿三昧・浄光三昧・浄色三昧・浄照明三昧・長荘厳三昧・大威徳蔵三昧、於此三昧亦悉通達。

爾時彼仏欲引導妙荘厳王、及愍念衆生故、説是法華経。

徳・智慧有って、久しく菩薩の行ずる所の道を修せり。所謂檀波羅蜜・尸羅波羅蜜・羼提波羅蜜・毘梨耶波羅蜜・禅波羅蜜・般若波羅蜜、方便波羅蜜、慈悲喜捨、乃至三十七品の助道の法に、皆悉明了し通達せり。又菩薩の浄三昧・日星宿三昧・浄光三昧・浄色三昧・浄照明三昧・長荘厳三昧・大威徳蔵三昧を得、此の三昧に於いて、亦悉く通達せり。

能化方便・時至

爾の時、彼の仏は妙荘厳王を引導せんと欲し、及び衆生を愍念したまうが故に、是の法華経を説きたまう。

時浄蔵・浄眼二子、到其母所、合十指爪掌、白言、

願母往詣雲雷音宿王華智仏所。我等亦当侍従・親近・供養・礼拝。所以者何、此仏於一切天人衆中、説法華経、宜応聴受。

母告子言、

汝父信受外道、深著婆羅門法。汝等応往白父与共倶去。

浄蔵・浄眼合十指爪掌、白母、

我等是法王子、而生此邪見家。

母告子言、

論義・子白母時至

時に浄蔵・浄眼の二子は、其の母の所に到って、十指爪掌を合わせて白して言さく、

『願わくは母よ、雲雷音宿王華智仏の所に往詣せしめたまえ。我等も亦当に侍従・親近・供養・礼拝すべし。所以は何ん、此の仏は、一切の天人衆の中に於いて、法華経を説きたまい、宜しく応に聴受すべければなり』と。

母譲令化父

母は子に告げて言わく、

『汝が父は外道を信受して、深く婆羅門の法に著せり。汝等は応に往きて父に〈与共倶に去かん〉と白すべし』と。

子怨出邪見家

浄蔵・浄眼は、十指爪掌を合わせて母に白さく、

『我等は是れ法王の子なれども、此の邪見の家に生まれたり』と。

母責令憂念

母は子に告げて言わく、

汝等当憂念汝父、為現神変。

若得見者、心必清浄、或聴我等往至仏所。

於是二子念其父故、踊在虚空、高七多羅樹、現種種神変。於虚空中、行住坐臥、身上出水、身下出火、身下出水、身上出火。或現大身、満虚空中、而復現小、小復現大。於空中滅、忽然在地、入地如水、履水如地。現如是等種種神変、令其父王心浄信解。

時父見子神力如是、心大歓喜、

『汝等は当に汝が父を憂念して、為に神変を現ずべし。

若し見ることを得ば、心は必ず清浄にして、或は我等が仏の所に往至することを聴されん』と。

現化（十八変）

是に於いて二子は其の父を念うが故に、虚空に踊ること、高さ七多羅樹にして、種種の神変を現ず。虚空の中に於いて、行住坐臥し、身の上より水を出だし、身の下より火を出だし、身の下より水を出だし、身の上より火を出だす。或は大身を現じて、虚空の中に満たし、而も復小を現じ、小にして復大を現ず。空中に於いて滅し、忽然として地に在り、地に入ること水の如く、水を履むこと地の如し。是くの如き等の種種の神変を現じて、其の父の王をして心浄く信解せしむ。

所化得益・信子伏師

時に父は子の神力の是くの如くなるを見て、心は大いに歓

得未曾有、合掌向子言、
汝等師為是誰、誰之弟子。
二子白言、
大王。彼雲雷音宿王華智仏、
今在七宝菩提樹下法座上坐、於
一切世間天人衆中、広説法華経。
是我等師、我是弟子。
父語子言、
我今亦欲見汝等師。可共倶
往。
於是二子従空中下、到其母所、
合掌白母、

喜し、未曾有なることを得、合掌して子に向かって言わく、

『汝等が師は、為是れ誰ぞ、誰の弟子ぞ』と。

二子は白して言さく、

『大王よ。彼の雲雷音宿王華智仏は、今、七宝菩提樹の下の法座の上に坐したまい、一切世間の天人衆の中に於いて、広く法華経を説きたまう。是れ我等が師にして、我は是れ弟子なり』と。

父は子に語って言わく、

『我は今亦汝等が師を見たてまつらんと欲す。共倶に往く可し』と。

父王已信
是に於いて二子は空中従り下りて、其の母の所に到って、合掌して母に白さく、

父王今已信解、堪任発阿耨多羅三藐三菩提心。我等為父已作仏事。願母見聴於彼仏所出家修道。

爾時二子欲重宣其意、以偈白母、

願母放我等　出家作沙門
諸仏甚難値　我等随仏学
如優曇波羅　値仏復難是
脱諸難亦難　願聴我出家

母即告言、

聴汝出家。所以者何、仏難値

『父の王は今已に信解して、阿耨多羅三藐三菩提の心を発すに堪任せり。我等は父の為に已に仏事を作しつ。願わくは母よ、彼の仏の所に於いて、出家し修道せんことを聴されよ』と。

爾の時、二子は重ねて其の意を宣べんと欲して、偈を以て母に白さく、

願わくは母よ我等の　出家して沙門と作らんことを放したまえ
諸仏には甚だ値いたてまつること難し　我等は仏に随いたてまつって学せん
優曇波羅の如く　仏に値いたてまつることは復是より難し
諸難を脱るることも亦難し　願わくは我が出家を聴したまえ

母は即ち告げて言わく、

『汝が出家を聴す。所以は何ん、仏には値いたてまつ

故。

於是二子白父母言、
善哉。父母。願時往詣雲雷音宿王華智仏所、親覲供養。所以者何、仏難得値、如優曇波羅華、又如一眼之亀値浮木孔。而我等宿福深厚、生値仏法。是故父母。当聴我等令得出家。所以者何、諸仏難値、時亦難遇。

彼時妙荘厳王後宮八万四千人、皆悉堪任受持是法華経。浄眼菩薩於法華三昧、久已通達。浄蔵

ること難きが故に』と。

重催父母

是に於いて二子は、父母に白して言さく、
『善き哉。父母よ。願わくは時に雲雷音宿王華智仏の所に往詣して、親覲し供養したまえ。所以は何ん、仏には値いたてまつることを得難きこと、優曇波羅華の如く、又一眼の亀の浮木の孔に値えるが如ければなり。而るに我等は宿福深厚にして、生まれて仏法に値えり。是の故に父母よ。当に我等を聴して出家することを得しめたまうべし。所以は何ん、諸仏には値いたてまつること難く、時にも亦遇うこと難ければなり』と。

化功已著仏歎功徳

彼の時、妙荘厳王の後宮の八万四千人は、皆悉是の法華経を受持するに堪任しぬ。浄眼菩薩は、法華三昧に於いて、久しく已に通達せり。浄蔵菩薩は、已に無量百千

菩薩已於無量百千万億劫、通達離諸悪趣三昧。欲令一切衆生離諸悪趣故。其王夫人得諸仏集三昧、能知諸仏秘密之蔵。二子如是以方便力、善化其父、令心信解、好楽仏法。

於是妙荘厳王与群臣眷属俱、浄徳夫人与後宮采女眷属俱、其王二子与四万二千人俱、一時共詣仏所。到已、頭面礼足、遶仏三帀、却住一面。

爾時彼仏為王説法、示教利喜。

万億劫に於いて、離諸悪趣三昧に通達せり。一切衆生をして諸の悪趣を離れしめんと欲するが故なり。其の王の夫人は、諸仏集三昧を得て、能く諸仏の秘密の蔵を知れり。二子は是くの如く方便力を以て、善く其の父を化して、心に仏法を信解し好楽せしむ。

俱詣仏所見瑞歓喜・俱詣仏所

是に於いて妙荘厳王は、群臣の眷属と俱に、浄徳夫人は後宮の采女の眷属と俱に、其の王の二子は四万二千人と俱に、一時に共に仏の所に詣ず。到り已わって、頭面に足を礼し、仏を遶ること三帀して、却って一面に住す。

聞法

爾の時、彼の仏は、王の為に法を説いて、示教利喜し

王大歓悦。爾時妙荘厳王及其夫人、解頸真珠瓔珞、価直百千、以散仏上、於虚空中化成四柱宝台。台中有大宝牀、敷百千万天衣。其上有仏、結跏趺坐、放大光明。

　爾時妙荘厳王作是念、仏身希有、端厳殊特、成就第一微妙之色。

時雲雷音宿王華智仏告四衆言、汝等見是妙荘厳王、於我前合掌立不。此王於我法中作比丘、

たまう。王は大いに歓悦す。

供養

爾の時、妙荘厳王及び其の夫人は、頸の真珠瓔珞の価直百千なるを解いて、以て仏の上に散ずるに、虚空の中に於いて、化して四柱の宝台と成る。台の中に大宝の牀有って、百千万の天衣を敷けり。

見瑞

其の上に仏有して、結跏趺坐して、大光明を放ちたまう。

歓喜

　爾の時、妙荘厳王は是の念を作さく、『仏身は希有にして、端厳殊特にして、第一微妙の色を成就したまえり』と。

仏与受記

時に雲雷音宿王華智仏は、四衆に告げて言わく、『汝等は是の妙荘厳王の我が前に於いて、合掌して立てるを見るや不や。此の王は我が法の中に於いて比丘と

精勤修習助仏道法、当得作仏。号娑羅樹王、国名大光、劫名大高王。其娑羅樹王仏、有無量菩薩衆、及無量声聞、其国平正。功徳如是。

其王即時以国付弟、王与夫人・二子并諸眷属、於仏法中出家修道。王出家已、於八万四千歳、常勤精進、修行妙法華経。過是已後、得一切浄功徳荘厳三昧。即昇虚空、高七多羅樹、而白仏言、

作り、精勤して仏道を助ける法を修習して、当に作仏することを得べし。娑羅樹王と号づけ、国を大光と名づけ、劫を大高王と名づけん。其の娑羅樹王仏は、無量の菩薩衆、及び無量の声聞有って、其の国は平正ならん。功徳は是くの如し』と。

出家修行

其の王は即時に国を以て弟に付し、王は夫人・二子、并びに諸の眷属と、仏法の中に於いて、出家し修道しき。王は出家し已わって、八万四千歳に於いて、常に勤め精進して、妙法華経を修行す。是を過ぎて已後、一切浄功徳荘厳三昧を得つ。

称歎二子

即ち虚空に昇ること、高さ七多羅樹にして、仏に白して言さく、

世尊。此我二子、已作仏事。以神通変化、転我邪心、令得安住於仏法中、得見世尊。此二子者、是我善知識。為欲発起宿世善根、饒益我故、来生我家。

爾時雲雷音宿王華智仏告妙荘厳王言、

如是如是。如汝所言。若善男子・善女人種善根、故世世得善知識。其善知識、能作仏事、示教利喜、令入阿耨多羅三藐三菩提。大王。当知善知識者、是大

『世尊よ。此の我が二子は、已に仏事を作しつ。神通変化を以て、我が邪心を転じて、仏法の中に安住することを得、世尊を見たてまつることを得しむ。此の二子とは、是れ我が善知識なり。宿世の善根を発起して、我を饒益せんと欲するが為の故に、我が家に来生せり』と。

仏述行高

爾の時、雲雷音宿王華智仏は、妙荘厳王に告げて言わく、

『是くの如し、是くの如し。汝が言う所の如し。若し善男子・善女人、善根を種えば、故に世世に善知識を得。其の善知識は、能く仏事を作し、示教利喜して、阿耨多羅三藐三菩提に入らしむ。大王よ。当に知るべし、善知識とは、是れ大因縁なり。謂う所は化導して仏を

因縁。所謂化導令得見仏、発阿耨多羅三藐三菩提心。大王。汝見此二子不。此二子已曽供養六十五百千万億那由他恒河沙諸仏、親近恭敬、於諸仏所受持法華経、愍念邪見衆生、令住正見。

妙荘厳王即従虚空中下、而白仏言、

世尊。如来甚希有。以功徳・智慧故。頂上肉髻光明顕照。其眼長広、而紺青色。眉間毫相、白如珂月。歯白斉密、常有光明。

見、阿耨多羅三藐三菩提の心を発すことを得しむ。大王よ。汝は此の二子を見るや不や。此の二子は已に曽て六十五百千万億那由他恒河沙の諸仏を供養し、親近し恭敬して、諸仏の所に於いて、法華経を受持し、邪見の衆生を愍念して、正見に住せしむ』と。

歎仏自誓

妙荘厳王は、即ち虚空の中従り下りて、仏に白して言さく、

『世尊よ。如来は甚だ希有なり。功徳・智慧を以ての故なり。頂上の肉髻の光明は顕らかに照らす。其の眼は長広にして、紺青の色なり。眉間の毫相は白きこと、珂月の如し。歯は白く斉密にして、常に光明有り。脣の色

脣色赤好、如頻婆菓。

爾時妙荘厳王讃歎仏如是等無量百千万億功徳已、於如来前一心合掌、復白仏言、

世尊。未曽有也。如来之法、具足成就不可思議微妙功徳。教戒所行、安穏快善。我従今日、不復自随心行、不生邪見・憍慢・瞋恚諸悪之心。

説是語已、礼仏而出。

仏告大衆、

於意云何。妙荘厳王豈異人乎。

は赤好にして、頻婆菓の如し』と。

爾の時、妙荘厳王は、仏の是くの如き等の無量百千万億の功徳を讃歎し已わって、如来の前に於いて、一心に合掌して、復仏に白して言さく、

『世尊よ。未曽有なり。如来の法は、不可思議微妙の功徳を具足し成就したまえり。教戒の行ずる所は、安穏快善なり。我は今日従り復自ら心行に随わず、邪見・憍慢・瞋恚の諸悪の心を生ぜじ』と。

是の語を説き已わって、仏を礼して出でにき」と。

結会古今・結会

仏は大衆に告げたまわく、

「意に於いて云何。妙荘厳王は豈異人ならんや。

今華徳菩薩是。其浄徳夫人、今仏前光照荘厳相菩薩是。哀愍妙荘厳王及諸眷属故、於彼中生。其二子者、今薬王菩薩・薬上菩薩是。

是薬王・薬上菩薩成就如此諸大功徳、已於無量百千万億諸仏所、殖衆徳本、成就不可思議諸善功徳。若有人識是二菩薩名字者、一切世間諸天人民、亦応礼拝。

仏説是妙荘厳王本事品時、八万四千人遠塵離垢、於諸法中、得法眼浄。

今の華徳菩薩、是れなり。其の浄徳夫人は、今、仏前の光照荘厳相菩薩、是れなり。妙荘厳王、及び諸の眷属を哀愍するが故に、彼の中に於いて生ぜり。其の二子とは、今の薬王菩薩・薬上菩薩、是れなり。

結歎二菩薩

是の薬王・薬上菩薩は、此くの如き諸の大功徳を成就し、已に無量百千万億の諸仏の所に於いて、衆の徳本を殖え、不可思議の諸善功徳を成就せり。若し人有って是の二菩薩の名字を識らば、一切世間の諸天人民は、亦応に礼拝すべし」と。

聞品悟道

仏は是の妙荘厳王本事品を説きたまう時、八万四千人は遠塵離垢して、諸法の中に於いて、法眼浄を得たり。

妙法蓮華経普賢菩薩勧発品第二十八

爾時普賢菩薩以自在神通力、威徳名聞、与大菩薩無量無辺不可称数、従東方来。

所経諸国、普皆震動、雨宝蓮華、作無量百千万億種種妓楽。又与無数諸天・竜・夜叉・乾闥婆・阿修羅・迦楼羅・緊那羅・摩睺羅伽、人・非人等、大衆囲遶、各現威徳神通之力。

妙法蓮華経普賢菩薩勧発品第二十八

本門流通分：付嘱流通・約自行勧流通・以神通乗乗
経家叙発来・自行上供　理一、常　行一、楽　人一、我　教一、浄

爾の時、普賢菩薩は、自在なる神通力、威徳、名聞を以て、大菩薩の無量無辺不可称数なると東方従り来る。

経る所の諸国は、普く皆震動し、宝蓮華を雨らし、無量百千万億の種種の妓楽を作す。

下化利益

又無数の諸天・竜・夜叉・乾闥婆・阿修羅・迦楼羅・緊那羅・摩睺羅伽、人・非人等の大衆に囲遶せられ、各威徳、神通の力を現ず。

到娑婆世界耆闍崛山中、頭面礼釈迦牟尼仏、右遶七帀、白仏言、

世尊。我於宝威徳上王仏国、遥聞此娑婆世界説法華経、与無量無辺百千万億諸菩薩衆、共来聴受。唯願世尊当為説之。若善男子・善女人、於如来滅後、云何能得是法華経。

仏告普賢菩薩、

若善男子・善女人、成就四法、於如来滅後、当得是法華経。一

修敬 娑婆世界の耆闍崛山の中に到って、頭面に釈迦牟尼仏を礼し、右に遶ること七帀して、勧発・請問勧発・問 仏に白して言さく、

述遥聞遠来 「世尊よ。我は宝威徳上王仏の国に於いて、遥かに此の娑婆世界に法華経を説きたまうを聞いて、無量無辺百千万億の諸の菩薩衆と共に来って聴受す。更請正説勧発自行 唯願わくは世尊よ、当に為に之を説きたまうべし。更請流通勧発化他 若し善男子・善女人あらば、如来滅して後に於いて、云何が能く是の法華経を得んや」と。

答 仏は普賢菩薩に告げたまわく、

総答 「若し善男子・善女人は四法を成就せば、如来滅して後に於いて、当に是の法華経を得べし。別答・諸仏護念 一には諸仏に護

者為諸仏護念。二者殖諸徳本。三者入正定聚。四者発救一切衆生之心。善男子・善女人、如是成就四法、於如来滅後、必得是経。

爾時普賢菩薩白仏言、世尊。於後五百歳濁悪世中、其有受持是経典者、我当守護、除其衰患、令得安隠、使無伺求得其便者。

若魔、若魔子、若魔女、若魔民、若為魔所著者、若夜叉、若

念せらる。二には諸の徳本を殖ゆ。三には正定聚に入る。四には一切衆生を救わんとの心を発す。善男子・善女人は、是くの如く四法を成就せば、如来滅して後に於いて、必ず是の経を得ん」と。

殖衆徳本
入正定聚
発救衆生
結

誓願勧発

誓願護人・攘其外難・総攘其難

爾の時、普賢菩薩は仏に白して言さく、「世尊よ。後の五百歳濁悪世の中に於いて、其し是の経典を受持する者有らば、我は当に守護して其の衰患を除き、安隠なることを得しめ、伺い求むるに其の便りを得る者無からしむべし。

別攘其難（十二非）

若しは魔、若しは魔子、若しは魔女、若しは魔民、若しは魔の著する所と為る者、若しは夜叉、若しは羅刹、

羅刹、若鳩槃荼、若毘舎闍、若吉蔗、若富単那、若韋陀羅等、諸悩人者、皆不得便。

是人若行若立、読誦此経、我爾時乗六牙白象王、与大菩薩衆倶詣其所、而自現身、供養守護、安慰其心。亦為供養法華経故。

是人若坐、思惟此経、爾時我復乗白象王、現其人前。其人若於法華経、有所忘失、一句一偈、我当教之、与共読誦、還令通利。

爾時受持読誦法華経者、得見我

若しは鳩槃荼、若しは毘舎闍、若しは吉蔗、若しは富単那、若しは韋陀羅等の、諸の人を悩ます者は、皆便りを得ざらん。

教其内法・行立読誦

是の人若しは行き若しは立って、此の経を読誦せば、我は爾の時、六牙の白象王に乗って、大菩薩衆と倶に其の所に詣って、自ら身を現じて、供養し守護して、其の心を安慰せん。亦法華経を供養せんが為の故なり。

坐思惟

是の人若し坐して此の経を思惟せば、爾の時、我は復白象王に乗って、其の人の前に現ぜん。其の人若し法華経に於いて、忘失する所有らば、一句一偈も、我は当に之を教えて与共に読誦し、還って通利せしむべし。爾の時、法華経を受持し読誦せん者は、我が身を見ることを

身、甚大歓喜、転復精進。以見我故、即得三昧及陀羅尼。名為旋陀羅尼・百千万億旋陀羅尼・法音方便陀羅尼、得如是等陀羅尼。

世尊。若後世後五百歳濁悪世中、比丘・比丘尼・優婆塞・優婆夷、求索者、受持者、読誦者、書写者、欲修習是法華経、於三七日中、応一心精進。満三七日已、我当乗六牙白象、与無量菩薩而自囲遶、以一切衆生所憙見身、現其人前、而為説法、示教

得て、甚だ大いに歓喜して、転復精進せん。我を見るを以ての故に、即ち三昧及び陀羅尼を得ん。名づけて旋陀羅尼・百千万億旋陀羅尼・法音方便陀羅尼と為し、是くの如き等の陀羅尼を得ん。

三七一心精進

世尊よ。若し後の世の後の五百歳濁悪世の中に、比丘・比丘尼・優婆塞・優婆夷の求索せん者、受持せん者、読誦せん者、書写せん者は、是の法華経を修習せんと欲せば、三七日の中に於いて、応に一心に精進すべし。三七日を満じ已わらんに、我は当に六牙の白象に乗り、無量の菩薩の而も自ら囲遶せると、一切衆生の見るを憙ぶ所の身を以て、其の人の前に現じて、為に法を説いて、示教利喜すべし。亦復其に陀羅尼呪を与えん。是の陀羅尼

利喜。亦復与其陀羅尼呪。得是
陀羅尼故、無有非人能破壊者。
亦不為女人之所惑乱。我身亦自
常護是人。唯願世尊聴我説此陀
羅尼。
即於仏前而説呪曰、
阿檀地途売反一、檀陀婆地二、檀
陀婆帝三、檀陀鳩賖隷四、檀陀修
陀隷五、修陀隷六、修陀羅婆底
七、仏駄波羶禰八、薩婆陀羅尼阿
婆多尼九、薩婆婆沙阿婆多尼十、
修阿婆多尼十一、僧伽婆履叉尼十

を得るが故に、非人の能く破壊する者有ること無けん。
亦女人の惑乱する所と為らじ。我が身も亦自ら常に是の
人を護らん。唯願わくは世尊よ、我が此の陀羅尼を説く
ことを聴したまえ」と。
即ち仏前に於いて、呪を説いて曰さく、
「阿檀地途売の反一、檀陀婆地二、檀陀婆帝三、檀陀鳩賖隷
四、檀陀修陀隷五、修陀隷六、修陀羅婆底七、仏駄波羶禰
八、薩婆陀羅尼阿婆多尼九、薩婆婆沙阿婆多尼十、修阿婆
多尼十一、僧伽婆履叉尼十二、僧伽涅伽陀尼十三、阿僧祇十
四、僧伽波伽地十五、帝隷阿惰僧伽兜略盧遮の反、阿羅帝波
羅帝十六、薩婆僧伽三摩地伽蘭地十七、薩婆達磨修波利刹

二、僧伽涅伽陀尼十三、阿僧祇十四、僧伽波伽地十五、帝隷阿惰僧伽兜略盧遮反阿羅帝波羅帝十六、薩婆僧伽三摩地伽蘭地十七、薩婆達磨修波利刹帝十八、薩婆薩埵楼駄憍舎略阿㝹伽地十九、辛阿毘吉利地帝二十。

世尊。若有菩薩得聞是陀羅尼者、当知普賢神通之力。若法華経行閻浮提、有受持者、応作此念、皆是普賢威神之力。

若有受持・読誦、正憶念、解

帝十八、薩婆薩埵楼駄憍舎略阿㝹伽地十九、辛阿毘吉利地帝二十。

覆以神力

世尊よ。若し菩薩有って、是の陀羅尼を聞くことを得ば、当に知るべし、普賢の神通の力なり。若し法華経の閻浮提に行わるるを受持する者有らば、応に此の念を作すべし、『皆是れ普賢の威神の力なり』と。

示勝因

若し受持・読誦し、正憶念し、其の義趣を解し、説の

其義趣、如説修行、当知是人行普賢行、於無量無辺諸仏所深種善根、為諸如来手摩其頭。

若但書写、是人命終、当生忉利天上。是時八万四千天女、作衆妓楽而来迎之。其人即著七宝冠、於采女中娯楽快楽。何況受持・読誦、正憶念、解其義趣、如説修行。若有人受持・読誦、解其義趣、是人命終、為千仏授手、令不恐怖、不堕悪趣、即往兜率天上弥勒菩薩所。弥勒菩薩

如く修行すること有らば、当に知るべし、是の人は普賢の行を行じ、無量無辺の諸仏の所に於いて、深く善根を種え、諸の如来の手に、其の頭を摩でられん。

示近果

若し但書写するのみなるも、是の人は命終して、当に忉利天上に生ずべし。是の時、八万四千の天女は、衆の妓楽を作して、来って之を迎えん。其の人は即ち七宝の冠を著て、采女の中に於いて、娯楽快楽せん。何に況んや受持・読誦し、正憶念し、其の義趣を解し、説の如く修行せんをや。若し人有って受持・読誦し、其の義趣を解せば、是の人は命終して、千仏の手を授け、恐怖せず、悪趣に堕ちざらしめたまうことを為、即ち兜率天上の弥勒菩薩の所に往かん。弥勒菩薩は三十二相有って、大菩

有三十二相、大菩薩衆所共囲遶、有百千万億天女眷属、而於中生。有如是等功徳利益。是故智者、応当一心自書、若使人書、受持・読誦、正憶念、如説修行。世尊。我今以神通力故、守護是経、於如来滅後、閻浮提内、広令流布、使不断絶。爾時釈迦牟尼仏讃言、善哉善哉。普賢。汝能護助是経、令多所衆生安楽利益。汝已

薩衆に共に囲遶せられ、百千万億の天女の眷属有って、中に於いて生ぜん。是くの如き等の功徳利益有らん。

総結

是の故に智者は、応当に一心に自ら書き、若しは人をしても書かしめ、受持・読誦し、正憶念し、説の如く修行すべし。

誓願護法

世尊よ。我は今、神通力を以ての故に、是の経を守護して、如来滅して後に於いて、閻浮提の内に、広く流布せしめて、断絶せざらしめん」と。

述成勧発

爾の時、釈迦牟尼仏は讃めて言わく、

述護法

「善き哉、善き哉。普賢よ。汝は能く是の経を護助して、多所の衆生をして安楽し利益せしめん。汝は已に不

成就不可思議功徳、深大慈悲、従久遠来、発阿耨多羅三藐三菩提意、而能作是神通之願、守護是経。我当以神通力、守護能受持普賢菩薩名者。

普賢。若有受持・読誦、正憶念、修習書写是法華経者、当知是人則見釈迦牟尼仏、如従仏口聞此経典。当知是人供養釈迦牟尼仏。当知是人仏讃善哉。当知是人為釈迦牟尼仏手摩其頭。当知是人為釈迦牟尼仏衣之所覆。

可思議の功徳、深大の慈悲を成就し、久遠従り来、阿耨多羅三藐三菩提の意を発して、能く是の神通の願を作して、是の経を守護す。我は当に神通力を以て、能く普賢菩薩の名を受持せん者を守護すべし。

述其護人・述其示身教法

普賢よ。若し是の法華経を受持・読誦し、正憶念し、修習し書写する者有らば、当に知るべし、是の人は則ち釈迦牟尼仏を見、仏の口従り此の経典を聞きたてまつるが如し。当に知るべし、是の人は釈迦牟尼仏を供養す。当に知るべし、是の人は、仏に善き哉と讃めらる。当に知るべし、是の人は釈迦牟尼仏の手に、其の頭を摩でられん。当に知るべし、是の人は釈迦牟尼仏の衣の覆う所と為らん。

如是之人、不復貪著世楽、不好外道経書・手筆。亦復不喜親近其人、及諸悪者、若屠児、若畜猪・羊・鶏・狗、若猟師、若衒売女色。是人心意質直、有正憶念、有福徳力。是人不為三毒所悩、亦不為嫉妬・我慢・邪慢・増上慢所悩。是人少欲知足、能修普賢之行。

普賢。若如来滅後、後五百歳、若有人見受持・読誦法華経者、応作是念、

述其挙因

是くの如きの人は、復世楽に貪著せず、外道の経書・手筆を好まじ。亦復其の人、及び諸の悪者の若しは屠児、若しは猪・羊・鶏・狗を畜うもの、若しは猟師、若しは女色を衒売するものに親近するを喜ばず。是の人は心意質直にして、正憶念有り、福徳力有らん。是の人は三毒の悩ます所と為らず、亦嫉妬・我慢・邪慢・増上慢の悩ます所と為らじ。是の人は少欲知足にして、能く普賢の行を修せん。

述其挙近果

普賢よ。若し如来滅して後、後の五百歳に、若し人有って法華経を受持・読誦せん者を見ば、応に是の念を作すべし、

此人不久当詣道場、破諸魔衆、得阿耨多羅三藐三菩提、転法輪、撃法鼓、吹法螺、雨法雨。当坐天人大衆中、師子法座上。

普賢。若於後世、受持・読誦是経典者、是人不復貪著衣服・臥具・飲食・資生之物。所願不虚、亦於現世得其福報。

若有人軽毀之言、汝狂人耳、空作是行、終無所獲、如是罪報当世世無眼。若有供養讃歎之者、当於今世得現果報。若復見受持

『此の人は久しからずして、当に道場に詣って、諸の魔衆を破し、阿耨多羅三藐三菩提を得、法輪を転じ、法鼓を撃ち、法螺を吹き、法雨を雨らすべし。当に天人大衆の中の師子の法座の上に坐すべし』と。

普賢よ。若し後の世に於いて是の経典を受持・読誦せば、是の人は復衣服・臥具・飲食・資生の物に貪著せじ。願う所は虚しからず、亦現世に於いて、其の福報を得ん。

述其能攘外難

若し人有って之を軽毀して、『汝は狂人なるのみ、空しく是の行を作して、終に獲る所無からん』と言わば、是くの如き罪報は、当に世世に眼無かるべし。若し之を供養し讃歎する者有らば、当に今世に於いて現の果報を

是経典者、出其過悪、若実若不実、此人現世得白癩病。若有軽笑之者、当世世牙歯疎欠、醜脣平鼻、手脚繚戻、眼目角睞、身体臭穢、悪瘡膿血、水腹短気、諸悪重病。

是故普賢。若見受持是経典者、当起遠迎、当如敬仏。

説是普賢勧発品時、恒河沙等無量無辺菩薩、得百千万億旋陀羅尼、三千大千世界微塵等諸菩薩、具普賢道。

得べし。若し復是の経典を受持せん者を見て、其の過悪を出ださば、若しは実にもあれ、若しは不実にもあれ、此の人は現世に白癩の病を得ん。若し之を軽笑する者有らば、当に世世に牙歯疎欠、醜脣平鼻、手脚繚戻し、眼目角睞に、身体臭穢にして、悪瘡膿血、水腹短気、諸の悪重病あるべし。

述其結信者功徳

是の故に普賢よ。若し是の経典を受持せん者を見ば、当に起って遠く迎うべく、当に仏を敬うが如くすべし」と。

発益・聞品益

是の普賢勧発品を説きたまう時、恒河沙等の無量無辺の菩薩は、百千万億旋陀羅尼を得、三千大千世界微塵等の諸の菩薩は、普賢の道を具しぬ。

仏説是経時、普賢等諸菩薩、舎利弗等諸声聞、及諸天・竜、人・非人等、一切大会、皆大歓喜、受持仏語、作礼而去。

妙法蓮華経巻第八

聞経益

仏是の経を説きたまう時、普賢等の諸の菩薩、舎利弗等の諸の声聞、及び諸天・竜、人・非人等の一切の大会は、皆大いに歓喜し、仏語を受持して、礼を作して去りにき。

妙法蓮華経巻第八

観普賢菩薩行法経

仏説観普賢菩薩行法経

如是我聞。一時仏在毘舎離国
大林精舎重閣講堂、告諸比丘、
却後三月、我当般涅槃。
尊者阿難即従座起、整衣服、
叉手合掌、遶仏三帀、為仏作礼、
胡跪合掌、諦観如来、目不暫捨。
長老摩訶迦葉・弥勒菩薩摩訶薩、
亦従座起、合掌作礼、瞻仰尊顔。
時三大士異口同音、而白仏言、

仏説観普賢菩薩行法経

序分・通序（如是、我聞、一時、仏、住処、及於義同聞衆）

是くの如きを我聞き。一時、仏は毘舎離国の大林精

別序・明如来総教殊言時

舎、重閣講堂に在して、諸の比丘に告げたまわく、

明三大士深生疑心・列三大士威儀

「却って後三月あって、我は当に般涅槃すべし」と。
尊者阿難は即ち座従り起って、衣服を整え、手を叉え
合掌して、仏を遶ること三帀して、仏の為に礼を作し、
胡跪合掌して、諦らかに如来を観たてまつって、目は暫
くも捨てず。長老摩訶迦葉・弥勒菩薩摩訶薩も亦座従り
起って、合掌し礼を作して、尊顔を瞻仰したてまつる。

正起言問

時に三大士は、異口同音にして、仏に白して言さく、

世尊。如来滅後、云何衆生起菩薩心、修行大乗方等経典、正念思惟一実境界。云何不失無上菩提之心。

云何復当不断煩悩、不離五欲、得浄諸根、滅除諸罪、父母所生清浄常眼、不断五欲、而能得見諸障外事。

仏告阿難、

諦聴諦聴。善思念之。

如来昔於耆闍崛山及余住処、已広分別一実之道、今於此処、

問出世因

「世尊よ。如来滅して後に、云何が衆生は菩薩の心を起こし、大乗方等経典を修行し、正念に一実の境界を思惟せんや。云何が無上菩提の心を失わざらんや。

問世間因

云何が復当に煩悩を断ぜず、五欲を離れずして、諸根を浄め、諸罪を滅除することを得、父母の生ずる所の清浄の常の眼もて、五欲を断ぜずして、而も能く諸の障外の事を見ることを得べきや」と。

正宗分・開説正宗分

仏は阿難に告げたまわく、

総許説・許説・誡聴

「諦らかに聴け、諦らかに聴け。善く之を思念せよ。

挙昔事略答初問

如来は昔、耆闍崛山、及び余の住処に於いて、已に広く一実の道を分別せしかども、今此の処に於いて、未来

正許説・許当説

為未来世諸衆生等欲行大乗無上法者、欲学普賢行、行普賢行者、我今当説其所念法。若見普賢、及不見者、除却罪数、今為汝等当広分別。

阿難。普賢菩薩乃生東方浄妙国土。其国土相、雑華経中已広分別。我今於此経、略而解説。

阿難。若比丘・比丘尼・優婆塞・優婆夷、天竜八部、一切衆生誦大乗者、修大乗者、発大乗意者、楽見普賢菩薩色身者、楽

世の諸の衆生等の大乗無上の法を行ぜんと欲せん者、普賢の行を学び普賢の行を行ぜんと欲せん者の為に、我は今当に其の念ずる所の法を説くべし。若しは普賢を見、及び見ざる者の、罪数を除却せんこと、今汝等が為に当に広く分別すべし。

指広許略

阿難よ。普賢菩薩は乃ち東方の浄妙国土に生ぜり。其の国土の相は、雑華経の中に已に広く分別せり。我は今、此の経に於いて、略して解説せん。

正答前問・列修行衆

挙勝行答最初問

阿難よ。若し比丘・比丘尼・優婆塞・優婆夷、天竜八部、一切衆生の大乗を誦せん者、大乗を修せん者、大乗の意を発さん者、普賢菩薩の色身を見んと楽わん者、多宝仏の塔を見たてまつらんと楽わん者、釈迦牟尼仏、及

見多宝仏塔者、楽見釈迦牟尼仏、及分身諸仏者、楽得六根清浄者、当学是観。此観功徳、除諸障礙、見上妙色。

不入三昧、但誦持故、専心修習、心心相次、不離大乗、一日至三七日、得見普賢。有重障者、七七日後、然後得見。復有重者、一生得見。復有重者、二生得見。復有重者、三生得見。

如是種種業報不同。是故異説。

普賢菩薩身量無辺、音声無辺、

び分身の諸仏を見たてまつらんと楽わん者、六根清浄を得んと楽わん者は、当に是の観を学ぶべし。此の観の功徳は、諸の障礙を除いて、上妙の色を見る。

答前第二問

三昧に入らざれども、但誦持するのみなるが故に、心を専らにして修習し、心心相次いで、大乗を離れざること、

明行人根利鈍

一日より三七日に至れば、普賢を見ることを得。重き障り有る者は、七七日の後、然る後に見ることを得。復重きもの有る者は、一生に見ることを得。復重きもの有る者は、二生に見ることを得。復重きもの有る者は、三生に見ることを得。

総結

是くの如き種種の業報は同じからず。是の故に異説す。

広釈・明普賢菩薩観・明依報観・総歎通力

普賢菩薩は、身量無辺、音声無辺、色像無辺なり。此

色像無辺。欲来此国、入自在神通、促身令小。閻浮提人三障重故、以智慧力、化乗白象。

其象六牙。七支跓地。其七支下、生七蓮華。其象色鮮白。白中上者。頗梨雪山不得為比。象身長四百五十由旬、高四百由旬。

於六牙端、有六浴池。一一浴池中、生十四蓮華。与池正等。其華開敷、如天樹王。

一一華上、有一玉女。顔色如紅、暉有過天女。手中自然化五

の国に来らんと欲して、自在神通に入り、身を促めて小ならしむ。閻浮提の人は、三障重きが故に、智慧力を以て、化して白象に乗れり。

別明観依報種

其の象に六牙あり。七支は地を跓えたり。其の七支の下に、七蓮華を生ぜり。其の象の色は鮮白なり。白の中に上れたる者なり。頗梨・雪山も比と為すことを得ず。象の身の長さは四百五十由旬、高さは四百由旬なり。

六牙の端に於いて、六つの浴池有り。一一の浴池の中に、十四の蓮華を生ぜり。池と正等なり。其の華は開敷せること、天の樹王の如し。

一一の華の上に、一りの玉女有り。顔色は紅の如くにして、暉は天女に過ぎたるもの有り。手の中に自然に、

箜篌(くご)。一一(いちいち)箜篌(くご)五百(ごひゃく)楽器(がっき)、以為(いい)
眷属(けんぞく)。
有(う)五百(ごひゃく)鳥(ちょう)。鳬(ぶ)・鴈(がん)・鴛鴦(おんおうかい)皆衆(しゅ)
宝色(ほうしき)、生華(しょうけ)葉間(ようけん)。
象鼻(ぞうび)有華(うけ)、其茎(ごきょう)譬如(ひにょしゃく)赤真珠色(しんじゅしき)。
其華(ごけ)金色(こんじき)、含而(ごんに)未敷(みふ)。
見是(けんぜ)事已(じい)、復更(ぶきょう)懺悔(さんげ)、至心(ししん)
観(かん)、思惟(しゆい)大乗(だいじょう)、心不休癈(しんふくはい)、見華(けんけ)
即敷(そくふ)、金色(こんじき)金光(こんこう)。其蓮華台(れんげだい)是甄(ぜけん)
叔迦宝(しゅくかほう)・妙梵摩尼(みょうぼんまに)以為(いい)華台(けだい)、金(こん)
剛宝(ごうほう)以為(いい)華鬚(けしゅ)。
見有(けんう)化仏(けぶつ)、坐蓮華台(ざれんげだい)。衆多(しゅた)菩(ぼ)

五つの箜篌(くご)を化(け)せり。一一(いちいち)の箜篌(くご)に、五百(ごひゃく)の楽器(がっき)あって、
以(もっ)て眷属(けんぞく)と為(な)せり。
五百(ごひゃく)の鳥(とり)有(あ)り。鳬(ぶ)・鴈(がん)・鴛鴦(おんおう)は、皆衆宝(みなしゅほう)の色(いろ)にして、

明行者懺悔事

華葉(けよう)の間(あいだ)に生(しょう)ぜり。

象(ぞう)の鼻(はな)に華(はな)有(あ)り、其(そ)の茎(くき)は譬(たと)えば赤真珠(しゃくしんじゅ)の色(いろ)の如(ごと)し。

其(そ)の華(はな)は金色(こんじき)にして、含(つぼ)んで未(いま)だ敷(ひら)けず。

是(こ)の事(じ)を見已(みお)わって、復更(またさら)に懺悔(さんげ)し、至心(ししん)に諦観(たいかん)して、

明正悔力得見菩薩依報・明

得見宝華
大乗(だいじょう)を思惟(しゆい)すること、心(こころ)に休癈(くはい)せざれば、華(はな)を見(み)るに即(すなわ)
ち敷(し)け、金色(こんじき)にして金光(こんこう)あり。其(そ)の蓮華台(れんげだい)は是(こ)れ甄叔迦(けんしゅくか)
宝(ほう)・妙梵摩尼(みょうぼんまに)をば以(もっ)て華台(けだい)と為(な)し、金剛宝(こんごうほう)をば以(もっ)て華鬚(けしゅ)
と為(な)せり。

明開心見化仏菩薩
化仏(けぶつ)有(あ)せるを見(み)るに、蓮華台(れんげだい)に坐(ざ)したまえり。衆多(しゅた)の

薩坐蓮華鬚。化仏眉間亦出金色光、入象鼻中。紅蓮華色、従象鼻中出、入象眼中、従象眼中出、入象耳中、従象耳出、照象頂上、化作金台。

当象頭上、有三化人。一捉金輪、一持摩尼珠、一把金剛杵。挙杵擬象、象即能行歩。脚不履地、躡虚而遊。離地七尺、地有印文。於印文中千輻轂輞皆悉具足。一一輞間生一大蓮華。此蓮華上生一化象。亦有七支。随

菩薩は、蓮華鬚に坐せり。化仏の眉間より、亦金色の光を出だして、象の鼻の中に入る。紅蓮華の色にして、象の鼻の中従り出でて、象の眼の中に入り、象の眼の中従り出でて、象の耳の中に入り、象の耳従り出でて、象の頂上を照らして、金台を化作す。

象の頭の上に当たって、三化人有り。一りは金輪を捉り、一りは摩尼珠を持ち、一りは金剛杵を把れり。杵を挙げて象に擬するに、象は即ち能く行歩す。脚は地を履まず、虚を躡んで遊ぶ。地を離るること七尺、地に印文有り。印文の中に於いて、千輻轂輞は皆悉具足せり。一一の輞間に、一の大蓮華を生ず。此の蓮華の上に、一の化象を生ぜり。亦七支有り。大象に随って行く。足

明所以見象・明人種
明象及徒

大象行。挙足下足、生七千象。以為眷属、随従大象。

象鼻紅蓮華色、上有化仏、放眉間光。其光金色、如前入象鼻中、於象鼻中出、入象眼中、従象眼出、還入象耳、従象耳出、至象頂上。

漸漸上至象背、化成金鞍、七宝校具。於鞍四面有七宝柱、衆宝校飾、以成宝台。台中有一七宝蓮華鬘。其蓮華鬘百宝共成。其蓮華台是大摩尼。


を挙げ足を下すに、七千の象を生ず。以て眷属と為して、大象に随従せり。

象の鼻の紅蓮華の色なるもの（明能所成事・明能成）、上に化仏有して、眉間の光を放ちたまう。其の光は金色にして、前の如く象の鼻の中に入り、象の鼻の中於り出でて、象の眼の中に入り、象の眼従り出でて、還って象の耳に入り、象の耳従り出でて、象の頂上に至る。

漸漸に上り象の背に至り、化して（明所成）金鞍と成って、七宝もて校具せり。鞍の四面に於いて七宝の柱有り、衆宝もて校飾して、以て宝台を成せり。台の中に一の七宝の蓮華鬘有り。其の蓮華鬘は、百宝もて共に成ぜり。其の蓮華台は、是れ大摩尼なり。

有一菩薩結跏趺坐、名曰普賢。身白玉色、五十種光。光五十種色、以為頂光。身諸毛孔流出金光。其金光端無量化仏。諸化菩薩以為眷属。安詳徐歩、雨大宝蓮華、至行者前。

其象開口、於象牙上、諸池玉女鼓楽絃歌。其声微妙、讃歎大乗一実之道。

行者見已、歓喜敬礼、復更読誦甚深経典、遍礼十方無量諸仏、礼多宝仏塔、及釈迦牟尼仏、并

明正報観・正報観・略明菩薩名相

一りの菩薩有り、結跏趺坐して、名づけて普賢と曰う。身は白玉の色にして、五十種の光あり。光に五十種の色あり、以て頂光と為す。身の諸の毛孔より、金光を流出す。其の金光の端に、無量の化仏まします。諸の化菩薩をば、以て眷属と為せり。安詳として徐に歩み、大いなる宝蓮華を雨らして、行者の前に至らん。

其の象は口を開くに、象の牙の上に於いて、諸池の玉女は、鼓楽・絃歌す。其の声は微妙にして、大乗一実の道を讃歎す。

明行人礼仏懺悔法

行者は見已わって、歓喜し敬礼して、復更に甚深の経典を読誦し、遍く十方無量の諸仏を礼し、多宝仏の塔、及び釈迦牟尼仏を礼したてまつり、并びに普賢、諸の大

礼普賢諸大菩薩、発是誓願、若我宿福、応見普賢。願尊者遍普示我色身。

作是願已、昼夜六時、礼十方仏、行懺悔法、読大乗経、誦大乗経、思大乗義、念大乗事、恭敬供養持大乗者、視一切人猶如仏想、於諸衆生如父母想。

作是念已、普賢菩薩即於眉間、放大人相白毫光明。此光現時、普賢菩薩身相端厳、如紫金山、端政微妙、三十二相皆悉備有。

菩薩を礼して、是の誓願を発せ、『若し我に宿福あらば、応に普賢を見たてまつるべし。願わくは尊者遍普よ、我に色身を示したまえ』と。

是の願を作し已わって、昼夜六時に、十方の仏を礼し、懺悔の法を行じ、大乗経を読み、大乗経を誦し、大乗の義を思い、大乗の事を念じ、大乗を持つ者を恭敬し供養し、一切の人を視ること、猶仏想の如くし、諸の衆生に於いて父母想の如くせよ。

明礼懺力得見菩薩正報観

是の念を作し已わりなば、普賢菩薩は、即ち眉間於り、大人相白毫の光明を放たん。此の光の現ずる時、普賢菩薩は、身相端厳にして、紫金山の如く、端政微妙にして、三十二相皆悉備え有らん。身の諸の毛孔より大光

身諸毛孔放大光明、照其大象、令作金色。一切化象亦作金色、諸化菩薩亦作金色。其金色光照于東方無量世界、皆同金色。南西北方、四維上下、亦復如是。

爾時十方面於一一方、有一菩薩乗六牙白象王。亦如普賢、等無有異。如是十方無量無辺満中化象、普賢菩薩神通力故、令持経者皆悉得見。

是時行者見諸菩薩、身心歓喜、為其作礼、白言、

明を放ち、其の大象を照らして、金色と作らしめん。一切の化象も亦金色と作り、諸の化菩薩も亦金色と作らん。其の金色の光は、東方の無量の世界を照らすに、皆同じく金色ならん。南西北方・四維上下も亦復是くの如し。

爾の時、十方面、一一の方に於いて、一りの菩薩有って、六牙の白象王に乗れり。亦普賢の如く、等しくして異なること有ること無けん。是くの如く十方の無量無辺の中に満てる化象も、普賢菩薩の神通力の故に、持経者をして皆悉見ることを得しめん。

是の時、行者は諸の菩薩を見て、身心歓喜して、其が為に礼を作して、白して言せ、

大慈大悲者、愍念我故、為我説法。

説是語時、諸菩薩等異口同音、各説清浄大乗経法、作諸偈頌、讃歎行者。

是名始観普賢菩薩最初境界。

爾時行者見是事已、心念大乗、昼夜不捨、於睡眠中、夢見普賢、為其説法。如覚無異、安慰其心、而作是言、汝所誦持、忘失是句、忘失是偈。

『大慈大悲者は、我を愍念したまうが故に、我が為に法を説きたまえ』と。

是の語を説く時、諸の菩薩等は、異口同音に、各清浄の大乗経法を説いて、諸の偈頌を作って、行者を讃歎す。

是を始めて普賢菩薩を観ずる最初の境界と名づく。

明説法力故得見諸仏・明普賢真身菩薩為行者夢中説法

爾の時、行者は是の事を見已わって、心に大乗を念じて、昼夜に捨てざれば、睡眠の中に於いて、夢に普賢は其が為に法を説くを見ん。覚の如くにして異なること無く、其の心を安慰して、是の言を作さん、『汝が誦持する所は、是の句を忘失し、是の偈を忘失せり』と。

爾時行者聞普賢説深法、解其義趣、憶持不忘。日日如是、其心漸利。普賢菩薩教其憶念十方諸仏。

随普賢教、正心正憶、漸以心眼、見東方仏、身黄金色、端厳微妙。見一仏已、復見一仏。如是漸漸遍見東方一切諸仏。心想利故、遍見十方一切諸仏。

見諸仏已、心生歓喜、而作是言、

因大乗故、得見大士、因大士

明行者如説修行

爾の時、行者は普賢の深法を説くことを聞いて、其の義趣を解し、憶持して忘れじ。日日に是くの如くして、其の心は漸く利ならん。普賢菩薩は、其に教えて十方の諸仏を憶念せしめん。

普賢の教えに随って、正心正憶にして、漸く心眼を以て、東方の仏の身は黄金の色にして、端厳微妙なるを見たてまつらん。一仏を見たてまつり已わって、復一仏を見たてまつらん。是くの如く漸漸に遍く東方の一切の諸仏を見たてまつる。心想は利なるが故に、遍く十方の一切の諸仏を見たてまつらん。

明如説修行故以見諸仏・明見諸仏而不了了見

諸仏を見たてまつり已わって、心に歓喜を生じて、是の言を作せ、

『大乗に因るが故に、大士を見ることを得、大士の力に因るが故

力故、得見諸仏。雖見諸仏、猶未了了。閉目則見、開目則失。

作是語已、五体投地、遍礼十方仏。礼諸仏已、胡跪合掌、而作是言、

諸仏世尊、十力・無畏・十八不共法・大慈・大悲・三念処。常在世間、色中上色。我有何罪、而不得見。

説是語已、復更懺悔。

懺悔清浄已、普賢菩薩復更現前、行・住・坐・臥、不離其側。

に、諸仏を見たてまつることを得たり。諸仏を見たてまつると雖も、猶未だ了了ならず。目を閉ずれば則ち見、目を開けば則ち失う』と。

明不了了見故礼仏懺悔

是の語を作し已わって、五体を地に投じて、遍く十方の仏を礼せよ。諸仏を礼し已わって、胡跪し合掌して、是の言を作せ、

『諸仏世尊は、十力・無畏・十八不共法・大慈・大悲・三念処まします。常に世間に在して、色の中の上色なり。我に何なる罪有って、見たてまつることを得ざるや』と。

是の語を説き已わって、復更に懺悔せよ。

懺悔清浄なること已わりなば、普賢菩薩は復更に現前して、行・住・坐・臥に、其の側を離れず。乃至夢の中

乃至夢中、常為説法。此人覚已、得法喜楽。如是昼夜逕三七日、然後方得旋陀羅尼。得陀羅尼、故諸仏・菩薩所説妙法、憶持不失。亦常夢見過去七仏、唯釈迦牟尼仏為其説法。是諸世尊各各称讃大乗経典。

爾時行者復更歓喜、遍礼十方仏。礼十方仏已、普賢菩薩住其人前、教説宿世一切業縁、発露黒悪一切罪事、向諸世尊、口自発露。


にも、常に為に法を説かん。此の人は覚め已わって、法喜の楽を得ん。是くの如くして昼夜、三七日を逕て、然る後に方に旋陀羅尼を得ん。陀羅尼を得るが故に、諸仏・菩薩の説きたまう所の妙法を、憶持して失わじ。亦常に夢に過去の七仏を見たてまつらんに、唯釈迦牟尼仏のみ其が為に法を説きたまわん。是の諸の世尊は、各各大乗経典を称讃したまわん。

爾の時、行者は復更に歓喜して、遍く十方の仏を礼せよ。十方の仏を礼し已わりなば、普賢菩薩は、其の人の前に住して、教えて宿世の一切の業縁を説いて、黒悪の一切の罪事を発露せしめ、諸の世尊に向かいたてまつり、口に自ら発露せしめん。

既発露已、尋時即得諸仏現前三昧。得是三昧已、見東方阿閦仏及妙喜国、了了分明。如是十方各見諸仏上妙国土、了了分明。
既見十方仏已、夢象頭上有一金剛人、以金剛杵遍擬六根。擬六根已、普賢菩薩為於行者、説六根清浄懺悔之法。
如是懺悔、一日至三七日。以諸仏現前三昧力故、普賢菩薩説法荘厳故、耳漸漸聞障外声、眼漸漸見障外事、鼻漸漸聞障外香。

明正見諸仏

既に発露し已わりなば、尋いで時に即ち諸仏現前三昧を得ん。是の三昧を得已わって、東方の阿閦仏、及び妙喜国を見たてまつること、了了分明ならん。是くの如く十方、各諸仏の上妙の国土を見ること、了了分明ならん。

明六根懺悔法・縁夢略開六根懺門・明夢中普賢菩薩略説六根懺悔行

既に十方の仏を見たてまつり已わって、夢むらく、象の頭の上に、一りの金剛人有り、金剛の杵を以て、遍く六根に擬す。六根に擬し已わりなば、普賢菩薩は、行者の為に六根清浄、懺悔の法を説かん。

明漸漸六根略利・明漸利故広加見諸仏

是くの如く懺悔すること、一日より三七日に至らん。諸仏現前三昧の力を以ての故に、普賢菩薩の説法荘厳の故に、耳は漸漸に障外の声を聞き、眼は漸漸に障外の事を見、鼻は漸漸に障外の香を聞がん。広く説くこと妙法

広説如妙法華経。得是六根清浄已、身心歓喜、無諸悪想。心純是法、与法相応。復更得百千万億旋陀羅尼、復更広見百千万億無量諸仏。

是諸世尊各申右手、摩行者頭、而作是言、

善哉善哉。行大乗者、発大荘厳心者、念大乗者。我等昔日発菩提心時、皆亦如是。汝慇懃不失。我等先世行大乗故、今成清浄正遍知身。汝今亦当懃修不懈。

華経の如し。是の六根清浄を得已わって、身心歓喜して、諸の悪想無けん。心は是の法に純にして、法と相応せん。復更に百千万億の旋陀羅尼を得、復更に広く百千万億無量の諸仏を見たてまつらん。

明所見諸仏勧讃

是の諸の世尊は、各右の手を申べて、行者の頭を摩でて、是の言を作したまわん、

『善き哉、善き哉。大乗を行ずる者、大荘厳の心を発せる者、大乗を念ずる者なり。我等は昔日菩提心を発せし時、皆亦是くの如し。汝は慇懃にして失わざれ。我等は先世に大乗を行ぜしが故に、今、清浄正遍知の身と成れり。汝は今亦当に懃修して懈らざるべし。

此大乗経典諸仏宝蔵。十方三世諸仏眼目。出生三世諸如来種。持此経者、即持仏身、即行仏事。当知是人即是諸仏所使、諸仏世尊衣之所覆、諸仏如来真実法子。汝行大乗、不断法種。汝今諦観東方諸仏。

説是語時、行者即見東方一切無量世界。地平如掌、無諸埠阜・岳陵・荊棘、瑠璃為地、黄金間側。十方世界亦復如是。

見是事已、即見宝樹。宝樹高

此の大乗経典は、諸仏の宝蔵なり。十方三世の諸仏の眼目なり。三世の諸の如来を出生する種なり。此の経を持つ者は、即ち仏身を持ち、即ち仏事を行ず。当に知るべし、是の人は即ち是れ諸仏に使わされ、諸仏世尊の衣の覆う所にして、諸仏如来の真実の法の子なり。汝は大乗を行じて、法種を断たざれ。汝は今諦らかに東方の諸仏を観じたてまつれ』と。

明広通見十方諸仏・明十方諸仏観・明見諸仏世界

是の語を説きたまう時、行者は即ち東方の一切無量の世界を見る。地の平かなること掌の如く、諸の埠阜・岳陵・荊棘無く、瑠璃を地と為し、黄金もて側を間てたり。十方の世界も亦復是くの如し。

是の事を見已わって、即ち宝樹を見ん。宝樹は高妙に

妙、五千由旬。其樹常出黄金・白銀、七宝荘厳。樹下自然有宝師子座。其師子座高二十由旬。其座上亦出百宝光明。如是諸樹及余宝座、一一宝座皆有百宝光明。如是諸樹及余宝座、一一宝座皆有自然五百白象。象上皆有普賢菩薩。

爾時行者礼諸普賢、而作是言、我有何罪、但見宝地・宝座、及余宝樹、不見諸仏。

作是語已、一一座上有一世

して、五千由旬なり。其の樹は常に黄金・白銀を出だして、七宝もて荘厳せり。樹下に自然に宝の師子座有り。其の師子座の高さは、二十由旬ならん。其の座の上に亦百宝の光明を出ださん。是くの如く諸樹、及び余の宝座の一一の宝座に、皆百宝の光明有らん。是くの如く諸樹、及び余の宝座の一一の宝座に、皆自然の五百の白象有らん。象の上に皆普賢菩薩有さん。

爾の時、行者は諸の普賢を礼して、是の言を作せ、『我に何なる罪有ってか、但宝地・宝座、及び余の宝樹を見るのみにして、諸仏を見たてまつらざる』と。

是の語を作し已わりなば、一一の座の上に、一りの世

尊。端厳微妙、而坐宝座。見諸仏已、心大歓喜、復更誦習大乗経典。

大乗力故、空中有声、而讃歎言、

善哉善哉。善男子。汝行大乗功徳因縁、能見諸仏。今雖得見諸仏世尊、而不能見釈迦牟尼仏・分身諸仏、及多宝仏塔。

聞空中声已、復懃誦習大乗経典。

以誦習大乗方等経故、即於夢

尊有さん。端厳微妙にして、宝座に坐したまえり。諸仏を見たてまつり已わって、心は大いに歓喜して、復更に大乗経典を誦習せよ。

明異聖重現勧進行者

大乗の力の故に、空中に声有って、讃歎して言わん、

『善き哉、善き哉。善男子よ。汝は大乗を行ずる功徳の因縁もて、能く諸仏を見たてまつる。今、諸仏世尊を見たてまつることを得たりと雖も、釈迦牟尼仏・分身の諸仏、及び多宝仏の塔を見たてまつること能わず』と。

空中の声を聞き已わって、復懃めて大乗経典を誦習せよ。

明釈迦仏観・明夢見

大乗方等経を誦習するを以ての故に、即ち夢中に於い

中見釈迦牟尼仏、与諸大衆在耆闍崛山、説法華経、演一実義。教已、懺悔渇仰欲見、合掌・胡跪、向耆闍崛山、而作是言、如来世雄常在世間。愍念我故、為我現身。

作是語已、見耆闍崛山、七宝荘厳、無数比丘声聞大衆。宝樹行列、宝地平正。復敷妙宝師子之座。釈迦牟尼仏放眉間光。其光遍照十方世界、復過十方無量世界。

て、釈迦牟尼仏は諸の大衆と耆闍崛山に在して、法華経を説き、一実の義を演べたまうを見ん。教え已わりなば、懺悔し渇仰して見たてまつらんと欲し、合掌・胡跪して、耆闍崛山に向かって、是の言を作せ、『如来世雄は、常に世間に在す。我を愍念したまうが故に、我が為に身を現じたまえ』と。

悟中見仏・明見釈尊依報及分身仏

是の語を作し已わって、耆闍崛山を見るに、七宝もて荘厳して、無数の比丘声聞の大衆あり。宝樹は行列して、宝地は平正なり。復妙宝師子の座を敷けり。釈迦牟尼仏は、眉間の光を放ちたまう。其の光は遍く十方の世界を照らし、復十方無量の世界を過ぐ。

此光至処十方分身釈迦牟尼仏一時雲集、広説妙法、如妙法華経。一一分身仏身紫金色。身量無辺、坐師子座。百億無量諸大菩薩、以為眷属。一一菩薩行同普賢。如此十方無量諸仏・菩薩眷属、亦復如是。

大衆雲集已、見釈迦牟尼仏、挙身毛孔放金色光。一一光中有百億化仏。諸分身仏放眉間白毫大人相光。其光流入釈迦牟尼仏頂。見此相時、分身諸仏一切毛

此の光の至る処の十方分身の釈迦牟尼仏は、一時に雲集し、広く妙法を説きたまうこと、妙法華経の如し。一一の分身の仏身は、紫金の色なり。身量は無辺にして、師子の座に坐したまえり。百億無量の諸の大菩薩をば、以て眷属と為せり。一一の菩薩は、行、普賢に同じ。此くの如く十方の無量の諸仏・菩薩の眷属も亦復是くの如し。

明正見真身釈尊正報・見釈尊正報

大衆は雲集し已わって、釈迦牟尼仏を見たてまつれば、挙身の毛孔より金色の光を放ちたまう。一一の光の中に、百億の化仏有す。諸の分身の仏は、眉間の白毫大人相の光を放ちたまう。其の光は釈迦牟尼仏の頂に流入す。此の相を見る時、分身の諸仏は一切の毛孔より金色の光を

孔、出金色光。一一光中復有恒河沙微塵数化仏。

爾時普賢菩薩復放眉間大人相光、入行者心。既入心已、行者自憶過去無数百千仏所、受持・読誦大乗経典、自見故身、了了分明。如宿命通、等無有異。豁然大悟、得旋陀羅尼百千万億諸陀羅尼門。

従三昧起、面見一切分身諸仏、衆宝樹下、坐師子牀。復見瑠璃地如蓮華聚、従下方空中踊出、

出だしたまう。一一の光の中に、復恒河沙微塵数の化仏有す。

明得宿命通

爾の時、普賢菩薩は復眉間の大人相の光を放って、行者の心に入れん。既に心に入れ已わりなば、行者は自ら過去無数百千の仏の所にて、大乗経典を受持・読誦せしことを憶し、自ら故の身を見ること、了了分明ならん。宿命通の如く、等しくして異なること有ること無けん。豁然として大悟し、旋陀羅尼、百千万億の諸の陀羅尼門を得ん。

見瑠璃地従下方踊出

三昧従り起って、面り一切の分身の諸仏の衆の宝樹の下、師子の牀に坐したまえるを見たてまつらん。復瑠璃の地は蓮華聚の如く、下方の空中従り踊出し、一一の華

一一華間有微塵数菩薩、結跏趺坐。亦見普賢分身菩薩、在彼衆中、讃説大乗。

時諸菩薩異口同音、教於行者清浄六根。

或有説言、汝当念仏。

或有説言、汝当念法。

或有説言、汝当念僧。

或有説言、汝当念戒。

或有説言、汝当念施。

或有説言、汝当念天。

如此六法是菩提心。生菩薩法。

の間に微塵数の菩薩有って、結跏趺坐するを見ん。亦普賢の分身の菩薩は、彼の衆の中に在って、大乗を讃説するを見ん。

明分身並諸菩薩広説六根懺悔法・総明六根懺悔・説六念法

時に諸の菩薩は異口同音に、行者を教えて六根を清浄ならしめん。

或は説いて『汝は当に仏を念ずべし』と言うこと有らん。

或は説いて『汝は当に法を念ずべし』と言うこと有らん。

或は説いて『汝は当に僧を念ずべし』と言うこと有らん。

或は説いて『汝は当に戒を念ずべし』と言うこと有らん。

或は説いて『汝は当に施を念ずべし』と言うこと有らん。

或は説いて『汝は当に天を念ずべし』と言うこと有らん。

結勧

此くの如き六法は、是れ菩提心なり。菩薩を生ずる法

汝今応当於諸仏前、発露先罪、至誠懺悔。

於無量世、眼根因縁、貪著諸色。以著色故、貪愛諸塵。以愛塵故、受女人身、世世生処、惑著諸色。色壊汝眼、為恩愛好色奴。故色使汝逕歴三界。為此弊使、盲無所見。

今誦大乗方等経典。此経中説十方諸仏、色身不滅。汝今得見。審実爾不。眼根不善、傷害汝多。随順我語、帰向諸仏・釈迦牟尼

なり。汝は今、応当に諸仏の前に於いて、先罪を発露し、至誠に懺悔すべし。

別明六根懺悔・明眼根悔法

無量世に於いて、眼根の因縁もて諸色に貪著す。色に著するを以ての故に、諸塵を貪愛す。塵を愛するを以ての故に、女人の身を受けて、世世に生ずる処に、諸色に惑著す。色は汝が眼を壊って、恩愛好色の奴と為る。故に色は汝をして三界を逕歴せしむ。此の弊使の為に、盲にして見る所無し。

今、大乗方等経典を誦す。此の経の中に、十方の諸仏の色身は滅せずと説く。汝は今見ることを得つ。審実にして爾りや不や。眼根は不善にして、汝を傷害すること多し。我が語に随順して、諸仏・釈迦牟尼仏に帰向した

仏、説汝眼根所有罪咎、諸仏・菩薩慧眼法水、願以洗除、令我清浄。

作是語已、遍礼十方仏、向釈迦牟尼仏・大乗経典、復説是言、我今所懺眼根重罪、障蔽穢濁、盲無所見。願仏大慈哀愍覆護。

普賢菩薩乗大法船、普渡一切十方無量諸菩薩伴。唯願哀愍、聴我悔過眼根不善悪業障法。

如是三説、五体投地、正念大乗、心不忘捨。是名懺悔眼根罪

てまつり、汝が眼根の所有罪咎を説け、『諸仏・菩薩の慧眼の法水もて、願わくは以て洗除して、我をして清浄ならしめたまえ』と。

是の語を作し已わって、遍く十方の仏を礼し、釈迦牟尼仏・大乗経典に向かいたてまつって、復是の言を説け、『我が今懺する所の眼根の重罪は、障蔽穢濁にして、盲にして見る所無し。願わくは仏よ、大慈もて哀愍覆護したまえ。

普賢菩薩は大法船に乗って、普く一切の十方無量の諸の菩薩の伴を渡したまう。唯願わくは哀愍して、我が眼根の不善悪業障を悔過する法を聴したまえ』と。

是くの如く三たび説いて、五体を地に投じて、大乗を正念して、心に忘捨せざれ。是を眼根の罪を懺悔する法

法。

称諸仏名、焼香・散華、発大乗意、懸繒・幡・蓋、説眼過患、懺悔罪者、此人現世見釈迦牟尼仏、及見分身無量諸仏、阿僧祇劫不堕悪道。大乗力故、大乗願故、恒与一切陀羅尼菩薩共為眷属。作是念者、是為正念。若他念者、名為邪念。是名眼根初境界相。

浄眼根已、復更読誦大乗経典、昼夜六時胡跪懺悔、而作是言、

と名づく。

諸仏の名を称え、焼香・散華して、大乗の意を発し、繒・幡・蓋を懸けて、眼の過患を説き、罪を懺悔せば、此の人は現世に釈迦牟尼仏を見たてまつり、及び分身、無量の諸仏を見たてまつり、阿僧祇劫に悪道に堕ちじ。大乗の力の故に、大乗の願の故に、恒に一切の陀羅尼菩薩と共に眷属と為らん。是の念を作さば、是を正念と為す。若し他念せば、名づけて邪念と為す。是を眼根の初めの境界の相と名づく。

明眼根悔力故見多宝仏

眼根を浄め已わって、復更に大乗経典を読誦し、昼夜六時に、胡跪し懺悔して、是の言を作せ、

我今云何但見釈迦牟尼仏・分身諸仏、不見多宝仏塔全身舎利。多宝仏塔恒在不滅。我濁悪眼。是故不見。

作是語已、復更懺悔。

過七日已、多宝仏塔従地涌出。釈迦牟尼仏即以右手、開其塔戸。

見多宝仏、入普現色身三昧。一一毛孔流出恒河沙微塵数光明。一一光明一一有百千万億化仏。此相現時、行者歓喜、讃偈遶塔、

『我は今、云何が但釈迦牟尼仏・分身の諸仏を見たてまつるのみにして、多宝仏の塔の全身の舎利を見たてまつらざるや。多宝仏の塔は、恒に在して滅したまわず。我は濁悪の眼なり。是の故に見たてまつらず』と。

是の語を作し已わって、復更に懺悔せよ。

七日を過ぎ已わって、多宝仏の塔は、地従り涌出したまわん。釈迦牟尼仏は、即ち右の手を以て、其の塔の戸を開きたまわん。

多宝仏を見たてまつれば、普現色身三昧に入りたまえり。一一の毛孔より恒河沙微塵数の光明を流出したまう。一一の光明に一一に百千万億の化仏有す。此の相は現ずる時、行者は歓喜して、讃偈もて塔を遶ること七帀

満七帀已、多宝如来出大音声讃言、法子。汝今真実能行大乗、随順普賢、眼根懺悔。以是因縁、我至汝所、為汝証明。

説是語已、讃言、善哉善哉。釈迦牟尼仏能説大法、雨大法雨、成就濁悪諸衆生等。

是時行者見多宝仏塔已、復至普賢菩薩所、合掌敬礼、白言、大師。教我悔過。

を満て已わりなば、多宝如来は大音声を出だして讃めて言わん、

『法の子よ。汝は今真実に能く大乗を行じ、普賢に随順して、眼根は懺悔す。是の因縁を以て、我は汝が所に至って、汝が証明と為る』と。

是の語を説き已わって、讃めて言わん、

『善き哉、善き哉。釈迦牟尼仏は能く大法を説き、大法の雨を雨らして、濁悪の諸の衆生等を成就したまう』と。

明耳根悔法・明行者於普賢所請悔

是の時に行者は多宝仏の塔を見已わって、復普賢菩薩の所に至って、合掌し敬礼して、白して言せ、

『大師よ。我に悔過を教えたまえ』と。

普賢復言、
汝於多劫中、耳根因縁随逐外声、聞妙音時、心生惑著、聞悪声時、起八百種煩悩賊害。如此悪耳報得悪事。恒聞悪声、生諸攀縁。顚倒聴故、当堕悪道・辺地・邪見不聞法処。
汝於今日誦持大乗功徳海蔵。以是因縁故、見十方仏。多宝仏塔現為汝証。汝応自当説己過悪、懺悔諸罪。
是時行者聞是語已、復更合掌、

普賢説耳根悔法

普賢は復言わん、

『汝は多劫の中に於いて、耳根の因縁もて外声に随逐して、妙音を聞く時は心に惑著を生じ、悪声を聞く時は八百種の煩悩の賊害を起こす。此くの如き悪耳は報として悪事を得。恒に悪声を聞いて、諸の攀縁を生ず。顚倒して聴くが故に、当に悪道・辺地・邪見にして法を聞かざる処に堕すべし。

汝は今日に於いて、大乗の功徳海蔵を誦持す。是の因縁を以ての故に、十方の仏を見たてまつる。多宝仏の塔は、現じて汝が証と為りたまう。汝は応に自ら当に己が過悪を説くべきにして、諸罪を懺悔すべし』と。

請証正悔

是の時、行者は是の語を聞き已わって、復更に合掌し

五体投地、而作是言、

正遍知世尊。現為我証。方等経典為慈悲主。唯願観我、聴我所説。

我従多劫乃至今身、耳根因縁聞声惑著、如膠著草。聞諸悪時、起煩悩毒、処処惑著、無暫停時。出此弊声、労我識神、墜堕三塗。今始覚知、向諸世尊、発露懺悔。

既懺悔已、見多宝仏放大光明。其光金色、遍照東方及十方界。無量諸仏身真金色。

て、五体を地に投じて、是の言を作せ、

『正遍知世尊よ。現じて我が証と為りたまえ。方等経典は、為れ慈悲の主なり。唯願わくは我を観、我が説く所を聴きたまえ。

我は多劫従り、乃ち今身に至るまで、耳根の因縁もて声を聞いて惑著すること、膠の草に著くが如し。諸の悪を聞く時は、煩悩の毒を起こし、処処に惑著して、暫くも停まる時無し。此の弊声を出だして、我が識神を労し、三塗に墜堕す。今始めて覚知して、諸の世尊に向かいたてまつって、発露・懺悔す』と。

明多宝如来及分身諸仏示讃歎

既に懺悔し已わって、多宝仏の大光明を放ちたまうを見たてまつらん。其の光は金色にして、遍く東方、及び十方界を照らしたまう。無量の諸仏の身は、真金の色なり。

東方空中作是唱言、
此仏世尊号曰善徳。亦有無数分身諸仏、坐宝樹下師子座上、結跏趺坐。
是諸世尊一切皆入普現色身三昧、皆作是言讃言、
善哉善哉。善男子。汝今読誦大乗経典。汝所誦者、是仏境界。
説是語已、普賢菩薩復更為説懺悔之法、
汝於先世無量劫中、以貪香故、分別諸識処処貪著、堕落生死。

東方の空中に是の唱を作して言わん、

『此の仏世尊を、号づけて善徳と曰う。亦無数の分身の諸仏有って、宝樹の下の師子座の上に坐して、結跏趺坐したまえり』と。

是の諸の世尊は、一切皆普現色身三昧に入りたまい、皆是の言を作して讃めて言わん、

『善き哉、善き哉。善男子よ。汝は今、大乗経典を読誦す。汝が誦する所は、是れ仏の境界なり』と。

明鼻根悔法・結前　為行者教鼻根罪過

是の語を説き已りなば、普賢菩薩は復更に為に懺悔の法を説かん、

『汝は先世無量劫の中に於いて、香を貪るを以ての故に、分別の諸識もて処処に貪著して、生死に堕落せり。

汝今応当観大乗因。大乗因者、
諸法実相。
聞是語已、五体投地、復更懺
悔。
既懺悔已、当作是語、
南無釈迦牟尼仏、南無多宝仏
塔、南無十方釈迦牟尼仏分身諸
仏。
作是語已、遍礼十方仏、
南無東方善徳仏及分身諸仏。
如眼所見、一一心礼、香華供
養、供養畢已、胡跪合掌、以種

汝は今、応当に大乗の因を観ずべし。大乗の因とは、
諸法実相なり』と。
行者正悔
是の語を聞き已わって、五体を地に投じて、復更に懺
悔せよ。
行者歎世尊徳
既に懺悔し已わって、当に是の語を作すべし、
『南無釈迦牟尼仏、南無多宝仏塔、南無十方釈迦牟尼
仏分身諸仏』と。
是の語を作し已わって、遍く十方の仏を礼したてまつれ、
『南無東方善徳仏、及び分身諸仏』と。
眼に見る所の如くして、一一に心もて礼し、香華もて
供養し、供養すること畢已わって、胡跪し合掌して、種

種偈讃歎諸仏。
既讃歎已、説十悪業、懺悔諸罪。既懺悔已、而作是言、
我於先世無量劫時、貪香・味・触、造作衆悪。以是因縁、無量世来、恒受地獄・餓鬼・畜生・辺地・邪見諸不善身。如此悪業、今日発露、帰向諸仏正法之王、説罪懺悔。
既懺悔已、身心不懈、復更読誦大乗経典。大乗力故、空中有声告言、

種の偈を以て、諸仏を讃歎したてまつれ。

行者更復悔十悪

既に讃歎し已わって、十悪業を説いて、諸罪を懺悔せよ。既に懺悔し已わって、是の言を作せ、
『我は先世無量劫の時に於いて、香・味・触を貪って、衆悪を造作せり。是の因縁を以て、無量世より来、恒に地獄・餓鬼・畜生・辺地・邪見の諸の不善の身を受く。此くの如き悪業をば、今日発露し、諸仏正法の王に帰向したてまつって、説罪懺悔す』と。

明舌根悔法・明舌根悔

既に懺悔し已わって、身心懈らずして、復更に大乗経典を読誦せよ。大乗の力の故に、空中に声有って告げて言わん、

法子。汝今応当向十方仏、讃説大乗法、於諸仏前自説己過。諸仏如来是汝慈父。汝当自説舌根所作不善悪業、此舌根者、動悪業想、妄言綺語、悪口両舌、誹謗妄語、讃歎邪見語、説無益語。如是衆多諸雑悪業、闘遘壊乱、法説非法。如是衆罪、今悉懺悔。諸世雄前、作是語已、五体投地、遍礼十方仏、合掌長跪、当作是語、

『法の子よ。汝は今、応当に十方の仏に向かいたてまつって、大乗の法を讃説し、諸仏の前に於いて、自ら己が過を説くべし。諸仏如来は、是れ汝が慈父なり。汝は当に自ら舌根の作す所の不善悪業を説くべし、〈此の舌根は、悪業の想いに動ぜられて、妄言綺語、悪口両舌、誹謗妄語し、邪見の語を讃歎し、無益の語を説く。是くの如き衆多の諸の雑悪業は、闘遘壊乱し、法を非法と説く。是くの如き衆罪をば、今悉く懺悔す〉』と。

諸の世雄の前にて、是の語を作し已わって、五体を地に投じて、遍く十方の仏を礼したてまつり、合掌し長跪して、当に是の語を作すべし、

此舌過患無量無辺。諸悪業刺従舌根出。断正法輪、従此舌起。如此悪舌断功徳種。於非義中、多端強説、讃歎邪見、如火益薪。猶如猛火傷害衆生。如飲毒者無瘡疣死。如此罪報、悪邪不善、当堕悪道、百劫千劫。以妄語故、堕大地獄。我今帰向南方諸仏、発露過罪。

作是念時、空中有声、

南方有仏、名旃檀徳。彼仏亦有無量分身。一切諸仏皆説大乗、

『此の舌の過患は、無量無辺なり。諸の悪業の刺は、舌根従り出ず。正法輪を断ずることは、此の舌従り起こる。此くの如き悪舌は、功徳の種を断ず。非義の中に於いて、多端に強いて説き、邪見を讃歎すること、火に薪を益すが如し。猶猛火の衆生を傷害するが如し。毒を飲める者の瘡疣無くして死するが如し。此くの如き罪報は、悪邪不善にして、当に悪道に堕すること、百劫千劫なるべし。妄語を以ての故に、大地獄に堕す。我は今、南方の諸仏に帰向したてまつって、過罪を発露せん』と。

異聖教誡心復悔

是の念を作す時、空中に声有らん、

『南方に仏有して、旃檀徳と名づけたてまつる。彼の仏に亦無量の分身有す。一切の諸仏は、皆大乗を説いて、

除滅罪悪。如此衆罪、今向十方無量諸仏大悲世尊、発露黒悪、誠心懺悔。

説是語已、五体投地、復礼諸仏。

是時諸仏復放光明、照行者身、令其身心自然歓喜、発大慈悲、普念一切。爾時諸仏広為行者、説大慈悲及喜捨法、亦教愛語、修六和敬。爾時行者聞此教勅已、心大歓喜、復更誦習、終不懈息。

罪悪を除滅したまう。此くの如き衆罪をば、今、十方無量の諸仏、大悲世尊に向かいたてまつって、黒悪を発露し、誠心に懺悔せよ』と。

是の語を説き已わりなば、五体を地に投じて、復諸仏を礼したてまつれ。

是の時、諸仏は復光明を放って、行者の身を照らして、其の身心をして自然に歓喜せしめ、大慈悲を発し、普く一切を念ぜしめん。爾の時、諸仏は広く行者の為に、大慈悲、及び喜捨の法を説き、亦愛語を教え、六和敬を修せしめん。爾の時、行者は此の教勅を聞き已わって、心は大いに歓喜して、復更に誦習して、終に懈息せざらん。

空中復有微妙音声、出如是言、汝今応当身心懺悔。身者殺・盗・婬、心者念諸不善。造十悪業及五無間、猶如猨猴、亦如黐膠、処処貪著、遍至一切六情根中。此六根業枝条華葉、悉満三界二十五有一切生処。亦能増長無明・老・死十二苦事。八邪・八難、無不逕中。汝今応当懺悔如是悪不善業。

爾時行者聞此語已、問空中声、

明身心二根悔法・聖人勧懺悔身心二根罪過

空中に復微妙の音声有って、是くの如き言を出ださん、『汝は今、応当に身心に懺悔すべし。身とは殺・盗・婬、心とは諸の不善を念ず。十悪業、及び五無間を造ること、猶猨猴の如く、亦黐膠の如く、処処に貪著して、遍く一切の六情根の中に至る。此の六根の業、枝条華葉は、悉く三界、二十五有、一切の生処に満てり。亦能く無明・老・死の十二の苦事を増長す。八邪・八難は、中に逕ざること無し。汝は今、応当に是くの如き悪不善の業を懺悔すべし』と。

行者聞懺悔処

爾の時、行者は此の語を聞き已わって、空中の声に問いたてまつれ、

我今何処行懺悔法。
時空中声即説是語、
釈迦牟尼仏名毘盧遮那遍一切処。其仏住処名常寂光。常波羅蜜所摂成処、我波羅蜜所安立処、浄波羅蜜滅有相処、楽波羅蜜不住身心相処、不見有無諸法相処、如寂解脱乃至般若波羅蜜。是色常住法故。如是応当観十方仏。
時十方仏各申右手、摩行者頭、作如是言、

『我は今、何れの処にてか懺悔の法を行ぜん』と。

聖人挙法答行者

時に空中の声は、即ち是の語を説かん、
『釈迦牟尼仏は、毘盧遮那遍一切処と名づけたてまつる。其の仏の住処は、常寂光と名づく。常波羅蜜に摂成せられたる処、我波羅蜜に安立せられたる処、浄波羅蜜の有相を滅せる処、楽波羅蜜の身心の相に住せざる処、有無の諸法の相を見ざる処、如寂解脱、乃至般若波羅蜜なり。是の色は常住の法なるが故なり。是くの如く応当に十方の仏を観じたてまつるべし』と。

明十方諸仏説甚深大悔法

時に十方の仏は、各右の手を申べて、行者の頭を摩でて、是くの如き言を作したまわん、

善哉善哉。善男子。汝今読誦大乗経、故十方諸仏説懺悔法。菩薩所行、不断結使、不住使海。観心無心。従顚倒想起。

如此相心従妄想起。如空中風無依止処。如是法相不生不没。何者是罪、何者是福、我心自空、罪・福無主。一切法如是無住無壊。如是懺悔、観心無心。法不住法中。諸法解脱、滅諦、寂静。如是相者、名大懺悔、名大荘厳懺悔、名無罪相懺悔、名破壊心

『善き哉、善き哉。善男子よ。汝は今、大乗経を読誦するが故に、十方の諸仏は懺悔の法を説きたまう。菩薩の行ずる所は、結使を断ぜず、使海に住せず。心を観ずるに心無し。顚倒の想い従り起こる。

此くの如き相の心は、妄想従り起こる。空中の風の依止する処無きが如し。是くの如き法相は、生ぜず没せず。何者か是れ罪、何者か是れ福、我が心は自ずから空なれば、罪・福も主無し。一切の法は是くの如く住無く壊無し。是くの如き懺悔は、心を観ずるに心無し。法も法の中に住せず。諸法は解脱、滅諦、寂静なり。是くの如き相をば、大懺悔と名づけ、大荘厳懺悔と名づけ、無罪相懺悔と名づけ、破壊心識と名づく。此の懺悔を行ぜば、

識。行此懺悔者、身心清浄、不住法中、猶如流水。念念之中得見普賢菩薩及十方仏。時諸世尊以大悲光明、為於行者説無相法。行者聞説第一義空。行者聞已、心不驚怖。応時即入菩薩正位。

仏告阿難、如是行者、名為懺悔。此懺悔者、十方諸仏諸大菩薩所行懺悔法。

仏告阿難、

身心清浄にして、法の中に住せざること、猶流水の如し。念念の中に普賢菩薩、及び十方の仏を見たてまつることを得ん』と。

明諸仏説無相法
時に諸の世尊は、大悲光明を以て、行者の為に無相の法を説きたまわん。行者は第一義空を説きたまうを聞きたてまつらん。行者は聞き已わって、心は驚怖せず。応時に即ち菩薩の正位に入らん」と。

挙前総結
仏は阿難に告げたまわく、「是くの如く行ずるをば、名づけて懺悔と為す。此の懺悔とは、十方の諸仏、諸大菩薩の行ずる所の懺悔の法なり」と。

勧物令修分・明大乗力甚深行者当応誦
仏は阿難に告げたまわく、

仏滅度後、仏諸弟子若有懺悔悪不善業、但当誦読大乗経典。此方等経是諸仏眼。諸仏因是得具五眼。仏三種身従方等生。是大法印。印涅槃海。如此海中能生三種仏清浄身。此三種身人天福田、応供中最。

其有誦読大乗方等経典、当知此人具仏功徳、諸悪永滅、従仏慧生。

爾時世尊而説偈言、

若有眼根悪　業障眼不浄

挙滅悪生善故顕大乗力・明大乗勝故滅悪生善

「仏滅度して後に、仏の諸の弟子は、若し悪不善業を懺悔すること有らば、但当に大乗経典を誦読すべきのみ。此の方等経は、是れ諸仏の眼なり。諸仏は是に因って五眼を具することを得たまえり。仏の三種の身は、方等従り生ず。是れ大法印なり。涅槃海を印す。此くの如き海中より能く三種の仏の清浄の身を生ず。此の三種の身は、人天の福田、応供の中の最なり。

其れ大乗方等経典を誦読すること有らば、当に知るべし、此の人は仏の功徳を具し、諸悪は永く滅して、仏慧従り生ず」と。

明読誦正念滅悪生善・挙六根滅悪生善

爾の時、世尊は而も偈を説いて言わく、

若し眼根の悪有って　業障の眼は不浄ならば

但当誦大乗　思念第一義
是名懺悔眼　尽諸不善業
耳根聞乱声　壊乱和合義
由是起狂心　猶如癡猨猴
但常誦大乗　観法空無相
永尽一切悪　天耳聞十方
鼻根著諸香　随染起諸触
如此狂惑鼻　随染生諸塵
若誦大乗経　観法如実際
永離諸悪業　後世不復生
舌根起五種　悪口不善業
若欲自調順　応勤修慈悲

但当に大乗を誦し　第一義を思念すべきのみ
是を眼を懺悔して　諸の不善業を尽くすと名づく
耳根は乱声を聞いて　和合の義を壊乱す
是に由って狂心を起こすこと　猶癡かなる猨猴の如し
但常に大乗を誦し　法の空無相を観ぜよ
永く一切の悪を尽くして　天耳もて十方を聞かん
鼻根は諸香に著して　染に随って諸の触を起こす
此くの如き狂惑の鼻は　染に随って諸塵を生ず
若し大乗経を誦し　法の如実際を観ぜば
永く諸の悪業を離れて　後世に復生ぜじ
舌根は五種の　悪口の不善業を起こす
若し自ら調順せんと欲せば　応に勤めて慈悲を修し

思法真寂義　無諸分別想
心根如猨猴　無有暫停時
若欲折伏者　当勤誦大乗
念仏大覚身　力無畏所成
身為機関主　如塵随風転
六賊遊戯中　自在無罣閡
若欲滅此悪　永離諸塵労
常処涅槃城　安楽心憺怕
当誦大乗経　念諸菩薩母
無量勝方便　従思実相得
如此等六法　名為六情根
一切業障海　皆従妄想生

法の真寂の義を思って　諸の分別の想い無かるべし
心根は猨猴の如くにして　暫くも停まる時有ること無し
若し折伏せんと欲せば　当に勤めて大乗を誦し
仏の大覚身　力・無畏の成ずる所を念じたてまつるべし
身は為れ機関の主にして　塵の風に随って転ずるが如し
六賊は中に遊戯して　自在にして罣閡無し
若し此の悪を滅して　永く諸の塵労を離れ
常に涅槃の城に処し　安楽にして心は憺怕ならんと欲せば
当に大乗経を誦して　諸の菩薩の母を念ずべし
総結
無量の勝方便は　実相を思うこと従り得
此くの如き等の六法を　名づけて六情根と為す
一切の業障海は　皆妄想従り生ず

若欲懺悔者　端坐思実相
衆罪如霜露　慧日能消除
是故応至心　懺悔六情根
説是偈已、仏告阿難、
汝今持是懺悔六根観普賢菩薩法、普為十方諸天・世人広分別説。
仏滅度後、仏諸弟子若有受持・読誦・解説方等経典、応於静処、若塚間、若樹下、阿練若処、読誦方等、思大乗義。
念力強故、得見我身、及多宝

若し懺悔せんと欲せば　端坐して実相を思え
衆罪は霜露の如く　慧日は能く消除す
是の故に応に至心に　六情根を懺悔すべし

〔明大乗力故聖所加被〕是の偈を説き已わって、仏は阿難に告げたまわく、

〔挙法勧説〕「汝は今、是の六根を懺悔し、普賢菩薩を観ずる法を持って、普く十方の諸天・世人の為に、広く分別して説け。

〔明修行処所〕仏滅度して後に、仏の諸の弟子は、若し方等経典を受持・読誦・解説すること有らば、応に静処の若しは塚間、若しは樹下、阿練若処に於いて、方等を読誦し、大乗の義を思うべし。

〔明被諸聖加〕念力は強きが故に、我が身、及び多宝仏の塔、十方分

仏塔、十方分身無量諸仏、普賢菩薩・文殊師利菩薩・薬王菩薩・薬上菩薩。

恭敬法故、持諸妙華、住立空中、讃歎恭敬行持法者。但誦大乗方等経、故諸仏・菩薩昼夜供養是持法者。

仏告阿難、

我与賢劫諸菩薩及十方仏、因思大乗真実義故、除却百万億阿僧祇劫生死之罪。因此勝妙懺悔法故、今於十方各得為仏。

身の無量の諸仏、普賢菩薩・文殊師利菩薩・薬王菩薩・薬上菩薩を見たてまつることを得ん。

明讃歎行者

法を恭敬するが故に、諸の妙華を持って、空中に住立して、法を行持する者を讃歎し恭敬したまわん。但大乗方等経を誦するのみなるが故に、諸仏・菩薩は昼夜に是の持法の者を供養したまわん」と。

挙昔果証常応誦念・引昔果証

仏は阿難に告げたまわく、

「我は賢劫の諸の菩薩、及び十方の仏と、大乗真実の義を思うに因るが故に、百万億阿僧祇劫の生死の罪を除却しき。此の勝妙の懺悔の法に因るが故に、今十方に於いて各仏と為ることを得たり。

若欲疾成阿耨多羅三藐三菩提者、若欲現身見十方仏及普賢菩薩、当浄澡浴、著浄潔衣、焼衆名香、在空閑処、応当誦読大乗経典、思大乗義。

仏告阿難、

若有衆生欲観普賢菩薩者、当作是観。作是観者、是名正観。若他観者、是名邪観。

仏滅度後、仏諸弟子随順仏語、行懺悔者、当知是人行普賢行。行普賢行者、不見悪相及悪業報。

正勧

若し疾く阿耨多羅三藐三菩提を成ぜんと欲せば、若し現身に十方の仏、及び普賢菩薩を見んと欲せば、当に浄く澡浴して、浄潔の衣を著、衆の名香を焼き、空閑の処に在るべく、応当に大乗経典を誦読し、大乗の義を思うべし」と。

総結前勧後

仏は阿難に告げたまわく、

「若し衆生有って普賢菩薩を観ぜんと欲せば、当に是の観を作すべし。是の観を作さば、是を正観と名づく。若し他観せば、是を邪観と名づく。

仏滅度して後に、仏の諸の弟子、仏の語に随順して、懺悔を行ぜば、当に知るべし、是の人は普賢の行を行ず。普賢の行を行ぜば、悪相、及び悪業報を見じ。其し衆生

其有衆生、昼夜六時礼十方仏、誦大乗経、思第一義甚深空法、一弾指頃除却百万億阿僧祇劫生死之罪。

行此行者、真是仏子、従諸仏生。十方諸仏及諸菩薩為其和上。是名具足菩薩戒者。不須羯磨、自然成就、応受一切人天供養。

爾時行者若欲具足菩薩戒者、応当合掌、在空閑処、遍礼十方仏、懺悔諸罪、自説己過。

然後静処白十方仏、而作是

有って、昼夜六時に十方の仏を礼したてまつり、大乗経を誦し、第一義甚深の空法を思わば、一弾指の頃に百万億阿僧祇劫の生死の罪を除却せん。

此の行を行ぜば、真に是れ仏子にして、諸仏従り生ず。十方の諸仏、及び諸の菩薩は、其の和上と為りたまわん。是を菩薩戒を具足せる者と名づく。羯磨を須いずして、自然に成就し、応に一切人天の供養を受くべし。

明応受仏善戒・明若欲受戒者礼仏懺悔

爾の時、行者は若し菩薩戒を具足せんと欲せば、応当に合掌して、空閑の処に在って、遍く十方の仏を礼したてまつり、諸罪を懺悔し、自ら己が過を説くべし。

明奉請諸聖為受戒証

然る後に静かなる処にて、十方の仏に白して、是の言

言、

諸仏世尊常住在世。我業障故、雖信方等、見仏不了。今帰依仏。

唯願釈迦牟尼仏正遍知世尊為我和上。文殊師利具大悲者。願以智慧授我清浄諸菩薩法。弥勒菩薩勝大慈日。憐愍我故、亦応聴我受菩薩法。十方諸仏。現為我証。諸大菩薩各称其名、是勝大士覆護衆生、助護我等。今日受持方等経典。乃至失命、設堕

を作せ、

『諸仏世尊は常に世に住したまう。我は業障の故に、方等を信ずと雖も、仏を見たてまつること了らかならず。今、仏に帰依したてまつる。

唯願わくは釈迦牟尼仏正遍知世尊よ、我が和上と為りたまえ。文殊師利具大悲者よ。願わくは智慧を以て我に清浄の諸の菩薩の法を授けたまえ。弥勒菩薩勝大慈日よ。我を憐愍するが故に、亦応に我が菩薩の法を受くることを聴したまうべし。十方の諸仏よ。現じて我が証と為りたまえ。諸の大菩薩は各其の名を称して、是の勝大士は、衆生を覆護し、我等を助護したまえ。今日、方等経典を受持したてまつる。乃ち失命に至り、設い地獄に堕ちて

地獄受無量苦、終不毀謗諸仏正法。

以是因縁功徳力故、今釈迦牟尼仏為我和上。文殊師利為我阿闍梨。当来弥勒願授我法。十方諸仏願証知我。大徳諸菩薩願為我伴。

我今依大乗経典甚深妙義、帰依仏、帰依法、帰依僧。

如是三説。

帰依三宝已、次当自誓受六重法。受六重法已、次当懃修無礙

無量の苦を受くとも、終に諸仏の正法を毀謗せじ。

是の因縁、功徳力を以ての故に、今釈迦牟尼仏よ、我が和上と為りたまえ。文殊師利よ、我が阿闍梨と為りたまえ。当来の弥勒よ、願わくは我に法を授けたまえ。十方の諸仏よ、願わくは我を証知したまえ。大徳の諸の菩薩よ、願わくは我が伴と為りたまえ。

明帰羯磨正受戒体

我は今、大乗経典甚深の妙義に依って、仏に帰依し、法に帰依し、僧に帰依す』と。

是くの如く三たび説け。

明開説戒相

三宝に帰依したてまつり已わって、次に当に自ら誓って六重の法を受くべし。六重の法を受け已わって、次に当に懃め

梵行、発曠済心、受八重法。

立此誓已、於空閑処焼衆名香、散華供養一切諸仏及諸菩薩大乗方等、而作是言、

我於今日発菩提心。以此功徳普度一切。

作是語已、復更頂礼一切諸仏及諸菩薩、思方等義。

一日乃至三七日、若出家・在家、不須和上、不用諸師、不白羯磨、受持読誦大乗経典力故、普賢菩薩助発行故、是十方諸仏正法眼

て無礙の梵行を修し、曠済の心を発し、八重の法を受くべし。

明至心供養

此の誓いを立て已わって、空閑の処に於いて、衆の名香を焼き、華を散じ、一切諸仏、及び諸の菩薩、大乗方等に供養したてまつって、是の言を作せ、

『我は今日に於いて菩提心を発しつ。此の功徳を以て普く一切を度せん』と。

是の語を作し已わって、復更に一切諸仏、及び諸の菩薩を頂礼し、方等の義を思え。

明若有破戒悪深復修懺悔・明大乗能生勝法

一日乃至三七日、若しは出家・在家にても、和上を須いず、諸師を用いず、白羯磨せざれども、大乗経典を受持し読誦する力の故に、普賢菩薩の助発行の故に、是れ十方の諸仏の正法の眼目なれば、是の法に因由って、自

目、因由是法、自然成就五分法身、戒・定・慧・解脱・解脱知見。諸仏如来従此法生、於大乗経得受記莂。

是故智者、若声聞毀破三帰及五戒・八戒・比丘戒・比丘尼戒・沙弥戒・沙弥尼戒・式叉摩尼戒、及諸威儀、愚癡・不善・悪邪心故、多犯諸戒及威儀法。

若欲除滅令無過患、還為比丘、具沙門法、当勤修読方等経典、思第一義甚深空法、令此空慧与

然に五分法身、戒・定・慧・解脱・解脱知見を成就す。諸仏如来は、此の法従り生じ、大乗経に於いて記莂を受くることを得たまえり。

明大乗能滅悪・明出家人破戒悪・明所破及能破

是の故に智者、若しは声聞は、三帰、及び五戒・八戒・比丘戒・比丘尼戒・沙弥戒・沙弥尼戒・式叉摩尼戒、及び諸の威儀を毀破し、愚癡・不善・悪邪心の故に、多く諸の戒、及び威儀の法を犯さん。

明大乗能滅

若し除滅して過患無からしめ、還って比丘と為って、沙門の法を具せんと欲せば、当に勤修して方等経典を読み、第一義甚深の空法を思って、此の空慧をして心と相

心相応。当知此人於念念頃、一切罪垢永尽無余。

是名具足沙門法戒、具諸威儀。応受人天一切供養。

若優婆塞犯諸威儀、作不善事。作不善事者、所謂説仏法過悪、論説四衆所犯悪事、偸盗婬泆、無有慚愧。若欲懺悔滅諸罪者、当勤読誦方等経典、思第一義。

若王者・大臣・婆羅門・居士・長者・宰官、是諸人等、貪求無厭、作五逆罪、謗方等経、具十

応せしむべし。当に知るべし、此の人は念念の頃に於いて、一切の罪垢は永く尽きて余り無けん。
総結
是を沙門の法戒を具足し、諸の威儀を具すと名づく。応に人天の一切の供養を受くべし。
明在家失悪・総表・明人及失悪
若し優婆塞は、諸の威儀を犯し、不善の事を作さん。不善の事を作すとは、謂う所は仏法の過悪を説き、四衆の犯す所の悪事を論説し、偸盗婬泆にして、慚愧有ること無し。
明大乗能滅
若し懺悔して諸罪を滅せんと欲せば、当に懃めて方等経典を読誦し、第一義を思うべし。
別明・明人及失悪
若し王者・大臣・婆羅門・居士・長者・宰官、是の諸人等は、貪求して厭くこと無く、五逆罪を作り、方等経を誹り、十悪業を具せん。
明罪過相
是の大悪の報は、応に悪道に

悪業。是大悪報応堕悪道、遇於暴雨。必定当堕阿鼻地獄。若欲滅除此業障者、応生慚愧改悔諸罪。

仏言、

云何名刹利・居士懺悔法。刹利・居士懺悔法者、但当正心不謗三宝、不障出家、不為梵行人作悪留難。応当繫念修六念法。亦当供給・供養持大乗者、可必礼拝。応当憶念甚深経法第一義空。思是法者、是名刹利・居士

堕し、暴雨に遇うべし。必定して当に阿鼻地獄に堕つべし。若し此の業障を滅除せんと欲せば、応に慚愧を生じて、諸罪を改悔すべし」と。

明応疾悔

仏の言わく、

総結釈（明五懺悔法）

「云何なるをか刹利・居士の懺悔の法と名づくる。刹利・居士の懺悔の法とは、但当に正心にして三宝を誇らず、出家を障えず、梵行人の為に、悪の留難を作さざるべきのみ。応当に繫念して六念の法を修すべし。亦当に大乗を持つ者を供給・供養し、必ず礼拝す可し。応当に甚深の経法、第一義空を憶念すべし。是の法を思うは、是を刹利・居士の第一の懺悔を修すと名づく。

修第一懺悔。

第二懺悔者、孝養父母、恭敬師長。是名修第二懺悔法。

第三懺悔者、正法治国、不邪枉人民。是名修第三懺悔。

第四懺悔者、於六斎日勅諸境内、力所及処令行不殺、修如此法。是名修第四懺悔。

第五懺悔者、但当深信因果、信一実道、知仏不滅。是名修第五懺悔。

仏告阿難、

第二の懺悔とは、父母に孝養し、師長を恭敬す。是を第二の懺悔の法を修すと名づく。

第三の懺悔とは、正法もて国を治め、人民を邪枉せず。是を第三の懺悔を修すと名づく。

第四の懺悔とは、六斎日に於いて諸の境内に勅して、力の及ぶ所の処に不殺を行ぜしめ、此くの如き法を修す。是を第四の懺悔を修すと名づく。

第五の懺悔とは、但当に深く因果を信じ、一実の道を信じ、仏は滅したまわずと知るべきのみ。是を第五の懺悔を修すと名づく」と。

流通分・明持此法者不久得菩提
仏は阿難に告げたまわく、

於未来世、若有修習如此懺悔法時、当知此人著慚愧服、諸仏護助、不久当成阿耨多羅三藐三菩提。

説是語時、十千天子得法眼浄、弥勒菩薩等諸大菩薩及以阿難聞仏所説、歓喜奉行。

観普賢菩薩行法経

「未来世に於いて、若し此くの如き懺悔の法を修習すること有らん時、当に知るべし、此の人は慚愧の服を著、諸仏に護助せられ、久しからずして当に阿耨多羅三藐三菩提を成ずべし」と。

明衆生得益

是の語を説きたまう時、十千の天子は法眼浄を得、弥勒菩薩等の諸の大菩薩、及以び阿難は、仏の説きたまう所を聞きたてまつって、歓喜し奉行しき。

観普賢菩薩行法経

〈参考文献〉

『日蓮聖人真蹟集成　第七巻』（株式会社　法蔵館）

『定本　注法華経（上・下）』山中喜八編著（株式会社　法蔵館）

科段

図表の下の漢数字は本書の頁数を示す。

無量義経

序分（徳行品第一）

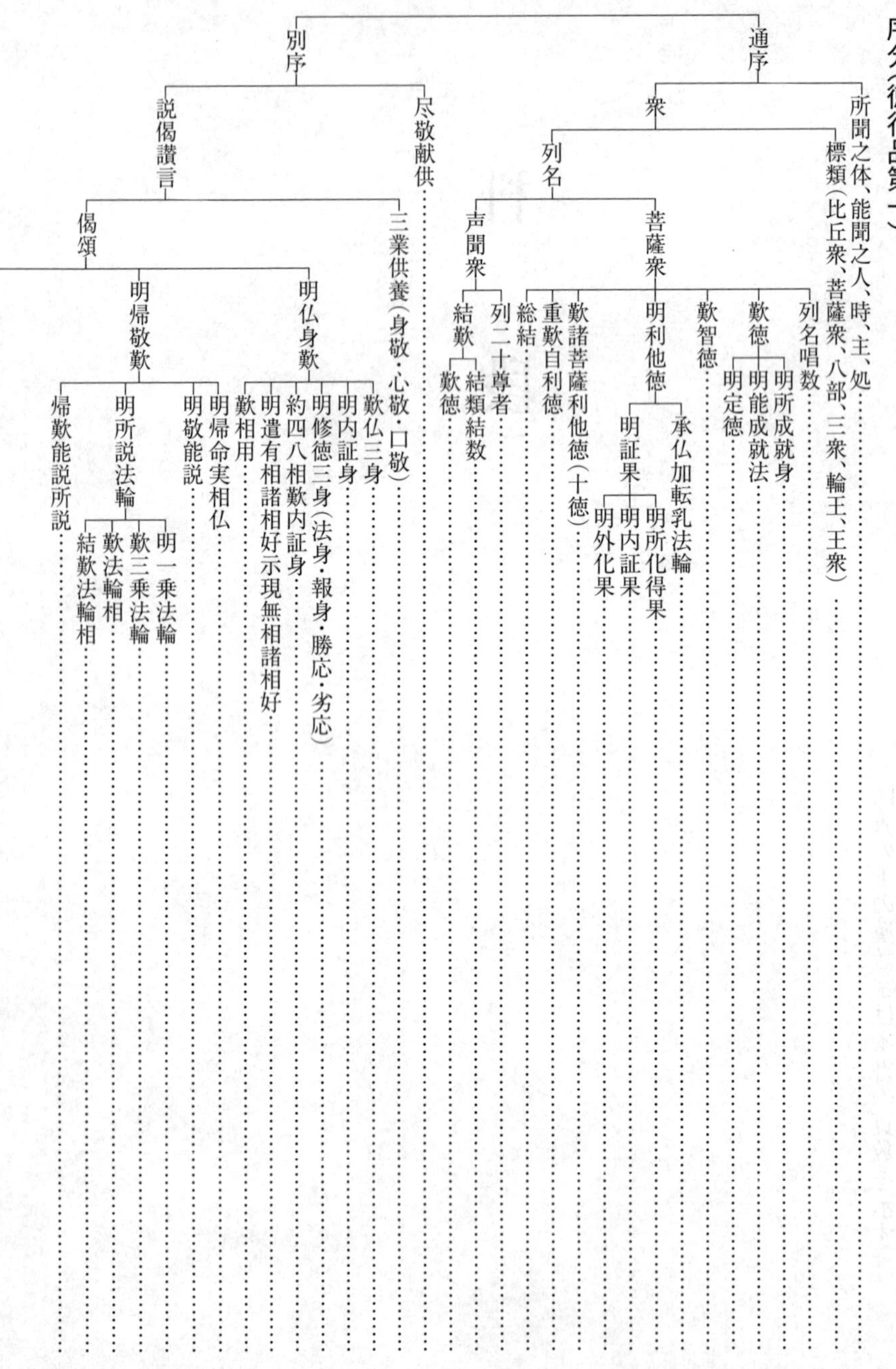

- 明仏徳歎
  - 歎仏因行徳
    - 総歎因行 …… 一八
    - 挙所化衆生 …… 一九
    - 歎仏自行六波羅蜜 …… 一九
  - 挙果満結帰
    - 歎果満 …… 二〇
    - 明結帰 …… 二〇

正宗分（説法品第二）

- ◎
  - 大衆正問分 …… 二二
  - 如来垂許分 …… 二二
  - 正発問分 …… 二三
  - 如来略答分 …… 二三
  - 重問三疑分（問一法門名、問一法門義、問一法門行） …… 二三
  - 如来広説分
    - 答三疑
      - 答名問 …… 二三
      - 答行問
        - 勧観照辞 …… 二三
        - 明無明縁起 …… 二三
        - 明成行菩薩発心 …… 二四
        - 挙遍知境 …… 二四
        - 結大四相 …… 二四
        - 明似生似滅 …… 二四
        - 明小四相 …… 二五
        - 結上事 …… 二五
        - 明起教 …… 二五
      - 答義問 …… 二五
    - 明実相之功能 …… 二五
    - 結歎
      - 挙所詮而結歎 …… 二五
      - 挙能詮而結歎 …… 二六
      - 結歎勧学 …… 二六
  - 大衆重諮
    - 歎不可思議 …… 二六
    - 明発問之所由 …… 二六
    - 挙正問
      - ○
        - 明説法之年代 …… 二七
        - 総挙不断三乗法施 …… 二七
        - 明法勝利
          - 明声聞勝利 …… 二七
          - 明縁覚勝利 …… 二七
          - 明菩薩勝利 …… 二七

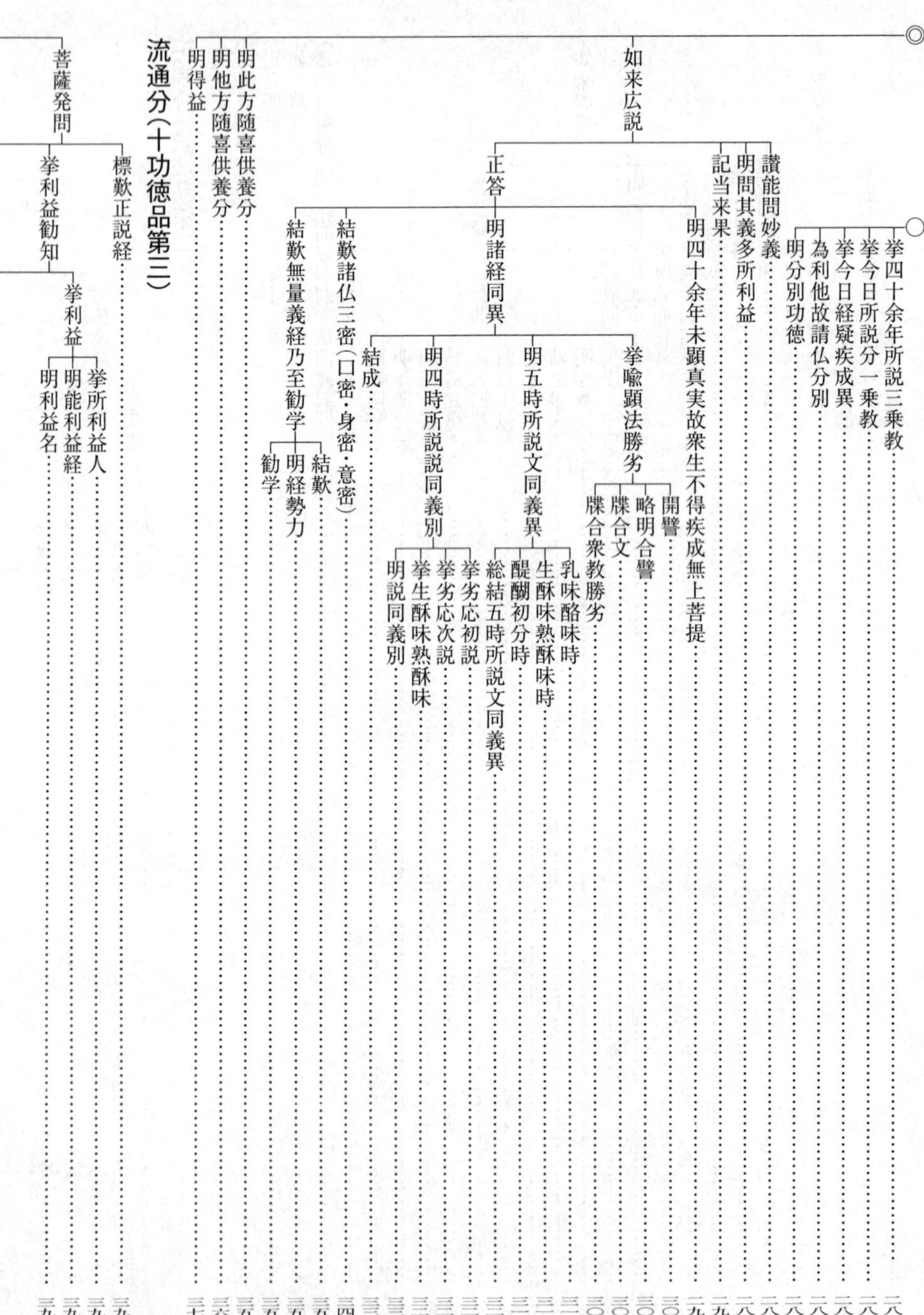

○
挙四十余年所説三乗教……二八
挙今日所説分一乗教……二八
挙今日経疑疾成異……二八
為利他故請仏分別……二八
明分別功徳……二八
◎
如来広説
讃能問妙義……二八
明問其義多所利益……二八
記当来果……二九
正答
明四十余年未顕真実故衆生不得疾成無上菩提……二九
明諸経同異
挙喩顕法勝劣
開譬……三〇
略明合譬……三〇
牒合文……三〇
牒合衆教勝劣……三〇
明五時所説文同義異
乳味酪味時……三一
生酥味熟酥味時……三一
醍醐初分時……三一
総結五時所説文同義異……三二
明四時所説説同義別
挙劣応初説……三二
挙劣応次説……三二
挙生酥味熟酥味……三二
明説同義別……三三
結成……三三
結歎諸仏三密(口密・身密・意密)……三四
結歎無量義経乃至勧学
結歎……三五
明経勢力……三五
勧学……三五
明此方随喜供養分……三五
明他方随喜供養分……三六
明得益……三七
流通分(十功徳品第三)
菩薩発問
標歎正説経……三九
挙利益勧知
挙利益
挙所利益人……三九
明能利益経……三九
明利益名……三九

- 勧知
  - 歎経徳……四〇
  - 釈利益所由……四〇
- 明得聞不得聞之利失……四〇
- 為衆発問
  - 歎経請説……四一
  - 正問是経来至住……四一

◎
- 如来答
  - 歎領解及是経徳……四一
  - 牒先問勧聴……四二
  - 正答
    - 明所来処(諸仏大慈悲)……四二
    - 明所到処……四二
    - 明所住処……四二
  - 明功徳
    - 明功徳之所由……四二
    - 結功徳力之能有……四三
    - 明直道能成……四三
- 如来試問……四三
- 大荘厳欲聞奉答……四三
- 如来正答
  - 明十不思議功徳力
    - 第一浄心不思議力……四三
    - 第二義生不思議力……四五
    - 第三船師不思議力……四六
    - 第四王子不思議力……四八
    - 第五竜子不思議力……五〇
    - 第六治等不思議力……五一
    - 第七封賞不思議力……五三
    - 第八得忍不思議力……五五
    - 第九抜済不思議力……五六
    - 第十登地不思議力……五八
  - 結十功徳力
    - 結得名之義……六〇
    - 結歎力能……六〇
- 明大荘厳菩薩領解
  - 経家之辞……六〇
  - 領解説法品経……六〇
  - 解領十功徳不思議力……六一
  - 重讃時会得益……六一
- 現瑞相供養会三宝
  - 明此土供養……六二
  - 明彼土東方瑞相供養……六二
  - 明九方瑞相供養……六三

- ◎
  - 付嘱大荘厳菩薩
    - 経家之辞……六三
    - 明勧学守護二流通……六三
    - 明広行流通……六四
    - 明流通自利益……六四
  - 時会大衆敬受仏勅滅後弘経段
    - 経家之辞
      - 明大衆敬仏威儀……六四
      - 答仏勅……六四
    - 明聴説経受仏勅者……六四
    - 明滅後普令一切修十正行……六五
    - 明奉慰如来大悲……六五
    - 明奉慰之所由……六五
  - 讃歎流通
    - 経家之辞……六五
    - 歎受職之子……六五
    - 歎抜苦与楽之功……六五
    - 歎応供無損之力……六五
    - 歎大良導師之智……六五
    - 歎禅定福徳之処……六六
    - 歎財法無畏之施……六六
  - 大衆歓喜受持……六六

妙法蓮華経 総科

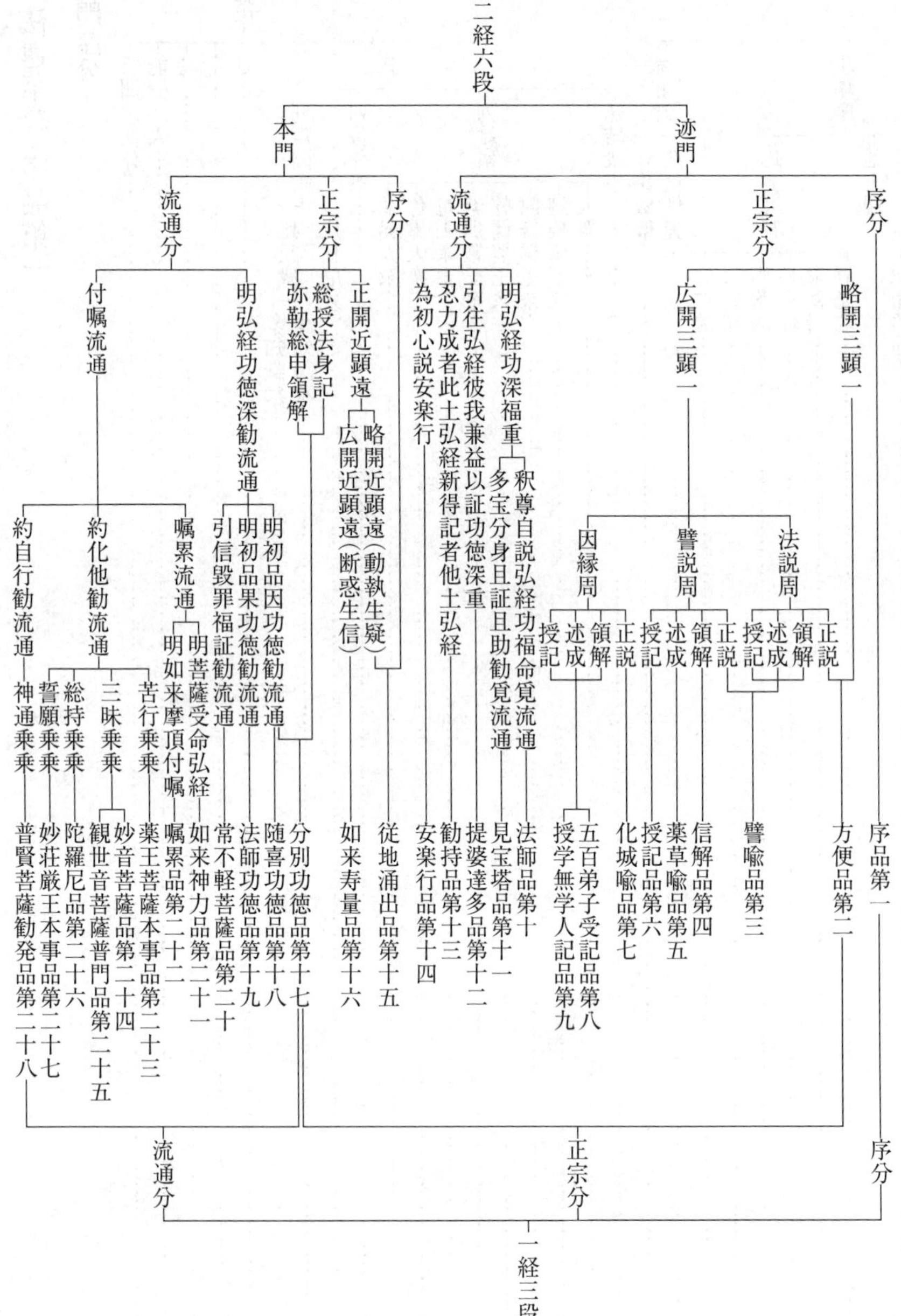
二経六段
迹門
本門
序分
正宗分
流通分
略開三顕一
広開三顕一
法説周
譬説周
因縁周
正説
領解
述成
授記
正説
領解
述成
授記
正説
領解
述成
授記
明弘経功深福重
引往弘経彼我兼益以証功徳深重
忍力成者此土弘経新得記者他土弘経
為初心説安楽行
釈尊自説弘経功福命覓流通
多宝分身且証且助勧覓流通
序分
正宗分
流通分
正開近顕遠
略開近顕遠(動執生疑)
広開近顕遠(断惑生信)
総授法身記
弥勒総申領解
明弘経功徳深勧流通
付嘱流通
明初品因功徳勧流通
明初品果功徳勧流通
引信毀罪福証勧流通
嘱累流通
約化他勧流通
約自行勧流通
明菩薩受命弘経
明如来摩頂付嘱
苦行乗乗
三昧乗乗
総持乗乗
誓願乗乗
神通乗乗
序品第一
方便品第二
譬喩品第三
信解品第四
薬草喩品第五
授記品第六
化城喩品第七
五百弟子受記品第八
授学無学人記品第九
法師品第十
見宝塔品第十一
提婆達多品第十二
勧持品第十三
安楽行品第十四
従地涌出品第十五
如来寿量品第十六
分別功徳品第十七
随喜功徳品第十八
法師功徳品第十九
常不軽菩薩品第二十
如来神力品第二十一
嘱累品第二十二
薬王菩薩本事品第二十三
妙音菩薩品第二十四
観世音菩薩普門品第二十五
陀羅尼品第二十六
妙荘厳王本事品第二十七
普賢菩薩勧発品第二十八
序分
正宗分
流通分
一経三段

妙法蓮華経　序品第一

迹門序分

- 通序
  - 所聞之法体 …… 七〇
  - 能持之人 …… 七〇
  - 時 …… 七〇
  - 主 …… 七〇
  - 処 …… 七〇
  - 衆
    - 列声聞衆
      - 比丘衆
        - 多知識衆 …… 七〇
        - 少知識衆 …… 七一
      - 比丘尼衆 …… 七一
    - 列菩薩衆 …… 七一
    - 列雑衆
      - 欲界天衆 …… 七三
      - 色界天衆 …… 七三
      - 竜王衆 …… 七三
      - 緊那羅王衆 …… 七四
      - 乾闥婆王衆 …… 七四
      - 阿修羅王衆 …… 七四
      - 迦楼羅王衆 …… 七五
      - 人衆 …… 七五
    - 総結衆集 …… 七五
- 衆集序
  - 衆集威儀 …… 七五
  - 衆集供養 …… 七五
- 現瑞序
  - 此土六瑞
    - 説法瑞 …… 七五
    - 入定瑞 …… 七六
    - 雨華瑞 …… 七六
    - 地動瑞 …… 七六
    - 衆喜瑞 …… 七六
    - 放光瑞 …… 七七
  - 他土瑞
    - 総相照他土 …… 七七
    - 明光照他土六瑞 …… 七七

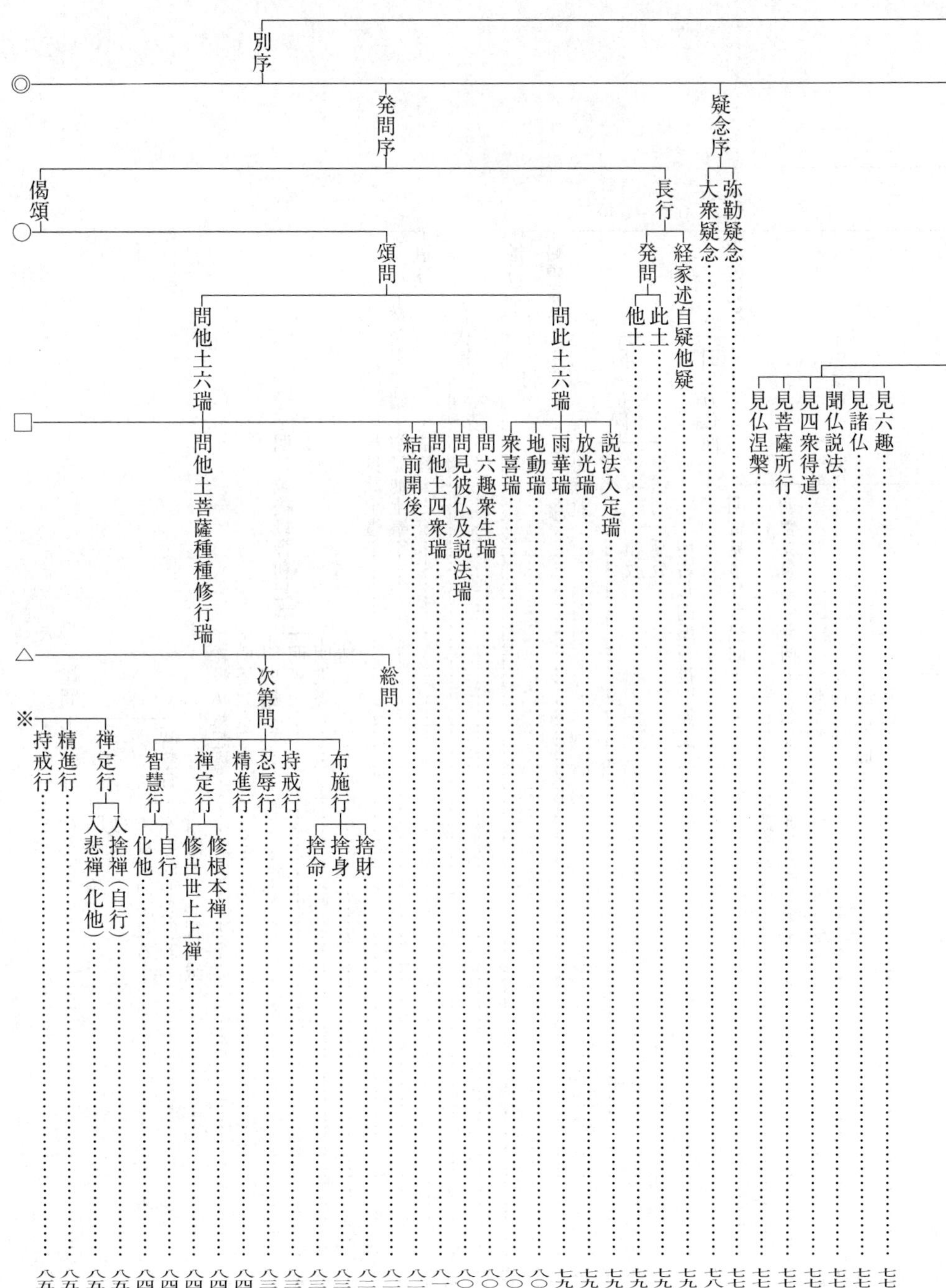

別序
発問序
疑念序
偈頌
長行
大衆疑念
弥勒疑念
頌問
発問
経家述自疑他疑
問他土六瑞
問此土六瑞
他土
此土
見仏涅槃
見菩薩所行
見四衆得道
聞仏説法
見諸仏
見六趣
問他土菩薩種種修行瑞
結前開後
問他土四衆瑞
問見彼仏及説法瑞
問六趣衆生瑞
衆喜瑞
地動瑞
雨華瑞
放光瑞
説法入定瑞
次第問
総問
持戒行
精進行
禅定行
入悲禅(化他)
入捨禅(自行)
智慧行
禅定行
精進行
忍辱行
持戒行
布施行
化他
自行
修出世上上禅
修根本禅
捨命
捨身
捨財
八五 八五 八五 八五 八四 八四 八四 八四 八四 八三 八三 八三 八三 八二 八二 八二 八一 八〇 八〇 八〇 八〇 七九 七九 七九 七九 七九 七九 七八 七七 七七 七七 七七 七七 七七 七七

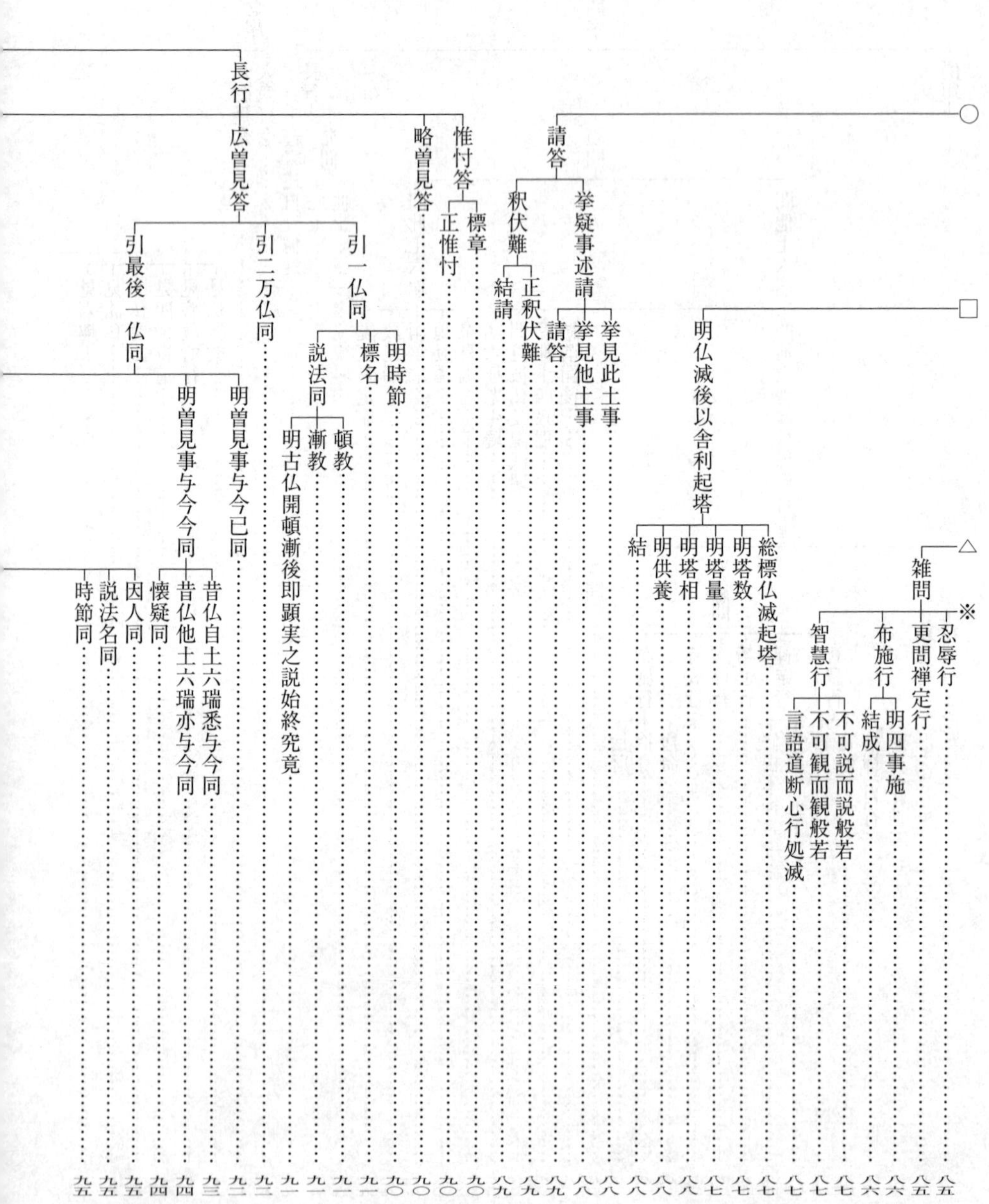

◎
○
請答
挙疑事述請
挙見此土事
挙見他土事
請答
釈伏難
正釈伏難
結請
惟忖答
標章
正惟忖
略曾見答
長行
広曾見答
引一仏同
明時節
標名
説法同
頓教
漸教
明古仏開頓漸後即顕実之説始終究竟
引二万仏同
引最後一仏同
明曾見事与今已同
明曾見事与今今同
昔仏自土六瑞悉与今同
昔仏他土六瑞亦与今同
懐疑同
因人同
説法名同
時節同
□
明仏滅後以舎利起塔
総標仏滅起塔
明塔数
明塔量
明塔相
明供養
結
△
雑問
※
忍辱行
更問禅定行
布施行
明四事施
結成
智慧行
不可説而説般若
不可観而観般若
言語道断心行処滅
八五 八五 八六 八六 八七 八七 八七 八七 八七 八七 八八 八八 八八 八八 八九 八九 八九 九〇 九〇 九〇 九〇 九一 九一 九一 九一 九二 九二 九三 九四 九四 九五 九五 九五

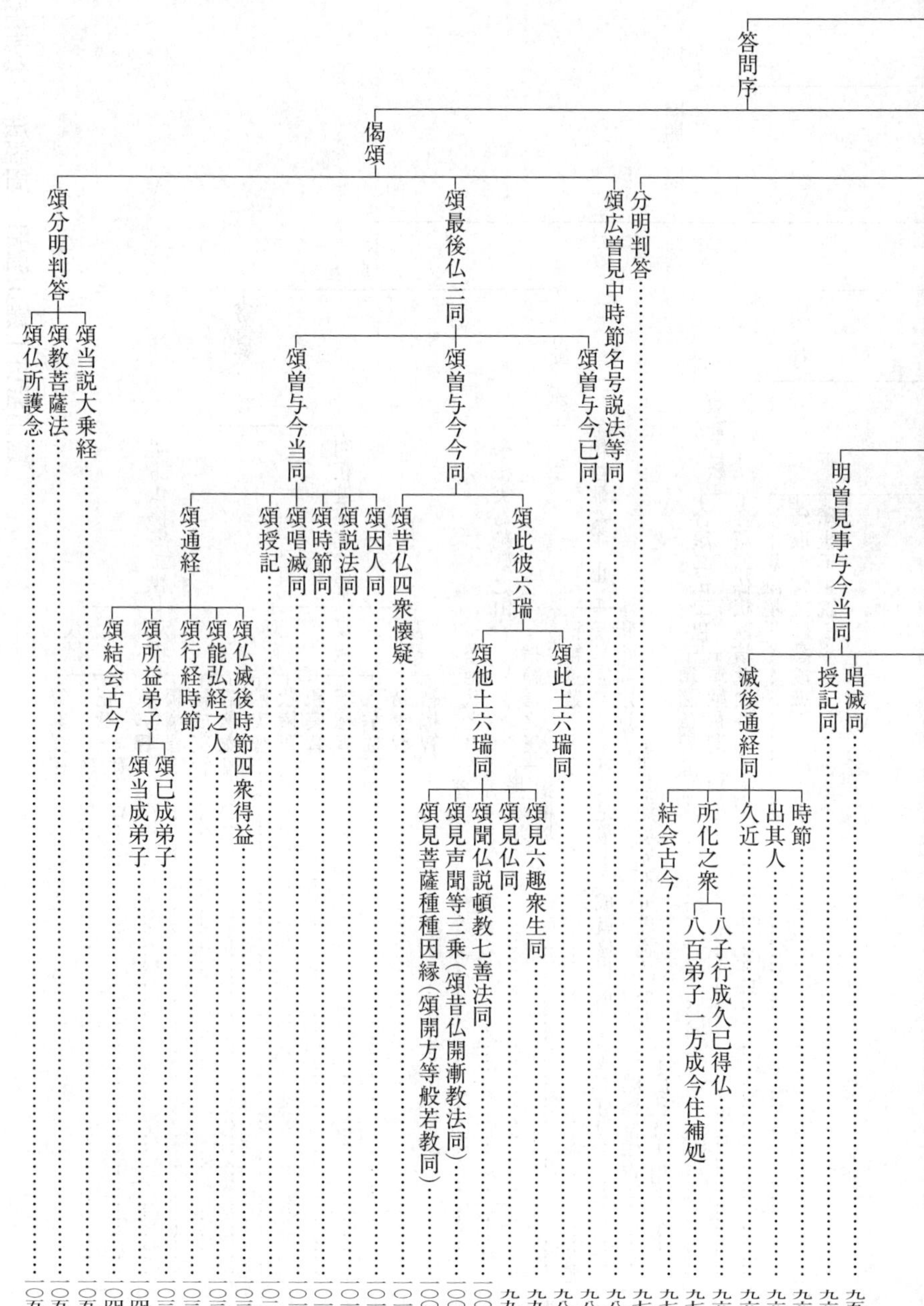
答問序
唱滅同……九五
授記同……九六
明曾見事与今当同
時節……九六
出其人……九六
久近……九六
滅後通経同
所化之衆
八子行成久已得仏……九六
八百弟子一方成今住補処……九七
結会古今……九七
分明判答……九七
偈頌
頌広曾見中時節名号説法等同……九八
頌最後仏三同
頌曾与今已同……九八
頌曾与今今同
頌此彼六瑞
頌此土六瑞同……九八
頌他土六瑞同
頌見六趣衆生同……九九
頌見仏同……九九
頌聞仏説頓教七善法同……一〇〇
頌見声聞等三乗(頌昔仏開漸教法同)……一〇〇
頌見菩薩種種因縁(頌開方等般若教同)……一〇〇
頌昔仏四衆懐疑……一〇一
頌曾与今当同
頌因人同……一〇一
頌説法同……一〇一
頌時節同……一〇一
頌唱滅同……一〇一
頌授記……一〇二
頌通経
頌仏滅後時節四衆得益……一〇三
頌能弘経之人……一〇三
頌行経時節……一〇三
頌所益弟子
頌已成弟子……一〇三
頌当成弟子……一〇四
頌結会古今……一〇四
頌分明判答
頌当説大乗経……一〇五
頌教菩薩法……一〇五
頌仏所護念……一〇五

妙法蓮華経　方便品第二

迹門正宗分・法説周・略開三顕一広開三顕一

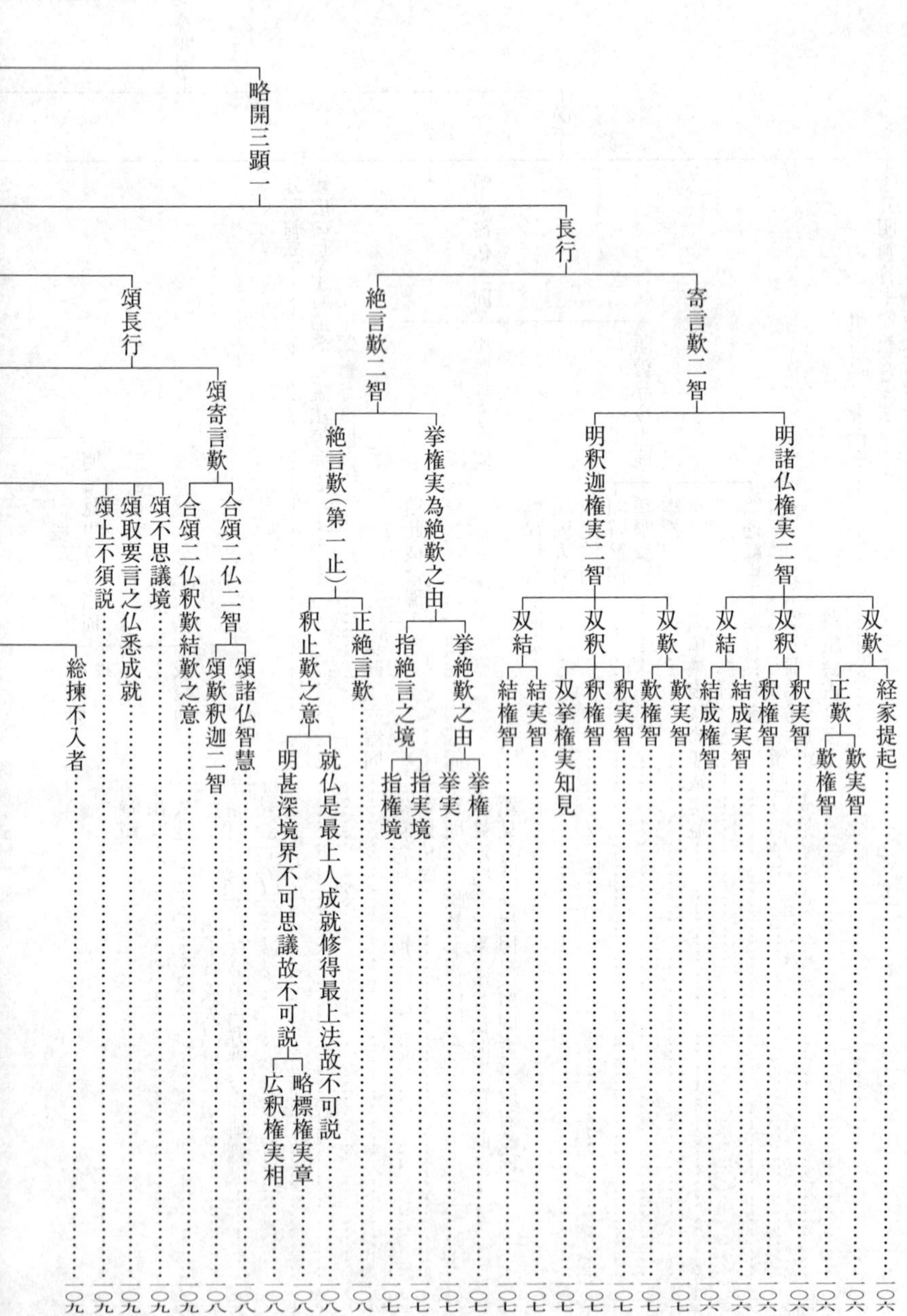

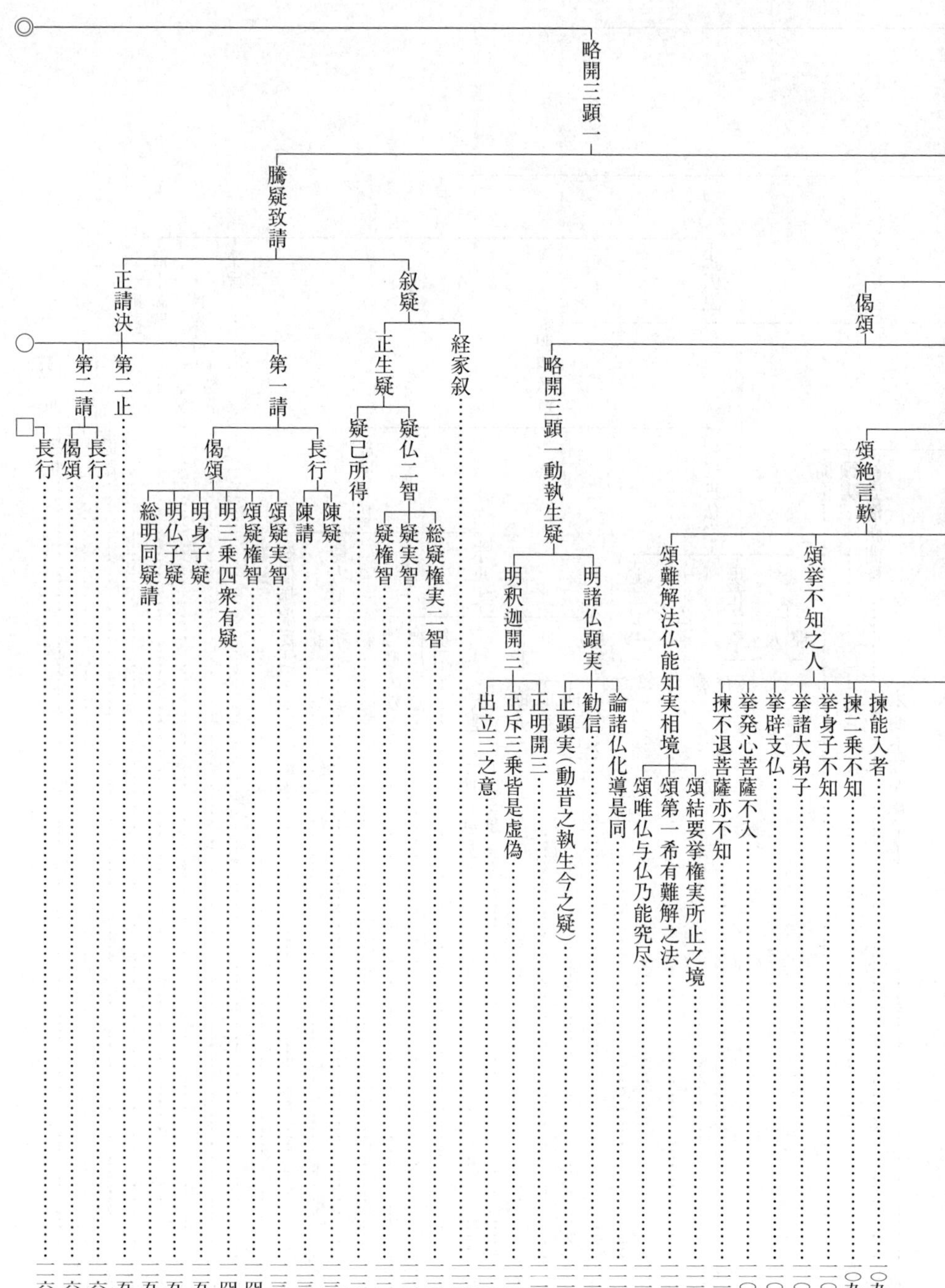

略開三顕一
騰疑致請
叙疑
経家叙
正生疑
疑仏二智
総疑権実二智
疑実智
疑権智
疑己所得
正請決
第一請
長行
陳疑
陳請
偈頌
頌疑実智
頌疑権智
明三乗四衆有疑
明身子疑
明仏子疑
総明同疑請
第二止
第二請
長行
偈頌
長行
偈頌
略開三顕一動執生疑
明諸仏顕実
論諸仏化導是同
勧信
正顕実（動昔之執生今之疑）
明釈迦開三
正明開三
正斥三乗皆是虚偽
出立三之意
頌絶言歎
頌挙不知之人
揀能入者
揀二乗不知
挙身子不知
挙諸大弟子
挙辟支仏
挙発心菩薩不入
揀不退菩薩亦不知
頌難解法仏能知実相境
頌結要挙権実所止之境
頌第一希有難解之法
頌唯仏与仏乃能究尽
一〇九
一〇九
一一〇
一一〇
一一〇
一一〇
一一〇
一一一
一一一
一一一
一一一
一一一
一一二
一一二
一一二
一一二
一一三
一一三
一一三
一一三
一一三
一一三
一一三
一一三
一一三
一一四
一一四
一一五
一一五
一一五
一一五
一一六
一一六
一一六

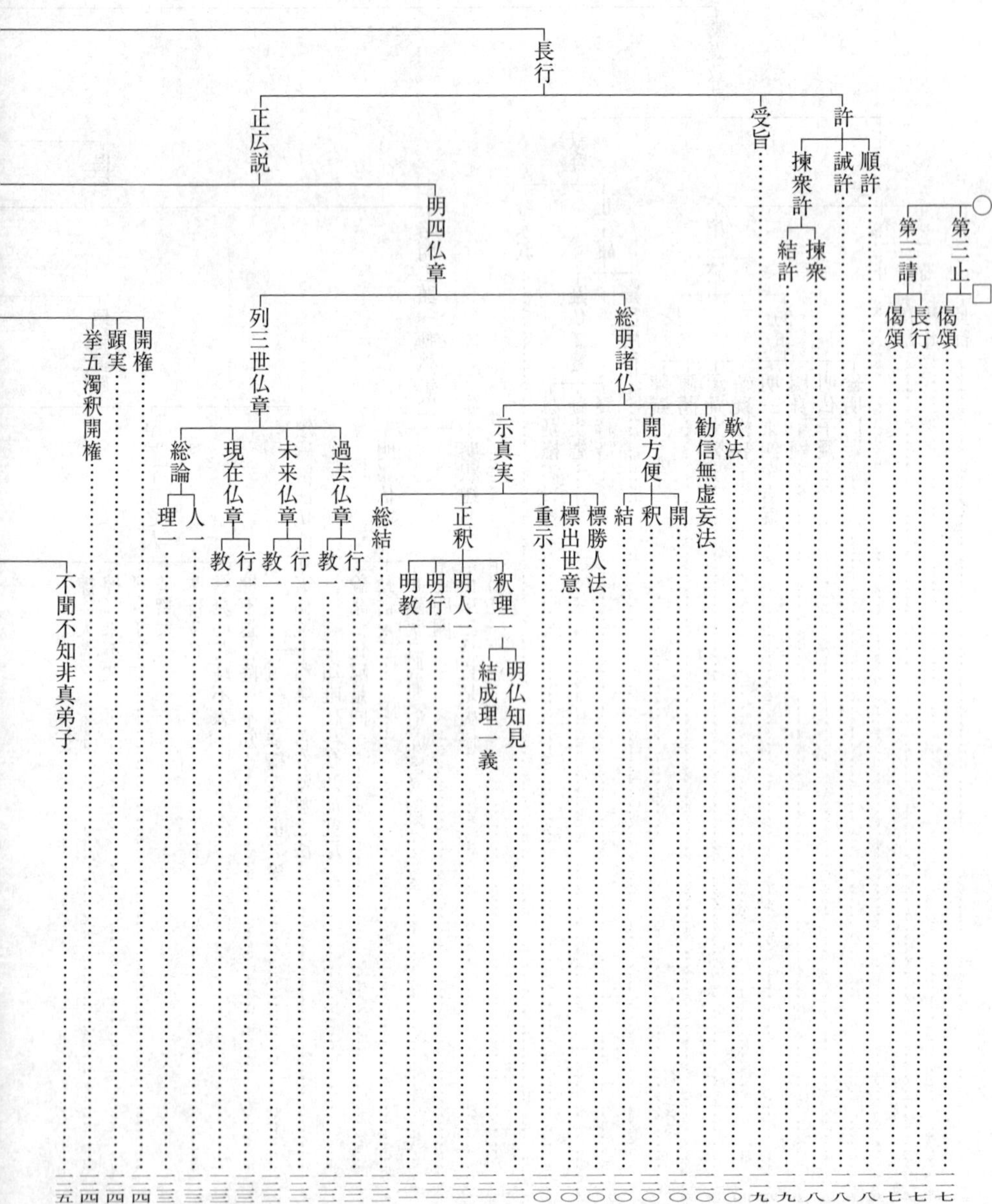

長行
許
順許
誡許
揀衆許
揀衆
結許
受旨
正広説
明四仏章
総明諸仏
歎法
勧信無虚妄法
開方便
開
釈
結
示真実
標勝人法
標出世意
重示
正釈
釈理一
明仏知見
結成理一義
明人一
明行一
明教一
総結
列三世仏章
過去仏章
行一
教一
未来仏章
行一
教一
現在仏章
行一
教一
総論
人一
理一
開権
顕実
挙五濁釈開権
不聞不知非真弟子
第三止
偈頌
第三請
長行
偈頌

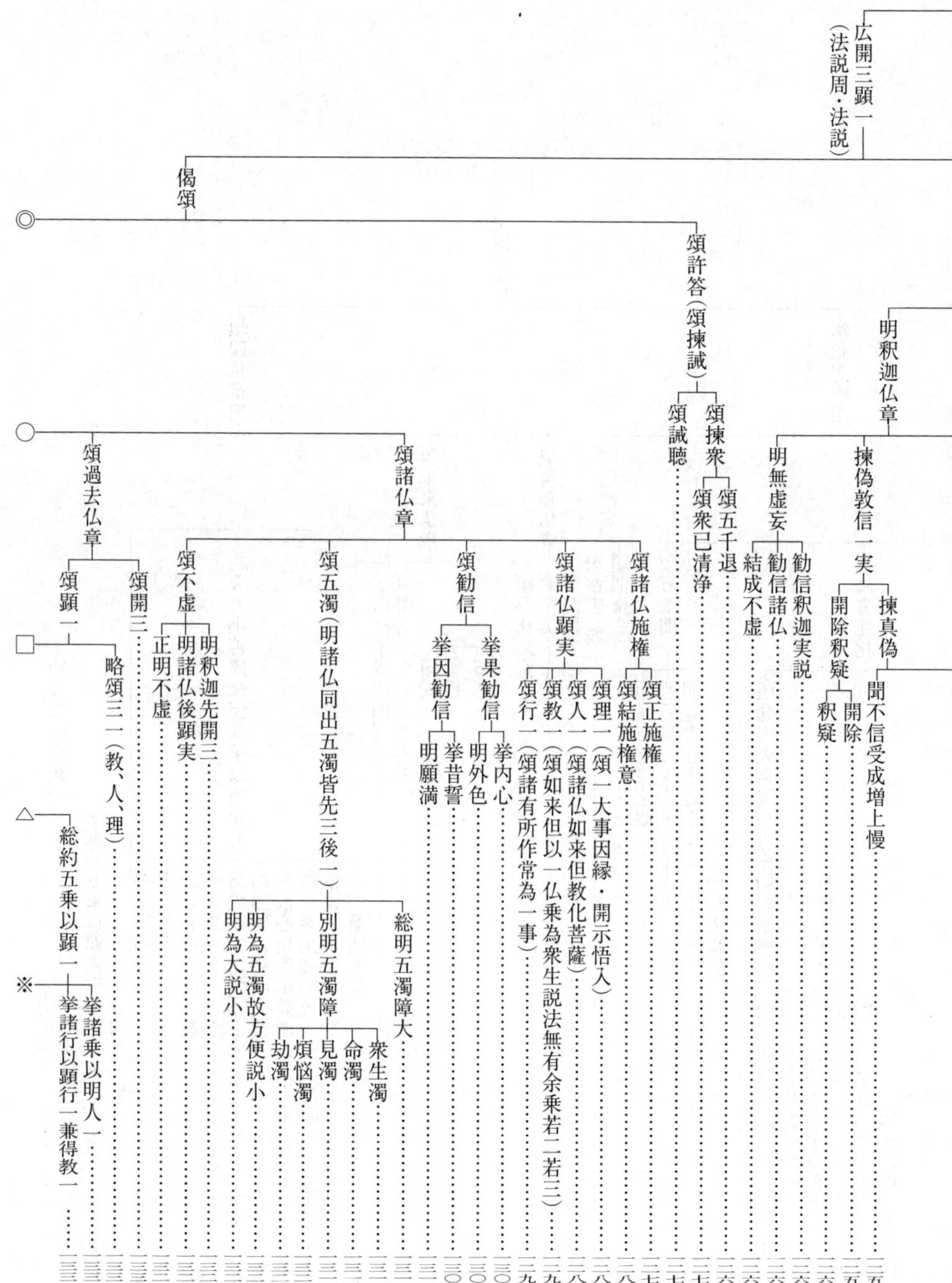
広開三顕一（法説周・法説）
明釈迦仏章
揀偽敦信一実
揀真偽
聞不信受成増上慢 …… 一二五
開除釈疑
開除 …… 一二五
釈疑 …… 一二六
勧信釈迦実説 …… 一二六
明無虚妄
勧信諸仏 …… 一二六
結成不虚 …… 一二六
◎
偈頌
頌許答（頌揀誡）
頌揀衆
頌五千退 …… 一二六
頌衆已清浄 …… 一二七
頌誡聴 …… 一二七
○
頌諸仏章
頌諸仏施権
頌正施権 …… 一二七
頌結施権意 …… 一二八
頌諸仏顕実
頌理一（頌一大事因縁・開示悟入） …… 一二八
頌人一（頌諸仏如来但教化菩薩） …… 一二八
頌教一（頌如来但以一仏乗為衆生説法無有余乗若二若三） …… 一二九
頌行一（頌諸有所作常為一事） …… 一二九
頌勧信
挙果勧信
挙内心 …… 一三〇
明外色 …… 一三〇
挙因勧信
挙昔誓 …… 一三〇
明願満 …… 一三一
頌五濁（明諸仏同出五濁皆先三後一）
総明五濁障大 …… 一三一
別明五濁障
衆生濁 …… 一三一
命濁 …… 一三一
見濁 …… 一三一
煩悩濁 …… 一三二
劫濁 …… 一三二
明為五濁故方便説小 …… 一三二
明為大説小 …… 一三二
頌不虚
明釈迦先開三 …… 一三二
明諸仏後顕実 …… 一三二
正明不虚 …… 一三二
頌過去仏章
頌開三 …… 一三三
頌顕一
□
略頌三一（教、人、理） …… 一三三
△
総約五乗以顕一
※
挙諸乗以明人一 …… 一三三
挙諸行以顕行一兼得教一 …… 一三三

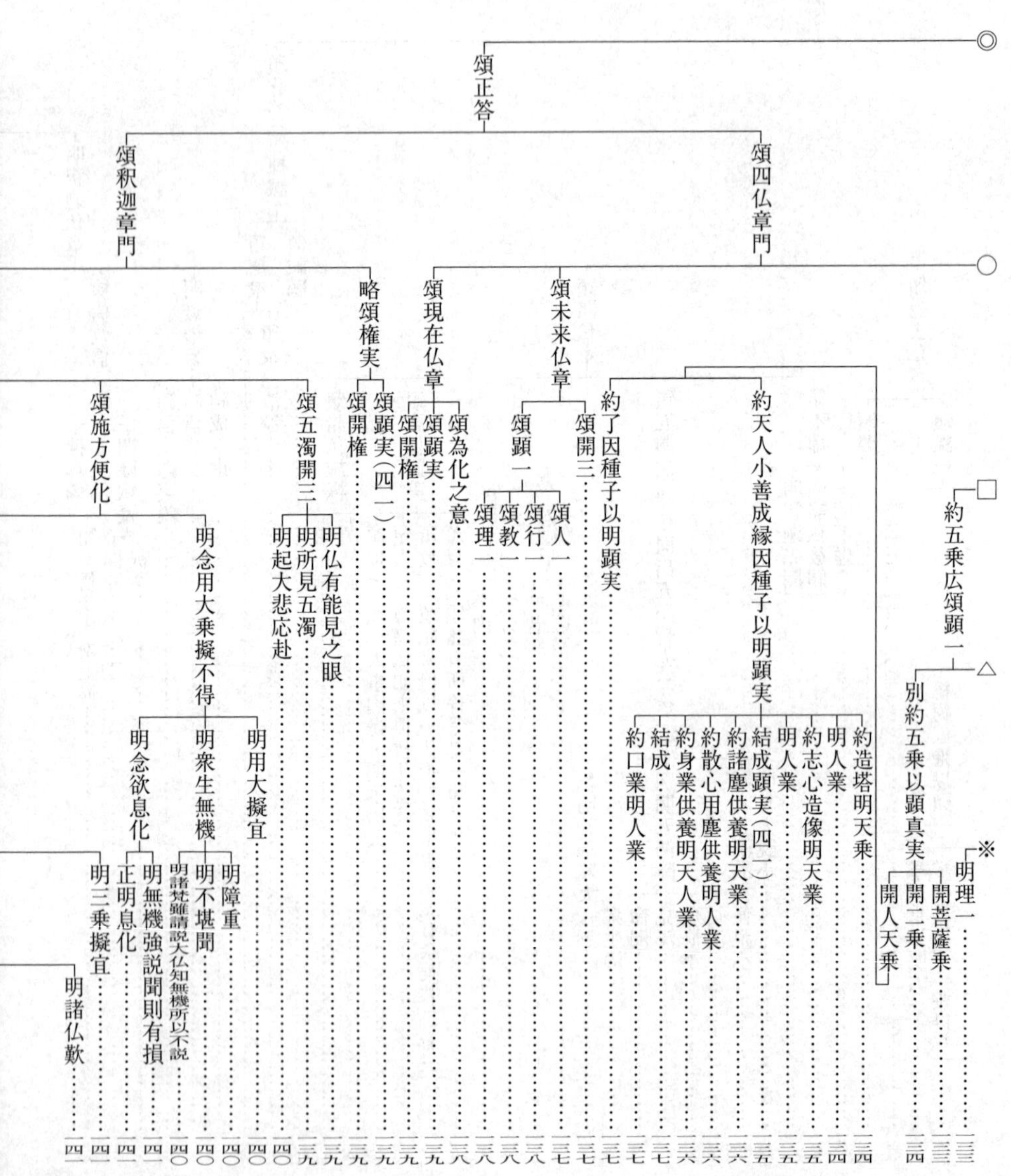

◎
頌正答
頌四仏章門
頌釈迦章門
○
頌未来仏章
頌現在仏章
略頌権実
□
約五乗広頌顕一
△
別約五乗以顕真実
※
明理一……一三
開菩薩乗……一三
開二乗……一三四
開人天乗
約天人小善成縁因種子以明顕実
約造塔明天乗……一三四
明人業……一三四
約志心造像明天業……一三五
明人業……一三五
結成顕実(四一)……一三五
約諸塵供養明天業……一三六
約散心用塵供養明人業……一三六
約身業供養明天人業……一三六
結成……一三七
約口業明人業……一三七
約了因種子以明顕実……一三七
頌開三……一三七
頌顕一
頌人一……一三七
頌行一……一三八
頌教一……一三八
頌理一……一三八
頌為化之意……一三八
頌顕実……一三九
頌開権……一三九
頌顕実(四一)……一三九
頌開権……一三九
頌五濁開三
明仏有能見之眼……一三九
明所見五濁……一三九
明起大悲応赴……一四〇
頌施方便化
明念用大乗擬不得
明用大擬宜……一四〇
明衆生無機
明障重……一四〇
明不堪聞……一四〇
明諸梵礼請説大仏知無機所以不説……一四〇
明念欲息化
明無機強説聞則有損……一四一
正明息化……一四一
明三乗擬宜……一四一
明諸仏歎……一四一

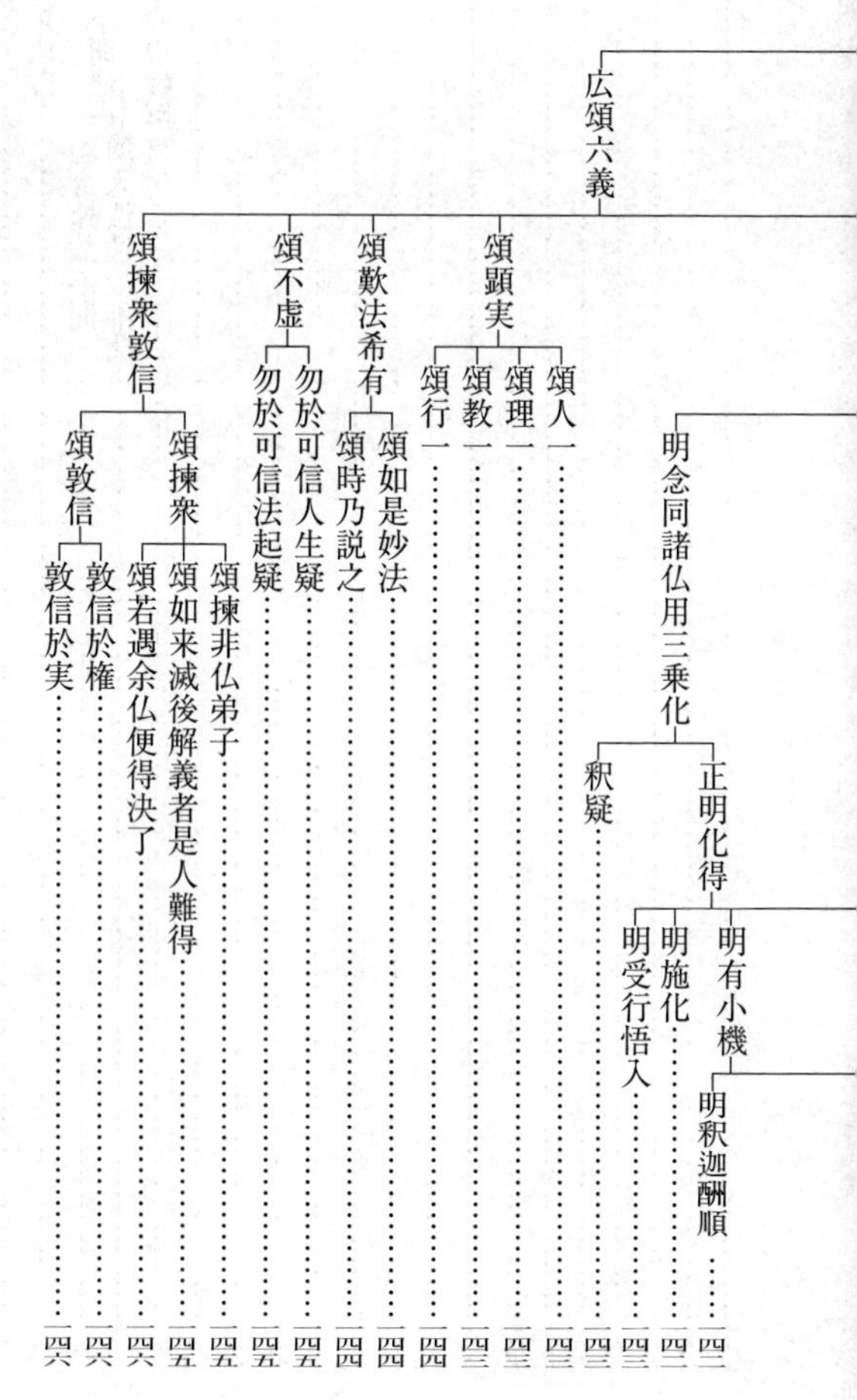

広頌六義
明念同諸仏用三乗化
正明化得
明有小機
明釈迦酬順……一四二
明施化……一四二
明受行悟入……一四三
釈疑……一四三
頌顕実
頌人……一四三
頌理……一四三
頌教……一四三
頌行……一四四
頌歎法希有
頌如是妙法……一四四
頌時乃説之……一四四
頌不虚
勿於可信人生疑……一四五
勿於可信法起疑……一四五
頌揀衆敦信
頌揀衆
頌揀非仏弟子……一四五
頌如来滅後解義者是人難得……一四五
頌若遇余仏便得決了……一四六
頌敦信
敦信於権……一四六
敦信於実……一四六

妙法蓮華経 譬喩品第三

迹門正宗分・法説周

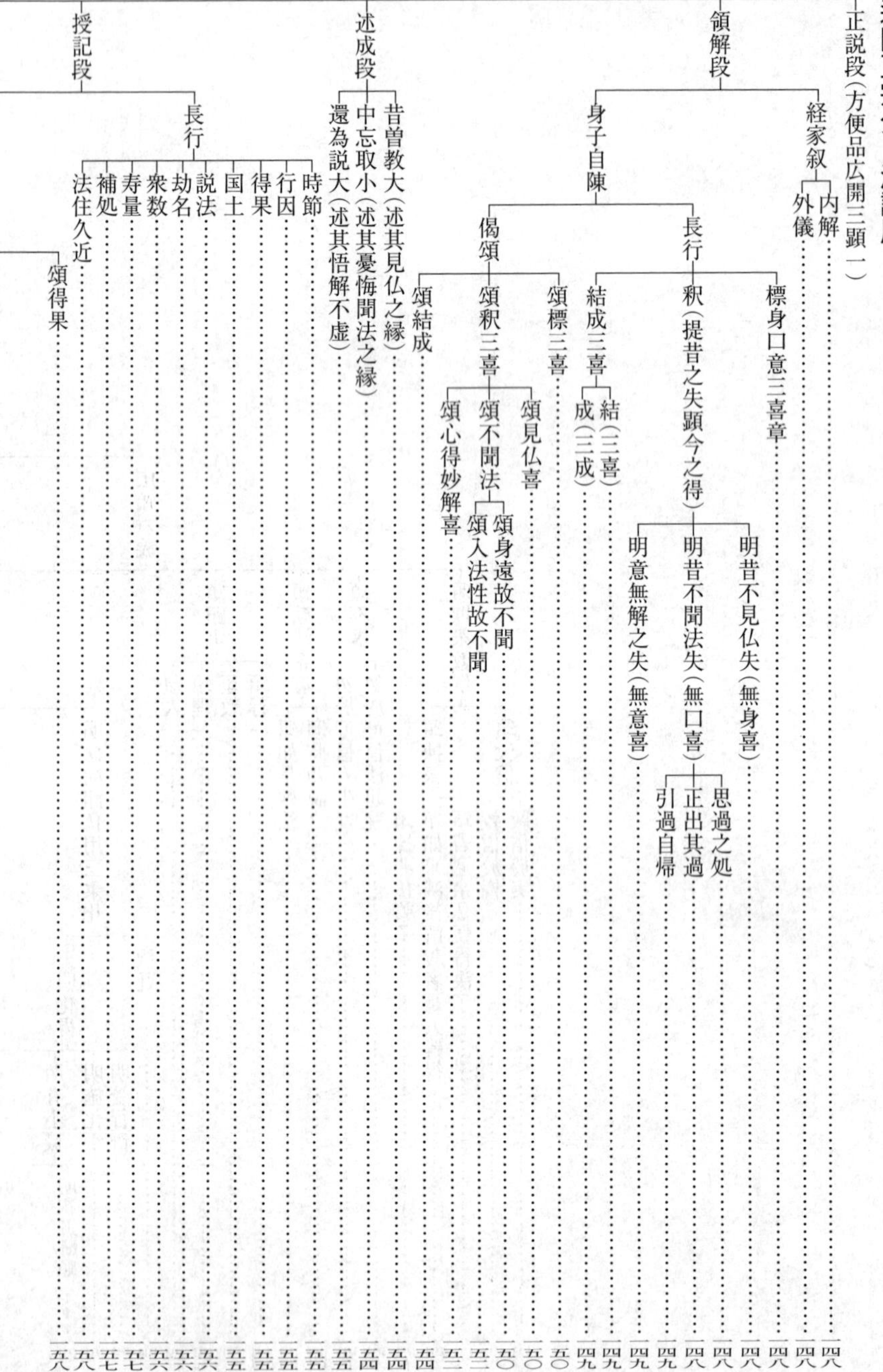

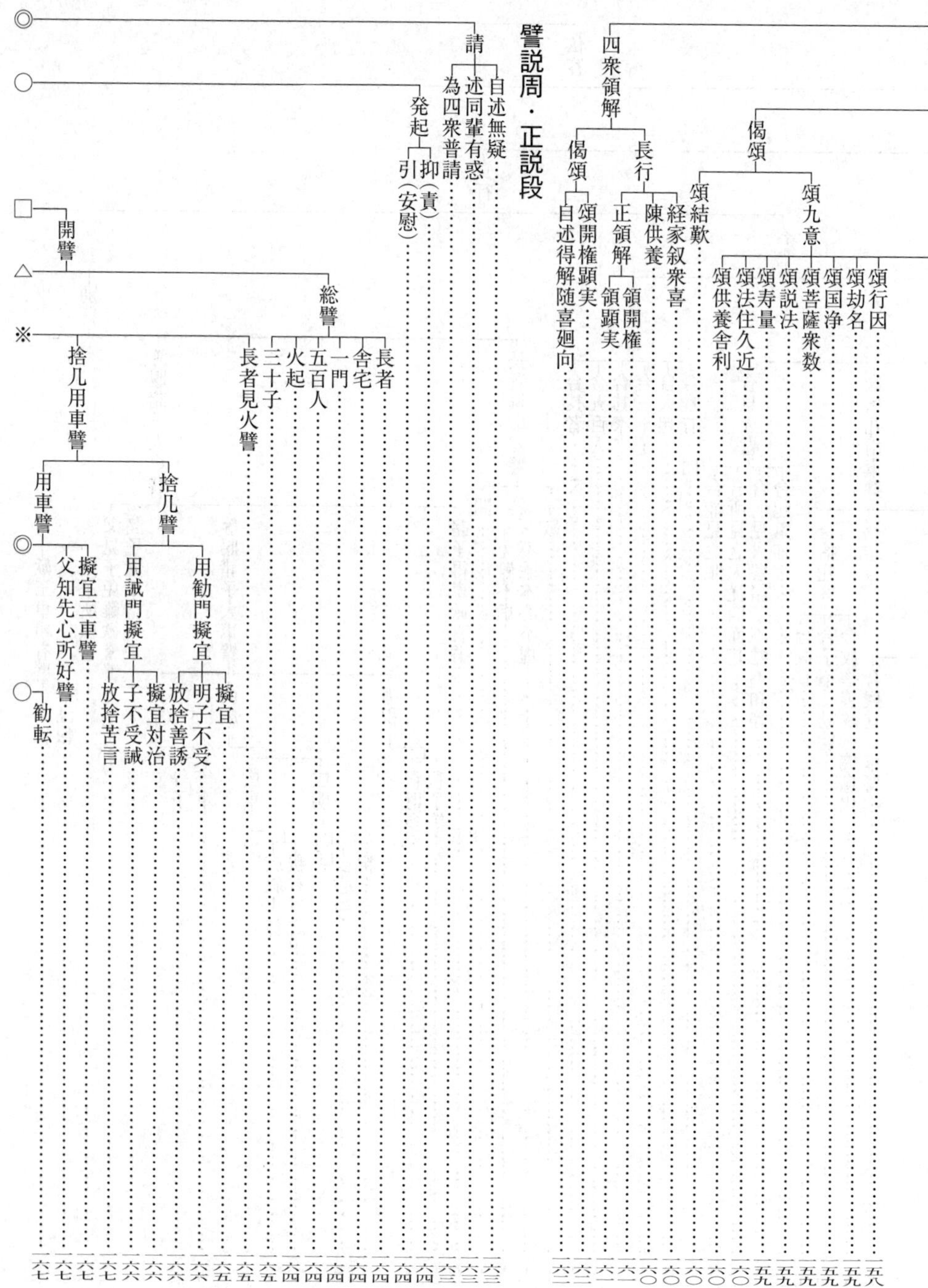
譬説周・正説段
四衆領解
長行
経家叙衆喜
陳供養
正領解
領開権
領顕実
偈頌
頌開権顕実
自述得解随喜廻向
偈頌
頌九意
頌行因
頌劫名
頌国浄
頌菩薩衆数
頌説法
頌寿量
頌法住久近
頌供養舎利
頌結歎
請
自述無疑
述同輩有惑
為四衆普請
発起
抑(責)
引(安慰)
開譬
総譬
長者
舎宅
一門
五百人
火起
三十子
長者見火譬
捨几用車譬
捨几譬
用勧門擬宜
擬宜
明子不受
放捨善誘
用誡門擬宜
擬宜対治
子不受誡
放捨苦言
用車譬
擬宜三車譬
父知先心所好譬
勧転
五八
五九
五九
五九
五九
五九
六〇
六〇
六〇
六〇
六〇
六一
六一
六二
六二
六三
六三
六三
六四
六四
六四
六四
六四
六四
六四
六四
六五
六五
六五
六六
六六
六六
六六
六七
六七
六七
六七

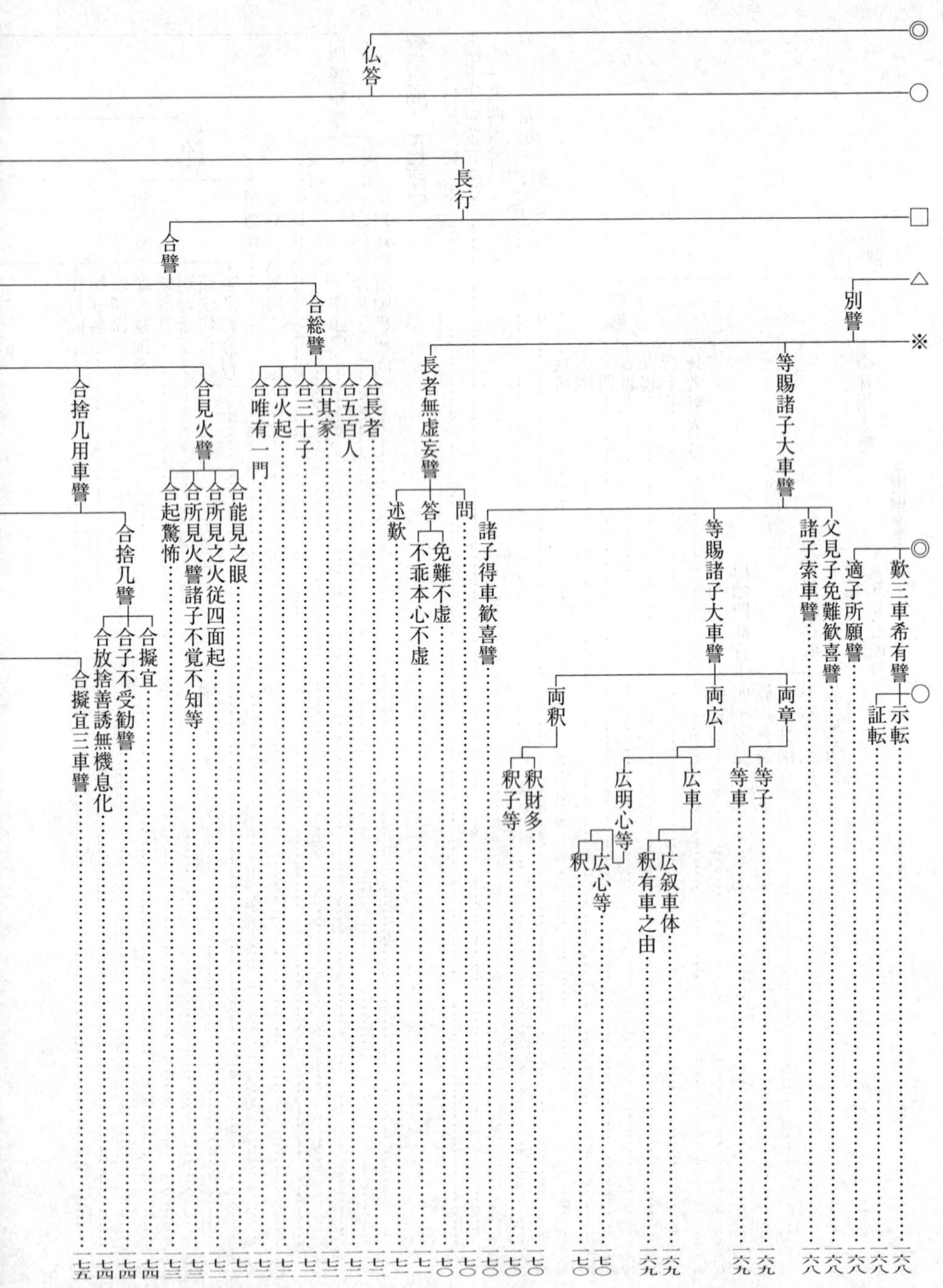

◎
仏答
○
長行
□
合譬
△
別譬
※
等賜諸子大車譬
父見子免難歓喜譬……一六八
諸子索車譬……一六八
等賜諸子大車譬
両章
等子……一六九
等車……一六九
両広
広車
広叙車体……一六九
釈有車之由……一六九
広明心等
広心等……一七〇
釈……一七〇
両釈
釈財多……一七〇
釈子等……一七〇
諸子得車歓喜譬……一七〇
◎
歎三車希有譬
○
示転……一六八
証転……一六八
適子所願譬……一六八
長者無虚妄譬
問……一七〇
答
免難不虚……一七〇
不乖本心不虚……一七一
述歎……一七一
合総譬
合長者……一七一
合五百人……一七一
合其家……一七一
合三十子……一七一
合火起……一七一
合唯有一門……一七一
合見火譬
合能見之眼……一七一
合所見之火従四面起……一七一
合所見火譬諸子不覚不知等……一七三
合起驚怖……一七三
合捨几用車譬
合捨几譬
合擬宜……一七四
合子不受勧譬……一七四
合放捨善誘無機息化……一七四
合擬宜三車譬……一七五

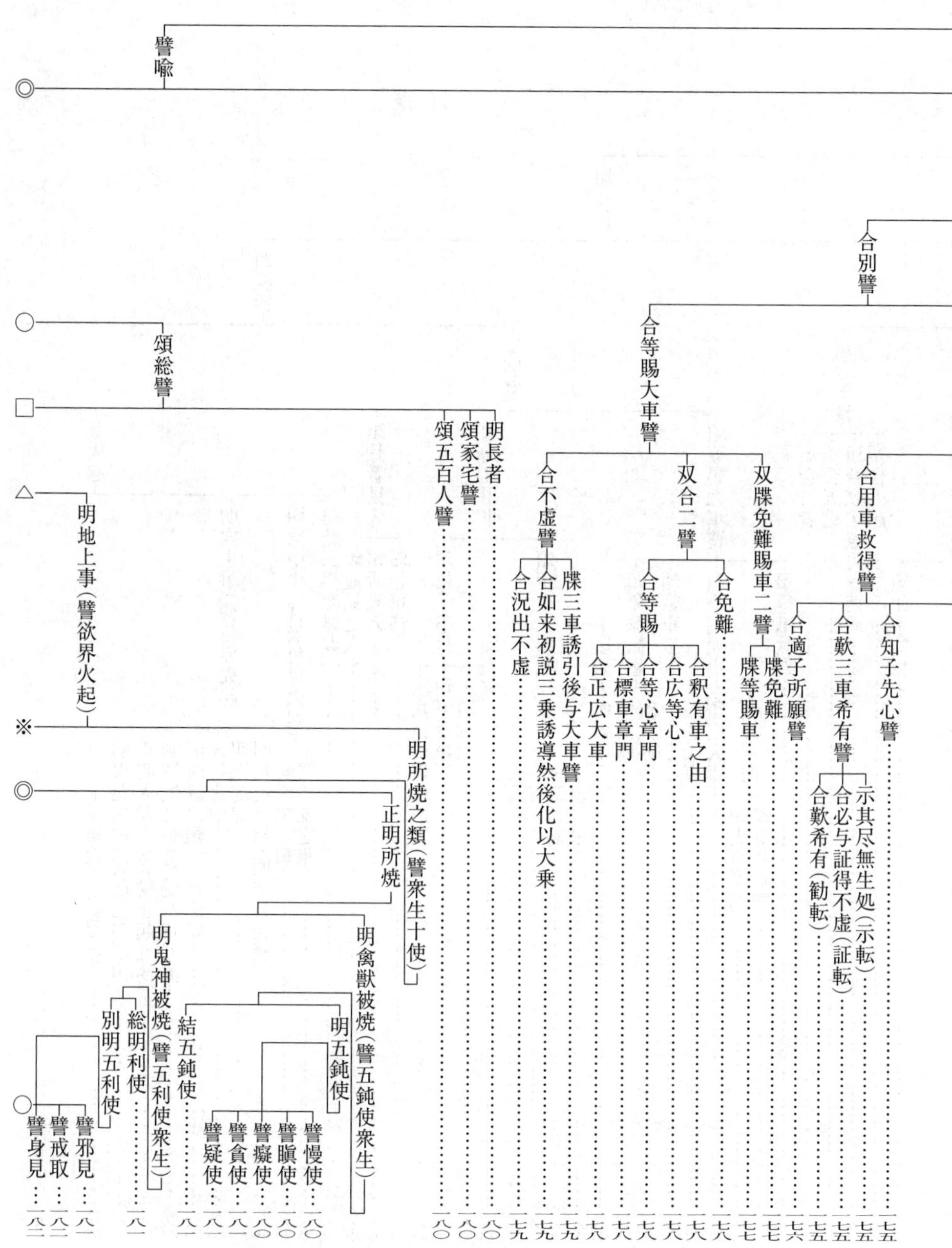
譬喩
合別譬
合用車救得譬
合知子先心譬……一七五
合歎三車希有譬
示其尽無生処(示転)……一七五
合必与証得不虚(証転)……一七五
合歎希有(勧転)……一七五
合適子所願譬……一七六
合等賜大車譬
双牒免難賜車二譬
牒免難……一七七
牒等賜車……一七七
双合二譬
合免難……一七八
合等賜
合釈有車之由……一七八
合広等心……一七八
合等心章門……一七八
合標車章門……一七八
合正広大車……一七八
合不虚譬
牒三車誘引後与大車譬……一七九
合如来初説三乗誘導然後化以大乗……一七九
合況出不虚……一七九
頌総譬
明長者……一八〇
頌家宅譬……一八〇
頌五百人譬……一八〇
明地上事(譬欲界火起)
明所焼之類(譬衆生十使)
正明所焼
明禽獣被焼(譬五鈍使衆生)
明五鈍使
譬慢使……一八〇
譬瞋使……一八〇
譬癡使……一八〇
譬貪使……一八一
譬疑使……一八一
結五鈍使……一八一
明鬼神被焼(譬五利使衆生)
総明利使……一八一
別明五利使
譬邪見……一八一
譬戒取……一八二
譬身見……一八二

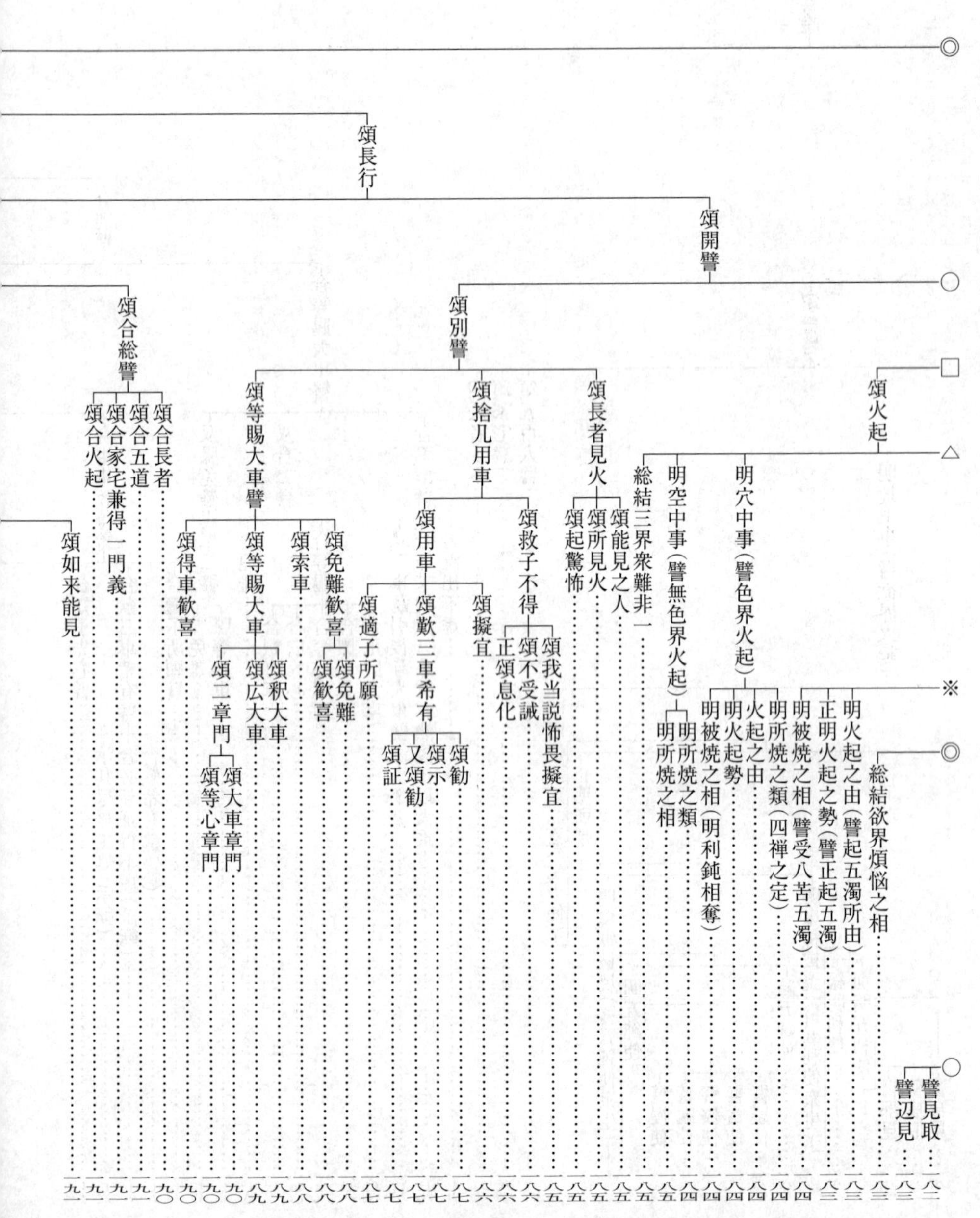

頌長行
頌開譬
頌火起
総結欲界煩悩之相……八三
譬見取……八二
譬辺見……八三
明火起之由（譬起五濁所由）……八三
正明火起之勢（譬正起五濁）……八三
明被焼之相（譬受八苦五濁）……八四
明穴中事（譬色界火起）
明所焼之類（四禅之定）……八四
火起之由……八四
明火起勢……八四
明被焼之相（明利鈍相奪）……八四
明空中事（譬無色界火起）
明所焼之類……八四
明所焼之相……八五
総結三界衆難非一……八五
頌別譬
頌長者見火
頌能見之人……八五
頌所見火……八五
頌起驚怖……八五
頌捨几用車
頌救子不得
頌我当説怖畏擬宜……八五
頌不受誡……八六
正頌息化……八六
頌用車
頌擬宜……八六
頌歎三車希有
頌勸……八七
頌示……八七
又頌勸……八七
頌証……八七
頌適子所願……八七
頌等賜大車譬
頌免難歓喜
頌免難……八八
頌歓喜……八八
頌索車……八八
頌等賜大車
頌釈大車……八九
頌広大車……八九
頌二章門
頌大車章門……九〇
頌等心章門……九〇
頌得車歓喜……九〇
頌合総譬
頌合長者……九〇
頌合五道……九一
頌合家宅兼得一門義……九一
頌合火起……九一
頌如来能見……九一

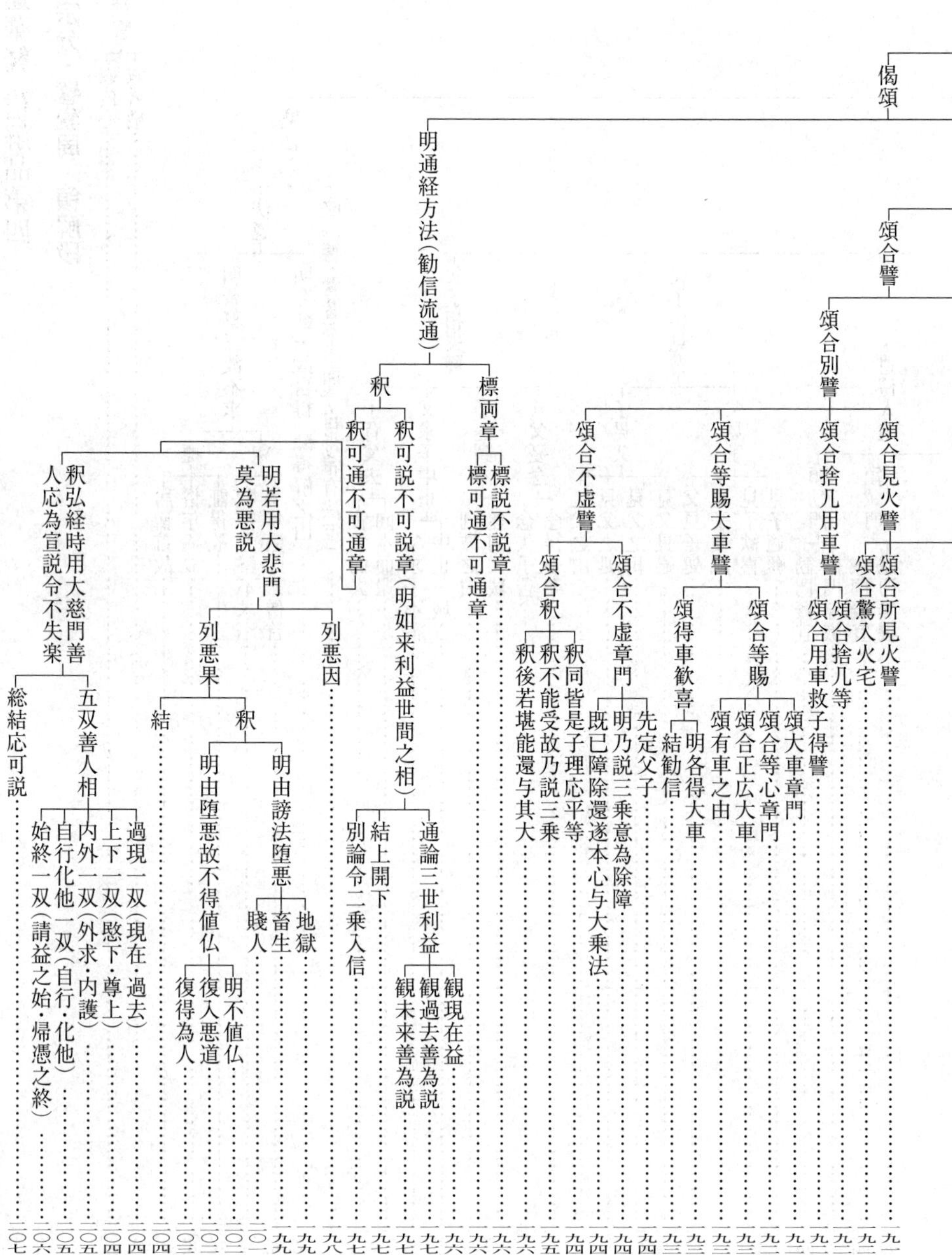
偈頌
頌合譬
頌合別譬
頌合見火譬
頌合所見火譬
頌合驚入火宅
頌合捨几用車譬
頌合捨几等
頌合用車救子得譬
頌合等賜大車譬
頌合等賜
頌大車章門
頌合等心章門
頌合正広大車
頌有車之由
頌得車歓喜
明各得大車
結勧信
頌合不虚譬
頌合不虚章門
先定父子
明乃説三乗意為除障
既已障除還遂本心与大乗法
頌合釈
釈同皆是子理応平等
釈不能受故乃説三乗
釈後若堪能還与其大
明通経方法（勧信流通）
標両章
標説不説章
標可通不可通章
釈
釈可説不可説章（明如来利益世間之相）
通論三世利益
観現在益
観過去善為説
観未来善為説
結上開下
別論令二乗入信
釈可通不可通章
明若用大悲門莫為悪説
列悪因
列悪果
釈
明由謗法堕悪
地獄
畜生
賤人
明由堕悪故不得値仏
明不値仏
復入悪道
復得為人
結
釈弘経時用大慈門善人応為宣説令不失楽
五双善人相
過現一双（現在・過去）
上下一双（慇下・尊上）
内外一双（外求・内護）
自行化他一双（自行・化他）
始終一双（請益之始・帰憑之終）
総結応可説
一九一
一九二
一九二
一九二
一九二
一九二
一九三
一九三
一九三
一九四
一九四
一九四
一九四
一九五
一九六
一九六
一九六
一九六
一九七
一九七
一九七
一九八
一九九
一九九
二〇一
二〇二
二〇二
二〇三
二〇四
二〇四
二〇四
二〇五
二〇五
二〇六
二〇七

妙法蓮華経　信解品第四

迹門正宗分・譬説周・領解段

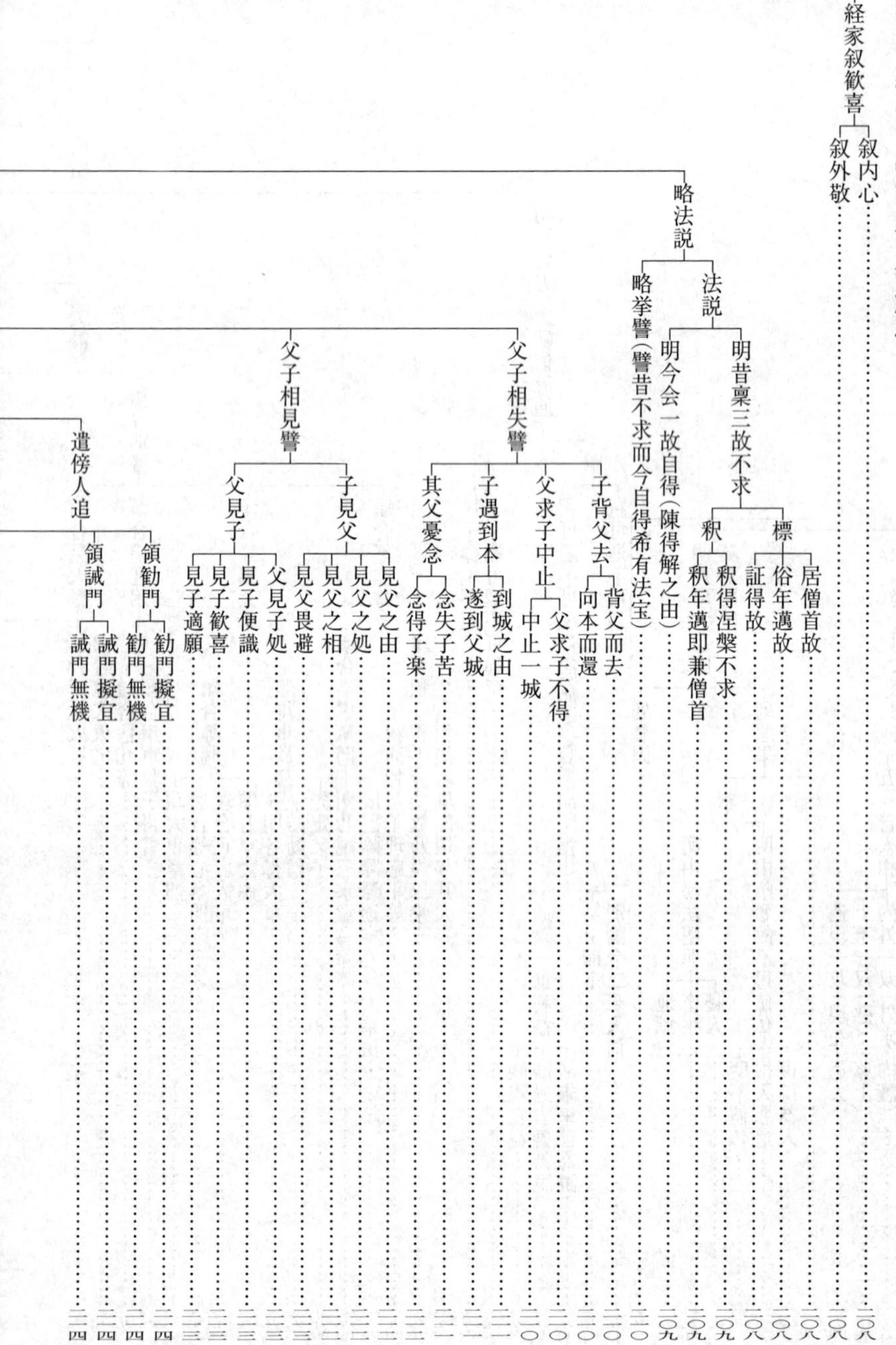

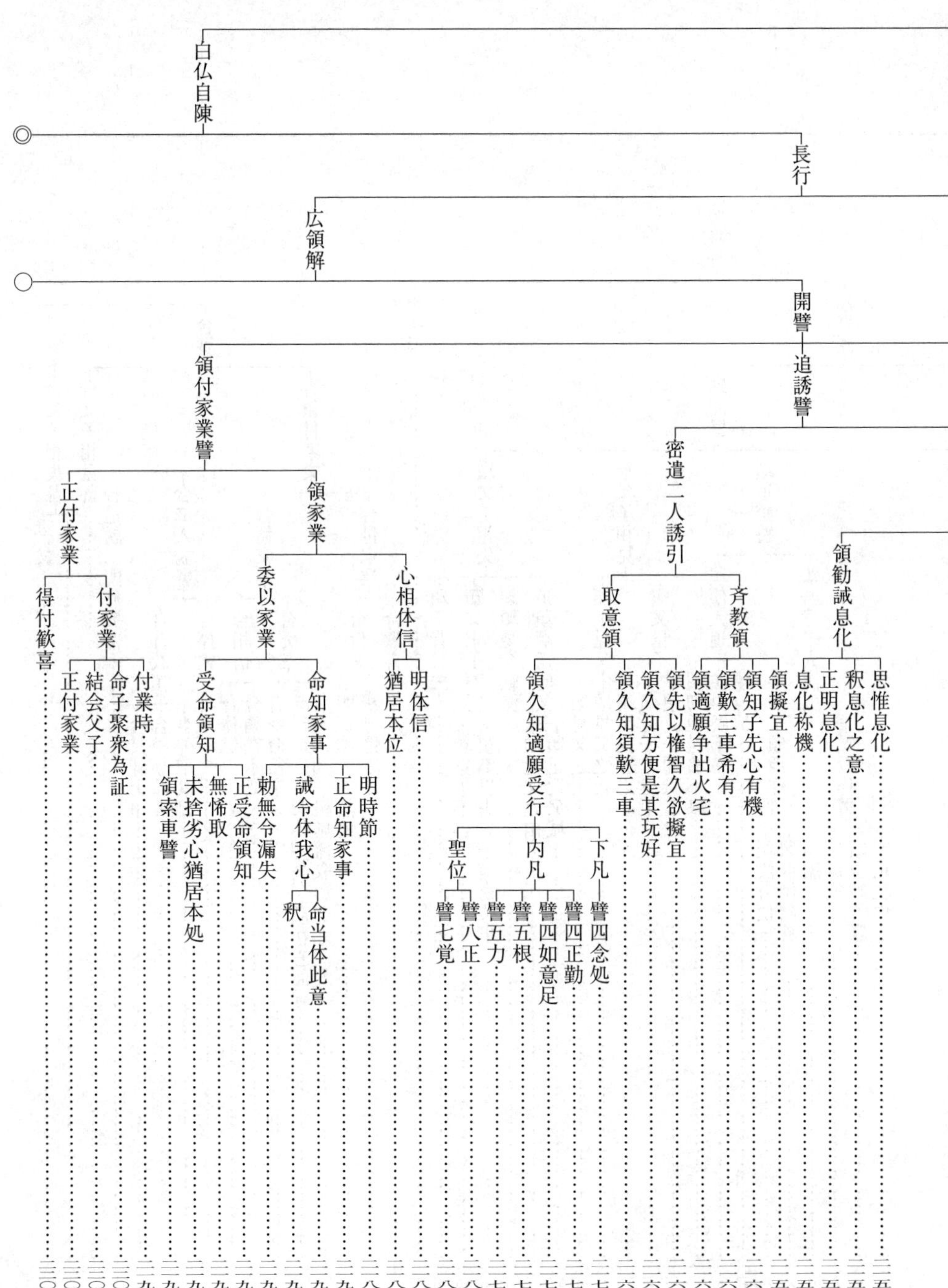

白仏自陳
長行
広領解
開譬
追誘譬
領付家業譬
密遣二人誘引
領勧誡息化
思惟息化 二五
釈息化之意 二五
正明息化 二五
息化称機 二五
斉教領
領擬宜 二五
領知子先心有機 二六
領歎三車希有 二六
領適願争出火宅 二六
取意領
領先以権智久欲擬宜 二六
領久知方便是其玩好 二六
領久知須歎三車 二六
領久知適願受行
下凡
譬四念処 二七
内凡
譬四正勤 二七
譬四如意足 二七
譬五根 二七
譬五力 二七
聖位
譬八正 二八
譬七覚 二八
心相体信
明体信 二八
猶居本位 二八
領家業
委以家業
命知家事
明時節 二八
正命知家事 二九
誡令体我心
命当体此意 二九
釈 二九
勅無令漏失 二九
受命領知
正受命領知 二九
無悕取 二九
未捨劣心猶居本処 二九
領索車譬 二九
正付家業
付家業
付業時 二九
命子聚衆為証 三〇
結会父子 三〇
正付家業 三〇
得付歓喜 三〇

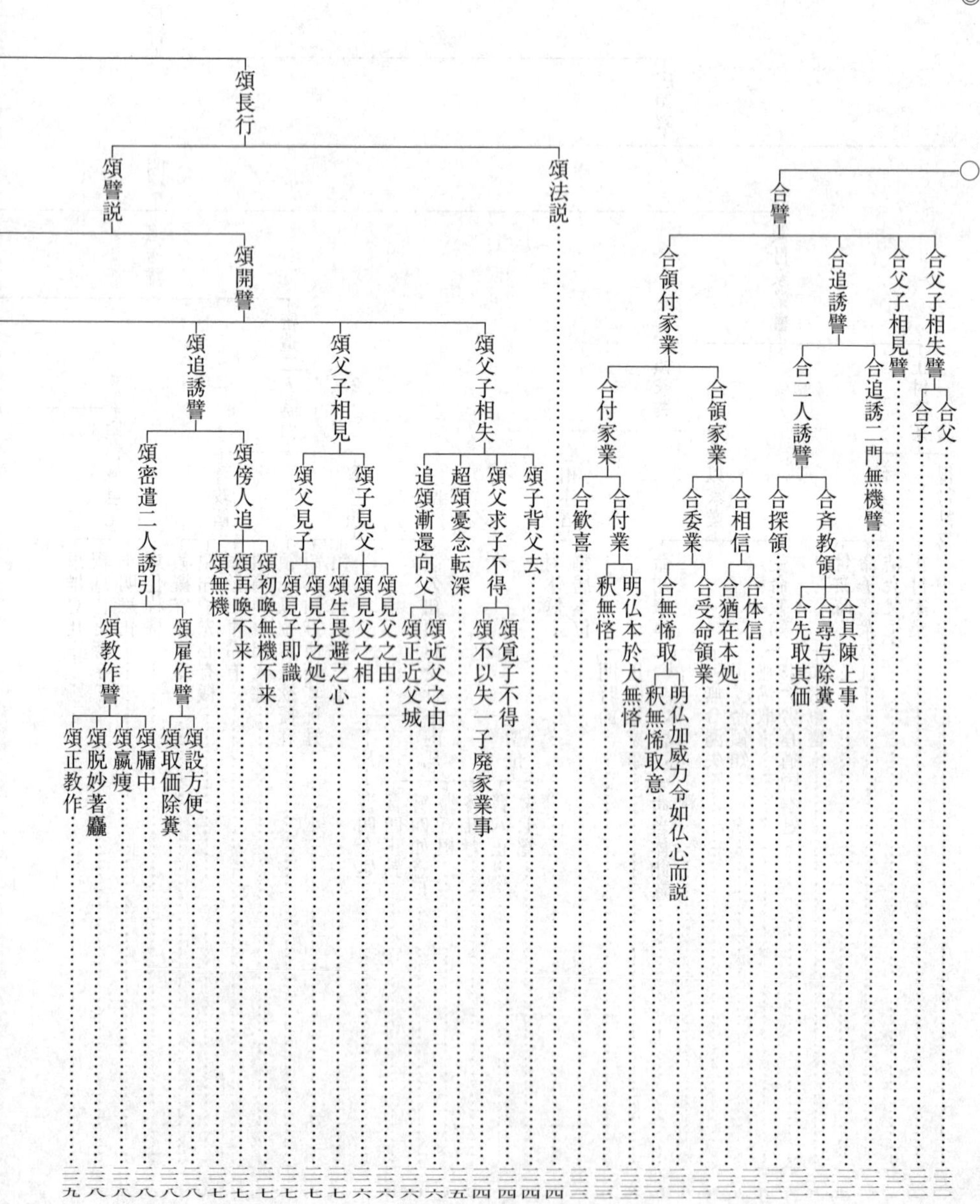
頌長行
頌譬説
頌法説
頌開譬
頌父子相失
頌子背父去
頌父求子不得
頌覓子不得
頌不以失一子廃家業事
超頌憂念転深
追頌漸還向父
頌近父之由
頌正近父城
頌父子相見
頌子見父
頌見父之由
頌見父之相
頌生畏避之心
頌父見子
頌見子之処
頌見子即識
頌追誘譬
頌傍人追
頌初喚無機不来
頌再喚不来
頌無機
頌密遣二人誘引
頌雇作譬
頌設方便
頌取価除糞
頌教作譬
頌牖中
頌羸痩
頌脱妙著麤
頌正教作
合譬
合父子相失譬
合父
合子
合父子相見譬
合追誘譬
合追誘二門無機譬
合二人誘譬
合斉教領
合具陳上事
合尋与除糞
合先取其価
合探領
合領付家業
合領家業
合相信
合体信
合猶在本処
合委業
合受命領業
合無悕取
明仏加威力令如仏心而説
釈無悕取意
合付家業
合付業
明仏本於大無悋
釈無悋
合歓喜
三元
三六
三六
三六
三六
三六
三七
三七
三七
三七
三七
三七
三六
三六
三六
三六
三五
三四
三四
三四
三四
三三
三三
三三
三三
三三
三三
三三
三三
三三
三三
三三
三三
三三
三三
三三
三三

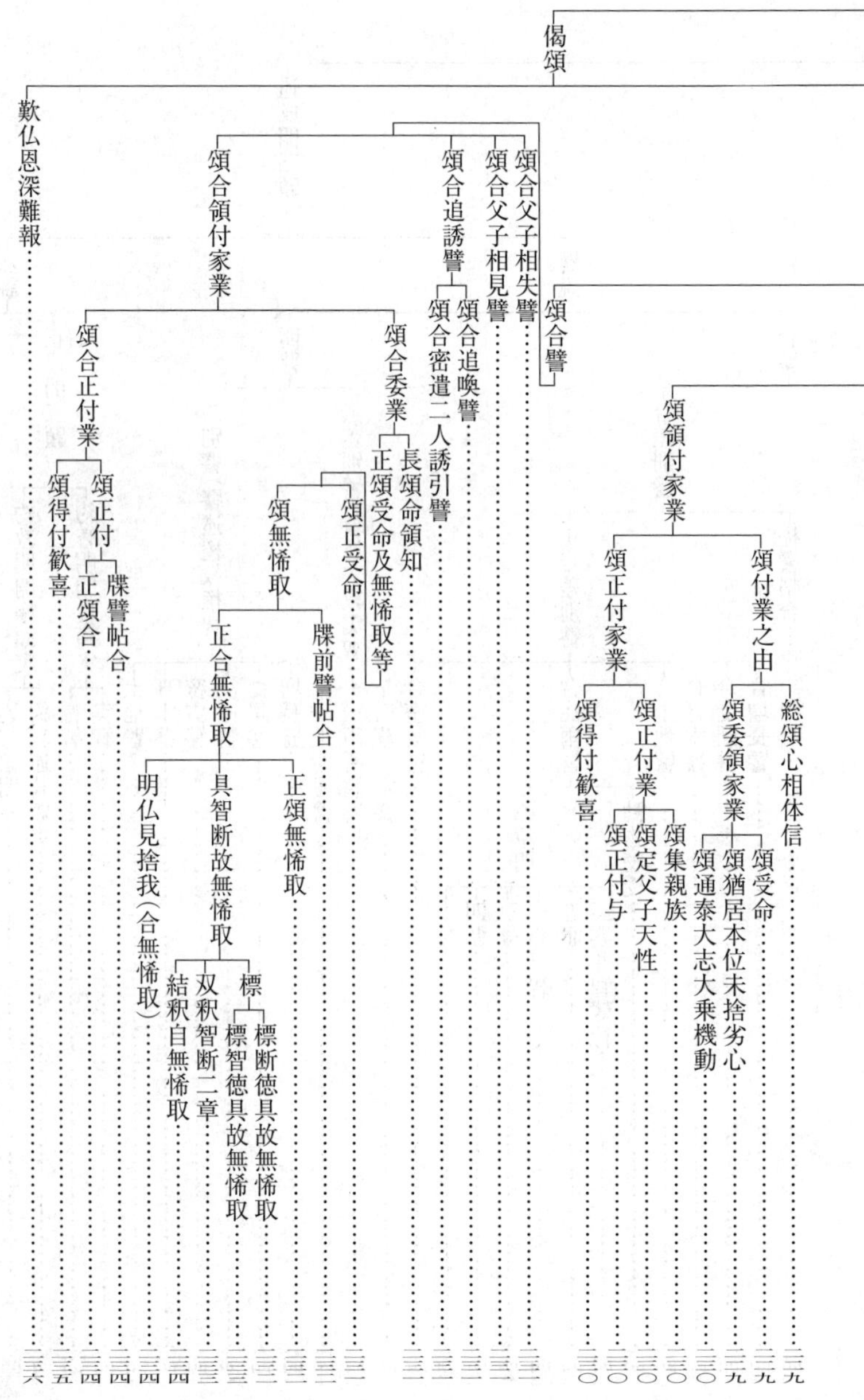

偈頌
歎仏恩深難報
頌合譬
頌合父子相失譬
頌合父子相見譬
頌合追誘譬
頌合追喚譬
頌合密遣二人誘引譬
頌合領付家業
頌合委業
長頌命領知
正頌受命及無悕取等
頌正受命
頌無悕取
牒前譬帖合
正合無悕取
正頌無悕取
具智断故無悕取
標
標断徳具故無悕取
標智徳具故無悕取
双釈智断二章
結釈自無悕取
明仏見捨我(合無悕取)
頌合正付業
頌正付
牒譬帖合
正頌合
頌得付歓喜
頌領付家業
頌付業之由
総頌心相体信
頌委領家業
頌受命
頌猶居本位未捨劣心
頌通泰大志大乗機動
頌正付家業
頌正付業
頌集親族
頌定父子天性
頌正付与
頌得付歓喜
二二九
二二九
二二九
二三〇
二三〇
二三〇
二三〇
二三〇
二三〇
二三一
二三一
二三一
二三一
二三一
二三一
二三二
二三三
二三三
二三三
二三三
二三四
二三四
二三四
二三四
二三五
二三六

妙法蓮華経　薬草喩品第五

迹門正宗分・譬説周・述成段

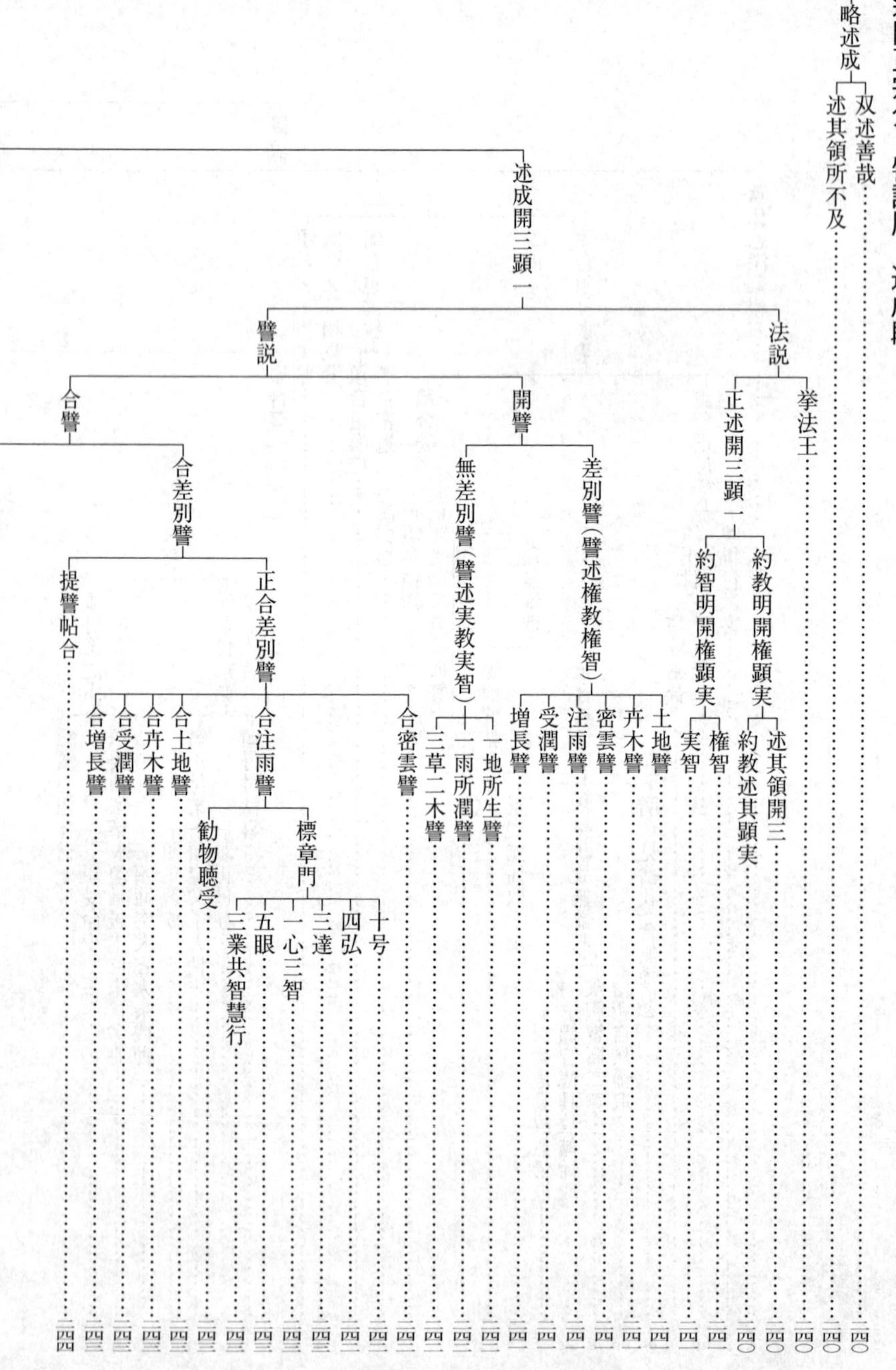

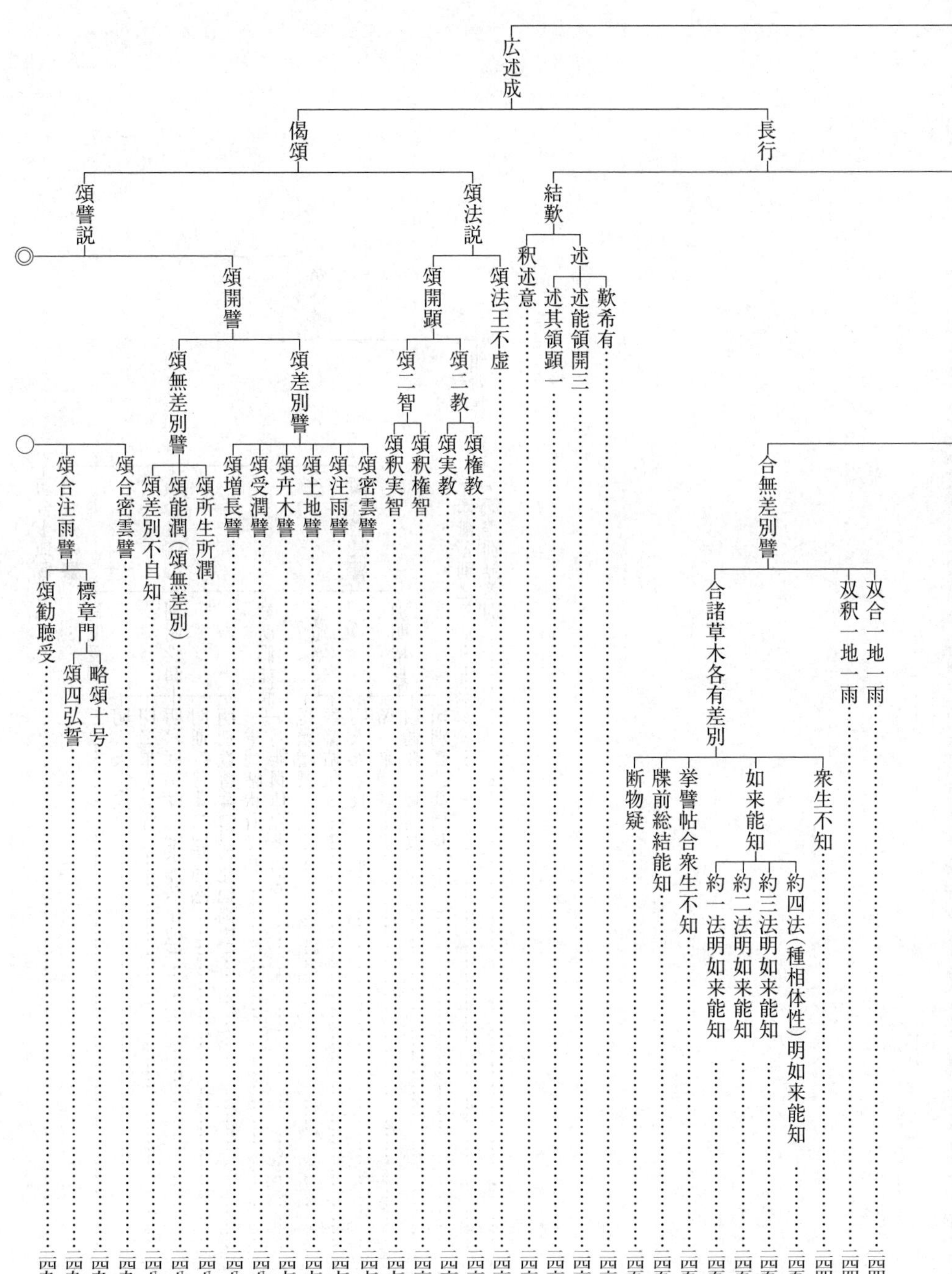
広述成
長行
偈頌
結歎
釈述意
述
述能領開三
述其領顕一
歎希有
合無差別譬
双合一地一雨
双釈一地一雨
合諸草木各有差別
衆生不知
如来能知
約四法（種相体性）明如来能知
約三法明如来能知
約二法明如来能知
約一法明如来能知
挙譬帖合衆生不知
牒前総結能知
断物疑
頌法説
頌法王不虚
頌開顕
頌二教
頌権教
頌実教
頌二智
頌釈権智
頌釈実智
頌譬説
頌開譬
頌差別譬
頌密雲譬
頌注雨譬
頌土地譬
頌卉木譬
頌受潤譬
頌増長譬
頌無差別譬
頌所生所潤
頌能潤（頌無差別）
頌差別不自知
頌合密雲譬
頌合注雨譬
標章門
略頌十号
頌四弘誓
頌勧聴受
二四四
二四四
二四四
二四五
二四五
二四五
二四五
二四五
二四五
二四五
二四六
二四六
二四六
二四六
二四六
二四六
二四六
二四六
二四七
二四七
二四七
二四七
二四七
二四七
二四八
二四八
二四八
二四八
二四八
二四九
二四九
二四九
二四九

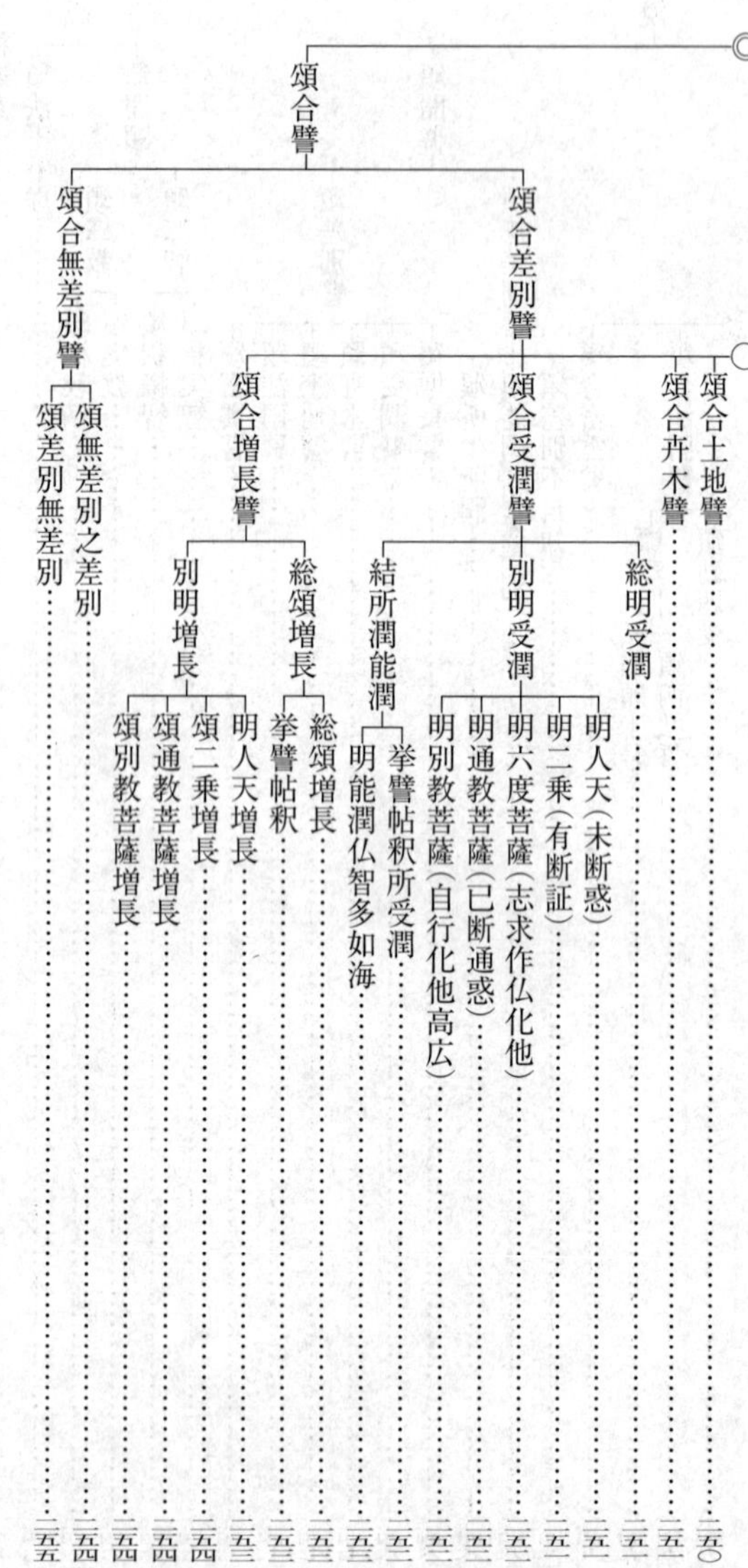
頌合譬
頌合差別譬
頌合無差別譬
頌合土地譬……二五〇
頌合卉木譬……二五一
頌合受潤譬
総明受潤……二五一
別明受潤
明人天(未断惑)……二五一
明二乗(有断証)……二五一
明六度菩薩(志求作仏化他)……二五二
明通教菩薩(已断通惑)……二五二
明別教菩薩(自行化他高広)……二五二
結所潤能潤
挙譬帖釈所受潤……二五二
明能潤仏智多如海……二五三
頌合増長譬
総頌増長
総頌増長……二五三
挙譬帖釈……二五三
別明増長
明人天増長……二五三
頌二乗増長……二五四
頌通教菩薩増長……二五四
頌別教菩薩増長……二五四
頌無差別之差別……二五四
頌差別無差別……二五五

妙法蓮華経 授記品第六

迹門正宗分・譬説周・授記段

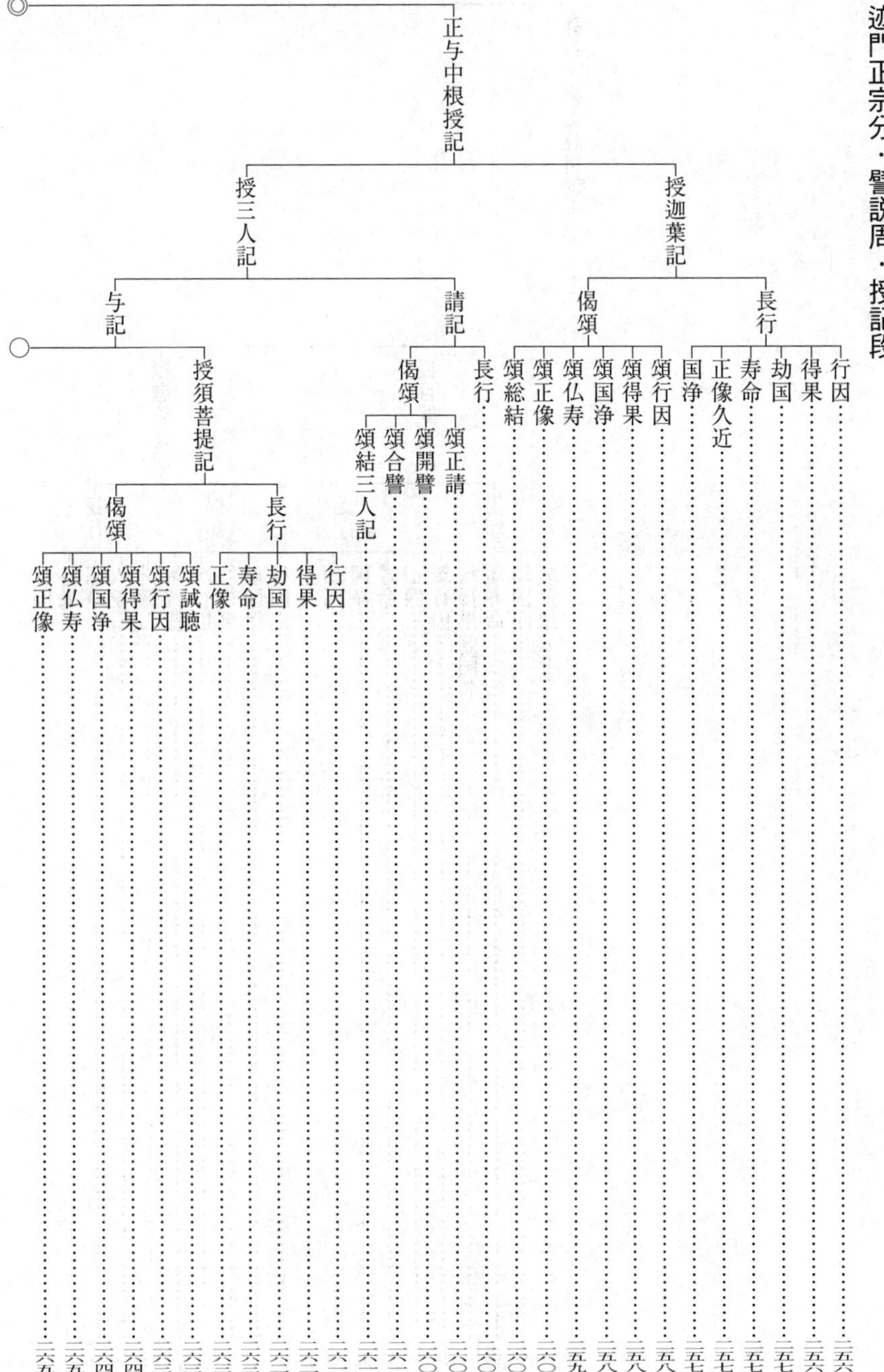

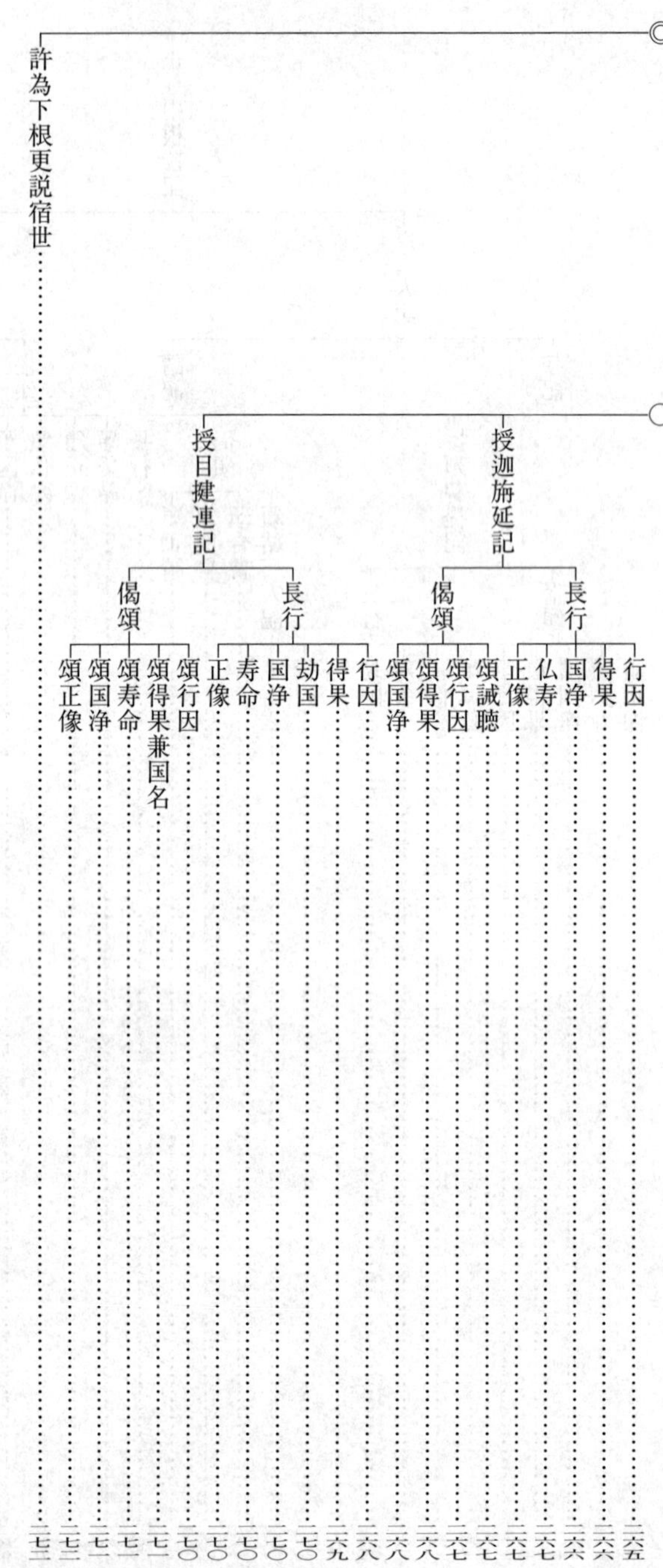
◎
〇
授迦旃延記
長行
行因　二六五
得果　二六六
国浄　二六六
仏寿　二六七
正像　二六七
偈頌
頌誡聴　二六七
頌行因　二六七
頌得果　二六八
頌国浄　二六八
授目揵連記
長行
行因　二六八
得果　二六九
劫国　二七〇
国浄　二七〇
寿命　二七〇
正像　二七〇
偈頌
頌行因　二七〇
頌得果兼国名　二七一
頌寿命　二七一
頌国浄　二七一
頌正像　二七二
許為下根更説宿世　二七二

妙法蓮華経 化城喩品第七

迹門正宗分・因縁周・正説因縁段

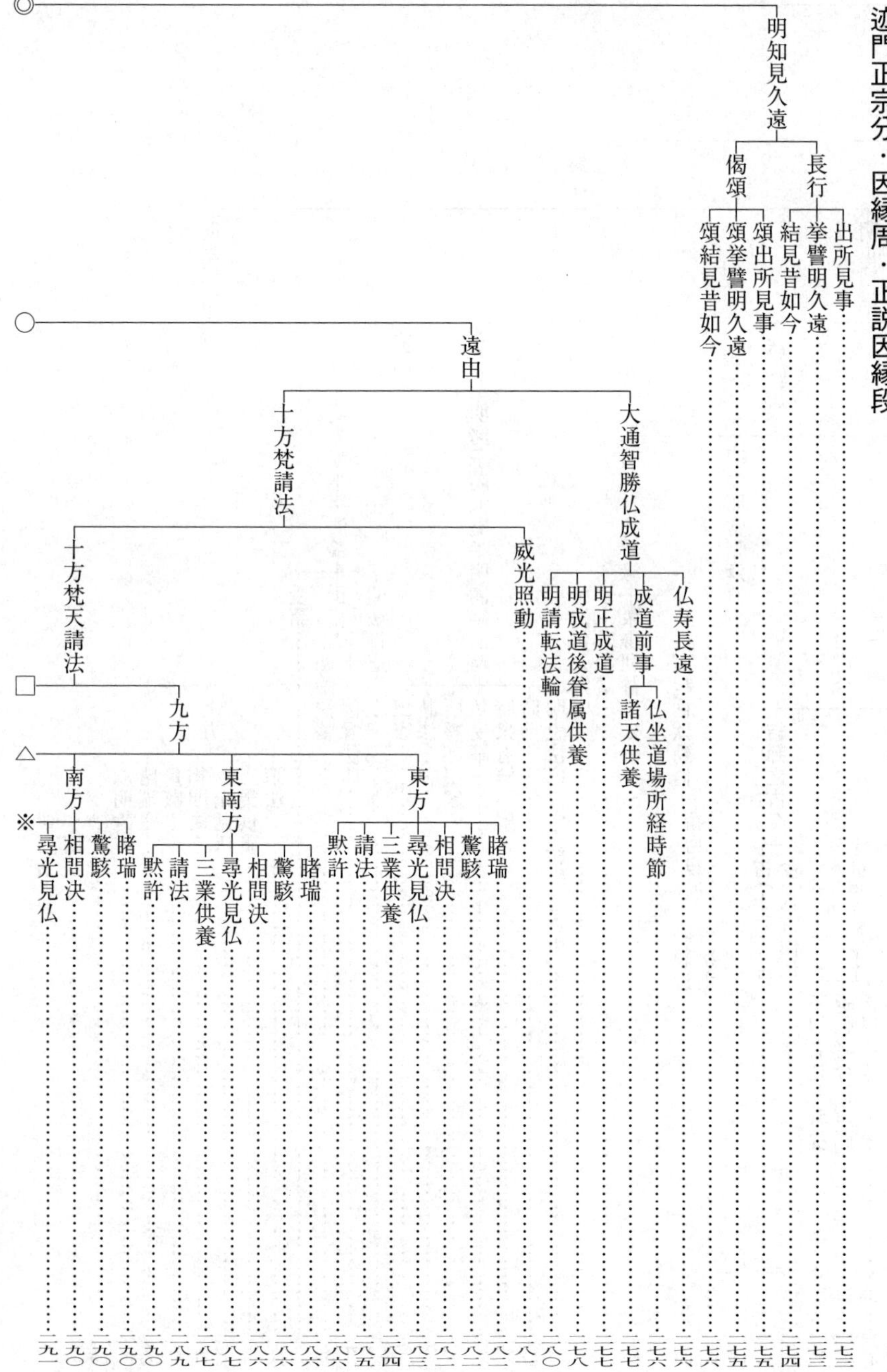

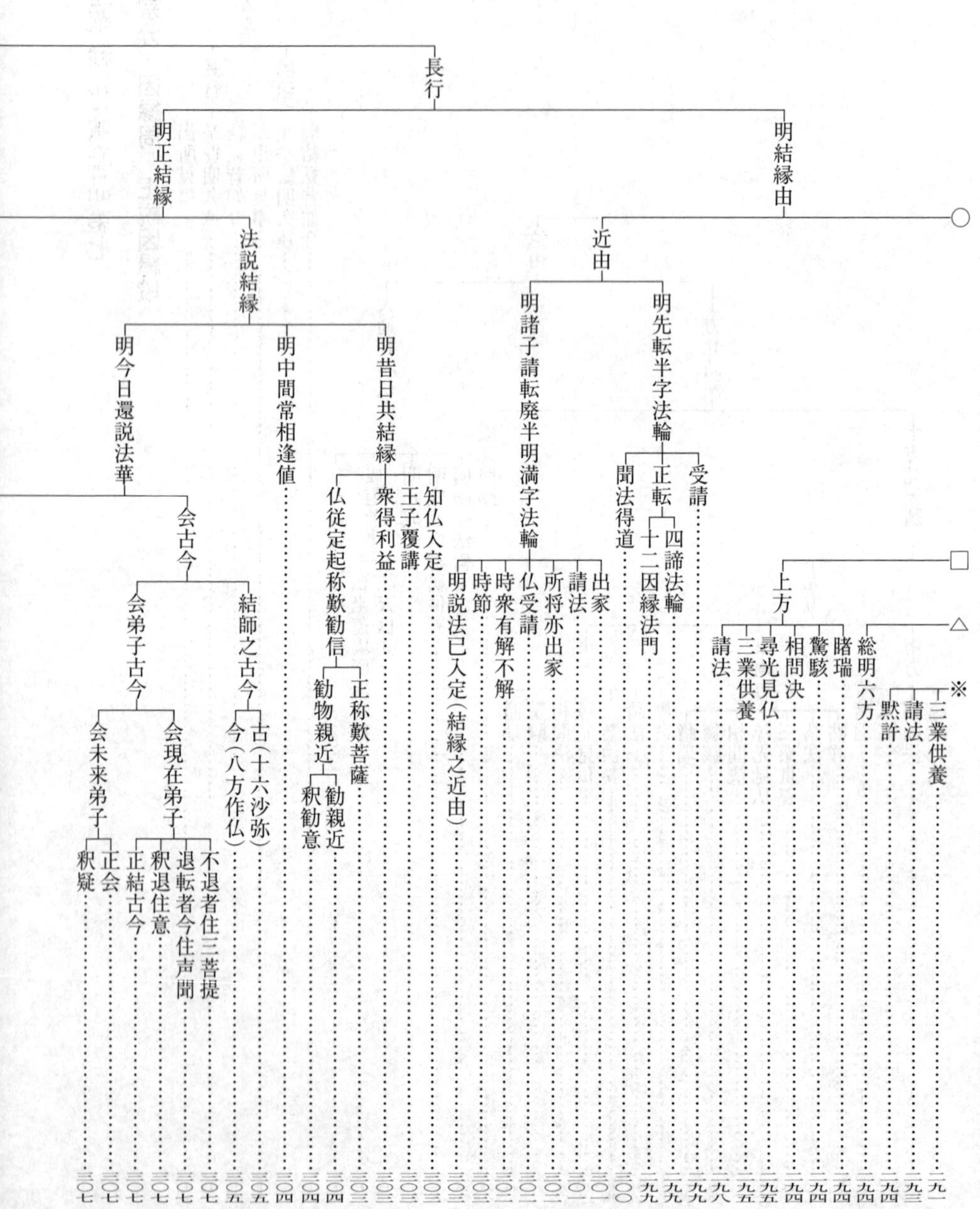

長行
明結縁由
明正結縁
近由
法説結縁
明先転半字法輪
明諸子請転廃半明満字法輪
明昔日共結縁
明中間常相逢値
明今日還説法華
受請
正転
聞法得道
四諦法輪
十二因縁法門
出家
請法
所将亦出家
仏受請
時衆有解不解
時節
明説法已入定(結縁之近由)
知仏入定
王子覆講
衆得利益
仏従定起称歎勧信
正称歎菩薩
勧物親近
勧親近
釈勧意
会古今
結師之古今
古(十六沙弥)
今(八方作仏)
会弟子古今
会現在弟子
不退者住三菩提
退転者今住声聞
釈退住意
正結古今
会未来弟子
正会
釈疑
上方
睹瑞
驚駭
相問決
尋光見仏
三業供養
請法
総明六方
三業供養
請法
黙許
三〇七
三〇七
三〇七
三〇七
三〇七
三〇七
三〇五
三〇五
三〇四
三〇四
三〇四
三〇三
三〇三
三〇三
三〇三
三〇三
三〇二
三〇二
三〇二
三〇二
三〇一
三〇一
三〇一
三〇〇
二九九
二九九
二九九
二九八
二九五
二九五
二九四
二九四
二九四
二九四
二九四
二九三
二九一

◎ 明宿世結縁

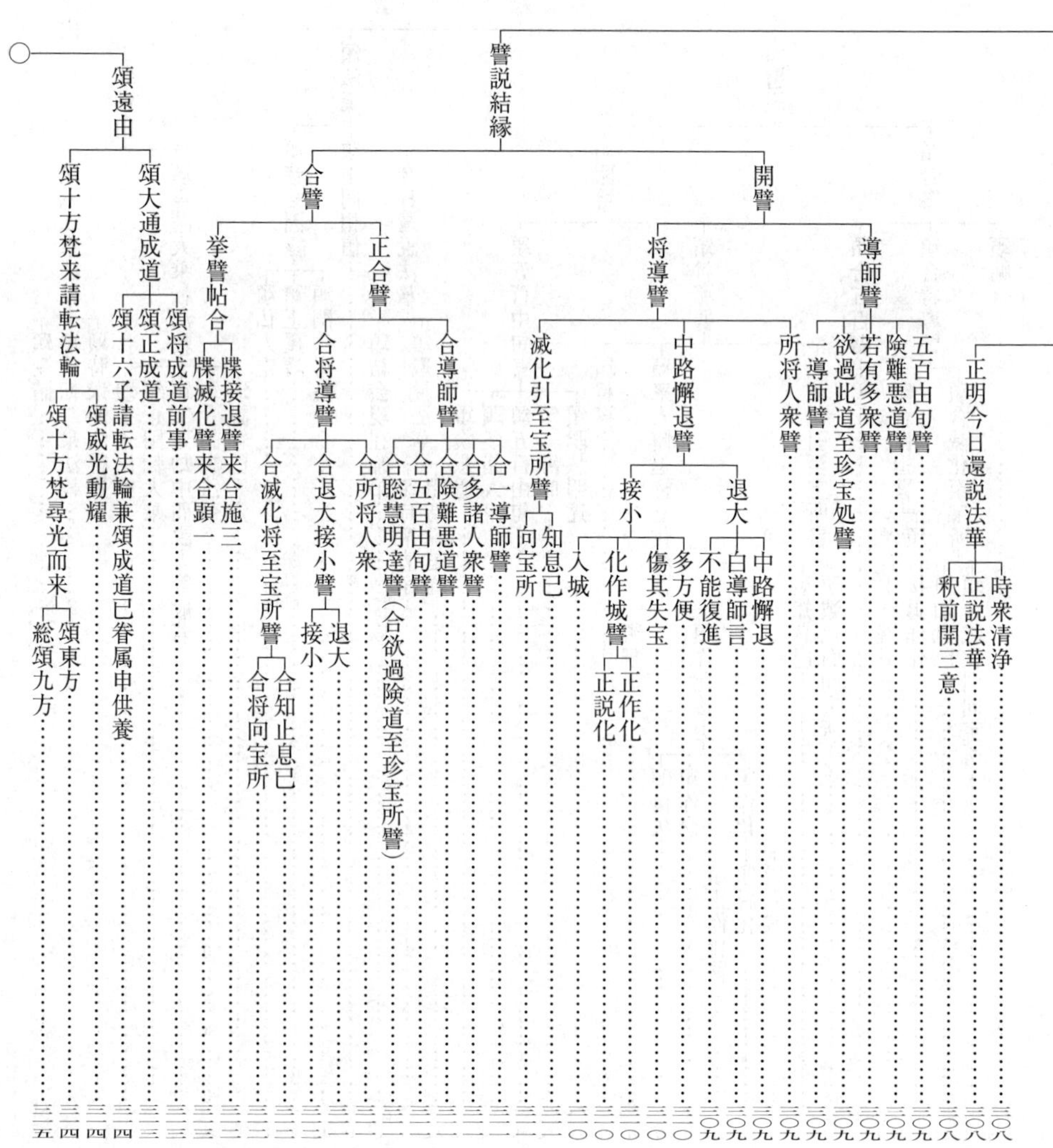

正明今日還説法華
時衆清浄……三〇八
正説法華……三〇八
釈前開三意……三〇八
譬説結縁
開譬
導師譬
五百由旬譬……三〇九
険難悪道譬……三〇九
若有多衆譬……三〇九
欲過此道至珍宝処譬……三〇九
一導師譬……三〇九
将導譬
所将人衆譬……三〇九
中路懈退譬
退大
中路懈退……三〇九
白導師言……三〇九
不能復進……三〇九
接小
多方便……三一〇
傷其失宝……三一〇
化作城譬
正作化……三一〇
正説化……三一〇
入城……三一〇
滅化引至宝所譬
知息已……三一一
向宝所……三一一
合譬
正合譬
合導師譬
合一導師譬……三一一
合多諸人衆譬……三一一
合険難悪道譬……三一一
合五百由旬譬……三一一
合聡慧明達譬(合欲過険道至珍宝所譬)……三一一
合将導譬
合所将人衆……三一一
合退大接小譬
退大……三一一
接小……三一二
合滅化将至宝所譬
合知止息已……三一二
合将向宝所……三一二
挙譬帖合
牒接退譬来合施三……三一二
牒滅化譬来合顕一……三一三
○ 頌遠由
頌大通成道
頌将成道前事……三一三
頌正成道……三一三
頌十六子請転法輪兼頌成道已眷属申供養……三一四
頌十方梵来請転法輪
頌威光動耀……三一四
頌十方梵尋光而来
頌東方……三一四
総頌九方……三一五

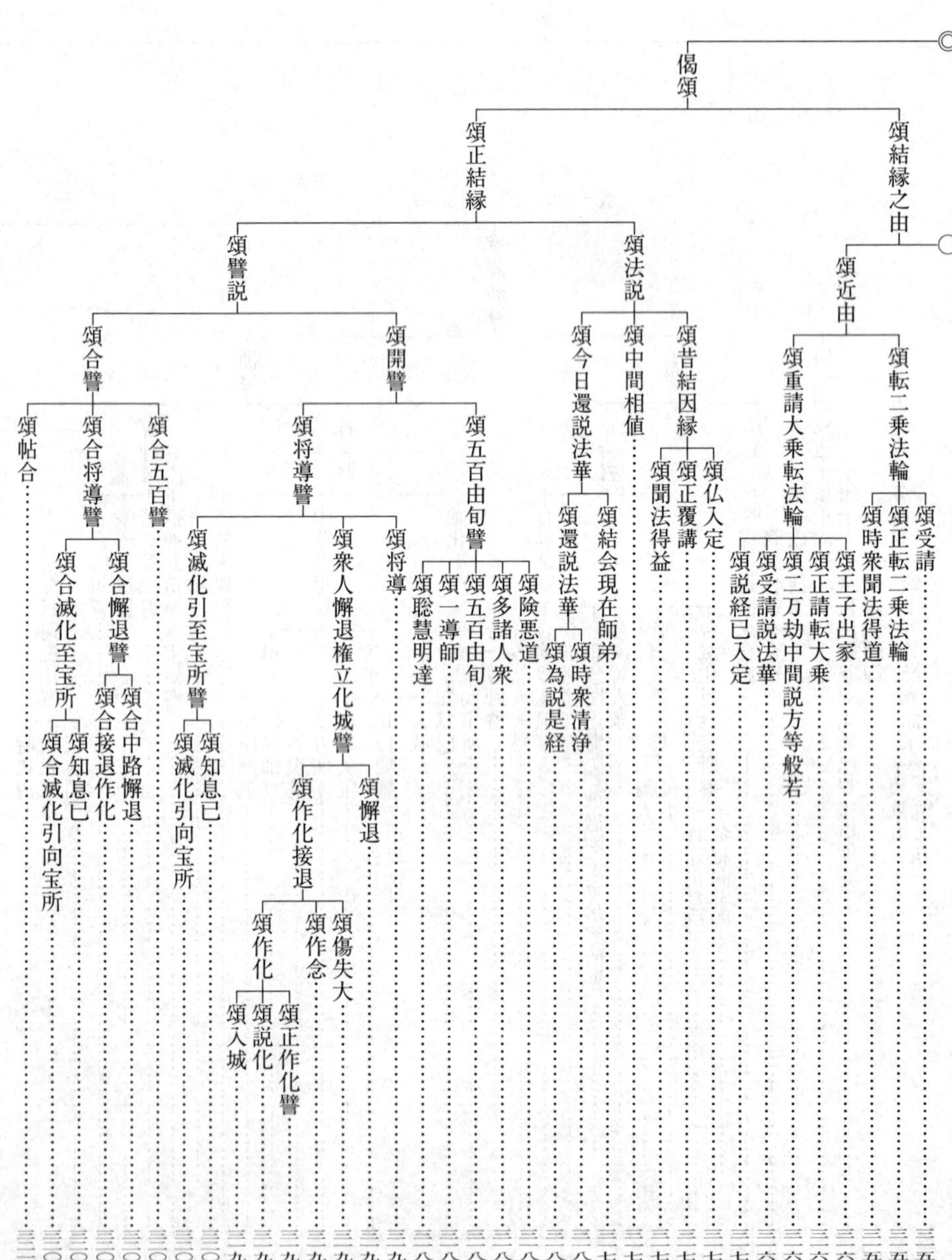

◎
偈頌
頌結縁之由
○
頌近由
頌転二乗法輪
頌受請 三二五
頌正転二乗法輪 三二五
頌時衆聞法得道 三二五
頌重請大乗転法輪
頌王子出家 三二六
頌正請転大乗 三二六
頌二万劫中間説方等般若 三二六
頌受請説法華 三二六
頌説経已入定 三二七
頌正結縁
頌法説
頌昔結因縁
頌仏入定 三二七
頌正覆講 三二七
頌聞法得益 三二七
頌中間相値 三二七
頌今日還説法華
頌結会現在師弟 三二七
頌還説法華
頌時衆清浄 三二八
頌為説是経 三二八
頌譬説
頌開譬
頌五百由旬譬
頌険悪道 三二八
頌多諸人衆 三二八
頌五百由旬 三二八
頌一導師 三二八
頌聡慧明達 三二八
頌将導譬
頌将導 三二九
頌衆人懈退権立化城譬
頌懈退 三二九
頌作化接退
頌傷失大 三二九
頌作念 三二九
頌作化
頌正作化譬 三二九
頌説化 三二九
頌入城 三二九
頌滅化引至宝所譬
頌知息已 三三〇
頌滅化引向宝所 三三〇
頌合譬
頌合五百譬 三三〇
頌合将導譬
頌合懈退譬
頌合中路懈退 三三〇
頌合接退作化 三三〇
頌合滅化至宝所
頌知息已 三三〇
頌合滅化引向宝所 三三〇
頌帖合 三三一

妙法蓮華経　五百弟子受記品第八

迹門正宗分・因縁周・領解述成授記段・千二百授記

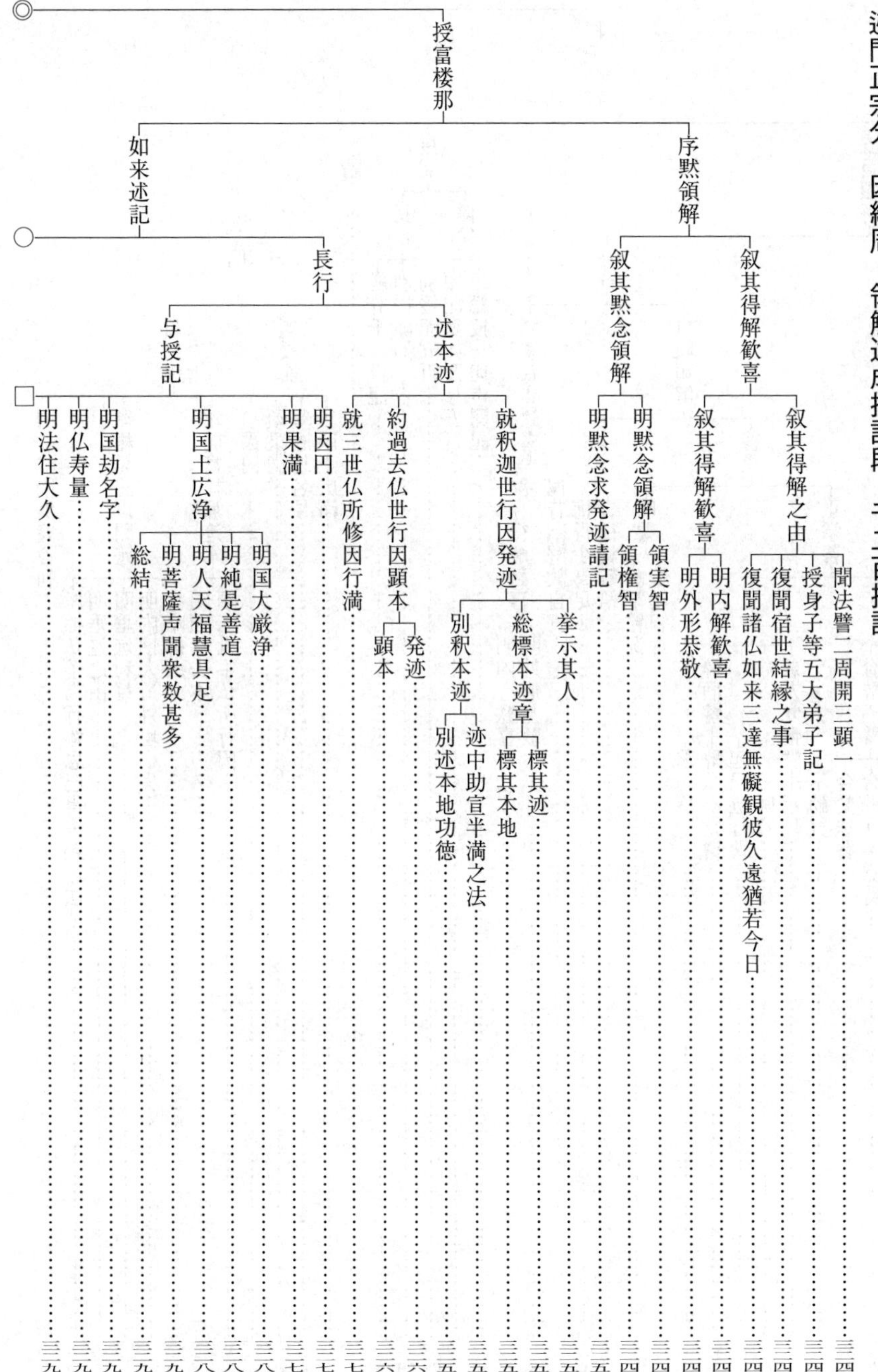

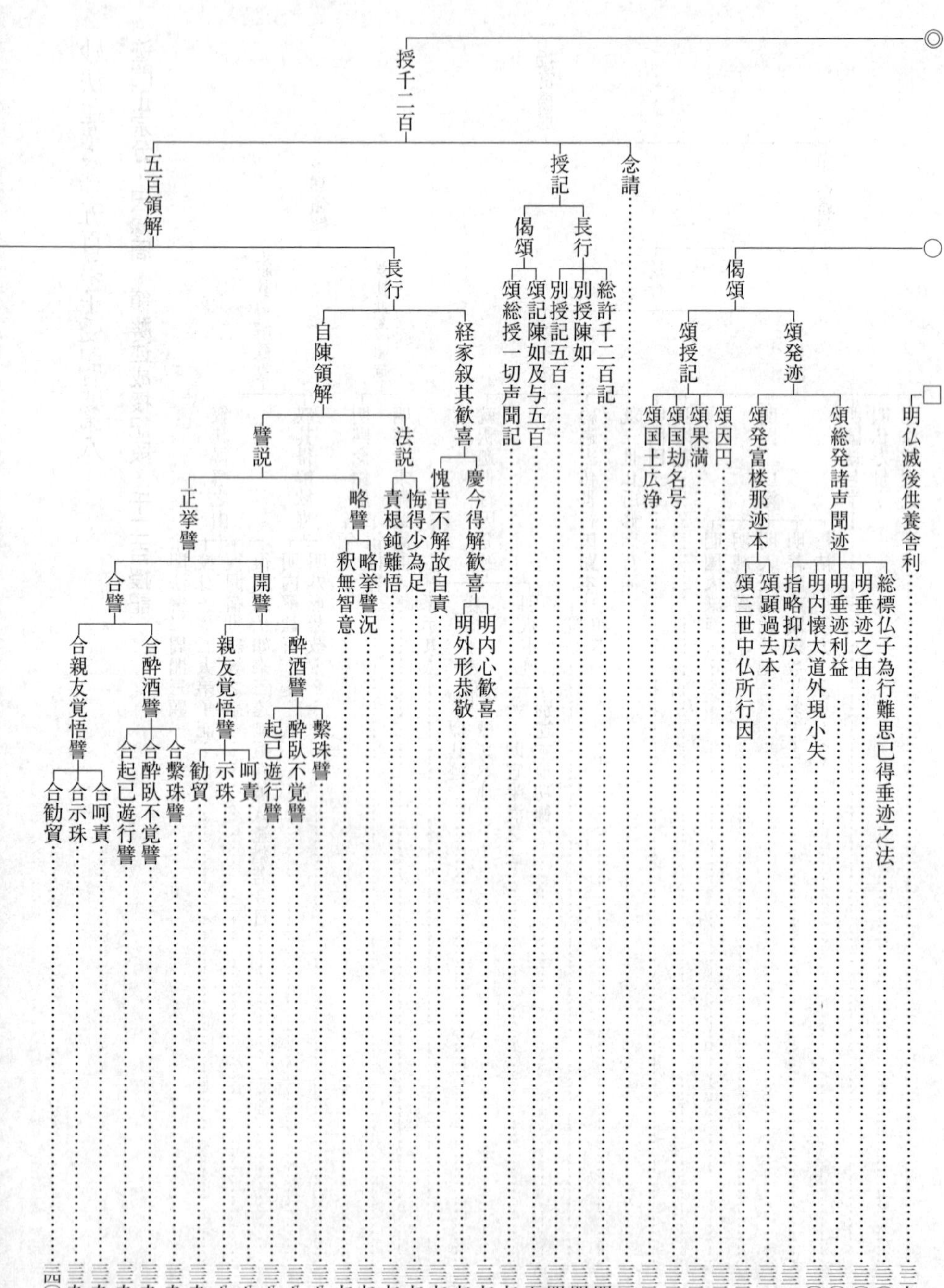
授千二百
念請
授記
長行
総許千二百記
別授陳如
別授記五百
偈頌
頌記陳如及与五百
頌総授一切声聞記
五百領解
長行
経家叙其歓喜
慶今得解歓喜
明内心歓喜
明外形恭敬
愧昔不解故自責
自陳領解
法説
悔得少為足
責根鈍難悟
譬説
略譬
略挙譬況
釈無智意
正挙譬
開譬
酔酒譬
繋珠譬
酔臥不覚譬
起已遊行譬
親友覚悟譬
呵責
示珠
勧貿
合譬
合酔酒譬
合繋珠譬
合酔臥不覚譬
合起已遊行譬
合親友覚悟譬
合呵責
合示珠
合勧貿
偈頌
頌発迹
頌総発諸声聞迹
総標仏子為行難思已得垂迹之法
明垂迹之由
明垂迹利益
明内懐大道外現小失
指略抑広
頌発富楼那迹本
頌顕過去本
頌三世中仏所行因
頌授記
頌因円
頌果満
頌国劫名号
頌国土広浄
明仏滅後供養舎利
三九
三〇
三〇
三〇
三〇
三一
三一
三一
三二
三二
三二
三二
三三
三三
三四
三四
三四
三五
三七
三七
三七
三七
三七
三七
三七
三八
三八
三八
三八
三八
三九
三九
三九
三九
三九
三九
三九
四〇

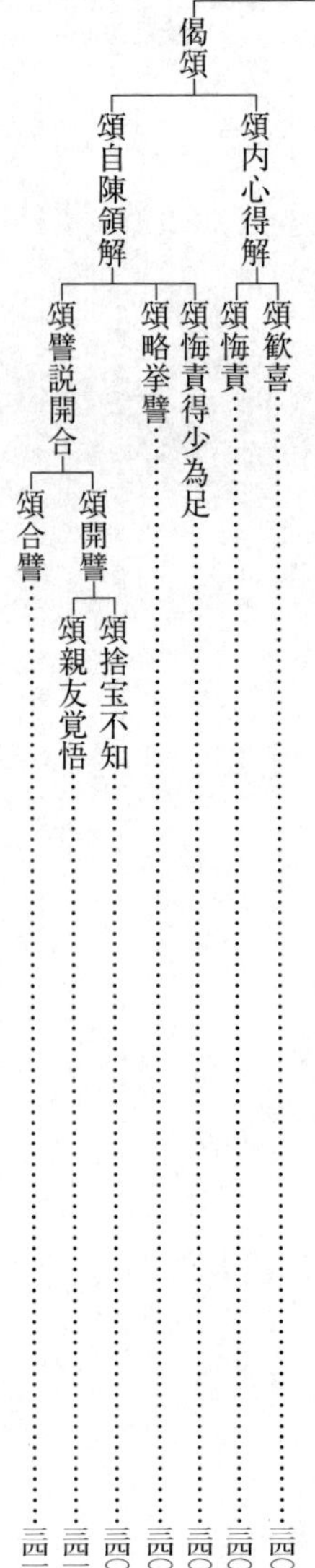
偈頌
頌内心得解
頌歓喜……三四〇
頌悔責……三四〇
頌自陳領解
頌悔責得少為足……三四〇
頌略挙譬……三四〇
頌譬説開合
頌開譬
頌捨宝不知……三四〇
頌親友覚悟……三四一
頌合譬……三四一

妙法蓮華経　授学無学人記品第九

迹門正宗分・因縁周・授記段・二千人授記

- 請記
  - 二人請記
    - 黙念請記……三四三
    - 発言請記
      - 引例……三四三
      - 引望……三四三
  - 二千人請記……三四四
- 授記
  - 記二人
    - 記阿難
      - 長行……三四四
      - 偈頌……三四六
      - 八千菩薩生疑……三四七
      - 如来発迹釈疑……三四七
      - 阿難顕本述歎
        - 長行……三四八
        - 偈頌……三四八
    - 記羅睺羅
      - 長行……三四九
      - 偈頌……三五〇
  - 記二千人
    - 長行……三五〇
    - 偈頌……三五二
    - 得記歓喜……三五三

妙法蓮華経　法師品第十

迹門流通分・明弘経功深福重・釈尊自説弘経功福命覓流通

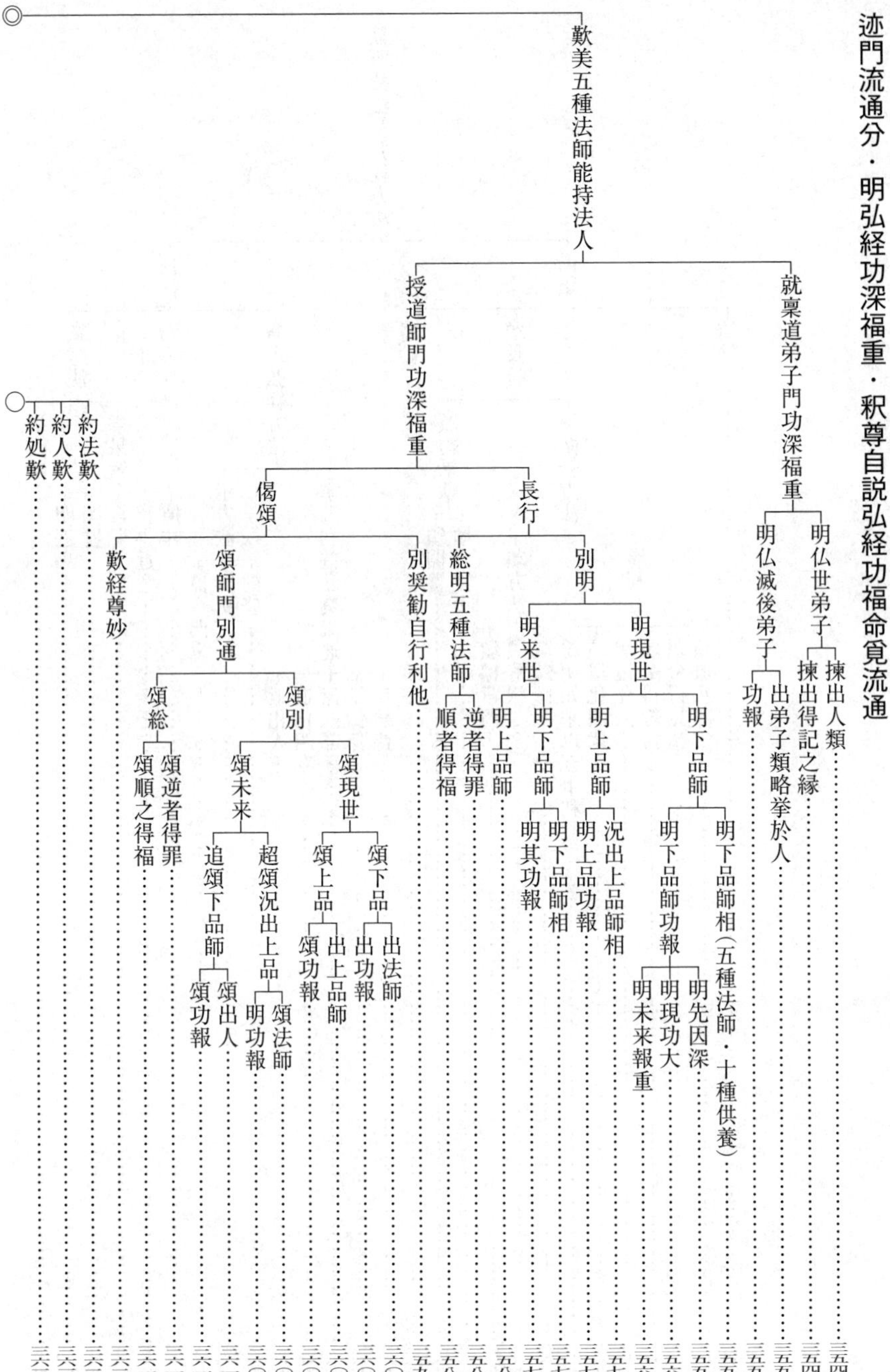

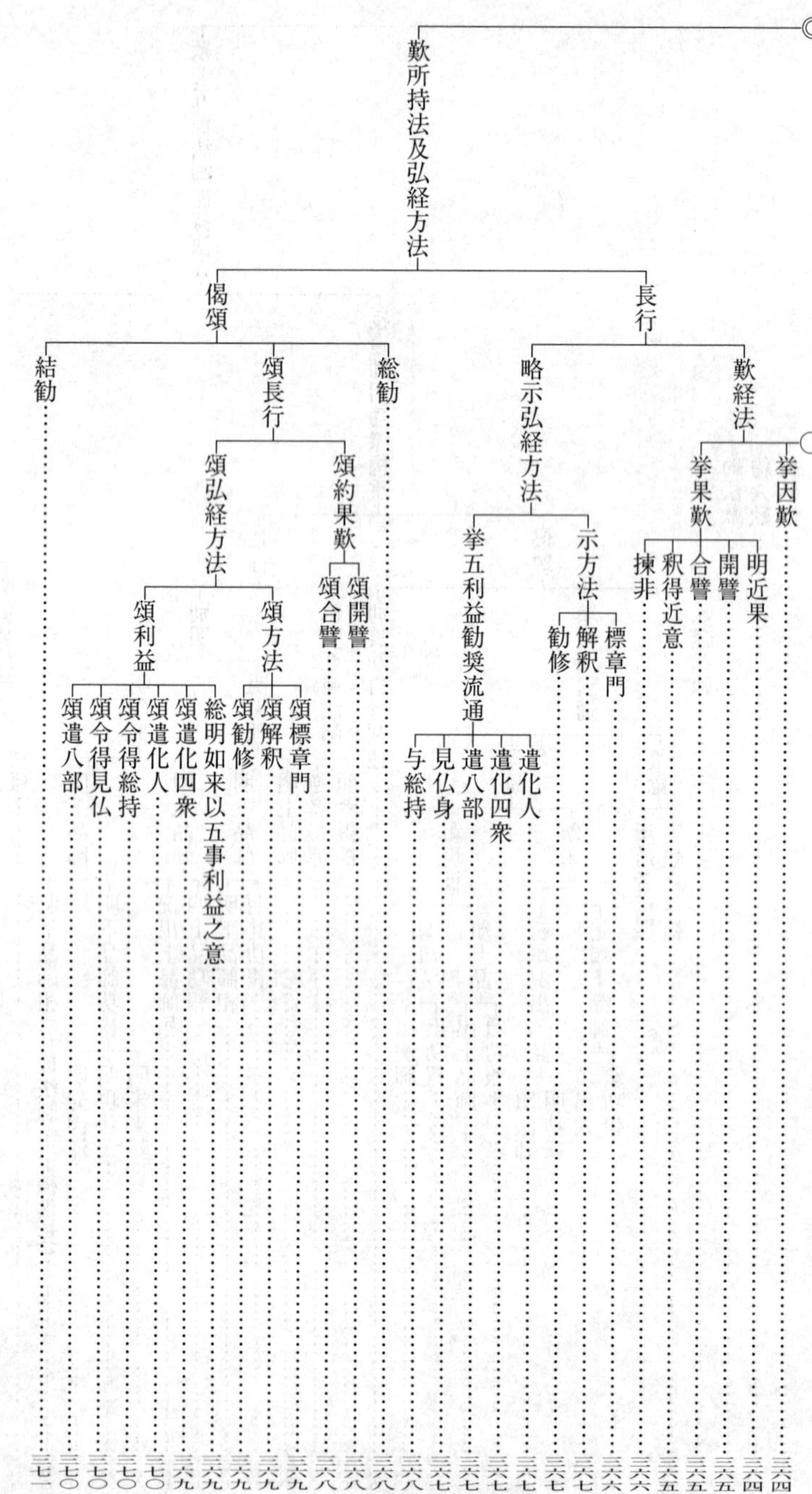
歎所持法及弘経方法
長行
歎経法
挙因歎 三六四
挙果歎
明近果 三六四
開譬 三六五
合譬 三六五
釈得近意 三六五
揀非 三六六
略示弘経方法
示方法
標章門 三六六
解釈 三六七
勧修 三六七
挙五利益勧奨流通
遣化人 三六七
遣化四衆 三六七
遣八部 三六七
見仏身 三六七
与総持 三六八
偈頌
総勧 三六八
頌長行
頌約果歎
頌開譬 三六八
頌合譬 三六八
頌弘経方法
頌方法
頌標章門 三六九
頌解釈 三六九
頌勧修 三六九
頌利益
総明如来以五事利益之意 三六九
頌遣化四衆 三六九
頌遣化人 三七〇
頌令得総持 三七〇
頌令得見仏 三七〇
頌遣八部 三七〇
結勧 三七一

妙法蓮華経　見宝塔品第十一

迹門流通分・明弘経功深福重・多宝分身且証且助勧覓流通

- ◎長行
  - 明多宝涌現
    - 塔現之相……三七二
    - 諸天供養……三七三
    - 多宝称歎……三七三
    - 時衆驚疑
      - 得法喜……三七四
      - 疑怪……三七四
    - 大楽説問
      - 問何因有此塔……三七四
      - 問何故塔従地出……三七四
      - 問何故発是音声……三七四
    - 如来答
      - 答第二問……三七四
      - 答第一問……三七五
      - 答第三問……三七五
  - 明分身遠集
    - 楽説請見多宝……三七六
    - 応集分身……三七六
    - 楽説請集……三七七
    - 放光遠召……三七七
    - 諸仏同来……三七八
    - 厳浄国界
      - 変娑婆……三七八
      - 変八方二百万億那由他国……三八〇
      - 更変八方二百万億那由他国……三八一
    - 与欲開塔
      - 諸仏問訊説欲……三八二
      - 釈迦開塔……三八三
      - 四衆皆同見聞……三八四
      - 二仏分座而坐……三八五
      - 四衆請加……三八五
  - 明釈迦唱募覓流通人
    - 大声唱募……三八六
    - 明付嘱時至……三八六
    - 明付嘱有在……三八六

◎
偈頌
頌多宝滅度……三八六
頌分身集……三八七
頌釈迦付嘱
挙三仏以勧流通
募覚其人……三八八
正挙三仏以勧持経……三八九
釈勧意……三八九
挙難持之法以勧流通
正挙勧
誡勧……三九〇
正挙難持以勧流通……三九〇
釈難持意……三九三
釈勧意
重募持経人……三九三
明能持難持則諸仏喜歎……三九三
明能持難持即成勝行……三九四

妙法蓮華経　提婆達多品第十二

迹門流通分・引往弘経彼我兼益以証功徳深重

- ◎
  - 明昔日達多通経釈迦成道
    - 明往昔師弟持経之相
      - 長行
        - 明求法時節……三九六
        - 正明求法
          - 明発願……三九六
          - 明修行
            - 明欲満檀那勤行布施……三九六
            - 明為満般若推求妙法……三九六
        - 明求得法師……三九七
        - 明受法奉行……三九七
      - 偈頌
        - 頌求法時節……三九八
        - 頌正求法……三九八
        - 頌得説法師……三九八
        - 頌受法奉行……三九八
        - 結証勧信……三九九
    - 結会古今
      - 正結会古今……三九九
      - 明師弟功報倶満
        - 明弟子因報已満
          - 明因満……三九九
          - 明果円……三九九
          - 結証由通経者益……四〇〇
        - 明師妙果当成
          - 明正果成……四〇〇
          - 明化度……四〇〇
          - 明滅後利益……四〇一
    - 勧信……四〇一
  - 明今日文殊通経竜女作仏
    - 明文殊通経
      - 明智積請退……四〇二
      - 明釈尊止之令待通経利益之証……四〇二
      - 文殊尋来……四〇三
      - 智積問所化幾如……四〇三
      - 文殊答非口所宣
        - 答利益甚多……四〇三
        - 蒙益者集証……四〇四
        - 皆是文殊所化……四〇四
        - 本声聞人先稟権教住二乗道……四〇四
        - 今聞実教悉住大乗法……四〇四
        - 文殊結益……四〇四
        - 智積偈歎……四〇四

◎ 明利益
- 文殊自叙 …… 四〇五
- 智積問 …… 四〇五
- 答 …… 四〇五
- 智積執別教為疑 …… 四〇六
- 竜女明円釈疑
  - 経叙現申敬 …… 四〇七
  - 偈頌
    - 明持経得解 …… 四〇七
    - 明成就二身 …… 四〇七
    - 引仏為証 …… 四〇七
- 身子挟三蔵権難
  - 総難信 …… 四〇八
  - 釈出五礙 …… 四〇八
- 竜女以一実除疑（現成明証）
  - 献珠表得円解 …… 四〇八
  - 正示因円果満 …… 四〇九
- 時衆聞見得益
  - 明見聞 …… 四一〇
  - 人天歓喜 …… 四一〇
- 智積身子黙然信伏 …… 四一〇

妙法蓮華経　勧持品第十三

迹門流通分・忍力成者此土弘経新得記者他土弘経

- 明受持
  - 二万菩薩奉命此土持経 …… 四一一
  - 五百八千声聞発誓他国流通 …… 四一二
  - 諸尼請記
    - 波闍波提請及記
      - 請記 …… 四一二
      - 授記 …… 四一三
    - 耶輸陀羅請及記
      - 請記 …… 四一四
      - 授記 …… 四一四
    - 諸尼領解 …… 四一五
    - 諸尼発誓 …… 四一五
- 明勧持
  - 長行
    - 仏眼視 …… 四一六
    - 菩薩請告 …… 四一六
    - 仏黙然 …… 四一六
    - 菩薩知意 …… 四一七
    - 発誓通経 …… 四一七
  - 偈頌
    - 被忍衣弘経
      - 総論時節 …… 四一七
      - 別明所忍之境
        - 明俗衆増上慢 …… 四一八
        - 明道門増上慢 …… 四一八
        - 明僭聖増上慢 …… 四一八
      - 明著衣意 …… 四一九
    - 入室弘経 …… 四二〇
    - 坐座弘経 …… 四二〇
    - 総結請知 …… 四二一

妙法蓮華経　安楽行品第十四

迹門流通分・為初心説安楽行

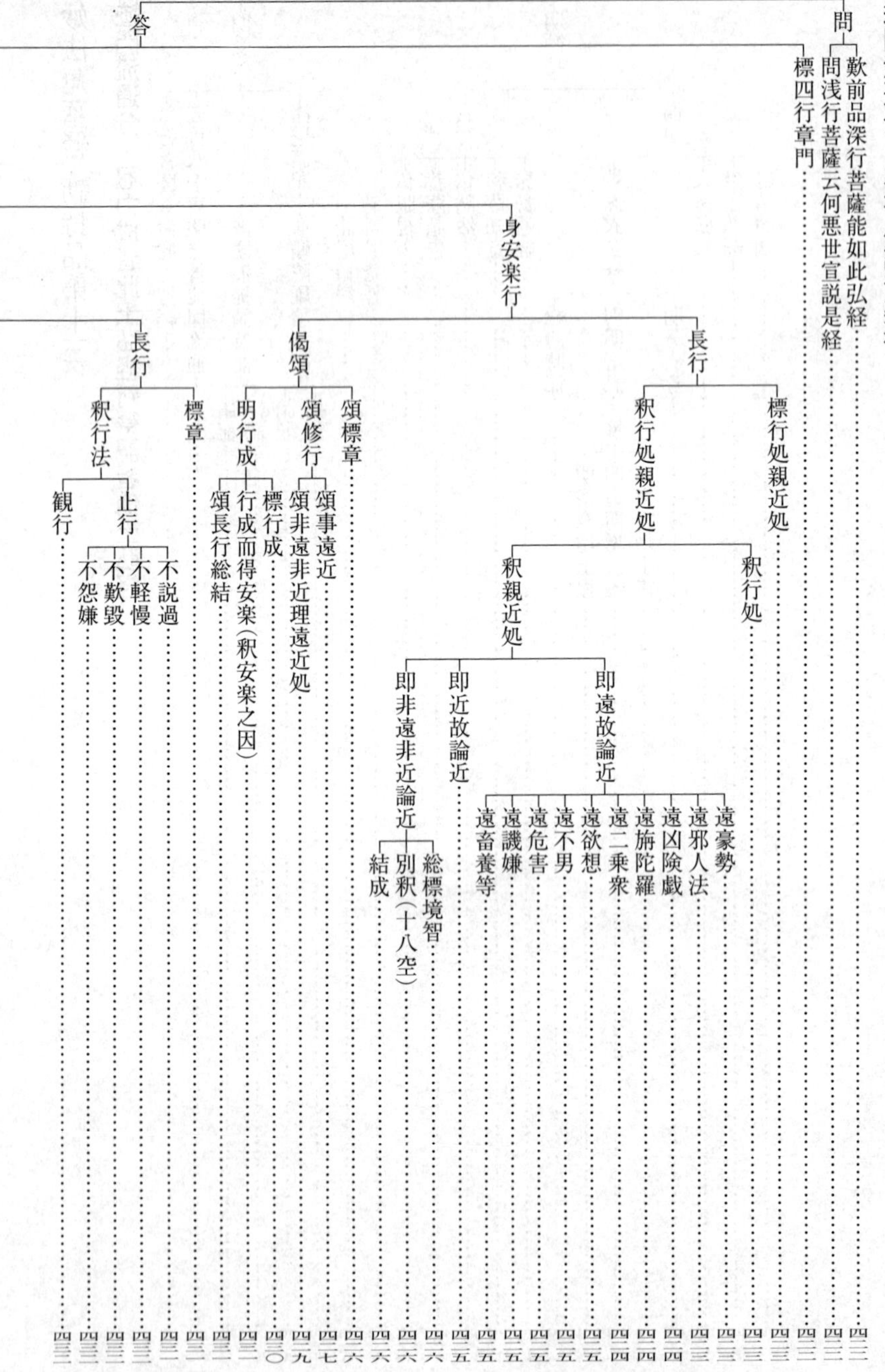

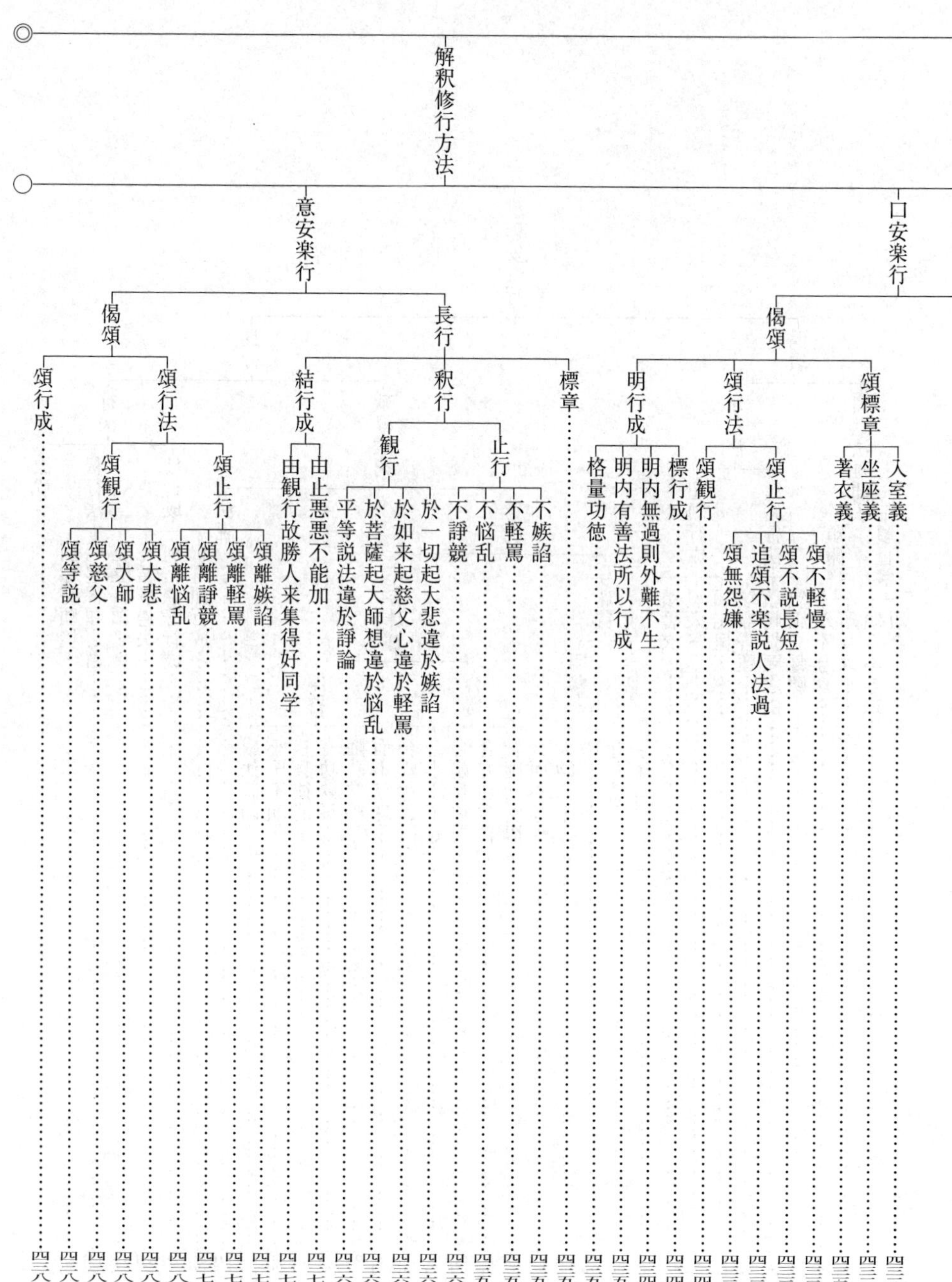
解釈修行方法
意安楽行
偈頌
頌行成
頌行法
頌観行
頌等説
頌慈父
頌大師
頌大悲
頌止行
頌離悩乱
頌離諍競
頌離軽罵
頌離嫉諂
長行
結行成
由観行故勝人来集得好同学
由止悪悪不能加
釈行
観行
平等説法違於諍論
於菩薩起大師想違於悩乱
於如来起慈父心違於軽罵
於一切起大悲違於嫉諂
止行
不諍競
不悩乱
不軽罵
不嫉諂
標章
口安楽行
偈頌
明行成
格量功徳
明内有善法所以行成
明内無過則外難不生
標行成
頌行法
頌観行
頌止行
頌無怨嫌
追頌不楽説人法過
頌不説長短
頌不軽慢
頌標章
著衣義
坐座義
入室義
四二八
四二八
四二八
四二八
四二八
四二八
四二七
四二七
四二七
四二七
四二七
四二六
四二六
四二六
四二六
四二六
四二五
四二五
四二五
四二五
四二五
四二五
四二四
四二四
四二四
四二四
四二三
四二三
四二三
四二三
四二三
四二三
四二三

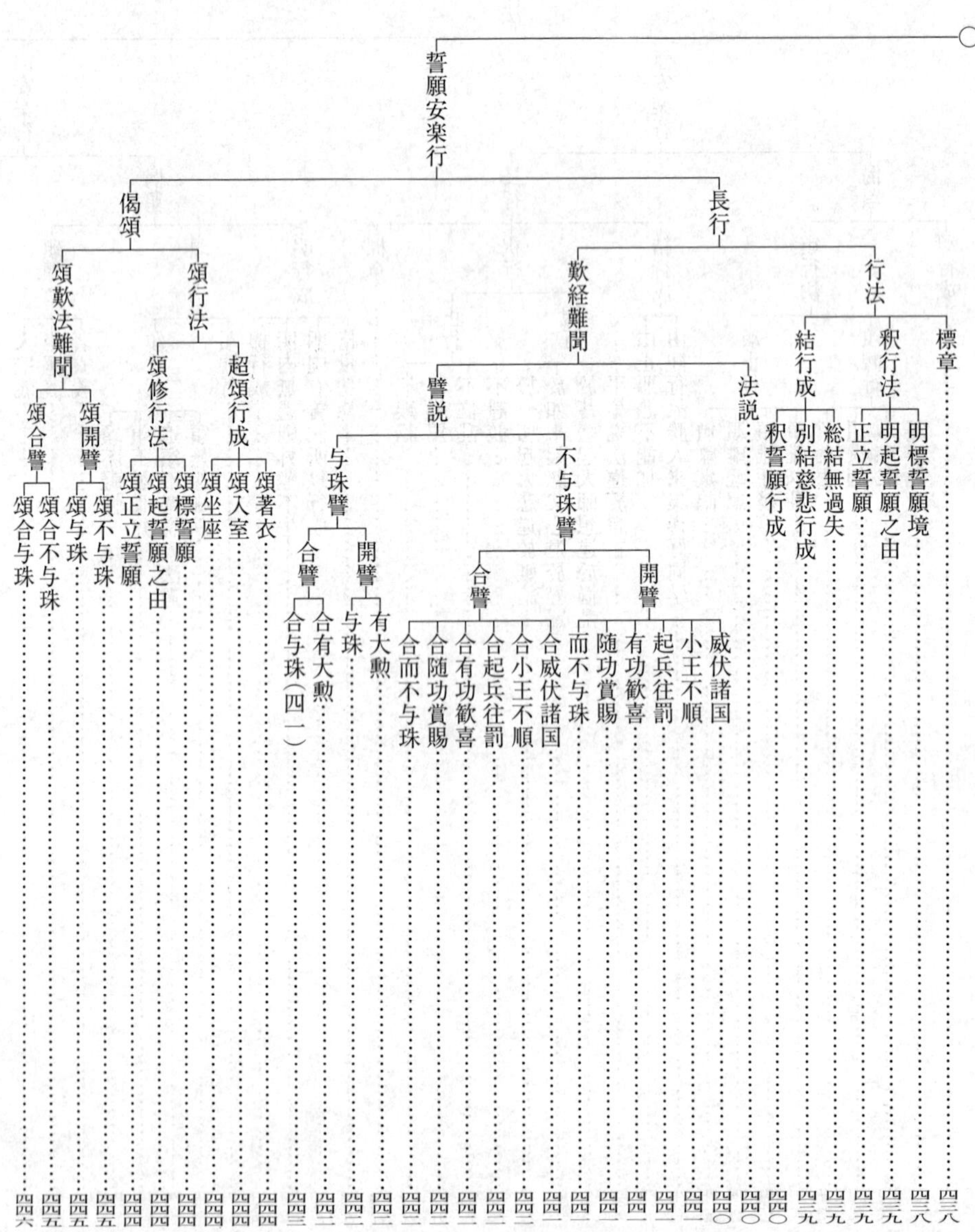
誓願安楽行
長行
行法
標章 四三八
釈行法
明標誓願境 四三八
明起誓願之由 四三九
正立誓願 四三九
結行成
総結無過失 四三九
別結慈悲行成 四三九
釈誓願行成 四四〇
歎経難聞
法説 四四〇
譬説
不与珠譬
開譬
威伏諸国 四四〇
小王不順 四四一
起兵往罰 四四一
有功歓喜 四四一
随功賞賜 四四一
而不与珠 四四一
合譬
合威伏諸国 四四一
合小王不順 四四二
合起兵往罰 四四二
合有功歓喜 四四二
合随功賞賜 四四二
合而不与珠 四四二
与珠譬
開譬
有大勲 四四二
与珠 四四二
合譬
合有大勲 四四二
合与珠(四一) 四四三
偈頌
頌行法
超頌行成
頌著衣 四四四
頌入室 四四四
頌坐座 四四四
頌修行法
頌標誓願 四四四
頌起誓願之由 四四四
頌正立誓願 四四四
頌歎法難聞
頌開譬
頌不与珠 四四五
頌与珠 四四五
頌合譬
頌合不与珠 四四五
頌合与珠 四四六

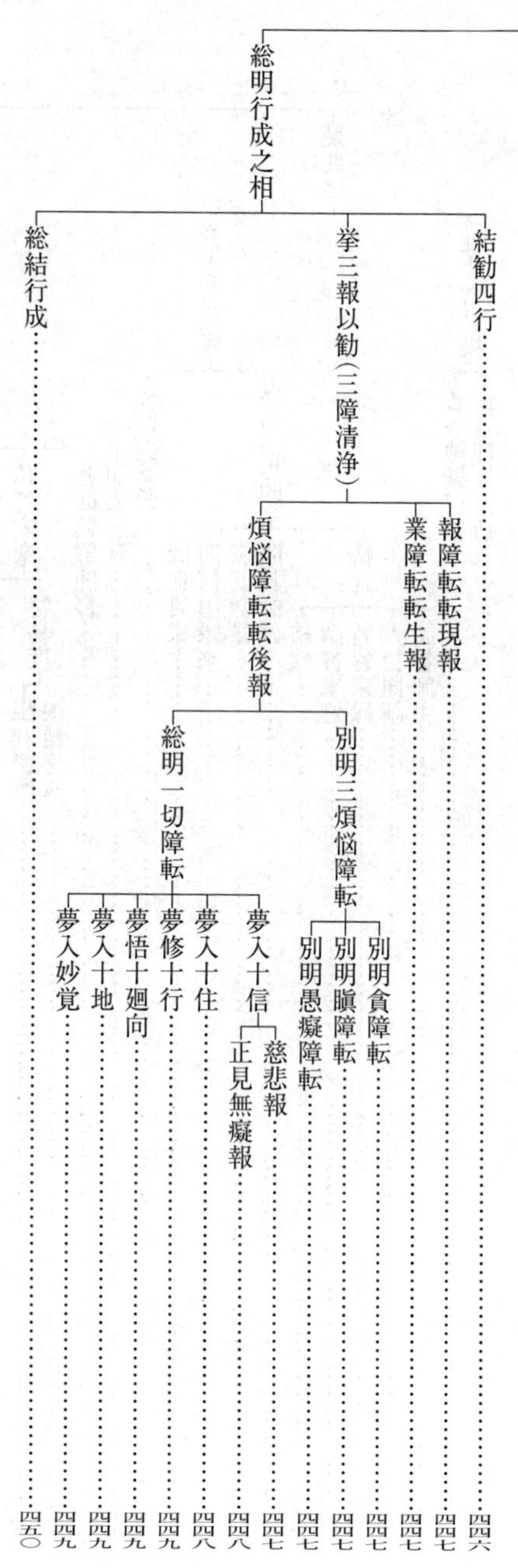

総明行成之相
結勧四行 四四六
挙三報以勧（三障清浄）
報障転転現報 四四七
業障転転生報 四四七
煩悩障転転後報
別明三煩悩障転
別明貪障転 四四七
別明瞋障転 四四七
別明愚癡障転 四四七
総明一切障転
夢入十信
慈悲報 四四七
正見無癡報 四四八
夢入十住 四四八
夢修十行 四四九
夢悟十廻向 四四九
夢入十地 四四九
夢入妙覚 四四九
総結行成 四五〇

妙法蓮華経　従地涌出品第十五

本門序分正宗分（日蓮大聖人は動執生疑より正宗分とされるが、ここでは一往、『法華文句』に明かす科段を示す）

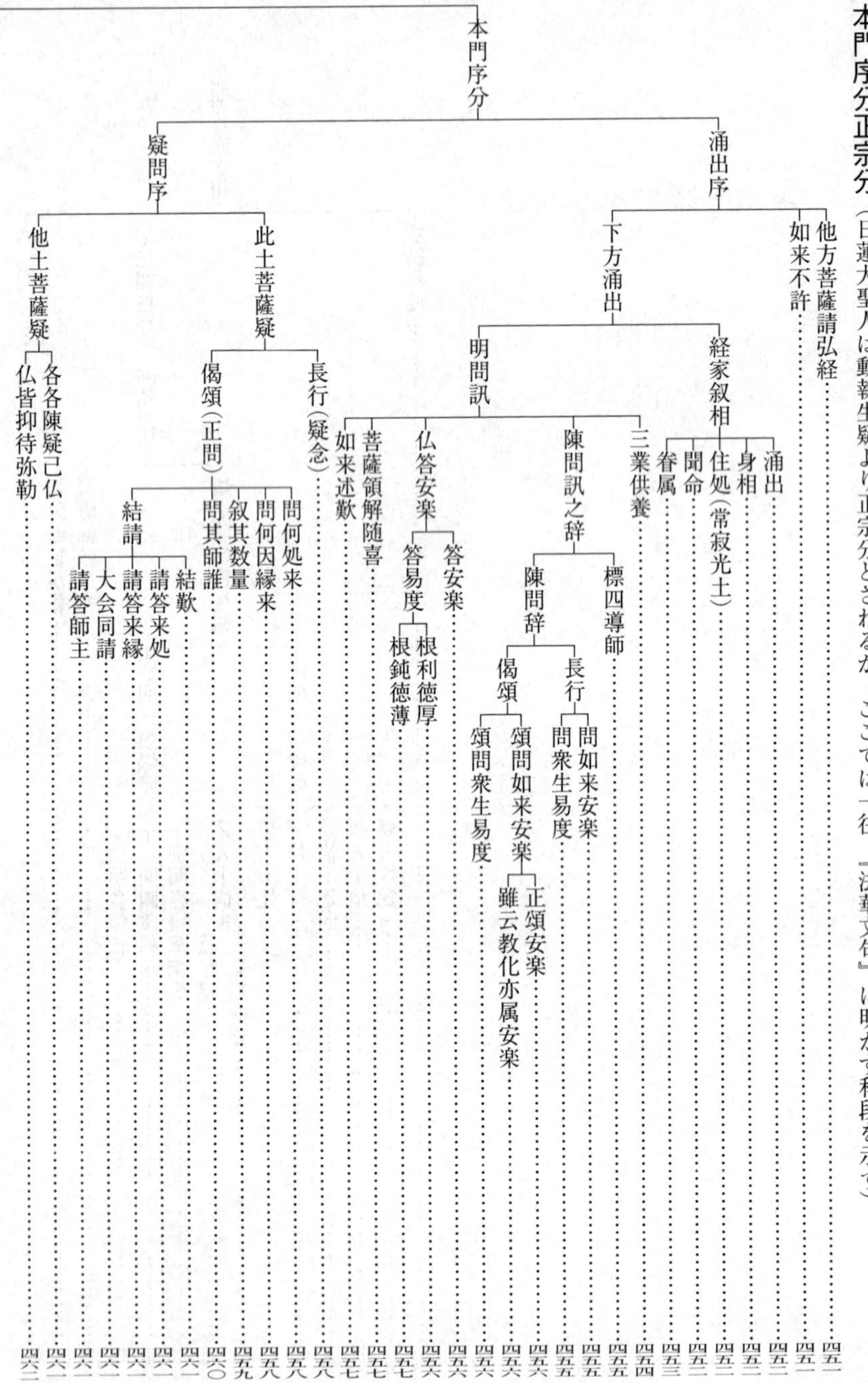

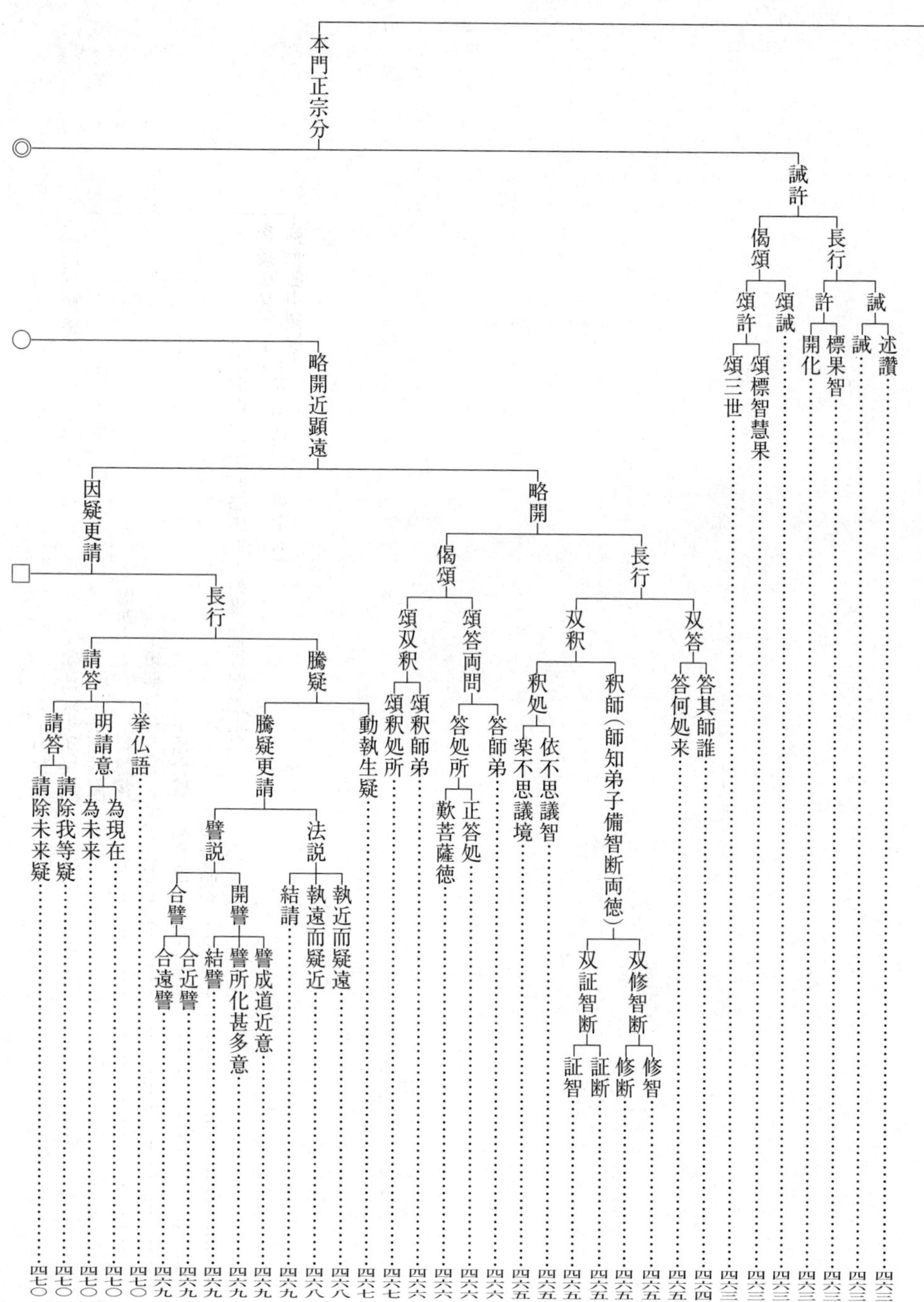
本門正宗分
誡許
偈頌
頌許
頌三世
頌標智慧果
頌誡
長行
許
開化
標果智
誡
誡
述讃
略開近顕遠
略開
偈頌
頌双釈
頌釈処所
頌釈師弟
頌答両問
答処所
歎菩薩徳
正答処
答師弟
長行
双釈
釈処
楽不思議境
依不思議智
釈師(師知弟子備智断両徳)
双証智断
証智
証断
双修智断
修断
修智
双答
答何処来
答其師誰
因疑更請
長行
請答
請答
請除未来疑
請除我等疑
明請意
為未来
為現在
挙仏語
騰疑
騰疑更請
譬説
合譬
合遠譬
合近譬
開譬
結譬
譬所化甚多意
譬成道近意
法説
結請
執遠而疑近
執近而疑遠
動執生疑
四七〇
四七〇
四七〇
四七〇
四七〇
四六九
四六九
四六九
四六九
四六九
四六九
四六八
四六八
四六七
四六七
四六六
四六六
四六六
四六六
四六五
四六五
四六五
四六五
四六五
四六五
四六五
四六四
四六三
四六三
四六三
四六三
四六三
四六三
四六三

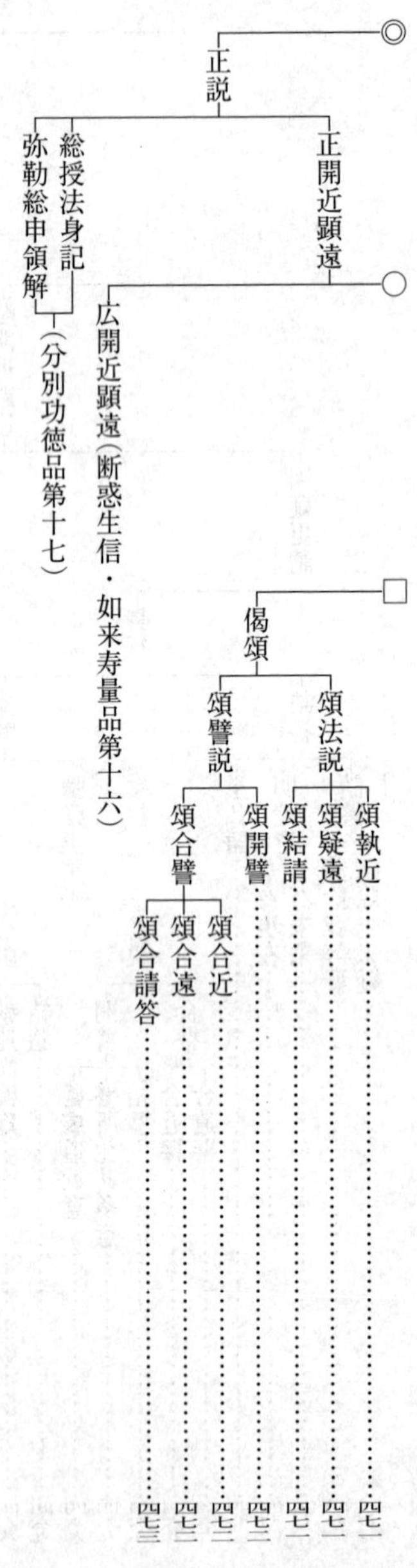
◎
正説
正開近顕遠
総授法身記
弥勒総申領解
（分別功徳品第十七）
○
広開近顕遠（断惑生信・如来寿量品第十六）
□
偈頌
頌法説
頌執近……四七一
頌疑遠……四七一
頌結請……四七一
頌譬説
頌開譬……四七二
頌合譬
頌合近……四七二
頌合遠……四七二
頌合請答……四七三

妙法蓮華経 如来寿量品第十六

本門正宗分・正開近顕遠・広開近顕遠（断惑生信）

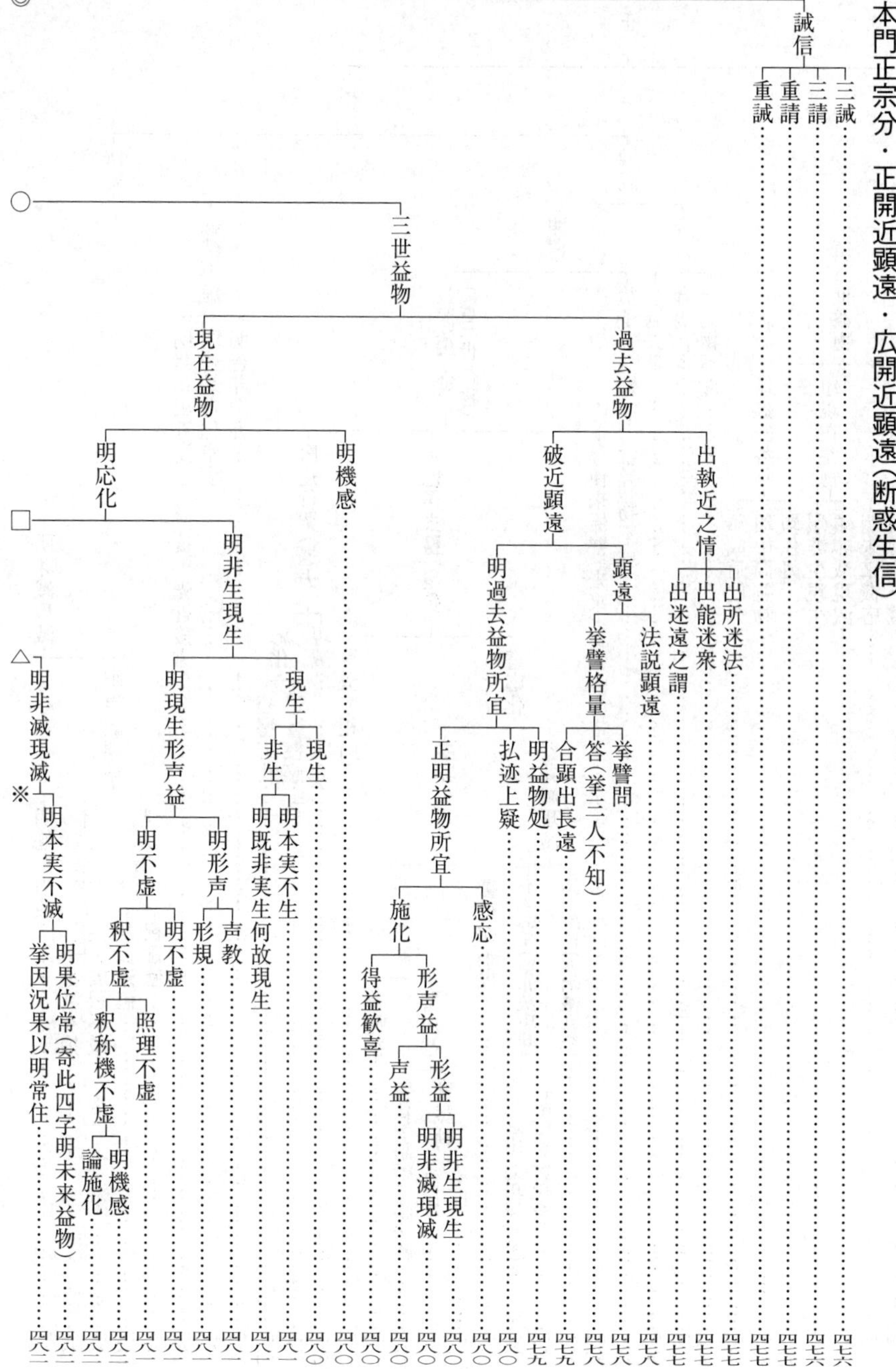

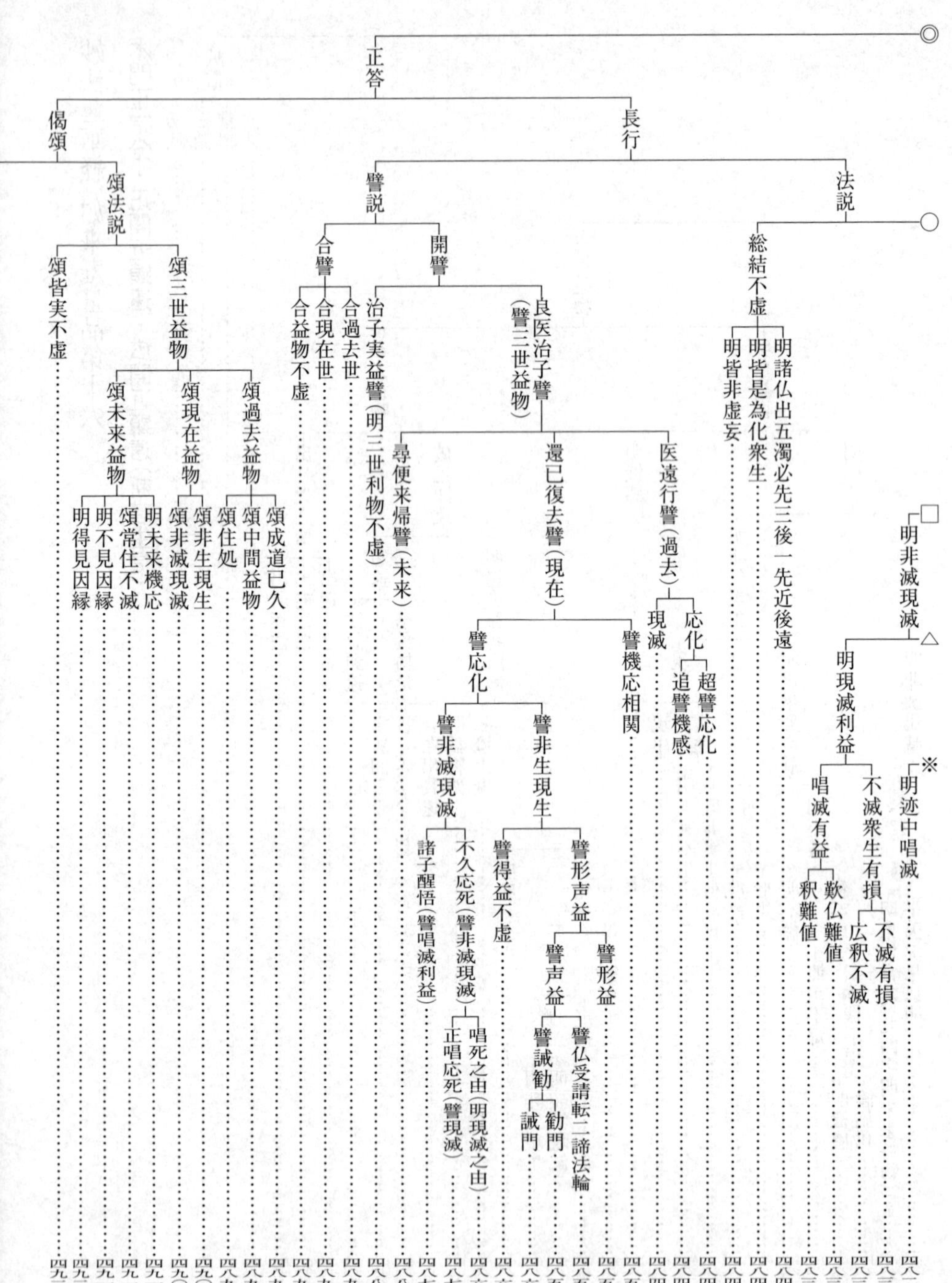
◎
正答
長行
法説
○
総結不虚
明諸仏出五濁必先三後一先近後遠 四八四
明皆是為化衆生 四八四
明皆非虚妄 四八四
□
明非滅現滅
△
※
明迹中唱滅 四八二
明現滅利益
不滅衆生有損
不滅有損 四八三
広釈不滅 四八三
唱滅有益
歎仏難値 四八三
釈難値 四八三
譬説
開譬
良医治子譬（譬三世益物）
医遠行譬（過去）
応化
超譬応化 四八四
追譬機感 四八四
現滅 四八四
還已復去譬（現在）
譬機応相関 四八五
譬応化
譬非生現生
譬形声益
譬形益 四八五
譬声益
譬仏受請転二諦法輪 四八五
譬誡勧
勧門 四八五
誡門 四八六
譬得益不虚 四八六
譬非滅現滅
不久応死（譬非滅現滅）
唱死之由（明現滅之由） 四八六
正唱応死（譬現滅） 四八七
諸子醒悟（譬唱滅利益） 四八七
尋便来帰譬（未来） 四八八
治子実益譬（明三世利物不虚） 四八八
合譬
合過去世 四八九
合現在世 四八九
合益物不虚 四八九
偈頌
頌法説
頌三世益物
頌過去益物
頌成道已久 四八九
頌中間益物 四八九
頌住処 四八九
頌現在益物
頌非生現生 四九〇
頌非滅現滅 四九〇
頌未来益物
明未来機応 四九一
頌常住不滅 四九一
明不見因縁 四九一
明得見因縁 四九二
頌皆実不虚 四九二

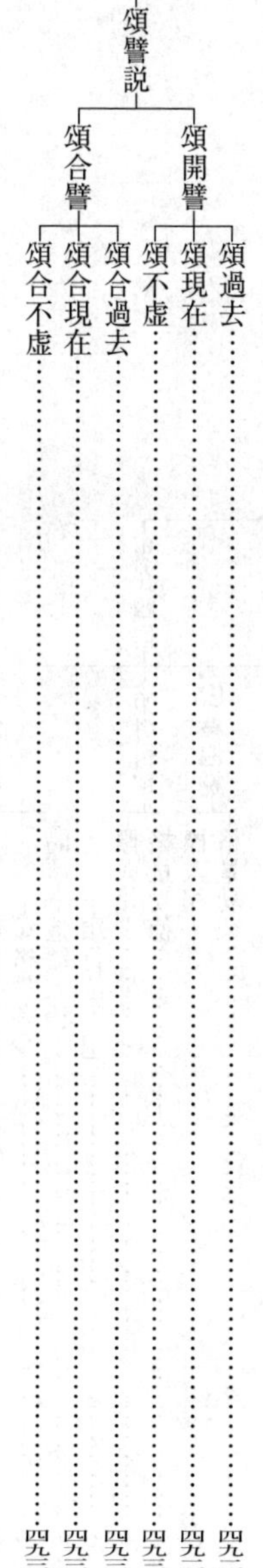
頌譬説
頌開譬
頌過去 四九二
頌現在 四九二
頌不虚 四九三
頌合譬
頌合過去 四九三
頌合現在 四九三
頌合不虚 四九三

妙法蓮華経　分別功徳品第十七

本門正宗分流通分

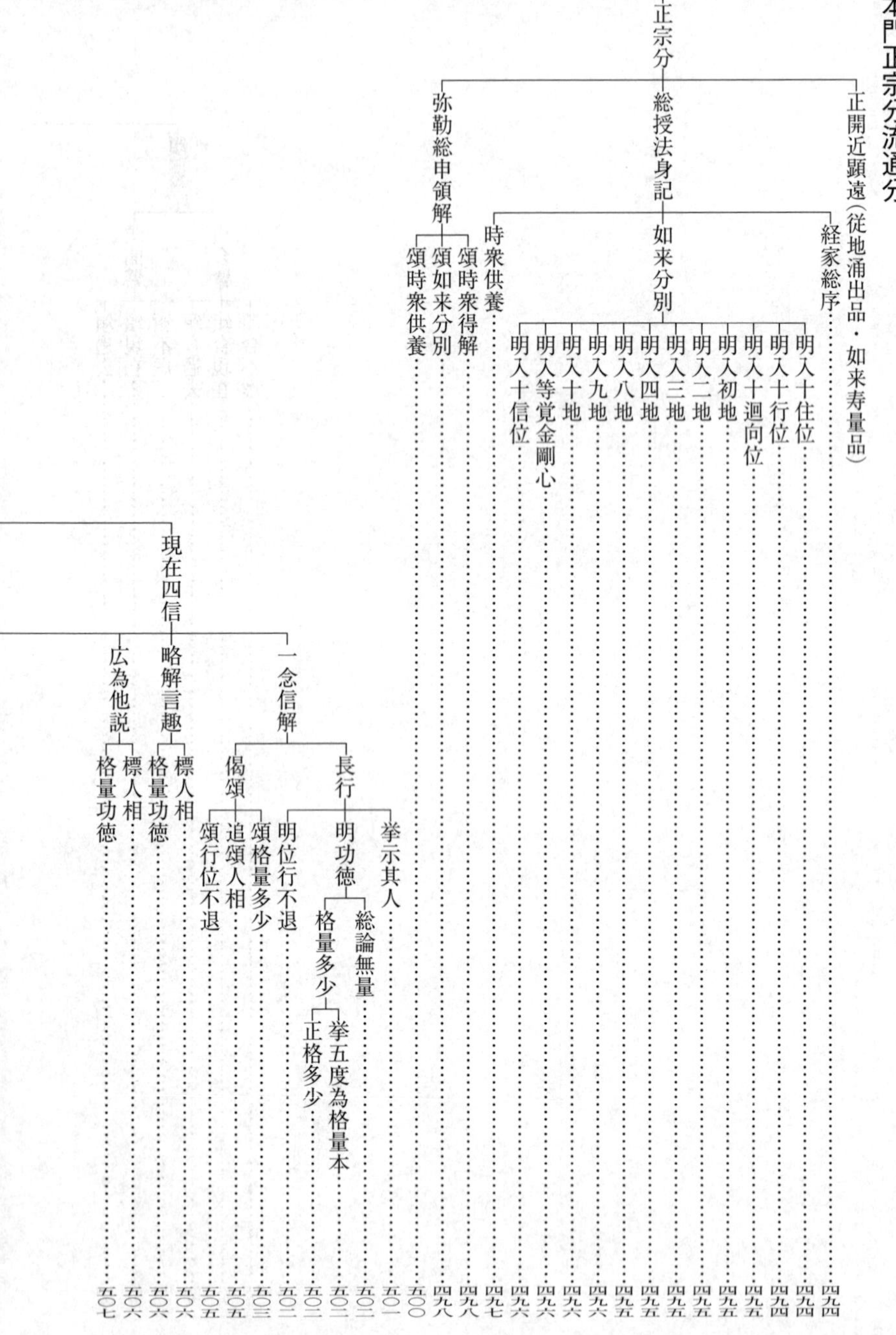
正宗分
正開近顕遠（従地涌出品・如来寿量品）
経家総序　四九四
明入十住位　四九四
明入十行位　四九四
明入十迴向位　四九五
明入初地　四九五
明入二地　四九五
明入三地　四九五
明入四地　四九五
明入八地　四九五
明入九地　四九六
明入十地　四九六
明入等覚金剛心　四九六
明入十信位　四九六
総授法身記
如来分別
時衆供養　四九七
弥勒総申領解
頌時衆得解　四九八
頌如来分別　四九八
頌時衆供養　五〇〇
現在四信
一念信解
長行
挙示其人　五〇一
明功徳
総論無量　五〇二
格量多少
挙五度為格量本　五〇二
正格多少　五〇二
明位行不退　五〇二
偈頌
頌格量多少　五〇三
追頌人相　五〇五
頌行位不退　五〇五
略解言趣
標人相　五〇六
格量功徳　五〇六
広為他説
標人相　五〇六
格量功徳　五〇七

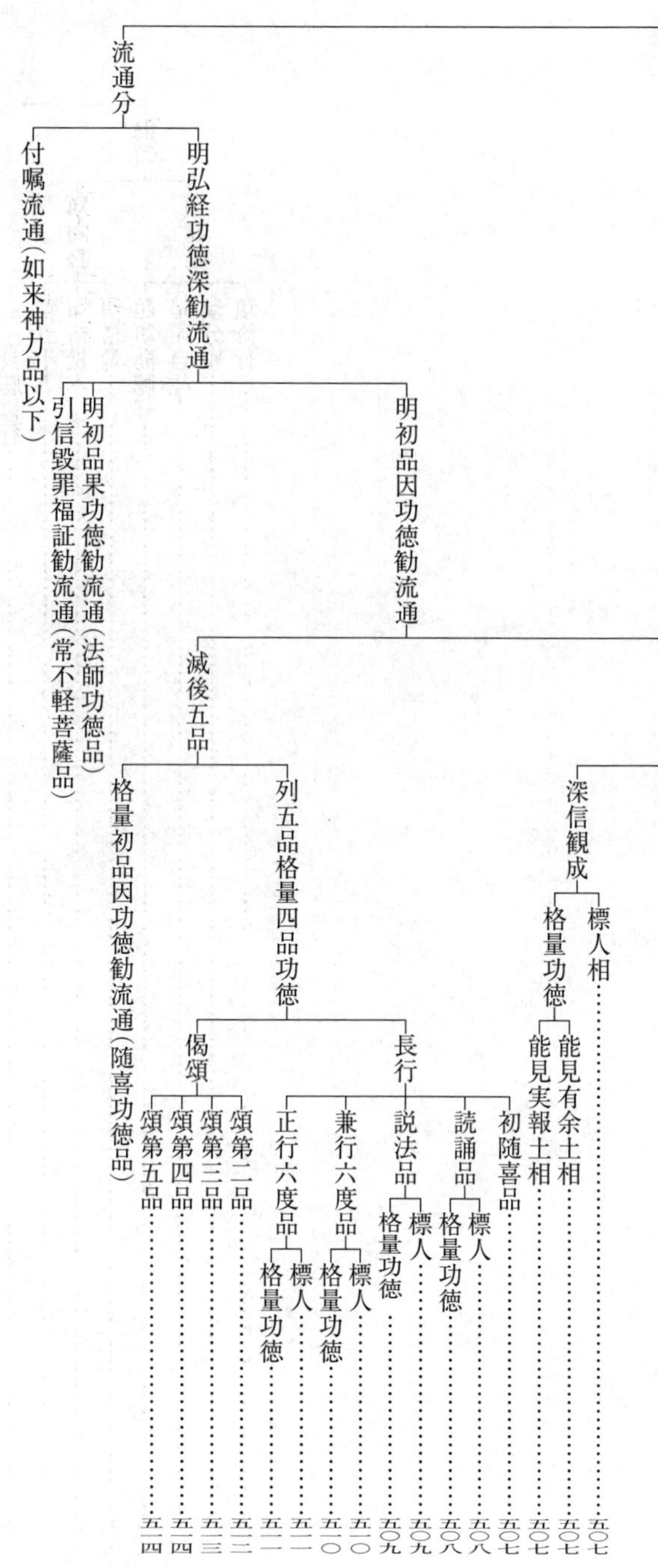
流通分
付嘱流通(如来神力品以下)
明弘経功徳深勧流通
引信毀罪福証勧流通(常不軽菩薩品)
明初品果功徳勧流通(法師功徳品)
明初品因功徳勧流通
滅後五品
格量初品因功徳勧流通(随喜功徳品)
列五品格量四品功徳
偈頌
頌第五品……五一四
頌第四品……五一四
頌第三品……五一三
頌第二品……五一二
長行
正行六度品
格量功徳……五一一
標人……五一一
兼行六度品
格量功徳……五一〇
標人……五一〇
説法品
格量功徳……五〇九
標人……五〇九
読誦品
格量功徳……五〇八
標人……五〇八
初随喜品……五〇七
深信観成
格量功徳
能見実報土相……五〇七
能見有余土相……五〇七
標人相……五〇七

妙法蓮華経　随喜功徳品第十八

本門流通分・明弘経功徳深勧流通・明初品因功徳勧流通

- 弥勒問
  - 長行……五一六
  - 偈頌……五一六
- 仏答
  - 長行
    - 答内心随喜人
      - 展転相教……五一六
      - 格量本……五一七
      - 問……五一九
      - 答……五一九
      - 正格量……五二〇
    - 明外聴法人
      - 自往……五二一
      - 分座……五二一
      - 勧他……五二二
      - 具聴修行……五二三
  - 偈頌
    - 頌随喜
      - 頌五十人……五二三
      - 頌格量本……五二四
      - 頌格量……五二五
    - 頌聴経
      - 超頌勧聴経……五二五
      - 追頌自往……五二六
      - 頌分座……五二六
      - 頌修行……五二六

妙法蓮華経　法師功徳品第十九

本門流通分・明弘経功徳深勧流通・明初品果功徳勧流通

- 総列六根盈縮功徳数……五二七
- 別作六章解釈
  - 眼根章
    - 長行……五二七
    - 偈頌……五二八
  - 耳根章
    - 長行……五二九
    - 偈頌……五三一
  - 鼻根章
    - 長行……五三四
    - 偈頌……五三七
  - 舌根章
    - 長行……五四二
    - 偈頌……五四四
  - 身根章
    - 長行……五四六
    - 偈頌……五四七
  - 意根章
    - 長行……五四八
    - 偈頌……五五〇

妙法蓮華経 常不軽菩薩品第二十

本門流通分・明弘経功徳深勧流通・引信毀罪福証勧流通

- 長行
  - 双指前品罪福
    - 指罪……五五四
    - 指福……五五四
  - 双開今品信毀
    - 明事本
      - 時節……五五四
      - 名号……五五四
      - 劫国……五五五
      - 説法……五五五
      - 寿命……五五五
      - 法住……五五六
      - 二万億仏同一号……五五六
    - 明本事
      - 明時節……五五六
      - 双標両人名……五五六
      - 双明得失
        - 就信者論得
          - 開権顕実之四一……五五七
          - 開近顕遠之四一……五五七
        - 明毀者之失
          - 不受四一……五五八
          - 結不受開権顕実之四一……五五八
          - 結不受開近顕遠之四一……五五八
          - 結信者深信不休……五五九
          - 結毀者呰毀不休……五五九
  - 双明信毀果報
    - 信者果報
      - 明果報
        - 現得六根清浄……五五九
        - 生値灯明仏……五六〇
        - 後値二千億仏……五六〇
      - 結会古今
        - 結会……五六一
        - 挙信者而勧順……五六一
    - 毀者果報
      - 明得果
        - 謗故堕悪……五六二
        - 聞仏性名毒鼓之力獲善果報……五六二
      - 結会古今
        - 結古今……五六二
        - 勧持以遮毀……五六三

偈頌
頌信毀因果
総頌事本……五六三
頌本事
頌双標二人……五六三
明得失
頌得……五六四
頌失……五六四
重明得……五六四
明信毀果報及結会古今
挙信毀果報……五六四
結会古今……五六五
頌勧持……五六六

妙法蓮華経 如来神力品第二十一

本門流通分・付嘱流通・嘱累流通・明菩薩受命弘経

- 長行
  - 菩薩受命
    - 経家叙敬儀……五六七
    - 発誓弘経
      - 時節……五六七
      - 処所……五六七
      - 誓願……五六七
  - 仏現神力
    - 所対之衆
      - 迹化衆……五六七
      - 下方本化衆……五六七
      - 四衆八部……五六八
      - 他方来者及従分身諸仏来者……五六八
    - 正現神力
      - 吐舌相……五六八
      - 通身毛孔遍体放光……五六八
      - 謦咳……五六九
      - 弾指……五六九
      - 地六種動……五六九
      - 普見大会……五六九
      - 空中唱声……五七〇
      - 南無帰命為仏弟子……五七〇
      - 遥散諸物……五七一
      - 十方通同……五七一
  - 結要勧持
    - 称歎付嘱……五七一
    - 結要付嘱
      - 結一切皆妙名……五七二
      - 結妙用……五七二
      - 結妙体……五七二
      - 結妙宗……五七二
      - 総結一経唯四而已撮其枢柄而授与之……五七二
    - 勧奨付嘱……五七二
    - 釈付嘱
      - 釈甚深之事……五七三
      - 釈秘蔵……五七三
      - 釈一切法……五七三
      - 釈神力……五七三

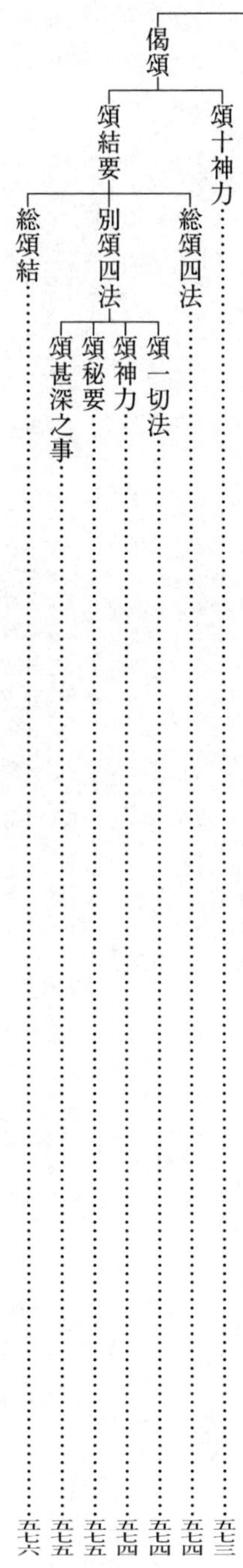
偈頌
頌十神力
五七三
頌結要
総頌四法
五七四
別頌四法
頌一切法
五七四
頌神力
五七四
頌秘要
五七五
頌甚深之事
五七五
総頌結
五七六

妙法蓮華経 嘱累品第二十二

本門流通分・付嘱流通・嘱累流通・明如来摩頂付嘱

- 付嘱
  - 如来付嘱
    - 正付嘱 …… 五七七
    - 釈付嘱
      - 明如来室 …… 五七八
      - 明如来衣 …… 五七八
      - 明如来座 …… 五七八
      - 挙一切智 …… 五七八
      - 挙道種智 …… 五七八
      - 挙一切種智 …… 五七八
    - 誡付嘱 …… 五七八
  - 菩薩領受
    - 意領受 …… 五七九
    - 身領受 …… 五七九
    - 口領受 …… 五七九
    - 領受大施主如来室 …… 五七九
    - 領受無慳悋如来衣 …… 五七九
    - 領受無所畏如来座 …… 五七九
  - 事畢唱散 …… 五八〇
- 時衆歓喜 …… 五八〇

妙法蓮華経　薬王菩薩本事品第二十三

本門流通分・付嘱流通・約化他勧流通・以苦行乗乗

- 問
  - 通問遊化 …… 五八一
  - 別問苦行 …… 五八一
  - 請答 …… 五八一
- 答
  - 但答苦行
    - 明事本
      - 時節 …… 五八二
      - 有仏声聞 …… 五八二
      - 国土 …… 五八二
    - 明本事
      - 仏説法 …… 五八三
      - 修供養
        - 現在苦行
          - 修行得法 …… 五八三
          - 作念報恩
            - 三昧力 …… 五八四
            - 正報身力
              - 焼身 …… 五八四
              - 仏称歎 …… 五八五
              - 時節 …… 五八六
        - 未来苦行
          - 生王家 …… 五八六
          - 説本事 …… 五八七
          - 往仏所 …… 五八七
          - 如来付嘱 …… 五八八
          - 奉命任持
            - 起塔 …… 五八九
            - 焼臂 …… 五九〇
            - 利益 …… 五九一
            - 現報 …… 五九一
      - 結会古今
        - 結会 …… 五九二
        - 勧修 …… 五九三
  - 歎経
    - 歎能持者 …… 五九三
    - 歎所持法
      - 歎法体（十喩） …… 五九四
      - 歎法用
        - 歎抜苦用 …… 五九六
        - 歎与楽用（十二事） …… 五九七
        - 結 …… 五九七
    - 明持経福深
      - 挙全聞経福 …… 五九七
      - 挙聞品福
        - 格量 …… 五九八
        - 嘱累 …… 六〇一
  - 聞品得益 …… 六〇二
  - 多宝称善 …… 六〇三

妙法蓮華経　妙音菩薩品第二十四

本門流通分・付嘱流通・約化他勧流通・以三昧乗乗

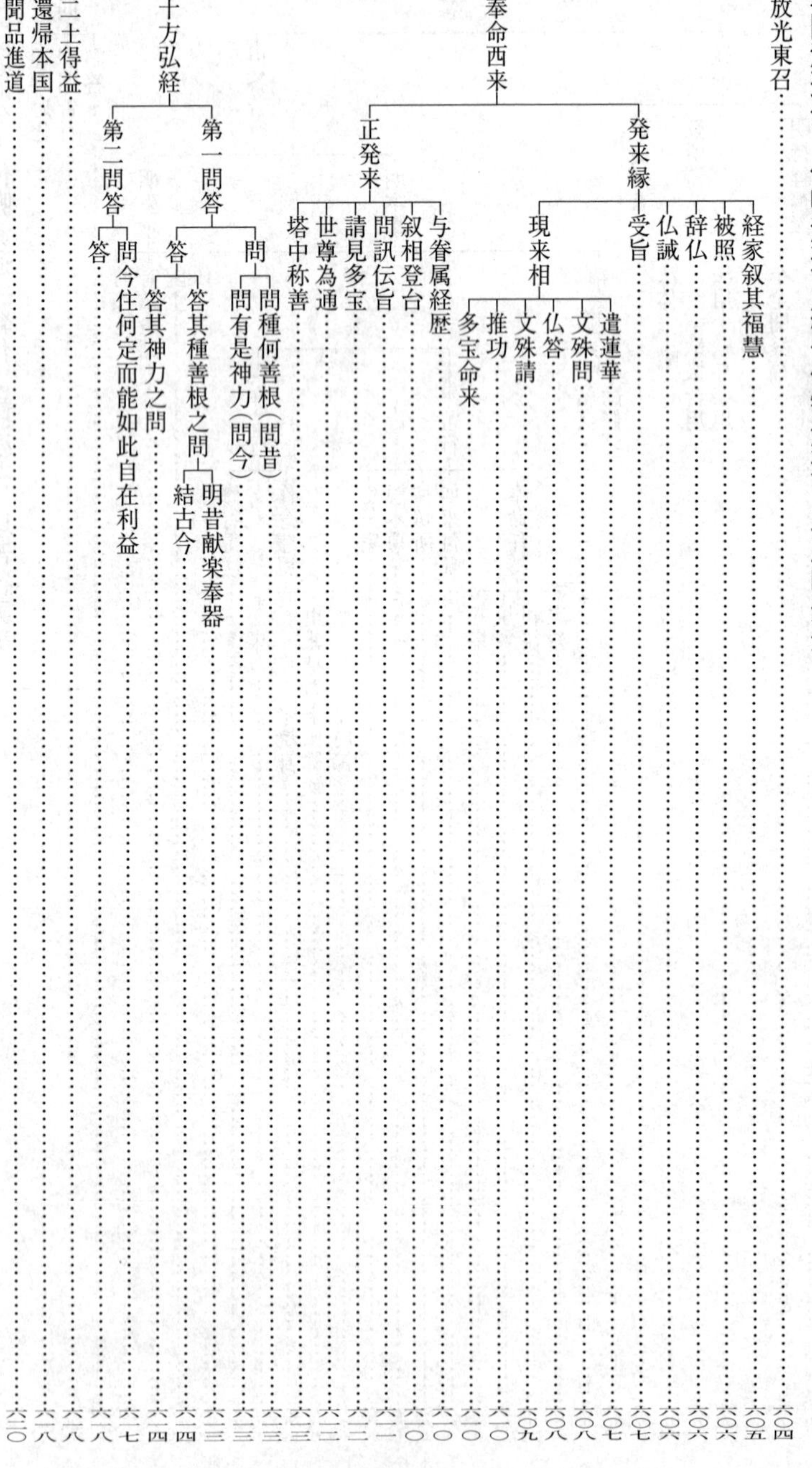

妙法蓮華経　観世音菩薩普門品第二十五

本門流通分・付嘱流通・約化他勧流通・以三昧乗乗

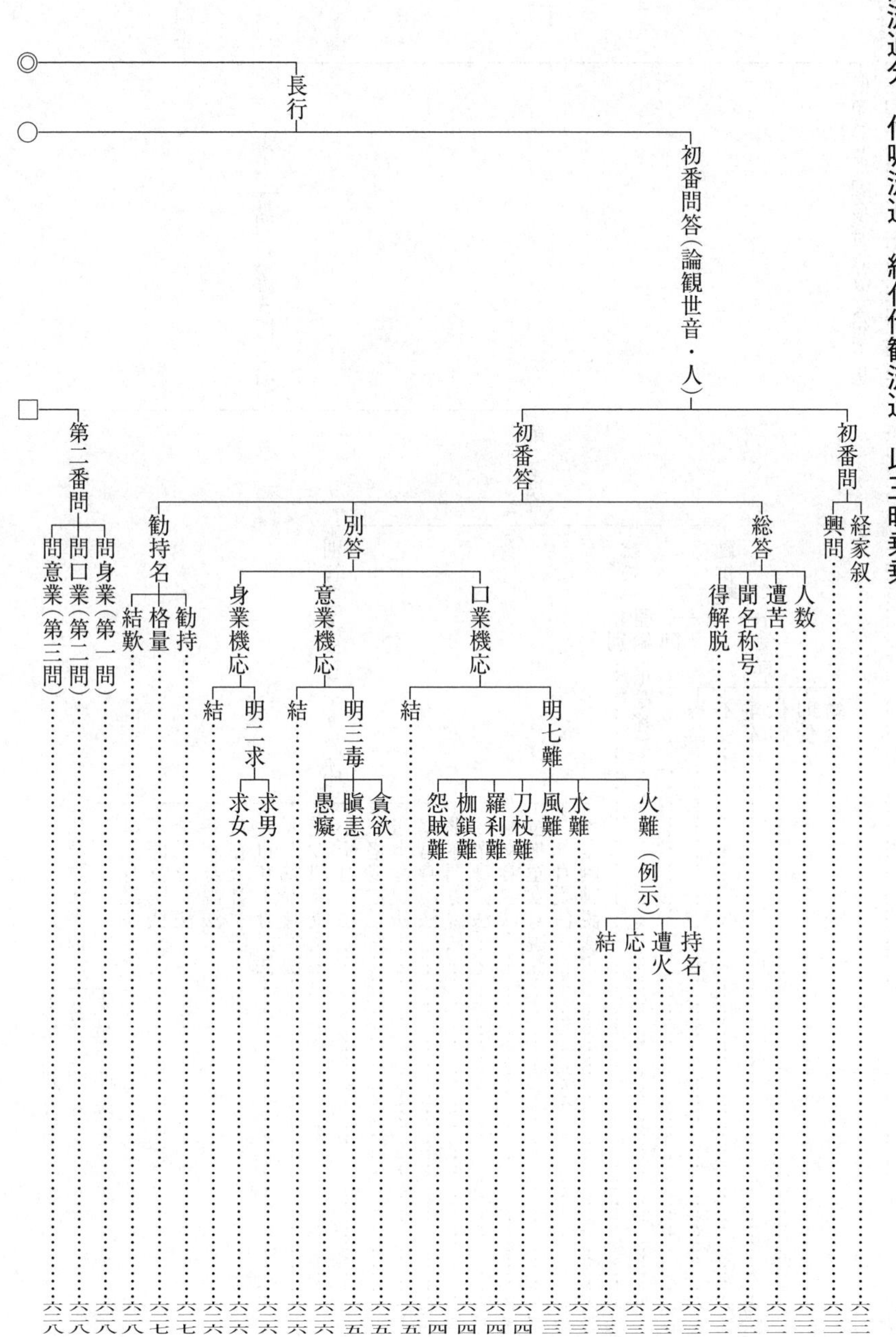

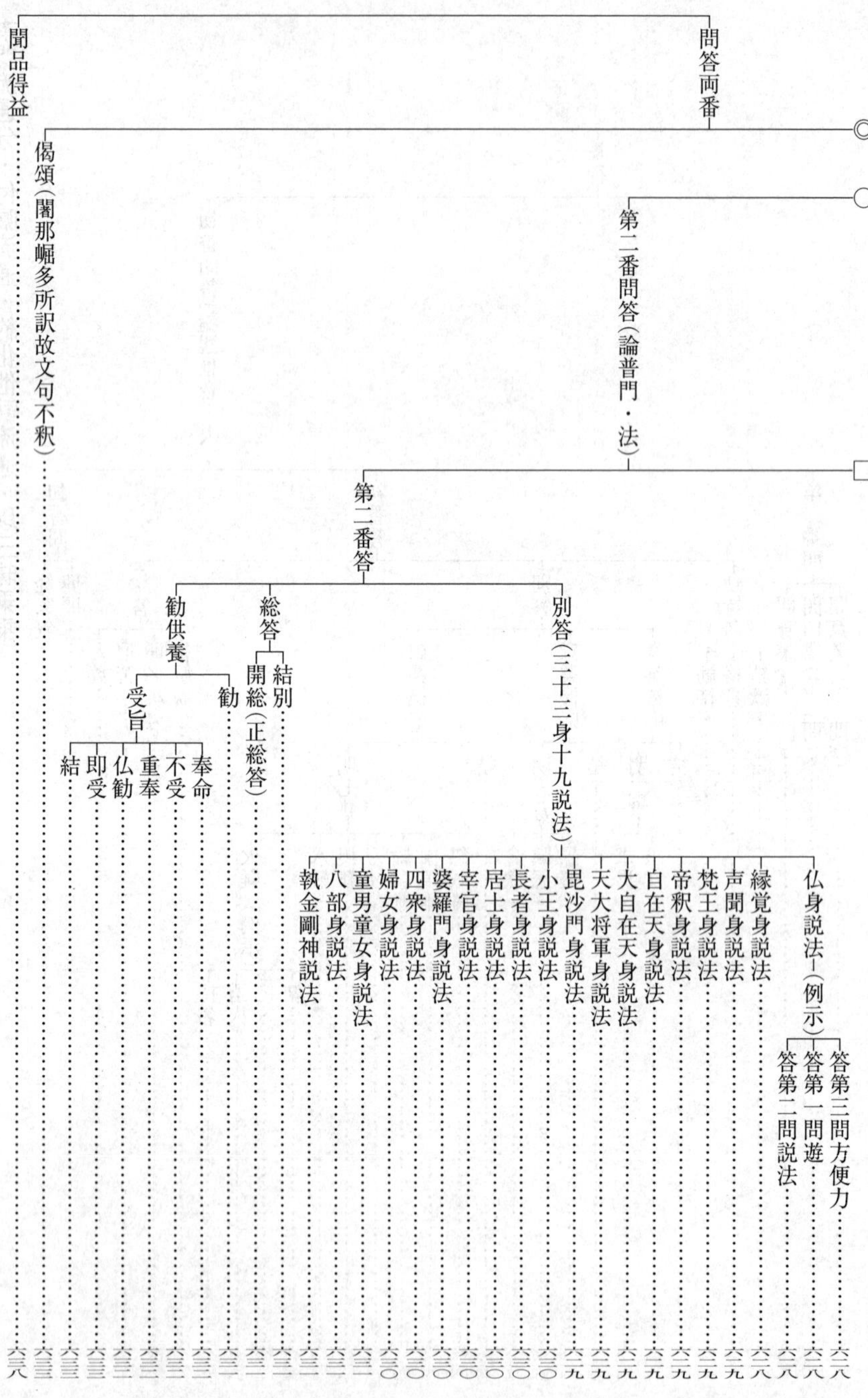
◎
問答両番
〇
第二番問答（論普門・法）
□
第二番答
別答（三十三身十九説法）
仏身説法―（例示）
答第三問方便力……六二八
答第一問遊……六二八
答第二問説法……六二八
縁覚身説法……六二八
声聞身説法……六二九
梵王身説法……六二九
帝釈身説法……六二九
自在天身説法……六二九
大自在天身説法……六二九
天大将軍身説法……六二九
毘沙門身説法……六二九
小王身説法……六三〇
長者身説法……六三〇
居士身説法……六三〇
宰官身説法……六三〇
婆羅門身説法……六三〇
四衆身説法……六三〇
婦女身説法……六三〇
童男童女身説法……六三一
八部身説法……六三一
執金剛神説法……六三一
総答
結別……六三一
開総（正総答）……六三一
勧供養
勧……六三一
受旨
奉命……六三二
不受……六三二
重奉……六三二
仏勧……六三二
即受……六三三
結……六三三
偈頌（闍那崛多所訳故文句不釈）……六三三
聞品得益……六三八

妙法蓮華経　陀羅尼品第二十六

本門流通分・付嘱流通・約化他勧流通・以総持乗乗

- 問持経功徳……六三九
- 答甚多
  - 格量本……六三九
  - 問多不……六三九
  - 答甚多……六四〇
  - 格出功徳……六四〇
- 請以呪護
  - 薬王
    - 請……六四〇
    - 説呪……六四〇
    - 歎……六四二
    - 印可……六四二
  - 勇施
    - 請……六四三
    - 説呪……六四三
    - 歎……六四四
  - 毘沙門
    - 請……六四四
    - 説呪……六四四
    - 歎……六四四
  - 持国
    - 請……六四五
    - 説呪……六四五
    - 歎……六四五
  - 十羅刹女
    - 列名……六四六
    - 請説呪……六四六
    - 歎……六四七
    - 誓……六四八
    - 印可……六四九
- 聞品得益……六五〇

妙法蓮華経　妙荘厳王本事品第二十七

本門流通分・付嘱流通・約化他勧流通・以誓願乗乗

- 明事本……六五一
- 双標能所(所化一人能化三人)……六五一
- 能化方便
  - 時至……六五二
  - 論義
    - 子白母時至……六五三
    - 母譲令化父……六五三
    - 子怨出邪見家……六五三
    - 母責令憂念……六五三
  - 現化(十八変)……六五四
- 所化得益
  - 信子伏師……六五四
  - 父王已信……六五五
  - 重催父母……六五七
  - 化功已著仏歎功徳……六五七
  - 倶詣仏所見瑞歓喜
    - 倶詣仏所……六五八
    - 聞法……六五八
    - 供養……六五九
    - 見瑞……六五九
    - 歓喜……六五九
  - 仏与受記……六五九
  - 出家修行……六六〇
  - 称歎二子……六六〇
  - 仏述行高……六六一
  - 歎仏自誓……六六二
- 結会古今
  - 結会……六六三
  - 結歎二菩薩……六六四
- 聞品悟道……六六四

妙法蓮華経 普賢菩薩勧発品第二十八

本門流通分・付嘱流通・約自行勧流通・以神通乗乗

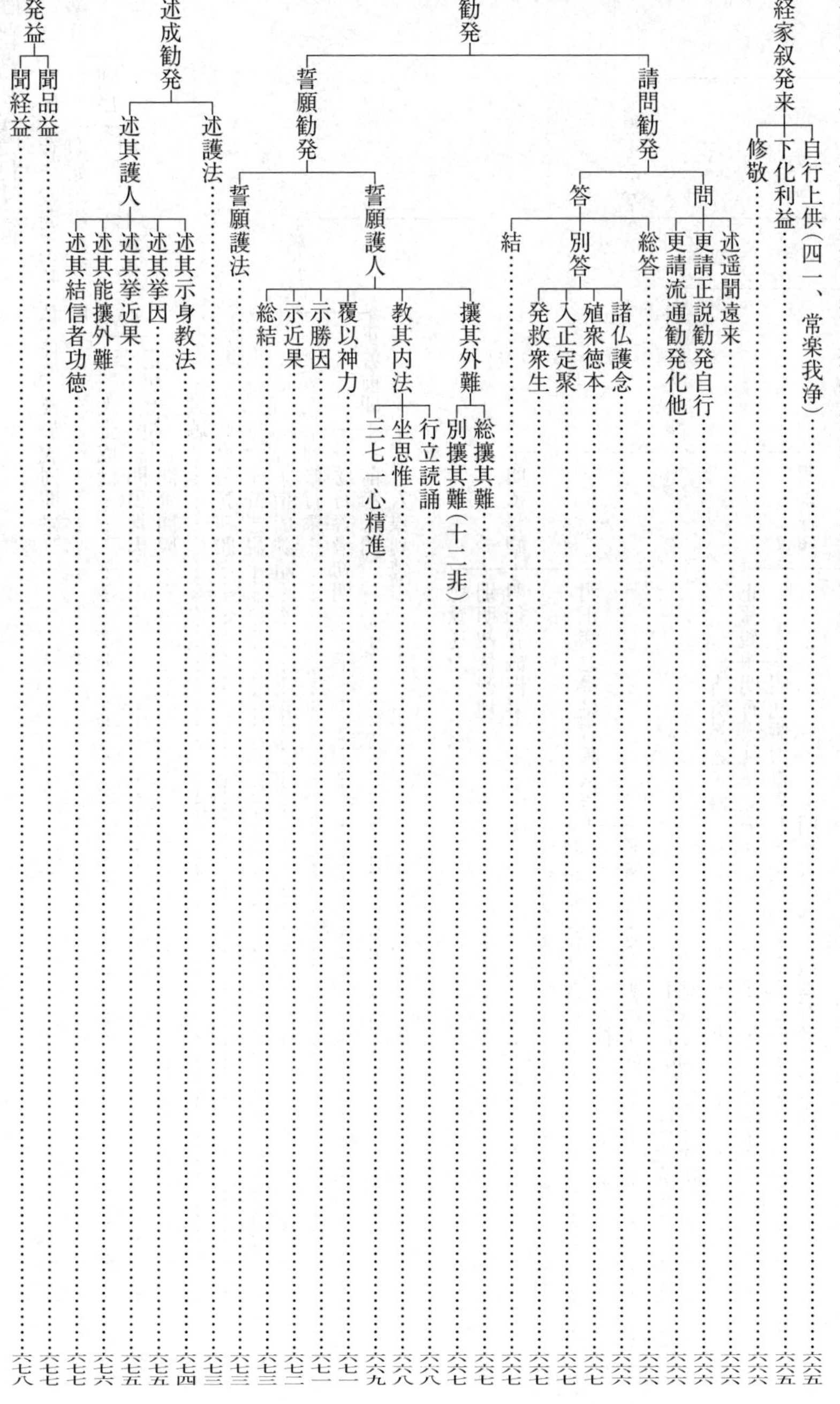

観普賢菩薩行法経

- 序分
  - 通序（如是、我聞、一時、仏、住処、及於義同聞衆）……六八〇
  - 別序
    - 明如来総教殊言時……六八〇
    - 明三大士深生疑心
      - 列三大士威儀……六八〇
      - 正起言問
        - 問出世因……六八一
        - 問世間因……六八一
- 開説正宗分
  - 総許説
    - 許説
      - 誡聴……六八一
      - 挙昔事略答初問……六八一
      - 正許説
        - 許当説……六八一
        - 指広許略……六八二
    - 正答前問
      - 列修行衆……六八二
      - 挙勝行答最初問……六八二
      - 答前第二問……六八三
      - 明行人根利鈍……六八三
      - 総結……六八三
  - 広釈
    - 明普賢菩薩観
      - 明依報観
        - 総歎通力……六八三
        - 別明観依報種……六八四
        - 明行者懺悔事……六八五
        - 明正悔力得見菩薩依報
          - 明得見宝華……六八五
          - 明開心見化仏菩薩……六八五
          - 明所以見象
            - 明人種……六八六
            - 明象及徒……六八六
            - 明能所成事
              - 明能成……六八七
              - 明所成……六八七
      - 明正報観
        - 正報観
          - 略明菩薩名相……六八八
          - 明行人礼仏懺悔法……六八八
          - 明礼懺力得見菩薩正報観……六八九
        - 明説法力故得見諸仏
          - 明普賢真身菩薩為行者夢中説法……六九一
          - 明行者如説修行……六九二
          - 明如説修行故以見諸仏
            - 明見諸仏而不了了見……六九二
            - 明不了了見故礼仏懺悔……六九三
            - 明正見諸仏……六九五

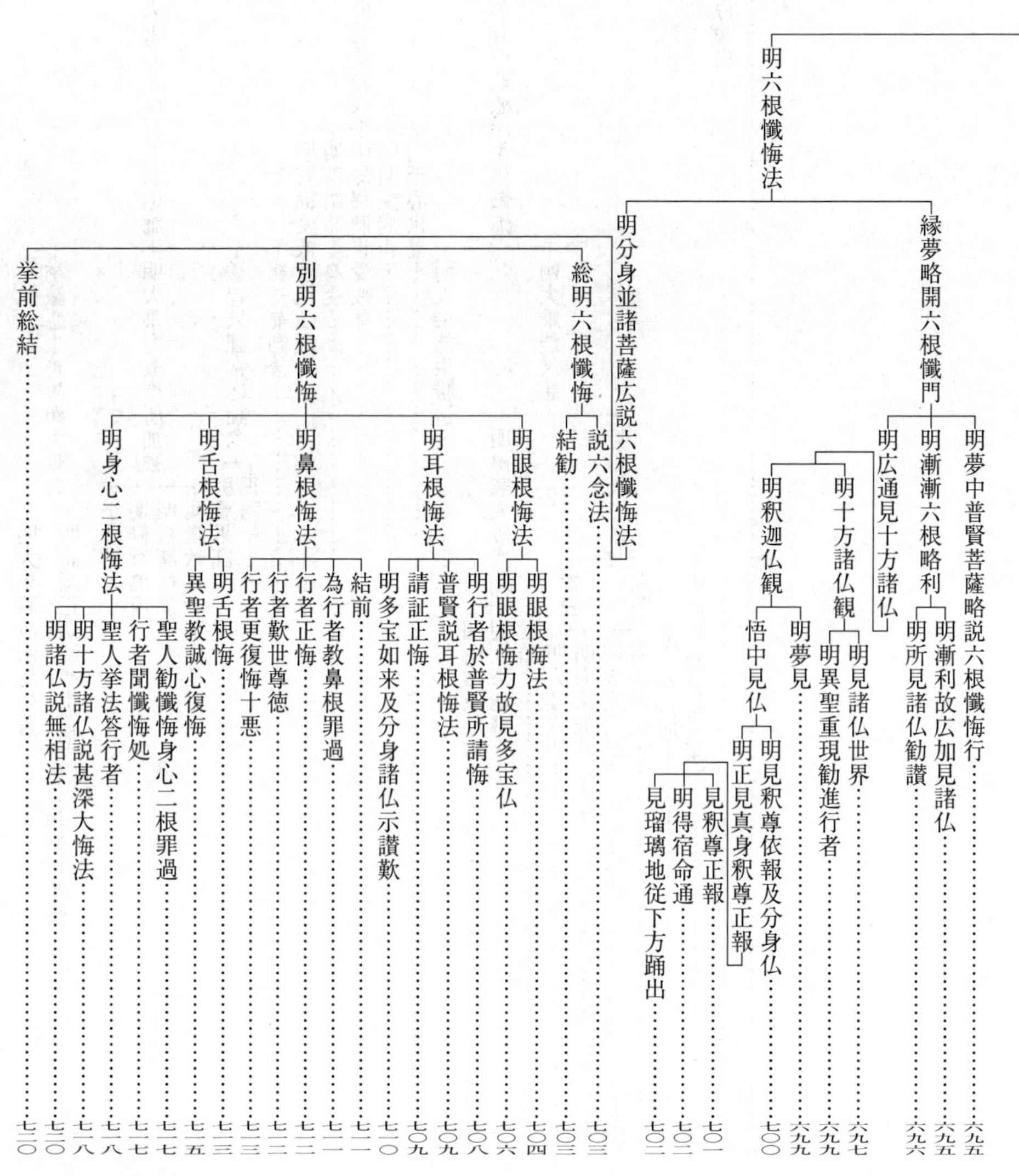
正宗分
明六根懺悔法
縁夢略開六根懺門
明夢中普賢菩薩略説六根懺悔行……六九五
明漸漸六根略利
明漸利故広加見諸仏……六九五
明所見諸仏勧讃……六九六
明広通見十方諸仏
明十方諸仏観
明見諸仏世界……六九七
明異聖重現勧進行者……六九九
明釈迦仏観
明夢見……六九九
悟中見仏
明見釈尊依報及分身仏……七〇〇
明正見真身釈尊正報
見釈尊正報……七〇一
明得宿命通……七〇二
見瑠璃地従下方踊出……七〇二
明分身並諸菩薩広説六根懺悔法
総明六根懺悔
説六念法……七〇三
結勧……七〇三
別明六根懺悔
明眼根悔法
明眼根悔法……七〇四
明眼根悔力故見多宝仏……七〇六
明耳根悔法
明行者於普賢所請悔……七〇八
普賢説耳根悔法……七〇九
請証正悔……七〇九
明多宝如来及分身諸仏示讃歎……七一〇
明鼻根悔法
結前……七一一
為行者教鼻根罪過……七一一
行者正悔……七一二
行者歎世尊徳……七一二
行者更復悔十悪……七一三
明舌根悔法
明舌根悔……七一三
異聖教誠心復悔……七一五
明身心二根悔法
聖人勧懺悔身心二根罪過……七一七
行者聞懺悔処……七一七
聖人挙法答行者……七一八
明十方諸仏説甚深大悔法……七一八
明諸仏説無相法……七二〇
挙前総結……七二〇

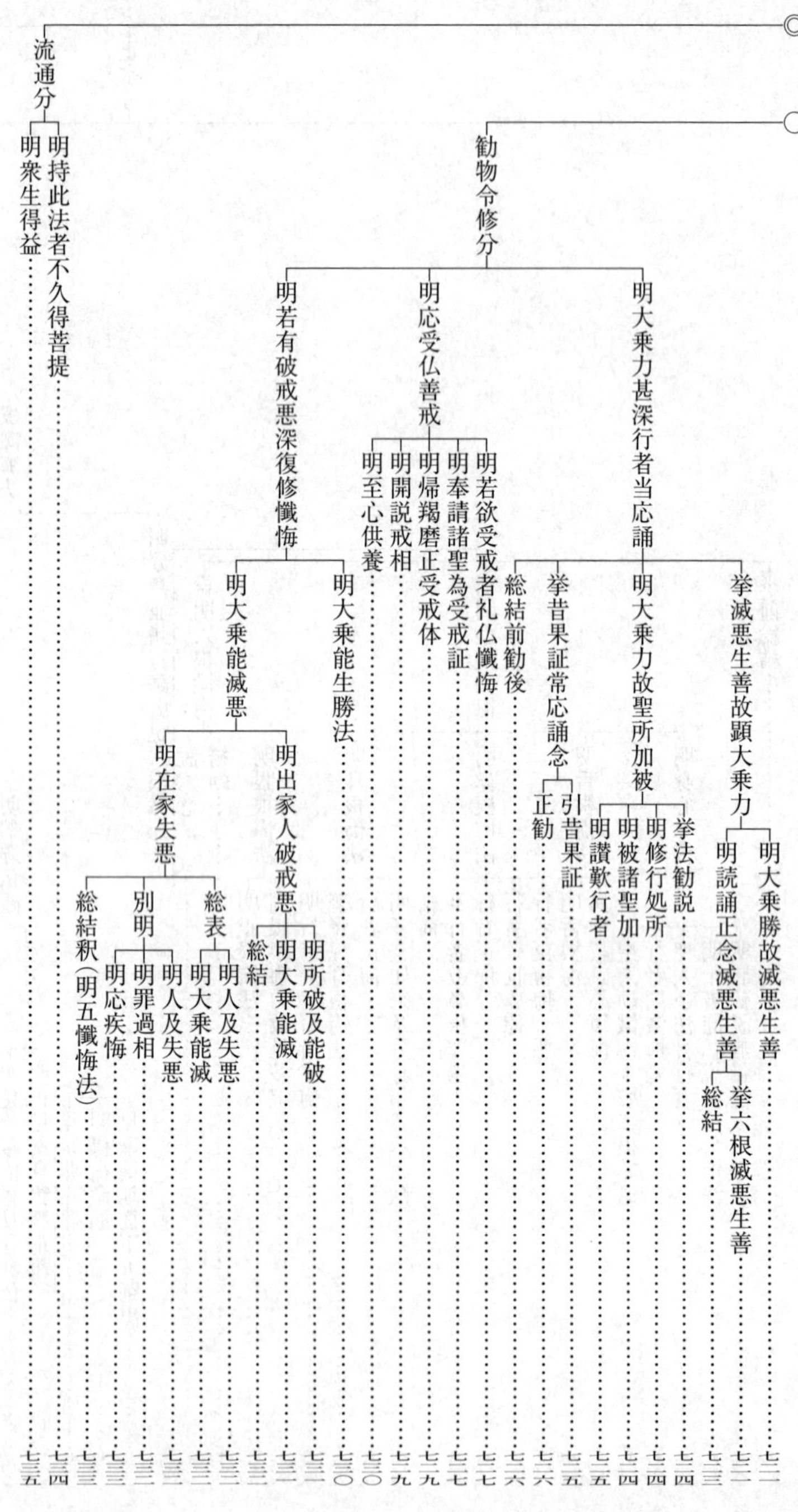
◎
流通分
明持此法者不久得善提……七二四
明衆生得益……七二五
○
勧物令修分
明大乗力甚深行者当応誦
挙滅悪生善故顕大乗力
明大乗勝故滅悪生善……七二二
明読誦正念滅悪生善
挙六根滅悪生善……七二二
総結……七二三
明大乗力故聖所加被
挙法勧説……七二四
明修行処所……七二四
明被諸聖加……七二四
明讃歎行者……七二五
挙昔果証常応誦念
引昔果証……七二五
正勧……七二六
総結前勧後……七二六
明応受仏善戒
明若欲受戒者礼仏懺悔……七二七
明奉請諸聖為受戒証……七二七
明帰羯磨正受戒体……七二九
明開説戒相……七二九
明至心供養……七三〇
明若有破戒悪深復修懺悔
明大乗能生勝法……七三〇
明大乗能滅悪
明出家人破戒悪
明所破及能破……七三一
明大乗能滅……七三一
総結……七三二
明在家失悪
総表
明人及失悪……七三二
明大乗能滅……七三二
別明
明人及失悪……七三二
明罪過相……七三二
明応疾悔……七三三
総結釈(明五懺悔法)……七三三

妙法蓮華経並開結　新版

二〇二四年十一月十八日　発行
二〇二五年一月二十日　第二刷

編　者　『妙法蓮華経並開結　新版』刊行委員会
発行者　原田　稔
発行所　創価学会
東京都新宿区信濃町三二番地

印　刷　株式会社　精興社
製　本　牧製本印刷株式会社

＊定価はカバーに表示してあります
© The Soka Gakkai 2024　Printed in Japan.
ISBN978-4-412-01710-8

落丁・乱丁本はお取りかえいたします
本書の無断複製は著作権上での例外を除き、
禁じられています